Der Minderjährige im Sport

**Europäische Hochschulschriften**

European University Studies

Publications Universitaires Européennes

Reihe II **Rechtswissenschaft**

Series II Law

Série II Droit

Band/Volume **6034**

Stephanie Beatrice Pfaff

# Der Minderjährige im Sport

## Eine zivilrechtliche Betrachtung

PETER LANG

**Bibliografische Information der Deutschen Nationalbibliothek**
Die Deutsche Nationalbibliothek verzeichnet diese Publikation in der Deutschen Nationalbibliografie; detaillierte bibliografische Daten sind im Internet über http://dnb.d-nb.de abrufbar.

Zugl.: Gießen, Univ., Diss., 2018

D 26
ISSN 0531-7312
ISBN 978-3-631-76698-9 (Print)
E-ISBN 978-3-631-76699-6 (E-PDF)
E-ISBN 978-3-631-76700-9 (EPUB)
E-ISBN 978-3-631-76701-6 (MOBI)
DOI 10.3726/b14642


Peter Lang – Berlin · Bern · Bruxelles · New York · Oxford · Warszawa · Wien



Diese Publikation wurde begutachtet.

www.peterlang.com

# Danksagung

Diese Arbeit wurde von der Juristischen Fakultät der Justus-Liebig-Universität Giessen im Frühjahr 2018 als Dissertation angenommen. Literatur und Rechtsprechung konnten bis April 2018 berücksichtigt werden.

Zunächst danke ich ganz herzlich meinem Doktorvater Prof. Dr. Wolf-Dietrich Walker für die sehr gute Betreuung der Arbeit. Herrn Prof. Dr. Martin Gutzeit danke ich für das Zweitgutachten.

Ein besonderer Dank gilt Anke Schellhaas für ihre Mühe die Arbeit zu lesen, ihren sehr hilfreichen Anmerkungen und ihre stetige Bereitschaft mit mir über die Arbeit zu diskutieren.

Zudem danke ich meinen Freunden für ihre aufmunternden Worte und die Unterstützung während der Promotion.

Der größte Dank gilt meiner Familie, die mich immer unterstützt hat. Insbesondere möchte ich meinem Vater, Bernd Pfaff, danken, der leider die Fertigstellung der Arbeit nicht mehr erleben konnte. Ganz besonders danke ich meiner Mutter, Brigitte Pfaff. Meine Mutter hat mich auf jede nur erdenkliche Art unterstützt und hat mir während der gesamten Zeit viel Kraft gegeben. Ich bin ihr von Herzen dankbar für das, was sie für mich getan hat.

# Inhaltsverzeichnis

# § 1 Einleitung

Gegenstand dieser Arbeit ist der Minderjährige im Sport. Untersucht werden verschiedene zivilrechtliche Fragestellungen, die sich im Rahmen der Sportausübung von Minderjährigen stellen.

## I. Relevanz des Minderjährigen im Sport

Nahezu jeder war als Kind oder Jugendlicher in irgendeinem Sportverein und ist seinem sportlichen Hobby nachgegangen. Von all den sportbegeisterten Minderjährigen hat aber nur ein Teil das Potenzial, den Sport professionell auszuüben. Um in einer Sportart erfolgreich zu sein, braucht man neben Talent auch Disziplin, denn der Sport verlangt vom Menschen höchste Anstrengungen und Leistungen. Um später erfolgreich zu sein, ist es durchaus üblich, dass schon im Kindesalter geübt und trainiert wird. Talentierte Kinder werden sehr gefördert und betreiben den Sport oft schon vor Eintritt der Volljährigkeit professionell. Immer mehr tauchen in den Medien Jugendliche oder sogar Kinder auf, die durch ihre sportlichen Erfolge in Erscheinung treten, so zum Beispiel die 15-jährige Ruta Meilutyte aus Litauen, die bei den Olympischen Spielen 2012 in London die Goldmedaille über 100m Brustschwimmen gewann[1], oder die 10-jährige Alzain Tareq aus Bahrain, die bei den Schwimmweltmeisterschaften 2015 in Kasan startete[2]. Die jungen Sportler kommen nicht alle aus dem Ausland, sondern auch in Deutschland sind viele minderjährige professionelle Sportler erfolgreich. Die deutsche Turnerin Janine Berger war bei den Olympischen Spielen 2012 erst 16 Jahre alt[3], ebenso wie die Turnerin Tabea Alt

---

1 *Bartens*, Olympisches Wasser voller Wunderkinder, Süddeutsche Zeitung v. 01.08.2012; abrufbar unter: http://www.sueddeutsche.de/sport/ueberraschende-bestleistungen-in-london-olympisches-wasser-voller-wunderkinder-1.1428185; zuletzt aufgerufen am 31.03.2018.

2 Mit zehn bei WM, Süddeutsche Zeitung v. 05.08.2015; abrufbar unter: http://www.sueddeutsche.de/sport/schwimmen-mit-zehn-bei-wm-1.2597007; zuletzt aufgerufen am 31.03.2018.

3 *Jakob*, Die Jüngste im Team Deutschland, Augsburger Allgemeine v. 28.07.2012, abrufbar unter: http://www.augsburger-allgemeine.de/guenzburg/Die-Juengste-im-Team-Deutschland-id21222576.html; zuletzt aufgerufen am 31.03.2018.

bei den Olympischen Spielen 2016[4]; beim Deutschen Meister im Gerätturnen der Frauen von 2012 bis 2017, dem MTV Stuttgart, sind fünf der elf gemeldeten Turnerinnen minderjährig[5], und der junge Tennisspieler Alexander Zverev spielte mit 17 Jahren auf der Profitour[6]. Die jungen Sportler sind jedoch nicht nur in den Individualsportarten, sondern auch in den Mannschaftssportarten erfolgreich. So waren beispielsweise zu Beginn der Fußball Bundesliga Saison 2017/2018 16 Spieler minderjährig[7]. Aufsehen erregte im Jahr 2011 der damals 17-jährige Fußballspieler Julian Draxler, der im Finale des DFB (Deutscher Fußball-Bund) Pokalspiels für Schalke 04 noch nach 22 Uhr eingewechselt wurde und das entscheidende Tor schoss. Auch in der Vergangenheit gab es immer wieder viele Stars, die ihre Erfolge bereits im Kindesalter oder als Jugendliche feierten. Zu denken ist hierbei an Martina Hingis, welche 1997 mit 15 Jahren Wimbledonsiegerin wurde[8], oder Boris Becker, der 1985 im Alter von 17 Jahren auf dem englischen Rasen gewann[9]. Allerdings handelt es sich dabei immer nur um die durch die Medien bekannten Fälle. Wie viele Minderjährige tatsächlich professionell Sport betreiben, lässt sich nur erahnen. Jedenfalls ist der Sport heutzutage ohne die Teilnahme Minderjähriger nicht mehr vorstellbar. Zum einen sind die jungen Sportler die künftigen Spitzenathleten, zum anderen sind sie aber auch bereits in den jungen Jahren schon auf dem Höhepunkt ihrer Karriere und international erfolgreich. Es gibt nahezu in allen Mannschaftssportarten Jugendmannschaften, zum Teil auch reine Jugendnationalmannschaften, wie beispielsweise im Fußball oder Handball. Bei den Individualsportarten sind sehr viele Kaderathleten minderjährig, vereinzelt je nach Sportart auch in den A-Kadern. Daneben gibt es die Olympischen Jugendspiele, bei denen nur Minderjährige im Alter zwischen 14 und 18 Jahren gegeneinander um die Medaillen kämpfen. Aber auch bei Wettbewerben, die nicht auf Minderjährige beschränkt sind, nehmen Minderjährige teil, wie

---

4 Platz sechs für Tabea Alt in Rio, Bietigheimer Zeitung v. 11.08.2016; abrufbar unter: http://www.swp.de/bietigheim/sport/sonstige/regional/Platz-sechs-fuer-Tabea-Alt-in-Rio;art1223139,3961853; zuletzt aufgerufen am 31.03.2018.

5 Startliste der 1. Bundesliga der Frauen in der Deutschen Turnliga, Stand 31.03.2018; abrufbar unter: https://www.deutsche-turnliga.de/db.php/download/2325/Meldelisten+1.+BL+HP.pdf; zuletzt aufgerufen am 31.03.2018.

6 https://de.wikipedia.org/wiki/Alexander_Zverev; zuletzt aufgerufen am 31.03.2018.

7 Alle Spieler der Bundesliga 2017/2018 sortiert nach Alter, http://www.weltfussball.de/spielerliste/bundesliga-2017-2018/nach-alter/1/; zuletzt aufgerufen am 31.03.2018.

8 http://de.wikipedia.org/wiki/Martina_Hingis; zuletzt aufgerufen am 31.03.2018.

9 http://de.wikipedia.org/wiki/Boris_Becker; zuletzt aufgerufen am 31.03.2018.

beispielsweise den Weltmeisterschaften im Schwimmen oder auch den Olympischen Spielen. So gingen bei den Schwimmweltmeisterschaften 2009 in Rom 520 Minderjährige an den Start und bei den Olympischen Winterspielen 2010 in Vancouver waren 58 Minderjährige dabei[10].

## II. Inhalt der Arbeit und Gang der Untersuchung

Bei all den sportlichen Erfolgen der Minderjährigen darf man nicht vergessen, dass es sich um Kinder oder Jugendliche handelt, und bei jedem noch so großen Talent zeichnet sich kein sportlicher Erfolg ohne Training aus. Daher müssen die Minderjährigen vor den Gefahren geschützt werden, die sich aus übermäßigem Training, im Zusammenhang mit der Sportausübung oder bei der Einnahme von Dopingmitteln ergeben können. Die rechtlichen Beziehungen und die Tätigkeit des minderjährigen Sportlers sollen untersucht werden. Es muss versucht werden, die Schutzbelange des Minderjährigen auf der einen Seite mit der Chancengleichheit im Sport auf der anderern Seite in Einklang zu bringen. Nur so kann erreicht werden, dass der Minderjährige den Sport ohne Nachteile ausüben kann und auch das Funktionieren des Sports gewährleistet wird.

Für die Minderjährigenschwelle soll im Folgenden § 2 BGB herangezogen werden. Dies bedeutet, dass mit Vollendung des 18. Lebensjahrs die Volljährigkeit erreicht ist und alle unter 18-jährigen minderjährig sind.

Im Rahmen der Sportausübung stellen sich im Hinblick auf die Minderjährigkeit einige zivilrechtliche Themen, die Gegenstand der Arbeit sein sollen. Zunächst bestehen auf Grund der beschränkten Geschäftsfähigkeit des Minderjährigen Probleme beim Vertragsabschluss, die in einem ersten Komplex (§ 2) erörtert werden sollen. Neben dem Vertragsschluss stellen sich auch Probleme im Zusammenhang mit der Ausübung des Sportes. Zum einen darf ein Minderjähriger nicht wie ein Erwachsener beschäftigt werden und, je nach dem, wie die sportliche Tätigkeit ausgestaltet ist, kann es zu Konflikten mit dem Jugendarbeitsschutzgesetz kommen, die in einem zweiten Komplex (§ 3) untersucht werden sollen. Zum anderen sind auch Minderjährige vor Doping nicht gefeit. Daher soll in einem dritten Komplex (§ 4) überprüft werden, ob und inwieweit die verbandsrechtlichen Dopingbestimmungen auf den Minderjährigen Anwendung finden. Zudem kann es wie bei den erwachsenen Sportlern bei der Sportausübung zu Verletzungen kommen. Die Haftung des Minderjährigen ist nach dem BGB beschränkt. Daher soll in einem vierten Komplex (§ 5) geprüft werden, inwieweit der Minderjährige im Sport haftet

10 *Senkel*, in: Asmuth/Binkelmann, Entgrenzungen des Machbaren, S. 375, 376.

und auf welche Weise Trainer, Betreuer oder die Eltern für Verletzungen des Minderjährigen herangezogen werden können. Zuletzt soll die Beendigung der rechtlichen Verbindung des Minderjährigen zu dem Verein oder dem Verband Gegenstand dieser Arbeit sein (§ 6).

Während der gesamten Arbeit wird auf die rechtlichen Verbindungen zwischen den minderjährigen Sportlern und dem Verein sowie dem Verband eingegangen. Der Sportverein bildet in dem stufenförmigen Aufbau der Sportorganisationen, abgesehen von dem Sportler, die unterste Stufe. Der Sportverein ist meistens Mitglied in den eine Stufe höher liegenden lokalen oder regionalen Sportverbänden und ist den regionalen (z.B. Hessischer Fußball-Verband), nationalen (z.B. DFB), kontinentalen (z.B. UEFA) und internationalen (z.B. FIFA) Verbänden untergeordnet[11]. Rechtliche Beziehungen zu der Deutschen Sporthilfe und etwaigen Sponsoren oder weiteren Dritten soll nicht erörtert werden und die damit zusammenhängenden Problemstellungen sollen nicht Thema der Arbeit sein. Aus diesem Grund wird während der gesamten Prüfung immer wieder auf drei rechtliche Grundkonstellationen zwischen dem Minderjährigen und dem Verein sowie dem Verband abgestellt. Bei diesen handelt es sich zum einen um die vereinsrechtliche Mitgliedschaft, durch die der Minderjährige an seinen Verein gebunden ist. Zum anderen können zusätzlich zu der vereinsrechtlichen Mitgliedschaft Verträge mit dem Verein abgeschlossen werden. Die Verträge können dabei verschiedener Art sein, worauf im Folgenden noch einzugehen ist. Neben Arbeitsverträgen oder Ausbildungsverträgen können auch dem Arbeits- oder Ausbildungsverhältnis ähnliche Verträge in Betracht kommen. Zuletzt kann der Minderjährige durch den Verband in einen Kader berufen werden und zwischen dem Minderjährigen und dem Verband wird eine Athletenvereinbarung abgeschlossen. Eine Athletenvereinbarung besteht im Wesentlichen aus der Anerkennung und Unterwerfung des Verbandsregelwerks, der Festlegung einzelner Rechte und Pflichten des Athleten und des Verbandes, wie beispielsweise der Verpflichtung bestimmte Ausrüstungsgegenstände zu tragen und in der Regel einer Schiedsvereinbarung[12].

---

11 PHB-SportR/*Summerer*, 2. Teil, 1. Kapitel, Rn. 28; SportR in der Praxis/*Adolphsen/Hoefer/Nolte*, 2. Kapitel, Rn. 102.

12 PHB-SportR/*Fritzweiler*, 3. Teil, 1. Kapitel, Rn. 16; SportR in der Praxis/*Kreißig*, 4. Kapitel, Rn. 226 ff.

# § 2 Vertragsabschluss

Zwischen den Vereinen und Verbänden auf der einen Seite und den minderjährigen Sportlern auf der anderen Seite werden rechtliche Verbindungen vereinbart[13]. Teilweise werden mit den Minderjährigen Verträge geschlossen. In Betracht kommen Arbeitsverträge, Ausbildungsverträge oder Verträge anderer Art. Wenn zwischen einem Minderjährigen und einem Verein oder Verband ein Vertrag bzw. eine andere rechtliche Verbindung geschlossen wird, stellen sich auf Grund der beschränkten Geschäftsfähigkeit des minderjährigen Sportlers Probleme beim Vertragsabschluss. Diese sollen im folgenden Komplex untersucht werden.

## A. Beteiligung der gesetzlichen Vertreter

Zunächst soll die Beteiligung der gesetzlichen Vertreter untersucht werden.

Die Regelungen der §§ 104 bis 113 BGB über die Geschäftsfähigkeit sollen den nicht oder nur beschränkt Geschäftsfähigen schützen. Die nicht voll Geschäftsfähigen sollen vor nachteiligen Folgen von Willenerklärungen, die durch das mangelnde Alter und damit der mangelnden Erfahrung entstehen, bewahrt werden[14]. Minderjährige, die das siebte Lebensjahr vollendet haben, sind gemäß § 106 BGB beschränkt geschäftsfähig. Somit handelt es sich bei den meisten minderjährigen Sportlern um beschränkt Geschäftsfähige. Wenn der Minderjährige einen Vertrag abschließt, bedarf es gemäß § 107 BGB der Einwilligung oder Genehmigung des gesetzlichen Vertreters. Die Willenserklärungen des beschränkt Geschäftsfähigen sind gemäß § 107 BGB ohne Einwilligung oder Genehmigung des Vertreters unwirksam, wenn sie nicht lediglich rechtlich vorteilhaft sind. Dies bedeutet im Umkehrschluss, dass bei lediglich rechtlich vorteilhaften Willenerklärungen der Minderjährige keine Einwilligung benötigt, da er nicht geschützt werden muss. Lediglich rechtlich vorteilhaft sind Willenserklärungen, die die Situation des Minderjährigen ausschließlich verbessern. Entstehen für den Minderjährigen irgendwelche rechtlichen Verpflichtungen, dann ist das Rechtsgeschäft nicht rechtlich vorteilhaft und bedarf der

13 Wie bereits erwähnt soll auf die Verträge mit Sponsoren oder sonstigen Dritten nicht eingegangen werden, da sie nicht Thema der Arbeit sind.

14 MüKo/*Schmitt*, BGB, Vorb. §§ 104 ff. BGB, Rn. 2.

Einwilligung oder Genehmigung[15]. Bei einem Vertrag mit einem Verein oder Verband oder einer Athletenvereinbarung entstehen unzweifelhaft auch rechtliche Verpflichtungen für den Minderjährigen wie beispielsweise die Spielregeln einzuhalten, regelmäßig am Training oder an Wettkämpfen teilzunehmen, bestimmte Ausrüstungsgegenstände zu tragen oder sportmedizinischen Weisungen zu folgen. Daher ist das Rechtsgeschäft nicht lediglich rechtlich vorteilhaft und bedarf der Einwilligung bzw. der Genehmigung des gesetzlichen Vertreters. Auch bei einem Beitritt zu einem Verein muss der gesetzliche Vertreter zustimmen[16]. Die gesetzlichen Vertreter des beschränkt Geschäftsfähigen sind in der Regel die Eltern. Diese üben gemäß § 1626 BGB die elterliche Sorge aus, wovon gemäß § 1629 BGB auch die Vertretung umfasst wird. Gemäß § 1629 Absatz 1 Satz 2 BGB vertreten die Eltern das Kind gemeinschaftlich; insofern besteht eine Gesamtvertretung. Dies bedeutet, dass nur beide Eltern zusammen befugt sind, Rechtsgeschäfte im Namen des Kindes vorzunehmen[17]. Von diesem Grundsatz gibt es allerdings Ausnahmen. So vertritt beispielsweise ein Elternteil das Kind alleine in dem Fall, in dem er die elterliche Sorge alleine ausübt oder ihm die Entscheidung nach § 1628 BGB übertragen wurde, § 1629 Absatz 1 Satz 3 BGB. Gesamtvertretung bedeutet auch nicht, dass immer beide Elternteile gemeinsam und gleichzeitig tätig werden müssen; es ist ausreichend, wenn die Willenserklärungen nacheinander abgegeben werden oder der ein Elternteil mit Zustimmung des anderen handelt[18]. Dies bedeutet, dass für einen Vertragsschluss die Mitwirkung von zumindest einem Elternteil erforderlich ist.

Geprüft werden muss, ob eine Ermächtigung der Eltern im Sinne des § 113 BGB für den Vertragsschluss ausreicht. Nach § 113 BGB kann der gesetzliche Vertreter den Minderjährigen ermächtigen, in Dienst oder in Arbeit zu treten. Der Minderjährige ist dann für solche Rechtsgeschäfte unbeschränkt geschäftsfähig, welche die Eingehung oder Aufhebung eines Dienst- oder Arbeitsverhältnisses oder die Erfüllung der sich aus einem solchen Verhältnis ergebenen Verpflichtungen betreffen. Durch diese Ermächtigung erlangt der Minderjährige eine Teilgeschäftsfähigkeit für den Bereich des Dienst- oder Arbeitsverhältnisses[19]. Gemäß § 113 Absatz 1 Satz 3 BGB sind Verträge, zu denen der gesetzliche

15 MüKo/*Schmitt*, BGB, § 107 BGB, Rn. 34.

16 jurisPK-BGB/*Otto*, § 38 BGB, Rn. 24.

17 MüKo/*Huber*, BGB, § 1629 BGB, Rn. 12.

18 Kaiser/Schnitzler/Friederici/Schilling/*Kaiser*, BGB Familienrecht, § 1629 BGB, Rn. 15; MüKo/*Huber*, BGB, § 1629 BGB, Rn. 12; Staudinger/*Peschel-Gutzeit* (2015), § 1629 BGB, Rn. 34.

19 ErfK/*Preis*, § 113 BGB, Rn. 1.

Vertreter der Genehmigung des Familiengerichts bedarf, ausgenommen. Dies bedeutet, dass in diesen Fällen die Ermächtigung nach § 113 BGB nicht ausreicht und der Minderjährige für diesen Bereich nicht geschäftsfähig wird. § 113 BGB findet in erster Linie schon dem Wortlaut nach nur auf Dienst- oder Arbeitsverhältnisse Anwendung. Auf Berufsausbildungsverhältnisse findet § 113 BGB keine Anwendung, da dort die Berufsausbildung und nicht die Leistung von Dienst und Arbeit im Vordergrund steht[20]. Gleiches gilt für Volontärverhältnisse, Anlernverträge und ähnliche Vertragsverhältnisse[21]. Dies bedeutet, dass bei einer Athletenvereinbarung oder einem Beitritt zu einem Verein § 113 BGB ebenfalls keine Anwendung findet. Demzufolge müssen die Eltern ihre Zustimmung erteilen. Wenn es sich jedoch um ein Arbeitsverhältnis handelt, bleibt die Möglichkeit einer Ermächtigung bestehen. Unbeschadet dessen muss geklärt werden, ob das Familiengericht zu dem Vertragsabschluss zustimmen muss.

## B. Mitwirkung des Familiengerichts

Als nächstes soll überprüft werden, ob es für den Abschluss eines Vertrages von einem minderjährigen Sportler mit einem Verein oder Verband über die Einwilligung der Eltern hinaus auch einer Genehmigung des Familiengerichts bedarf.

§ 1643 BGB bestimmt, dass es bei einzelnen Geschäften neben der Einwilligung der gesetzlichen Vertreter auch einer familiengerichtlichen Genehmigung bedarf. Eine solche Genehmigung des Familiengerichts wird in Fällen benötigt, in denen nach § 1821 und nach § 1822 Nr. 1, 3, 5, 8–11 BGB auch ein Vormund der Genehmigung bedarf. Für die Fälle der nicht genannten Nummern des § 1822 BGB bedarf es keiner familiengerichtlichen Genehmigung. Die Vorschrift soll bei besonders schwerwiegenden Fällen die Kontrolle und Mitwirkung des Familiengerichts sichern. Allerdings werden den Eltern im Vergleich zum Vormund mehr Befugnisse eingeräumt, und so ist der Kreis der genehmigungsbedürftigen Geschäfte kleiner[22]. Der Genehmigungsvorbehalt bei den Eltern stellt eine Ausnahme von der in Art. 6 GG geregelten elterlichen Autonomie dar[23] und wird durch die Vermögenssorge und die schwerwiegenden Folgen gerechtfertigt[24].

---

20 MüKo/*Schmitt*, BGB, § 113 BGB, Rn. 14; Münchener Handbuch-ArbR Bd. 1/*Richardi/Buchner*, § 32 Rn 22; Staudinger/*Klumpp* (2017), § 113 BGB, Rn 15.

21 LAG Stuttgart BB 1956, 925; MüKo/*Schmitt*, BGB, § 113 BGB, Rn. 14.

22 Jauernig/*Budzikiewicz*, § 1643 BGB, Rn. 1; *Schlachter*, FamRZ 2006, 155, 156.

23 OLG Zweibrücken, FamRZ 2001, 181, 182; HK-BGB/*Kemper*, § 1643 BGB, Rn 2.

24 Bamberger/Roth/*Veit*, § 1643 BGB, Rn. 1.

§ 1643 i.V.m. § 1821 und § 1822 Nr. 1, 3, 5, 8–11 BGB bestimmt demnach in welchen Fällen die Eltern die Zustimmung des Familiengerichts benötigen. Für den Abschluss eines Vertrages kommt zum einen § 1822 Nr. 5 BGB in Betracht, welcher von einem Miet- oder Pachtvertrag oder anderem Vertrag spricht, durch den der Mündel zu wiederkehrenden Leistungen verpflichtet wird, wenn das Vertragsverhältnis länger als ein Jahr nach dem Eintritt der Volljährigkeit des Mündels fortdauern soll.

Zum anderen ist § 1822 Nr. 7 BGB in Erwägung zu ziehen. Dieser spricht von einem auf die Eingehung eines Dienst- oder Arbeitsverhältnisses gerichteten Vertrages, wenn der Mündel zu persönlichen Leistungen für längere Zeit als ein Jahr verpflichtet werden soll.

Die Rechtsfolgen der beiden Alternativen des § 1822 BGB sind sehr unterschiedlich. Während § 1643 BGB auf § 1822 Nr. 5 BGB mit Folge der Genehmigungsbedürftigkeit des Familiengerichts verweist, ist dieser Verweis in § 1643 BGB auf § 1822 Nr. 7 BGB nicht gegeben, was Genehmigungsfreiheit zur Folge hat. Je nachdem, welche Nummer des § 1822 BGB zur Anwendung kommt, bedarf es entweder einer zusätzlichen Genehmigung des Familiengerichts oder nicht.

## I. Dienst- oder Arbeitsverträge

Dieses Problem hat vor allem für die Dienst- und Arbeitsverträge Praxisrelevanz, weswegen hierauf der Schwerpunkt der Prüfung liegt. Es kommt nicht selten vor, dass Kinder an den Verein gebunden werden und der Vertrag einerseits eine Dauer von einem Jahr übersteigt und andererseits länger als ein Jahr nach Eintritt der Volljährigkeit fortdauern soll. Hintergrund ist, dass die Talente möglichst lange an den Verein gebunden werden sollen, damit dieser den Sportler „ausbilden", fördern und letztendlich von ihm profitieren kann. Zur Verdeutlichung der Aktualität dieses Problems wird als Beispiel ein Vertrag aus dem Bereich des Jugendfußballs genannt, über den zunächst das LAG Mecklenburg-Vorpommern[25] und dann auch das BAG[26] zu entscheiden hatte. In dem Fall unterzeichnete ein junger Fußballspieler einen Vertragsspielervertrag. Der im Januar 1991 geborene Sportler war bei Vertragsabschluss am 1. Juli 2006 15 Jahre alt und die Laufzeit des Vertrages betrug knapp vier Jahre, da der Vertrag ohne Kündigungsmöglichkeit bis zum 30. Juni 2010 geschlossen wurde. Demnach sollte der Vertrag bis ein Jahr nach Eintritt der Volljährigkeit bestehen bleiben. Insofern kommt zum

25 LAG Mecklenburg-Vorpommern v. 15.09.2011, Sa 19/11; SpuRt 2012, 80, 83.
26 BAG NZA 2013, 1206.

einen § 1822 Nr. 7 BGB in Betracht, da dieser von „Dienst- oder Arbeitsverhältnis“ spricht und der Vertragsspielervertrag ein solches darstellte. Zum anderen ist aber auch § 1822 Nr. 5 BGB denkbar, da der Mündel bei einem Vertragsspielervertrag zu wiederkehrenden Leistungen verpflichtet wird und der Vertrag auch länger als ein Jahr nach Eintritt der Volljährigkeit hinaus bestehen soll.

Fraglich ist demnach, ob Dienst- oder Arbeitsverträge, die den Mündel länger als ein Jahr nach Eintritt der Volljährigkeit verpflichten, unter § 1822 Nr. 5 BGB oder § 1822 Nr. 7 BGB fallen.

### *1. Erfordernis der Genehmigung des Familiengerichts*

Nach einer Ansicht fallen die Dienst- und Arbeitsverträge[27] des Minderjährigen mit dem Verein unter den Genehmigungsvorbehalt, da sie von §§ 1643, 1822 Nr. 5 BGB erfasst werden[28]. Dieser sieht einen Genehmigungsvorbehalt des Familiengerichts für Miet-, Pacht- oder andere Verträge vor, die den Minderjährigen zu wiederkehrenden Leistungen verpflichten und länger als ein Jahr nach Eintritt der Volljährigkeit des Mündels dauern sollen. §§ 1643, 1822 Nr. 5 BGB findet keine Anwendung, wenn das Vertragsverhältnis zwar auf diese Zeit geschlossen wurde, aber früher gekündigt werden kann[29].

Während eine ältere Meinung in der Literatur davon ausgegangen ist, dass sich aus einem Vergleich mit den §§ 197, 223, 902 BGB und § 1126 BGB ergebe, dass „wiederkehrende Leistungen“ nur wiederkehrende Geldleistungen bedeute[30], ist heute in der Literatur, auch von den Vertretern der Ansicht, dass Dienst- und Arbeitsverträge unter § 1822 Nr. 7 BGB fallen[31], einhellige Ansicht, dass wiederkehrende Leistungen nicht Geldleistungen sein müssen[32]. Unter

27 In diesem Abschnitt sind die Arbeitsverträge gemäß dem Wortlaut des § 1822 Nr. 7 BGB den Dienstverträgen gleichzusetzen.

28 Bamberger/Roth/*Bettin*, § 1822 BGB, Rn. 19; *Dienstag*, JW 1930, 433; *Fomferek*, NJW 2004, 410, 412; *Gernhuber/Coester-Waltjen*, Familienrecht, § 60, Rn. 111; *Hager*, in: Walker, Kinder- und Jugendschutz im Sport, S. 27, 32; *Hueck/Nipperdey*, Arbeitsrecht, § 30, Fn. 17; Münchener Handbuch-ArbR Bd. 1/*Richardi/Buchner*, § 32, Rn. 57; *Redell*, Causa Sport 2015, 28, 30 ff.; Soergel/*Zimmermann*, § 1822 BGB, Rn. 31; *Veit*, in: FS-Birk, S. 877, 895f.

29 HK-BGB/*Kemper*, § 1822 BGB, Rn. 7.

30 *Dienstag*, JW 1930, 433.

31 jurisPK-BGB/*Lafontaine*, § 1822 BGB, Rn. 96; RGRK-BGB/*Dickenscheid*, § 1822 BGB, Rn. 35.

32 Soergel/*Zimmermann*, § 1822 BGB, Rn. 31; Staudinger/*Veit* (2014), § 1822 BGB, Rn. 109.

wiederkehrenden Leistungen fallen auch Sachleistungen sowie Leistungen jeder Art. An dieser Stelle besteht kein Unterschied zwischen beweglichen und unbeweglichen Sachen als Leistungsgegenstand. Ebenso wenig komme es darauf an, ob der Mündel Mieter oder Vermieter bzw. Pächter oder Verpächter sei[33]. Ein Vergleich mit der Reallast des § 1105 BGB zeige, dass nicht nur Geldleistungen erfasst werden, sondern auch wiederkehrende Dienstleistungen vereinbart werden können[34]. Auch aus einem Vergleich mit den § 902 und § 1126 BGB lasse sich nicht entnehmen, dass mit „wiederkehrenden Leistungen" nur Geldleistungen gemeint sein sollen, denn sowohl § 902 BGB als auch § 1126 BGB treffen Bestimmungen, die auch für die Reallast gelten[35]. Insbesondere stehe § 113 BGB der Anwendbarkeit des § 1822 Nr. 5 BGB auf Arbeitsverträge nicht entgegen, da die Ermächtigung des § 113 Satz 1 BGB nicht auch langfristige Verträge im Sinne des § 1822 Nr. 5 BGB erfasse[36].

*Fomferek* begründet die Anwendung von § 1822 Nr. 5 BGB auf Arbeitsverträge mit einer Entscheidung des Bundesverfassungsgerichts von 1986[37]. In diesem Beschluss stellte das Bundesverfassungsgericht fest, dass durch die gesetzliche Vertretung der Kinder durch die Eltern folge, dass nicht nur die allgemeine Handlungsfreiheit, sondern auch das allgemeine Persönlichkeitsrecht (Art. 2 Absatz 1 i.V.m. Art. 1 Absatz 1 GG) der Kinder berührt werde. Das Recht auf individuelle Selbstbestimmung werde berührt, wenn die Eltern minderjähriger Kinder kraft der ihnen zustehenden Vertretungsmacht ihre Kinder finanziell verpflichten können und unter Umständen könne sich diese unkontrollierte Entscheidungsbefugnis negativ für die Kinder auswirken[38]. Aus diesem Grund forderten die Richter, dass den Kindern nach Eintritt der Volljährigkeit die Möglichkeit bleiben muss, ihr Leben selbst und ohne unzumutbare Belastungen zu gestalten und dass sie nicht mit Schulden in die Volljährigkeit „entlassen" werden, für die sie nicht verantwortlich sind[39]. In der Folge hat der Gesetzgeber § 1629a BGB erlassen, wodurch die Haftung des Minderjährigen gerade für diese Fälle begrenzt wird. *Fomferek* zieht aus dieser Entscheidung den Schluss, dass § 1822 Nr. 5 BGB auf Arbeitsverträge angewendet werden könne. Durch die Arbeitsverträge werde die Freiheit der Minderjährigen, wie

---

33 Palandt/*Götz*, § 1822 BGB, Rn. 14; Staudinger/*Veit* (2014), § 1822 BGB, Rn. 109.
34 *Hueck/Nipperdey*, Arbeitsrecht, § 30, Fn. 17; *Schlachter*, FamRZ 2006, 155, 157.
35 *Nesemann*, Arbeitsvertragliche Grenzen im professionellen Jugendfußball, S. 70.
36 Soergel/*Zimmermann*, § 1822 BGB, Rn. 31.
37 BVerfG NJW 1986, 1859.
38 BVerfG NJW 1986, 1859, 1860.
39 BVerfG NJW 1986, 1859, 1860.

bei einer Überschuldung, eingeschränkt. Für den Minderjährigen sei es aber nicht möglich, die Arbeitsverträge nach Eintritt der Volljährigkeit, ähnlich wie durch die Beschränkung der Haftung Minderjähriger, zu kündigen. Daher biete nur eine vorherige Genehmigung des Familiengerichts und eine Anwendung des § 1822 Nr. 5 BGB einen ausreichenden Schutz für die Minderjährigen[40].

Weiter wird angeführt, § 1822 Nr. 5 BGB komme für Arbeitsverträge zur Anwendung, die für länger als ein Jahr nach Eintritt der Volljährigkeit andauern sollen, da § 1822 Nr. 5 BGB und § 1822 Nr. 7 BGB unterschiedliche Zielsetzungen aufweisen[41]. § 1822 Nr. 7 BGB wolle Verträge der Kontrolle unterwerfen, die länger als ein Jahr laufen, während § 1822 Nr. 5 BGB nur solche Verträge erfassen wolle, die sich länger als ein Jahr nach Eintritt der Volljährigkeit erstrecken[42]. Das Argument der Gegenseite, dass § 1822 Nr. 7 BGB spezieller als § 1822 Nr. 5 BGB sei und worauf im nächsten Abschnitt noch genauer eingegangen wird, treffe nicht zu. Vielmehr könnten beide nebeneinander zur Anwendung kommen. Dies ergebe sich daraus, dass auch § 1822 Nr. 4 BGB neben § 1822 Nr. 5 BGB anwendbar sei[43]. Sowohl § 1822 Nr. 4 BGB als auch § 1822 Nr. 5 BGB sprechen von einem „Pachtvertrag" und keine Vorschrift verdränge die andere[44]. Dies gelte auch für das Verhältnis zwischen § 1822 Nr. 5 BGB und § 1822 Nr. 7 BGB.

Durch die Einführung des § 1822 Nr. 7 BGB sollte die Stellung des Mündels beim Abschluss von Arbeitsverträgen verstärkt werden. Der Gesetzgeber wollte sich nicht dem Vorwurf aussetzen, für die Arbeitskraft der Unvermögenden schlechter zu sorgen als für das Vermögen wohlhabender Mündel[45].

### 2. *Keine Genehmigung des Familiengerichts notwendig*

Eine andere Ansicht geht davon aus, dass die Arbeitsverträge des Minderjährigen unter § 1822 Nr. 7 BGB fallen, mit der Folge, dass es keiner Genehmigung des Familiengerichts bedarf[46]. Argumentiert wird vor allem mit der

40 *Fomferek*, NJW 2004, 410, 412.

41 *Gernhuber/Coester-Waltjen*, Familienrecht, § 60, Rn. 111.

42 *Hager*, in: Walker, Kinder- und Jugendschutz im Sport, S. 27, 32.

43 *Gernhuber/Coester-Waltjen*, Familienrecht, § 60, Rn. 111.

44 *Gernhuber/Coester-Waltjen*, Familienrecht, § 60, Rn. 111.

45 *Hager*, in: Walker, Kinder- und Jugendschutz im Sport, S. 27, 32; Protokolle der Kommission zur II Lesung des Entwurfs des BGB, Bd. IV Familienrecht, S. 792.

46 BAG NZA 2013, 1206, Rz. 49; Erman/*Schulte-Bunert*, § 1822 BGB, Rn. 23; Handbuch Fußball-Recht/*Breucker*/*Wüterich*, Kapitel 9, Rn. 68; jurisPK-BGB/*Lafontaine*, § 1822 BGB, Rn. 99; *Kurz*, NJW 1992, 1798, 1802; RGRK-BGB/*Dickenscheid*, § 1822 BGB, Rn. 35; *Schlachter*, FamRZ 2006, 155, 157; Staudinger/*Veit* (2014), § 1822 BGB, Rn. 114,

Entstehungsgeschichte der Norm. In der ursprünglichen Fassung des Bürgerlichen Gesetzbuches waren die § 1822 Nr. 6 und 7 BGB noch nicht enthalten. Diese wurden erst durch den Beschluss der II. Kommission eingefügt. Diesem lag ausweislich der Protokolle[47] der Gedanke zu Grunde, dass Lehr- und Dienstverträge, die auf eine längere Zeit abgeschlossen werden, Geschäfte solcher Art seinen, die einer besonders sorgfältigen Prüfung bedürfen. Man dürfe zu dem Vormund nicht immer das Vertrauen haben, dass er sich die Mühe mache, ein Lehr- oder Arbeitsverhältnis auszuwählen, bei dem für den Mündel materielles Wohlbefinden und sittliche Förderung zu erhoffen sei[48]. Kontrolle sollte über die Tätigkeit des Vormunds erlangt werden, nicht über die der Eltern[49]. Insbesondere wurde bei den Erwägungen nicht berücksichtigt, dass die länger als ein Jahr über die Volljährigkeit hinausgehenden Arbeitsverträge schon unter § 1822 Nr. 5 BGB fallen könnten[50]. Die nachträgliche Einfügung des § 1822 Nr. 7 BGB wäre nicht nötig gewesen, wenn § 1822 Nr. 5 BGB Arbeitsverträge hätte umfassen sollen[51]. Wenn der Gesetzgeber die Arbeitsverträge auch unter § 1822 Nr. 5 BGB hätte fassen wollen, hätte er sie auch ausdrücklich nennen können und nicht unter die anderen Verträge zu verstecken brauchen[52].

§ 1822 Nr. 7 BGB stelle eine Sondervorschrift dar und gehe § 1822 Nr. 5 BGB vor. Zwischen den beiden Nummern liege Spezialität vor[53] und es kommen nicht beide nebeneinander zur Anwendung, wie dies bei § 1822 Nr. 4 BGB und § 1822 Nr. 5 BGB der Fall ist. Die teilweise von der Gegenansicht gezogene Parallele zur Konkurrenz zwischen Nr. 4 und Nr. 5 des § 1822 BGB würde zu Unrecht gezogen[54]. Der Unterschied bei dem Verhältnis von § 1822 Nr. 4 und 5 BGB liege darin, dass beide Nummern in der ursprünglichen Fassung enthalten waren, hingegen wurde Nr. 7 erst später eingefügt. Der Gesetzgeber hatte sich damit auseinander gesetzt, ob Arbeitsverträge unter

---

130; *Walker*, in: Walker, Kinder- und Jugendschutz im Sport, S. 45, 52; *Wüterich/Breucker*, Das Arbeitsrecht im Sport, 3. Teil, § 5, Rn. 160.

47 Protokolle der Kommission zur II Lesung des Entwurfs des BGB, Bd. IV Familienrecht, S. 792; *Walker*, in: Walker, Kinder- und Jugendschutz im Sport, S. 45, 52.

48 Protokolle der Kommission zur II Lesung des Entwurfs des BGB, Bd. IV Familienrecht, S. 792.

49 So auch *Walker*, in: Walker, Kinder- und Jugendschutz im Sport, S. 45, 52.

50 *Walker*, in: Walker, Kinder- und Jugendschutz im Sport, S. 45, 52.

51 jurisPK-BGB/*Lafontaine*, § 1822 BGB, Rn. 99; RGRK-BGB/*Dickenscheid*, § 1822 BGB, Rn. 35; Staudinger/*Veit* (2014), § 1822 BGB, Rn. 114, 130.

52 *Walker*, in: Walker, Kinder- und Jugendschutz im Sport, S. 45, 52.

53 *Fröschle*, Sorge und Umgang, Rn. 605; jurisPK-BGB/*Lafontaine*, § 1822 BGB, Rn. 99.

54 Staudinger/*Veit* (2014), § 1822 BGB, Rn. 114.

§ 1822 Nr. 5 BGB subsumiert werden sollen und sich dagegen entschieden[55]. Zudem habe das Nebeneinander von Nr. 4 und Nr. 5 den Sinn, dass unter Nr. 4 auch kurzfristige Schuldverhältnisse fallen, während bei der Nr. 5 wie bei der Nr. 7 eine bestimmte Vertragsdauer Tatbestandsvoraussetzung sei[56]. Würde man § 1822 Nr. 5 BGB trotz der spezielleren Regelung des § 1822 Nr. 7 BGB anwenden, würde man den Willen des Gesetzgebers, die Eltern bei der Begründung von Arbeitsverhältnissen Minderjähriger freier zu stellen als den Vormund, aushebeln[57].

Weiter wird angeführt, dass dem Argument von *Fomferek*[58] nicht gefolgt werden könne. Zwar werde richtigerweise erkannt, dass das BVerfG in seinem Beschluss dem Minderjährigen ein selbstbestimmtes und selbstverantwortliches Leben sichern wollte, aber aus dieser allgemeinen Vorgabe ergebe sich nicht, dass § 1822 Nr. 5 BGB auch Arbeitsverträge erfasse[59].

Weiter wird die Anwendung des § 1822 Nr. 7 BGB mit einem Vergleich zu § 113 BGB begründet. Beide Bestimmungen sprechen ausdrücklich von „Dienst- und Arbeitsverhältnissen", während § 1822 Nr. 5 BGB von „wiederkehrenden Leistungen" spricht. § 1822 Nr. 5 BGB stehe daher außerhalb der dem Wortlaut nach zusammengehörenden Vorschriften. § 113 BGB sei eine Spezialermächtigung für Dienst- und Arbeitsverhältnisse und finde in § 1822 Nr. 7 BGB eine Ergänzung[60].

Durch ein Genehmigungserfordernis würde auch die Vertretungsmacht der Eltern in einer unzumutbaren Weise eingeschränkt[61]. Der Gesetzgeber sehe den Minderjährigen im Verhältnis zu seinen Eltern als weniger schutzbedürftig als im Verhältnis zu einem Vormund. Ausdruck dessen sei zum einen, dass § 1643 BGB auf nicht alle Nummern des § 1822 BGB verweist und zum anderen, dass nur unter engen Voraussetzungen ein Eingriff in das elterliche Sorgerecht gemäß § 1629 Absatz 2 Satz 3 BGB oder § 1666 BGB möglich ist[62].

---

55 *Nesemann*, Arbeitsvertragliche Grenzen im professionellen Jugendfußball, S. 72.
56 *Nesemann*, Arbeitsvertragliche Grenzen im professionellen Jugendfußball, S. 72.
57 *Schlachter*, FamzRZ 2006, 155, 157.
58 *Fomferek*, NJW 2004, 410, 412; siehe dazu oben § 2 B. I. 1.
59 jurisPK-BGB/*Lafontaine*, § 1822 BGB, Rn. 98; *Nesemann*, Arbeitsvertragliche Grenzen im professionellen Jugendfußball, S. 71f.
60 *Kaskel*, JW 1929, 1263.
61 *Kurz*, NJW 1992, 1798, 1802.
62 *Schlachter*, FamzRZ 2006, 155, 157.

Die Rechtsprechung vertritt überwiegend ebenfalls die Auffassung, dass auf Arbeitsverträge § 1822 Nr. 7 BGB Anwendung findet[63]. Obwohl das LAG Berlin noch im Jahre 1928 entschieden hatte, dass § 1822 Nr. 5 BGB auf Arbeitsverträge anwendbar sei, da auch Arbeitsleistungen „wiederkehrende Leistungen" darstellten[64], hatte das RAG dieses Urteil wenig später mit dem Argument aufgehoben, dass § 1822 Nr. 7 BGB lex specialis sei[65]. Das LG Köln hat für einen Künstlervertrag, welcher einen Arbeitsvertrag darstelle, entschieden, dass § 1822 Nr. 7 BGB zur Anwendung komme. Die Eltern konnten ihre minderjährigen Kinder wirksam vertreten, ohne dass eine Genehmigung des Familiengerichts erforderlich gewesen wäre[66]. Ebenso entschied das LAG Mecklenburg-Vorpommern in dem eingangs erwähnten Fall des minderjährigen Sportlers. Das Gericht sieht zwar in dem in Frage stehenden Fördervertrag ein Geschäft, das sich unter § 1822 Nr. 5 BGB subsumieren lasse[67]. Der Fördervertrag habe den Kläger zu wiederkehrenden Leistungen verpflichtet und sollte auch länger als ein Jahr nach Eintritt der Volljährigkeit laufen. Trotzdem ist das LAG der Ansicht, das keine Genehmigung des Familiengerichts erforderlich war, da § 1822 Nr. 7 BGB eine spezielle Vorschrift für Arbeitsverträge darstelle und diese hier zur Anwendung komme[68]. Dass § 1643 BGB nicht auf § 1822 Nr. 7 BGB verweise und so im Gegensatz zu § 1822 Nr. 5 BGB keine Genehmigung des Familiengerichts erforderlich sei, stelle eine Abstufung des Schutzstandards für Kinder dar. Diese lasse sich aber mit der grundrechtlich geschützten Stellung der Eltern in Art. 6 GG, die das Sorgerecht ausüben, rechtfertigen[69]. Das BAG bestätigte die Entscheidung des LAG. Die Richter entschieden kurz und knapp, dass die Eltern bei ihrer Zustimmung nicht der Genehmigung des Familiengerichts bedürfen[70]. Das BAG hat die Begründung, warum § 1822 Nr. 7 BGB Anwendung finden soll, offen gelassen.

---

63 BAG NZA 2013, 1206, Rz. 49; LAG Mecklenburg-Vorpommern SpuRt 2012, 80, 82; LG Köln ZUM-RD 1999, 387, 389; LG Essen NJW 1965, 2302, 2303; RAG JW 1929, 1263.

64 LAG Berlin, HRR 1928, Nr. 1307.

65 RAG, JW 1929, 1263.

66 LG Köln ZUM-RD 1999, 387, 389.

67 LAG Mecklenburg-Vorpommern SpuRt 2012, 80, 82.

68 LAG Mecklenburg-Vorpommern SpuRt 2012, 80, 82.

69 LAG Mecklenburg-Vorpommern SpuRt 2012, 80, 82.

70 BAG NZA 2013, 1206, Rz. 49.

### 3. *Stellungnahme*

Dem Wortlaut nach kann eine Anwendung des § 1822 Nr. 5 BGB auf Dienst- und Arbeitsverträge, insbesondere auf die Verträge des Minderjährigen mit dem Verein nicht ausgeschlossen werden, da die „wiederkehrenden Leistungen" neben den Geldleistungen auch in persönliche Leistungen bestehen können[71]. Zudem kann das Vertragsverhältnis ohne weiteres für eine Dauer länger als ein Jahr nach Eintritt der Volljährigkeit abgeschlossen werden.

Der Sinn und Zweck der Vorschrift besteht darin, den Minderjährigen bestmöglich zu schützen. Die Überlegung, § 1822 Nr. 5 BGB mit dem Erfordernis einer familiengerichtlichen Genehmigung auf Arbeitsverträge anzuwenden, erscheint daher auf den ersten Blick durchaus erwägenswert. Durch einen Vertrag, der über mehrere Jahre andauert und auch ein Jahr nach Eintritt der Volljährigkeit bestehen bleiben soll, entstehen enorme Belastungen und Verpflichtungen für den Minderjährigen. Dem Minderjährigenschutz wird eventuell nur durch die elterliche Zustimmung nicht genügend Rechnung getragen. Gerade im Jugendsport sind es oft die Eltern, die ihre Kinder fördern und auch fordern. Die Eltern entwickeln in manchen Fällen einen ungesunden Ehrgeiz, der über den der Kinder weit hinaus geht. Viele Eltern sehen ihre talentierten kleinen Lieblinge bereits als die nächsten Olympiasieger oder Weltmeister, und mit den Medaillen im Hinterkopf werden aus der Euphorie heraus vielleicht manchmal Verträge unterschrieben und Verpflichtungen eingegangen, die bei objektiver Betrachtung noch einmal überdacht werden müssten. Aus diesem Grund erscheint das zusätzliche Erfordernis einer familiengerichtlichen Genehmigung durchaus als willkommen und als eine Art Kontrolle, die den Minderjährigen zusätzlich schützt. Der Vertrag wird durch den unbeteiligten objektiven Familienrichter geprüft und entweder wird eine Genehmigung erteilt oder nicht.

Jedoch ist die Autonomie der Eltern sehr wichtig. So steht die Familie in Art. 6 Absatz 1 GG unter besonderem Schutz und die Pflege und Erziehung der Kinder ist als natürliches Recht der Eltern in Art. 6 Absatz 2 Satz 1 GG grundgesetzlich geschützt. Dass Eltern und Vormund in der Reichweite der Vertretung und der Sorge einen unterschiedlichen Stellenwert genießen, erfuhr im Gesetz an mehreren Stellen eine Ausprägung. So bedürfen die Eltern gemäß § 1643 i.V.m. §§ 1821, 1822 BGB nur für eine geringe Anzahl von Fällen der Genehmigung des Familiengerichts. Das Gesetz begegnet dem Vormund mit mehr Misstrauen[72]. Im Regelfall kennen die Eltern ihr Kind besser als dies ein

---

71 Palandt/*Götz*, § 1822 BGB, Rn. 14; Staudinger/*Veit* (2014), § 1822 BGB, Rn. 109.

72 *Gernhuber/Coester-Waltjen*, Familienrecht, § 71, Rn. 6.

Vormund tut und haben eine persönlichere und engere Verbindung zu ihrem Kind. Die Eltern können unter Umständen besser entscheiden und einschätzen, was das Beste für ihr Kind ist. Aus diesem Grund ist es auch gerechtfertigt, dass die Eltern alleine, ohne eine zusätzliche Genehmigung des Familiengerichts, entscheiden können, ob ihr Kind ein Arbeitsverhältnis abschließt oder nicht.

Des Weiteren lässt sich auch mit der Entstehungsgeschichte der Norm des § 1822 BGB erklären, dass § 1822 Nr. 7 BGB Vorrang vor § 1822 Nr. 5 BGB genießt. Durch die spätere Einfügung der Nr. 7 und der darin vorgenommenen Konkretisierung auf Dienst- und Arbeitsverträge, wollte Gesetzgeber bewirken, dass für Arbeitsverträge Nr. 7 zur Anwendung kommt. Wenn der Gesetzgeber auch für die Arbeitsverträge den Genehmigungsvorbehalt des Familiengerichts hätte erreichen wollen, hätte er in § 1643 BGB auf § 1822 Nr. 7 BGB verweisen können[73].

Insbesondere spricht auch die Entscheidung des BAG für die Annahme einer Genehmigungsfreiheit. Das BAG hat die Entscheidung des LAG in Bezug auf die Einordnung unter § 1822 Nr. 7 BGB bestätigt. Die Entscheidung ist zu begrüßen. Auch wenn die Erfurter Richter keine Begründung für ihr Ergebnis nennen, so kann davon ausgegangen werden, dass der Argumentation des LAG zugestimmt wurde. Dieses nimmt an, dass sich der Vertrag zwar auch unter § 1822 Nr. 5 BGB subsumieren lasse, aber stellt vollkommen zu Recht darauf ab, dass § 1822 Nr. 7 BGB lex specialis ist und § 1822 Nr. 5 BGB vorgeht[74]. Die Argumentation mit dem Verweis auf *Schlachter*[75], dass eine Abstufung des Schutzstandards zwischen Mündel-Kindern und Kindern, deren gesetzliche Vertreter die Eltern sind, mit Blick auf Art. 6 Absatz 1 GG gerechtfertigt ist, ist zu begrüßen.

Dies hat auch Auswirkungen für den Mustervertrag für Vertragsspieler vom DFB (Deutscher Fußball-Bund)[76] sowie den DFB-Musterfördervertrag. Für beide Verträge genügt die Unterschrift der gesetzlichen Vertreter, und es wird keine Genehmigung des Familiengerichts gefordert. Während in einer älteren Version des Musterfördervertrages noch die Genehmigung des Familiengerichts notwendig war[77], lässt sich in der aktuellen Version[78] nicht mehr die Ergänzung finden, dass die Genehmigung des Familiengerichts als Anlage anbei liegt.

---

73 So auch *Schlachter*, FamRZ 2006, 155, 157.

74 LAG Mecklenburg-Vorpommern SpuRt 2012, 80, 82.

75 *Schlachter*, FamRZ 2006, 155, 157.

76 Abrufbar unter: http://www.dfb.de/fileadmin/_dfbdam/31696-Mustervertrag_Vertragsspieler_03-2014.pdf; zuletzt aufgerufen am 31.03.2018.

77 Die ältere Version des Fördervertrages ist abgedruckt bei *Nesemann*, Arbeitsvertragliche Grenzen im professionellen Jugendfußball, S. 156–162.

78 Aktuelle Version des Musterfördervertrags abgedruckt als Anhang B.

### 4. *Zwischenergebnis*

Im Ergebnis kommt § 1822 Nr. 7 BGB bei Dienst- und Arbeitsverträgen, insbesondere bei Verträgen junger Sportler mit dem Verein, zur Anwendung. Dies bedeutet, dass diese Verträge nicht der zusätzlichen Genehmigung des Familiengerichts bedürfen.

### 5. *Auswirkung auf § 113 BGB*

Für eine eventuelle Ermächtigung der Eltern gemäß § 113 BGB bedeutet dies, dass diese gemäß § 113 Absatz 1 Satz 3 BGB nicht ausgeschlossen, sondern grundsätzlich erteilt werden kann. Sollte es sich bei den Verträgen hingegen um Berufsausbildungsverträge handeln, so scheidet die Ermächtigungsmöglichkeit des § 113 BGB aus. *Veit* lässt für den Fall, dass § 1822 Nr. 7 BGB zur Anwendung kommt, die Haftungsbeschränkung des § 1629a BGB analog zu[79]. Das Urteil des BVerfG von 1986[80], dass der Minderjährige nach Erreichen der Volljährigkeit die Möglichkeit erhalten muss, sein Leben selbst und ohne von den Eltern begründete Belastungen zu gestalten, spreche dafür, § 1629a BGB anzuwenden. Da § 1629a BGB neben den Verbindlichkeiten, die die Eltern im Rahmen ihrer gesetzlichen Vertretungsmacht begründet haben (§ 1629a Absatz 1 Satz 1 Halbsatz 1 BGB), nur für solche Verbindlichkeiten gilt, die der Minderjährige nach §§ 107, 108 oder 111 BGB mit Zustimmung der Eltern vorgenommen hatte und § 113 BGB nicht erwähnt wird, muss § 1629a BGB analog zur Anwendung kommen[81]. Obwohl § 112 BGB gemäß § 1629a Absatz 2 BGB explizit ausgenommen ist und durch die Nähe von § 112 BGB und § 113 BGB dies gerade gegen eine Anwendung des § 113 BGB im Rahmen des § 1629a BGB sprechen könnte, ist *Veit* der Ansicht, dass der Minderjährigenschutz und die Schutzrichtung des § 1629a BGB für eine Haftungsbeschränkungsmöglichkeit des § 1629a BGB sprechen. Zwar erlange der Minderjährige bei § 113 BGB eine gewisse Selbstständigkeit, diese sei aber geringer als im Fall des § 112 BGB[82].

---

79 *Veit*, in: FS-Birk, S. 877, 896f.

80 BVerfG NJW 1986, 1859, 1860.

81 *Veit*, in: FS-Birk, S. 877, 897.

82 *Veit*, in: FS-Birk, S. 877, 897f.

## II. Athletenvereinbarung, Ausbildungsvertrag, sonstige Verträge und Mitgliedschaft im Verein

Der Vollständigkeit halber soll auch die Notwendigkeit einer Genehmigung des Familiengerichts bei den Athletenvereinbarungen, den Ausbildungsverträgen, sonstigen Verträgen und der Mitgliedschaft in einem Verein untersucht werden.

Wenn es sich um einen Vertrag handelt, durch den der Minderjährige zu wiederkehrenden Leistungen verpflichtet wird und der kein Dienst- oder Arbeitsvertrag darstellt, ist § 1822 Nr. 7 BGB nicht lex specialis. Dies bedeutet, dass § 1822 Nr. 5 BGB mit der Folge eines Genehmigungserfordernisses Anwendung findet, vorausgesetzt, dass der Vertrag länger als ein Jahr nach Eintritt der Volljährigkeit fortdauern soll. Dies bedeutet, dass der Vertrag bis über das 19. Lebensjahr hinaus geschlossen werden muss. Sollte es sich um eine Art von Vertrag handeln, der unter den Anwendungsbereich des § 1822 Nr. 5 BGB fällt und § 1822 Nr. 7 BGB nicht vorrangig ist, unterliegt der Vertrag der Genehmigungspflicht des Familiengerichts.

Der Ausbildungsvertrag fällt unter § 1822 Nr. 6 BGB und da dieser in § 1643 BGB nicht genannt wird, unterfällt er nicht dem Genehmigungserfordernis.

Bei einer Athletenvereinbarung ist die rechtliche Einordnung nicht ganz einheitlich. Teilweise wird sie als ein Dienstvertrag gemäß § 611 BGB angesehen[83]. Teilweise wird davon ausgegangen, dass die einen atypischen schuldrechtlichen Vertrag darstellt[84]. Es soll hier nicht auf die allgemeinen Probleme der rechtlichen Einordnung einer Athletenvereinbarung eingegangen werden. Jedenfalls wird die Athletenvereinbarung allgemein nur für die Dauer von einem Jahr abgeschlossen, sodass die Voraussetzungen des § 1822 Nr. 5 BGB nicht vorliegen können. § 1822 Nr. 5 BGB setzt voraus, dass der Vertrag den Minderjährigen über das 19. Lebensjahr hinaus verpflichten soll. Dies bedeutet, dass der Minderjährige zumindest 17 Jahre bei Vertragsschluss gewesen sein muss. Ein Jahr später ist er aber erst 18 Jahre alt und hat das 19. Lebensjahr noch nicht erreicht. Folglich kann es unabhängig von der Einordnung einer Athletenvereinbarung nicht zu einem Genehmigungserfordernis kommen.

---

83 *Thieme*, Sportler und Verein, S. 8.

84 PHB-SportR/*Fritzweiler*, 3. Teil, 1. Kapitel, Rn. 16; *Steinle*, in: Steinle, Rechtliche Problemstellungen um Athletenvereinbarungen, S. 9, 15.

Der Beitritt zu einem Verein unterfällt nicht § 1822 Nr. 5 BGB, da eine Austrittsmöglichkeit besteht[85]. Demnach ist der Beitritt zu einem Verein genehmigungsfrei und unterliegt nur der Beteiligung der gesetzlichen Vertreter.

## C. Ergebnis

Wenn es sich um einen Arbeitsvertrag oder einen Dienstvertrag handelt, bedarf es keiner Genehmigung des Familiengerichts. Wenn es sich um einen anderen Vertrag handelt, der kein Dienst- oder Arbeitsvertrag ist, durch den der Minderjährige zu wiederkehrenden Leistungen verpflichtet wird und der länger als ein Jahr nach Eintritt der Volljährigkeit dauern soll, bedarf es der Genehmigung des Familiengerichts. Bei einer Athletenvereinbarung und der Mitgliedschaft zu einem Verein bedarf es ebenfalls keiner Genehmigung des Familiengerichts. Allerdings bedarf es bei all den genannten Vereinbarungen stets der Mitwirkung der gesetzlichen Vertreter.

85 *Hoffmann*, BB 1965, 126, 128 zum Beitritt zu einer Gewerkschaft; JurisPK-BGB/*Lafontaine*, § 1822 BGB, Rn. 104; MüKo/*Kroll-Ludwigs*, BGB, § 1822 BGB, Rn. 42; Palandt/*Götz*, § 1822, Rn. 14.

# § 3 Verstöße gegen Vorschriften des Jugendarbeitsschutzgesetzes

Der Jugendschutz genießt in Deutschland einen hohen Stellenwert. Dies sieht man daran, dass es unzählige Normen gibt, welche die Minderjährigen im Rechtsverkehr schützen. Der Sport beginnt schon im jüngsten Alter und kann mitunter mit vielen Trainingsstunden verbunden sein. Fraglich ist, ob die professionelle Ausübung des Sports mit den Normen des Jugendarbeitsschutzgesetzes in Einklang zu bringen ist.

Die Minderjährigen gehen mit den Vereinen oder Verbänden rechtliche Verpflichtungen ein und üben den Sport demgemäß aus. Das Jugendarbeitsschutzgesetz schützt den Minderjährigen bei der Beschäftigung. Dabei unterscheidet es zwischen der Beschäftigung von Kindern (§ 5, 6 JArbSchG) und der Beschäftigung von Jugendlichen (§§ 7–46 JArbSchG). Während die Kinderarbeit in Deutschland gemäß § 5 Absatz 1 JArbSchG explizit verboten ist, ist die Arbeit für Jugendliche unter strengen Voraussetzungen möglich. In einem ersten Schritt sollen die verschiedenen Beziehungen der Minderjährigen zu den Vereinen und Verbänden untersucht werden und es soll jeweils geprüft werden, ob der Anwendungsbereich des JArbSchG eröffnet ist. Dabei wird zum einen zwischen Individualsportarten und Mannschaftssportarten und zum anderen zwischen der jeweiligen rechtlichen Bindung unterschieden (A.). Danach soll differenziert zwischen Kindern (B.) und Jugendlichen (C.) untersucht werden, inwieweit die Tätigkeit der minderjährigen Sportler verboten ist. Darüber hinaus können die Minderjährigen auch mit Sponsoren oder sonstigen Dritten Verträge abschließen. Wie bereits erwähnt, sollen diese Verträge nicht Thema der Arbeit sein und werden daher bewusst nicht erörtert.

## A. Anwendungsbereich

Zunächst muss das Jugendarbeitsschutzgesetz persönlich und sachlich anwendbar sein.

### I. Persönlicher Anwendungsbereich des JArbSchG

Die persönliche Anwendbarkeit bestimmt § 2 JArbSchG. Gemäß § 2 Absatz 1 JArbSchG ist Kind, wer noch nicht 15 Jahre alt ist. Jugendlicher ist, wer 15 aber noch nicht 18 Jahre alt ist. Den Kindern gleichgestellt sind gemäß § 2 Absatz 3 JArbSchG Jugendliche, die der Vollzeitschulpflicht unterliegen. Dadurch sollen Doppelbelastungen durch Schule und Erwerbstätigkeit verhindert werden[86]. Die Vollzeitschulpflicht beginnt mit dem sechsten Lebensjahr[87]. Wann die Vollzeitschulpflicht endet, richtet sich nach den Schulgesetzen der Bundesländer[88]. In den meisten Bundesländern dauert die Vollzeitschulpflicht neun Jahre. In Berlin, Brandenburg, Bremen, Nordrhein-Westfalen und Thüringen endet sie erst nach zehn Jahren[89]. Unerheblich ist, ob das Schuljahr erfolgreich abgeschlossen wurde[90]. Dies bedeutet, dass die Vollzeitschulpflicht in der Regel mit 15 oder 16 Jahren endet.

## II. Sachlicher Anwendungsbereich des JArbSchG

Die sachliche Anwendbarkeit des JArbSchG ist in § 1 JArbSchG geregelt. Danach gilt das Gesetz für die Beschäftigung von Personen, in der Berufsausbildung (Nr. 1), als Arbeitnehmer oder Heimarbeiter (Nr. 2), mit sonstigen Dienstleistungen, die der Arbeitsleistung von Arbeitnehmern oder Heimarbeitern ähnlich ist (Nr. 3) oder in einem der Berufsausbildung ähnlichen Ausbildungsverhältnis (Nr. 4). Damit der sachliche Anwendungsbereich von § 1 JArbSchG eröffnet ist, muss folglich eine Beschäftigung vorliegen. Der Begriff der „Beschäftigung" ist im JArbSchG nicht legal definiert, aber man versteht darunter jede privatrechtliche und weisungsgebundene Tätigkeit, die in persönlicher Abhängigkeit erbracht wird[91]. Der Begriff ist als Abgrenzung zu einer selbstständigen und eigenwirtschaftlichen Betätigung zu begreifen[92]. Die Art der Beschäftigung konkretisieren dann die Nummern des § 1 Absatz 1 JArbSchG. Das JArbSchG erfasst nur eine Beschäftigung in der in den Nummern 1–4 bezeichnete Weise[93]. Unerheblich ist, wie das Beschäftigungsverhältnis bezeichnet wird, da es allein auf die die tatsächliche Gestaltung ankommt[94]. So sollen sämtliche Formen abhängiger

---

86 ErfK/*Schlachter*, § 2 JArbSchG, Rn. 3; *Lakies*, § 2 JArbSchG, Rn. 4.

87 ErfK/*Schlachter*, § 2 JArbSchG, Rn. 3.

88 *Lakies*, § 2 JArbSchG, Rn. 4.

89 ErfK/*Schlachter*, § 2 JArbSchG, Rn. 3; Henssler/Willemsen/Kalb/ *Tillmanns*, Arbeitsrecht, § 2 JArbSchG, Rn. 2.

90 *Zmarzlik/Anzinger*, § 2 JArbSchG, Rn. 15.

91 ErfK/*Schlachter*, § 1 JArbSchG, Rn. 4; *Weyand*, § 1 JArbSchG, Rn. 4; *Zmarzlik/Anzinger*, § 1 JArbSchG, Rn. 6.

92 *Lorenz*, § 1 JArbSchG, Rn. 4.

93 *Zmarzlik/Anzinger*, § 1 JArbSchG, Rn. 8.

94 ErfK/*Schlachter*, § 1 JArbSchG, Rn. 4; Kasseler Handbuch ArbR Bd. 1/*Taubert*, 3.2, Rn. 31; *Lakies*, § 1 JArbSchG, Rn. 8; *Molitor/Volmer/Germelmann*, § 1 JArbSchG, Rn. 20.

Beschäftigung erfasst werden[95]. Ebenfalls ist es ohne Bedeutung, ob der Vertrag wirksam ist, sodass auch faktische Arbeitsverhältnisse erfasst werden[96]. Darüber hinaus ist es irrelevant, ob eine Entgeltvereinbarung getroffen wurde[97].

Um beurteilen zu können, ob das JArbSchG für die minderjährigen Sportler Anwendung findet und sie beschäftigt werden, muss man untersuchen, wie die Tätigkeit der jungen Sportler aussieht und ob sich diese unter eine der vier Beschäftigungsarten des § 1 Absatz 1 JArbSchG subsumieren lässt. Dafür wird bei den Individualsportlern (unter 1.) als Verbindung zu dem Verband auf die Athletenvereinbarung abgestellt (aa.). und als Verbindung zu dem Verein (bb). wird zwischen einer vertraglichen Bindung ((1).) und einer nur vereinsrechtlichen Mitgliedschaft unterschieden ((2).). Bei den Mannschaftssportlern (unter 2.) werden allein die Verbindungen zu dem Verein untersucht, die entweder vertraglich (a.-c.) oder nur mitgliedschaftsrechtlich (d.) sein können.

### *1. Individualsportler*

Individualsportler kennzeichnet, dass sie den Sport alleine und nicht in einer Mannschaft ausüben. Typische Individualsportarten sind Schwimmen, Turnen, Leichtathletik, Tennis oder Golf. Bei den Individualsportlern sind Minderjährige in der Regel durch eine Vereinsmitgliedschaft an ihren Verein gebunden. Die Athleten, die einem Kader angehören, haben zusätzlich eine Athletenvereinbarung unterschrieben und sind so der Verbandsgewalt unterworfen. Über die Vereinsmitgliedschaft hinaus schließen die Minderjährigen auch Verträge mit den Vereinen. Als Grundlage sollen in erster Linie die rechtlichen Verbindungen der jungen Schwimmer, Turner und Tennisspieler dienen, da in den genannten Sportarten oft schon die ganz jungen Sportler einem hohen Trainingsaufwand ausgesetzt und sehr erfolgreich sind. In einem ersten Schritt soll der Werdegang und Alltag bzw. die tatsächliche Situation der minderjährigen Individualsportler dargestellt werden (a.), danach soll differenziert nach der Art der rechtlichen Bindung geprüft werden, ob eine Beschäftigung im Sinne des § 1 Absatz 1 JArbSchG vorliegt (b.).

95 *Lakies*, § 1 JArbSchG, Rn. 7.

96 ErfK/*Schlachter*, § 1 JArbSchG, Rn. 4; *Lakies*, § 1 JArbSchG, Rn. 8; Wedde/*Graue*, Arbeitsrecht, § 1 JArbSchG, Rn. 5.

97 ErfK/*Schlachter*, § 1 JArbSchG, Rn. 4; *Lakies*, § 1 JArbSchG, Rn. 7.

### a. *Werdegang und Alltag der jungen Individualsportler*

In diesem Abschnitt soll erläutert werden, wie sich der Alltag und der Werdegang der jungen Sportler im Schwimmen, Turnen und Tennis darstellt.

#### aa. Schwimmen

Im Schwimmen beginnt die Nachwuchsleistung bereits im Alter zwischen fünf und sechs Jahren, da es im Durchschnitt zehn Jahre dauert und 10.000 Trainingsstunden absolviert werden müssen, um an die Weltspitze zu gelangen[98]. Je nach Alter wird bei der Intensität des Trainings differenziert. Das Hochleistungstraining beginnt zwischen der zehnten und elften Klasse, dies bedeutet, zwischen dem 15. und 16. Lebensjahr[99]. Nachwuchssportler, bei denen ein Potenzial für internationale Spitzenerfolge gesehen wird, werden in Kaderkreise berufen und erhalten damit eine besondere Förderung. Sie haben das Recht, ihrem Kaderstatus entsprechend Trainingsstützpunkte des Landes bzw. des Bundes einschließlich der entsprechenden Serviceleistungen zu nutzen[100]. Aktuell gibt es fünf Bundesstützpunkte und drei Bundesnachwuchsstützpunkte in Deutschland. Dort trainieren mehrere hundert Jugendliche in den verschiedenen Altersklassen, meist von zwölf Jahren aufwärts[101].

#### bb. Turnen

Bei den Turnern des Deutschen Turner-Bundes (DTB) erfolgt die Ausbildung auf verschiedenen Stufen. Auf der untersten Stufe stehen die Turn-Talentschulen für die Jahrgangsstufen fünf und sechs bis zehn Jahre. Die Kinder erhalten an den Turn-Talentschulen eine breite Grundlagenausbildung bei gleichzeitiger

---

98 Nachwuchskonzeption Schwimmen 2020 des DSV, S. 6; abrufbar unter: http://www.dsv.de/fileadmin/dsv/documents/schwimmen/Amtliches/150327_Nachwuchskonzeption_Schwimmen_2020.pdf; zuletzt aufgerufen am 31.03.2018.

99 Abbildung 1: Etappen des langfristigen Leistungsaufbaus im Vergleich zu den Entwicklungsphasen und der schulischen Ausbildung der Nachwuchskonzeption Schwimmen 2020 des DSV, S. 8; abrufbar unter: http://www.dsv.de/fileadmin/dsv/documents/schwimmen/Amtliches/150327_Nachwuchskonzeption_Schwimmen_2020.pdf; zuletzt aufgerufen am 31.03.2018.

100 Nachwuchskonzeption Schwimmen 2020 des DSV, S. 66; abrufbar unter: http://www.dsv.de/fileadmin/dsv/documents/schwimmen/Amtliches/150327_Nachwuchskonzeption_Schwimmen_2020.pdf; zuletzt aufgerufen am 31.03.2018.

101 Schriftliche Auskunft von Herrn Henning Lambertz, Chefbundestrainer des DSV (Deutscher Schwimm-Verband), bestätigt und freigegeben durch E-Mail vom 15. Juni 2016.

Spezialisierung auf eine der olympischen DTB-Disziplinen (Gerätturnen, Trampolinturnen, Rhythmische Sportgymnastik) und somit eine Möglichkeit zum Einstieg in den Leistungssport. Träger der DTB-Turn-Talentschulen sind die regionalen Turn- und Sportvereine, Länder und/oder Kommunen, die sich um die Anerkennung als „DTB-Turn-Talentschule" beim Deutschen Turner-Bund bewerben müssen[102]. Insgesamt gibt es 125 Turn-Talentschulen in Deutschland[103]. Nach dem Besuch der DTB-Turn-Talentschule folgt für die Nachwuchstalente der Übergang in das Turn-Zentrum. Um das Prädikat „Turn-Zentrum" zu erhalten, müssen die Vereine gewisse Qualitätsstandards erfüllen[104]. In der Regel erfolgt der Übergang ins Turn-Zentrum mit elf Jahren[105]. Genauso wie die Turn-Talentschule werden auch in dem Turn-Zentrum verbindlich DTB-Rahmentrainingspläne umgesetzt[106]. Zudem erfolgt eine Umsetzung der Anforderungsprofile für die Kaderkreise. Neben geschultem Personal müssen auch Sportrealschule, Sportgymnasium, Elite- oder Partnerschule des Sports im Umkreis des Turn-Zentrums vorhanden sein[107]. Die Talente werden medizinisch und physiotherapeutisch durch angebundene Einrichtungen – möglichst Olympiastützpunkte – betreut[108]. Insgesamt gibt es 13 Turn-Zentren in Deutschland[109]. Als letzter Ausbildungsschritt erfolgt der Wechsel in einem Bundesstützpunkt. In den Bundesstützpunkten trainieren neben den Bundeskaderathleten auch der

---

102 http://www.dtb-online.de/portal/turnen/talentfoerderung/struktur-fakten/turn-talentschulen/was-ist-eine-turn-talentschule.html; zuletzt aufgerufen am 31.03.2018.

103 Ohne Unterscheidung nach Geschlecht oder Spezialisierung Stand 31.03.2018, davon 6 im Antragsverfahren; http://www.dtb-online.de/portal/turnen/talentfoerderung/struktur-fakten/turn-talentschulen/tts-im-ueberblick.html; zuletzt aufgerufen am 31.03.2018.

104 Das Prädikat DTB Turn-Zentrum, S. 3; abrufbar unter: http://www.dtb-online.de/portal/fileadmin/user_upload/dtb.redaktion/pdfs_Themen/Turnzentren/Praedikat_TZ.pdf; zuletzt aufgerufen am 31.03.2018.

105 Das Prädikat-DTB-Turn-Zentrum, S. 6; aubrufbar unter: http://www.dtb-online.de/portal/fileadmin/user_upload/dtb.redaktion/pdfs_Themen/Turnzentren/Praedikat_TZ.pdf; zuletzt aufgerufen am 31.03.2018.

106 http://www.dtb-online.de/portal/turnen/talentfoerderung/struktur-fakten/turn-zentren.html; zuletzt aufgerufen am 31.03.2018.

107 http://www.dtb-online.de/portal/turnen/talentfoerderung/struktur-fakten/turn-zentren.html; zuletzt aufgerufen am 31.03.2018.

108 http://www.dtb-online.de/portal/turnen/talentfoerderung/struktur-fakten/turn-zentren/ziele-qualitaetsstandards.html; zuletzt aufgerufen am 31.03.2018.

109 Ohne Unterscheidung nach Geschlecht und Spezialisierung; Stand 31.03.2018; http://www.dtb-online.de/portal/turnen/talentfoerderung/struktur-fakten/turn-zentren/tz-im-ueberblick.html; zuletzt aufgerufen am 31.03.2018.

Turn-Nachwuchs mit Final- und Medaillenchancen nach internationalen Standards. Insgesamt unterhält der Deutsche Turner-Bund 13 Bundesstützpunkte. Die Übergabe von Athleten von Turn-Zentren in die Bundesstützpunkte erfolgt in der Regel im Gerätturnen bei Frauen ab der Altersklasse 13, im Trampolinturnen ab der Altersklasse 16 und in der Rhythmischen Sportgymnastik ab der Altersklasse 13[110].

#### cc. Tennis

Die jungen Tennisspieler werden ebenfalls bereits ab einem sehr frühen Alter gefördert. Deutschlandweit gibt es 18 Leistungszentren, in denen Trainer auf Landesverbandsebene eine Talentsichtung vornehmen und D (Juniorinnen/Junioren) sowie D/C (U12-U15) Kaderathleten betreuen. Von den 18 Landesleistungszentren sind derzeit[111] drei Bundesstützpunkte (Hannover, Oberhaching und Stuttgart-Stammheim), in denen A (ohne Altersbeschränkung), B (U19-U23), und C (U15-U18) Kaderathleten betreut werden[112]. Neben den Landesleistungszentren und den Bundesstützpunkten besteht für die Tennisspieler die Möglichkeit eine Privatakademie zu besuchen oder mit einem Privattrainer zu trainieren[113]. Tennisspieler im C-Kader (U15-U18) bestreiten zwischen 60 und 70 Einzelmatches im Jahr und 25 bis 30 Doppel-Matches. Der Trainingsaufwand liegt bei den U15 und U16-Spielern bei 10 bis 12 Trainingseinheiten die Woche neben sechs bis acht Konditionseinheiten. Bei den U17 und U18-Spielern bleibt die Anzahl der Konditionseinheiten konstant, während der Umfang der Trainingseinheiten auf 12 bis 14 in der Woche gesteigert wird[114].

### *b. Rechtliche Einordnung*

Im Folgenden soll geprüft werden, ob die jungen Individualsportler im Sinne von § 1 Absatz 1 JArbSchG beschäftigt werden. Dabei wird zwischen einer Verbindung zum Verband und einer vereinsrechtlichen Bindung unterschieden, wobei bei der Bindung zum Verein nochmals danach differenziert wird, ob ein Vertrag unterschrieben wurde oder nicht.

---

110 Stand 31.03.2018; http://www.dtb-online.de/portal/turnen/talentfoerderung/struktur-fakten/bundesstuetzpunkte.html; zuletzt aufgerufen am 31.03.2018.

111 Ab 2017 ist ein vierter Bundesstützpunkt in Kamen geplant, DTB-Nachwuchsförderstruktur 2014, S. 6.

112 DTB-Nachwuchsförderstruktur 2014, S. 5.

113 DTB-Nachwuchsförderstruktur 2014, S. 6.

114 DTB-Nachwuchsförderstruktur 2014, S. 10.

#### aa. Athletenvereinbarung, Verbindung zum Verband

Die Athletenvereinbarung wird mit den Kaderathleten abgeschlossen. Als Beispiel sollen die minderjährigen Kaderathleten des Schwimm-, Turn- und Tennisverbandes herangezogen werden. Durch die Athletenvereinbarung unterwerfen sich die Athleten den Regelwerken des Verbandes. Sie verpflichten sich unter anderem, bestimmte Ausrüstungsgegenstände zu tragen, an Werbemaßnahmen teilzunehmen und ihre Persönlichkeitsrechte zu übertragen[115]. Die rechtliche Einordnung der Athletenvereinbarung ist umstritten. Die allgemeine Problematik im Zusammenhang mit Athletenvereinbarungen soll nicht Gegenstand dieser Arbeit sein. Die Athletenvereinbarung wird zwischen dem Sportler und dem Verband abgeschlossen. Sie ist klar vom Sportler- oder Spielervertrag abzugrenzen. Hier soll davon ausgegangen werden, dass Athletenvereinbarungen einen atypischen schuldrechtlichen Vertrag darstellen[116]. Überprüft werden muss, ob die minderjährigen Kaderathleten einer Beschäftigung im Sinne des § 1 Absatz 1 JArbSchG nachgehen.

##### (1) Berufsausbildung gemäß § 1 Absatz 1 Nr. 1 JArbSchG

Fraglich ist, ob es sich bei der Athletenvereinbarung um einen Berufsausbildungsvertrag nach § 1 Absatz 1 Nr. 1 JArbSchG handelt. Die Beschäftigung in der Berufsausbildung ist die Ausbildung im Rahmen des Berufsbildungsgesetzes nach einer bestimmten Ausbildungsordnung[117]. § 1 Absatz 1 Nr. 1 JArbSchG gilt für die Beschäftigung in allen anerkannten Ausbildungsberufen[118]. Diese sind in einem jährlich erscheinenden Verzeichnis des Bundesinstituts für Berufsbildung aufgeführt[119]. In Deutschland gibt es keine anerkannte Ausbildung zum professionellen Sportler. Die aufgeführten Berufe des Sport- und Fitnesskaufmanns sowie des Sportfachmanns beschäftigen sich nicht mit der Ausbildung als Sportler, sondern mit der Organisation und Verwaltung rund um den

---

115 PHB-SportR/*Fritzweiler*, 3. Teil, 1. Kapitel, Rn. 16.

116 PHB-SportR/*Fritzweiler*, 3. Teil, 1. Kapitel, Rn. 16; *Steinle*, in: Steinle, Rechtliche Problemstellungen um Athletenvereinbarungen, S. 9, 15; a.A. *Thieme*, Sportler und Verein, S. 8, nach dem die Athletenvereinbarung ein Dienstvertrag ist.

117 *Zmarzlik/Anzinger*, § 1 JArbSchG, Rn. 11.

118 *Lorenz*, § 1 JArbSchG, Rn. 11; Münchener Handbuch-ArbR Bd. 2/ *Anzinger*, § 309, Rn. 8.

119 Henssler/Willemsen/Kalb/*Tillmanns*, Arbeitsrecht, § 1 JArbSchG, Rn. 5; *Lorenz*, § 1 JArbSchG, Rn. 11; *Zmarzlik/Anzinger*, § 1 JArbSchG, Rn. 13; Liste von 2017 abrufbar unter https://www.bibb.de/dokumente/pdf/2018_01_23_verzeichnis_anerkannte_ausbildungsberufe_2017.pdf; zuletzt aufgerufen am 31.03.2018.

Sport. Der Sport- und Fitnesskaufmann übernimmt Verwaltungs- und Organisationsaufgaben und erarbeitet Konzepte für Sportangebote. Durch seine Tätigkeit trägt er zu einem reibungslosen Sportbetrieb bei[120]. Der Sportfachmann plant und koordiniert Trainings- und Wettkampfveranstaltungen für den Breiten- und Leistungssport und führt diese durch[121]. Folglich handelt es sich bei der Athletenvereinbarung nicht um einen Berufsausbildungsvertrag nach § 1 Absatz 1 Nr. 1 JArbSchG.

(2) Arbeitsverhältnis gemäß § 1 Absatz 1 Nr. 2 JArbSchG

Möglicherweise könnte es sich bei der Athletenvereinbarung um ein Arbeitsverhältnis nach § 1 Absatz 1 Nr. 2 JArbSchG handeln. Für den Arbeitnehmerbegriff wird auf die Begriffsbestimmung im allgemeinen Arbeitsrecht zurückgegriffen[122]. Arbeitnehmer ist danach, wer aufgrund eines privatrechtlichen Vertrags im Dienste eines anderen zur Leistung weisungsgebundener, fremdbestimmter Arbeit in persönlicher Abhängigkeit verpflichtet ist[123]. Bei der Athletenvereinbarung von Erwachsenen handelt es sich nicht um einen Arbeitsvertrag, da gerade die Weisungsgebundenheit fehlt. Der erwachsene Sportler ist in seiner Entscheidung frei und keinen arbeitsrechtlichen Weisungen des Verbandes unterworfen. Eventuell könnte die Athletenvereinbarung zwischen einem Minderjährigen und dem Verband anders zu qualifizieren sein, da er in die Betriebsorganisation eingebunden und dem Verband gegenüber weisungsgebunden ist[124]. Selbst wenn man zu dem Ergebnis gelangt, dass Minderjährige anders als Erwachsene in die Betriebsorganisation eingebunden sind und den Weisungen des Verbandes nachkommen müssen[125], handelt es sich nicht um ein klassisches Arbeitsverhältnis. Es kann nur eine

---

120 Beschreibung des Ausbildungsberufs Sport- und Fitnesskaufmann auf der Internetseite des Ausbildungsportals azubister; abrufbar unter: http://www.azubister.net/ausbildung/sport-fitnesskaufmann; zuletzt aufgerufen am 31.03.2018.

121 Beschreibung des Ausbildungsberufs Sportfachmann auf der Internetseite des Ausbildungsportals azubister; abrufbar unter http://www.azubister.net/ausbildung/sportfachmann; zuletzt aufgerufen am 31.03.2018.

122 *Molitor/Volmer/Germelmann*, § 1 JArbSchG, Rn. 29.

123 BAG v. 25.09.2013 – AP BGB § 611 Abhängigkeit Nr. 126, Rz. 16; BAG v. 15.02.2012 – AP BGB § 611 Abhängigkeit Nr. 123, Rz. 13; so auch demnächst nach § 611a BGB n.F.

124 So *Köhler*, Der Arbeitnehmerbegriff im Sport, S. 124 ff., 138.

125 So *Köhler*, Der Arbeitnehmerbegriff im Sport, S. 136; zu der Prüfung unten unter § 3 A. II. 1. b. aa. (3) (a).

sonstige Dienstleistung, die der Arbeitsleistung ähnlich ist, gemäß § 1 Absatz 1 Nr. 3 JArbSchG in Betracht kommen.

### (3) Arbeitnehmerähnliche Dienstleistung gemäß § 1 Absatz 1 Nr. 3 JArbSchG

In Betracht kann eine arbeitnehmerähnliche Dienstleistung nach § 1 Absatz 1 Nr. 3 JArbSchG kommen. Das Gesetz will mit der sonstigen Dienstleistung eine lückenlose Erfassung aller Tätigkeiten des Minderjährigen gewährleisten[126]. Die Einbeziehung soll aber nicht uneingeschränkt gelten. Damit eine arbeitnehmerähnliche Dienstleistung im Sinne des § 1 Absatz 1 Nr. 3 JArbSchG vorliegt, müssen drei Voraussetzungen gegeben sein. Erstens muss eine Tätigkeit wie eine Dienstleistung in abhängiger Stellung auf Weisung eines anderen erbracht werden. Zweitens muss mit der Tätigkeit Arbeit im wirtschaftlichen Sinne geleistet werden und der wirtschaftliche Nutzen muss dem zugute kommen, der die Weisungen erteilt. Drittens muss die Tätigkeit auf Grund einer festen, einem Arbeitsvertrag vergleichbaren, Bindung erbracht werden[127].

### (a) Abhängigkeit und Weisungsgebundenheit

Eine Tätigkeit in persönlicher weisungsgebundener Abhängigkeit liegt vor, wenn der Minderjährige Weisungen anderer Personen unterworfen ist oder von diesen angeleitet wird. Der Dritte muss Einfluss auf die Arbeitsleistung nehmen können[128]. Oft ist dieses Merkmal bereits erfüllt, wenn die Minderjährigen nicht als selbstständige Unternehmer oder Künstler die eigenen Angelegenheiten erledigen[129]. Durch das Weisungsrecht kann der Ort, die Zeit und die Art der Dienstleistung bestimmt werden[130]. Daher kommt es darauf an, ob die Verbände Einfluss auf die Tätigkeit der Sportler nehmen und der Minderjährige in den Trainings- und Wettbewerbsbetrieb eingegliedert ist. Teilweise

---

126 Münchener Handbuch-ArbR Bd. 2/*Anzinger*, § 309, Rn. 11.

127 Henssler/Willemsen/Kalb/*Tillmanns*, Arbeitsrecht, § 1 JArbSchG, Rn. 7; Kasseler Handbuch ArbR Bd. 1/*Taubert*, 3.2, Rn. 43; *Lorenz*, § 1 JArbSchG, Rn. 17; *Molitor/Volmer/Germelmann*, § 1 JArbSchG, Rn. 46 f.; Münchener Handbuch-ArbR Bd. 2/Anzinger, § 309, Rn. 11; *Walker*, in: Walker, Kinder- und Jugendschutz im Sport, S. 45, 59; *Zmarzlik/Anzinger*, § 1 JArbSchG, Rn. 20.

128 *Molitor/Volmer/Germelmann*, § 1 JArbSchG, Rn. 46.

129 *Zmarzlik/Anzinger*, § 1 JArbSchG, Rn. 21.

130 BAG v. 09.04.2014, AP BGB § 611 Abhängigkeit Nr. 127, Rz. 16; Kittner/Zwanziger/Deinert/*Deinert*, Arbeitsrecht, § 3, Rn. 35; Küttner/*Röller*, Personalbuch, Stichwort Arbeitnehmer, Rn. 4.

wird angenommen, dass die Voraussetzung der Weisungsgebundenheit bei jedem Sportler gegeben ist, der den Weisungen des Verbands bzw. des Trainers unterworfen ist. Allerdings liege darin nicht automatisch eine Anweisung im arbeitsrechtlichen Sinne. Vielmehr müsse die Weisungsgebundenheit von einer gewissen Qualität sein, die sich am Prüfungspunkt der festen Bindung ausdrücke[131]. Teilweise wird eine Abhängigkeit und Weisungsgebundenheit auch mit der Begründung verneint, dass das Anleiten und Anweisen durch einen Trainer grundsätzlich noch kein Anleiten im arbeitsrechtlichen Sinne darstelle[132]. Für die erwachsenen Kaderathleten wird überwiegend angenommen, dass sie ihre Trainings- und Wettkampfgestaltung selbst vornehmen und es daher an einer Abhängigkeit und Weisungsgebundenheit fehle[133]. Vertreten wird allerdings auch, dass dies bei den minderjährigen Kaderathleten anders zu beurteilen sei. Das Training der beispielsweise minderjährigen Turner bestehe aus einer verbindlichen Umsetzung von einheitlichen DTB-Rahmentrainingsplänen sowie Anforderungsprofilen für die Kaderkreise[134]. Der zeitliche Umfang sowie die Zahl und Zeitdauer der einzelnen Trainingseinheiten sei ebenfalls festgesetzt[135]. Zudem würden qualifizierte Trainer gestellt und der Minderjährige sei verpflichtet, an bestimmten nationalen und internationalen Wettkämpfen teilzunehmen. Die medizinische und physiotherapeutische Betreuung obliege dem Verband ebenso wie die Wettkampfvorbereitung. Der minderjährige Turner habe keine Möglichkeit für eine eigene Vorbereitung[136]. Die auferlegten Regularien bezögen sich nicht nur auf das Training und den Wettkampf, sondern auch auf die allgemeine Lebensweise[137]. Daraus resultiere, dass der Minderjährige so in den Trainings- und Wettkampfbetrieb eingegliedert sei, dass eine Abhängigkeit vorliege[138].

Untersucht wird, inwieweit die Minderjährigen tatsächlich in den Trainings- und Wettkampfbetrieb eingegliedert sind und ob sich daraus eine Abhängigkeit und Weisungsgebundenheit ergibt. Da eine Untersuchung nicht in

---

131 *Walker*, in: Walker, Kinder- und Jugendschutz im Sport, S. 45, 59.
132 *Lorenz*, § 1 JArbSchG, Rn. 19; *Molitor/Volmer/Germelmann*, § 1 JArbSchG, Rn. 46; *Zmarzlik/Anzinger*, § 1 JArbSchG, Rn. 21.
133 *Köhler*, Der Arbeitnehmerbegriff im Sport, S. 111 f.
134 *Köhler*, Der Arbeitnehmerbegriff im Sport, S. 136.
135 *Köhler*, Der Arbeitnehmerbegriff im Sport, S. 136; *Weyand*, in: FS-Düwell, S. 172, 178.
136 *Köhler*, Der Arbeitnehmerbegriff im Sport, S. 136.
137 *Weyand*, in: FS-Düwell, S. 172, 178.
138 *Köhler*, Der Arbeitnehmerbegriff im Sport, S. 136; *Weyand*, in: FS-Düwell, S. 172, 178.

allen Sportarten möglich ist, soll der Fokus hierbei auf den jungen Schwimmern, Turnern und Tennisspielern liegen.

(aa) Schwimmer

Bei den minderjährigen Schwimmern findet man einheitliche Rahmentrainingspläne, Nachwuchskonzeptionen und Perspektivteam[139] Pläne, die vom Verband vorgegeben werden und die auch verbindlich umgesetzt werden sollen[140]. Die minderjährigen Schwimmer erhalten einen genauen wöchentlichen Trainingsplan, nach dem sie trainieren sollen. Darin sind die Zeiten für Schule bzw. Ausbildung oder Beruf, Hausaufgaben, Regeneration, Physiotherapie sowie Land- und Wassertraining exakt festgelegt[141]. Die minderjährigen Schwimmer, die dem Perspektivteam angehören, haben neben dem Rahmentrainingsplan Lehrgangsmaßnahmen zu absolvieren. Diese finden zwischen neun und 16 Mal im Jahr statt[142]. Darüber hinaus gibt es für die verschiedenen Altersstufen Trainingsstundenvorgaben und Kilometervorgaben, die über das Jahr erreicht werden müssen[143]. Eine Kontrolle durch den Verband bzw. die Bundestrainer ist

---

139 Perspektiv-Team-Projekt ist ein intensiv betreutes Team seitens des DSV in den kommenden Jahren bis zu den Olympischen Spielen 2016 und 2020. In dieses Team werden jährlich die besten Nachwuchsathleten Deutschlands berufen, um gemeinsam in einer ansteigenden Zahl an Lehrgangswochen pro Saison miteinander und gegeneinander zu trainieren, sich bei nationalen und internationalen Wettkämpfen gegen die Besten der Welt zu messen und eng betreut durch die Diagnosezentren Planungs- und Durchführungssicherheit auf ihrem Weg zum Erfolg 2016/2020 zu erhalten; Das Perspektiv-Team-Projekt des Deutschen Schwimm-Verbandes, S. 1; abrufbar unter: http://www.dsv.de/fileadmin/dsv/images/schwimmen/News/2014_Ausschreibungen/Perspetiv_Team_Projekt__PTP__Endfassung.pdf; zuletzt aufgerufen am 31.03.2018.

140 Schriftliche Auskunft von Herrn Henning Lambertz, Chefbundestrainer beim DSV (Deutscher Schwimm-Verband), bestätigt und freigegeben durch E-Mail vom 15. Juni 2016.

141 Siehe Wochenplan eines Schülers an einer Eliteschule des Sports (EdS) unter Anhang A I.

142 Das Perspektiv-Team-Projekt des Deutschen Schwimm-Verbands, S. 2, abrufbar unter: http://www.dsv.de/fileadmin/dsv/images/schwimmen/News/2014_Ausschreibungen/Perspetiv_Team_Projekt__PTP__Endfassung.pdf; zuletzt aufgerufen am 31.03.2018.

143 Das Perspektiv-Team-Projekt des Deutschen Schwimm-Verbands, S. 17, abrufbar unter: http://www.dsv.de/fileadmin/dsv/images/schwimmen/News/2014_Ausschreibungen/Perspetiv_Team_Projekt__PTP__Endfassung.pdf; zuletzt aufgerufen am 31.03.2018.

auf Grund der Kapazitäten nicht möglich. Allerdings müssen die Schwimmer eine sogenannte Trainingsdatendokumentation wöchentlich abgeben, sodass der DSV (Deutscher Schwimm-Verband) eine Kontrolle über die geleisteten Kilometer und die Belastungsbereiche hat[144]. Die Abgabe der Trainingsdatendokumentation ist für den Schwimmer verpflichtend[145]. Allerdings ist auch eine eigene Vorbereitung der minderjährigen Sportler ohne Zutun des Verbands möglich. Zum Zeitpunkt der Qualifikation müssen gewisse Normen erfüllt werden; dann entscheidet die Leistung. Die Vorgaben und Maßnahmen des DSV sollen dazu beitragen, dass die Normen erreicht werden[146].

Damit nimmt der DSV Einfluss auf die Tätigkeit und der minderjährige Schwimmer ist in die Trainings- und Wettkampfgestaltung eingegliedert. Folglich kann eine Abhängigkeit und Weisungsgebundenheit bei den jungen Schwimmern nicht verneint werden.

#### (bb) Turnen

Auch bei den jungen Turnern gibt es Rahmentrainingspläne, die umgesetzt werden sollen. Allerdings gibt der Verband den jungen Turnern nicht das genaue Training vor. Was an welchem Tag und zu welcher Uhrzeit trainiert wird, obliegt dem jeweiligen Trainer vor Ort. Dies bedeutet, dass je nach Einrichtung und Anstellungsverhältnis der Trainer auch der Bundestrainer bzw. der Verband das Training vorgibt. Auch bei den Turnern gibt es Trainingsdatendokumentationen, wodurch der Verband eine Kontrollmöglichkeit über das Training hat[147]. Daher kann nicht einheitlich beantwortet werden, ob der junge Turner in die Trainings- und Wettkampfgestaltung eingebunden ist. Zumindest teilweise wird

---

144 Schriftliche Auskunft von Herrn Henning Lambertz, Chefbundestrainer des DSV (Deutscher Schwimm-Verband), bestätigt und freigegeben durch E-Mail vom 15. Juni 2016.

145 Das Perspektiv-Team-Projekt des Deutschen Schwimm-Verbands, S. 22, abrufbar unter: http://www.dsv.de/fileadmin/dsv/images/schwimmen/News/2014_Ausschreibungen/Perspetiv_Team_Projekt__PTP__Endfassung.pdf; zuletzt aufgerufen am 31.03.2018.

146 Schriftliche Auskunft von Herrn Henning Lambertz, Chefbundestrainer des DSV (Deutscher Schwimm-Verband), bestätigt und freigegeben durch E-Mail vom 15. Juni 2016.

147 Mündliche Auskunft von Sven Karg, Referent für Leistungssport und Anti-Doping bei DTB (Deutscher Turner-Bund), bestätigt und freigegeben durch E-Mail vom 29. August 2016.

eine Abhängigkeit und Weisungsgebundenheit auch bei den jungen Turnern nicht verneint werden können.

##### (cc) Tennis

Die Tennisspieler nehmen im Vergleich zum Turnen und Schwimmen eine Sonderstellung ein. Ihre rechtlichen Bindungen zu dem Deutschen Tennis Bund und den Landes Tennisverbänden soll im Folgenden dargestellt werden.

###### α Verbindung zum Deutschen Tennis Bund (DTB)

Die jungen Tennisspieler werden von ihrem Verband gefördert. Dazu werden individuelle Förderverträge zwischen den A-, B- oder C-Kaderathleten und dem Verband geschlossen, wobei es sich bei den Minderjährigen immer um C-Kaderathleten handelt. Inhalt dieser individuellen Förderverträge ist, dass sich der Minderjährige zu gewissen Leistungen verpflichtet und im Gegenzug eine Förderung in Form einer Bezuschussung erhält. Die Förderung enthält in der Regel keine direkten finanziellen Mittel, die dem Athlet frei zur Verfügung stehen, sondern die gewährten Leistungen sind u.a. für Betreuung, Planung, Lehrgangsmaßnahmen oder Reisekostenzuschüsse für Turniere, die mit dem Verband abgestimmt sind[148]. Die Förderverträge werden wie auch die Athletenvereinbarung für ein Jahr abgeschlossen[149]. Sofern der Minderjährige über die nötigen Mittel verfügt, unterhält er seinen eigenen Trainer und gegebenenfalls anderes Personal wie Physiotherapeuten oder ähnliches. Allerdings kommt dies bei den Minderjährigen sehr selten vor. Die Betreuungsleistungen werden dann von den Eltern geleistet. Der Minderjährige kommt eigenständig für die Reisen zu den Turnieren auf. Diese Kosten können mitunter sehr hoch sein, da die Turniere auf der Tour nicht auf Deutschland oder Europa begrenzt sind, sondern weltweit stattfinden. Die Reise-, Übernachtungs- und Verpflegungskosten für den Minderjährigen und sein mögliches Personal gehen dabei schnell in die Höhe[150]. Aus diesem Grund erhält

148 Mündliche Auskunft von Erik Krzemien, Verwaltungsdirektor des DTB und Ansprechpartner für Rechtsfragen, bestätigt und freigegeben durch E-Mail vom 13. Juni 2016.

149 Mündliche Auskunft von Erik Krzemien, Verwaltungsdirektor des DTB und Ansprechpartner für Rechtsfragen, bestätigt und freigegeben durch E-Mail vom 13. Juni 2016.

150 Mündliche Auskunft von Erik Krzemien, Verwaltungsdirektor des DTB und Ansprechpartner für Rechtsfragen, bestätigt und freigegeben durch E-Mail vom 13. Juni 2016.

der minderjährige C-Kaderathlet[151] eine Unterstützung seitens des Verbandes. Die Höhe lässt sich nicht pauschalisieren und hängt zum Teil von der Leistung, vor allem aber von der Perspektive, die der junge Sportler hat, ab. Durch die Förderverträge verpflichtet sich der minderjährige Tennisspieler unter anderem zur Teilnahme an Lehrgängen, zu Konditionstests, die Trainings- und Turnierplanung mit dem Verband abzusprechen und die Teilnahme für die Nationalmannschaft. Bei der Trainingsplanung werden Ziele formuliert. Dies können einzeln festgelegte Inhalte sein, wie beispielsweise die Rückhand zu verbessern. Ob die Verpflichtungen eingehalten werden, wird kontrolliert[152].

Durch die mit dem DTB (Deutscher Tennis Bund) abzustimmende Turnier- und Trainingsplanung nimmt der Verband Einfluss auf das Training des jungen Tennisspielers. Allerdings hat der Spieler seinen eigenen Trainer und kann in Eigenverantwortung bzw. mit seinem eigenen Trainer zusammen entscheiden, wann, wo und was trainiert wird. Der Minderjährige muss zwar unter Umständen die vorgegebenen Trainingsziele erreichen und diese werden auch vom Verband kontrolliert, aber der Verband kann schon auf Grund der räumlichen Entfernung keinen direkten Einfluss auf das einzelne Training nehmen. Aus diesem Grund ist der junge Tennisspieler nicht derart in den Trainingsbetrieb des Deutschen Tennis Bundes eingegliedert, dass eine Weisungsgebundenheit entstehen würde[153].

#### β Verbindung zum Landestennisverband

Im Tennissport gibt es keine Leistungszentren der Vereine. Die minderjährigen Tennisspieler werden an Leistungszentren der Landesverbände trainiert, wie beispielsweise der Tennisbase in Hannover, die zum Niedersächsischen Tennisverband gehört, oder der Tennisbase Oberhaching des Bayrischen Tennisverbands. Die Tennisspieler werden dort nach Leistungsstärke und Alter in Kader eingeteilt und unterschreiben Athletenvereinbarungen[154]. Der Leistungsaufbau

---

151 2016 befinden sich nur im C Kader Minderjährige, nicht aber im A und B Kader, http://www.dtb-tennis.de/Jugend-und-Foerderung/Foerderung/DTB-Kader; zuletzt aufgerufen am 12.06.2016.

152 Mündliche Auskunft von Erik Krzemien, Verwaltungsdirektor des DTB und Ansprechpartner für Rechtsfragen, bestätigt und freigegeben durch E-Mail vom 13. Juni 2016.

153 Eine Eingliederung in den Wettbewerbsbetrieb ist nicht möglich, da der DTB (Deutscher Tennis Bund) keinen Wettkampfbetrieb unterhält.

154 Jugend-, Nachwuchs- und Leistungssportkonzept des Niedersächsischen Tennisverbandes e.V., S. 8, abrufbar unter: http://tennisbase.tnb-tennis.de/fileadmin/sub-data/

gliedert sich in vier Förderstufen[155]. Für die Minderjährigen besteht die Möglichkeit, in dem angegliederten Internat zu wohnen oder eine Teilzeitlösung, bei der die Minderjährigen nur in dem Landesleistungszentrum trainieren, ohne dort zu wohnen[156]. Die Internatsschüler absolvieren in der Regel je eine Trainingseinheit vor der Schule und eine danach. Dabei handelt es sich um Technik-, Taktik- und Matchtraining. Zudem finden täglich Konditionstrainingseinheiten statt. In Anlehnung an die Empfehlungen des DTB liegt der Trainingsumfang hier bei ca. 12–14 Stunden in der Woche, ausgenommen das Konditionstraining[157]. Für die Athleten, die nicht am Wochenende nach Hause fahren, können auch am Wochenende Trainingseinheiten anstehen. Für jeden Jugendlichen wird ein detaillierter Trainings- und Turnierplan zur individuellen Leistungssteuerung erstellt[158]. Die Minderjährigen werden in der Tennisbase von qualifizierten Trainern, die von dem Landesverband gestellt werden, trainiert. Anders als bei den A-, B-, und C-Bundeskaderathleten unterhalten die Tennisspieler in der Tennisbase in der Regel keinen eigenen Trainer- und

---

Landesverband/images/sys_diverses/a_base_seite/Leistungssportkonzept_2015.pdf; zuletzt aufgerufen am 31.03.2018.

155 Übersicht über die Förderstufen, Jugend-, Nachwuchs- und Leistungssportkonzept des Niedersächsischen Tennisverbandes e.V., S. 15, abrufbar unter: http://tennisbase.tnb-tennis.de/fileadmin/sub-data/Landesverband/images/sys_diverses/a_base_seite/Leistungssportkonzept_2015.pdf; zuletzt aufgerufen am 31.03.2018; Leistungssportkonzept des Bayerischen Tennis-Verbandes, S. 4; abrufbar unter: http://www.btv.de/BTVToServe/abaxx-;jsessionid=0A5 44D20FA1713E64B8ED2AF37D2CF20.worker2?$part=btv.common.getBinary&docPath=/BTV-Portal/BTV/_Jugendsport/Downloads/2009/0721_Leistungssportkonzept&docId=58593293; zuletzt aufgerufen am 31.03.2018.

156 Mündliche Auskunft von Eckhard Mittelstaedt, Mitglied der Geschäftsführung der Tennisbase Hannover, bestätigt und freigegeben durch E-Mail vom 13. Juni 2016.

157 Jugend-, Nachwuchs- und Leistungssportkonzept des Niedersächsischen Tennisverbandes e.V., S. 21, abrufbar unter: http://tennisbase.tnb-tennis.de/fileadmin/sub-data/Landesverband/images/sys_diverses/a_base_seite/Leistungssportkonzept_2015.pdf; zuletzt aufgerufen am 31.03.2018.

158 Jugend-, Nachwuchs- und Leistungssportkonzept des Niedersächsischen Tennisverbandes e.V., S. 22, abrufbar unter: http://tennisbase.tnb-tennis.de/fileadmin/sub-data/Landesverband/images/sys_diverses/a_base_seite/Leistungssportkonzept_2015.pdf; zuletzt aufgerufen am 31.03.2018; Leistungssportkonzept des Bayerischen Tennis-Verbandes, S. 15; abrufbar unter: http://www.btv.de/BTVToServe/abaxx-;jsessionid=0A544D20FA1713E64B8ED2AF37D2CF20.worker2?$ part=btv.common.getBinary&docPath=/BTV-Portal/BTV/_Jugendsport/ Downloads/2009/0721_Leistungssportkonzept&docId=58593293; zuletzt aufgerufen am 31.03.2018.

Betreuerstab. Zusätzlich werden die jungen Tennisspieler auf Turnieren betreut. Im Internat erfolgt eine Betreuung auch durch einen Sozialpädagogen, der auch in der Tennisbase wohnt sowie durch eine Sportpsychologin. Eine medizinische und physiotherapeutische Betreuung erfolgt im Internat[159] und in Hannover zusätzlich durch den Olympiastützpunkt[160]. Die Minderjährigen erhalten einen individuellen Trainingsplan mit einer genauen Auflistung der Trainingseinheiten für jede Woche[161]. Der Verband bestimmt somit Ort, Zeit und Art des jeweiligen Trainings. Eine Weisungsgebundenheit liegt bei den Spielern einer Tennisbase, also in einem Landesleistungszentrum vor.

#### (dd) Zwischenergebnis

Die jungen Schwimmer sind so in den Trainings- und Wettbewerbsbetrieb eingegliedert, dass eine Abhängigkeit und eine Weisungsgebundenheit in der Regel vorliegen werden. Bei den jungen Turnern lässt sich dies nicht einheitlich feststellen aber zumindest ist teilweise davon auszugehen, dass auch sie abhängig und weisungsgebunden sind. Bei den jungen Tennisspielern ist eine Abhängigkeit und Weisungsgebundenheit zum Landesverband bzw. zu einer Tennisbase gegeben jedoch nicht zu dem Deutschen Tennis Bund. Ob diese Weisungsgebundenheit ausreichend ist, eine feste Bindung, wie sie mit einem Arbeitnehmer vergleichbar ist, darzustellen, wird unten geprüft[162].

---

159 Leistungssportkonzept des Bayerischen Tennis-Verbandes, S. 16; abrufbar unter: http://www.btv.de/BTVToServe/abaxx-;jsessionid=0A544D20FA1713E64B8ED2AF37D2CF20.worker2?$part=btv.common.getBinary&docPath=/BTV-Portal/BTV/_Jugendsport/Downloads/2009/0721_Leistungssportkonzept&docId=58593293; zuletzt aufgerufen am 31.03.2018.

160 Jugend-, Nachwuchs- und Leistungssportkonzept des Niedersächsischen Tennisverbandes e.V., S. 23, abrufbar unter: http://tennisbase.tnb-tennis.de/fileadmin/sub-data/Landesverband/images/sys_diverses/a_base_seite/Leistungssportkonzept_2015.pdf; zuletzt aufgerufen am 31.03.2018.

161 Leistungssportkonzept des Bayerischen Tennis-Verbandes, S. 15; abrufbar unter: http://www.btv.de/BTVToServe/abaxx-;jsessionid=0A544D20FA1713E64B8ED2AF37D2CF20.worker2?$part=btv.common.getBinary&docPath=/BTV-Portal/BTV/_Jugendsport/Downloads/2009/0721_Leistungssportkonzept&docId=58593293; zuletzt aufgerufen am 31.03.2018.

162 Siehe unten unter § 3 A. II. 1. b. aa. (3) (c).

### (b) Arbeit im wirtschaftlichen Sinne

Arbeit im wirtschaftlichen Sinn wird geleistet, wenn dadurch demjenigen, in dessen Interesse die Dienstleistung erfolgt, wirtschaftliche Vorteile zufließen[163]. Die wirtschaftlichen Vorteile müssen sich nicht in einem zählbaren Erfolg ausdrücken. Die Tätigkeit muss dazu bestimmt sein, den Bedarf an materiellen Gütern zu decken[164]. Ob der Weisungsgeber tatsächlich einen Gewinn erzielt, ist dabei unerheblich[165]. Es genügt somit auch nur die Absicht der Erzielung eines wirtschaftlichen Nutzens[166]. Sogar wenn der Weisungsgeber einen wirtschaftlichen Verlust erleidet, kann Arbeit im wirtschaftlichen Sinn erbracht worden sein[167]. Maßgeblich ist, dass die Betätigung wirtschaftlich verwertet wird[168]. Es reicht, wenn der Weisungsgeber keine andere Person mit der Tätigkeit beauftragen oder die Tätigkeit nicht selbst ausführen muss[169].

Vertreten wird die Ansicht, dass bei den minderjährigen Sportlern die Kosten für eine erforderliche Ersatzkraft nicht gespart werden, denn es handle sich nicht um eine Tätigkeit, die auf jeden Fall von irgendeiner Arbeitskraft verrichtet werden müsse. Anstelle des Kindes werde keine andere Arbeitskraft eingestellt[170]. Dieser Ansicht wird entgegengehalten, dass der Deutsche Olympische Sportbund (DOSB) in seinem Förderkonzept 2012[171] eine Reduzierung und Regulierung der Kadergrößen forderte, um eine Effektivierung zu erreichen[172].

---

163 Kasseler Handbuch ArbR Bd. 1/*Taubert*, 3.2, Rn. 44; *Molitor/Volmer/Germelmann*, § 1 JArbSchG, Rn. 46b.

164 OVG Münster NJW 1987, 1443; *Walker*, in: Walker, Kinder- und Jugendschutz im Sport, S. 45, 59; *Zmarzlik/Anzinger*, § 1 JArbSchG, Rn. 22.

165 *Molitor/Volmer/Germelmann*, § 1 JArbSchG, Rn. 46b; *Zmarzlik/Anzinger*, § 1 JArbSchG, Rn. 22.

166 *Molitor/Volmer/Germelmann*, § 1 JArbSchG, Rn. 46b; Münchener Handbuch-ArbR Bd. 2/*Anzinger*, § 309, Rn. 11.

167 *Molitor/Volmer/Germelmann*, § 1 JArbSchG, Rn. 46b.

168 *Molitor/Volmer/Germelmann*, § 1 JArbSchG, Rn. 49.

169 Kasseler Handbuch ArbR Bd. 1/*Taubert*, 3.2, Rn. 44; *Zmarzlik/Anzinger*, § 1 JArbSchG, Rn. 2.

170 *Walker*, in: Walker, Kinder- und Jugendschutz im Sport, S. 45, 59 f.

171 Damals noch unter dem Namen DSB (Deutscher Sportbund) ab 2006 unter dem Namen DOSB (Deutscher Olympischer Sportbund); abrufbar unter: http://www.dosb.de/fileadmin/fm-dsb/arbeitsfelder/ids/files/down loads_pdf/F_rderkonzept-2012neu.pdf; zuletzt aufgerufen am 09.10.2016.

172 Förderkonzept 2012 des DOSB, S. 14; abrufbar unter: http://www.dosb.de/fileadmin/fm-dsb/arbeitsfelder/ids/files/downloads_pdf/F_rderkonzept2012neu.pdf; zuletzt aufgerufen am 09.10.2016.

Wenn davor, nach Ansicht des DOSB, zu viele Athleten für den Kader nominiert wurden, dann sei anzunehmen, dass die Plätze erst Recht ausgeschöpft werden, wenn weniger Nominierungen möglich seien. Jeder Ausfall werde durch einen anderen Athleten ersetzt[173].

Eindeutig ist das Ersparen einer Ersatzkraft zum Beispiel beim Füttern von Tieren. Wenn dies nicht durch den Minderjährigen durchgeführt würde, müsste dafür eine Ersatzkraft aufkommen[174]. Bei der sportlichen Betätigung ist dies etwas anders gelagert. Hierbei handelt es sich nicht um eine Tätigkeit, die auf jeden Fall von jemand anderem erledigt werden muss, da sonst beispielsweise die Tiere nicht gefüttert würden. Wenn der Minderjährige den Sport nicht ausübt, passiert per se nichts Vergleichbares. Allerdings sind die Kaderplätze im Sport begrenzt. Sowohl im Förderkonzept 2012 des DOSB als auch in einer Anpassung der Kadersystematik[175] hat der DOSB eine Kaderobergrenze bestimmt. In der Anpassung vom 01.01.2015 wurden zudem alle Kader außer A, B, C, DC und S gestrichen. Dies bedeutet, dass die Anzahl der Kaderathleten reduziert wurde. Die Kaderplätze sind nicht nur begehrt, sondern auch begrenzt. Wenn ein Athlet aus dem Kader heraus fällt, wird dieser Platz nicht automatisch durch einen anderen Athleten ausgefüllt. Es ist durchaus möglich, dass dieser Platz vorerst nicht besetzt wird. Insoweit kann auf das Argument des Einsparens einer Ersatzkraft nur bedingt zurückgegriffen werden.

Eine wirtschaftliche Betätigung liegt aber auch dann vor, wenn die Tätigkeit der jungen Kaderathleten vermarktet wird[176]. Eine Vermarktung liegt vor, wenn die Minderjährigen Einsätze im Rahmen von Veranstaltungen zu erbringen haben, die von den Verbänden zur Finanzierung ihres Budgets eingesetzt werden[177]. Dagegen liegt noch keine Vermarktung vor, wenn die Veranstalter durch die Mitwirkung der Minderjährigen Kosten sparen, eine Aufwandsentschädigung zahlen oder die Zahlungen dazu dienen den Verbandszweck aufrechtzuerhalten, also

---

173 *Köhler*, Der Arbeitnehmerbegriff im Sport, S. 126.

174 *Walker*, in: Walker, Kinder- und Jugendschutz im Sport, S. 45, 59; *Zmarzlik/Anzinger*, § 1 JArbSchG, Rn. 22.

175 Anpassung der Kadersystematik zum 01.01.2015 vom DOSB; abrufbar unter: http://www.dosb.de/fileadmin/fm-dosb/arbeitsfelder/leistungssport/Konzepte/Anpassung_der_Kadersystematik_zum_01_01_2015-final.pdf; zuletzt aufgerufen am 31.03.2018.

176 *Köhler*, Der Arbeitnehmerbegriff im Sport, S. 126; *Lakies*, § 1 JArbSchG, Rn. 14; Münchener Handbuch-ArbR Bd. 2/*Anzinger*, § 309, Rn. 11; *Walker*, in: Walker, Kinder- und Jugendschutz im Sport, S. 45, 60; *Zmarklik/Anzinger*, § 1 JArbSchG, Rn. 49.

177 *Weyand*, in: FS-Düwell, S. 172, 178.

beispielsweise die Finanzierung von Auslandsreisen, die Ausbildung der Minderjährigen oder die Anschaffung von Sportgeräten. Von einer Vermarktung kann erst dann gesprochen werden, wenn die Tätigkeit nach Abzug einer alters- und tätigkeitsangemessenen Aufwandsentschädigung einen Gewinn erbringt[178]. So liegt eine Vermarktung vor, wenn der kommerzielle Charakter der Veranstaltung im Vordergrund steht[179], etwa wenn die Minderjährigen verpflichtet sind, an Werbeveranstaltungen mitzuwirken, für die sie ein Entgelt erhalten.

Gemäß Ziffer 4.11 i.V.m. 5.3 der Athletenvereinbarung des DLV (Deutscher Leichtathletik-Verband) ist der Athlet verpflichtet, an maximal zwei Veranstaltungen teilzunehmen, wie beispielsweise Pressekonferenzen zur Bewerbung von Sport- und anderen Veranstaltungen. Dafür enthält der Athlet eine Vergütung in Höhe von 500 € am Tag. Der Athlet soll der Anfrage auf Teilnahme an solchen Veranstaltungen nachkommen, sofern Wettkampf- und Trainingsplanung, berufliche, schulische oder persönliche Belange dies zulassen[180]. Ob man bei diesen Entschuldigungs-möglichkeiten noch von einer Verpflichtung sprechen kann, muss bezweifelt werden.

*Köhler* vertritt die Ansicht, dass 14-jährige Kunstturner oder Eiskunstläufer bereits Spitzenathleten bei Wettbewerben wie den Olympischen Spielen oder Welt- und Europameisterschaften seien. Sie seien nicht mehr nur das Nachwuchstalent, sondern schon der Star der Erwachsenenmannschaft, um dessen Willen die Zuschauer zu den Veranstaltungen gehen. Aus diesem Grund würden die Verbände die Veranstaltungen auch austragen, um Einnahmen und Gewinne zu erzielen, sodass eine Vermarktung vorliege[181]. *Walker* ist dagegen der Ansicht, dass in den meisten Fällen durch den Trainings- und Spielbetrieb mit Minderjährigen bis 15 Jahren kein Gewinn erwirtschaftet werde und dies auch nicht bezweckt sei. Allein die Pflege des Nachwuchssports sei keine Beschäftigung im wirtschaftlichen Sinn, selbst wenn sich der Verband davon später einen wirtschaftlichen Nutzen verspreche[182].

In der Tat gibt es immer wieder junge Ausnahmetalente, die die Massen begeistern und wegen denen Sportfans Veranstaltungen besuchen und sich diese anschauen. Zu denken ist dabei an Fabian Hambüchen, Boris Becker, Franziska van Almsick oder Katharina Witt, die in jungen Jahren großer Erfolge feierten und das Publikum für ihren Sport begeistern konnten. Allerdings sind weder

---

178 *Zmarklik/Anzinger*, § 1 JArbSchG, Rn. 51.

179 *Lakies*, § 1 JArbSchG, Rn. 10.

180 Athletenvereinbarung des DLV (Deutscher Leichtathletik-Verband).

181 *Köhler*, Der Arbeitnehmerbegriff im Sport, S. 127.

182 *Walker*, in: Walker, Kinder- und Jugendschutz im Sport, S. 45, 60.

diese jungen Ausnahmestars die Regel noch kann eine Vermarktung in jedem Fall bei minderjährigen Sportlern festgestellt werden. Dies dürfte eher die Ausnahme sein, sodass in vielen Fällen eine Vermarktung ausscheidet.

Darüber hinaus stellt sich die Frage, ob der wirtschaftliche Wert der Betätigung tatsächlich ein Kriterium für die Anwendbarkeit des Jugendarbeitsschutzgesetzes ist[183]. Es wird vertreten, dass eine Anwendbarkeit des Jugendarbeitsschutzgesetzes auch dann gegeben sein kann, wenn dem Verein kein unmittelbarer wirtschaftlicher Wert zukommt. Wenn ein Kind wie ein Arbeitnehmer gegenüber dem Verein zu einer weisungsgebundenen Tätigkeit verpflichtet sei, könne es nicht darauf ankommen, ob die Tätigkeit zum Zeitpunkt der Ausübung für den Verein einen wirtschaftlichen Wert darstellt, oder ob es dem Verein nur darauf ankomme, sich die Dienste des Kindes für die Zeit nach Eintritt der Volljährigkeit zu sichern[184].

Diese Überlegung erscheint durchaus überzeugend. Jedenfalls wird es Fälle geben, in denen eine Vermarktung stattfindet, sodass es entscheidend darauf ankommt, ob eine feste Verbindung gegeben ist. Denn auch wenn dem Verein durch die Tätigkeit ein wirtschaftlicher Nutzen entsteht, bedeutet dies noch nicht, dass eine arbeitnehmerähnliche Beschäftigung vorliegt[185].

(c) Feste Bindung

Für den Fall, dass bei den jungen Kaderathleten eine Vermarktung stattfindet und Arbeit im wirtschaftlichen Sinn geleistet wird, muss auch die dritte Voraussetzung vorliegen. Als dritte Voraussetzung für eine arbeitnehmerähnliche Dienstleistung muss eine feste Bindung gegeben sein. Dies bedeutet, dass der Minderjährige auf Grund einer festen Verbindung, die mit einer arbeitsvertraglichen Verbindung vergleichbar ist, mit dem Verband verbunden sein muss.

Angenommen wird, dass eine feste Verbindung regelmäßig ausscheide, wenn der Minderjährige nur auf Grund einer Verbandszugehörigkeit gebunden sei[186]. In diesem Fall übe der Minderjährige den Sport nicht auf Grund einer rechtlichen Verpflichtung aus, sondern allein auf Grund des eigenen Ehrgeizes[187]. Daher ist zu prüfen, ob eine derartig feste Bindung gegeben ist, die über eine bereits durch Verbandszugehörigkeit begründete Weisungsabhängigkeit hinausgeht.

---

183 Diese Frage wirft *Walker*, in: Walker, Kinder- und Jugendschutz im Sport, S. 45, 60 auf.

184 *Walker*, in: Walker, Kinder- und Jugendschutz im Sport, S. 45, 60.

185 So auch *Weyand*, § 1 JArbSchG, Rn. 28.

186 *Nesemann*, Arbeitsvertragliche Grenzen im professionellen Jugendfußball, S. 41.

187 *Walker*, in: Walker, Kinder- und Jugendschutz im Sport, S. 45, 60.

Kriterien für die Beurteilung sind die Dauer und der Umfang der Dienstleistung, die Regelmäßigkeit, in der sie erfolgt, die Zahlung und Gewährung einer Geldleistung oder anderen Vorteilen sowie Sanktionen beim Versäumen von Leistungen[188].

(aa) Dauer der Verbindung

Die Dauer der Verbindung kann einen Hinweis für die feste Bindung darstellen. Allerdings stellt die Dauer nur ein sehr schwaches Indiz dar[189]. Allein eine Langfristigkeit macht aus einer sportlichen Freizeitbeschäftigung noch keine arbeitnehmerähnliche Tätigkeit[190]. Das Jugendarbeitsschutzgesetz will vor Überanstrengungen bewahren und Minderjährige vor Gefahren für die körperliche und geistliche Entwicklung schützen. Diese Gefahren resultieren gerade nicht aus einer Langfristigkeit bzw. einer langen Vertragsbindung[191]. Eine für Minderjährige gefährliche Tätigkeit kann auch nur einen kurzen Zeitraum einnehmen und trotzdem die Voraussetzungen für eine arbeitnehmerähnliche Tätigkeit erfüllen.

Die Aufnahme in einen Kader ist beim Deutschen Schwimmverband und beim Deutschen Turner-Bund sowie bei den jungen Tennisspielern auf ein Jahr befristet. Für das nächste Jahr muss erneut überprüft werden, ob die Vorraussetzungen für den Kader erfüllt sind[192]. Dies bedeutet fürs Schwimmen unter anderem, ob die erforderlichen Zeiten für die jeweiligen Strecken geschwommen werden[193]. Beim Turnen setzt sich die Kadernominierung aus der Erfüllung der Mindestpunktzahl bei einem Hauptwettbewerb sowie der Erfüllung

---

188 *Molitor/Volmer/Germelmann*, § 1 JArbSchG, Rn. 46; Münchener Handbuch-ArbR Bd. 2/*Anzinger*, § 309, Rn. 11; *Nesemann*, Arbeitsvertragliche Grenzen im professionellen Jugendfußball, S. 41; *Zmarzlik/Anzinger* § 1 JArbSchG, Rn. 23.

189 *Nesemann*, Arbeitsvertragliche Grenzen im professionellen Jugendfußball, S. 41.

190 *Walker*, in: Walker, Kinder- und Jugendschutz im Sport, S. 45, 61.

191 *Nesemann*, Arbeitsvertragliche Grenzen im professionellen Jugendfußball, S. 42; *Walker*, in: Walker, Kinder- und Jugendschutz im Sport, S. 45, 61.

192 Die aktuellen Kadernormen können den Berufungskriterien DSV-Bundeskader 2016/2017 entnommen werden; abrufbar unter: http://www.dsv.de/fileadmin/dsv/documents/schwimmen/Amtliches/160414_Kaderkriterien2016-2017_Endfassung.pdf; zuletzt aufgerufen am 31.03.2018.

193 Aktuell muss ein 17-jähriger Schwimmer für den C-Kader über 50m Freistil 00:23:14 schwimmen; siehe 5.4. Kadernormen Männer, aus den Berufungskriterien DSV-Bundeskader 2016/2017; abrufbar unter: http://www.dsv.de/fileadmin/dsv/documents/schwimmen/Amtliches/160414_Kaderkriterien2016-2017_Endfassung.pdf; zuletzt aufgerufen am 31.03.2018.

der technischen und athletischen Normen mit mindestens 50 % zusammen[194]. Der Kaderstatus ist in den meisten Sportarten auf ein Jahr begrenzt. Dass die Kaderzugehörigkeit auf ein Jahr begrenzt ist und für die Verlängerung der Zugehörigkeit wieder erneut die Voraussetzungen geprüft werden, spricht gegen eine arbeitnehmerähnliche Stellung. Selbst wenn man die Grundsätze von befristeten Arbeitsverhältnissen heranzieht, so können diese ohne Sachgrund gemäß § 14 Absatz 2 TzBfG nur über eine Dauer von zwei Jahren verlängert werden. Die Kadernominierung kann dagegen immer wieder für jedes Jahr erfolgen, wenn die Voraussetzungen gegeben sind. Allein die Dauer spricht demnach gegen eine feste Bindung.

##### (bb) Umfang und Regelmäßigkeit der Tätigkeit

Der Umfang und die Regelmäßigkeit der Tätigkeit können ein Indiz dafür sein, ob eine feste Verbindung vorliegt[195]. Dagegen spricht der Zweck des Jugendarbeitsschutzgesetzes, jede Beschäftigung junger Menschen zu erfassen[196] und nicht nur diejenige, die einen gewissen Umfang hat und in einem regelmäßigen Abstand erfolgt. Dies zeigt auch § 5 JArbSchG, wonach jede Beschäftigung von Kindern verboten ist[197]. Grundsätzlich müssen auch die Kinder geschützt werden, die nur einmalig an einer Veranstaltung teilnehmen[198]. Allerdings können eine Regelmäßigkeit und ein gewisser Umfang der Tätigkeit auf eine feste Bindung hinweisen. Durch eine regelmäßige Tätigkeit, die in einem größeren Umfang ausgeübt wird, kann auch eine größere Belastung für den Minderjährigen entstehen[199]. Wird der Körper jeden Tag mehreren Stunden der sportlichen Betätigung ausgesetzt, können eher körperliche und geistige Gefahren für den Minderjährigen entstehen als wenn er nur einmal die Woche jeweils eine Stunde

---

194 Kaderkriterien, Qualifikationspunkte, Änderungen für 2016, S. 6, abrufbar unter: http://www.dtb-online.de/portal/fileadmin/user_upload/dtb.redaktion/tts/Kaderkriterien_2017_AEnderungen_2016-aktuel2701.pdf; zuletzt aufgerufen am 31.03.2018.

195 *Molitor/Volmer/Germelmann*, § 1 JArbSchG, Rn. 46a; *Zmarzlik/Anzinger*, § 1 JArbSchG, Rn. 23.

196 Gesetzesbegründung vom 21.06.1974, BT-Drucksache 7/2305, S. 26.

197 *Pougin*, Die verfassungsrechtliche Bewertung des Kinderhochleistungssports unter Berücksichtigung des Jugendarbeitsschutzgesetzes und des Familienrechts, S. 151.

198 *Pougin*, Die verfassungsrechtliche Bewertung des Kinderhochleistungssports unter Berücksichtigung des Jugendarbeitsschutzgesetzes und des Familienrechts, S. 151.

199 So auch *Nesemann*, Arbeitsvertragliche Grenzen im professionellen Jugendfußball, S. 42.

aktiv ist. Es ist gerade der Sinn des Jugendarbeitsschutzgesetzes, Minderjährige vor Überanstrengungen zu schützen.

Die jungen Schwimmer haben ein enormes Trainingspotential zu bewältigen. Dieses variiert, je nach dem ob die jungen Schwimmer eine Eliteschule besuchen oder nicht[200]. Der Vorteil einer Eliteschule des Sports ist, dass eine Kooperation[201] sowie eine Koordination und Management der Zeitbudgets möglich ist[202]. Das Training findet nicht nach der Schule statt, sondern ist mit dem Schulbetrieb verbunden, was entscheidend für ein wirksames System der Nachwuchsförderung ist[203]. So liegt die wöchentliche Stundenzahl für einen Schwimmer, der eine Eliteschule des Sports besucht, bei insgesamt 54,5 Stunden die Woche[204]. Davon entfallen 25 Stunden auf die Schule und 2,5 Stunden sind für die Hausaufgaben und das Lernen eingeplant. An den restlichen 27 Stunden findet das Training an Land und im Wasser statt. Bei einem jungen Schwimmer, der nicht an einer Eliteschule ist, liegen die Stunden bei insgesamt 68,5 Stunden in der Woche[205]. Obwohl Schülern fast 75 Werktage Ferien im Jahr zustehen, ist dies bei den jungen Schwimmern anders. Wenn diese Zeit auch trainingsfrei wäre, wäre ein kontinuierlicher Leistungsaufbau nicht möglich. Aus diesem Grund sollten die Minderjährigen nur sechs bis acht Wochen fern der Schwimmhalle sein[206].

Auch die jungen Turner haben einen hohen Trainingsaufwand zu bestreiten. Mit zunehmendem Alter steigen auch die Trainingshäufigkeit in der Woche und der Trainingsumfang. Junge männliche Turner zwischen 16 und 18

---

200 Siehe dazu die Wochenpläne von Schülern an einer Eliteschule des Sports (EdS) und von Schülern, die nicht an einer Eliteschule des Sports sind unter Anhang A.

201 Nachwuchskonzeption Schwimmer 2020 des DSV, S. 64 f., abrufbar unter: http://www.dsv.de/fileadmin/dsv/documents/schwimmen/Amtliches/150327_Nachwuchskonzeption_Schwimmen_2020.pdf; zuletzt aufgerufen am 31.03.2018.

202 Nachwuchskonzeption Schwimmer 2020 des DSV, S. 14, abrufbar unter: http://www.dsv.de/fileadmin/dsv/documents/schwimmen/Amtliches/150327_Nachwuchskonzeption_Schwimmen_2020.pdf; zuletzt aufgerufen am 31.03.2018.

203 Nachwuchsleistungssportkonzept 2020 des DOSB, S. 18, abrufbar unter: https://cdn.dosb.de/DOSB_Broschuere_NWS_Konzept_web_1_.pdf; zuletzt aufgerufen am 31.03.2018.

204 Siehe Wochenplan eines Schülers an einer Eliteschule des Sports (EdS) unter Anhang A I.

205 Siehe Wochenplan eines Schülers, der nicht an einer Eliteschule des Sports (EdS) ist unter Anhagng A II.

206 Nachwuchskonzeption Schwimmer 2020 des DSV, S. 15, abrufbar unter: http://www.dsv.de/fileadmin/dsv/documents/schwimmen/Amtliches/150327_Nachwuchskonzeption_Schwimmen_2020.pdf; zuletzt aufgerufen am 31.03.2018.

Jahren in einem Bundesstützpunkt haben neun bis elf Mal in der Woche Training und erreichen eine Stundenzahl von 22–26 Trainingsstunden[207]. Junge Turnerinnen kommen mit 14 und 15 Jahren mit neun bis elf Trainingseinheiten und einem Trainingsumfang von 22–25 Stunden in der Woche auf einen ähnlichen Umfang[208].

Die jungen Tennisspieler trainieren ebenfalls in hohen Umfängen. Die U14-U18 Spieler absolvieren zwischen 12 und 15 Trainingseinheiten die Woche[209]. Dies entspricht 18–22 Stunden in der Woche. Die Anzahl kann variieren, je nachdem, ob der Minderjährige ein Gymnasium oder eine Realschule besucht und ob er am Wochenende nach Hause fährt oder im Internat bleibt[210]. Neben dem Training kommen noch 50–80 Matches pro Jahr bei Altersklassen der U15-U18 hinzu[211].

---

207 Rahmentrainingskonzeption Nachwuchs Gerätturnen männlich AK 6–18 des Deutschen Turner-Bundes, S. 9.

208 Rahmentrainingskonzeption Nachwuchs Gerätturnen weiblich AK 6–15 des Deutschen Turner-Bundes, S. 9.

209 Leistungssportkonzept des Bayerischen Tennis-Verbandes, S. 5; abrufbar unter: http://www.btv.de/BTVToServe/abaxx-;jsessionid=0A544 D20FA1713E64B8E-D2AF37D2CF20.worker2?$part=btv.common.getBinary&docPath=/BTV-Portal/BTV/_Jugendsport/Downloads/2009/0721_Leistungssportkonzept&doc Id=58593293; zuletzt aufgerufen am 31.03.2018. Das Leistungssportkonzept gibt für die U13-U18 Spieler einen Trainingsumfang von 12–14 Stunden pro Woche an, wobei das Konditionstraining noch nicht eingerechnet ist, Jugend-, Nachwuchs- und Leistungssportkonzept des Niedersächsischen Tennisverbandes e.V., S. 21, abrufbar unter: http://tennisbase.tnb-tennis.de/fileadmin/sub-data/Landesverband/images/sys_diverses/a_base_seite/Leistungssport konzept_2015.pdf; zuletzt aufgerufen am 31.03.2018.

210 Leistungssportkonzept des Bayerischen Tennis-Verbandes, S. 15; abrufbar unter: http://www.btv.de/BTVToServe/abaxx-;jsessionid=0A544 D20FA1713E64B8ED2AF-37D2CF20.worker2?$part=btv.common.getBinary&docPath=/BTV-Portal/BTV/_Jugendsport/Downloads/2009/0721_Leistungssportkonzept&docId=58593293; zuletzt aufgerufen am 31.03.2018; mündliche Auskunft von Eckhard Mittelstaedt, Mitglied der Geschäftsführung der Tennisbase Hannover, bestätigt und freigegeben durch E-Mail vom 13. Juni 2016.

211 Leistungssportkonzept des Bayerischen Tennis-Verbandes, S. 5; abrufbar unter: http://www.btv.de/BTVToServe/abaxx-;jsessionid=0A544 D20FA1713E64B8E-D2AF37D2CF20.worker2?$part=btv.common.getBinary&docPath=/BTV-Portal/BTV/_Jugendsport/Downloads/2009/0721_Leistungssportkonzept&doc Id=58593293; zuletzt aufgerufen am 31.03.2018.

Dieser Trainingsaufwand der jungen Sportler ist sehr erheblich. Dies kann aber trotzdem nur ein Indiz für eine feste Bindung geben[212] und führt nicht automatisch zu einer arbeitsvertraglichen Verpflichtung.

### (cc) Zahlung einer Vergütung

Teilweise wird angenommen, dass bei einer vertragliche Vereinbarung und einer Zahlung von Entgelt in irgendeiner Art und Weise eine Arbeitnehmereigenschaft bejaht werden könne[213]. Die Entgeltzahlung könne auch in einer Vergünstigung liegen oder in einem Naturalentgelt, wie etwa der kostenlosen Überlassung von Schuhen, Trikots, Trainingsanzügen, sonstigen Kleidungsstücken, Sportgeräten oder Smartphones. Dasselbe gelte auch, wenn Vergütungen oder geldwerte Leistungen zugunsten der Eltern vereinbart werden[214]. Vergütungen oder geldwerte Vorteile zugunsten der Eltern werden, wie teilweise im Fußball der Fall[215], soweit ersichtlich, im Individualsport nicht gezahlt. Die Kleidung, die den Kader-Leichtathleten zur Verfügung gestellt wird, geht nicht in deren Eigentum über. Sie bekommen gemäß 4.8 der Athletenvereinbarung DLV die Kleidung nur leihweise. Teilweise erhalten die Kaderathleten einen gewissen Geldbetrag, für den sie bei einem bestimmten Ausrüster ihre Sportkleidung oder Ausrüstung kaufen können.

Überwiegend wird angenommen, dass die Zahlung einer Vergütung oder sonstigen Zuwendung nur einen indiziellen Charakter für das Vorliegen einer festen Bindung hat[216]. Es kann auch nicht sein, dass die sportliche Betätigung des Kindes allein deshalb verboten ist, weil es eine Vergütung erhält[217]. Die Zahlung einer Vergütung erhöht eventuell die Leistungsbereitschaft und übt einen Druck auf den Minderjährigen aus. Dieser fühlt sich unter Umständen verpflichtet, schon allein um den Entgeltanspruch nicht zu verlieren[218]. Vor diesem Druck wolle das Jugendarbeitsschutzgesetz aber ebenso wenig schützen, wie vor dem Druck, den ein Schüler, Musiker oder Hobbysportler auf Grund seines Ehrgeizes erleidet oder um seiner eigenen oder der Erwartungshaltung seines Umfelds

---

212 *Molitor/Volmer/Germelmann*, § 1 JArbSchG, Rn. 46a; *Zmarzlik/Anzinger*, § 1 JArbSchG, Rn. 23.

213 *Lakies*, § 1 JArbSchG, Rn. 14.

214 *Lakies*, § 1 JArbSchG, Rn. 14; zu den Vergütungen der Eltern auch unten unter § 3 A. II. 2. d. bb. (3) (c).

215 Siehe dazu unten unter § 3 A. II. 2. d. bb. (3) (c).

216 *Molitor/Volmer/Germelmann*, § 1 JArbSchG, Rn. 46a; *Nesemann*, Arbeitsvertragliche Grenzen im professionellen Jugendfußball, S. 43.

217 *Walker*, in: Walker, Kinder- und Jugendschutz im Sport, S. 45, 62.

218 *Walker*, in: Walker, Kinder- und Jugendschutz im Sport, S. 45, 62.

gerecht zu werden[219]. Die Zahlung einer Vergütung schließt nicht aus, dass es sich nur um eine verbandsrechtliche Bindung handelt[220].

Teilweise bekommen die Athleten eine Vergütung, so erhalten etwa die jungen Kaderathleten des DLV gemäß 5.2 der Athletenvereinbarung von der Deutschen Leichtathletik Marketing GmbH aus Sponsorengeldern eine leistungsbezogene Vergütung ausbezahlt[221]. Abgesehen davon wird nicht immer eine Vergütung gezahlt. So wird beispielsweise den Schwimmern des Deutschen Schwimm-Verbandes, die eine Athletenvereinbarung unterschrieben haben, keine Vergütung gezahlt[222]. Die jungen Turner bekommen von dem Verband ebenfalls keine Vergütung, erfolgs- und wettkampfabhängig werden lediglich verschiedene Prämien gezahlt[223]. Minderjährige Tennisspieler in den Landesleistungszentren erhalten anders als die Bundeskaderathleten keine Bezuschussung[224]. Sie bekommen auch keine Vergütung in einer anderen Art[225]. Statt einer Vergütung müssen sich die Eltern an den Kosten beteiligen. Die Höhe hängt unter anderem davon ab, ob der Tennisspieler in dem Internat wohnt oder nur in der Tennisbase trainiert. Zudem ist der Betrag für Kaderathleten niedriger[226]. Für jeden Internatsteilnehmer

---

219 *Walker*, in: Walker, Kinder- und Jugendschutz im Sport, S. 45, 62.

220 *Nesemann*, Arbeitsvertragliche Grenzen im professionellen Jugendfußball, S. 43; *Walker*, in: Walker, Kinder- und Jugendschutz im Sport, S. 45, 62.

221 Athletenvereinbarung des DLV (Deutscher Leichtathletik-Verband).

222 Mündliche und schriftliche Auskunft von Frau Julia Duschek, zuständig für Rechtsangelegenheiten und das Referat Anti-Doping beim DSV (Deutscher Schwimm-Verband), bestätigt und freigegeben durch Telefonat vom 16. Juni 2016.

223 Mündliche Auskunft von Sven Karg, Referent Leistungssport und Anti-Doping beim DTB (Deutsche Turner-Bund), bestätigt und freigegeben durch E-Mail vom 29. August 2016.

224 Allerdings liegt im Verhältnis zum Deutschen Tennis Bund trotz Zahlung einer Bezuschussung keine sonstige Dienstleistung im Sinne des § 1 Absatz 1 Nr. 3 JArbSchG vor, da es bereits an einer Abhängigkeit und Weisungsgebundenheit fehlt, siehe oben unter § 3 A. II. 1. b. aa. (3) (a) (cc) α.

225 Mündliche Auskunft von Eckhard Mittelstaedt, Mitglied der Geschäftsführung der Tennisbase Hannover, bestätigt und freigegeben durch E-Mail vom 13. Juni 2016.

226 Jugend-, Nachwuchs- und Leistungssportkonzept des Niedersächsischen Tennisverbandes e.V., S. 24, abrufbar unter: http://tennisbase.tnb-tennis.de/fileadmin/sub-data/Landesverband/images/sys_diverses/a_base_seite/Leistungssportkonzept_2015.pdf; zuletzt aufgerufen am 31.03.2018; Leistungssportkonzept des Bayerischen Tennis-Verbandes, S. 16; abrufbar unter: http://www.btv.de/BTVToServe/abaxx-;jsessionid=0A544D20FA1713E64B8ED2AF37D2CF 20.worker2?$part=btv.common.getBinary&docPath=/BTV-Portal/BTV/_Jugendsport/Downloads/2009/0721_Leistungssportkonzept&docId=58593293; zuletzt aufgerufen am 31.03.2018.

fällt eine monatliche Kostenbeteiligung von ca. 1.000 € für Wohnen, Training und Schule an. Zusätzlich müssen die Reisekosten für die Turniere gezahlt werden[227]. In Ausnahmefällen, bei denen aus sportlichen oder organisatorischen Gründen eine Teilnahme am Verbandsstützpunkttraining nicht durchgeführt werden kann, etwa weil eine zu große Entfernung zum Stützpunkt gegeben ist, kann eine Individualförderung in Form finanzieller Zuschüsse zum Heimtraining erfolgen. Diese liegen ab der Altersklasse U 15 bei maximal 1.500 € pro Trainingsjahr[228]. Minderjährige Tennisspieler erhalten zwar teilweise eine Prämie für besondere Erfolge[229]; dies stellt aber keine Vergütung dar. Dass die Eltern der Minderjährigen für das Training und die Betreuung in den Internaten der Tenniszentren zahlen müssen aber keine Vergütung erhalten, spricht gegen eine feste Bindung.

Teilweise wird auch angenommen, dass unabhängig von den gezahlten Geldleistungen, die intensive Ausbildung als solche eine Vergütung darstelle[230]. Durch das umfangreiche Trainings- und Wettkampfprogramm erhielten die Minderjährigen einen geldwerten Vorteil, sodass es auf eine über dem Aufwendungsersatz liegende Geldzahlung nicht mehr ankomme[231]. Der Minderjährige erlerne Fähigkeiten, die er auch ohne weitere Ausbildung nutzen könne, um auf dem Arbeitsmarkt eine Stellung zu finden. Dem Gegenargument, dass es sich bei den früheren Spielern, die danach einen Beruf in der Sportbranche ergreifen, um Einzelerscheinungen handle, werden Recherchen entgegengesetzt, die beweisen,

227 Leistungssportkonzept des Bayerischen Tennis-Verbandes, S. 16; abrufbar unter: http://www.btv.de/BTVToServe/abaxx-;jsessionid=0A544D20FA1713E64B8ED2AF37D2CF20.worker2?$part=btv.common.getBinary&docPath=/BTV-Portal/BTV/_Jugendsport/Downloads/2009/0721_Leistungssportkonzept&docId=58593293; zuletzt aufgerufen am 31.03.2018.

228 Richtlinien für die Jugend-Leistungssportförderung des Bayerischen Tennis-Verbands e.V., S. 7; abrufbar unter: http://www.btv.de/BTVToServe/abaxx-?$part=btv.common.getBinary&docPath=/BTV-Portal/BTV/_Jugendsport/Downloads/2010/0729_F%C3%B6rderrichtlinien2010&docId=61133688; zuletzt aufgerufen am 31.03.2018.

229 So erhält der Spieler für den ersten Platz bei den Deutschen Jugendmeisterschaften 500 €, Richtlinien für die Jugend-Leistungssportförderung des Bayerischen Tennis-Verbands e.V., S. 6; abrufbar unter: http://www.btv.de/BTVToServe/abaxx-?$part=btv. common.getBinary&docPath=/BTV-Portal/BTV/_Jugendsport/Downloads/2010/0729_F%C3%B6rderrichtlinien2010&docId=61133688; zuletzt auf-gerufen am 31.03.2018.

230 *Köhler*, Der Arbeitnehmerbegriff im Sport, S. 128 ff.

231 *Köhler*, Der Arbeitnehmerbegriff im Sport, S. 131.

dass mehr als 25 % der früheren Hochleistungssportler danach als Trainer arbeiten[232]. Allerdings muss bezweifelt werden, dass allein die Ausbildung und die Fähigkeiten, die der Minderjährige durch das Training und die Wettkämpfe sammelt, ausreichen um diese im späteren Berufsleben zu nutzen. Selbst wenn ein ehemaliger Sportler später als Trainer arbeitet, so muss er in den meisten Fällen eine Trainerlizenz erwerben. Allein seine sportlichen Fähigkeiten reichen dafür nicht aus. Die Sportler, die danach als sogenannte Experten in den Medien Sportveranstaltungen kommentieren oder als Berater tätig sind, machen zum einen nur einen sehr geringen Prozentsatz aus. Zum anderen erhalten sie ihren Job hauptsächlich auf Grundlage ihrer Popularität und ihren früheren Erfolgen. Bei einem Sportler, der die gleiche „Ausbildung" in dem Sport genossen hat, aber keine Weltmeister- oder Olympiaerfolge feiern konnte, ist die Wahrscheinlichkeit durchaus geringer, dass sie eine Beraterfunktion im Sport ausüben. Insgesamt lässt sich daher sagen, dass die Fähigkeiten und Kenntnisse, die während der Ausbildung erlernt werden, nicht ausreichen, um sie im späteren Berufsleben zu nutzen. Sie erhalten keinen geldwerten Vorteil.

Zusammenfassend lässt sich sagen, dass junge Sportler teilweise eine Vergütung bzw. ein Naturalentgelt erhalten; dies ist aber keinesfalls die Regel. Ebenso viele Kaderathleten erhalten von ihrem Verband keine Vergütung, sondern müssen für ihre „Ausbildung" zahlen. Zudem hat aus den oben genannten Gründen die Zahlung einer Vergütung nur einen indiziellen Charakter für das Vorliegen einer festen Bindung.

#### (dd) Verhängung von Sanktionen, Zwang, Einklagbarkeit

Eine weitere Voraussetzung, damit eine feste Bindung vorliegt, besteht in der Möglichkeit, Sanktionen zu verhängen, falls Leistungen nicht erbracht werden. Dafür genügt es nicht, wenn dem Minderjährigen allein vereins- oder verbandsrechtliche Sanktionen drohen[233]. Daran fehlt es auch, wenn der Minderjährige rechtlich nicht zur Teilnahme am Training oder an Spielen bzw. Wettkämpfen verpflichtet ist, sondern er jederzeit die Möglichkeit hat, diesen fern zu bleiben, wenn er nicht teilnehmen will oder kann. Die erleichterte Ablehnbarkeit der Tätigkeit macht den Minderjährigen weniger schutzbedürftig als einen

---

232 *Nagel*, Medaillen im Sport – Erfolg im Beruf?, S. 199.

233 *Nesemann*, Arbeitsvertragliche Grenzen im professionellen Jugendfußball, S. 43; *Walker*, in: Walker, Kinder- und Jugendschutz im Sport, S. 45, 61; *Zmarzlik/Anzinger*, § 1 JArbSchG, Rn. 21, 51.

Arbeitnehmer[234]. Voraussetzung für eine feste Bindung ist vielmehr, dass der Minderjährige gleichermaßen nachhaltig zur Tätigkeit angehalten wird wie ein Arbeitnehmer[235].

Sollte der junge Kaderathlet unentschuldigt nicht zum Training erscheinen, droht ihm in der Regel keine Abmahnung wie einem Arbeitnehmer, der unentschuldigt von seinem Arbeitsplatz fern bleibt. Den minderjährigen Sportler trifft wahrscheinlich in erster Linie eine Rüge des Trainers. Die Sanktionen, die gegen die Tennisspieler in den Landesleistungszentren verhängt werden können, sind neben Ermahnungen[236] das Ausbleiben der Nominierung beim nächsten überregionalen Turnier, eine Trainingssperre für vier Wochen bis sechs Monate sowie die Streichung von Fördermitteln. Erst als letztes Mittel ist der Ausschluss aus dem Kader vorgesehen[237].

Die Sanktionen, die die jungen Schwimmer des DSV treffen, sind ähnlich. Den Kaderathleten treffen Sanktionen wie etwa das Verbot, am Stützpunkt zu trainieren, Wettkampfsperren oder die Kaderaberkennung. Diese Sanktionen kommen nur in den seltensten und härtesten Fällen vor[238]. Erscheint der junge Schwimmer zu Presse- oder Werbetermine nicht, treffen ihn keine Sanktionen. Obwohl versucht wird, dass der Schwimmer daran teilnimmt, besteht keine Verpflichtung, die sanktioniert werden könnte, an den ohnehin selten stattfindenden Terminen teilzunehmen[239]. Die jungen Turner schließen teilweise mit dem jeweiligen Trainer unabhängig von den Athletenvereinbarungen kaderintern freiwillige Vereinbarungen ab. Bei diesen handelt es sich um Richtlinien, die sich die Kader selber geben. Dies kann beispielsweise eine Sanktion für Zuspätkommen

---

234 *Walker*, in: Walker, Kinder- und Jugendschutz im Sport, S. 45, 62.

235 *Walker*, in: Walker, Kinder- und Jugendschutz im Sport, S. 45, 62.

236 Mündliche Auskunft von Eckhard Mittelstaedt, Mitglied der Geschäftsführung der Tennisbase Hannover, bestätigt und freigegeben durch E-Mail vom 13. Juni 2016.

237 Richtlinien für die Jugend-Leistungssportförderung des Bayerischen Tennis-Verbands e.V., S. 12; abrufbar unter: http://www.btv.de/BTVToServe/abaxx-?$part=btv.common.getBinary&docPath=/BTV-Portal/BTV/_Jugendsport/Downloads/2010/0729_F%C3%B6rderrichtlinien2010&docId=61133688; zuletzt aufgerufen am 31.03.2018.

238 Schriftliche Auskunft von Herrn Henning Lambertz, Chefbundestrainer des DSV (Deutscher Schwimm-Verband), bestätigt und freigegeben durch E-Mail vom 15. Juni 2016.

239 Schriftliche Auskunft von Herrn Henning Lambertz, Chefbundestrainer des DSV (Deutscher Schwimm-Verband), bestätigt und freigegeben durch E-Mail vom 15. Juni 2016.

oder Vergessen der Kleidung sein[240]. Bei diesen Sanktionen handelt es sich nur um verbandsrechtliche Mittel.

In den Athletenvereinbarungen finden sich auch weitere Sanktionen, die einen Ausschluss aus dem Kader begründen. Dazu gehört nach der Musterathletenvereinbarung des DOSB ein Verstoß gegen Dopingregelungen[241]. Auch die Athletenvereinbarung des DLV (Deutscher Leichtathletik-Verband) sieht Regelungen vor, die bei einem Verstoß gegen Dopingbestimmungen einen Kaderausschluss oder Rückforderungen begründen[242]. Zudem kann dem Athleten der Kaderstatus entzogen werden, wenn unter Verletzung seines Rechtes auf freie Meinungsäußerung andere Sportler, Vertreter des Sports oder des Staates verunglimpft werden oder er durch seine Handlungen in grober Weise gegen die Ideale des Sports verstößt[243]. Dabei handelt es sich aber um Sanktionen, die nicht seine Leistung betreffen, sondern Verhaltensauffälligkeiten oder Straftaten. Allerdings droht auch einem einfachen Vereinsmitglied, der kein Arbeitnehmer ist und den Sport nur als Hobby betreibt, bei einem extremen sozialen Missverhalten oder Doping ein Ausschluss aus einem Verein. Bei all diesen Sanktionen handelt es sich lediglich um verbandsrechtliche Mittel. Auch bei einem Ausschluss aus dem Kader handelt es sich lediglich um eine verbandsrechtliche Sanktion, die mit dem Druck, dem ein Arbeitnehmer ausgesetzt ist, nicht vergleichbar ist. Auch ohne den Kaderstatus darf er den Sport noch ausüben. Der Kaderausschluss kommt nicht einer Kündigung im Arbeitsrecht gleich. Die Kaderaberkennung hat auch keine Wirkung über das Verbandsleben hinaus. Er kann den Sport trotzdem unter demselben Verband ausüben und muss nicht den vermeintlichen „Arbeitgeber“ wechseln. Das Ausüben des Sportes an sich ist die Beschäftigung des Sportlers, nicht aber der Kaderstatus.

Bei dem DSV gibt es neben dem Kader ein Perspektivteam, in welches nur die Besten des Kaders berufen werden. Der DSV stellt für die jungen Schwimmer des Perspektivteams Regeln auf. Dazu gehört eine verpflichtende Teilnahme an den benannten Lehrgängen und Wettkämpfen, die wöchentliche Abgabe der Trainingsdatendokumentation und die Teilnahme an den bis zu drei Mal im Jahr

---

240 Mündliche Auskunft von Sven Karg, Referent Leistungssport und Anti-Doping bei DTB (Deutscher Turner-Bund), bestätigt und freigegeben durch E-Mail vom 29. August 2016.

241 Hinweis des Beirats der Aktiven zu 5.2 Musterathletenvereinbarung des DOSB.

242 1.7. der Athletenvereinbarung des DLV (Deutscher Leichtathletik-Verband).

243 10.2 der Athletenvereinbarung des DLV (Deutscher Leichtathletik-Verband).

stattfindenden Komplexen Leistungsdiagnostik an den Diagnosestützpunkten[244]. Bei der Nichtteilnahme an mehreren Lehrgangsmaßnahmen, der Nichteinhaltung der geforderten Trainingskennziffern, dem mehrfachen Nichterreichen der Screening-Werte und beim wiederholten Nichtabgeben der Trainingsdatendokumentation kann ein Ausschluss aus dem Perspektivteam erfolgen. Der Chefbundestrainer hat das alleinige Entscheidungsrecht darüber[245]. Auch wenn jeder Schwimmer mehrere Chancen erhält, kam es auch schon zu Ausschlüssen aus dem Perspektivteam[246]. Dass beispielsweise das Perspektiv-Team-Projekt im Schwimmen derart strenge Regeln aufstellt und dem jungen Schwimmer bei mehrmaligem Fehlen ein Ausschluss aus dem Programm droht, kann nichts daran ändern, dass es sich nur um eine verbandsrechtliche Sanktion handelt. Dadurch wird kein Zwang begründet, wie er bei einem Arbeitnehmer besteht. Den Schwimmern im Perspektivteam werden besonders intensive Trainingsmaßnahmen geboten damit sie möglichst leistungsstark werden. Dies ist aber nicht die Voraussetzung, dass er in dem Kader bleibt. Dies stellt nur ein verbandsrechtliches Sonderprogramm dar. Da dieses sehr zeitintensiv und mit hohen Kosten verbunden ist, sollen nur die Schwimmer daran teilnehmen dürfen, die auch Disziplin und Willensbereitschaft zeigen. Dass diese bei dem Nichtbefolgen der Regeln aus dem Perspektivteam geworfen werden können, bedeutet nicht, dass sie ihren Kaderstatus aberkannt bekommen. Sie können trotzdem weiter für die Nationalmannschaft beim Schwimmen antreten. Daher handelt es sich nur um verbandsrechtliche Sanktionen und der Zwang und die Folgen sind nicht vergleichbar mit der Situation eines Arbeitnehmers.

Für eine arbeitnehmerähnliche Dienstleistung ist absolut entscheidend, dass die Hauptmerkmale der Dienstleistung und der Arbeitsleistung vergleichbar sein müssen. Dies bedeutet, dass aus dem Rechtsverhältnis ein unmittelbarer oder mittelbarer Zwang wirken muss, durch den die Minderjährigen zu einer

244 Das Perspektiv-Team-Projekt des Deutschen Schwimm-Verbandes, S. 22; abrufbar unter: http://www.dsv.de/fileadmin/dsv/images/schwimmen/News/2014_Ausschreibungen/Perspetiv_Team_Projekt__PTP__Endfassung.pdf; zuletzt aufgerufen am 31.03.2018.

245 Das Perspektiv-Team-Projekt des Deutschen Schwimm-Verbandes, S. 23; abrufbar unter: http://www.dsv.de/fileadmin/dsv/images/schwimmen/News/2014_Ausschreibungen/Perspetiv_Team_Projekt__PTP__Endfassung.pdf; zuletzt aufgerufen am 31.03.2018.

246 Schriftliche Auskunft von Herrn Henning Lambertz, Chefbundestrainer des DSV (Deutscher Schwimm-Verband), bestätigt und freigegeben durch E-Mail vom 15. Juni 2016.

Tätigkeit angehalten werden[247]. Der entscheidende Unterschied, der diese Tätigkeit der minderjährigen Sportler von einer arbeitnehmerähnlichen Tätigkeit abgrenzt, ist, dass die Minderjährigen den Sport freiwillig ausüben. Allein die Sanktionen, die den Minderjährigen drohen, reichen nicht aus um sie mit arbeitsrechtlichen zu vergleichen und einen Druck zu erzeugen, der mit dem eines Arbeitnehmers vergleichbar ist. Der Kaderstatus und die Athletenvereinbarung sind freiwillige Verpflichtungen. Entscheidend ist, dass die Minderjährigen so nachhaltig zur Erbringung der Leistung angehalten werden, dass sie wie Arbeitnehmer in einem Arbeitsverhältnis schutzbedürftig sind[248] und dass eine Verpflichtung zur Ableistung der Tätigkeit bestehen muss[249]. Dies ist bei den Kaderathleten gerade nicht der Fall. Es ist die persönliche Motivation der Minderjährigen, sie sind jedoch arbeitsrechtlich nicht dazu verpflichtet, diese zu erfüllen. Hinzu kommt, dass die Erfüllung der Verpflichtung eines Arbeitnehmers zur Tätigkeit einklagbar ist[250]. Die Verpflichtung des minderjährigen Kaderathleten ist dies gerade nicht. Der Verband kann gegen einen minderjährigen Sportler nicht gerichtlich vorgehen und ihn verpflichten, seiner Tätigkeit als Kaderathlet nachzukommen.

Folglich kann die Ansicht, dass sobald eine Verpflichtung bestehe, am Training und an Meisterschaftsspielen/wettkämpfen gegen eine Vergütung teilzunehmen, zumindest ein arbeitnehmerähnliches Verhältnis vorliege[251], nicht, zumindest nicht verallgemeinernd, bestätigt werden. Zum einen wird den Minderjährigen in den meisten Fällen keine Vergütung gezahlt und zum anderen besteht die geforderte Verpflichtung gerade nicht.

#### (ee) Zwischenergebnis

Auch wenn nicht ausgeschlossen werden kann, dass teilweise eine feste Bindung vorliegt, so treffen den Minderjährigen in der Regel nur verbandsrechtliche Sanktionen. Der junge Kaderathlet ist nicht dem gleichen Druck ausgesetzt wie ein Arbeitnehmer, und seine Verpflichtung zur Tätigkeit ist durch den Verband nicht einklagbar. Folglich liegt in der Regel keine feste Bindung vor.

---

247 *Molitor/Volmer/Germelmann*, § 1 JArbSchG, Rn. 45.

248 OVG Münster NJW 1987, 1443; *Walker*, in: Walker, Kinder- und Jugendschutz im Sport, S. 45, 62.

249 *Weyand*, § 1 JArbSchG, Rn. 30.

250 *Walker*, in: Walker, Kinder- und Jugendschutz im Sport, S. 45, 62.

251 *Däubler*, Arbeitsrecht 2, Rn. 1708.

#### (d) Zwischenergebnis

Die minderjährigen Kaderathleten erbringen in der Regel dem Verband gegenüber keine Dienstleistung im Sinne des § 1 Absatz 1 Nr. 3 JArbSchG, die einer Arbeitsleistung ähnlich ist. Sollte der Verband hingegen eine weitere vertragliche Verpflichtung mit dem Minderjährigen abgeschlossen haben, die über das Dargestellte hinausgeht, kann durchaus von einer festen Bindung gesprochen werden, die eine arbeitnehmerähnliche Dienstleistung im Sinne des § 1 Absatz 1 Nr. 3 ArbSchG darstellt. Allerdings sind solche, soweit ersichtlich, nicht üblich.

### (4) Der Berufsausbildung ähnliches Ausbildungsverhältnis gemäß § 1 Absatz 1 Nr. 4 JArbSchG

Unter § 1 Absatz 1 Nr. 4 JArbSchG fallen in erster Linie Vertragsverhältnisse im Sinne des § 26 BBiG, also Vertragsverhältnisse, bei denen es um den Erwerb von beruflichen Fertigkeiten, Kenntnissen und Erfahrungen geht[252]. Hierbei muss es sich um betriebliche Ausbildungsverhältnisse handeln[253]. Da § 1 Absatz 1 Nr. 4 JArbSchG weiter gefasst ist als § 1 Absatz 1 Nr. 1 JArbSchG, genügt es, wenn berufliche Fertigkeiten und Kenntnisse vermittelt werden. Grundsätzlich könnte man bei einem jungen Sportler davon ausgehen. Die jungen Sportler lernen und verbessern unter anderem ihre Technik, Kraft und Kondition. Sie erlernen beispielsweise im Turnen Elemente oder im Schwimmen Schwimmstile und Bewegungen. Dem Berufsausbildungsverhältnis sind die Vertragsverhältnisse ähnlich, wenn die Ausbildung und nicht die Leistung von Arbeit im Mittelpunkt steht[254]. Der Lernzweck muss im Vordergrund stehen[255]. Dies ist hier der Fall. Dem Verband geht es vordergründig nicht um die Leistung von Arbeit, sondern um die Ausbildung der jungen Sportler. Allerdings fallen unter § 1 Absatz 1 Nr. 4 JArbSchG in erster Linie Praktika und Volontariate[256]. Die Unterwerfung unter die Verbandsgewalt entspricht nicht automatisch einem der Berufsausbildung ähnlichen Ausbildungsverhältnis. Der Verband an sich macht

---

252 ErfK/Schlachter, § 1 JArbSchG, Rn. 11; Kasseler Handbuch ArbR Bd. 1/*Taubert*, 3.2, Rn. 35; *Zmarzlik/Anzinger*, § 1 JArbSchG, Rn. 26; beide noch zu § 19 BBiG a.F., der unter der geltenden Fassung des BBiG § 26 BBiG entspricht.

253 *Zmarzlik/Anzinger*, § 1 JArbSchG, Rn. 24.

254 *Zmarzlik/Anzinger*, § 1 JArbSchG, Rn. 25.

255 BAG v. 05.12.2002, AP BBiG § 19 Nr. 2; Kittner/Zwanziger/Deinert/*Lakies*, Arbeitsrecht, § 115, Rn. 206; Lakies/Malottke/*Lakies*, § 26 BBiG, Rn. 5; *Leinemann/Taubert*, § 26 BBiG, Rn. 2; *Wohlgemuth*, § 26 BBiG, Rn. 5.

256 ErfK/*Schlachter*, § 1 JArbSchG, Rn. 11.

die Vorgaben für den Nachwuchs in der jeweiligen Sportart; er bildet in diesem Sinne aber nicht aus. Zum einen erfolgt die Umsetzung der Vorgaben oft durch die Vereine und die Vereinstrainer und nicht direkt durch den Verband. Zum anderen entspricht die Athletenvereinbarung und die damit verbundene Unterwerfung unter die Verbandsgewalt nicht einem der Berufsausbildung ähnlichem Ausbildungsverhältnis. Es findet eine andere Art von „Ausbildung“ statt, die kein der Berufsausbildung ähnliches Ausbildungsverhältnis im Sinne des § 1 Absatz 1 Nr. 4 JArbSchG darstellt.

#### (5) Zwischenergebnis

Da keine der Alternativen des § 1 Absatz 1 JArbSchG einschlägig war, werden die Minderjährigen nicht im Sinne von § 1 Absatz 1 JArbSchG beschäftigt und unterfallen nicht dem sachlichen Anwendungsbereich des Jugendarbeitsschutzgesetzes. Allerdings ist darauf hinzuweisen, dass nicht alle Athletenvereinbarungen aller Verbände eingesehen werden konnten und es so auch nicht ausgeschlossen werden kann, dass in einigen Sportarten etwas anderes als das hier Ermittelte gilt. Da aber Sportarten wie Turnen oder Schwimmen untersucht wurden und charakteristisch in diesen Bereichen die Athleten besonders jung sind, kann davon ausgegangen werden, dass das gefundene Ergebnis dem Regelfall entspricht. Die minderjährigen Sportler sind daher nicht anders zu behandeln als die minderjährigen Musikgenies oder die Hobbysportler.

### bb. Verbindung zum Verein

Neben dem Verband gibt es auch Vereine in den jeweiligen Sportarten. Die Kaderathleten sind in der Regel auch Mitglied in einem Verein. Neben den Kaderathleten gibt es auch Athleten, die ohne Kaderstatus im Verein trainieren. Im Folgenden soll untersucht werden, ob sich eine Tätigkeit im Sinne des § 1 JArbSchG aus der Bindung zum Verein ergeben kann. Differenziert werden muss zwischen den Minderjährigen, die nur eine vereinsrechtliche Bindung und darüber hinaus keine vertragliche haben und denen, die einen Vertrag mit ihrem Verein geschlossen haben.

#### (1) Vertrag mit dem Verein

In der Regel[257] werden zwischen den Minderjährigen und den Vereinen keine klassischen Arbeitsverträge geschlossen. Allerdings kann es vorkommen, dass

---

257 Es kann nicht ausgeschlossen werden, dass solche in Einzelfällen vereinbart werden, soweit ersichtlich ist dies beim Schwimmen, Turnen und Tennis aber nicht der Fall.

die Vereine mit den minderjährigen Sportlern andere Verträge abschließen. Dabei handelt es sich meist um Verträge in der Bundesliga. Im Folgenden soll auf die jungen Turner und Tennisspieler abgestellt werden, die mit den Vereinen Verträge für die Bundesliga abschließen.

Die Bundesligaspiele und -wettkämpfe sind keine Einzelwettkämpfe, sondern es treten die Einzelsportler als Mannschaft für den jeweiligen Verein an. Dies bedeutet, dass die Punkte bzw. Siege der einzelnen Sportler addiert werden und so der Vereinssieger des jeweiligen Spieltages/Wettkampftages ermittelt wird.

Im Turnen schließen einige Bundesligavereine mit ihren (minderjährigen) Turnern Verträge. Sie verpflichten sie zur Teilnahme an den Bundesligawettkämpfen und zahlen im Gegenzug ein Entgelt. Allein beim Deutschen Meister von 2012 bis 2017, dem MTV Stuttgart, sind fünf der elf gemeldeten Turnerinnen minderjährig. Bei der TG Mannheim sind alle acht Turnerinnen in der Startliste minderjährig[258]. Die Bundesliga findet im Turnen nicht wie im Fußball jedes Wochenende statt, sondern nur an wenigen Tagen[259]. Teilweise trainieren die Turner nicht vor Ort, sondern in einem nahegelegenen Stützpunkt[260]. Es gibt aber auch Vereine bei denen die Turner in der Halle vom Verein trainieren[261]. Inhalt der Verträge ist, dass die Turner sich verpflichten, für den Verein in der Bundesliga anzutreten. Dafür bekommen sie eine Vergütung. Diese liegt je nach Verein um die 400 €. Teilweise vereinbaren die Vereine mit den Turnern, dass diese eine „Patenschaft“ für einen sehr jungen Turner übernehmen. Die Turner dürfen sich ihr Patenkind selbst aussuchen. Sie betreuen das Kind, geben Tipps und begleiten es teilweise auch zu Wettkämpfen. Dafür erhalten die Turner eine Übungsleiterpauschale von ca. 200 €, die in den 400 € enthalten ist[262].

---

258 Startliste der 1. Bundesliga der Frauen in der Deutschen Turnliga, Stand 31.03.2018; abrufbar unter: https://www.deutsche-turnliga.de/db.php/download/2325/Meldelisten+1.+BL+HP.pdf; zuletzt aufgerufen am 31.03.2018.

259 Bei den Männern in der Bundesliga gibt es 7 Wettkampftage und ein Finale. Bei den Frauen gibt es 4 Wettkampftage und das Finale, DTL Terminplan 2018, abrufbar unter: https://www.deutsche-turnliga.de/db.php/anhang/1966/DTL+Termine+2018+aktuell.pdf; zuletzt aufgerufen am 31.03.2018.

260 So trainieren beispielsweise die Turner des MTV Stuttgart im Bundesstützpunkt Stuttgart, mündliche Auskunft von Dr. Karsten Ewald, Geschäftsführer des MTV Stuttgart, bestätigt und freigegeben durch E-Mail vom 14. Juni 2016.

261 Die Turner der KTG Heidelberg trainieren auch bei dem Verein, mündliche Auskunft von Dieter Hofer, sportlicher Leiter der KTG Heidelberg, bestätigt und freigegeben durch E-Mail vom 13. Juni 2016.

262 Die restlichen 200 € erhalten die Turner als Aufwandspauschale für ihre sehr hohen Aufwendungen für das Training. Die Aufwandspauschale wird dabei im Rahmen

In manchen Vereinen bekommen erfolgreiche Sportler zusätzlich Prämien für ihre Erfolge. Das Geld stammt nicht von dem Verein selbst, sondern von einem Förderverein[263]. Während für den Deutschen Meisterschaftstitel ca. 400 € entrichtet werden, kann die Prämie für einen Europameistertitel zwischen 2.000 und 3.000 € liegen. Um sich für die Turner attraktiv zu machen, suchen die Vereine teilweise für ihre Turner Sponsoren. Sie vermitteln diese allerdings nur und haben nichts mit dem Vertrag zu tun. Neben der Verpflichtung der Turner zur Teilnahme an den Bundesligawettkämpfen, müssen sie auch an Sponsorenveranstaltungen des Vereins teilnehmen und zu Pressekonferenzen erscheinen. Sollte ein Turner seinen Verpflichtungen nicht nachkommen, drohen ihm Kürzungen der monatlichen Bezüge. Die Vereinbarung zwischen Verein und Turner wird jeweils für ein Jahr geschlossen[264].

Im Tennis werden ebenfalls Verträge zwischen Verein und minderjährigen Spielern auf Grund der Bundesligaspiele bzw. Regionalligaspiele geschlossen. In der Tennis-Bundesliga gab es 2017 bei den Herren insgesamt neun Spieltage[265] und bei den Damen sieben[266]. Allerdings ist die Zahl der Minderjährigen in den Kadern der Vereine deutlich geringer als beim Turnen. So befinden sich in der Regel nur ein bis maximal zwei Minderjährige in den Kadern[267]. Teilweise trainieren die Spieler im Verein, teilweise im Internat der Tennisbase und teilweise auch an einem ganz anderen Ort. Durchaus üblich ist, dass Spieler allein zu dem Bundesligaspiel anreisen und danach wieder abreisen. Die Spieler verpflichten sich, eine gewisse Anzahl von Spielen für den Verein zu absolvieren und erhalten dafür ein Entgelt. Allerdings ist der Spieler nicht verpflichtet, zu den Spielen anzutreten; er kann von Spiel zu Spiel entscheiden, ob er teilnimmt.

---

eines Minijobs abgerechnet, wobei der Verein alle Abgaben trägt, mündliche Auskunft von Dr. Karsten Ewald, Geschäftsführer beim MTV Stuttgart, bestätigt und freigegeben durch E-mail vom 14. Juni 2016.

263 Mündliche Auskunft von Dr. Karsten Ewald, Geschäftsführer des MTV Stuttgart, bestätigt und freigegeben durch E-Mail vom 14. Juni 2016. Bei dem MTV Stuttgart ist dies die Stuttgarter Sportförderung e.V.

264 Mündliche Auskunft von Dr. Karsten Ewald, Geschäftsführer des MTV Stuttgart, bestätigt und freigegeben durch E-Mail vom 14. Juni 2016.

265 http://www.tennis-point-bundesliga.de/spielergebnisse/; zuletzt aufgerufen am 31.03.2018.

266 httphttp://www.damen-tennisbundesliga.de/1-bundesliga-2017/; zuletzt aufgerufen am 31.03.2018.

267 TK Grün-Weiss Mannheim e.V. hat beispielsweise nur einen minderjährigen Spieler in seinem Kader von 2016, http://www.tennis-point-bundesliga.de/vereine/tk-gw-mannheim-1/; zuletzt aufgerufen am 14.06.2016.

So ist beispielsweise ein Spieler der zum Meldetermin für die Bundesliga unter den Top 30-Spielern der ATP-Jahresendrangliste des Vorjahres geführt wird, an Spieltagen der Bundesliga nicht spielberechtigt, wenn gleichzeitig ein ATP 1000er oder 500er Turnier stattfindet[268].

In erster Linie werden in den Individualsportarten nur mit den Sportlern, die in der Bundesliga aktiv sind, Verträge geschlossen. Vertragliche Vereinbarungen darüber hinaus kommen, soweit ersichtlich, nicht vor. Allerdings kann dies nicht ausgeschlossen werden. Denkbar ist durchaus, dass Vereine ihre Individualsportler an sich binden wollen und ihnen ein Entgelt dafür zahlen, dass sie bei ihnen und unter ihrem Namen bei Wettkämpfen antreten.

Es wird vertreten, dass wenn die Minderjährigen zu ihrer vereinsrechtlichen Bindung einen Vertrag unterschrieben haben und ein Entgelt bezahlt wird, in der Regel eine Arbeitnehmereigenschaft vorliege[269]. Dies mag in manchen Fällen zutreffend sein. Allerdings kann dies so nicht verallgemeinert werden. Nicht jeder Vertrag mit einem Verein, für den der Sportler ein Entgelt erhält, muss einen Arbeitsvertrag darstellen.

Im Folgenden soll untersucht werden, ob durch die Bundesligaverträge eine Arbeitnehmereigenschaft oder eine andere Tätigkeit im Sinne des § 1 Absatz 1 JArbSchG begründet wird.

#### (a) Berufsausbildung und berufsausbildungsähnliches Ausbildungsverhältnis gemäß § 1 Absatz 1 Nr. 1 und Nr. 4 JArbSchG

Die minderjährigen Sportler werden nicht ausgebildet; es geht nicht um die Erlernung von Fähigkeiten, sondern allein darum, während der Bundesligaspiele und Bundesligawettkämpfe für den Verein anzutreten und ihre Leistung zu erbringen. Folglich scheidet eine Tätigkeit nach § 1 Absatz 1 Nr. 1 und Nr. 4 JArbSchG aus.

#### (b) Arbeitsverhältnis und arbeitnehmerähnliche Dienstleistung gemäß § 1 Absatz 1 Nr. 2 und Nr. 3 JArbSchG

Wie bereits oben[270] dargestellt, ist bei dem Arbeitnehmerbegriff von dem Begriff auszugehen, wie er im allgemeinen Arbeitsrecht verwendet wird[271]. Arbeitnehmer ist danach, wer aufgrund eines privatrechtlichen Vertrags im Dienste eines

268 § 33 Nr. 3 Wettspielordnung des DTB e.V.

269 *Lakies*, § 1 JArbSchG, Rn. 14.

270 Siehe oben unter § 3 A. II. 1. b. aa. (2).

271 *Molitor/Volmer/Germelmann*, § 1 JArbSchG, Rn. 29.

anderen zur Leistung weisungsgebundener, fremdbestimmter Arbeit in persönlicher Abhängigkeit verpflichtet ist[272].

### (aa) Privatrechtlicher Vertrag

Zunächst muss ein privatrechtlicher Vertrag vorliegen, was hier der Fall ist. Bei den Vereinen als Vertragspartner der Minderjährigen handelt es sich nicht um öffentlich-rechtliche Einrichtungen. Daher ist der Vertrag auch privater Natur. Zum Abschluss des Vertrages ist die Einwilligung der Eltern erforderlich[273]. Die erste Voraussetzung ist demnach erfüllt.

### (bb) Persönliche Abhängigkeit und Weisungsgebundenheit

Die Arbeit muss im Dienste eines anderen geleistet werden und sie muss innerhalb einer betrieblichen Organisation erbracht werden. Die Eingliederung in die fremde Arbeitsorganisation liegt vor, wenn der Beschäftigte in den betrieblichen Arbeitsablauf eingebunden ist und sich den Strukturen anpassen muss[274]. Maßgebliches Kriterium ist die persönliche Abhängigkeit, die sich im Umfang der Weisungsgebundenheit ausdrückt[275]. Das Weisungsrecht kann Inhalt, Durchführung, Zeit, Dauer und Ort der Tätigkeit betreffen[276]. Arbeitnehmer ist, wer nicht im Wesentlichen frei seine Tätigkeit gestalten und seine Arbeitszeit bestimmen kann. Dabei sind alle Umstände des Einzelfalls in Betracht zu ziehen und in ihrer Gesamtheit zu würdigen[277].

Die zeitliche Weisungsgebundenheit beruht auf der Befugnis des Vertragspartners, Weisungen betreffend der Dauer und der zeitlichen Lage der zu erbringenden Leistung zu erteilen[278]. Dies stellt ein gewichtiges Merkmal für die

---

272 BAG v. 25.09.2013 – AP BGB § 611 Abhängigkeit Nr. 126, Rz. 16; BAG v. 15.02.2012 – AP BGB § 611 Abhängigkeit Nr. 123, Rz. 13; so auch demnächst nach § 611 a BGB n.F.

273 Siehe dazu bereits oben unter § 2 A.

274 BAG NZA 2014, 1149, 1150, Rn. 18; BAG 5 AZR 567/81 v. 12.09.1984, BeckRS 1984, 04553; Kittner/Zwanziger/Deinert/*Deinert*, Arbeitsrecht, § 3, Rn. 34.

275 *Molitor/Volmer/Germelmann*, § 1 JArbSchG, Rn. 32.

276 BAG v. 09.04.2014, AP BGB § 611 Abhängigkeit Nr. 127, Rz. 16; Kittner/Zwanziger/Deinert/*Deinert*, Arbeitsrecht, § 3, Rn. 35; Küttner/*Röller*, Personalbuch, Stichwort Arbeitnehmer, Rn. 4.

277 BAG v. 09.04.2014, AP BGB § 611 Abhängigkeit Nr. 127, Rz. 16.

278 Kasseler Handbuch ArbR Bd. 1/*Worzalla*, 1.1, Rn. 155.

Arbeitnehmereigenschaft dar[279]. Die Dauer des Arbeitsverhältnisses ist dagegen kein taugliches Abgrenzungsmerkmal[280]. Ebenso ist der Umfang der Tätigkeit erheblich. Eine Arbeitnehmertätigkeit kann auch bei wenigen Stunden gegeben sein oder es kann an einem Arbeitsverhältnis scheitern, obwohl vom Stundenumfang eine Vollzeitbeschäftigung vorliegt[281]. Auch hier kommt es entscheidend darauf an, ob die Vereine Einfluss auf die Tätigkeit der Individualsportler nehmen und der Minderjährige in den Trainings- und Wettbewerbsbetrieb eingegliedert ist.

Für die jungen Turner besteht die Möglichkeit, in dem Verein, mit dem sie den Vertrag haben, zu trainieren oder aber das Training an einem anderen Ort zu absolvieren und nur für die Wettkämpfe für den Verein anzutreten. Die jungen Turner, die nicht in dem Verein trainieren, mit dem sie den Vertrag für die Bundesliga unterschrieben haben, sind nur in den Wettkampfbetrieb, nicht aber in den Trainingsbetrieb eingegliedert. Der Verein schreibt ihnen auch nicht vor, wo sie anstatt in dem Verein trainieren sollen. Dies kann an einem ganz anderen Stützpunkt geschehen, der nicht in der Nähe des Vereins ist. Der Verein kann den Turnern auch nicht vorschreiben, wann sie trainieren sollen oder wie das Training inhaltlich gestaltet werden soll, also beispielsweise ob und an welchen Geräten trainiert wird oder ob Krafttraining durchgeführt werden soll. Die jungen Turner sind damit nicht in den Trainingsbetrieb eingegliedert. Allerdings könnte es für die Weisungsgebundenheit ausreichen, wenn die Turner in den Wettkampfbetrieb eingegliedert und diesbezüglich den Weisungen unterworfen wären. Die Turner verpflichten sich zur Teilnahme an den Bundesligawettkämpfen und unterliegen bezüglich dieser Wettkampftage den Weisungen des Vereins. Allerdings werden auch Zeit und Ort der Bundesligawettkämpfe nicht vom Verein vorgegeben, sondern von der Deutschen Turnliga[282]. Diese veröffentlicht und bestimmt einen Plan über die Wettkampftage. Die Vereine erteilen insoweit nur die Weisung, dass der Turner an diesen Tagen an den vorgegebenen Orten antreten muss. Zu bedenken ist allerdings, dass die Bundesligawettkämpfe nicht in einer Regelmäßigkeit stattfinden, die man von Mannschaftssportarten kennt. Bei den Männern in der Bundesliga gibt es sieben Wettkampftage und ein Finale. Bei den Frauen gibt es drei Wettkampftage und das Finale. Dies bedeutet,

---

279 Kasseler Handbuch ArbR Bd. 1/*Worzalla*, 1.1, Rn. 156; Kittner/Zwanziger/Deinert/*Deinert*, Arbeitsrecht, § 3, Rn. 41.

280 Kittner/Zwanziger/Deinert/*Deinert*, Arbeitsrecht, § 3, Rn. 49.

281 Kittner/Zwanziger/Deinert/*Deinert*, Arbeitsrecht, § 3, Rn. 54.

282 Zwischen der Deutschen Turnliga und den Turnern bestehen keine rechtlichen Beziehungen.

dass sich über das Jahr gesehen die Weisungsgebundenheit nur auf einen kleinen Anteil bezieht. Das Training umfasst die Haupttätigkeit der Turner. Damit verbringen sie den ganzen Tag und auch den Großteil der Tage im Jahr. Wettkämpfe finden nicht in dieser Häufigkeit statt. Zudem machen die Bundesligawettkämpfe neben den anderen Wettkampfveranstaltungen nur einen geringen Anteil aus. Dadurch, dass der Turner sein Training frei bestimmen kann, gestaltet er im Wesentlichen seine Tätigkeit frei. Aus der Verpflichtung, an Presseterminen und Sponsorenveranstaltungen teilzunehmen, kann sich keine Weisungsgebundenheit bezüglich der Tätigkeit der Turner ergeben, die eine Arbeitnehmereigenschaft begründen kann. Diese Art der Veranstaltungen stellt ebenfalls nicht die Mehrheit und die Haupttätigkeit der Turner dar.

Die Minderjährigen, die auch in dem Verein trainieren, mit dem sie den Vertrag geschlossen haben, sind ebenfalls nicht in den Trainingsbetrieb eingebunden. Sie können frei entscheiden, wann und was sie trainieren. Der Vertrag erstreckt sich allein auf die Verpflichtung, bei den Bundesligawettkämpfen anzutreten, nicht aber an dem Training teilzunehmen. Demnach gilt auch für die Bundesligaturner, die in dem Verein trainieren, dass sie nicht weisungsgebunden sind.

Fraglich ist, ob für die jungen Tennisspieler dasselbe gilt. In einem Urteil von 1989 hat das ArbG Bielefeld[283] entschieden, dass eine (erwachsene) Tennisspielerin, die sich verpflichtet, für den Verein Spiele zu bestreiten und für diese Leistung geldwerte Gegenleistungen erhalte, Arbeitnehmerin sei. Die Spielerin sei für das Bestreiten der Spiele zeitlich und örtlich gebunden gewesen. Allerdings stand es der Spielerin nicht frei, das Bestreiten bestimmter Spiele abzulehnen.

In einem neueren Urteil des LG Hamburg[284] wurde die Arbeitnehmereigenschaft des Tennisspielers im Verhältnis zu seinem Verein verneint. Der Spieler sollte in mindestens vier Spielen eingesetzt werden und erhielt dafür eine Vergütung von 2.000 € pro Einsatz und zusätzlich die Erstattung für Kosten und Logis. Es bestand eine Vereinbarung dahingehend, dass der Spieler seinen Einsatz für den Verein alleine entscheiden durfte und von dem Ausgang anderer Turniere abhängig machen konnte. Dies entspreche nicht dem Weisungsrecht eines Arbeitgebers. Das LG Hamburg wies darauf hin, dass Tennisspieler Individualisten seien, die nicht wie Mannschaftssportler in den Trainings- und Spielbetrieb eingegliedert seien.

283 ArbG Bielefeld, NZA 1989, 966.
284 LG Hamburg v. 23.01.2004 – 327 O 292/03.

Dem LG Hamburg ist zuzustimmen. In der Regel erhält der Spieler nur für die Teilnahme an dem Bundesligaspiel eine Vergütung. In vielen Fällen wird es aber dem Spieler überlassen bleiben, ob er an dem Bundesligaspiel tatsächlich teilnimmt oder ob es für ihn nicht von Vorteil ist, stattdessen an einem zur gleichen Zeit stattfindenden Turnier teilzunehmen und dort Punkte zu sammeln. Zumindest wird er von dem Verein nicht gezwungen werden können, an dem Bundesligaspiel teilzunehmen, wie ein Arbeitnehmer von seinem Arbeitgeber zur Arbeit verpflichtet werden kann. Selbst wenn der Tennisspieler auch in dem Verein trainiert, mit dem er den Vertrag für die Bundesligaspiele hat, und nicht nur extra für diese angereist kommt, erstreckt sich der Bundesligavertrag meistens nur auf die Verpflichtung, bei den Bundesligaspielen für den Verein anzutreten. Ort, Zeit und Art des Trainings kann der Tennisspieler immer noch selbst bestimmen. Etwas anderes kann sich natürlich ergeben, wenn der junge Tennisspieler dermaßen in den Trainingsbetrieb eingegliedert ist, dass der Verein ihm genau vorschreibt, wann, was und wie er trainieren soll. In der Regel wird dies aber nicht der Fall sein und eine persönlich Abhängigkeit und eine Weisungsgebundenheit werden nicht vorliegen.

Aus diesem Grund scheidet bei einem Vertrag zwischen einem Verein und einem Minderjährigen, der sich auf die Verpflichtung zur Teilnahme an den Bundesligaspielen und Bundesligawettkämpfen bezieht, ein Arbeitsvertrag nach § 1 Absatz 1 Nr. 2 JArbSchG aus.

Für eine der Arbeitsleistung ähnliche Dienstleistung nach § 1 Absatz 1 Nr. 3 JArbSchG ist es ebenfalls erforderlich, dass eine persönliche Abhängigkeit und Weisungsgebundenheit vorliegt. Dies ist wie oben dargestellt gerade nicht der Fall, daher scheidet auch eine Tätigkeit nach § 1 Absatz 1 Nr. 3 JArbSchG aus.

#### (c) Zwischenergebnis

Die Verträge im Tennis und im Turnen bei denen die Minderjährigen verpflichtet werden zu Bundesligaspielen oder Wettkämpfen anzutreten, stellen weder Berufsausbildungsverträge oder der Berufsausbildung ähnliche Ausbildungsverhältnisse noch Arbeitsverträge dar, und sie stellen auch keine Vereinbarungen über der Arbeitsleistung ähnliche Dienstleistung dar, weil die Weisungsgebundenheit und die persönliche Abhängigkeit fehlen. In der Regel liegt keine Beschäftigung nach § 1 Absatz 1 JArbSchG vor. Somit kann nicht pauschalisiert werden, dass die Arbeitnehmerschaft zu bejahen ist, wenn vertragliche Vereinbarungen bestehen und dem Minderjährigen in irgendeiner Art und Weise ein Entgelt bezahlt wird. Allerdings kann auch hier nicht ausgeschlossen werden, dass es Vereine gibt, die auch mit ihren minderjährigen Individualsportlern Verträge abschließen, die eine Arbeitnehmereigenschaft begründen. Insbesondere wenn der Minderjährige durch den Vertrag gegen Entgelt verpflichtet ist, am Training und an Wettkämpfen teilzunehmen und der Verein das Training in der Weise vorgibt, dass der Sportler abhängig und weisungsgebunden ist, wird man eine Arbeitnehmereigenschaft nicht ohne weiteres verneinen können. Wenn der Minderjährige durch Sanktionen dazu angehalten werden kann, seine Tätigkeit zu erfüllen, wird man von einem Arbeitsvertrag oder zumindest einer der Arbeitsleistung ähnlichen Dienstleistung ausgehen müssen.

(2) Nur Mitgliedschaft im Verein

In der Regel so z.B. bei den jungen Schwimmern haben sowohl die Kaderathleten in dem Verein als auch die übrigen Nachwuchsschwimmer keinen Vertrag mit ihrem Verein, sondern nur eine vereinsrechtliche Mitgliedschaft[285]. Fraglich ist, ob sich aus der vereinsrechtlichen Mitgliedschaft eine Beschäftigung im Sinne des § 1 Absatz 1 JArbSchG ergeben kann.

(a) Arbeitsvertrag und Berufsausbildungsvertrag gemäß § 1 Absatz 1 Nr. 1 und § 2 JArbSchG

Mangels eines Vertrages scheiden sowohl ein Arbeitsvertrag nach § 1 Absatz 1 Nr. 2 JArbSchG als auch ein Berufsausbildungsvertrag gemäß § 1 Absatz 1 Nr. 1 JArbSchG aus.

(b) Arbeitnehmerähnliche Dienstleistung gemäß § 1 Absatz 1 Nr. 3 JArbSchG

In Betracht kann aber eine arbeitnehmerähnliche Dienstleistung gemäß § 1 Absatz 1 Nr. 3 JArbSchG kommen.

(aa) Abhängigkeit und Weisungsgebundenheit

Wie bereits oben[286] erläutert, ist eine Tätigkeit in persönlicher weisungsgebundener Abhängigkeit gegeben, wenn der Minderjährige Weisungen anderer Personen unterworfen ist oder von diesen angeleitet wird[287]. Entscheidend ist, ob die

---

285 Mündliche und schriftliche Auskunft von Herrn Bernhard Gemlau, 1. Vorsitzender der SG Essen (Startgemeinschaft Essen)/ Leiter des Bundesstützpunktes Schwimmen in Essen, bestätigt und freigegeben durch E-Mail vom 17. Juni 2016.

286 Siehe oben unter § 3 A. II. 1. b. aa. (3) (a).

287 *Molitor/Volmer/Germelmann*, § 1 JArbSchG, Rn. 46.

Vereine Einfluss auf die Tätigkeit der Sportler nehmen und der Minderjährige in den Trainings- und Wettbewerbsbetrieb eingegliedert ist.

Bei den jungen Schwimmern werden Trainingszeit, Trainingsumfang und Trainingsinhalt vom Trainer der jeweiligen Leistungsgruppe des Vereins vorgegeben. Der Verein stellt mehrere Trainingsgruppen je nach Alter und Leistung zusammen. So gibt es beispielsweise Gruppen und Trainingskonzepte für die Talentsichtung, die Talentförderung und Wettkampfgruppen[288]. Vorgegeben ist auch die Teilnahme an Wettkämpfen und Trainingslagern, wobei auf individuelle Besonderheiten der Minderjährigen in Ausnahmefällen Rücksicht genommen werden kann. Bei den Kaderathleten, die gleichzeitig in dem Verein trainieren und auch Vereinsmitglied sind, gibt es Rahmenvorgaben für das Training, die durch den Chefbundestrainer vorgegeben werden und individuell vom Bundesstützpunkttrainer umgesetzt werden[289]. Die Nicht-Kaderathleten werden auch nicht durch den DSV kontrolliert[290].

Die jungen Turner trainieren entweder in ihrem Verein oder einem Stützpunkt. Die Turnvereine haben dem Alter und dem Leistungsstand entsprechend verschiedene Trainingsgruppen. Oftmals sind die Vereine gleichzeitig Turnzentren, in denen die Vorgaben des DTB umgesetzt werden. Der Verein gibt den Trainingsgruppen entsprechend das Training vor.

Folglich werden minderjährige Sportler in den meisten Fällen in den Trainings- und Wettkampfbetrieb eingegliedert sein und es wird eine Abhängigkeit und Weisungsgebundenheit vorliegen. Ob diese ausreichend ist, eine feste Bindung, wie sie mit einem Arbeitnehmer vergleichbar ist, darzustellen, wird weiter unten geprüft[291].

---

288 Trainingskonzept und Trainingszeiten des Polizei-Sportvereins Essen 1922 e.V., abrufbar unter: http://www.schwimmen-essen.de/trainings konzept/; zuletzt aufgerufen am 31.03.2018.

289 Mündliche und schriftliche Auskunft von Herrn Bernhard Gemlau, 1. Vorsitzender der SG Essen (Startgemeinschaft Essen)/ Leiter des Bundesstützpunktes Schwimmen in Essen, bestätigt und freigegeben durch E-Mail vom 17. Juni 2016.

290 Schriftliche Auskunft von Herrn Henning Lambertz, Chefbundestrainer des DSV (Deutscher Schwimm-Verband), bestätigt und freigegeben durch E-Mail vom 15. Juni 2016.

291 Siehe unten unter § 3 A. II. 1. b. bb. (2) (b) (cc).

(bb) Arbeit im wirtschaftlichen Sinn

Wie bereits oben dargelegt[292], liegt Arbeit im wirtschaftlichen Sinn vor, wenn die Betätigung der Minderjährigen wirtschaftlich verwertet wird[293]. Dafür genügt, wenn der Dritte keine andere Person mit der Tätigkeit beauftragen oder die Tätigkeit nicht selbst ausführen muss[294] oder wenn die Tätigkeit der jungen Athleten vermarktet wird[295]. Bei Minderjährigen, die keine Kaderathleten sind, stellt sich die Situation bezüglich der Ersparung der Kosten für eine Ersatzkraft etwas anders dar. Da die Minderjährigen ohne Kaderstatus gerade nicht einen der begrenzten Kaderplätze besetzen, würde auch kein anderer Minderjähriger den Platz einnehmen, wenn der Kaderathlet ausfällt. Allerdings ist es auch ausreichend, wenn die Tätigkeit der Minderjährigen vermarktet wird. Wenn die minderjährigen Sportler an Veranstaltungen ihrer Vereine teilnehmen müssen, die darauf angelegt sind, einen über die Deckung der Kosten hinausgehenden kommerziellen Gewinn zu erzielen, liegt eine Vermarktung vor[296]. Dies kann auch in Form von Schaukämpfen, die vergütet werden, oder Wettbewerben, für die ein Preis- oder Antrittsgeld gezahlt wird, geschehen[297]. Bei der Teilnahme an öffentlichen, nicht verbandsinternen, Veranstaltungen, bei denen die Betätigung der Erzielung eines wirtschaftlichen Nutzens dient, ist von einer Wirtschaftlichkeit auszugehen[298].

Bei den Schwimmvereinen werden Wettkämpfe und Meisterschaften ausgetragen, bei denen der Ausrichter Geld verdient. Allerdings ist es für eine Vermarktung noch nicht ausreichend, wenn die Veranstalter durch die Mitwirkung der Minderjährigen Kosten sparen oder die Zahlungen dazu dienen, den Vereinszweck aufrechtzuerhalten, also beispielsweise die Finanzierung von Auslandsreisen, die Ausbildung der Minderjährigen oder die Anschaffung von Sportgeräten. Von einer Vermarktung kann erst dann gesprochen werden, wenn die Tätigkeit nach Abzug einer Aufwandsentschädigung einen Gewinn

---

292 Siehe oben unter § 3 A. II. 1. b. aa. (3) (b).

293 *Molitor/Volmer/Germelmann*, § 1 JArbSchG, Rn. 49.

294 Kasseler Handbuch ArbR Bd. 1/*Taubert*, 3.2, Rn. 44; *Zmarzlik/Anzinger*, § 1 JArbSchG, Rn. 2.

295 *Köhler*, Der Arbeitnehmerbegriff im Sport, S. 126; *Lakies*, § 1 JArbSchG, Rn. 14; Münchener Handbuch-ArbR Bd. 2/*Anzinger*, § 309, Rn. 11; *Walker*, in: Walker, Kinder- und Jugendschutz im Sport, S. 45, 60; *Zmarklik/Anzinger*, § 1 JArbSchG, Rn. 49.

296 *Weyand*, in: FS-Düwell, S. 172, 179.

297 *Lakies*, § 1 JArbSchG, Rn. 14; *Weyand*, in: FS-Düwell, S. 172, 179.

298 Kasseler Handbuch ArbR Bd. 1/*Taubert*, 3.2, Rn. 43.

erbringt[299]. Das Geld, das die Schwimmvereine durch die Wettkämpfe einnehmen, geht wieder an die Sportler zurück, indem es dafür verwendet wird, dass die Kosten für das Training und die Wettkämpfe der Sportler bezahlt werden. Ein guter Sportler verursacht für seinen Verein Kosten zwischen 2.000 € und 4.000 € im Jahr. Die Schwimmer verdienen bei den Wettkämpfen kein Geld[300].

Vereinzelt führen Turnvereine Showveranstaltungen auf, bei denen akrobatische Leistungen gezeigt werden und die auf Erzielung eines Gewinns ausgerichtet sind[301]. In diesen Fällen kann man vom Vorliegen einer Wirtschaftlichkeit sprechen.

In der Regel findet bei der Mitgliedschaft zu einem Verein keine Vermarktung statt. Allerdings kann dies auch hier generell nicht ausgeschlossen werden und es wird Einzelfälle geben, in denen eine Wirtschaftlichkeit gegeben ist, insbesondere dann, wenn Wettkämpfe oder Schaukämpfe abgehalten werden.

#### (cc) Feste Bindung

Wie bereits oben dargestellt[302] muss eine derartig feste Bindung gegeben sein, die über eine bereits durch Vereinszugehörigkeit begründete Weisungsabhängigkeit hinausgeht. Kriterien für die Beurteilung sind die Dauer und der Umfang der Dienstleistung, die Regelmäßigkeit in der sie erfolgt, die Zahlung und Gewährung von einer Geldleistung oder anderen Vorteilen sowie Sanktionen beim Versäumen von Leistungen[303].

#### α Dauer der Verbindung

Wie oben dargestellt[304], kann die Dauer nur einen Hinweis auf die feste Bindung geben. Die Dauer der Verbindung spricht bei einer vereinsrechtlichen Mitgliedschaft gerade gegen die Annahme einer arbeitnehmerähnlichen Stellung. Die meisten Vereinssatzungen sehen für den Vereinsaustritt eine längere

---

299 *Zmarklik/Anzinger*, § 1 JArbSchG, Rn. 51.

300 Mündliche und schriftliche Auskunft von Herrn Bernhard Gemlau, 1. Vorsitzender der SG Essen (Startgemeinschaft Essen)/ Leiter des Bundesstützpunktes Schwimmen in Essen, bestätigt und freigegeben durch E-Mail vom 17. Juni 2016.

301 Hinweise dazu auf den Internetseiten der KTG Heidelberg: http://www.ktg-heidelberg.de/show-teams/; zuletzt aufgerufen am 31.03.2018.

302 Siehe oben unter § 3 A. II. 1. b. aa. (3) (c).

303 *Molitor/Volmer/Germelmann*, § 1 JArbSchG, Rn. 46; Münchener Handbuch-ArbR Bd. 2/*Anzinger*, § 309, Rn. 11; *Nesemann*, Arbeitsvertragliche Grenzen im professionellen Jugendfußball, S. 41; *Zmarzlik/Anzinger*, § 1 JArbSchG, Rn. 23.

304 Siehe oben unter § 3 A. II. 1. b. aa. (3) (c) (aa).

Kündigungsfrist vor als viele Arbeitsverhältnisse. Unbefristete Arbeitsverhältnisse sind unter Einhaltung einer gesetzlichen Kündigungsfrist gemäß § 622 BGB oder einer vertraglich vereinbarten Frist kündbar. Ein Arbeitnehmer, der zwei Jahre beschäftigt ist, hat gemäß § 622 Absatz 2 Nr. 1 BGB nur eine Kündigungsfrist von zwei Monaten zum Ende des Kalendermonats. Die Kündigungsfristen in den Vereinen sind unterschiedlich. Ein Mitglied von Bayer 04 Leverkusen kann erst drei Monate vor Ablauf des Mitgliedsjahres kündigen[305]. Ebenso sieht der Essener Turn- und Sportverein von 1859 e. V. eine Kündigungsfrist von drei Monaten zum Jahresende vor[306]. Mitglieder des Heidelberger Turnvereins 1846 e.V. können mit einer Frist von einem Monat vor Ablauf des Geschäftsjahres kündigen[307]. Mitglieder des MTV Stuttgart ist der Austritt jederzeit möglich[308]. Die Vereinsmitglieder haben unter Umständen gemäß § 39 Absatz 2 BGB eine Austrittsfrist bis zu zwei Jahren[309].

### β Umfang und Regelmäßigkeit der Tätigkeit

Oben[310] wurde bereits dargestellt, dass der Umfang und die Regelmäßigkeit der Tätigkeit nur ein Indiz dafür sein können, ob eine feste Verbindung vorliegt[311].

Bei den Turnern in einem Turn-Zentrum liegen die Trainingsumfänge bei weiblichen Gerätturnerinnen im Alter zwischen elf und zwölf Jahren bei 17 bis

---

305 4.1 der Allgemeine Geschäftsbedingungen der Bayer 04 Leverkusen Fußball GmbH für den Bayer 04-Club; abrufbar unter: http://www.bayer04.de/bilder/pdf/AGBs_Club_05_2014.pdf; zuletzt aufgerufen am 31.03.2018.

306 § 5 der Satzung des Essener Turn- und Sportverein von 1859 e. V.; abrufbar unter: http://www.etus59.de/satzung.htm; zuletzt aufgerufen am 31.03.2018.

307 § 6 II. der Vereinssatzung des Heidelberger Turnvereins 1846 e.V.; Satzung abrufbar unter: https://www.heidelberger-tv.de/home/informationen-anmeldung/satzung.html; zuletzt aufgerufen am 31.03.2018.

308 § 6 3.3 der Satzung des MTV Stuttgart, wobei der Jahresbeitrag bis zum Schluss des laufenden Vereinsjahres voll zu entrichten ist und wenn eine Austrittserklärung nicht bis spätestens 30. September eines Jahres dem Verein zugegangen ist, ist das Mitglied verpflichtet, den Jahresbeitrag (auch) noch für das folgende Vereinsjahr zu entrichten, Satzung abrufbar unter: http://www.mtv-stuttgart.de/allg-inf/satzung.pdf; zuletzt aufgerufen am 31.03.2018.

309 *Walker*, in: Walker, Kinder- und Jugendschutz im Sport, S. 45, 62.

310 Siehe unter § 3 A. II. 1. b. aa. (3) (c) (bb).

311 *Molitor/Volmer/Germelmann*, § 1 JArbSchG, Rn. 46a; *Zmarzlik/Anzinger*, § 1 JArbSchG, Rn. 23.

23 Trainingsstunden in der Woche[312]. Bei Turnerinnen der Rhythmischen Sportgymnastik im Alter zwischen elf und 13 Jahren liegen die Trainingseinheiten in der Woche sogar bei 18 bis 26 Stunden[313]. Dies bestätigen auch die Angaben der KTG Heidelberg[314], wonach im Alter von zehn bis zwölf Jahren ein Trainingsumfang 15–18 Wochenstunden umfassen kann. Bei einer Kooperation mit einer Eliteschule des Sports kann auch Vormittagstraining angeboten werden, sodass im Bereich des Anschlusstrainings (12–15 Jahre[315]) das Training auf 24–25 Stunden in der Woche gesteigert werden kann[316]. Bei den Turnern ab der Altersklasse 13 in einem Bundesstützpunkt liegt die Anzahl der Trainingseinheiten in der Woche bei 22 bis 35 Stunden[317].

Bei den Schwimmern trainieren bereits die Jüngsten zwischen vier und fünf Mal in der Woche. Die Top-Sportler trainieren bis zu zehn Mal. Das Pensum wird von Gruppe zu Gruppe gesteigert[318]. Im Schwimmen ist die „Nachwuchskonzeption Schwimmen" des DSV in den Vereinen umzusetzen[319]. Dies bedeutet, dass entsprechend der Vorgaben für das Training elf- bis zwölfjährige im Aufbaubereich 17 Stunden in der Woche trainieren; davon entfallen zwölf Stunden für das Training im Wasser und fünf Stunden für das Training an Land. Sie schwimmen damit ca. 25 km in der Woche und kommen auf 46 Trainingswochen im Jahr.

---

312 http://www.dtb-online.de/portal/turnen/talentfoerderung/struktur-fakten/turnzentren/ziele-qualitaetsstandards.html; zuletzt aufgerufen am 31.03.2018; die Rahmentrainingskonzeption Nachwuchs, Gerätturnen – weiblich- AK 6–15 des DTB, S. 9 gibt für das Alter von 11–12 Jahren einen Trainingsumfang von 16–20 Stunden in der Woche an.

313 http://www.dtb-online.de/portal/turnen/talentfoerderung/struktur-fakten/turnzentren/ziele-qualitaetsstandards.html; zuletzt aufgerufen am 31.03.2018.

314 Bei der KTG Heidelberg handelt es sich sowohl um eine DTB-Turntalentschule als auch um ein DTB-Turnzentrum; https://www.heidelberg.de/hd,Lde/HD/Erleben/Trainingssystem.html zuletzt aufgerufen am 31.03.2018.

315 Rahmentrainingskonzeption Nachwuchs Gerätturnen – weiblich- AK 6–15 des DTB, S. 7.

316 Angaben der KTG Heidelberg zum Trainingssystem, http://www.ktg-heidelberg.de/index.php?id=691; zuletzt aufgerufen am 09.10.2016.

317 http://www.dtb-online.de/portal/turnen/talentfoerderung/struktur-fakten/bundesstuetzpunkte.html; zuletzt aufgerufen am 31.03.2018.

318 Mündliche und schriftliche Auskunft von Herrn Bernhard Gemlau, 1. Vorsitzender der SG Essen (Startgemeinschaft Essen)/ Leiter des Bundesstützpunktes Schwimmen in Essen, bestätigt und freigegeben durch E-Mail vom 17. Juni 2016.

319 Nachwuchskonzeption Schwimmen 2020 des DSV, S. 5; abrufbar unter: http://www.dsv.de/fileadmin/dsv/documents/schwimmen/Amtliches/150327_Nachwuchskonzeption_Schwimmen_2020.pdf; zuletzt aufgerufen am 31.03.2018.

15 und 16-jährige im Anschlusstraining steigern die wöchentliche Trainingsstundenanzahl auf 26 Stunden. Dies bedeutet, dass sie etwa 45 km in der Woche schwimmen[320]. Dadurch erreichen die jungen Sportler einen enormen Umfang und eine Regelmäßigkeit ihrer Tätigkeit.

### γ Zahlung einer Vergütung

Die Zahlung einer Vergütung hat wie oben[321] dargestellt nur einen indiziellen Charakter und ist nicht geeignet, die Grenze zwischen Hobby und Arbeitnehmerschaft zu begründen[322]. Die jungen Schwimmer erhalten von ihren Vereinen keine Vergütung. Stattdessen müssen sie einen Vereinsbeitrag leisten, der je nach Verein ca. 30 € im Monat beträgt[323]. Ein Leistungsschwimmer muss einen höheren Betrag zahlen, da auch die Kosten, die ein Leistungsschwimmer verursacht höher sind und er einer intensiveren Betreuung bedarf als ein Hobbyschwimmer[324]. In erster Linie zahlen die Eltern alles und ermöglichen den Leistungssport für ihre Kinder[325]. Auch die jungen Turner müssen in der Regel den Vereinsbeitrag bezahlen und bekommen keine Vergütung. Die Zahlung eines monatlichen Beitrags spricht erheblich gegen die Annahme einer arbeitnehmerähnlichen Beschäftigung. Vielmehr spricht dies für ein reines vereinsmitgliedschaftliches Verhältnis, bei dem der Schwimmer wie ein Hobbyschwimmer behandelt wird.

### δ Verhängung von Sanktionen

Eine weitere Voraussetzung, damit eine feste Verbindung vorliegt, ist die Möglichkeit Sanktionen zu verhängen, falls Leistungen nicht erbracht werden. Dafür

---

320 Nachwuchskonzeption Schwimmen 2020 des DSV, S. 13; abrufbar unter: http://www.dsv.de/fileadmin/dsv/documents/schwimmen/Amtliches/150327_Nachwuchskonzeption_Schwimmen_2020.pdf; zuletzt aufgerufen am 31.03.2018.

321 Siehe unter § 3 A. II. 1. b. aa. (3) (c) (cc).

322 *Walker*, in: Walker, Kinder- und Jugendschutz im Sport, S. 45, 62.

323 Merkblatt zum Aufnahmeantrag der Schwimmabteilung des Polizei-Sportvereins Essen 1922 e.V.; abrufbar unter: http://www.schwimmen-essen.de/anmeldung/; zuletzt aufgerufen am 31.03.2018.

324 Erklärung auf der Seite des Polizei-Sportvereins Essen 1922 e.V. zu der Frage wie sich der Mitgliedsbeitrag zusammensetzt; abrufbar unter: http://www.schwimmen-essen.de/anmeldung/; zuletzt aufgerufen am 31.03.2018.

325 Nachwuchskonzeption Schwimmen 2020 des DSV, S. 64; abrufbar unter: http://www.dsv.de/fileadmin/dsv/documents/schwimmen/Amtliches/150327_Nachwuchskonzeption_Schwimmen_2020.pdf; zuletzt aufgerufen am 31.03.2018.

genügt es nicht, wenn dem Minderjährigen allein vereins- oder verbandsrechtliche Sanktionen drohen[326]. Minderjährige müssen gleichermaßen nachhaltig zur Tätigkeit angehalten werden, wie ein Arbeitnehmer[327].

Die Sanktionen, die ein Heimtrainer eines Schwimmvereins ausspricht, sind Straftraining in Form eines Sondertrainings, ein Trainingsverbot, Wettkampfsperren und Zuschusssperren zu Trainingslagern und Wettkämpfen[328]. Bei diesen Mitteln handelt es sich um vereinsrechtliche Mittel, aber nicht um arbeitsrechtliche Sanktionen. Bei Nichterscheinen im Training wird der Trainer den Minderjährigen rügen, eine Standpauke halten und vielleicht ein Straftraining erteilen, jedoch ergehen keine arbeitsrechtlichen Maßnahmen wie eine Abmahnung oder der Ausschluss aus dem Verein. Wenn der junge Sportler dem hohen Trainingsaufwand nicht mehr nachkommen kann oder will, wird er einer Trainingsgruppe zugeordnet, die nicht mehr diesen hohen Leistungsanspruch hat[329]. Auch die jungen Turner können nicht durch Sanktionen zu einem Kommen angehalten werden[330]. Obwohl jede Vereinssatzung einen Ausschluss bei einem groben Missverhalten vorsieht, stellt dies keine arbeitsrechtliche Sanktion dar. Den Vereinsausschluss kann genauso jedes Hobbymitglied treffen. Bei den Sanktionen handelt es sich nicht um eine arbeitsrechtliche Sanktion, sondern nur um vereinsrechtliche Mittel.

#### (dd) Zwischenergebnis

Bei den minderjährigen Sportlern, die nur eine vereinsrechtliche Bindung haben, liegt keine arbeitnehmerähnliche Dienstleistung vor und sie werden nicht gemäß § 1 Absatz 1 Nr. 3 JArbSchG beschäftigt.

---

326 *Nesemann*, Arbeitsvertragliche Grenzen im professionellen Jugendfußball, S. 43; *Walker*, in: Walker, Kinder- und Jugendschutz im Sport, S. 45, 61; *Zmarzlik/Anzinger*, § 1 JArbSchG, Rn. 21, 51.

327 *Walker*, in: Walker, Kinder- und Jugendschutz im Sport, S. 45, 62.

328 Schriftliche Auskunft von Herrn Henning Lambertz, Chefbundestrainer beim DSV (Deutscher Schwimm-Verband), bestätigt und freigegeben durch E-Mail vom 15. Juni 2016.

329 Mündliche und schriftliche Auskunft von Herrn Bernhard Gemlau, 1. Vorsitzender der SG Essen (Startgemeinschaft Essen)/ Leiter des Bundesstützpunktes Schwimmen in Essen, bestätigt und freigegeben durch E-Mail vom 17. Juni 2016.

330 Mündliche Auskunft von Dieter Hofer, sportlicher Leiter der KTG Heidelberg, bestätigt und freigegeben durch E-Mail vom 16. Juni 2016.

#### (c) Der Berufsausbildung ähnliches Ausbildungsverhältnis gemäß § 1 Absatz 1 Nr. 4 JArbSchG

Wie bereits oben[331] dargestellt, fallen unter § 1 Absatz 1 Nr. 4 JArbSchG in erster Linie Vertragsverhältnisse im Sinne des § 26 BBiG, also Vertragsverhältnisse, bei denen es um den Erwerb von beruflichen Fertigkeiten, Kenntnissen und Erfahrungen geht[332]. Auch hier erscheint dies auf den ersten Blick nicht abwegig, da die jungen Sportler den Sport erlernen, ihnen also in Bezug auf die jeweilige Sportart Fähigkeiten und Kenntnisse vermittelt werden. Allerdings ist nicht bereits im Erlernen eines Sports eine Beschäftigung im Sinne des § 1 Absatz 1 Nr. 4 JArbSchG zu sehen. Das Erlernen eines Musikinstruments in einem Musikverein oder das Singen in einem Chor stellt auch nicht automatisch ein der Berufsausbildung ähnliches Ausbildungsverhältnis dar. Allein auf Grund der Vereinsbindung wird keine Beschäftigung im Sinne des § 1 Absatz 1 Nr. 4 JArbSchG begründet[333].

#### (d) Zwischenergebnis

Die jungen Sportler, die ohne Vertrag in einem Verein nur als Mitglied ihren Sport ausüben, üben keine Beschäftigung im Sinne des § 1 Absatz 1 JArbSchG aus. Trotz des hohen Trainingsumfangs werden sie rechtlich wie die Hobbysportler behandelt.

### *c. Ergebnis*

Bei den minderjährigen Individualsportlern, die entweder eine Athletenvereinbarung unterschreiben oder nur eine vereinsrechtliche Bindung haben, scheidet eine Beschäftigung regelmäßig aus. Ebenso ist keine Beschäftigung gegeben bei Minderjährigen, die mit den Vereinen Verträge für die Bundesliga abschließen. Daher kommt das Jugendarbeitsschutzgesetz nicht zur Anwendung.

Sollte in einem Einzelfall, was soweit ersichtlich nicht der Fall ist, ein Arbeitsvertrag oder eine sonstige Vereinbarung zwischen dem minderjährigen Individualsportler und dem Verein geschlossen worden sein, der die Voraussetzungen für eine arbeitnehmer(ähnliche) Tätigkeit erfüllt, ist in diesem Fall eine Anwendbarkeit des Jugendarbeitsschutzgesetzes gegeben. In diesem Fall muss

---

331 Siehe oben unter § 3 A. II. 1. b. aa. (4).

332 ErfK/Schlachter, § 1 JArbSchG, Rn. 11; Kasseler Handbuch ArbR Bd. 1/*Taubert*, 3.2, Rn. 35; *Zmarzlik/Anzinger*, § 1 JArbSchG, Rn. 26; beide noch zu § 19 BBiG a.F., der unter der geltenden Fassung des BBiG § 26 BBiG entspricht.

333 So auch *Walker*, in: Walker, Kinder- und Jugendschutz im Sport, S. 45, 63.

geprüft werden, wie weiter unten unter B. noch näher erläutert wird, ob in der Beschäftigung ein Verstoß gegen die §§ 5 ff. JArbSchG liegt.

### 2. *Mannschaftssportler*

Mannschaftssportler kennzeichnet, dass sie nicht alleine den Sport ausüben, sondern in einem Team und auch alle gleichzeitig auf dem Platz stehen und den Sport ausüben. In der rechtlichen Einordnung soll hier nur auf die Verbindungen zu dem Verein eingegangen werden. Dabei muss man bei den Mannschaftssportlern unterscheiden zwischen Lizenzspielern, die einen Lizenzvertrag unterschrieben haben (a.), Sportler, die durch einen Fördervertrag gebunden sind (b.), Vertragsspielern (c.) und Spieler, die nur an ihren Verein durch eine Vereinsmitgliedschaft gebunden sind (d.). Als Beispiel soll hier der Fußball dienen, der in Deutschland nicht nur der populärste Mannschaftssport ist, sondern bei dem der Nachwuchssport auch systematisch verfolgt wird. So ist beispielsweise das Betreiben eines Nachwuchsleistungszentrums seit 2001 an die Vergabe der Lizenz zur Teilnahme an der Deutschen Fußball Liga gekoppelt[334].

#### a. *Lizenzspieler*

Die erwachsenen Sportler, die einen Lizenzvertrag unterschreiben, gelten allgemein als Arbeitnehmer[335]. Sie betreiben den Sport auf Grundlage eines lizenzierten Vertrages mit einem Lizenzligaverein. Der Lizenzspieler ist dabei in der Regel nicht Mitglied des Vereins, für den er spielt[336]. Die Lizenzspieler stehen in einem persönlichen Abhängigkeitsverhältnis und sind weisungsgebunden[337]. Art und Umfang des Einsatzes und der Tätigkeit werden durch den Verein bestimmt. Er ist zur Teilnahme an Spielen, Vor- und Nachbesprechungen, Trainingslagern und sonstigen Veranstaltungen verpflichtet. Zudem muss er sich sportmedizinischen

---

334 DFB Journal, 4/2007, S. 100.

335 BAG NJW 1980, 470; LAG Düsseldorf DB 1972, 1443; ArbG Frankfurt SpuRt 1994, 151; ArbG Gelsenkirchen SpuRt 1994, 152; *Bepler*, in: Bepler, Sportler, Arbeit und Statuten, S. 43, 48 ff.; Handbuch Fußball-Recht/*Breucker/Wüterich*, Kapitel 9, Rn. 57; *Heink*, SpuRt 2011, 134, 134; *Menke*, Profisportler zwischen Arbeitsrecht und Unternehmertum, S. 237 ff.; Münchener Handbuch-ArbR Bd. 2/*Giesen*, § 337, Rn. 5; Nolte/Horst/*Horst/Persch*, Handbuch Sportrecht, S. 153, 161; *Rüsing*, Sportarbeitsrecht, S. 28; *Walker*, NZA 2016, 657, 658; *Wüterich/Breucker*, Das Arbeitsrecht im Sport, 2. Teil, § 4, Rn. 114.

336 *Wüterich/Breuker*, Das Arbeitsrecht im Sport, 2. Teil, § 4, Rn. 114.

337 Handbuch Fußball-Recht/*Breucker/Wüterich*, Kapitel 9, Rn. 57; *Heink*, SpuRt 2011, 134, 134.

und sporttherapeutischen Maßnahmen unterziehen[338]. Gleiches gilt auch für den noch minderjährigen Lizenzspieler. Prominente Beispiele der Vergangenheit sind Julian Draxler, Nuri Sahin und Mario Götze[339]. Aus diesem Grund sind auch die minderjährigen Lizenzspieler als Arbeitnehmer anzusehen.

### *b. Fördervertrag*

In Deutschland wird die Nachwuchsförderung im Fußball systematisch betrieben. Ende 1997 wurde der Grundstein für die Konzeption zur Nachwuchsförderung gelegt[340]. Nach und nach wurden Vereinbarungen und Konzeptionen verabschiedet, um die Talentförderung zu optimieren. Inzwischen wird durch Stützpunkte, Eliteschulen und Leistungszentren eine flächendeckende Talentsuche und Talentförderung betrieben. Deutschlandweit gibt es derzeit 366 Stützpunkte. Diese bilden die Brücke zwischen der unverzichtbaren Jugendarbeit in den Vereinen und der zweiten Stufe der Talentförderung, den Leistungszentren und Eliteschulen[341]. Die Stützpunkte werden über die Landesverbände durch den DFB koordiniert. Die Minderjährigen trainieren in den Stützpunkten zusätzlich zum Training im Verein einmal die Woche. Mit Mario Gomez, Toni Kroos, André Schürrle, Ilkay Gündogan, Benedikt Höwedes und Marcel Schmelzer wurden sechs Nationalspieler des EM-Kaders von 2012 zunächst an einem Stützpunkt in Verbindung mit einem Amateurverein ausgebildet[342]. Talentierte Spieler wechseln von den Stützpunkten in die Leistungszentren der Vereine. Von 2002 bis 2013 wechselten 8123 Talente von den Stützpunkten in Leistungszentren[343]. Aktuell gibt es 54 Leistungszentren. Neben den 36 Lizenzvereinen der 1. und 2. Bundesliga führen zehn Vereine der 3. Liga und acht Vereine in den Regionalligen ein anerkanntes Leistungszentrum[344]. Seit 2001 ist die Lizenzvergabe der Vereine gemäß § 3 Nr. 2 LO (Lizenzierungsordnung) an die Existenz eines Leistungszentrums geknüpft. Die Leistungszentren werden regelmäßig einer Qualitätsüberprüfung, der sogenannten Zertifizierung, unterzogen. Dabei werden alle infrastrukturellen, personellen, organisatorischen und sportlich-konzeptionellen Details eines Leistungszentrums mittels eines festgelegten

---

338 *Bepler*, in: Bepler, Sportler, Arbeit und Statuten, S. 43, 49.

339 *Fischinger*, Causa Sport 2011, 150, 150.

340 Broschüre Auswertung und Kennzahlen zur Talentförderung des DFB, S. 4.

341 http://www.dfb.de/index.php?id=1002892; zuletzt aufgerufen am 31.03.2018.

342 Broschüre Auswertung und Kennzahlen zur Talentförderung des DFB, S. 10.

343 Broschüre Auswertung und Kennzahlen zur Talentförderung des DFB, S. 10.

344 Stand Juli 2017, https://www.dfb.de/sportl-strukturen/talentfoerderung/leistungszentren/; zuletzt aufgerufen am 31.03.2018.

Kriterienkatalogs überprüft und bewertet[345]. Je nach Wertung werden dabei ein bis drei Sterne vergeben. Die Sternevergabe spielt unter anderem bei der finanziellen Belobigung seitens des DFB eine Rolle[346]. Zudem gibt es Kooperationen zwischen Leistungszentren und Schulen, sogenannte Eliteschulen. Diese insgesamt 40 Eliteschulen stellen ein optimales Verbundsystem aus Schule und Leistungszentrum dar. Dort werden die schulischen und sportlichen Anforderungen koordiniert und optimiert. In diesen Schulen nehmen die Fußballer bereits vormittags an Trainingseinheiten teil[347]. So wurden beispielsweise Manuel Neuer, Per Mertesacker, Ilkay Gündogan, Mario Gomez, Denis Aogo, Toni Kroos, Jérôme Boateng, Mesut Özil, Benedikt Höwedes und Mats Hummels zusätzlich in einer Eliteschule gefördert[348].

Gemäß § 22 Nr. 7.1 DFB-Spielordnung besteht die Möglichkeit, mit A- und B-Junioren im Leistungsbereich der Leistungszentren der Lizenzligen, der 3. Liga, der 4. Spielklassenebene oder der Junioren-Bundesliga Förderverträge abzuschließen. Diese können ab dem 1. Januar des Kalenderjahres, in dem der Spieler in die U16 wechselt, abgeschlossen werden. Mit welchen Spielern Förderverträge abgeschlossen werden, obliegt der Entscheidung des jeweiligen Vereins. In einer Studie von *Theurich* gaben 195 der 310 befragten Spieler an, dass sie neben der Vereinsmitgliedschaft einen Vertrag mit dem Verein geschlossen haben[349].

Fraglich ist, welche Rechtsnatur die Förderverträge eines minderjährigen Mannschaftssportlers mit einem Leistungszentrum bzw. mit seinem Verein haben.

Diese Verträge gelten nach § 22 Nr. 7.1 DFB-Spielordnung als Vertragsspielerverträge. Die Spieler üben den Sport auf Grundlage des Vertrages aus, sind aber anders als die Lizenzspieler auch Mitglieder im Verein[350]. Demnach kommt es für eine Einordnung auf die genaue Ausgestaltung an. Als Beispiel soll der Musterfördervertrag[351] dienen.

---

345 http://www.dfb.de/sportliche-strukturen/talentfoerderung/leistungs zentren/; zuletzt aufgerufen am 14.06.2016.

346 Mündliche Auskunft von Ulf Schott, Direktor beim DFB (Deutscher Fußball-Bund) Jugend – Spielbetrieb – Trainerwesen / Internationale Kooperation – Talentförderung – Schule, bestätigt und freigegeben durch Telefonat vom 13. Juni 2016.

347 https://www.dfb.de/sportl-strukturen/talentfoerderung/eliteschulen-des-fussballs/; zuletzt aufgerufen am 31.03.2018.

348 Broschüre Auswertung und Kennzahlen zur Talentförderung des DFB, S. 14.

349 *Theurich*, Zulässigkeit der Förderverträge der Nachwuchsleistungszentren der Fußball-Bundesligavereine nach dem Berufsausbildungsgesetz, S. 252, Frage 4.

350 *Nesemann*, Arbeitsvertragliche Grenzen im professionellen Jugendfußball, S. 41.

351 Abgedruckt als Anhang B.

### aa. Berufsausbildungsverträge gemäß § 1 Absatz 1 Nr. 1 JArbSchG

Die Förderverträge könnten Berufsausbildungsverträge nach § 1 Absatz 1 Nr. 1 JArbSchG darstellen. Wie bereits oben dargestellt, muss es sich um eine Ausbildung nach einer bestimmten Ausbildungsordnung im Rahmen des Berufsbildungsgesetztes handeln[352]. In Deutschland gibt es keine anerkannte Ausbildung zum professionellen Fußballspieler. Folglich scheidet eine Einordnung des Fördervertrages als Ausbildungsvertrag im Sinne des § 1 Absatz 1 Nr. 1 JArbSchG aus.

### bb. Der Berufsausbildung ähnliches Ausbildungsverhältnis gemäß § 1 Absatz 1 Nr. 4 JArbSchG

§ 1 Absatz 1 Nr. 1 JArbSchG betrifft nur die Berufsausbildungsverhältnisse im engeren Sinne[353], wobei es sich um eine Beschäftigung in einem anerkannten Ausbildungsberuf handeln muss[354]. Da die Förderverträge keine Berufsausbildungsverträge in diesem Sinne darstellen, könnten sie unter die anderen Vertragsverhältnisse fallen, die der Berufsausbildung ähnlich sind[355]. Unter § 1 Absatz 1 Nr. 4 JArbSchG fallen in erster Linie Vertragsverhältnisse im Sinne des § 26 BBiG, also Vertragsverhältnisse, bei denen es um den Erwerb von beruflichen Fertigkeiten, Fähigkeiten, Kenntnissen und Erfahrungen geht[356]. Dabei muss es sich um betriebliche Ausbildungsverhältnisse handeln[357]. Da § 1 Absatz 1 Nr. 4 JArbSchG weiter gefasst ist als § 1 Absatz 1 Nr. 1 JArbSchG, genügt es, wenn berufliche Fertigkeiten und Kenntnisse vermittelt werden. Dies ist bei den Förderverträgen grundsätzlich der Fall. Die jungen Fußballer lernen und verbessern unter anderem ihre Technik, Kondition und Spielpraxis. Die Fähigkeiten und Kenntnisse werden in den Vereinen auch auf Grund eines betrieblichen Ausbildungsgangs vermittelt; insbesondere liegt kein schulischer

---

352 *Zmarzlik/Anzinger*, § 1 JArbSchG, Rn. 11.

353 Kasseler Handbuch ArbR Bd. 1/*Taubert*, 3.2, Rn. 35.

354 *Lorenz*, § 1 JArbSchG, Rn. 11; Münchener Handbuch-ArbR Bd. 2/*Anzinger*, § 309, Rn. 8.

355 Die nimmt *Hartung* an, *Hartung*, Die Arbeitnehmereigenschaft ivon Mannschaftssportlern, S. 254.

356 ErfK/Schlachter, § 1 JArbSchG, Rn. 11; Kasseler Handbuch ArbR Bd. 1/*Taubert*, 3.2, Rn. 35; *Zmarzlik/Anzinger*, § 1 JArbSchG, Rn. 26; beide noch zu § 19 BBiG a.F., der unter der geltenden Fassung des BBiG § 26 BBiG entspricht.

357 *Zmarzlik/Anzinger*, § 1 JArbSchG, Rn. 24.

Ausbildungsgang vor[358]. Dem Berufsausbildungsverhältnis sind die Vertragsverhältnisse ähnlich, wenn die Ausbildung und nicht die Leistung von Arbeit im Mittelpunkt steht[359]. Der Lernzweck muss im Vordergrund stehen[360]. Dagegen scheidet ein der Berufsausbildung ähnlicher Vertrag aus und es liegt ein Arbeitsverhältnis vor, wenn die Beschäftigung nicht vorrangig dem Erwerb beruflicher Kenntnisse dient, sondern die Leistung von Arbeit und die Zahlung von Entgelt Schwerpunkt des Beschäftigungsverhältnisses ist[361].

#### (1) Abgrenzung nach Schwerpunkt der Tätigkeit

Die Abgrenzung muss danach erfolgen, ob der Ausbildungszweck oder die Erbringung der Leistung im Vordergrund steht. Zwar stellen auch die in der Ausbildung befindlichen Personen ihre Arbeitsleistung zur Verfügung. Der wesentliche Inhalt muss aber die Ausbildung für eine später qualifizierte Leistung sein. Somit kommt es auf die Gewichtung der vertraglichen Pflichten an[362]. Kriterien dafür können sein, ob die vertraglich geschuldete Leistung auf dem Austauschverhältnis „Arbeitsleistung gegen Entgelt“ beruht und der Vergleich der reinen Ausbildungszeit zu der gesamten praktischen Arbeitszeit[363]. Wenn die Vermittlung beruflicher Fertigkeiten, Kenntnisse und Fähigkeiten im Vordergrund steht, liegt ein der Berufsausbildung ähnliches Vertragsverhältnis vor[364].

Für ein Überwiegen des Ausbildungszwecks sprechen Befragungen der Vereine und der jungen Fußballer. In einer Umfrage von *Theurich* geben 12 der 17 befragten Vereine an, dass das Erreichen des Ausbildungsziels wichtiger sei als der Erfolg. Fünf Vereine sehen beides als gleich wichtig an[365]. Diesen Eindruck bestätigt die Umfrage von *Nesemann*, bei der 22 Vereine angeben, dass die Ausbildung wichtiger sei als der sportliche Erfolg der Jugendmannschaft. Kein

358 So auch *Nesemann*, Arbeitsvertragliche Grenzen im professionellen Jugendfußball, S. 32.

359 *Zmarzlik/Anzinger*, § 1 JArbSchG, Rn. 25.

360 BAG v. 05.12.2002, AP BBiG § 19 Nr. 2; Kittner/Zwanziger/Deinert/*Lakies*, Arbeitsrecht, § 115, Rn. 206; Lakies/Malottke/*Lakies*, § 26 BBiG, Rn. 5; *Leinemann/Taubert*, § 26 BBiG, Rn. 2; *Wohlgemuth*, § 26 BBiG, Rn. 5.

361 BAG v. 05.12.2002, AP BBiG § 19 Nr. 2; BeckOK-ArbR/*Hagen*, § 26 BBiG, Rn. 2.

362 Kittner/Zwanziger/Deinert/*Lakies*, Arbeitsrecht, § 115, Rn. 206; Lakies/Malottke/*Lakies*, § 26 BBiG, Rn. 8.

363 *Wohlgemuth*, § 26 BBiG, Rn. 6.

364 *Wohlgemuth*, § 26 BBiG, Rn. 10.

365 *Theurich*, Zulässigkeit der Förderverträge der Nachwuchsleistungszentren der Fußball-Bundesligavereine nach dem Berufsausbildungsgesetz, S. 263, Frage 20.

Verein hält den Erfolg für wichtiger und lediglich sieben Vereine halten beides für gleich wichtig[366]. *Theurich* befragte auch die jungen Spieler. Auch bei diesen überwiegt die Auffassung, dass die Ausbildung wichtiger sei[367].

Die Vereine wollen die minderjährigen Fußballer durch die Förderverträge an sich binden, um so sicherzustellen, dass kein anderer Verein den talentierten Spieler bekommt. Sie wollen die jungen Spieler langfristig in ihre eigenen Lizenzmannschaften übernehmen und sie bis dahin an sich binden und ausbilden. Für ein Überwiegen des Ausbildungszwecks sprechen auch die Nachwuchskonzeptionen der Vereine. Danach besteht das Ziel darin, die talentierten Nachwuchsspieler zu fördern und sie für die Lizenzabteilung auszubilden[368]. *Theurich* geht auf Grund der beiderseitigen Zweckinteressen davon aus, dass es sich um ein Ausbildungsverhältnis handelt. Beide würden mit dem Fördervertrag bezwecken, dass der Spieler später einen Lizenzspielervertrag unterschreibt. Das Lernen und die Weiterentwicklung des Spielers stehen im Vordergrund und der Verein habe weniger ein Interesse an der jetzigen Leistung als an der Leistung, die er durch die Förderung erreichen soll. Die Hauptpflicht bestehe daher in der Vermittlung von Fähigkeiten und Kenntnissen[369].

Das BAG hatte sich mit einer vorzeitigen Beendigung von einem Vertrag eines Nachwuchsspielers zu befassen. Bei der Begründung stellte das BAG auf die Bestimmungen des Berufsbildungsgesetzes ab[370]. Obwohl das BAG davon sprach, dass der Minderjährige ausgebildet wurde[371], stellte es im Rahmen der Wirksamkeit des Vertragsabschlusses darauf ab, dass es sich um einen Arbeitsvertrag gehandelt habe[372]. Somit kann nicht eindeutig gesagt werden, ob das BAG den Ausbildungszweck im Vordergrund sieht oder die Erbringung von Leistung, was für ein Arbeitsverhältnis sprechen würde.

---

366 *Nesemann*, Arbeitsvertragliche Grenzen im professionellen Jugendfußball, S. 153, Frage 2.

367 *Theurich*, Zulässigkeit der Förderverträge der Nachwuchsleistungszentren der Fußball-Bundesligavereine nach dem Berufsausbildungsgesetz, S. 254, Frage 13.

368 Nachwuchskonzept des MSV Duisburg, abrufbar unter: http://www.msv-duisburg.de/main.asp?reiter=zielenachwuchs&bgi=yes; zuletzt aufgerufen am 31.03.2018; Nachwuchskonzept des 1. MSV Mainz 05; abrufbar unter: https://www.mainz05.de/nachwuchs/leistungszentrum/nachwuchskonzept/; zuletzt aufgerufen am 31.03.2018.

369 *Theurich*, Zulässigkeit der Förderverträge der Nachwuchsleistungszentren der Fußball-Bundesligavereine nach dem Berufsausbildungsgesetz, S. 98.

370 BAG NZA 2013, 1206, 1207, Rz. 17.

371 BAG NZA 2013, 1206, 1207, Rz. 26.

372 BAG NZA 2013, 1206, 1210, Rz. 49.

Einen Hinweis auf die Einordnung des Fördervertrages kann auch die Auslegung des Musterfördervertrages selbst geben. Zunächst spricht die Überschrift gegen einen Arbeitsvertrag. Der Vertrag ist mit „Fördervertrag" überschrieben, was eher auf einen Ausbildungsvertrag schließen lässt[373]. Allerdings spricht gegen einen Ausbildungszweck, dass keine Zielbestimmung angegeben ist[374].

Weiter spricht dagegen, dass sich der Spieler gemäß § 1 Nr. 1 i.V.m. § 5 Muster-Fördervertrag verpflichtet, gegen ein Entgelt den Fußball als Vertragsspieler im Sinne der §§ 22–26a DFB-Spielordnung auszuüben. Dabei handelt es sich um eine typische arbeitsvertragliche Pflicht[375]. Wenn nach dem Vertrag der Ausbildungszweck überwiegen würde, müsste dargelegt werden, dass der Spieler Fähigkeiten und Kenntnisse erlernt und welcher Art diese sind. In § 3 Nr. 1 Muster-Fördervertrag wird geregelt, dass der Verein die sachlichen, organisatorischen und personellen Voraussetzungen schafft, um eine optimale fußballerische und altersgerechte Förderung des Spielers zu ermöglichen. Daraus könnte man schließen, dass der Spieler „fußballerisch" ausgebildet bzw. gefördert werden soll. Allerdings kann man die Vorschrift auch so verstehen, dass der Verein alles Erforderliche unternimmt, damit der Spieler seine geforderte Tätigkeit, das Ausüben des Fußballspielens, optimal ausführen kann. Dass der Begriff der „Förderung" auf einen Ausbildungsvertrag schließen soll, kann nicht eindeutig bejaht werden.

Der Begriff der Ausbildung findet an zwei Stellen im Vertrag Niederschlag. In § 1 Nr. 3 Muster-Fördervertrag verpflichtet sich der Spieler, allen schulischen und/oder beruflichen Ausbildungsmaßnahmen selbstständig und gewissenhaft nachzukommen. Allerdings ist damit nicht gemeint, dass es sich um die schulischen und beruflichen Ausbildungsmaßnahmen des Vereins handelt, sondern um die Ausbildung, die der junge Spieler neben dem Fußball verfolgt. Bei der Formulierung handelt es sich um eine Art „Haftungsausschluss" in der Art, dass der Verein nicht für die schulischen Misserfolge verantwortlich ist oder dafür, dass der Spieler seine Hausaufgaben macht oder seine Ausbildung verfolgt. Dafür ist der Spieler alleine verantwortlich. Dass es sich bei der schulischen Ausbildung nicht um die Ausbildung als Fußballspieler handelt, zeigt auch § 4 Nr. 1 Muster-Fördervertrag. Bei der Regelung über die trainingsfreie Zeit hat

373 So auch *Theurich*, Zulässigkeit der Förderverträge der Nachwuchsleistungszentren der Fußball-Bundesligavereine nach dem Berufsausbildungsgesetz, S. 54.

374 Dies wird in Musterausbildungsverträgen empfohlen, BeckOnline-Formulare Vertrag/*Sander*, 2.2.1 Ausbildungsvertrag, § 1.

375 So auch *Nesemann*, Arbeitsvertragliche Grenzen im professionellen Jugendfußball S. 37.

der Trainer nicht nur den Spielplan, sondern auch die außerhalb stattfindende schulische Ausbildung zu berücksichtigen. Außer an den beiden genannten Stellen findet der Begriff der „Ausbildung“ in dem Vertrag keine Erwähnung.

Hingegen ist der Verein gemäß § 3 Muster-Fördervertrag verpflichtet, dafür zu sorgen, dass alle Voraussetzungen gegeben sind, damit der Spieler optimal seine Tätigkeit ausüben kann. Zu den Pflichten des Vereins gehören in diesem Zusammenhang die sachlichen, personellen und organisatorischen Voraussetzungen in Form des Stellens des Leistungszentrums, eine Betreuung und Unterbringung bei Auswärtsspielen sowie eine funktionierende Kooperation von Schule und Verein.

Gegen ein Überwiegen des Ausbildungszwecks spricht auch das Nebentätigkeitsverbot in § 1 Nr. 7 Muster-Fördervertrag. Ein solches ist typischerweise bei Ausbildungsverträgen nicht enthalten[376]. Weiter spricht gegen den Vorrang des Ausbildungszwecks, dass in § 2 Muster-Fördervertrag die Übertragung der verwertbaren Rechte geregelt wird[377].

Gegen ein Überwiegen des Ausbildungszwecks spricht auch der Umfang der Tätigkeit des jungen Spielers. Nach § 1 Nr. 4 Muster-Fördervertrag ist der Spieler verpflichtet, an allen Spielen, Lehrgängen, Spielbesprechungen, an jedem Training und an sonstigen Veranstaltungen, die der Spiel- und Wettkampfvorbereitung dienen, teilzunehmen. Diese Verpflichtung entspricht der eines Lizenzspielers und es überwiegt dabei nicht die Ausbildungszeit.

Insbesondere gegen eine Ausbildung spricht die Vertragslänge des Fördervertrages. Gemäß § 6 Nr. 2 Muster-Fördervertrag kann der Vertrag auf maximal drei Jahre geschlossen werden. Jedoch besteht gemäß § 6 Nr. 3 Muster-Fördervertrag die Möglichkeit, den Vertrag bei beiderseitigem Wunsch der Vertragsparteien um weitere zwei Jahre zu verlängern. Verträge, die in der Regel unter § 26 BBiG fallen, wie Praktikanten- oder Volontärverträge, haben eine kürzere Laufzeit. Insbesondere erscheint sich durch die Verlängerungsmöglichkeit die Nähe zum Arbeitsvertrag auszudrücken. Bei einem Vertrag, der auf eine Ausbildung angelegt ist, erscheint es wenig vorstellbar, dass beide Parteien übereinkommen, den Vertrag zu verlängern. Das Ziel des Auszubildenden besteht in erster Linie darin, möglichst schnell mit der Ausbildung fertig zu sein. Ein Vertragsverhältnis,

---

376 BAG NJOZ 2003, 1868, 1871.

377 So auch *Nesemann*, Arbeitsvertragliche Grenzen im professionellen Jugendfußball, S. 38.

welches bis zu fünf Jahre bestehen kann, spricht eher gegen ein Überwiegen des Ausbildungszwecks[378].

Wird der Spieler dem Vertrag entsprechend beschäftigt, scheint die Erbringung einer Leistung im Vordergrund zu stehen und nicht der Lernzweck.

Ein Indiz darauf, ob Ausbildungszweck oder Erbringung der Leistung den Schwerpunkt bilden, kann auch die Höhe der Vergütung sein[379]. Laut dem Fördervertrag enthält der Spieler eine Vergütung von mindestens 250 € im Monat. Ein Arbeitsgericht befand, dass 350 DM bei Jugendfußballern nur eine Aufwandsentschädigung darstelle und kein Arbeitsentgelt[380]. Wenn die Minderjährigen tatsächlich nur 250 € bekommen würden, spräche dies eher für eine Ausbildung. Gesicherte Erkenntnisse über die Gehälter der jugendlichen Fußballspieler gibt es kaum. Das BAG legte im Rahmen der Prüfung einer vorzeitigen Beendigung eines Vertragsspielervertrages mit einem Minderjährigen offen, dass dieser anfangs 150 € und in der Zeit von 2008 bis 2010 250 € monatlich verdiente[381]. In einer Befragung von *Nesemann* geben 16 der 29 befragten Vereine an, dass die Spieler weniger als 350 € monatlich verdienen. Sechs Vereine geben an, dass das durchschnittliche Einkommen zwischen 350 und 1000 € liegt[382]. Der Sportdirektor eines tschechischen Erstligisten veröffentlichte die Gehälter seiner Spieler. Danach verdient ein A-Jugendspieler etwa 400 €[383]. Es kann aber davon ausgegangen werden, dass ein Jugendspieler in Deutschland deutlich mehr verdient, denn der Durchschnittsbruttomonatsverdienst ist in Deutschland etwa drei Mal so hoch wie in Tschechien[384]. Bei Toptalenten des Jugendfußballs könne das monatliche Gehalt bei 2.500 € liegen[385]. Bereits im

---

378 So auch *Nesemann*, Arbeitsvertragliche Grenzen im professionellen Jugendfußball, S. 38.

379 *Wohlgemuth*, § 26 BBiG, Rn. 6; Münchener Handbuch-ArbR Bd. 1/*Richardi*, § 17, Rn. 13.

380 BSG SpuRt 2010, 172, 173.

381 BAG NZA 2013, 1206.

382 *Nesemann*, Arbeitsvertragliche Grenzen im professionellen Jugendfußball, Frage 10, S. 154.

383 Focus Online v. 05.03.2013, Teplice-Chef veröffentlicht Spielergehälter, abrufbar unter: http://www.focus.de/sport/fussball/fussball-teplice-chef-veroeffentlicht-spielergehaelter_aid_933096.html; zuletzt aufgerufen am 31.03.2018.

384 Focus Online v. 05.03.2013, Teplice-Chef veröffentlicht Spielergehälter, abrufbar unter: http://www.focus.de/sport/fussball/fussball-teplice-chef-veroeffentlicht-spielergehaelter_aid_933096.html; zuletzt aufgerufen am 31.03.2018.

385 *Seliger*, Das zähe Ringen um die Toptalente, Stuttgarter Nachrichten v. 21.01.2014, abrufbar unter: http://www.stuttgarter-nachrichten.de/inhalt.der-vfb-und-der-nach-

Jahr 2008 wurden angeblich 2.000 €[386] vereinzelt 5.000 €[387] an die Jugendspieler von 1899 Hoffenheim gezahlt. Finanzkräftige Vereine wie der FC Bayern München boten Dominik Martinovic 200–300 € mehr im Monat als der VfB Stuttgart[388]. Wenn die Differenz der Gehälter der Vereine zwischen 200–300 € liegt, dann kann davon ausgegangen werden, dass auch insgesamt mehr als nur die Aufwandsentschädigung von 250 € gezahlt wird.

Ein weiteres Argument, dass für ein Überwiegen der Wirtschaftlichkeit spricht, ist die Zahlung von Ausbildungsentschädigungen bei Jugendspielern. Es gibt festgelegte Grundsätze über die Zahlung von Ausbildungsentschädigungen beim Wechsel eines minderjährigen Spielers. Zum einen regelt dies § 3 Nr. 2 DFB-JugendO. Danach erhält ein Verein, der einen Spieler ausgebildet hat, eine Entschädigung von dem Verein, zu dem der Spieler wechselt. Zum anderen erließ der DFB Richtlinien zur Festsetzung der Ausbildungsentschädigung[389]. Danach erhält ein Verein, der einen Spieler ausgebildet hat, eine Entschädigung, wenn er bei einem anderen Verein das erste Mal als Lizenzspieler eingesetzt wird. Im Bereich der Bundesliga beträgt die Ausbildungsentschädigung 50.000 €. Diese wird aus einem vom Ligaverband freiwillig eingerichteten Solidaritätspool gezahlt. So unterschreiben die Vereine eine „Vereinbarung über den Schutz und die Förderung der Ausbildung in den Leistungszentren der Clubs der Lizenzligen". In dieser wird unter anderem geregelt, dass ein Verein, der einen minderjährigen Spieler aufnimmt, eine Ausbildungsentschädigung an den abgebenden Verein zahlt. Diese richtet sich nach der im Rahmen

---

wuchs-das-zaehe-ringen-um-die-toptalente.b4b0e4 e2-3066-4841-896c-48e720f-07de0.html; zuletzt aufgerufen am 31.03.2018.

386 *Sulzer/Palmert/Dörr/Frank*, Erster Zoff um Hoffenheim Konkurrenten werfen dem Aufsteiger vor, dass er mit viel Geld Jugendspieler abwirbt, Bild am Sonntag Online v. 31.05.2008; abrufbar unter: http://www.bild.de/sport/fussball/zoff-tsg-1899-4702620.bild.html; zuletzt aufgerufen am 31.03.2018.

387 *Löer*, Der neue Riese, Stern.de v. 14.11.2008, abrufbar unter: http://www.stern.de/sport/fussball/tsg-1899-hoffenheim-der-neue-riese-3741838.html; zuletzt aufgerufen am 09.10.2016.

388 *Seliger*, Das zähe Ringen um die Toptalente, Stuttgarter Nachrichten v. 21.01.2014, abrufbar unter: http://www.stuttgarter-nachrichten.de/inhalt.der-vfb-und-der-nachwuchs-das-zaehe-ringen-um-die-toptalente.b4b0e4e2-3066-4841-896c-48e720f-07de0.html; zuletzt aufgerufen am 31.03.2018.

389 Richtlinien zur Festsetzung der Ausbildungsentschädigung für jüngere Lizenzspieler in der Spielzeit 2014/2015, abgedruckt in Offizielle Mitteilung des DFB Nr. 4 v. 30.06.2015, S. 9 ff.; abrufbar unter: http://www.dfb.de/fileadmin/_dfbdam/67005-OM_04_2015_Final.pdf; zuletzt aufgerufen am 31.03.2018.

der Zertifizierung der Leistungszentren verliehenen Sterne und der Anzahl der vollen Spielzeiten, die der Jugendspieler für den Club aktiv war[390]. Durch die Zahlungen, die im Rahmen der Wechsel von minderjährigen Fußballern gezahlt werden, zeigt sich, dass es nicht allein um die Ausbildung geht, sondern, dass die Tätigkeit der Minderjährigen auch eine wirtschaftliche Relevanz hat.

Einen weiteren Hinweis, dass die Wirtschaftlichkeit bei den Förderverträgen überwiegt, gibt § 30 DFB-Jugendordnung. Darin sichert sich der DFB das Recht über Fernseh- und Hörfunkübertragungen sowie die Rechte an anderen Bild- und Tonträgern und Onlinedienste zu. Dadurch ist erkennbar, dass der Jugendfußball auf ein gewisses Interesse beim Publikum stößt, sodass Vermarktungsrechte entstehen[391].

#### (2) Zwischenergebnis

Obwohl Vereine und Spieler übereinstimmend angeben, dass der Ausbildungszweck im Vordergrund steht, überwiegt faktisch die Wirtschaftlichkeit gegenüber dem Ausbildungszweck. Der Schwerpunkt der Tätigkeit bildet die Erbringung der vertraglich geschuldeten Leistung gegen ein Entgelt. Folglich sind die Förderverträge nicht als der Berufsausbildung ähnliche Verträge gemäß § 1 Absatz 1 Nr. 4 JArbSchG einzuordnen.

### cc. Arbeitsverträge gemäß § 1 Absatz 1 Nr. 2 JArbSchG

Die Förderverträge könnten Arbeitsverträge sein. Wie oben[392] dargestellt, ist Arbeitnehmer, wer aufgrund eines privatrechtlichen Vertrags im Dienste eines anderen zur Leistung weisungsgebundener, fremdbestimmter Arbeit in persönlicher Abhängigkeit verpflichtet ist[393].

---

390 Regeln zum Schutz jungen Spieler und Leistungszentren vereinbart v. 23.08.2012; abrufbar unter: http://www.bundesliga.de/de/liga/news/regeln-zum-schutz-junger-spieler-und-von-leistungszentren-vereinbart_0000219980.jsp; zuletzt aufgerufen am 31.03.2018.

391 So auch *Nesemann*, Arbeitsvertragliche Grenzen im professionellen Jugendfußball, S. 36.

392 Siehe oben unter § 3 A. II. 1. b. aa. (2).

393 BAG v. 25.09.2013 – AP BGB § 611 Abhängigkeit Nr. 126, Rz. 16; BAG v. 15.02.2012 – AP BGB § 611 Abhängigkeit Nr. 123, Rz. 13; so auch demnächst nach § 611 a BGB n.F.

### (1) Privatrechtlicher Vertrag

Zunächst muss ein privatrechtlicher Vertrag vorliegen. Ein Vertrag liegt in Form des Fördervertrages vor. Bei den Vereinen als Vertragspartner der Minderjährigen handelt es sich nicht um öffentlich-rechtliche Einrichtungen. Daher ist der Vertrag auch privater Natur. Zum Abschluss des Vertrages ist die Einwilligung der Eltern erforderlich[394]. Die erste Voraussetzung ist demnach erfüllt.

### (2) Persönliche Abhängigkeit und Weisungsgebundenheit

Wie bereits oben[395] dargestellt, muss die Arbeit im Dienste eines anderen geleistet werden und sie muss innerhalb einer betrieblichen Organisation erbracht werden. Maßgebliches Kriterium ist die persönliche Abhängigkeit, die sich im Umfang der Weisungsgebundenheit ausdrückt[396]. Arbeitnehmer ist, wer nicht im Wesentlichen frei seine Tätigkeit gestalten und seine Arbeitszeit bestimmen kann. Dabei sind alle Umstände des Einzelfalls in Betracht zu ziehen und in ihrer Gesamtheit zu würdigen. Daher liegt auch hier das entscheidende Merkmal darauf, ob die Vereine Einfluss auf die Tätigkeit der Fußballer nehmen und der Minderjährige in den Trainings- und Wettbewerbsbetrieb eingegliedert ist.

Nach *Fahlbusch-Wendler* liegt bereits keine Fremdbestimmtheit vor, da das Eigeninteresse der Kinder im Vordergrund stehe[397]. Dem muss widersprochen werden. Der Sinn des JArbSchG besteht darin, die Kinder und Jugendlichen vor Überforderungen und Überbeanspruchungen, mit denen sie auf Grund fremdorientierter Interesse Dritte konfrontiert werden, zu schützen. Es widerspricht demnach der Intention des Gesetzes auf die Interessen der Kinder abzustellen, denn sie sollen gerade vor ihren eigenen, sie schädigenden Interessen geschützt werden[398].

Die Vereine nehmen in den Nachwuchsleistungszentren einen erheblichen Einfluss auf die jungen Fußballer. Sie bestimmen die Art, die Zeit und den Ort der Arbeitsleistung. Gemäß § 3 Nr. 1 Muster-Fördervertrag unterhält der Verein ein Leistungszentrum und schafft so die sachlichen, organisatorischen und personellen Voraussetzungen. Er stellt dadurch die Trainingsstätte und das

---

394 Siehe dazu bereits oben unter § 2 A.

395 Siehe oben unter § 3 A. II. 1. b. bb. (1) (b) (bb).

396 *Molitor/Volmer/Germelmann*, § 1 JArbSchG, Rn. 32.

397 *Fahlbusch-Wendler*, Kinderhochleistungssport, S. 226.

398 So auch *Pougin*, Die verfassungsrechtliche Bewertung des Kinderhochleistungssports unter Berücksichtigung des Jugendarbeitsschutzgesetzes und des Familienrechts, S. 135.

Personal. Des Weiteren bestimmt der Verein die Trainingszeiten und bestimmt die trainingsfreie Zeit (§ 4 Muster-Fördervertrag). Die Spieler sind gemäß § 1 Nr. 4 Muster-Fördervertrag verpflichtet an allen Spielen, Lehrgängen und an jedem Training sowie an sonstigen Veranstaltungen teilzunehmen. Zudem ergehen gemäß § 1 Nr. 6 Muster-Fördervertrag Weisungen zu sportmedizinischen und sporttherapeutischen Maßnahmen. Maßnahmen dieser Art, die von dem Verein angeordnet wurden, muss sich der minderjährige Fußballer umfassend unterziehen. Der Verein bestimmt auch das außerdienstliche Verhalten des Spielers, indem er den Fußballer gemäß § 1 Nr. 5 Muster-Fördervertrag verpflichtet, alles zu unterlassen, was seine Leistungsfähigkeit und/oder das Ansehen des Vereins beeinträchtigen könnte. Zudem ergehen nicht nur Anweisungen des Trainers während des Trainings, sondern auch während des Spiels; so kann er beispielsweise eine Auswechslung vornehmen[399].

Folglich sind eine persönliche Abhängigkeit und eine Weisungsgebundenheit gegeben.

(3) Wirtschaftlichkeit der Arbeit

Unter Arbeit wird jedes Verhalten verstanden, dass wirtschaftlich als Arbeit zu werten ist[400]. Auch wenn oben[401] bereits festgestellt wurde, dass die Erbringung der Leistung gegen Entgelt und die wirtschaftlichen Interessen im Vergleich zum Lernzweck überwiegen, muss darüber hinaus festgestellt werden, ob die Arbeit einen wirtschaftlichen Wert hat. Für die Definition der Wirtschaftlichkeit der Arbeit kann auf das oben Dargestellte verwiesen werden[402]. Dies bedeutet, dass die Tätigkeit des Spielers als wirtschaftliche Arbeit zu werten sein muss[403]. Dies kann entweder dadurch geschehen, dass die Kosten für eine Ersatzkraft gespart werden oder dass die Tätigkeit der jungen Fußballtalente vermarktet wird[404].

An dieser Stelle wird auch vertreten, dass bei den minderjährigen Sportlern die Kosten für eine erforderliche Ersatzkraft nicht gespart werden, weil es sich

399 *Bepler*, in: Bepler, Sportler, Arbeit und Statuten, S. 43, 50.
400 *Zmarzlik/Anzinger*, § 1 JArbSchG, Rn. 14.
401 Siehe oben unter § 3 A. II. 2. b. bb. (1).
402 Siehe oben unter § 3 A. II. 1. b. aa. (3) (b).
403 *Molitor/Volmer/Germelmann*, § 1 JArbSchG, Rn. 49.
404 Siehe dazu oben unter § 3 A. II. 1. b. aa. (3) (b); Kasseler Handbuch ArbR Bd. 1/*Taubert*, 3.2, Rn. 44; *Köhler*, Der Arbeitnehmerbegriff im Sport, S. 126; *Lakies*, § 1 JArbSchG, Rn. 14; Münchener Handbuch-ArbR Bd. 2/*Anzinger*, § 309, Rn. 11; *Walker*, in: Walker, Kinder- und Jugendschutz im Sport, S. 45, 60; *Zmarzlik/Anzinger*, § 1 JArbSchG, Rn. 2; *Zmarzlik/Anzinger*, § 1 JArbSchG, Rn. 49.

nicht um eine Tätigkeit handele, die auf jeden Fall von irgendeiner Arbeitskraft verrichtet werden müsse. Anstelle des Kindes werde keine andere Arbeitskraft eingestellt[405]. Dazu lässt sich sagen, dass die Vereine der 1. und 2. Bundesliga gemäß § 3 Nr. 2 LO (Lizenzierungsordnung) erst dann eine Lizenz für den Spielbetrieb bekommen, wenn sie ein Leistungszentrum führen. Von den Vereinen der 1. und 2. Bundesliga wird gemäß Ziffer 2. b des Anhangs V LO verlangt, dass sie sieben bis maximal neun Nachwuchsmannschaften führen. Dies bedeutet, dass die Anzahl der Jugendmannschaften vorgegeben ist. Die Anzahl der Spieler pro Mannschaft ist gemäß Ziffer 2.c des Anhangs V LO mit 22 Spielern ebenfalls genau festgelegt. Dass die Anzahl beschränkt wird, zeigt, dass die Vereine die Anzahl der möglichen Spieler voll ausschöpfen[406]. Die Verpflichtung zum Führen von Juniorenmannschaften trifft auch niedrigere Ligen. So müssen beispielsweise auch die Vereine im Hessischen Fußball-Verband gemäß § 27 Nr. 2a HFV-SpielO zwei Juniorenmannschaften unterschiedlichen Alters vorweisen. Ist dies nicht möglich, drohen Punktabzüge und Verwaltungsstrafen. Aus diesem Grund sind die Vereine bemüht die erforderliche Anzahl an Juniorenmannschaften und Spielern zu stellen. Aus diesem Grund ist davon auszugehen, dass ein Spieler, der ausfällt, sofort von einem anderen ersetzt werden würde[407]. *Nesemann* führt zudem an, dass ein Nachwuchsspieler, der auch bereits Einsätze in der Lizenzmannschaft vorweisen kann, eine Tätigkeit ausführt, die sonst von einem anderen Spieler, einem Lizenzspieler, verrichtet werden müsste[408]. Es handelt sich folglich um eine Tätigkeit, die sonst von einem anderen ausgeführt werden müsste.

Bezüglich der Vermarktung der minderjährigen Fußballer wird auch hier die Ansicht vertreten, dass die Vereine durch den Trainings- und Spielbetrieb der Jugendmannschaften bis zu 15 Jahren keinen Gewinn erwirtschaften und dies auch nicht bezweckt sei[409]. Dem kann § 30 DFB-Jugendordnung entgegengehalten werden[410]. Nach § 30 Nr. 1 und Nr. 2 DFB-Jugendordnung hat der DFB das Recht, Verträge über Fernseh- und Hörfunkübertragungen sowie bezüglich aller anderen Bild- und Tonträger sowie Onlinedienste von Spielen

---

405 *Walker*, in: Walker, Kinder- und Jugendschutz im Sport, S. 45, 59 f.

406 So auch *Köhler*, Der Arbeitnehmerbegriff im Sport, S. 125.

407 *Nesemann*, Arbeitsvertragliche Grenzen im professionellen Jugendfußball, S. 34; *Köhler*, Der Arbeitnehmerbegriff im Sport, S. 126.

408 *Nesemann*, Arbeitsvertragliche Grenzen im professionellen Jugendfußball, S. 34.

409 *Walker*, in: Walker, Kinder- und Jugendschutz im Sport, S. 45, 60.

410 So auch *Köhler*, Der Arbeitnehmerbegriff im Sport, S. 126 f. und *Nesemann*, Arbeitsvertragliche Grenzen im professionellen Jugendfußball, S. 36.

der Junioren-Bundesliga-Mannschaften abzuschließen. Nach § 30 Nr. 4 DFB-Jugendordnung hat der DFB zudem das Recht, die Junioren-Bundesligen, einschließlich der Spiele der Junioren-Bundesliga-Mannschaften, wirtschaftlich zu verwerten. Zudem können die Juniorenmannschaften den Namen von Sponsoren tragen. § 30 Nr. 4 DFB-Jugendordnung bestimmt weiter, dass von allen Einnahmen aus dieser Vermarktung der DFB nach Abzug der Mehrwertsteuer 15 % erhält und die übrigen Einnahmen zu gleichen Teilen an die beteiligten Vereine verteilt werden. Somit findet durchaus eine Vermarktung der Juniorenmannschaften statt. Es liegt keine Altersbeschränkung vor, sondern es wird nur generell von Junioren-Bundesliga-Mannschaften gesprochen. Junioren-Bundesliga-Mannschaften gibt es nur für die A- und B-Junioren. Bei den B-Junioren sind Spieler, die im Kalenderjahr, in dem das Spieljahr beginnt, das 15. oder das 16. Lebensjahr vollenden oder vollendet haben. Dies bedeutet, dass sie noch 14 Jahre alt sein können. Folglich kann eine Vermarktung auch schon bei Mannschaften mit 14-jährigen stattfinden.

Demnach ist die Tätigkeit der minderjährigen Fußballer als wirtschaftliche Arbeit zu werten.

#### dd. Zwischenergebnis

Bei den minderjährigen Fußballern, die einen Fördervertrag unterschrieben haben, handelt es sich in der Regel um Arbeitnehmer, sodass der sachliche Anwendungsbereich gemäß § 1 Absatz 1 Nr. 2 JArbSchG Anwendung findet.

### c. *Vertragsspieler*

Die Spieler können mit den Vereinen auch Vertragsspielerverträge abschließen[411]. Das Muster des Vertragsspielervertrages des DFB deutet darauf hin, dass der Vertrag auch mit einem Minderjährigen abgeschlossen werden kann, da für den Fall der Minderjährigkeit des Spielers bei den Unterschriften ein Feld für die Unterschrift der gesetzlichen Vertreter aufgeführt ist.

Der Vertragsspieler ist Mitglied des Vereins und hat darüber hinaus mit seinem Verein einen Vertrag geschlossen. Er erhält eine Vergütung in Höhe von mindestens 250 € im Monat[412]. Der Verein kann Weisungen zum einen auf Grund der Mitgliedschaft und zum anderen auf Grund des Vertrages erteilen.

---

411 Muster des Vertragsspielervertrages ist abrufbar unter: http://www.dfb.de/fileadmin/_dfbdam/31696-Mustervertrag_Vertrags spieler_03-2014.pdf; zuletzt aufgerufen am 31.03.2018.

412 § 8 Nr. 2 DFB-Spielordnung.

Vertragsspieler gelten als Arbeitnehmer, wenn sie auf Grund des Vertrages in persönlicher Abhängigkeit stehen und Weisungen unterliegen, die über das mitgliedschaftliche Verhältnis hinausgehen[413]. Im Gegensatz dazu ist der Vertragsspieler kein Arbeitnehmer, wenn die vereinsrechtlichen Bindungen überwiegen[414]. Demnach kommt es auf den jeweiligen Einzelfall an, wie das Vertragsspielerverhältnis ausgestaltet ist und es kann keine allgemeingültige Einordnung des Vertragsspielers erfolgen. Jedenfalls handelt es sich bei dem Vertragsspielervertrag weder um einen Ausbildungsvertrag gemäß § 1 Absatz 1 Nr. 1 JArbSchG noch um ein der Berufsausbildung ähnliches Ausbildungsverhältnis gemäß § 1 Absatz 1 Nr. 4 JArbSchG, da der Lernzweck und Ausbildungszweck keine Rolle spielen. Es geht allein um die Ausübung der Tätigkeit als Spieler. Da ein Spieler, der einen Fördervertrag unterschreibt, nach § 22 Nr. 7.1 DFB-Spielordnung auch als Vertragsspieler gilt, kann davon ausgegangen werden, dass es sich um einen Arbeitnehmer handelt, wenn der Spieler dem Muster des DFB[415] entsprechend beschäftigt wird. Das Muster des Vertragsspielervertrages entspricht inhaltlich im Großen und Ganzen dem des Fördervertrages. So besteht insbesondere wie auch bei einem Lizenzvertrag gemäß § 1 Nr. 3 Muster-Vertragsspielervertrag die Verpflichtung, an allen Spielen, am Training und an sonstigen Veranstaltungen teilzunehmen.

#### *d. Vereinsrechtliche Mitgliedschaft ohne Vertrag*

Wie bereits oben dargestellt[416], gibt es insgesamt 55 Leistungszentren in Deutschland. In diesen trainieren insgesamt ca. 8000 Talente in den Altersbereichen von U12 bis U23[417]. Von diesen Minderjährigen haben nicht alle einen Fördervertrag. In der Umfrage von *Theurich* aus dem Jahr 2001 gaben 195 der 310 befragten Spieler an, dass sie zusätzlich mit ihrem Verein einen Vertrag geschlossen hätten[418]. Dies bedeutet aber im Umkehrschluss, dass ca. 35 % keinen Vertrag geschlossen haben. Die Gründe dafür können unterschiedlicher Natur sein. Zum

---

413 BAG AP BGB § 611 Abhängigkeit Nr. 51; *Wüterich/Breuker*, Das Arbeitsrecht im Sport, 2. Teil, § 4, Rn. 117; *dies.*, Handbuch Fußball-Recht, Kapitel 9, Rn. 57.

414 ArbG Siegburg SpuRt 2000, 118; *Wüterich/Breuker*, Das Arbeitsrecht im Sport, 2. Teil, § 4, Rn. 117; *dies.*, Handbuch Fußball-Recht, Kapitel 9, Rn. 57.

415 Abrufbar unter: http://www.dfb.de/fileadmin/_dfbdam/31696-Mustervertrag_Vertragsspieler_03-2014.pdf; zuletzt aufgerufen am 31.03.2018.

416 Siehe oben unter § 3 A. II. 2. b.

417 Broschüre Auswertung und Kennzahlen zur Talentförderung des DFB, S. 12.

418 *Theurich*, Zulässigkeit der Förderverträge der Nachwuchsleistungszentren der Fußball-Bundesligavereine nach dem Berufsausbildungsgesetz, S. 252, Frage 4.

einen kann dies von Seiten des Vereins nicht gewollt sein. Zum anderen kann es aber auch der Wille des Spielers sein. Mit den Förderverträgen verfolgen die Vereine immer auch das Ziel, das junge Talent an sich zu binden und so dafür zu sorgen, dass der Spieler zu keinem anderen Verein wechseln kann. Möglicherweise will der junge Spieler genau das nicht. Er ist ohne Vertrag ungebunden und kann sich ohne Weiteres auch für einen anderen Verein entscheiden. Man kann daher nicht unbedingt darauf schließen, dass die Spieler ohne Vertrag weniger Potenzial oder Talent haben.

Minderjährige Fußballer, die keinen Vertrag unterschrieben haben aber dennoch in dem Leistungszentrum trainieren, sind nur durch eine Mitgliedschaft an ihren Verein gebunden. Fraglich ist, wie diese Minderjährigen rechtlich einzuordnen sind.

#### aa. Ausbildungsvertrag oder Arbeitsvertrag gemäß § 1 Absatz 1 Nr. 1 und 2 JArbSchG

Der Mitgliedschaft im Verein und dem Privileg im Leistungszentrum zu trainieren, liegt kein Vertrag zu Grunde. Ein Ausbildungsvertrag scheidet zudem aus den oben genannten Gründen aus[419]. Da diese Minderjährigen gerade keinen Vertrag zusätzlich zu ihrer Mitgliedschaft haben, scheidet auch ein Arbeitsverhältnis gemäß § 1 Absatz 1 Nr. 1 JArbSchG aus.

#### bb. Arbeitnehmerähnliche Dienstleistung gemäß § 1 Absatz 1 Nr. 3 JArbSchG

Bei der Tätigkeit der minderjährigen Fußballern in den Leistungszentren könnte es sich um eine gemäß § 1 Absatz 1 Nr. 3 JArbSchG der Arbeitsleistung ähnliche Dienstleistung handeln.

##### (1) Persönliche Abhängigkeit und Weisungsgebundenheit

Eine Tätigkeit in persönlicher weisungsgebundener Abhängigkeit liegt vor, wenn der Minderjährige Weisungen anderer Personen unterworfen ist oder von diesen angeleitet wird. Der Dritte muss Einfluss auf die Arbeitsleistung nehmen können[420]. Dies ist auch bei Minderjährigen im Leistungszentrum ohne Vertrag wie bei denjenigen mit Fördervertrag der Fall. Die Minderjährigen unterliegen den Anweisungen des Vereins bzw. des Trainers. Sie setzen die Trainingsanweisungen um. Daher ist eine persönliche Abhängigkeit und eine

---

419 Siehe oben unter § 3 A. II. 2. b. aa.

420 *Molitor/Volmer/Germelmann*, § 1 JArbSchG, Rn. 46.

Weisungsgebundenheit gegeben, allerdings ist fraglich, ob diese ausreicht, eine arbeitnehmerähnliche Dienstleistung zu begründen.

### (2) Arbeit im wirtschaftlichen Sinn

Arbeit im wirtschaftlichen Sinn liegt wie oben dargestellt vor, wenn die Tätigkeit des jungen Fußballers einen wirtschaftlichen Wert darstellt. Dies kann entweder dadurch geschehen, dass die Kosten für eine Ersatzkraft gespart werden oder dass die Tätigkeit der jungen Fußballtalente vermarktet wird[421]. Diesbezüglich kann auf das oben Dargestellte[422] verwiesen werden. Für die Vermarktung und die Frage, ob die Kosten für eine Ersatzkraft gespart werden, macht es keinen Unterschied, ob die Minderjährigen einen Fördervertrag unterschrieben haben oder ohne Vertrag nur auf Grund der vereinsrechtlichen Bindung in dem Leistungszentrum trainieren und in dessen Rahmen an Spielen teilnehmen. In einer Mannschaft können ohne weiteres Jugendspieler mit und ohne Vertrag gleichzeitig spielen. Eine Vermarktung nach § 30 DFB-Jugendordnung findet ebenfalls unabhängig vom Abschluss eines Fördervertrages statt und die Vorgaben bezüglich der Spieler in einem Leistungszentrum bzw. in den Juniorenmannschaften sind unabhängig davon, ob der Spieler einen Fördervertrag unterschreibt.

### (3) Feste Bindung

Wie bereits oben dargelegt[423] muss die vertragliche Bindung und dessen Durchführung zu einer derart festen Bindung führen, die mit einem Arbeitsvertrag vergleichbar ist. Kriterien für die Beurteilung sind die Dauer und der Umfang der Dienstleistung, die Regelmäßigkeit, in der sie erfolgt, die Zahlung und Gewährung von einer Geldleistung oder anderen Vorteilen sowie Sanktionen beim Versäumen von Leistungen[424].

---

421 Kasseler Handbuch ArbR Bd. 1/*Taubert*, 3.2, Rn. 44; *Köhler*, Der Arbeitnehmerbegriff im Sport, S. 126; *Lakies*, § 1 JArbSchG, Rn. 14; Münchener Handbuch-ArbR Bd. 2/*Anzinger*, § 309, Rn. 11; *Walker*, in: Walker, Kinder- und Jugendschutz im Sport, S. 45, 60; *Zmarzlik/Anzinger*, § 1 JArbSchG, Rn. 2; *Zmarzlik/Anzinger*, § 1 JArbSchG, Rn. 49.

422 siehe oben unter § 3 A. II. 2. b. cc. (3).

423 Siehe oben unter § 3 A. II. 1. b. aa. (3) (c).

424 *Molitor/Volmer/Germelmann*, § 1 JArbSchG, Rn. 46; Münchener Handbuch-ArbR Bd. 2/*Anzinger*, § 309, Rn. 11; *Nesemann*, Arbeitsvertragliche Grenzen im professionellen Jugendfußball, S. 41; *Zmarzlik/Anzinger*, § 1 JArbSchG, Rn. 23.

### (a) Dauer der Verbindung

Wie oben bereits dargestellt[425], kann die Dauer der Verbindung nur einen Hinweis für die feste Bindung geben. Minderjährige, die in einem Leistungszentrum ohne Fördervertrag trainieren, sind nur durch ihre Mitgliedschaft an den Verein gebunden. Bezüglich der Dauer bzw. der Kündigungsfristen von Vereinen kann ebenfalls auf oben verwiesen werden[426].

### (b) Umfang und Regelmäßigkeit der Tätigkeit

Der Umfang und die Regelmäßigkeit des Trainings und der Spieleinsätze unterscheiden sich nicht von den Spielern, die einen Fördervertrag unterschrieben haben[427]. In der Regel trainieren die Minderjährigen mehrmals in der Woche vor dem Nachmittagsunterreicht und jeden Tag abends. Dabei wird eine maximale Trainingszeit von 3 – 4 Stunden täglich nicht überschritten[428]. Zusätzlich müssen die jungen Fußballer Spiele absolvieren und erhalten Physiotherapie-Anwendungen.

### (c) Zahlung einer Vergütung

Überwiegend wird angenommen, dass die Zahlung einer Vergütung oder sonstigen Zuwendung nur einen indiziellen Charakter für das Vorliegen einer festen Bindung aufweist[429]. Es ist davon auszugehen, dass die Vereine eine Vergütung nur auf Grund des Fördervertrages zahlen. Dies bedeutet, dass die Minderjährigen ohne Vertrag in der Regel nicht vergütet werden. Wenn die Vereine eine Geldzahlung leisten, bezwecken sie damit, den Minderjährigen an sich zu binden. Die Vereine profitieren von dem jungen Talent, in dem sie unterbinden, dass es zu einem anderen Verein wechseln kann und leisten ihm im Gegenzug eine Geldzahlung. Der Verein würde ein zu großes finanzielles Risiko eingehen, wenn er jedem Minderjährigen im Leistungszentrum eine Vergütung zahlen würde, unabhängig davon, ob ein Vertrag besteht. Der Verein weiß nicht, wie sich die Leistungen des Sportlers entwickeln und jeden talentierten Jugendspieler zu bezahlen, wenn nur

425 Siehe oben unter § 3 A. II. 1. b. aa. (3) (c) (aa).

426 Siehe oben unter § 3 A. II. 1. b. bb. (2) (b) (cc) α.

427 Mündliche Auskunft von Ulf Schott, Direktor beim DFB (Deutscher Fußball-Bund) Jugend – Spielbetrieb – Trainerwesen / Internationale Kooperation – Talentförderung – Schule, bestätigt und freigegeben durch Telefonat vom 13. Juni 2016.

428 Siehe dazu auch den Stundenplan der Cottbuser Sportschule unter unter § 3 C. I.

429 *Molitor/Volmer/Germelmann*, § 1 JArbSchG, Rn. 46a; *Nesemann*, Arbeitsvertragliche Grenzen im professionellen Jugendfußball, S. 43.

ein Bruchteil später in die Lizenzmannschaft wechseln kann, stellt eine enorme finanzielle Ausgabe dar. Zwar kann der Verein nie wissen, welcher Jugendspieler es in die Lizenzmannschaft schafft, aber deshalb kann der Verein nicht jeden jungen Spieler an sich binden und hoffen, dass sich die Kosten dadurch rentieren, dass er zum späteren Erfolg der Lizenzmannschaft beiträgt. Obwohl somit davon auszugehen ist, dass eine Vergütung mit dem Abschluss eines Fördervertrages einhergeht, kann nicht ausgeschlossen werden, dass auch Minderjährige ohne Fördervertrag von dem Verein eine Vergütung erhalten. Dies ist insbesondere denkbar, wenn der talentierte Jung-Fußballer gerade keinen Vertrag unterschreiben will, um sich nicht fest zu binden und der Verein durch die Zahlung einer Vergütung den Anreiz schaffen will, dass der Spieler bei diesem Verein bleibt und nicht zu einem anderen Verein wechselt.

Unabhängig von der Vergütung des Spielers wird auch immer wieder behauptet, dass Vergütungen oder geldwerte Leistungen zugunsten der Eltern oder Familienangehörigen vereinbart werden. Die Eltern würden als Gegenleistung dafür, dass ihr Kind den Verein wechselt, eine Anstellung bei dem Verein oder Geld erhalten. So habe der 13-jährige *Nikon Jevtic* seinem Bruder beim Wechsel zum FC Schalke einen Job als Techniktrainer verschafft[430]. Der Vater des damals 12-jährigen *Marco Quotschalla* soll für den Wechsel seines Sohnes zum 1. FC Köln 200.000 DM erhalten haben[431]. Ob dies tatsächlich der Fall ist, kann nicht geklärt werden. Wenn dies allerdings richtig ist, dann muss auch diese Art der Zuwendung als Zahlung einer Vergütung angesehen werden[432]. Allerdings ist auch in diesen Fällen davon auszugehen, dass, sollten solche Leistungen geflossen sind, der Minderjährige auf Grund eines Vertrages gewechselt hat und nicht ohne Vertrag in dem Verein spielt. Sinnlos erscheint, dass die Vereine den Angehörigen Anstellungen verschaffen und Geld zahlen, ohne dass sie sich durch einen Vertrag zusichern lassen, dass der junge Spieler in den nächsten Jahren

430 Perfekt! Valencias „Wunderkind" Nikon ist eine Knappe, Kicker Online v. 29.06.2009; abrufbar unter: http://www.kicker.de/fussball/junioren/startseite/artikel/351933; zuletzt aufgerufen am 31.03.2018, weitere Schlagzeilen aus den Medien bei *Nesemann*, Arbeitsvertragliche Grenzen im professionellen Jugendfußball, S. 23.

431 *Raak*, Musste viele Neider erleben, 11 Freunde v. 07.03.2015, abrufbar unter: http://www.11freunde.de/interview/ex-wunderkind-marco-quotschalla-ueber-martin-oedegaard; zuletzt aufgerufen am 31.03.2018; *Selldorf*, Nestwäre schlägt Internat, SZ.de v. 4.4.2014; abrufbar unter: http://www.sueddeutsche.de/sport/nachwuchs-arbeit-im-fussball-nestwaerme-schlaegt-internat-1.1929291; zuletzt aufgerufen am 31.03.2018. Quotschalla dementierte dies und ist angeblich dagegen vorgegangen,

432 So auch *Lakies*, § 1 JArbSchG, Rn. 14.

dem Verein erhalten bleibt. Dies bestätigt der Fall des *Marco Quotschalla*, der beim 1. FC Köln damals einen 8-Jahresvertrag unterschrieben hatte[433]. Aus diesem Grund ist davon auszugehen, dass bei Minderjährigen ohne Vertrag in den Leistungszentren in der Regel auch keine Vergütungen oder sonstige Zuwendungen an die Angehörigen gezahlt werden.

Der Ansicht, dass unabhängig von den gezahlten Geldleistungen die intensive Ausbildung als solche eine Vergütung darstelle[434] und dass die Minderjährigen durch das umfangreiche Trainings- und Wettkampfprogramm einen geldwerten Vorteil erhielten, sodass es auf eine über dem Aufwendungsersatz liegende Geldzahlung nicht mehr ankomme[435], kann auch für den Mannschaftssport widersprochen werden. Die Fähigkeiten, welche die Minderjährigen in den Leistungszentren erlernen, lassen sich wie bei den Individualsportlern nicht für das spätere Berufsleben nutzen. Personen, wie *Franz Beckenbauer*, der ohne Trainerlizenz als Teamchef die Nationalmannschaft trainierte, stellen absolute Ausnahmefälle dar. In der Regel müssen auch die früheren Spieler eine Trainerlizenz erwerben. Dazu sind nicht nur spielerische Fähigkeiten, wie der Spieler sie in dem Leistungszentrum erlernt, erforderlich, sondern auch weitere Fähigkeiten, wie Methodik, Psychologie oder Pädagogik[436].

Folglich zahlt der Verein den Minderjährigen in dem Leistungszentrum, die nur eine vereinsrechtliche Bindung haben, in der Regel keine Vergütung.

#### (d) Verhängung von Sanktionen

Eine weitere Voraussetzung einer festen Bindung, ist die Möglichkeit Sanktionen zu verhängen, falls Leistungen nicht erbracht werden. Dafür genügt es, wie bereits oben dargestellt[437], nicht, wenn dem Minderjährigen allein vereinsrechtliche Sanktionen drohen[438]. Daran fehlt es auch, wenn der Minderjährige rechtlich nicht zur Teilnahme am Training oder an Spielen verpflichtet

---

433 Ärger am Rhein: Streit um einen Zwölfjährigen, Spiegel Online v. 31.05.2001, abrufbar unter: http://www.spiegel.de/sport/fussball/aerger-am-rhein-streit-um-einen-zwoelfjaehrigen-a-137085.html; zuletzt aufgerufen am 31.03.2018.

434 *Köhler*, Der Arbeitnehmerbegriff im Sport, S. 128 ff.

435 *Köhler*, Der Arbeitnehmerbegriff im Sport, S. 131.

436 So auch *Nesemann*, Arbeitsvertragliche Grenzen im professionellen Jugendfußball, S. 37.

437 Siehe oben unter § 3 A. II. 1. b. aa. (3) (c) (dd).

438 *Nesemann*, Arbeitsvertragliche Grenzen im professionellen Jugendfußball, S. 43; *Walker*, in: Walker, Kinder- und Jugendschutz im Sport, S. 45, 61; *Zmarzlik/Anzinger*, § 1 JArbSchG, Rn. 21, 51.

ist, sondern er jederzeit die Möglichkeit hat diesen fern zu bleiben, wenn er nicht teilnehmen möchte oder es ihm nicht möglich ist. Die erleichterte Ablehnbarkeit der Tätigkeit macht den Minderjährigen weniger schutzbedürftig als einen Arbeitnehmer[439]. Voraussetzung ist vielmehr, dass der Minderjährige gleichermaßen nachhaltig zur Tätigkeit angehalten wird, genau wie ein Arbeitnehmer[440]. Sowohl der Minderjährige selbst als auch die Vereine verfolgen mit der Förderung in einem Leistungszentrum das Ziel, das Maximum an Leistung aus dem jungen Fußballer herauszuholen und möglichst einen Profi aus ihm zu machen. Wie in jedem Leistungssport kann ohne Disziplin und Training kein Erfolg herbeigeführt werden. Wenn der Minderjährige dem Trainingsumfang nicht nachkommen kann oder will, wird er früher oder später aus dem Leistungszentrum ausscheiden bzw. in eine Gruppe wechseln, die nicht auf einem derart hohen Niveau trainiert. Bei den Verpflichtungen, die der Minderjährige in einem Leistungszentrum eingeht, wie etwa Dopingverstöße zu unterlassen oder dem Ansehen des Vereins nicht zu schaden, handelt es sich nicht um arbeitsvertragstypische Verpflichtungen. Verpflichtungen, die das allgemeine Verhalten betreffen, sind Bestandteil der Vereinsmitgliedschaften, die auch ein Mitglied einhalten muss, das den Sport nur als Hobby ausübt. Der Minderjährige kann vom Verein nicht verpflichtet werden an dem Training oder den Spielen teilzunehmen. Dem Minderjährigen kann bei Nichtinteresse und Nichterscheinen ein Wechsel in eine andere Leistungsgruppe drohen. Dies stellen aber lediglich vereinsrechtliche Mittel dar. Entscheidend ist, wie bereits oben dargestellt, dass der Minderjährige dem gleichen Druck ausgesetzt ist wie ein Arbeitnehmer. Hierbei handelt es sich gerade nicht um eine einklagbare Verpflichtung[441].

#### (4) Zwischenergebnis

Auch wenn der Minderjährige den Weisungen des Vereins unterworfen ist und seine Tätigkeit Arbeit im wirtschaftlichen Sinn darstellt, liegt keine feste Bindung vor, die mit einem Arbeitnehmer vergleichbar ist. Folglich liegt kein arbeitnehmerähnlicher Vertrag nach § 1 Absatz 1 Nr. 3 JArbSchG vor.

---

439 *Walker*, in: Walker, Kinder- und Jugendschutz im Sport, S. 45, 62.
440 *Walker*, in: Walker, Kinder- und Jugendschutz im Sport, S. 45, 62.
441 *Walker*, in: Walker, Kinder- und Jugendschutz im Sport, S. 45, 62.

### cc. Der Berufsausbildung ähnliche Ausbildungsverhältnis gemäß § 1 Absatz 1 Nr. 4 JArbSchG

Möglicherweise steht bei diesen Minderjährigen der Ausbildungszweck mehr im Vordergrund als bei den Minderjährigen, die mit dem Verein einen Fördervertrag abgeschlossen haben, sodass ein ausbildungsähnliches Verhältnis im Sinne des § 26 BBiG gemäß § 1 Absatz 1 Nr. 4 JArbSchG in Betracht kommen könnte. Es geht gerade nicht, wie bei den Minderjährigen mit einem Fördervertrag, schwerpunktmäßig um die arbeitsvertragsähnliche Pflicht des Erbringens der Leistung gegen Zahlung eines Entgelts. Allerdings ist fraglich, ob deshalb in der bloßen Vereinsmitgliedschaft des Minderjährigen ein der Berufsausbildung ähnliches Vertragsverhältnis liegen soll. Dies ist zu verneinen. Nur durch eine Bindung zum Verein und Vorgaben zum Training und zu Spielen wandelt sich die Mitgliedschaft nicht zu einem der Berufsausbildung ähnlichen Dienstverhältnis[442]. Demnach scheidet § 1 Absatz 1 Nr. 4 JArbSchG ebenfalls aus.

### dd. Zwischenergebnis

Die minderjährigen Fußballer, die in einem Leistungszentrum ohne Fördervertrag, nur auf Grund ihrer vereinsrechtlichen Mitgliedschaft trainieren, werden nicht im Sinne des § 1 Absatz 1 Nr. 1–4 JArbSchG beschäftigt und unterfallen nicht dem Anwendungsbereich des Jugendarbeitsschutzgesetzes.

### *e. Ergebnis*

Eine Beschäftigung liegt folglich bei minderjährigen Mannschaftssportlern vor, die einen Lizenzvertrag oder einen Fördervertrag unterschreiben, bzw. bei Vertragsspielern, deren Vertragspflichten überwiegen. Bei den minderjährigen Mannschaftssportlern, die nur in einem Leistungszentrum auf Grund einer vereinsrechtlichen Bindung aber ohne zusätzlichen Vertrag tätig sind, liegt in der Regel keine Beschäftigung vor und eine Anwendung des Jugendarbeitsschutzgesetzes scheidet aus. In den Fällen, in denen eine Beschäftigung vorliegt, muss in einem zweiten Schritt (B.) geprüft werden, ob in der Beschäftigung ein Verstoß gegen §§ 5 ff. JArbSchG liegt.

---

442 So auch *Molitor/Volmer/Germelmann*, § 1 JArbSchG, Rn. 73 f.; *Walker*, in: Walker, Kinder- und Jugendschutz im Sport, S. 45, 63; *Zmarzlik/Anzinger*, § 1 JArbSchG, Rn. 21, 23.

## B. Beschäftigung von Kindern

Nach § 5 Absatz 1 JArbSchG ist die Beschäftigung von Kindern und Jugendlichen, die der Vollschulpflicht unterliegen, verboten. Es kann allerdings ein Ausnahmetatbestand vorliegen. Da im Ergebnis in der Regel hauptsächlich junge Fußballer beschäftigt werden, wird im Folgenden hauptsächlich auf diese abgestellt.

### I. Ausnahmetatbestand des § 5 Absatz 2 JArbSchG

§ 5 Absatz 2 JArbSchG erlaubt eine Beschäftigung zum Zweck der Beschäftigungs- und Arbeitstherapie (Nr. 1), im Rahmen des Betriebspraktikums während der Vollschulpflicht (Nr. 2) und in Erfüllung einer richterlichen Weisung (Nr. 3). Alle drei Ausnahmetatbestände passen auf den professionellen Sport nicht. Folglich müssen weitere Ausnahmetatbestände untersucht werden.

### II. Ausnahmetatbestand des § 5 Absatz 3 JArbSchG

In Betracht kann der Ausnahmetatbestand des § 5 Absatz 3 JArbSchG kommen. Danach können Kinder über 13 Jahren mit Einwilligung des Personensorgeberechtigten beschäftigt werden, wenn die Tätigkeit leicht und für Kinder geeignet ist. Nach § 5 Absatz 3 Satz 2 JArbSchG gilt eine Beschäftigung als leicht, wenn sie aufgrund ihrer Beschaffenheit und der besonderen Bedingungen, unter denen sie ausgeführt wird, die Sicherheit, Gesundheit und Entwicklung der Kinder, ihren Schulbesuch, ihre Beteiligung an Maßnahmen zur Berufswahlvorbereitung oder Berufsausbildung, die von der zuständigen Stelle anerkannt sind und ihre Fähigkeit, dem Unterricht mit Nutzen zu folgen, nicht nachteilig beeinflusst.

Die Bundesregierung ist ihrer Verpflichtung in § 5 Absatz 4 a JArbSchG, die Beschäftigung nach § 5 Absatz 3 JArbSchG näher zu konkretisieren, durch die Kinderarbeitsschutzverordnung (KindArbSchV) nachgekommen. Dort werden die Begriffe der leichten und für Kinder geeigneten Arbeiten näher konkretisiert. Der Leistungssport wird dort nicht genannt. Aufgezählt werden in § 2 Absatz 1 Nr. 1 KindArbSchV Tätigkeiten wie etwa das Austragen von Zeitungen oder in § 2 Absatz 1 Nr. 2 KindArbSchV Tätigkeiten im privaten Haushalt. In § 2 Absatz 1 Nr. 4 KindArbSchV werden auch Handreichungen beim Sport genannt. Darunter sind aber lediglich unterstützende Handlungen wie das Aufsammeln von Tennisbällen oder der Transport von Ausrüstungsgegenständen beim Golf zu verstehen[443]. Jedenfalls fällt der professionelle Sport nicht darunter. Fraglich

---

443 *Zmarzlik/Anzinger*, Anhang 11, § 2 KindArbSchV, Rn. 20.

ist daher zunächst, ob die KindArbSchV abschließend ist. Viele Stimmen in der Literatur treten für einen abschließenden Charakter auf[444]. Beschäftigungen, die nicht genannt sind, erfüllten nicht die Anforderungen, leicht und geeignet zu sein[445]. Vertreten wird aber auch, dass unbeschadet von der KindArbSchV die Beschäftigungsmöglichkeiten nach § 1 Absatz 2 Nr. 1 und 2, § 5 Absatz 2 und 3 und nach § 6 und § 7 JArbSchG erhalten bleiben[446]. Dies würde bedeuten, dass eine Tätigkeit außerhalb der KindArbSchV auch dann erlaubt ist, wenn sie für Kinder leicht und geeignet ist[447]. Der Wortlaut des § 2 KindArbSchV ist hingegen eindeutig und spricht davon, dass Kinder über 13 Jahre und vollzeitschulpflichtige Jugendliche nur in den genannten Fällen beschäftigt werden dürfen. Da der professionelle Jugendsport nicht genannt ist, scheidet der Ausnahmetatbestand des § 5 Absatz 3 JArbSchG demnach aus.

Fraglich ist, ob § 5 Absatz 3 JArbSchG i.V.m. der KindArbSchV analog angewendet werden kann, um eine rechtmäßige Beschäftigung zu ermöglichen. *Nesemann* ist der Ansicht, dass eine planwidrige Regelungslücke vorliegt und § 2 Absatz 1 KindArbSchV in analoger Anwendung auch die sportliche Betätigung in den Leistungszentren beinhalten könne und kommt nach einer Prüfung zu dem Schluss, dass die Beschäftigung in den Nachwuchsleistungszentren leicht und geeignet ist und so der Ausnahmetatbestand der § 5 Absatz 3 JArbSchG i.V.m. § 2 KindArbSchV zur Anwendung kommt[448].

Fraglich ist, ob bereits eine planwidrige Regelungslücke vorliegt. In der KindArbSchV sind Handreichungen beim Sport genannt. Auch wenn die KindArbSchV 1998 erlassen wurde und erst danach die Jugendförderung im Fußball systematisch betrieben wurde[449], beschäftigte sich der Gesetzgeber trotzdem gedanklich mit dem Sport und beschränkte die zulässigen Tätigkeiten bewusst auf Handreichungen. Tätigkeiten, die mit einem Lastgewicht verbunden sind oder

---

444 *Bermig/Schäfer*, KJuG 2000, 37, 38; *Dembkowsky*, NJW 1998, 3540, 3542; *Kollmer*, NZA 1998, 1268, 1271; *Lakies*, § 5 JArbSchG, Rn. 17; *Reichert-Garschhammer*, KJuG 2000, 35; Schaub/*Vogelsang*, Arbeitsrechts-Handbuch, § 161, Rn. 16; *Walker*, in: Walker, Kinder- und Jugendschutz im Sport, S. 45, 56.

445 *Weyand*, § 2 KindArbSchV, Rn. 2.

446 Kasseler Handbuch ArbR Bd. 1/*Taubert*, 3.2, Rn. 107.

447 Däubler/Hjort/Hummel/Wolmerath/*Poser*, Arbeitsrecht, § 5 JArbSchG, Rn. 7 spricht von „Darüber hinaus hat die Bundesregierung […] die zulässigen Beschäftigungsarten näher bestimmt, und zwar durch die Kinderarbeitsschutzverordnung […]“, was auch bedeutet, dass die KindArbSchV nicht die einzigen Beschäftigungsmöglichkeiten aufzeigt.

448 *Nesemann*, Arbeitsvertragliche Grenzen im professionellen Jugendfußball, S. 47 ff.

449 So *Nesemann*, Arbeitsvertragliche Grenzen im professionellen Jugendfußball, S. 50.

die infolge einer ungünstigen Körperhaltung physisch belastend sind, wurden gemäß § 2 Absatz 2 KindArbSchV bereits wieder ausgeschlossen. Zwischen einer Handreichung beim Sport wie dem Aufsammeln von Bällen und dem Fußballspielen inklusive dem intensiven Training besteht ein enormer Unterschied. Es ist davon auszugehen, dass der Gesetzgeber auch in Kenntnis und im Bewusstsein der umfangreichen Betreuung, die in den Leistungszentren gegeben ist, den professionalisierten Jugendsport nicht in den Ausnahmekatalog aufgenommen hätte.

Darüber hinaus ist fraglich, ob tatsächlich keine nachteilige Beeinflussung der Gesundheit gegeben ist. Es dürfte unstreitig sein, dass ein intensiver professioneller Sport sich nicht positiv auf die Gesundheit auswirkt. Auch wenn durch qualifizierte Trainer, durch ärztliche und physiotherapeutische Betreuung eine umfassende Betreuung stattfindet und der akute Gesundheitszustand der jungen Fußballspieler überwacht und kontrolliert wird und so Verletzungen schnell und effektiv behandelt werden können, sind Langzeitschäden aus dem frühen hohen Trainingsaufwand nicht überschaubar und können nicht ausgeschlossen werden. Auch wenn der Trainingsaufwand beim Fußball nicht so zeitintensiv ist, so kann dies insbesondere bei Sportarten wie Turnen, Eiskunstlauf aber auch Schwimmen nicht gelten. Ein Körper, der sich noch im Wachstum befindet, reagiert unter Umständen anders auf die hohen Belastungen als der Körper eines Erwachsenen. Trotz der umfangreichen Betreuung wird man nicht und vor allem nicht pauschal für jede Sportart eine nachteilige Beeinflussung der Gesundheit ausschließen können.

Folglich ist eine analoge Anwendung des § 5 Absatz 3 JArbSchG i.V.m. der KindArbSchV nicht in Betracht zu ziehen.

Zu der Frage, ob die Tätigkeit leicht und für Kinder geeignet ist, hat das BAG bei dem durch Vergleichsvertrag frühzeitig aufgehobenen Spielervertrag eines minderjährigen Fußballers keine Stellung bezogen[450]. Eigentlich hätte das BAG darüber entscheiden müssen, da der Spieler zu Vertragsschluss ein Jugendlicher war, für den die Vollzeitschulpflicht galt[451]. Das BAG stellte stattdessen auf den Zeitpunkt des Vergleichsvertrages ab, zu dem der Minderjährige nicht mehr der Vollzeitschulpflicht unterlag[452].

Demnach liegt weder ein Ausnahmetatbestand des § 5 Absatz 3 JArbSchG alleine noch des § 5 Absatz 3 JArbSchG i.V.m. der KindArbSchV vor.

---

450 BAG NZA 2013, 1206.

451 So auch *Kempf*, Anm. zum BAG Urteil v. 25.04.2012 – 8 AZR 452/12, SpuRt 2014, 32, 36.

452 BAG NZA 2013, 1206, 1210, Rz. 52.

### III. Ausnahme nach § 6 JArbSchG

In Betracht kommt auch eine Ausnahme nach § 6 JArbSchG. Danach darf die Aufsichtsbehörde im Kultur- und Medienbereich eine Beschäftigung auf Antrag bewilligen, in der Minderjährige gestaltend mitwirken. Grundsätzlich bewilligungsfrei ist die Beschäftigung von Kindern bei Veranstaltungen von Sportvereinen oder Verbänden, wenn eine erzieherische oder jugendpflegerische Betätigung im Vordergrund steht und die Kinder nicht vermarktet werden[453]. Wie bereits oben[454] festgestellt, liegt ein Arbeitsverhältnis oder ein arbeitnehmerähnliches Verhältnis bei den Spielern vor, die einen Lizenzvertrag, einen Fördervertrag oder einen Vertragsspielervertrag haben, bei dem die vereinsrechtlichen Bindungen nicht überwiegen. Bei der Beschäftigung steht nicht die jugendpflegerische oder erzieherische Betätigung im Vordergrund, sodass eine Bewilligungsfreiheit ausscheidet.

Zudem ist die Beschäftigung nur innerhalb enger, in § 6 Absatz 2 JArbSchG genannten, Grenzen erlaubt. So bedarf es beispielsweise neben der Einwilligung der Personensorgeberechtigten einer ärztlichen Bescheinigung, dass keine gesundheitlichen Bedenken gegen die Beschäftigung bestehen. Zudem muss die Betreuung und Beaufsichtigung während der Beschäftigung sichergestellt und ein Fortkommen in der Schule darf nicht beeinträchtigt werden.

Zulässig sind nach § 6 Absatz 1 Nr. 1 JArbSchG Theatervorführungen und nach § 6 Absatz 1 Nr. 2 JArbSchG Musikaufführungen und andere Aufführungen, Werbeveranstaltungen, Aufnahmen in Hörfunk und Fernsehen, auf Ton- und Bildträgern sowie bei Film- und Fotoaufnahmen. Dabei ist immer erforderlich, dass die Minderjährigen „gestaltend mitwirken". Eine gestaltende Mitwirkung liegt vor, wenn die Veranstaltung durch die Beteiligung des Minderjährigen geprägt wird und dem ganzen eine besondere Note gibt[455]. Dies setzt voraus, dass der Veranstaltungszweck ohne die Mitwirkung der Minderjährigen nicht oder nur unvollkommen erreicht würde und die Minderjährigen unmittelbar an der Aufführung als Sänger, Schauspieler oder Musiker gestaltend beteiligt sind[456]. Tätigkeiten, die

---

453 *Gröninger/Göhring/Taubert*, § 1 JArbSchG, Rn. 10; *Zmarzlik/Anzinger*, § 6 JArbSchG, Rn. 8.

454 Siehe oben unter § 3 A. II. 2. a und § 3 A. II. 2. b sowie § 3 A. II. 2. c.

455 *Zmarzlik/Anzinger*, § 6 JArbSchG, Rn. 22.

456 ErfK/*Schlachter*, § 6 JArbSchG, Rn. 1; *Lakies*, § 6 JArbSchG, Rn. 9; *Weyand*, in: FS-Düwell, S. 172, 182.

sich auf Neben- und Hilfsarbeiten beschränken, wie etwa Platzanweiser oder Programmverkäufer werden dagegen nicht erfasst[457].

Man könnte daran denken, die Sportveranstaltungen als eine „andere Aufführung" zu qualifizieren und so eine Ausnahme für das Beschäftigungsverbot zu schaffen. Unter einer „anderen Aufführung" versteht man öffentliche Darbietungen vor einem Publikum, auch mit anderen Mitteln als Gesang oder Instrumenten[458]. Erforderlich ist jedoch nicht, dass diese den Musikaufführungen ähnlich ist[459] und auch auf die kulturelle Bedeutung kommt es nicht an[460]. Als Beispiele werden artistische Vorstellungen, Tanzturniere, Puppenspiele, Zirkus, Modevorführungen, Schönheitskonkurrenzen, Karnevalveranstaltungen, Brauchtums- und Folkloreveranstaltungen sowie Messen genannt[461].

Fraglich ist, ob es sich etwa bei einem Fußballspiel um eine andere Aufführung handelt, bei der die jungen Sportler gestaltend mitwirken[462]. Der Ausnahmecharakter des § 6 JArbSchG spricht dafür, dass die aufgezählten Beschäftigungen abschließend sind[463]. Der Sport ist gerade nicht genannt. Für eine analoge Anwendung kann auch nicht argumentiert werden, dass der Gesetzgeber vergessen habe, die Beschäftigung im Sport zu regeln. Die EG-Richtlinie 94/33/EG vom 22.06.1997 über den Jugendarbeitsschutz lässt in Artikel 5 Absatz 3 Ausnahmen von dem Beschäftigungsverbot für Kinder „im Hinblick auf ihre Mitwirkung bei kulturellen, künstlerischen, sportlichen oder Werbetätigkeiten" zu. Der deutsche Gesetzgeber entschied sich in Kenntnis dieser Regelung dafür, die sportlichen Tätigkeiten auf Handreichungen beim Sport zu beschränken und die Mitwirkung nicht genauso zuzulassen wie im Kultur- und Medienbereich. Daher fehlt

---

457 Erbs/Kohlhaas/*Ambs*, Strafrechtliche Nebengesetze, § 6 JArbSchG, Rn. 7; ErfK/*Schlachter*, § 6 JArbSchG, Rn. 1; *Lorenz*, § 6 JArbSchG, Rn. 9; *Molitor/Vollmer/Germelmann*, § 6 JArbSchG, Rn. 21; Münchener Handbuch-ArbR Bd. 2/Anzinger, § 310, Rn. 9; *Zmarzlik/Anzinger*, § 6 JArbSchG, Rn. 23.

458 *Zmarzlik/Anzinger*, § 6 JArbSchG, Rn. 11.

459 ErfK/*Schlachter*, § 6 JArbSchG, Rn. 3; *Lorenz*, § 6 JArbSchG, Rn. 6; *Molitor/Volmer/Germelmann*, § 6 JArbSchG, Rn. 14.

460 ErfK/*Schlachter*, § 6 JArbSchG, Rn. 3; *Molitor/Volmer/Germelmann*, § 6 JArbSchG, Rn. 14.

461 ErfK/*Schlachter*, § 6 JArbSchG, Rn. 3; *Lakies*, § 6 JArbSchG, Rn. 14; *Lorenz*, § 6 JArbSchG, Rn. 6; *Molitor/Volmer/Germelmann*, § 6 JArbSchG, Rn. 14; Münchener Handbuch-ArbR Bd. 2/*Anzinger*, § 310, Rn. 12; *Zmarzlik/Anzinger*, § 6 JArbSchG, Rn. 11.

462 Dazu auch unten unter § 3 C. II.

463 *Walker*, in: Walker, Kinder- und Jugendschutz im Sport, S. 45, 57; *Weyand*, in: FS-Düwell, S. 172, 183.

es an einer Regelungslücke und somit ist für eine analoge Anwendung von § 6 JArbSchG kein Raum[464].

Gegen eine Anwendung spricht auch ein Vergleich mit den §§ 16 und 17 JArbSchG[465]. Bei den Ausnahmen der Samstags- und Sonntagsruhe für Jugendliche wird die Beschäftigung beim Sport ausdrücklich erfasst, § 16 Absatz 2 Nr. 9 und § 17 Absatz 2 Nr. 6 JArbSchG. Die Beschäftigung beim Sport ist neben der Beschäftigung bei Musikaufführungen, Theatervorstellungen und anderen Aufführungen, bei Aufnahmen im Hörfunk und Fernsehen, auf Ton- und Bildträger sowie bei Film- und Fotoaufnahmen erlaubt. Die Beschäftigung ist auch nicht auf Handreichungen beim Sport begrenzt, sondern erfasst den Sport an sich. Dadurch wird deutlich, dass der Gesetzgeber bei der Reichweite der zulässigen Beschäftigung beim Sport zwischen Kindern und Jugendlichen unterscheiden wollte. Bei den Kindern sind nur Handreichungen zulässig, während bei den Jugendlichen auch die Sportausübung an sich gestattet ist[466]. Bei den Kindern unterscheidet der Gesetzgeber zudem zwischen den zulässigen Beschäftigungen im Kultur- und Medienbereich und der nicht zulässigen Sportausübung[467].

Darüber hinaus ist den genannten zulässigen Vorstellungen und Aufführungen gemein, dass sie ihre Grundlage im Medien- und Kulturbereich haben. Dies bedeutet, dass die Minderjährigen als kleine Künstler auftreten[468]. Teilweise wird davon ausgegangen, dass der Profifußballer einem Entertainer aus der Unterhaltungsbranche gleiche[469], was dazu führen würde, dass § 6 JArbSchG zur Anwendung käme. Auf der anderen Seite wird zumindest für die Jugendspiele eine Anwendbarkeit mit dem Argument verneint, dass die Minderjährigen keine Mitwirkenden seien, sondern die einzigen Darsteller[470]. Des Weiteren wird angeführt, dass die Ausnahmeerteilung an nur 30 Tagen im Jahr

---

464 *Walker*, in: Walker, Kinder- und Jugendschutz im Sport, S. 45, 57.

465 *Walker*, in: Walker, Kinder- und Jugendschutz im Sport, S. 45, 57; *Weyand*, in: FS-Düwell, S. 172, 183.

466 *Walker*, in: Walker, Kinder- und Jugendschutz im Sport, S. 45, 57.

467 *Weyand*, in: FS-Düwell, S. 172, 183.

468 *Weyand*, in: FS-Düwell, S. 172, 183.

469 *Scholz/Aulehner*, SpuRt 1996, 44, 46.

470 *Nesemann*, Arbeitsvertragliche Grenzen im professionellen Jugendfußball, S. 50, der allerdings im Rahmen der Prüfung von § 14 Absatz 7 JArbSchG eine „andere Aufführung" bejaht, S. 61 f; dazu auch noch unten unter § 3 C. II.

erteilt werden soll[471] und dies nicht zu der regelmäßigen Tätigkeit in den Nachwuchsleistungszentren passe[472].

Generell muss bezweifelt werden, dass es sich bei Sportveranstaltung um eine „andere Aufführung" handelt. Bei Sportveranstaltungen geht es nicht in erster Linie um Unterhaltung des Publikums wie im Medien- und Kulturbereich, sondern im Mittelpunkt steht der Sport an sich. Dies bedeutet, es geht darum, sportliche Wettkämpfe auszutragen oder Punkte für den Saisonsieg in einer Liga zu sammeln. Dass dabei ein Publikum zuschaut ist nebensächlich. Die Spiele würden auch genauso ohne Publikum ausgetragen werden. Bei den in § 6 JArbSchG genannten Aufführungen und Vorstellungen besteht der Zweck darin, sich vor dem Publikum zu präsentieren. Schauspieler und Sänger möchten, dass ihnen die Menschen zuschauen und ihre Fähigkeiten bewundern, sie wollen „unterhalten". Würden für eine Aufführung keine Karten verkauft, würde die Veranstaltung nicht stattfinden. Wenn für eine Sportveranstaltung keine Karten verkauft werden, würde die Sportveranstaltung trotzdem ausgetragen werden. Die Sportler haben ihren Fokus auf dem Sport und sie wollen siegen und gewinnen. Dass dabei die Zuschauer auch unterhalten werden, ist nicht vordergründig, sondern eher ein zugegeben erfreulicher „Nebeneffekt". Auch wenn das Spiel langweilig oder unspannend war und so für die Zuschauer wenig mitreißend, aber trotzdem ein Sieg geholt wurde, ist dies das Entscheidende. Die Zuschauer werden trotzdem zufrieden sein und wieder zum nächsten Spiel gehen, um ihre Mannschaft siegen zu sehen. Wenn hingegen eine Theatervorführung oder Musikaufführung, die Artistik oder die Tanzvorstellung langweilig oder fehlerhaft war, werden die Zuschauer nicht ein zweites Mal kommen.

Insgesamt ist daher eine Anwendung des § 6 JArbSchG auf Sportveranstaltungen abzulehnen[473]. Allerdings lassen sich gemäß § 6 Absatz 1 Satz 1 Nr. 2 JArbSchG Presse- und Werbetermine der minderjährigen Sportler rechtfertigen[474].

---

471 OVG Münster NJW 1987, 1443, 1444.

472 *Nesemann*, Arbeitsvertragliche Grenzen im professionellen Jugendfußball, S. 48.

473 So auch *Fischinger*, Causa Sport 2011, 150, 156; *Lakies*, § 6 JArbSchG, Rn. 4; *Walker*, in: Walker, Kinder- und Jugendschutz im Sport, S. 45, 57; *Weyand*, in: FS-Düwell, S. 172, 183.

474 So auch *Weyand*, in: FS-Düwell, S. 172, 182.

## IV. Zwischenergebnis

Unter dem geltenden Recht lässt sich keine Ausnahme finden, welche die Beschäftigung der Kinder oder vollzeitschulpflichtigen Jugendlichen im professionellen Sport rechtfertigen würde.

## V. Stellungnahme und Frage nach Erfordernis einer Gesetzesänderung

Bevor man an eine Gesetzesänderung denkt, muss man hinterfragen, ob es überhaupt erforderlich und wünschenswert ist, die Förderverträge und allgemein die Beschäftigung der Kinder und der Jugendlichen, die der Vollzeitschulpflicht unterliegen, zuzulassen. In einer Umfrage von *Nesemann* geben immerhin 16 Vereine an, dass sie auch mit Spielern der C- oder D-Jugend, also mit den U12-U15-jährigen Nachwuchsförderverträge abschließen[475] und sogar drei Vereine geben an, dass sie, wenn auch selten, Verträge mit Spielern im Grundlagenbereich abschließen[476]. Dementsprechend werden in der Praxis durchaus mit jungen Spielern Verträge abgeschlossen, sodass Bedarf nach einer Änderung bestehen würde. Zu berücksichtigen ist allerdings, dass dies gegen die Regelungen des DFB verstößt. Danach dürfen die Förderverträge erst abgeschlossen werden, wenn der Spieler in dem Jahr des Vertragsschlusses in die U16 wechselt[477]. Dies bedeutet, dass der Spieler in dem Jahr das 16. Lebensjahr vollendet. Dementsprechend kann der Spieler bei Vertragsschluss noch 15 Jahre alt sein und wenn das Bundesland in dem er wohnt, eine Vollzeitschulpflicht von zehn Jahren vorsieht, kann er noch den Regelungen für Kinder unterfallen. Die Beschäftigung dieser Minderjährigen würde demnach gegen § 5 Absatz 3 JArbSchG verstoßen. Die tatsächliche Zahl der Minderjährigen, die unter Berücksichtigung der Regelung des DFB dem Verbot der Kinderarbeit unterliegen, dürfte aber gering sein. Allein die Minderjährigen aus den Bundesländern Berlin, Brandenburg, Bremen, Nordrhein-Westfalen und Thüringen haben eine Vollschulzeitpflicht von zehn Jahren. Die Schuljahre enden anders als die Kalenderjahre im Sommer. Demnach unterfallen dem Verbot nur die Minderjährigen, die den Vertrag vor dem Sommer, also vor Ende der Vollzeitschulpflicht unterschreiben, wobei zu berücksichtigen ist, dass die Saison jeweils auch erst im Sommer beginnt.

---

475 Davon geben drei Vereine an, dass sie in dieser Altersgruppe häufig Nachwuchsförderverträge abschließen, 9 Vereine schließen gelegentlich und vier selten Verträge ab; *Nesemann*, Arbeitsvertragliche Grenzen im professionellen Jugendfußball, S. 154.

476 *Nesemann*, Arbeitsvertragliche Grenzen im professionellen Jugendfußball, S. 154.

477 Siehe § 22 7.1 SpielO DFB.

Wenn die Verträge erst geschlossen werden, wenn die Minderjährigen in die U16 kommen, bedeutet dies nicht, dass sie nicht auch vorher schon intensiv trainieren und durch den Verein gefördert werden können. Allerdings dürfen in dem jungen Alter keine arbeitsrechtlichen Verpflichtungen und Sanktionen daran geknüpft werden. Der Anreiz der Vereine, mit den Minderjährigen Verträge zu schließen, besteht darin, dass sie die Talente an sich binden können. Allerdings geben auch 28 Vereine in der Umfrage von *Nesemann* an, dass erst bei den A/B-Junioren realistisch abgeschätzt werden könne, ob der Spieler eine Perspektive für den Lizenzkader aufweist. Lediglich ein Verein gibt an, dies sei bereits bei den C/D-Junioren möglich[478]. Dies bedeutet, dass sich das Alter, ab wann Förderverträge abgeschlossen werden dürfen, in etwa mit dem Alter deckt, in dem man entscheiden kann, wie die Erfolgsaussichten für einen Lizenzvertrag sind. Aus diesen Gründen ist es auch sinnvoll, Förderverträge erst zuzulassen, wenn Minderjährige nicht mehr der Vollzeitschulpflicht unterliegen. Es besteht auch nicht die Gefahr, dass ein anderer Verein den talentierten Minderjährigen an sich bindet, denn auch der andere Verein darf den Vertrag erst abschließen, wenn der Minderjährige nicht mehr der Vollzeitschulpflicht unterliegt. Darüber hinaus besteht auch nicht die Gefahr, dass ein ausländischer Verein den jungen Spieler an sicht bindet, denn Artikel 19 Absatz 1 FIFA-Transferreglement bestimmt, dass ein Spieler erst international transferiert werden darf, wenn er mindestens 18 Jahre alt ist[479]. Von dieser Regel gibt es gemäß Artikel 19 Absatz 2 FIFA-Transferreglement drei Ausnahmen. Nach Artikel 19 Absatz 2 a FIFA-Transferreglement darf ein Spieler auch unter 18 Jahren transferiert werden, wenn die Eltern den Wohnort aus Gründen wechseln, die nichts mit dem Fußball zu tun haben. Diese Ausnahme ist berechtigt, da der Minderjährige mit seinen Eltern mitgeht und dann dort vor Ort für einen Verein spielen darf. Nach Artikel 19 Absatz 2 b FIFA-Transferreglement ist ein Wechsel innerhalb der EU unter bestimmten Voraussetzungen möglich, allerdings muss der Spieler dafür zwischen 16 und 18 Jahren alt sein. Ab diesem Alter dürfen auch die deutschen Vereine einen Fördervertrag mit einem jungen Spieler abschließen. Zuletzt gibt es nach Artikel 19 Absatz 2 c FIFA-Transferreglement die Ausnahme, dass der Minderjährige zu einem ausländischen Verein wechseln darf, wenn zwischen Wohnort des Spielers und dem neuen ausländischen Verein maximal 100 km liegen und der Minderjährige

478 *Nesemann*, Arbeitsvertragliche Grenzen im professionellen Jugendfußball, S. 153.

479 Näheres zum Transfersystem von Jugendspielern, *Bauer*, Das Transfersystem und die Verpflichtung von Jugendspielern im europäischen Clubfußball.

weiterhin zu Hause wohnen bleibt. Bei diesen grenznahen Transfers müssen zudem beide Verbände zustimmen, sodass auch hier die Gefahr gering ist, dass ausländische Vereine die Minderjährigen zu einem Zeitpunkt an sich binden an dem es für die deutschen Vereine noch nicht möglich ist.

Demnach ist es richtig, dass die Minderjährigen die Verträge erst abschließen dürfen, wenn sie der Vollzeitschulpflicht nicht mehr unterliegen.

## VI. Rechtsfolgen

Eine Beschäftigung von Kindern oder vollzeitschulpflichtigen Jugendlichen im professionellen Sport verstößt gegen § 5 Absatz 1 und 3 JArbSchG. § 5 Absatz 1 JArbSchG ist ein Verbotsgesetz im Sinne des § 134 BGB[480]. Dies bedeutet, dass ein Verstoß die Nichtigkeit des Vertrages zur Folge hat[481]. Das LAG Mecklenburg-Vorpommern stützte sich im Fall der frühzeitigen Aufhebung eines Spielervertrags von einem Minderjährigen durch einen Vergleichsvertrag auf § 139 BGB und vertrat die Ansicht, dass aus einer verbotenen Beschäftigung nicht die Unwirksamkeit des Vertrages resultiere. Bei einer unwirksamen Regelung des Vertrages sei nur dann der gesamte Vertrag betroffen, wenn die Voraussetzungen des § 139 BGB zusätzlich erfüllt wären. § 139 BGB besagt, dass wenn ein Teil eines Rechtsgeschäfts nichtig ist, das ganze Rechtsgeschäft nur nichtig ist, wenn nicht anzunehmen ist, dass es auch ohne den nichtigen Teil vorgenommen sein würde. Maßgebend sei, was die Parteien bei Kenntnis der Teilnichtigkeit getroffen hätten. Man müsse davon ausgehen, dass die Parteien die verbotenen Regelungen durch eine gesetzeskonforme Regelung ersetzt hätten[482]. Das BAG hat dazu keine Stellung bezogen und stattdessen entschieden, dass ein zunächst gegen das Beschäftigungsverbot verstoßender Arbeitsvertrag wirksam wird, wenn in der Folgezeit die Umstände, die das Beschäftigungsverbot begründeten, weggefallen sind[483]. Dies bedeutet, dass wenn die Beschäftigung wegen Überschreitens der maßgeblichen Altersgrenze wirksam wird, der Vertrag auch wirksam wird[484]. In dem Fall war der Minderjährige zu Abschluss

480 ErfK/*Schlachter*, § 5 JArbSchG, Rn. 12; jurisPK-BGB/*Nassall*, § 134 BGB, Rn. 71; *Lakies*, § 5 JArbSchG, Rn. 1; *Molitor/Volmer/Germelmann*, § 5 JArbSchG, Rn. 54; *Zmarzlik/Anzinger*, § 5 JArbSchG, Rn. 70.

481 ErfK/*Schlachter*, § 5 JArbSchG, Rn. 12; *Molitor/Volmer/Germelmann*, § 5 JArbSchG, Rn. 54.

482 LAG Mecklenburg-Vorpommern v. 15.09.2011, Sa 19/11, SpuRt 2012, 80, 83.

483 BAG NZA 2013, 1206, 1210, Rz. 52; jurisPK-BGB/*Nassall*, § 134 BGB, Rn 25, 37.

484 ErfK/*Schlachter*, § 5 JArbSchG, Rn. 12; Henssler/Willemsen/Kalb/*Tillmanns*, Arbeitsrecht, § 5 JArbSchG, Rn. 2; *Lakies*, § 5 JArbSchG, Rn. 1.

des Spielervertrages Jugendlicher, für den noch die Vollzeitschuldpflicht galt. Zum Zeitpunkt des Abschlusses des Vergleichsvertrages hatte er die Altersgrenze bereits überschritten und die Vollzeitschulpflicht galt für ihn nicht mehr. Das BAG führt dazu aus, dass der Schutzzweck des JArbSchG, Kinder vor einer nicht entwicklungsgerechten Arbeit und vor Ausbeutung zu schützen, nicht eingreife, wenn der Beschäftigte mittlerweile den Status eines Jugendlichen hat, für den andere Beschäftigungsbegrenzungen gelten. Das Beschäftigungsverbot solle den Minderjährigen nur schützen, nicht aber zum Verlust eines Arbeits- oder Dienstverhältnisses führen, das mittlerweile zulässig ist[485]. Die so herbeigeführte „Heilung" des Nichtigkeitsgrundes durch Zeitablauf wird vereinzelt als problematisch angesehen. Zwar sei dies eine praxisnahe Handhabung, die dogmatisch als zweifelhaft angesehen werden müsse[486]. Teilweise wird die Beurteilung aber auch als zutreffend eingeschätzt[487].

Richtigerweise ist § 5 JArbSchG ein Verbotsgesetz mit der Folge, dass die Verträge nichtig sind. Auf den ersten Blick erscheint es seltsam, dass ein Vertrag zu einem späteren Zeitpunkt wirksam werden kann, denn der maßgebliche Zeitpunkt für die Beurteilung einer Nichtigkeit nach § 134 BGB ist der Vertragsschluss[488]. Richtigerweise wird ein Arbeitsvertrag aber wirksam, wenn er zum Zeitpunkt des Vertragsschlusses zwar gegen ein gesetzliches Verbot verstoßen hat, die den Verbotstatbestand erfüllenden Umstände aber in der Folgezeit weggefallen sind[489]. Die Begründung des BAG mit dem Sinn und Zweck des § 5 JArbSchG ist richtig. Das Beschäftigungsverbot soll den Minderjährigen vor Gefahren schützen. Es soll aber gerade nicht dazu führen, dass ein Arbeitsverhältnis im Nachhinein, wenn der Minderjährige durch sein Alter nicht mehr von dem Verbot erfasst wird, nichtig bleibt und der Minderjährige so sein Arbeitsverhältnis verliert, obwohl es nun wirksam ist[490].

Zudem stellt ein Verstoß gegen das Beschäftigungsverbot nach § 5 Absatz 1 und 3 JArbSchG nach § 58 Absatz 1 Nr. 1 und 2 JArbSchG eine Ordnungswidrigkeit dar und kann mit einer Geldbuße bis zu 15.000 € geahndet werden. Wenn die Verstöße vorsätzlich begangen wurden und dadurch ein Kind oder Jugendlicher in seiner Gesundheit oder Arbeitskraft gefährdet wurde, droht gemäß § 58 Absatz 5 JArbSchG eine Freiheitsstrafe bis zu einem Jahr oder eine Geldstrafe.

---

485 BAG NZA 2013, 1206, 1210, Rz. 51 f.

486 *Kempf*, Anm. zum BAG Urteil v. 25.04.2012 – 8 AZR 452/12, SpuRt 2014, 32, 36.

487 *Strauf*, Anm. zum Urteil v. 25.04.2012 – 8 AZR 452/12, Causa Sport 2014, 66, 67.

488 jurisPK-BGB/*Nassall*, § 134 BGB, Rn. 22.

489 jurisPK-BGB/*Nassall*, § 134 BGB, Rn. 25.

490 So das BAG in seiner Begründung BAG NZA 2013, 1206, 1210, Rz. 52.

## C. Beschäftigung von Jugendlichen

Im Folgenden soll untersucht werden, ob die Beschäftigung von Jugendlichen verboten ist. Wie bereits dargestellt, ist gemäß § 2 Absatz 2 JArbSchG Jugendlicher, wer 15 aber noch nicht 18 Jahre alt ist. Grundsätzlich ist die Arbeit von Jugendlichen nicht wie bei Kindern oder vollzeitschulpflichtigen Jugendlichen verboten. Allerdings gibt es auch hier Vorschriften die beachtet werden müssen und in dessen Rahmen die Beschäftigung erlaubt ist. Hierbei handelt es sich um die allgemeinen Arbeitszeiten (I.), die Verstöße gegen die Nachtruhe (II.), Verstöße gegen die Wochenendruhe (III.), sowie andere Vorschriften (IV.-V.).

### I. Allgemeine Arbeitszeiten

Jugendliche dürfen gemäß § 8 Absatz 1 JArbSchG nicht mehr als 8 Stunden täglich und nicht mehr als 40 Stunden wöchentlich beschäftigt werden. Durch § 8 Absatz 2 und 2a JArbSchG ist eine Erhöhung auf 8,5 Stunden täglich möglich, allerdings handelt es sich in diesen Fällen nur um eine flexiblere Verteilung der zulässigen Höchstarbeitszeit. Den Jugendlichen sind gemäß § 11 JArbSchG Ruhepausen zu gewähren. Die Dauer richtet sich dabei nach der Länge der Arbeitszeit. Zudem müssen die Jugendlichen gemäß § 13 JArbSchG nach Beendigung der täglichen Arbeitszeit eine ununerbrochene Freizeit von 12 Stunden haben. Um die Jugendlichen vor Überanstrengung zu schützen gibt es auch eine Nachtruhe nach § 14 JArbSchG und eine Samstags- und Sonntagsruhe nach §§ 16 und 17 JArbSchG.

Der Stundenplan der Schüler der Jahrgangsstufen 11–13 der Cottbuser Sportschule sieht folgendermaßen aus:

| | **Uhrzeit** | **Montag** | **Dienstag** | **Mittwoch** | **Donnerstag** | **Freitag** |
|---|---|---|---|---|---|---|
| 1. | 07:30 – 08:15 | Unterricht | Unterricht | Unterricht | Unterricht | Unterricht |
| 2. | 08:20 – 09:20 | Unterricht | Unterricht | Unterricht | Unterricht | Unterricht |
| 3. | 09:30 – 10:15 | Training | Leistungskurs Sport | Training | Training | Leistungskurs Sport |
| 4. | 10:20 – 11:05 | Training | Leistungskurs Sport | Training | Training | Leistungskurs Sport |
| 5. | 11:10 – 11:55 | | Leistungskurs Sport (Theorie) | | | |
| 6. | 12.00 – 12:45 | Unterricht | | Unterricht | Unterricht | Unterricht |
| 7. | 12:50 – 13:35 | Unterricht | Unterricht | Unterricht | Unterricht | Unterricht |

| | Uhrzeit | Montag | Dienstag | Mittwoch | Donnerstag | Freitag |
|---|---|---|---|---|---|---|
| 8. | 13:40 – 14:25 | Unterricht | Unterricht | Unterricht | Unterricht | Unterricht |
| 9. | 14:30 – 15:15 | Unterricht | Unterricht | Unterricht | Unterricht | Unterricht |
| 10. | 15:20 – 16:05 | Unterricht | Unterricht | Unterricht | Unterricht | Unterricht |
| | | Training ab 16:30 Uhr | Training ab 16:30 Uhr | Training ab 16:30 Uhr | Training ab 16:30 Uhr | Training ab 16:30 Uhr |

Danach trainieren die Schüler der Jahrgangsstufen 11–13 drei Mal die Woche vor dem Nachmittagsunterricht jeweils eine Stunde und 35 Minuten und fünf Mal die Woche abends von 16:30 Uhr bis ca. 18:00 Uhr[491]. Dies ergibt eine tägliche Trainingsdauer von maximal ca. drei Stunden und eine wöchentliche Trainingsdauer von maximal 11,5 Stunden. Demnach verstößt die Beschäftigungsdauer nicht gegen § 8 Absatz 1 JArbSchG[492]. Selbst wenn die tägliche Trainingsdauer in einigen Vereinen höher ist, erreicht sie vermutlich nicht die acht Stunden. Die Jugendlichen, die nicht mehr die Schule besuchen, absolvieren nicht mehr Trainingseinheiten, sondern nehmen ebenfalls an dem gemeinsamen Training teil[493].

## II. Verstoß gegen Nachtruhe

Relevant werden Verstöße gegen die Nachtruhe bei Spielen, die noch zur Abendzeit stattfinden. So finden Europapokalspiele meistens und DFB-Pokalspiele häufig in den Abendstunden statt. Das Bundesligatopspiel der Woche beginnt samstags um 18:30 Uhr und das Freitagsspiel fängt erst um 20:30 Uhr an. Grundsätzlich beginnt die Nachtruhe bei Jugendlichen gemäß § 14 Absatz 1 JArbSchG ab 20 Uhr. Zündstoff erhielt dieses Thema durch Julian Draxler, welcher im Alter von 17 Jahren[494] 2011 im Finale des DFB-Pokalspiels

491 Ähnlich die Untersuchung von *Nesemann*, Arbeitsvertragliche Grenzen im professionellen Jugendfußball, S. 36, wonach an einigen Tagen vor dem Mittagessen trainiert wird und jeden Tag nachmittags.

492 Anders *Heink*, der der Ansicht ist, dass der Alltag eines Fußball-Jungprofis gegen das Arbeitszeitgesetz verstößt. Er geht dabei von dem gleichen Tagesablauf wie bei einem Erwachsenen Sportler aus, *Heink*, SpuRt 2011, 134, 135.

493 Mündliche Auskunft von Ulf Schott, Direktor beim DFB (Deutscher Fußball-Bund) Jugend – Spielbetrieb – Trainerwesen / Internationale Kooperation – Talentförderung – Schule, bestätigt und freigegeben durch Telefonat vom 13. Juni 2016.

494 Julian Draxler war zu der Zeit Jugendlicher, seine Vollzeitschulpflicht endete bereits 2009, *Fischinger*, Causa Sport 2011, 150, 150.

für den 1. FC Schalke 04 um ca. 22:54 Uhr eingewechselt wurde und gegen 22:58 Uhr das entscheidende Tor schoss[495].

Gemäß § 14 Absatz 2–7 JArbSchG bestehen vereinzelt Ausnahmen, bei denen die Jugendlichen auch länger arbeiten dürfen. Beispielhaft genannt seien das Gaststättengewerbe, in dem der Jugendliche gemäß § 14 Absatz 2 Nr. 1 JArbSchG bis 22 Uhr beschäftigt sein darf, der mehrschichtige Betrieb, bei dem die Minderjährigen gemäß § 14 Absatz 2 Nr. 2 JArbSchG bis 23 Uhr beschäftigt werden dürfen oder die Landwirtschaft, in der gemäß § 14 Absatz 2 Nr. 3 JArbSchG eine Beschäftigung ab 5 Uhr oder bis 21 Uhr möglich ist. Zudem ist gemäß § 14 Absatz 7 JArbSchG die gestaltende Mitwirkung der Minderjährigen bei Musikaufführungen, Theatervorstellungen und anderen Aufführungen, bei Aufnahmen in Hörfunk und Fernsehen, auf Ton- und Bildträger sowie bei Film und Fotoaufnahmen bis 23 Uhr zugelassen. Der Profisport ist als Ausnahme nicht genannt. Dies bedeutet, dass Julian Draxler in der VIP Lounge des Spiels die Gäste bis 22 Uhr hätte bedienen dürfen, den Platz als Spieler hätte er aber um 20 Uhr verlassen müssen.

Eine Ausnahme gemäß § 14 Absatz 2 Nr. 2 JArbSchG kommt nicht in Betracht, da kein mehrschichtiger Betrieb vorliegt[496]. Obwohl laienhaft bei Spiel- und Schichtplan von einer Ähnlichkeit ausgegangen werden kann, ist dies juristisch nicht haltbar. Schichtarbeit liegt vor, wenn mindestens zwei Arbeitnehmer dieselbe Arbeitsaufgabe erfüllen, indem sie einander planmäßig ablösen, und untereinander austauschbar sind[497]. Auf die Spieler trifft dies nicht zu; sie arbeiten nicht nacheinander, sondern miteinander. Daran ändert auch die Auswechslung eines Spielers nichts, denn auch während der minderjährige Spieler auf der Ersatzbank sitzt, leistet er Arbeit[498].

Manch ein Fußballfan wird die Einwechslung von Julian Draxler zwar als „vorübergehende und unaufschiebbare Arbeit in Notfällen“ gemäß § 21 JArbSchG betrachten, wonach § 14 JArbSchG keine Anwendung finden würde. Ein Notfall, welcher ein ungewöhnliches, nicht vorhersehbares und plötzlich auftretendes Ereignis darstellt, das unabhängig vom Willen des Betroffenen eintritt und eine Gefahr für Leben und Gesundheit von Menschen oder für

495 *Fischinger*, Causa Sport 2011, 150, 151.

496 *Gutzeit/Vrban*, SpuRt 2011, 60, 60.

497 ErfK/*Schlachter*, § 14 JArbSchG, Rn. 2.

498 *Gutzeit/Vrban*, SpuRt 2011, 60, 60.

erhebliche Sachwerte unmittelbar hervorruft[499], liegt jedoch nicht vor, sodass eine Ausnahme nach § 21 JArbSchG ausscheidet[500].

Daher stellt sich hier, ähnlich wie schon bei § 6 JArbSchG, die Frage, ob die Sportveranstaltung als „andere Aufführung" im Sinne von § 14 Absatz 7 JArbSchG zu qualifizieren ist.

### *1. Anwendung von § 14 Absatz 7 JArbSchG auf Sportveranstaltungen*

Vertreten wird, dass für den Fußballspieler der Ausnahmetatbestand des § 14 Absatz 7 Satz 1 JArbSchG greift. Dass der Profifußball direkt nicht genannt ist, sei irrelevant, da die Generalklausel „andere Aufführung" dazu diene, weitere Anwendungsfelder aufzunehmen[501]. Aus diesem Grund würden auch professionelle Sportveranstaltungen darunter fallen[502]. Widersprüchlich sei auch nicht, dass der Gesetzgeber den Sport in den §§ 16 und 17 JArbSchG regele und der sportliche Wettkampf vor Publikum auch als eine Aufführung im Sinne des § 14 Absatz 7 JArbSchG gelte, da der Begriff „Sport" nicht nur den Wettkampf umfasse, sondern auch das Training, die medizinische Versorgung etc[503].

Die Bund-Länder-Arbeitsgruppe setzte sich im Mai 2011 im Rahmen der Überprüfung des Jugendarbeitsschutzgesetzes ebenfalls mit dieser Problematik auseinander. In ihrem Abschlussbericht kamen sie zu dem Ergebnis, dass Sportveranstaltungen bereits nach geltender Rechtslage von § 14 Absatz 7 JArbSchG erfasst werden, aber sie empfohlen eine entsprechende Klarstellung[504]. Darüber hinaus sollte eine Beschäftigung Jugendlicher im Kultur- und Medienbereich bzw. bei Sportveranstaltungen über 23 Uhr hinaus mit Genehmigung der Aufsichtsbehörde

---

499 ErfK/*Schlachter*, § 21 JArbSchG, Rn. 2.

500 So auch *Heink*, SpuRt 2011, 134, 137.

501 *Schlachter*, in: Menke/Himmelrath, Jungstar, Jubel, Jugendschutz, SPIEGEL ONLINE v. 01.02.2011; abrufbar unter: http://www.spiegel.de/schulspiegel/minderjaehrige-fussballprofis-jungstar-jubel-jugendschutz-a-748243.html; zuletzt aufgerufen am 31.03.2018; *Nesemann*, Arbeitsvertragliche Grenzen im professionellen Jugendfußball, S. 62.

502 ErfK/*Schlachter*, § 14 JArbSchG, Rn. 7.

503 *Nesemann*, Arbeitsvertragliche Grenzen im professionellen Jugendfußball, S. 62.

504 Abschlussbericht der Bund-Länder-Arbeitsgruppe zur Überprüfung des Jugendarbeitsschutzgesetzes, S. 53 f; abrufbar unter: http://www. bmas.de/SharedDocs/Downloads/DE/abschlussbericht-bund-laender-arbeitsgruppe-ueberpruefung-jugendarbeitsschutzgesetz.pdf?__blob= publicationFile; zuletzt aufgerufen am 31.03.2018.

in Einzelfällen möglich sein[505]. Insgesamt kam die Arbeitsgruppe aber zu dem Ergebnis, dass der Änderungsbedarf nicht so grundlegend sei, dass unmittelbarer gesetzgeberischer Handlungsbedarf bestehe[506].

Unter der Ausnahme des § 14 Absatz 7 JArbSchG hatte auch die Bezirksregierung Münster den Spieleinsatz von Julian Draxler genehmigt[507].

### 2. *Keine Anwendung von § 14 Absatz 7 JArbSchG auf Sportveranstaltungen*

Vertreten wird auch, dass § 14 Absatz 7 JArbSchG auf Sportveranstaltungen keine Anwendung findet[508]. Wie auch schon oben zu § 6 JArbSchG[509] dargestellt, spreche die Systematik gegen eine Anwendung des § 14 Absatz 7 JArbSchG auf Sportveranstaltungen. Die §§ 16 Absatz 2 und 17 Absatz 2 JArbSchG benennen abschließend[510] die Fälle, in denen eine Ausnahme vom Verbot der Samstags- oder Sonntagsarbeit erlaubt ist. Die §§ 16 Absatz 2 Satz 1 Nr. 7 und 17 Absatz 2 Satz 1 Nr. 5 JArbSchG entsprächen dabei fast wortwörtlich dem § 14 Absatz 7 JArbSchG, bei dem es um die Aufführungen und Veranstaltungen gehe. Die §§ 16 Absatz 2 Satz 1 Nr. 9 und 17 Absatz 2 Satz 1 Nr. 6 JArbSchG lassen zusätzlich den Sport als eine Ausnahme von dem Verbot der Samstags- und Sonntagsarbeit zu,

---

505 Abschlussbericht der Bund-Länder-Arbeitsgruppe zur Überprüfung des Jugendarbeitsschutzgesetzes, S. 54; abrufbar unter: http://www.bmas.de/SharedDocs/Downloads/DE/abschlussbericht-bund-laender-arbeitsgruppe-ueberpruefung-jugendarbeitsschutzgesetz.pdf?__blob= publicationFile; zuletzt aufgerufen am 31.03.2018.

506 Abschlussbericht der Bund-Länder-Arbeitsgruppe zur Überprüfung des Jugendarbeitsschutzgesetzes, S. 67; abrufbar unter: http://www.bmas.de/SharedDocs/Downloads/DE/abschlussbericht-bund-laender-arbeitsgruppe-ueberpruefung-jugendarbeitsschutzgesetz.pdf?__blob= publicationFile; zuletzt aufgerufen am 31.03.2018.

507 *Diringer*, Arbeitsfalle Jugendschutz, Legal Tribune Online v. 03.03.2011; abrufbar unter: http://www.lto.de/recht/hintergruende/h/minderjaehrige-fussballprofis-abseitsfalle-jugendschutz/; zuletzt aufgerufen am 31.03.2018.

508 *Dirninger*, Arbeitsfalle Jugendschutz, Legal Tribune Online v. 3.3.2011; abrufbar unter: http://www.lto.de/recht/hintergruende/h/minderjaehrige-fussballprofis-abseitsfalle-jugendschutz/; zuletzt aufgerufen am 31.03.2018; *Fischinger*, Causa Sport 2011, 150, 152 f.; *ders.*, Schlusspfiff 20 Uhr, FAZ.net v. 2.3.2011; abrufbar unter: http://www.faz.net/aktuell/sport/fussball/julian-draxler-schlusspfiff-20-uhr-1612571.html, zuletzt aufgerufen am 31.03.2018; *Gutzeit/Vrban* SpuRt 2011, 60 f.; *Heink*, SpuRt 2011, 134, 136; *Lakies*, § 14 JArbSchG, Rn. 13; *Weyand*, in: FS-Düwell, S. 172, 185f.

509 Siehe oben unter § 3 B. III.

510 ErfK/*Schlachter*, § 16 JArbSchG, Rn. 3; *Lakies*, § 16 JArbSchG, Rn. 6; *Molitor/Volmer/Germelmann*, § 16 JArbSchG, Rn. 14.

sodass die Minderjährigen an Samstagen und Sonntagen an Spielen teilnehmen können. Es werde also bei der Samstags- und Sonntagsruhe zwischen dem Sport und der „künstlerisch-kulturellen" Veranstaltung unterschieden[511]. Dies könne nur bedeuten, dass der Gesetzgeber nicht gewollt habe, dass unter die „andere Aufführung" auch die Teilnahme an Sportveranstaltungen falle, sonst wären § 16 Absatz 2 Satz 1 Nr. 9 und § 17 Absatz 2 Satz 1 Nr. 6 JArbSchG jeweils überflüssig[512]. Daran ändere es auch nichts, dass die Ausnahme „beim Sport" über den Begriff der „Sportveranstaltung" hinausgehe, da auch beispielsweise das Training darunter falle[513]. Argumentiert werden könne auch nicht, dass bei Erlass des JArbSchG im Jahr 1976 Fußball-Abendspiele nicht üblich waren, denn schon zu dieser Zeit fanden zumindest Europapokal und DFB-Pokalspiele häufig abends statt[514]. Der Gesetzgeber habe die Belange des Sports gesehen und auch bei der Samstags- und Sonntagsruhe berücksichtigt. In Bezug auf die Nachtruhe habe er die Belange des Jugendarbeitsschutzes vor die des Sports gestellt[515].

Darüber hinaus gehe es bei den in § 14 Absatz 7 JArbSchG genannten Veranstaltungen um solche, die in Artikel 5 GG geschützt seien, wozu der Sport nicht gehöre[516]. Bereits die Formulierung „Musikaufführung, Theatervorstellung und andere Aufführung" lasse erkennen, dass es sich bei der anderen Aufführung um solche handeln müsse, die den Musikaufführungen und Theatervorstellungen ähnlich seien[517]. Die Ausnahmetatbestände des § 14 JArbSchG seien zudem eng auszulegen[518]. Der mit dem § 14 Absatz 7 JArbSchG vom Gesetzgeber verfolgte Zweck spreche ebenfalls gegen eine Anwendung[519]. In der Gesetzesbegründung heißt es zu dem inhaltsgleichen § 6 Absatz 1 Nr. 1, 2 JArbSchG, dass bestimmte

---

511 Jugendschutz im Fußball: Dürfen Jung-Profis in die Verlängerung oder zum Elfmeterschießen? Haufe, v. 16.02.2011; abrufbar unter: http://www.haufe.de/personal/arbeitsrecht/jugendschutz-im-fussball_76_68416.html, zuletzt aufgerufen am 09.10.2016.

512 *Diringer*, Arbeitsfalle Jugendschutz, Legal Tribune Online v. 03.03.2011; abrufbar unter: http://www.lto.de/recht/hintergruende/h/minderjaehrige-fussballprofis-abseitsfalle-jugendschutz/; zuletzt aufgerufen am 31.03.2018; *Fischinger*, Causa Sport 2011, 150, 152; *Gutzeit/Vrban*, SpuRt 2011, 60, 61; *Lakies*, § 14 JArbSchG, Rn. 13.

513 *Gutzeit/Vrban*, SpuRt 2011, 60, 61.

514 *Fischinger*, Causa Sport 2011, 150, 153.

515 *Gutzeit/Vrban*, SpuRt 2011, 60, 61; *Weyand*, in: FS-Düwell, S. 172, 186.

516 *Gutzeit/Vrban*, SpuRt 2011, 60, 61.

517 *Weyand*, in: FS-Düwell, S. 172, 186.

518 ErfK/*Schlachter*, § 14 JArbSchG, Rn. 2; *Gutzeit/Vrban*, SpuRt 2011, 60, 61; *Molitor/Volmer/Germelmann*, § 14 JArbSchG, Rn. 11.

519 *Fischinger*, Causa Sport 2011, 150, 152.

Veranstaltungen ohne die Mitwirkung von Kindern nicht durchgeführt werden können[520]. Um solche Veranstaltungen auch abends zu ermöglichen sei die Ausnahme nach § 6 Absatz 1 Nr. 1, 2 bzw. § 14 Absatz 7 JArbSchG eingefügt worden[521]. So heißt es in der Gesetzesbegründung, dass dadurch der Tatsache Rechnung getragen werde, dass in einigen Schauspiel- und Opernwerken, die Mitwirkung von Kindern dramaturgisch notwendig wäre[522]. Die Ausnahme sollte auf eine „dramaturgische Notwendigkeit" beschränkt sein, womit der Sport nicht gemeint sei[523].

Dass künstlerische Veranstaltungen vom Nachtarbeitsverbot zugelassen werden und sportliche Aktivitäten nicht, verstoße auch nicht gegen Artikel 3 GG. Die Ungleichbehandlung lasse sich damit rechtfertigen, dass bei manchen kulturellen Veranstaltungen die Teilnahme Minderjähriger zwingend notwendig sei, während dies bei sportlichen Veranstaltungen nicht der Fall sei. Zudem sei dem Gesetzgeber bei Verstößen gegen Artikel 3 GG ein weiter Gestaltungsspielraum gegeben, wie er ihnen abhilft. Ob er die Begünstigung für alle beseitigt, indem er § 14 Absatz 7 JArbSchG streicht oder ob er die Begünstigung auf alle bisher nicht Begünstigten erstreckt, also § 14 Absatz 7 JArbSchG auch auf Sportveranstaltungen erstrecke, bleibe ihm überlassen[524].

Es liege auch kein Verstoß gegen das Verbot der Altersdiskriminierung der Richtlinie 2000/78/EG vor, indem die Jugendlichen auf Grund ihres Alters nicht mehr nach 20 Uhr an einer Sportveranstaltung teilnehmen dürfen, da die Ungleichbehandlung gerechtfertigt sei[525]. Nach Artikel 6 Absatz 1 RL 2000/78/EG können Ungleichbehandlungen wegen des Alters gerechtfertigt werden, sofern sie objektiv angemessen und im Rahmen des nationalen Rechts durch ein legitimes Ziel gerechtfertigt und die Mittel zur Erreichung dieses Ziels angemessen und erforderlich sind. Der Schutz von Kindern und Jugendlichen sei ein solch legitimes Ziel[526]. Nachtarbeit sei besonders gesundheitsschädlich[527]; für Jugendliche, die sich noch in der Entwicklung befinden, gelte dies umso mehr[528].

---

520 BT-Drucks. 7/2305, S. 27.
521 *Fischinger*, Causa Sport 2011, 150, 152.
522 BT-Drucks. 7/2305, S. 28.
523 *Heink*, SpuRt 2011, 134, 136.
524 *Fischinger*, Causa Sport 2011, 150, 153.
525 *Fischinger*, Causa Sport 2011, 150, 153.
526 *Fischinger*, Causa Sport 2011, 150, 153.
527 BVerfG NVwZ 1993, 878, 879; *Fischinger*, Causa Sport 2011, 150, 153.
528 *Fischinger*, Causa Sport 2011, 150, 153.

Vielfach wird eine Gesetzesänderung gefordert[529]. Das geltende Recht erscheine nicht mehr zeitgemäß. Zudem sei es widersinnig, dass ein Jugendlicher bis 22 Uhr kellnern oder über Stunden bis 23:00 Uhr an einer Wagner-Oper mitwirken dürfe, aber ein vierminütiger Einsatz an einem Fußballspiel nach 20 Uhr unzulässig sei[530]. Anzustreben sei eine vollständige rechtskonforme Beschäftigung Jugendlicher im professionellen Mannschaftssport[531]. Vorgeschlagen wird, die Nachtruhe für sportliche Wettkämpfe, nicht aber für den normalen Arbeitsalltag des Sportlers, auf 23:30 Uhr zu verschieben[532].

### 3. *Stellungnahme*

Auch wenn man bei einem Fußballspiel teilweise eine „bühnenreife Schwalbe"[533] sieht oder einige Spieler echte „Ballkünstler"[534] sind, sind die Zielrichtung und der Zweck der Veranstaltung bei den in § 14 Absatz 7 JArbSchG genannten Veranstaltungen und Sportveranstaltungen ein anderer. Bei den Sportveranstaltungen stehen der sportliche Wettkampf bzw. das Spiel im Vordergrund, während es bei den Aufführungen und Veranstaltungen vordergründig um die Unterhaltung des Publikums geht[535]. Dass die §§ 16 Absatz 2 Nr. 9 und 17 Absatz 2 Nr. 6 JArbSchG den Sport als Ausnahme vom Verbot der Samstags- und Sonntagsarbeit nennen

---

529 *Budras*, Kein Tor nach 20 Uhr?, FAZ v. 22.01.2011; abrufbar unter: http://www.faz.net/aktuell/sport/fussball/bundesliga/minderjaehrige-sportler-kein-tor-nach-20-uhr-1595168.html; zuletzt aufgerufen am 31.03.2018; *Fischinger* Causa Sport 2011, 150, 158; *ders.*, Schlusspfiff 20 Uhr, FAZ.net v. 2.3.2011; abrufbar unter: http://www.faz.net/ aktuell/sport/fussball/julian-draxler-schlusspfiff-20-uhr-1612571.html; zuletzt aufgerufen am 31.03.2018; *Gutzeit/Vrban*, SpuRt 2011, 60, 61, die auch eine Rechtsverordnung für den Bereich des Sports auf Grundlage des § 21 b JArbSchG in Erwägung ziehen; *Heink*, SpuRt 2011, 134, 137.

530 *Fischinger*, Causa Sport 2011, 150, 158; *Gutzeit/Vrban*, SpuRt 2011, 60, 61.

531 *Heink*, SpuRt 2011, 134, 137.

532 *Fischinger*, Causa Sport 2011, 150, 158; *ders.* Schlusspfiff 20 Uhr, FAZ.net v. 2.3.2011; abrufbar unter: http://www.faz.net/aktuell/sport/fussball/julian-draxler-schlusspfiff-20-uhr-1612571.html; zuletzt aufgerufen am 31.03.2018.

533 *Diringer*, Arbeitsfalle Jugendschutz, Legal Tribune Online v. 03.03.2011; abrufbar unter: http://www.lto.de/recht/hintergruende/h/minderjaehrige-fussballprofis-abseitsfalle-jugendschutz/; zuletzt aufgerufen am 31.03.2018.

534 Jugendschutz im Fußball: Dürfen Jung-Profis in die Verlängerung oder zum Elfmeterschießen? Haufe, v. 16.02.2011; abrufbar unter: http://www.haufe.de/personal/arbeitsrecht/jugendschutz-im-fussball_76_68416.html, zuletzt aufgerufen am 09.10.2016.

535 Dazu auch schon oben unter § 3 B. III,; so auch *Fischinger*, Causa Sport 2011, 150, 152.

und § 14 JArbSchG nicht, zeigt, dass eine Ausnahme bei der Nachtruhe nicht gewollt war[536]. Zudem kann die Sportveranstaltung nicht unter die „andere Aufführung" des § 14 Absatz 7 JArbSchG subsumiert werden. Dies zeigt sich daran, dass die § 16 und 17 JArbSchG bei den Ausnahmen des Verbots zur Samstags- und Sonntagsarbeit einmal den Sport (§ 16 Absatz 2 Nr. 9 und § 17 Absatz 2 Nr. 6 JArbSchG) und zum anderen die Musikaufführungen, Theatervorstellungen und die anderen Aufführungen (§ 16 Absatz 2 Nr. 7 und § 17 Absatz 2 Nr. 5 JArbSchG) nennen. Widersinnig wäre, wenn die Sportveranstaltung unter beide Tatbestände fallen würde. In diesem Fall wäre die Nennung beim Sport in § 16 Absatz 2 Nr. 9 und § 17 Absatz 2 Nr. 6 JArbSchG überflüssig[537]. Richtigerweise findet § 14 Absatz 7 JArbSchG keine Anwendung auf die Sportveranstaltungen.

Gegen eine analoge Anwendung von § 14 Absatz 7 JArbSchG spricht auch die EG-Richtlinie 94/33/EG vom 22.06.1997 über den Jugendarbeitsschutz. Artikel 9 Absatz 2 nennt Fälle, in denen die Mitgliedstaaten Ausnahmen vom Verbot der Nachtarbeit machen können. Neben kulturellen, künstlerischen und werbenden Tätigkeiten sind auch sportliche Tätigkeiten genannt. Dies bedeutet, dass sich der Gesetzgeber bewusst entschied, die sportliche Tätigkeit nicht als eine Ausnahme vom Verbot der Nachtarbeit zuzulassen.

Unter dem geltenden Gesetz lässt sich eine Beschäftigung der jugendlichen Sportler nach 20 Uhr nicht rechtfertigen.

Allerdings ist zu fragen, ob diese gesetzliche Regelung noch zeitgemäß und sinnvoll ist. Zu bedenken ist, dass zur Einführung des JArbSchG im Jahr 1976 die Professionalisierung der jungen Sportler noch nicht so fortgeschritten war. Widersinnig ist, dass die Jugendlichen zwar jeden Tag in einer Gaststätte bis 22 Uhr arbeiten und junge Schauspieler sogar bis 23 Uhr das Publikum unterhalten dürfen, die Sportler hingegen um 20 Uhr ihre Tätigkeit beenden müssen. Aus diesem Grund erscheint es sinnvoll, den Sport als Ausnahme vom Nachtarbeitsverbot aufzunehmen. Dabei sollte allerdings die Ausnahme allein auf die Sportveranstaltungen erweitert werden. So wird sichergestellt, dass der Minderjährige nicht jeden Tag bis zu später Stunde beschäftigt werden kann. Dafür besteht auch kein Grund, wie dies bei den anderen Ausnahmen des § 14 Absatz 2 JArbSchG der Fall ist. Der Grund für die Ausnahme besteht darin, dass in diesen Branchen typischerweise innerhalb der Nachtruhe gearbeitet wird. Dagegen muss der Sportler nicht notwendigerweise bis nach 20 Uhr trainieren.

---

536 So auch *Walker*, in: Höfling/Horst/Nolte, Fußball Motor des Sportrechts, S. 53, 58; *Weyand*, in: FS-Düwell, S. 172, 186.

537 So auch *Fischinger*, Causa Sport 2011, 150, 152; *Gutzeit/Vrban*, SpuRt 2011, 60, 61.

Für Sportveranstaltungen wie beispielsweise die Fußballspiele gilt etwas anderes. In einigen Fällen, wie beispielsweise dem Samstags-Topspiel der Bundesliga, bei DFB- oder Europapokalspielen fangen die Spiele oft erst in den Abendstunden an, damit möglichst viele Menschen zuschauen können. Für diese Fälle muss eine Regelung geschaffen werden, die es erlaubt, dass die Jugendlichen teilnehmen können, ohne gegen die Nachtruhe zu verstoßen. Eine Ausnahmeregelung für Sportveranstaltungen gefährdet auch nicht übermäßig die Gesundheit der Jugendlichen. Zum einen finden die Spiele nicht jeden Tag, sondern meistens am Wochenende oder vereinzelt zusätzlich unter der Woche statt. Zum anderen ist nicht jedes Spiel ein solches, das erst in den Abendstunden beginnt. Die meisten Bundesligaspiele beginnen samstags um 15:30 Uhr, sodass es zu keiner Kollision mit der Nachtruhe kommt. Die zeitliche Ausweitung sollte bis 23:30 Uhr erfolgen, da so keine Gefahr besteht, dass ein etwaiges Elfmeterschießen nach der Verlängerung wieder zu einem Verstoß gegen die Nachtruhe führt[538]. So endete beispielsweise das EM Viertelfinale Deutschland gegen Italien nach Elfmeterschießen erst nach 23:30 Uhr.

Eine Aufnahme der Sportveranstaltung verstößt auch nicht gegen EG-Recht, denn wie oben festgestellt, gibt die Richtlinie 94/33/EG in Artikel 9 Absatz 2 den Mitgliedstaaten die Möglichkeit, sportliche Tätigkeiten vom Verbot der Nachtarbeit auszunehmen[539].

## III. Verstoß gegen Samstags- und Sonntagsruhe

Grundsätzlich dürfen Jugendliche an Samstagen und Sonntagen gemäß § 16 Absatz 1 JArbSchG und § 17 Absatz 1 JArbSchG nicht beschäftigt werden. Absatz 2 der jeweiligen Norm lässt diverse Ausnahmen zu. Gemäß § 16 Absatz 2 Nr. 9 und § 17 Absatz 2 Nr. 6 JArbSchG ist die Beschäftigung „beim Sport" ausdrücklich erlaubt. Darunter fällt auch die professionelle Sportausübung[540]. Der Gesetzgeber grenzt sich dadurch explizit zu der Regelung bei Kindern ab, bei denen nur Handreichungen beim Sport erlaubt sind. Der Gesetzgeber hat dabei auch bedacht, dass die Sportveranstaltungen oft am Wochenende stattfinden, wie beispielsweise die Fußballbundesliga, da die sportlichen Veranstaltungen an den

---

538 So auch *Fischinger*, Causa Sport 2011, 150, 158; *ders.* Schlusspfiff 20 Uhr, FAZ.net v. 2.3.2011; abrufbar unter: http://www.faz.net/aktuell/sport/fussball/julian-draxler-schlusspfiff-20-uhr-1612571.html, zuletzt aufgerufen am 31.03.2018.

539 So auch *Gutzeit/Vrban*, SpuRt 2011, 60, 61; *Lakies*, § 14 JArbSchG, Rn. 13.

540 ErfK/*Schlachter*, § 16 JArbSchG, Rn. 10.

Wochenenden für das Publikum besonders attraktiv sind[541]. Somit stellt es keinen Verstoß dar, wenn Jugendliche am Wochenende an Spielen teilnehmen.

## IV. Auslandsspiele

Nicht alle Spiele finden innerhalb von Deutschland statt. Man könnte die Überlegung anstellen, dass bei einem Auswärtsspiel außerhalb Deutschlands die Vorschriften des Jugendarbeitsschutzgesetzes keine Anwendung finden. Für das Jugendarbeitsschutzgesetz gilt das Territorialitätsprinzip[542]. Dies bedeutet in erster Linie, dass das Jugendarbeitsschutzgesetz für alle Kinder und Jugendliche gilt, die in Deutschland beschäftigt werden; auf die Staatsangehörigkeit kommt es dabei nicht an[543]. Dies bedeutet, dass z.B. Juventus Turin im Rahmen eines Spiels in der Champions League oder UEFA Europa League in München keine Jugendlichen nach 20 Uhr einsetzen darf. Wenn Bayern München umgekehrt in Turin spielt, ist das Jugendarbeitsschutzgesetz anwendbar, wenn es sich um eine vorübergehende Entsendung handelt[544]. Wenn es sich um einen Spielort handelt, der in einer anderen Zeitzone liegt, kommt es auf die Uhrzeit am Spielort an[545]. Dies entspricht auch dem Zweck des § 14 JArbSchG, da der Minderjährige vor Überlastungen und Gefahren auf Grund der späten Uhrzeit geschützt werden soll. Dies kann aber nur erreicht werden, wenn auf die Uhrzeit am Spielort abgestellt wird.

## V. Verstoß gegen andere Jugendschutzbestimmungen

Wenn es nach einem Sieg zu einer ausgelassenen Feier kommt, von der man weiß, dass die eine oder andere mit Alkoholverzehr einhergeht, darf den Minderjährigen vom Arbeitgeber, also dem Verein bzw. dem Trainer, gemäß § 31 Absatz 2 Satz 2 JArbSchG kein Alkohol ausgehändigt werden. Ein Verstoß dagegen stellt gemäß § 58 Absatz 1 Nr. 21 JArbSchG eine Ordnungswidrigkeit dar.

---

541 *Weyand*, in: FS-Düwell, S. 172, 185.

542 ErfK/*Schlachter*, § 1 JArbSchG, Rn. 2; Hennsel/Wullemsen/Kalb/*Tillmanns*, § 1 Rn. 15; *Zmarzlik/Anzinger*, § 1 JArbSchG, Rn. 3.

543 ErfK/*Schlachter*, § 1 JArbSchG, Rn. 2; *Zmarzlik/Anzinger*, § 1 JArbSchG, Rn. 3.

544 ErfK/*Schlachter*, § 1 JArbSchG, Rn. 2; *Fischinger*, Causa Sport 2011, 150, 155; Henssler/Willemsen/Kalb/*Tillmanns*, Arbeitsrecht, § 1 JArbSchG, Rn. 16; *Zmarzlik/Anzinger*, § 1 JArbSchG, Rn. 4.

545 *Fischinger*, Causa Sport 2011, 150, 155.

## VI. Rechtsfolgen

Verstöße gegen § 8 und § 14 JArbSchG stellen eine Ordnungswidrigkeit nach § 58 Absatz 1 Nr. 5 und § 11 JArbSchG dar und können gemäß § 58 Absatz 4 JArbSchG mit einer Geldbuße bis zu 15.000 € bestraft werden. Wie bei einem Verstoß gegen § 5 JArbSchG kann daraus gemäß § 58 Absatz 5 JArbSchG auch eine Straftat werden, wenn die Verstöße vorsätzlich begangen wurden und ein Kind oder ein Jugendlicher gefährdet wurde.

# § 4 Doping von Kindern und Jugendlichen

Wie bei Erwachsenen existiert auch bei Kindern und Jugendlichen das Problem des Dopings. Im Vordergrund soll hier eine verbandsrechtliche Untersuchung stehen. Der strafrechtliche Aspekt des Dopings soll nicht ausführlich dargestellt werden[546].

## A. Auswirkungen von Doping bei Minderjährigen

Im Folgenden sollen die unterschiedlichen und mitunter schwerwiegenderen Folgen der Anwendung von Dopingmitteln bei Minderjährigen dargestellt werden.

### I. Übersicht über die verbotenen Substanzen

Die verbotenen Substanzen werden in der International Standard Prohibited List der WADA aufgeführt. Die Verbotsliste wird regelmäßig aktualisiert und enthält alle verbotenen Substanzen und Methoden. Neben den Gruppierungen der anabolen Substanzen (S1 der Prohibited List) und der Peptidhormone, der Wachtumshormone, der verwandte Substanzen und Mimetika (S2 der Prohibited List), auf die gleich näher eingegangen wird, sind auch nicht zugelassene Substanzen (S0 der Prohibited List), Beta-2-Agonisten (S3 der Prohibited List) sowie Hormone und Stoffwechsel-Modulatoren (S4 der Prohibited List) verboten. Als Methode ist die Manipulation von Blut und dessen Bestandteilen (M1 der Prohibited List), die chemische und physikalische Manipulation (M2 der Prohibited List) und das Gendoping (M3 der Prohibited List) verboten. Diese Substanzen und Methoden sind sowohl während des Wettkampfs als auch im Training verboten. Folgende Substanzen sind dagegen nur im Wettkampf verboten: Stimulanzien (S6 der Prohibited List), Narkotika (S7 der Prohibited List), Cannabinoide (S8 der Prohibited List) und Glucocorticoide (S9 der Prohibited List).

546 Zur Beurteilung der Strafbarkeit des Dopings sei verwiesen auf *Fiedler*, Das Doping minderjähriger Sportler, S. 41 ff.; *Glocker*, Die strafrechtliche Bedeutung von Doping, S. 139 ff.; *Schulz*, Doping als strafbare Gesundheitsgefährdung, S. 63 ff.

## II. Auswirkungen der Dopingmittel auf den Körper Minderjähriger

Dass Dopingmittel für den menschlichen Körper negative Auswirkungen haben, ist unbestritten[547]. Im Folgenden soll weder eine medizinische Begutachtung stattfinden noch sollen umfassend alle Folgen von Dopingmittel dargestellt werden[548]. Aufgezeigt werden soll lediglich, dass gewisse Dopingmittel bei Minderjährigen schlimmere Auswirkungen haben können als bei Erwachsenen. Minderjährige befinden sich noch im Wachstum. Aus diesem Grund können einige Mittel zu erheblichen Gesundheitsgefahren führen; zusätzlich zu den Nebenwirkungen, die auch bei Erwachsenen auftreten können.

Zum einen sind in diesem Zusammenhang die anabolen Substanzen bzw. die anabolen Steroide („Anabolika") zu nennen. Die Modellsubstanz ist das Testosteron[549]. Dabei handelt es sich um den wichtigsten Vertreter der männlichen Sexualhormone[550]. Beim Sport führt es dazu, dass der Muskelaufbau und das Skelettwachstum gefördert werden[551]. Grundsätzlich können Anabolika zu psychischen Veränderungen, Leberschäden und nachteiligen Auswirkungen auf das Herz-Kreislauf-System führen[552]. Besonders schwerwiegend bei den Jugendlichen sind auch die Auswirkungen auf die Sexualität. Bei männlichen jungen Sportlern kann eine Verkleinerung der Hoden und eine Verringerung der Samenproduktion sowie ein Anschwellen der Brust eintreten[553]. Ebenfalls können auch Leber- und Herzschäden und erhöhter Blutdruck hervorgerufen werden[554]. Bei weiblichen Jugendlichen kann es zu einer Maskulinisierung kommen[555]. Damit

547 So auch *Petri*, Die Dopingsanktion, S. 181.

548 Zu dem Wirkweisen und Nebenwirkungen der einzelnen Substanzen und Methoden: *Clasing*, Doping und seine Wirkstoffe, S. 66 ff.; *Blasius*, Doping im Sport, S. 18 ff.; *Fiedler*, Das Doping minderjähriger Sportler, S. 28 ff.; Körner/Patzak/Volkmer/*Volkmer*, Stoffe Teil 2, Rn. 83 ff.; *Rathgeber*, Doping – Gefahr für den Jugendsport, S. 26 ff.; *Schöffel/Groneberg/Thielemann/Ekkernkamp*, Schwarzbuch Doping, S. 44 ff.; *Wollin*, Doping, S. 21 ff.

549 *Blasius*, Doping im Sport, S. 19.

550 *Rathgeber*, Doping – Gefahr für den Jugendsport, S. 45.

551 *Schöffel/Groneberg/Thielemann/Ekkernkamp*, Schwarzbuch Doping, S. 46; *Wollin*, Doping, S. 25; *Rathgeber*, Doping – Gefahr für den Jugendsport, S. 48.

552 Körner/Patzak/Volkmer/*Volkmer*, Stoffe Teil 2, Rn. 84.

553 *Clasing*, Doping und seine Wirkstoffe, S. 92; Körner/Patzak/Volkmer/*Volkmer*, Stoffe Teil 2, Rn. 84; *Wollin*, Doping, S. 26.

554 Körner/Patzak/Volkmer/*Volkmer*, Stoffe Teil 2, Rn. 84.

555 *Clasing*, Doping und seine Wirkstoffe, S. 98; *Rathgeber*, Doping – Gefahr für den Jugendsport, S. 53; *Schöffel/Groneberg/ Thielemann/Ekkernkamp*, Schwarzbuch Doping, S. 47; *Wollin*, Doping, S. 25.

gehen ein Schrumpfen der Brust, ein starker Bart- und Haarwuchs sowie eine tiefere Stimme einher[556]. Besonders schwerwiegend ist, dass durch die Anabolika die Eierstockfunktionen unterdrückt werden und es zu einem Ausbleiben der Menstruation kommen kann[557]. Bei dauerhafter Anwendung kann die Klitoris zu einem Minipenis wachsen[558]. Zudem muss bei Jugendlichen mit einem vorzeitigen Wachstumsstopp gerechnet werden[559].

Zum anderen sind auf die Peptidhormone und Wachstumsfaktoren wie das humane Choriongonadoptrin (hCG) hinzuweisen. Die Wachstumshormone führen zu einem Muskelaufbau und fördern die Schnellkraft[560]. Zudem kann es vor Abschluss des Knochenwachstums zu Riesenwuchs führen[561].

## B. Praktische Relevanz des Dopings bei Minderjährigen in der Vergangenheit und der Gegenwart

Im Folgenden soll dargestellt werden, welche Rolle das Doping bei Minderjährigen in der Vergangenheit gespielt hat und heute noch spielt.

### I. Doping bei Jugendlichen in der Vergangenheit

Doping in dem Sinne, dass man durch Drogen und Arzneizubereitungen seine Leistungssteigerung fördert, ist schon Jahrtausende alt[562]. Daher ist anzunehmen, dass auch seit frühster Zeit Dopingfälle bei Minderjährigen auftraten. In der DDR wurden Leistungs- und Dopingmittel zur Erzielung sportlicher Höchstleistungen eingesetzt[563]. 1974 fasste die DDR-Leistungssport-Kommission den Entschluss,

---

556 *Clasing*, Doping und seine Wirkstoffe, S. 95; *Wollin*, Doping, S. 25.

557 Körner/Patzak/Volkmer/*Volkmer*, Stoffe Teil 2, Rn. 84; *Rathgeber*, Doping – Gefahr für den Jugendsport, S. 53.

558 Körner/Patzak/Volkmer/*Volkmer*, Stoffe Teil 2, Rn. 84.

559 *Clasing*, Doping und seine Wirkstoffe, S. 97; *Blasius*, Doping im Sport, S. 20; *Gabriel*, in: Latzel/Niethammer, Hormone und Hochleistung, S. 37, 38; *Rathgeber*, Doping – Gefahr für den Jugendsport, S. 53.

560 *Rathgeber*, Doping – Gefahr für den Jugendsport, S. 57.

561 *Blasius*, Doping im Sport, S. 27.

562 *Clasing*, Doping und seine Wirkstoffe, S. 17.

563 *Clasing*, Doping und seine Wirkstoffe, S. 61. Ausführlich zum Doping in der DDR: *Engel*, Doping in der DDR, S. 22 ff.; *Latzel*, Staatsdoping; *Marxen*/*Werle*, Die strafrechtliche Aufarbeitung von DDR-Unrecht, S. 102 ff.; *Marxen*/*Werle*, Strafjustiz und DDR Unrecht, S. 107 ff.; *Spitzer*, Doping in der DDR; *Ulmen*, Pharmakologische Manipulationen im Leistungssport der DDR, S. 22 ff.; *Spitzer*, Wunden und Verwundungen.

Anabolika systematisch und flächendeckend zu vergeben und so den Athleten zum Sieg zu verhelfen[564]. Teilweise waren die Minderjährigen unter zehn Jahren als sie das erste Mal mit Dopingmittel in Kontakt kamen[565]. Bereits 13-jährige Mädchen haben Oral-Turinabol in hohen Mengen verabreicht bekommen[566]. Die Vergabe der Dopingmittel erfolgte unter strenger Geheimhaltung[567]. Den Minderjährigen wurde nicht mitgeteilt, welche Präparate ihnen verabreicht wurden und sie wurden auch nicht über mögliche Nebenwirkungen aufgeklärt[568]. Vielmehr wurden die Dopingmittel als „unterstützende Mittel" oder „Vitamine" ausgegeben[569]. Die Verabreichung von anabolen Steroiden soll bei vielen Mädchen zu irreversiblen körperlichen Folgen, wie Leberschäden, Unfruchtbarkeit, tiefe Stimmen und Menstruations- und Wachstumsstörungen geführt haben[570]. Zahlreiche mysteriöse Todesfälle minderjähriger Leistungssportler blieben ungeklärt[571].

## II. Doping von Minderjährigen in der Gegenwart

Auch wenn es in Deutschland kein Staatsdoping wie zu DDR-Zeiten mehr gibt, ist das Doping minderjähriger Sportlern dennoch nicht verschwunden. Immer wieder geraten Fälle von Minderjährigendoping in die Öffentlichkeit, so beispielsweise zwei Fälle aus dem Jugendbereich des Deutschen-Schwimm-Verbandes (DSV). Ein 13-jähriger Schwimmer wurde bei den nordrhein-westfälischen Landesmeisterschaften positiv auf Clenbuterol getestet und daraufhin für zwei Jahre gesperrt. Ebenfalls gesperrt wurde eine Wasserspringerin, da sie den Dopingtest verweigerte[572]. Vom Deutschen Tennis Bund wurde eine 15-jährige Spielerin für zwei Jahre gesperrt, da sie ebenfalls positiv auf Clenbuterol getestet

564 Körner/Patzak/Volkmer/*Volkmer*, Vorb. AMG, Rn. 254; *Marxen*/*Werle*, Die strafrechtliche Aufarbeitung von DDR-Unrecht, S. 103 f.

565 *Spitzer*, Wunden und Verwundungen, S. 46.

566 *Schöffel/Groneberg/Thielemann/Ekkernkamp*, Schwarzbuch Doping, S. 53.

567 Körner/Patzak/Volkmer/*Volkmer*, Vorb. AMG, Rn. 256.

568 *Marxen*/*Werle*, Die strafrechtliche Aufarbeitung von DDR-Unrecht, S. 104.

569 Körner/Patzak/Volkmer/*Volkmer*, Vorb. AMG, Rn. 255; *Marxen*/*Werle*, Die strafrechtliche Aufarbeitung von DDR-Unrecht, S. 104.

570 *Ulmen*, Pharmakologische Manipulationen im Leistungssport der DDR, S. 3.

571 Allein in den Jahren 1984 bis 1988 ereigneten sich 5 bis 10 Todesfälle bei Sportlern in der Altersgruppe zwischen 10 und 20 Jahren, Körner/Patzak/Volkmer/*Volkmer*, Vorb. AMG, Rn. 262.

572 Schwimmen – Doping: Zwei Dopingfälle im Jugendbereich des DSV, FOCUS Online v. 09.11.2010; abrufbar unter: http://www.focus.de/sport/mehrsport/schwimmen-doping-zwei-dopingfaelle-im-jugendbereich-des-dsv_aid_570278.html; zuletzt aufgerufen am 09.10.2016.

wurde[573]. Auch ein Blick über die deutsche Grenze zeigt die Präsenz des Dopings von Minderjährigen in der Gegenwart. Jüngst wurde ein minderjähriger Sportler aus dem Bereich Teakwondo während den Olympischen Jugendspielen 2014 in Nanjing positiv auf das Diuretikum Furosemid getestet und nachträglich disqualifiziert[574]. Bei den Olympischen Jugendspielen in Singapur im Jahr 2010 wurden zwei Jugendsportler aus dem Bereich des Ringens positiv auf das Diuretikum Furosemid getestet[575]. Für Aufregung sorgten auch die Olympischen Spiele 2012 in London, bei denen die damals 16 jährige Schwimmerin Ye Shiwen bei ihrem Weltrekord auf den letzten 50 Metern schneller kraulte als Schwimmweltmeister Ryan Lochte. Dass ein 16-jähriges Mädchen schneller schwimmen konnte als ein Mann, warf schnell den Gedanken an das böse „D-Wort" auf[576]. Obwohl bei der Sportlerin soweit ersichtlich kein Dopingtest durchgeführt wurde, verglich der Vorsitzende der Weltvereinigung der Schwimmtrainer die Turboschwimmerin sogar mit „dopingverseuchten DDR-Athletinnen"[577].

Die positive Urinprobe eines erst 12-jährigen polnischen Kartfahrers sorgte für besonderes Aufsehen. Der junge Sportler wurde während der Kart-Jugendmeisterschaften 2010 positiv auf das Aufputschmittel Nikethamide getestet und vom Court of Arbitration for Sport (CAS) zu einer Dopingsperre verurteilt[578].

---

573 *Oberwittler*, Berliner Zeitung v. 27.08.2006; abrufbar unter: http://www.berliner-zeitung.de/archiv/praevention-ist-die-beste-methode-der-dopingbekaempfung-hustensaft-und-verseuchte-schnitzel,10810590,10414348.html; zuletzt aufgerufen am 31.03.2018.

574 Press Release des IOC v. 05.11.2014, IOC disqualifies athlete for violating anti-doping rules at the Summer Youth Olympic Games; abrufbar unter: http://www.olympic.org/news/ioc-disqualifies-athlete-for-violating-anti-doping-rules-at-the-summer-youth-olympic-games/240150; zuletzt aufgerufen am 31.03.2018.

575 Press Release des IOC v. 15.10.2010, Two Youth Olympic Games athletes disqualified for breaking anti-doping rules in Singapore; abrufbar unter: https://www.olympic.org/news/two-youth-olympic-games-athletes-disqualified-for-breaking-anti-doping-rules-in-singapore; zuletzt aufgerufen am 31.03.2018.

576 *Bartens*, Olympisches Wasser voller Wunderkinder, Süddeutsche Zeitung v. 01.08.2012; abrufbar unter: http://www.sueddeutsche.de/sport/ueberraschende-bestleistungen-in-london-olympisches-wasser-voller-wunderkinder-1.1428185; zuletzt aufgerufen am 31.03.2018.

577 Express.de v. 31.07.2012; abrufbar unter: http://www.express.de/olympia-2012/chef-der-trainervereinigung--turbo-schwimmerin-ye-shiwen-wie-dopingverseuchte-ddr-athletinnen-,16596630,16761396.html; zuletzt aufgerufen am 31.03.2018.

578 CAS 2010/A/2268, I.v. FIA; Sperre für Zwölfjährigen, Der Spiegel v. 15.11.2010, Heft 46/2010, S. 125; abrufbar unter: http://www.spiegel.de/spiegel/print/d-75159837.html; zuletzt aufgerufen am 31.03.2018.

In einem weiteren Fall, über den das CAS zu entscheiden hatte, wurde eine 17-jährige italienische Schwimmerin bei einer Schwimmveranstaltung in Deutschland positiv auf Clostebol getestet. Die junge Sportlerin hatte die verbotene Substanz durch eine Creme, die für eine Erkrankung der Haut angewendet wurde, aufgenommen[579]. Auch weitere Fälle, bei denen es um Doping bei Minderjährigen ging, wurden vom internationalen Sportgerichtshof entschieden[580].

Eine offizielle Statistik über Minderjährigendoping gibt es nicht. Dies liegt vor allem daran, dass viele Fälle nicht veröffentlicht werden. Einen Hinweis kann das Ergebnis des IOC zu den Dopingtests bei den Olympischen Jugendspielen geben. Bei den Sommerspielen 2010 in Singapur nahmen insgesamt 3.522 Jugendliche teil[581], von denen 1.231 Teilnehmer getestet wurden. Bei diesen 1.231 Tests (davon 1.097 Urinproben und 134 Blutproben) wurden zwei Sportler positiv getestet[582]. Bei den Sommerspielen 2014 in Nanjing nahmen 3.747 junge Sportler teil[583]. Das IOC führte insgesamt 596 Dopingtests durch (davon 490 Urinproben und 106 Blutproben) und identifizierte insgesamt nur einen getesteten Sportler als positiv[584]. Bei den bisher erst einmal stattgefundenen Olympischen Jugend-Winterspielen 2012 in Innsbruck nahmen 1.021 Sportler teil[585]. Soweit ersichtlich wurde kein Dopingfall aufgedeckt. Studien führen jedoch zu höheren Zahlen für die Verbreitung des Dopings bei minderjährigen Sportlern. In einer Studie aus dem Jahr 2001/2002 gaben 4 % der befragten Jugendlichen

579 CAS 2005/A/830 S. v. FINA.

580 CAS 2003/A/447, Stylianou v. FINA; CAS 2006/A/1032 Karatancheva v. ITF; CAS 2007/A/1413 WADA v. FIG & Vysotskaya; CAS 2008/A/1471 FINA v. Tagliaferri; CAS 2010/A/2311 NADO&KNSP v. Lommers; CAS 00/011 Andreea Raducan v. International Olympic Committee (IOC).

581 http://de.wikipedia.org/wiki/Olympische_Jugend-Sommerspiele_2010 #cite_note-4; zuletzt aufgerufen am 31.03.2018.

582 Press Release des IOC v. 15.10.2010, Two Youth Olympic Games athletes disqualified for breaking anti-doping rules in Singapore; abrufbar unter: https://www.olympic.org/news/two-youth-olympic-games-athletes-disqualified-for-breaking-anti-doping-rules-in-singapore; zuletzt aufgerufen am 31.03.2018.

583 http://de.wikipedia.org/wiki/Olympische_Jugend-Sommerspiele_2014; zuletzt aufgerufen am 31.03.2018.

584 Press Release des IOC v. 05.11.2014, IOC disqualifies athlete for violating anti-doping rules at the Summer Youth Olympic Games; abrufbar unter: http://www.olympic.org/news/ioc-disqualifies-athlete-for-violating-anti-doping-rules-at-the-summer-youth-olympic-games/240150; zuletzt aufgerufen am 31.03.2018.

585 http://de.wikipedia.org/wiki/Olympische_Jugend-Winterspiele_2012; zuletzt aufgerufen am 31.03.2018.

an, dass sie zum Doping verführt wurden[586]. In einer anderen Studie gaben 9 % der befragten Schüler zwischen 16 und 19 Jahren an, dass sie bereits Dopingsubstanzen verwendet haben[587]. In einer weiteren Studie wurden 480 Bundes- und Landeskaderathleten aus dem Nachwuchsbereich mit einem Durchschnittsalter von 16 Jahren anonym befragt. 6,8 % der Befragten gaben an, dass sie schon einmal Dopingsubstanzen verwendet haben[588]. *Simon* erklärt, dass die offiziellen Tests das Problem des Minderjährigen-Dopings unterschätzen[589]. Dies zeigt auch eine Studie von *Striegel/Vollkommer*, in der 73,9 % der befragten jungen Sportler angeben, sich bereits Gedanken über Doping gemacht zu haben[590]. Gerade einmal 20,5 % der Befragten sind der Meinung, dass man ohne die Einnahme von Dopingsubstanzen Olympiasieger oder Weltmeister werden kann[591], und so könnten sich 12,5 % der Befragten vorstellen, Doping einzunehmen, um internationale Spitzenleistungen zu erreichen[592].

## C. WADA und NADA und die Regelwerke

Im folgenden Abschnitt sollen sowohl die World Anti Doping Agency (WADA) und die Nationale Anti Doping Agentur (NADA) in gebotener Kürze vorgestellt als auch der WADA- und NADA-Code erläutert werden. Zudem soll aufgezeigt werden, wie die Minderjährigen an den Code gebunden werden.

### I. Aufgaben und Stellung der WADA und der NADA

Zunächst werden die Aufgaben und die Stellung der WADA und NADA dargestellt.

---

586 *Laure*, in: Knörzer/Spitzer/Treutlein, Dopingprävention in Europa, S. 112, 113; zu weiteren Studien Minderjähriger Sportler, *Laure/Treutlein*, in: Knörzer/Spitzer/Treutlein, Dopingprävention in Europa, S. 48 ff.

587 *Rathgeber*, Doping – Gefahr für den Jugendsport, S. 96.

588 Bewusstsein schärfen, Der Spiegel v. 12.10.2009, Heft 42/2009, S. 151; abrufbar unter http://www.spiegel.de/spiegel/print/d-67282876. html; zuletzt aufgerufen am 31.03.2018.

589 *Simon*, in: Pressemitteilung der Johannes Gutenberg Universität, Doping im deutschen Spitzensport massiv unterschätzt v. 17.09.2009; abrufbar unter: http://www.uni-mainz.de/presse/31889.php; zuletzt aufgerufen am 31.03.2018.

590 *Striegel/Vollkommer*, MedR 2001, 112, 113.

591 *Striegel/Vollkommer*, Tabelle 1, MedR 2001, 112, 113.

592 *Striegel/Vollkommer*, MedR 2001, 112, 114.

### 1. WADA

Die WADA wurde am 10. November 1999 gegründet[593]. Anlass war der Doping Skandal im Rahmen der Tour de France im Jahr 1998. Die Notwendigkeit einer unabhängigen internationalen Organisation, die einheitliche Standards für die Anti-Doping Arbeit errichtet und koordiniert, wurde deutlich. Das Internationale Olympische Komitee (IOC) ergriff die Initiative und berief die erste Weltkonferenz über Doping im Sport im Februar 1999 in Lausanne ein[594]. Die WADA wurde in der Rechtsform einer Stiftung schweizerischen Rechts gegründet, deren Stifter das IOC ist[595]. Der Stiftungssitz ist in Lausanne und das Hauptquartier befindet sich in Montreal[596]. Die Ziele der WADA sind laut der Satzung unter anderem die Förderung und Koordination des Kampfes gegen Doping im Sport auf internationaler Ebene[597]. Zu den Aufgaben der WADA gehört insbesondere die Erstellung und Überwachung des WADA-Codes, die Veröffentlichung einer jährlichen Liste der verbotenen Substanzen und Methoden, der Dialog mit den Athleten und den Beteiligten im Sport, um das Bewusstsein zu schärfen, sowie die Koordination der Anti-Doping-Aktivitäten[598].

### 2. NADA

Die nationale deutsche Ausprägung der WADA ist die NADA. Die NADA wurde ebenfalls in Form einer Stiftung im Juli 2002 in Bonn gegründet und am 21. November des gleichen Jahres von der Stiftungsaufsicht als Stiftung anerkannt[599]. Stiftungszweck ist die Förderung des Sports. Laut Satzung möchte die NADA den Fair

---

593 https://www.wada-ama.org/en/who-we-are/a-brief-history-of-anti-doping; zuletzt aufgerufen am 31.03.2018.

594 https://www.wada-ama.org/en/who-we-are/a-brief-history-of-anti-doping; zuletzt aufgerufen am 31.03.2018.

595 Article 1 of the Constitutive instrument of foundation of the agence mondiale antidopage world anti-doing agency; abrufbar unter: https://www.wada-ama.org/sites/default/files/resources/files/WADA-Revised-Statutes-4-July-2014-EN.pdf; https://www.wada-ama.org/en/who-we-are#404; zuletzt aufgerufen am 31.03.2018.

596 https://www.wada-ama.org/en/who-we-are/governance; zuletzt aufgerufen am 31.03.2018.

597 Article 4 of the Constitutive instrument of foundation of the agence mondiale antidopage world anti-doing agency, abrufbar unter: https://www.wada-ama.org/sites/default/files/resources/files/WADA-Revised-Statutes-4-July-2014-EN.pdf; zuletzt aufgerufen am 31.03.2018.

598 https://www.wada-ama.org/en/what-we-do; zuletzt aufgerufen am 31.03.2018.

599 http://www.nada.de/de/nada/; zuletzt aufgerufen am 31.03.2018.

Play im Sport durch geeignete pädagogische, soziale, medizinische, wissenschaftliche und sportliche Maßnahmen fördern, unter anderem durch Koordinierung des Kampfes gegen Doping im Sport auf nationaler Ebene, durch Durchführung, Weiter- und Fortentwicklung von Dopingkontrollen und durch die Förderung der internationalen Zusammenarbeit auf dem Gebiet der Dopingbekämpfung[600]. Die Hauptaufgaben der NADA sind unter anderem die Umsetzung eines einheitlichen Dopingkontrollsystems für Deutschland, die Umsetzung des WADA-Codes in einen NADA-Code, die Beratung für Verbände und Athleten sowie seit dem 1. Januar 2008 die Einrichtung eines unabhängigen Sportschiedsgerichts[601].

## II. WADA- und NADA-Code

Im Folgenden soll die Entstehung und die Umsetzung des WADA- und NADA-Codes (WADC und NADC) dargestellt werden und es soll aufgezeigt werden, auf welche Weise der Code für die Minderjährigen verbindlich wird.

### *1. Entstehung*

Zunächst soll dargestellt werden, wie der WADA- und der NADA-Code entstanden sind.

#### *a. WADA-Code*

Drei Jahre nach der Gründung der WADA wurde der erste Entwurf des WADA-Codes vorgestellt. Im Rahmen der zweiten Welt-Anti-Doping-Konferenz am 5. März 2003 in Kopenhagen wurde die endgültige Version des ersten WADA-Codes von seinen Unterzeichnern angenommen[602]. Der WADA-Code trat am 1. Januar 2004 in Kraft (WADA-Code 2003)[603]. Da der Code nie ein Regelwerk sein sollte, welches still steht, sondern entsprechend der Entwicklungen des Anti-Dopings und den Erfahrungen angepasst wird, wurde auf der Welt-Anti-Doping-Konferenz in Madrid am 17. November 2007 die zweite Version des Codes verabschiedet und der überarbeitete Code trat zum 01. Januar 2009 in

600 § 2 Absatz 2 der Verfassung der „Stiftung Nationale Anti Doping Agentur Deutschland"; abrufbar unter: http://www.nada.de/fileadmin/user_upload/nada/Recht/110225_Verfassung_der_Stiftung_NADA.pdf; zuletzt aufgerufen am 31.03.2018.

601 http://www.nada.de/de/nada/ziele-und-aufgaben/; zuletzt aufgerufen am 31.03.2018.

602 https://www.nada.de/recht/anti-doping-regelwerke/der-welt-anti-doping-code-wadc/zu-letzt aufgerufen am 31.03.2018.

603 https://www.wada-ama.org/en/what-we-do/the-code; zuletzt aufgerufen am 31.03.2018.

Kraft (WADA-Code 2009). Eine erneute Revision des WADA-Codes begann Ende 2011 und wurde auf der Welt-Anti-Doping-Konferenz am 15. November 2013 in Johannesburg verabschiedet. Auch die NADA hatte Änderungsvorschläge eingereicht, die insbesondere den Minderjährigenschutz betrafen. Die NADA forderte unter anderem, die Rechte von Minderjährigen besonders zu schützen[604]. Der aktuelle Code ist seit dem 1. Januar 2015 in Kraft (WADA-Code 2015)[605]. Neben dem eigentlichen Code werden auch „International Standards" erlassen, die für die Umsetzung des Codes erforderlich sind. Insgesamt erließ die WADA fünf „International Standards". Diese regeln beispielsweise den Ablauf von Dopingkontrollen („International Standard for Testing and Investigations") und die medizinischen Ausnahmegenehmigungen („International Standard for Therapeutic Use Exemptions") sowie die Liste der verbotenen Wirkstoffe und Methoden („Prohibited List")[606]. Bis heute haben mehr als 660 Sportorganisationen den WADA-Code akzeptiert, unter anderem das Internationale Olympische Komitee (IOC), das Internationale Paralympische Komitee und nahezu alle internationale Sportfachverbände[607].

### *b. NADA-Code*

Mit dem WADA-Code besteht ein umfangreiches Anti-Doping-Regelwerk, welches die NADA als eine ihrer Hauptaufgaben in ein nationales Regelwerk (NADA-Code) umsetzt[608]. Am 10. Dezember 2003 nahm die NADA den WADA-Code von 2003 an und verpflichtete sich dadurch zur Umsetzung des Codes auf nationaler Ebene. Die erste Version des Codes wurde im Oktober 2004 verabschiedet und von den deutschen Sportverbänden bis Ende 2005 umgesetzt. Auf Grund von Erfahrungen in der Praxis und Anmerkungen von den Sportverbänden und der WADA wurde der NADA-Code im Laufe des zweiten

604 Pressemitteilung 15/13 der NADA vom 12.11.2013; abrufbar unter: http://www.nada.de/fileadmin/user_upload/nada/Presse/15_PM_131112_WADA-Code_2015.pdf; zuletzt aufgerufen am 31.03.2018.

605 Erläuterungen zu dem WADA-Code – What we do The Code; abrufbar unter: https://www.wada-ama.org/en/what-we-do/the-code; zuletzt aufgerufen am 31.03.2018.

606 https://www.wada-ama.org/en/what-we-do/international-standards; http://www.nada.de/de/recht/anti-doping-regelwerke/wada-code/; zuletzt aufgerufen am 31.03.2018.

607 https://www.wada-ama.org/en/what-we-do/the-code; zuletzt aufgerufen am 31.03.2018.

608 Ziele und Aufgaben der NADA; abrufbar unter: http://https://www.nada.de/recht/anti-doping-regelwerke/der-nationale-anti-doping-code-nadc/; zuletzt auf-gerufen am 31.03.2018.

Halbjahrs 2005 überarbeitet und wurde am 14. Dezember 2005 vom Vorstand der NADA angenommen. Etwa drei Monate später, am 1. April 2006, trat er sowohl für die Athleten als auch für die nationalen Sportverbände in Kraft. Mit der Revision des WADA-Codes wurde auch der NADA-Code überarbeitet und trat zum 01. Januar 2009 in Kraft. Der NADA-Code wurde danach zum 1. Juli 2010 revidiert (NADA-Code 2009 Version 2.0) und war bis zum 31. Dezember 2014 gültig. Mit Inkrafttreten des WADA-Codes am 01. Januar 2015 ist auch der NADA-Code in Deutschland in Kraft getreten[609].

### 2. *Umsetzung*

Nachdem die Entstehung des WADA- und NADA-Codes dargestellt wurde, soll nun die Umsetzung der beiden Codes erläutert werden.

#### a. *WADA-Code*

Da die WADA eine private Stiftung ist, handelt es sich bei dem WADA-Code lediglich um privatrechtliche Rechtsvorschriften[610]. Eine Verbindlichkeit des Codes ergibt sich demnach nicht automatisch[611]. Der WADA-Code muss gemäß Art. 23.2.1 WADC (WADA-Code) von seinen Unterzeichner, unter anderem fast alle internationalen Sportverbände und die nationalen Anti-Doping Organisationen, umgesetzt werden[612]. Die WADA sieht vor, dass die überwiegende Anzahl der Bestimmungen des Codes zwingend ohne wesentliche Unterschiede von den internationalen Sportfachverbänden oder den nationalen Anti-Doping Organisationen zu übernehmen und umzusetzen sind[613]. Einerseits muss der Code

---

609 Erläuterungen zum NADA-Code; abrufbar unter: https://www.nada.de/recht/anti-doping-regelwerke/der-nationale-anti-doping-code-nadc/; zuletzt aufgerufen am 31.03.2018.

610 SportR in der Praxis/*Adolphsen*, 9. Kapitel, Rn. 997.

611 *Mortsiefer*, Datenschutz im Anti-Doping-Kampf, S. 24; auch die Ratifizierung des UNESCO-Übereinkommens über Doping im Sport vom 19. Oktober 2005 und die dadurch teilweise Erhebung des WADA-Codes zu Völkerrecht ändert nichts an der privatrechtlichen Einordnung, SportR in der Praxis/*Adolphsen*, 9. Kapitel Rn. 999 ff.; dazu auch *Schmidt*, Internationale Dopingbekämpfung, S. 128 ff.

612 PHB-SportR/*Summerer*, 2. Teil, 3. Kapitel, Rn. 284.

613 Art. 23.2.2 des WADA-Codes 2015: „The following Articles as applicable to the scope of the anti-doping activity which the Anti-Doping Organization performs must be implemented by Signatories without substantive change [allowing for any non-substantive changes to the language in order to refer to the organization's name, sport, section numbers, etc.]: Article 1, 2, 3, 4.2.2, 4.3.3, 7.1, 9, 10, 11, 13 (with exception of

in das Regelwerk des Sportfachverbandes integriert werden, andererseits muss die Verbindlichkeit gegenüber dem (minderjährigen) Athleten sichergestellt werden[614]. Der Verband kann den Code direkt und ohne Änderungen übernehmen und auf ihn anpassen[615]. Dies hat neben dem Umfang des Regelwerks den Nachteil, dass Änderungen des NADA-Codes nicht automatisch zu Änderungen des Verbandsregelwerks führen würden[616]. Zudem kann der Verband den Code im eigenen Regelwerk für verbindlich erklären und ihn zum Bestandteil der eigenen Regelung machen[617]. Die Umsetzung des Codes erfolgt dann durch Verweisung[618]. Die International Standards sind ebenfalls verpflichtend für alle Unterzeichner[619].

*b. NADA-Code*

Die NADA ist eine private Stiftung und daher handelt es sich auch bei dem NADA-Code lediglich um privatrechtliche Rechtsvorschriften[620]. Die nationalen Sportfachverbände nehmen den NADA-Code durch Zeichnung der „Vereinbarung über die Organisation und Durchführung von Dopingkontrollen“ an[621]. Sie verpflichten sich dadurch zur Umsetzung des NADA-Codes in die

---

13.2.2, 13.6, 13.7), 15, 17, 24, Appendix. No additional provision may be added to a Signatory's rules which changes the effect of the Articles enumerated in this Article. A Signatory's rules must expressly acknowledge the Commentary of the Code and endow the Commentary with the same status that it has in the Code.“. Da den WADA-Code sowohl die nationalen Anti-Doping Organisationen als auch die internationalen Sportfachverbände umsetzen, ergeben sich im Rahmen des Erlaubten unter Umständen Abweichungen. Der nationale Fachverband befindet sich dann in der „Zwickmühle“. Entweder er folgt den Bestimmungen des internationalen Verbandes mit der Folge, dass gegen die Bestimmung des Vertrages mit der NADA verstoßen wird oder er entspricht den Vorgaben der NADA und handelt dann den Vorgaben des internationalen Fachverbandes zuwider. Artikel 18.5.2 NADC (NADA-Code) löst diese Kollision zugunsten des internationalen Sportverbandes, *Adolphsen*, in: Vieweg, Perspektiven des Sportrechts, S. 81, 84.

614 Ad-hoc Schiedsgericht des DOSB, Schiedsspruch v. 03.12.2008, (WADA./. Deutscher Eishockeybund), SpuRt 2009, S. 214, 214.

615 SportR in der Praxis/*Lehner*, 10. Kapitel, Rn. 1426; *Jakob*, SpuRt 2009, 51.

616 *Jakob*, SpuRt 2009, 51, 52.

617 SportR in der Praxis/*Lehner*, 10. Kapitel, Rn. 1427.

618 *Jakob*, SpuRt 2009, 51, 52.

619 https://www.wada-ama.org/en/what-we-do/international-standards; zuletzt aufgerufen am 31.03.2018.

620 SportR in der Praxis/*Adolphsen*, 9. Kapitel, Rn. 997.

621 Art. 18.3 S. 1 NADC.

Verbandsregelwerke sowie die nachgeordneten Verbände, Vereine und Athleten zu binden[622]. Die Umsetzung erfolgt wie oben dargestellt[623].

#### *c. Zwischenergebnis*

Die Sportverbände sind verpflichtet den WADA-Code bzw. den NADA-Code umzusetzen. Die meisten Sportverbände passen nach den Vorgaben des WADA- und NADA-Codes ihre Anti-Doping Regelwerke an. Art. 23.2.2 WADC bestimmt, dass die Regelungen der Unterzeichner ausdrücklich die Kommentare des Codes anerkennen und den Kommentaren den gleichen Status wie im Code zubilligen. In der Fassung von 2009 fehlte noch eine solche Klarstellung. Nach 24.2 WADC dienen die Kommentare der Auslegung des Codes.

### *3. Bindung des Minderjährigen an den Code*

Die Anti-Doping-Regelwerke der Verbände müssen für den minderjährigen Sportler bindend werden. Ausgangspunkt der Bindung des Codes ist der pyramidenförmige Aufbau im Sport. An der Spitze steht der internationale Fachsportverband. Diesem sind die nationalen und die regionalen Sportfachverbände sowie der Verein stufenförmig untergeordnet. Die Basis bildet der Sportler[624]. Der Sportler ist regelmäßig nur an seinen Verein, nicht aber an den Verband gebunden[625]. Der Verband hat verschiedene Möglichkeiten, den minderjährigen Sportler an die Anti-Doping-Regelungen zu binden.

#### *a. Satzungsrechtliche Lösung*

Da der Sportler meist durch Mitgliedschaft nur an den Verein, nicht aber an den Verband gebunden ist, kann das Verbandswerk durch Verweisung in der Vereinssatzung für ihn bindend werden[626]. In Betracht kommen statische und dynamische Verweisungen[627]. Auf die Einzelheiten zu den Verweisungen soll

---

622 Vgl. Art. 18.3 S. 2 und 3 NADC; *Mortsiefer*, Datenschutz im Anti-Doping-Kampf, S. 25.

623 Siehe oben unter § 4 C. II. 2. a.

624 PHB-SportR/*Summerer*, 2. Teil, 1. Kapitel, Rn. 28.

625 SportR in der Praxis/*Lehner*, 10. Kapitel, Rn. 1430; *Nagel*, Causa Sport 2009, 29, 33.

626 SportR in der Praxis/*Lehner*, 10. Kapitel, Rn. 1430.

627 Eine statische Verweisung liegt vor, wenn der nachgeordnete Verein pauschal in der eigenen Satzung die Regeln und Bestimmungen des übergeordneten Verbands für unmittelbar verbindlich erklärt, PHB-SportR/*Summerer*, 2. Teil, 2. Kapitel, Rn. 212. Eine dynamische Verweisung liegt dagegen vor, wenn der nachgeordnete Verein Satzungen und Ordnungen des übergeordneten Verbandes in ihrer jeweiligen Fassung für

nicht eingegangen werden, da sich diese in der Praxis als wenig praktikabel herausgestellt haben[628] und teilweise als unzulässig angesehen werden[629].

### *b. Regelanerkennungsverträge*

In der Sportpraxis wird eine rechtsgeschäftliche Unterwerfung bevorzugt[630]. Dies bedeutet, dass der minderjährige Sportler das Regelwerk durch einen Vertrag anerkennt[631]. Diese Regelanerkennungsverträge kommen in verschiedenen Formen zur Anwendung. Möglich sind ein Melde- oder Normierungsvertrag, Lizenzen bzw. Athletenvereinbarungen und Spielerpässe sowie ein Einzelvertrag[632]. Bei einem Melde- oder Normierungsvertrag wird der Sportler während des konkreten Wettkampfes an die Anti-Doping-Regeln gebunden[633]. Lizenzen, Athletenvereinbarungen und Spielerpässe binden den Sportler für eine längere Zeit als der Melde- oder Normierungsvertrag, z.B. eine Saison[634]. Den Sportler

---

unmittelbar verbindlich erklärt, PHB-SportR/*Summerer*, 2. Teil, 2. Kapitel, Rn. 214. Dazu ausführlich: *Adolphsen*, Internationale Dopingstrafen, S. 70 ff.; *Bergermann*, Doping und Zivilrecht, S. 31 ff.; *Jakob*, SpuRt 2009, 51 ff.; *Mortsiefer*, Datenschutz im Anti-Doping-Kampf, S. 31 ff.; *Nagel*, Causa Sport 2010, 236, 239 ff.; PHB-SportR/*Summerer*, 2. Teil, 2. Kapitel, Rn. 211 ff.

628 *Mortsiefer*, Datenschutz im Anti-Doping-Kampf, S. 31; *Petri*, in: Vieweg, S. 105, 107; PHB-SportR//*Summerer*, 2. Teil, 2. Kapitel, Rn. 214.

629 BGH NJW 1995, 585; *Fenn*, SpuRt 1997, 77 ff.; *Bergermann*, Doping und Zivilrecht, S. 34; *Görtz*, Anti-Doping-Maßnahmen im Hochleistungssport aus rechtlicher Sicht, S. 150 ff.; *Heermann*, ZHR 2010, 250, 264; *Methner*, Causa Sport 2010, 150, 153 als Anmerkung zum Urteil des Hanseatischen Oberlandesgerichts Hamburg v. 9. Februar 2010, Causa Sport 2010, 148–149; *Nagel*, Causa Sport 2010, 236, 239 ff. Differenzierend: *Orth/Pommerening*, SpuRt 2010, 222 ff.; dazu auch *Adolphsen*, Internationale Dopingstrafen, S. 74 ff.

630 *Görtz*, Anti-Doping-Maßnahmen im Hochleistungssport aus rechtlicher Sicht, S. 156 ff.; *Mortsiefer*, Datenschutz im Anti-Doping-Kampf, S. 39; *Nagel*, Causa Sport 2009, 29, 34.

631 PHB-SportR/*Summerer*, 2. Teil, 2. Kapitel, Rn. 216; zu dynamischen Verweisungen in Regelanerkennungsverträgen, *Orth/Pommerening*, SpuRt 2011, 10 ff.

632 *Görtz*, Anti-Doping-Maßnahmen im Hochleistungssport aus rechtlicher Sicht, S. 156; *Mortsiefer*, Datenschutz im Anti-Doping-Kampf, S. 39. Ein ausgehandelter Einzelvertrag ist die Ausnahme für Spitzensportler, z.B. Sebastian Vettel mit dem Formel 1 Veranstalter, PHB-SportR/*Summerer*, 2. Teil, 2. Kapitel, Rn. 217.

633 PHB-SportR/*Summerer*, 2. Teil, 2. Kapitel, Rn. 217. Dazu auch ausführlich *Bergermann*, Doping und Zivilrecht, S. 53 ff.; *Fenn*, SpuRt 1997, 77, 79; *Mortsiefer*, Datenschutz im Anti-Doping-Kampf, S. 40 ff.

634 Lizenzverträge werden mit den Spielern der 1. und 2. Fußball-Bundesliga geschlossen.

treffen dabei durchgehend die Pflichten aus den Regelwerken[635]. Bei Lizenzen, Athletenvereinbarungen oder Spielerpässen besteht im Gegensatz zum Melde- oder Normierungsvertrag der Vorteil, dass längere Zeiträume erfasst werden. So kann auch eine Dopingkontrolle während der Trainingsphase vorgenommen werden[636]. Die Vorteile der Regelanerkennungsverträge bestehen darin, dass nicht nur Vereinsmitglieder gebunden werden können, sondern z.B. auch Sportler aus anderen Ländern. Dies bietet sich bei Wettkampfveranstaltungen an, die zwar in Deutschland von einem deutschen Veranstalter ausgerichtet werden, bei denen aber die Vorschriften eines internationalen Verbandes gelten[637]. Ein weiterer Vorteil ist, dass im Profisport einige Sportler keine Mitglieder des Vereins, sondern als Berufssportler Angestellte sind[638]. Bei dem Fußballverein Borussia Dortmund ist seit 1999 die Lizenzspielerabteilung zusammen mit der zweiten Mannschaft und der A-Jugend in eine GmbH & Co KG ausgegliedert, was zur Folge hat, dass auch die 16- und 17-jährigen Fußballer nicht mehr Mitglieder des Vereins sind[639]. Auch andere Vereine haben einzelne Abteilungen in seperate Rechtsformen ausgegliedert. Die FC Bayern München AG betreibt beispielsweise in Form der Aktiengesellschaft die Profiabteilung sowie die Jugendabteilungen[640]. Die HSV Fußball AG hält neben der Profiabteilung auch die Jugendabteilungen ab der U16[641] und der Eintracht Frankfurt Fußball AG ist neben der Profiabteilung auch die Fußballschule unterstellt[642].

---

635 *Petri*, Die Dopingsanktion, S. 76.

636 *Fenn*, SpuRt 1997, 77, 79; PHB-SportR/*Summerer*, 2. Teil, 2. Kapitel, Rn. 219. Dazu ausführlich *Bergermann*, Doping und Zivilrecht, S. 50 f.; *Mortsiefer*, Datenschutz im Anti-Doping-Kampf, S. 42 ff.

637 *Mortsiefer*, Datenschutz im Anti-Doping-Kampf, S. 40 f., der in Fn. 225 den Radsport als Beispiel nennt, bei dem zur Ermittlung des deutschen Meisters auch internationale Einzelteilnehmer oder Teams antreten können. So auch beispielsweise der minderjährige Kartfahrer, der wegen Dopings bestraft wurde, CAS 2010/A/2268, I.v. FIA.

638 So die Lizenzspieler der Fußballbundesliga, *Bergermann*, Doping und Zivilrecht, S. 36.

639 *Fiedler*, Das Doping minderjähriger Sportler, S. 202.

640 https://fcbayern.com/de/club/fcb-ag; zuletzt ausgerufen am 31.03.2018.

641 https://de.wikipedia.org/wiki/HSV_Fu%C3%9Fball_AG; zuletzt aufgerufen am 31.03.2018.

642 http://www.eintracht.de/verein/fussball-ag/; zuletzt aufgerufen am 31.03.2018.

### c. *Zwischenergebnis*

Die minderjährigen Sportler werden durch Regelanerkennungsverträge an die Anti-Doping-Regelungen des jeweiligen Verbandes gebunden und diese sind für den Sportler bindend. Diese Regelanerkennungsverträge sind meist Bestandteil des Vertrages oder der Athletenvereinbarung, die der minderjährige Sportler unterschreibt[643].

### d. *Zustimmung von beiden Elternteilen*

Wie oben geprüft[644], ist für den Abschluss des Vertrages bzw. der Athletenvereinbarung zwar nicht die Genehmigung des Familiengerichts erforderlich, aber die minderjährigen Sportler bedürfen auf Grund ihrer beschränkten Geschäftsfähigkeit der Zustimmung und der Unterschrift der gesetzlichen Vertreter, welche in der Regel die Eltern sind. Wegen der in Deutschland gemäß § 1629 Absatz 1 Satz 2 Hs. 1 BGB geltenden elterlichen Gesamtvertretung müssen beide Elternteile zustimmen. Allein zur Eingehung des Arbeitsvertrages oder der Athletenvereinbarung reicht nach den oben erfolgten Ausführungen[645], wenn ein Vertreter unterzeichnet, wenn davon auszugehen ist, dass der andere Elternteil einverstanden ist. Möglicherweise könnte sich durch die Anerkennung und Unterwerfung unter das Dopingreglement etwas anderes ergeben, insbesondere da sich der Minderjährige eventuellen Dopingkontrollen wie der Blutentnahme unterziehen muss. Die identische Problematik stellt sich bei der Einwilligung des gesetzlichen Vertreters zu der einzelnen Dopingkontrolle, weswegen auf § 4 D. III. 1. b. ee. verwiesen wird.

---

643 Die Muster-Athletenvereinbarung des DOSB enthält unter 2. die Regelung, dass die Vertragsparteien die Doping-Bestimmungen der Nationalen Anti-Doping-Agentur im Training und Wettkampf als für sich verbindlich anerkennen und sich verpflichten, den in diesen Regelungen statuierten Vorgaben nachzukommen; abrufbar unter: https://cdn.dosb.de/alter_Datenbestand/fm-dosb/downloads/Athletenvereinbarung.doc; zuletzt aufgerufen am 31.03.2018. § 4 des Muster Vertrages für Vertragsspieler des Deutschen Fußball-Bundes (DFB) besagt: „Der Spieler erkennt das Dopingverbot und die nationalen und internationalen Anti-Doping-Bestimmungen – insbesondere die Anti-Doping-Richtlinien des DFB und deren Anhänge, das UEFA-Dopingreglement sowie das FIFA-Reglement für die Dopingkontrollen bei FIFA-Wettbewerben und außerhalb von Wettbewerben, den NADA- und WADA-Code – in ihrer jeweils gültigen Fassung ausdrücklich als für sich verbindlich an.", abrufbar unter: http://www.dfb.de/fileadmin/_dfbdam/31696-Mustervertrag_Vertrags spieler_03-2014.pdf; zuletzt aufgerufen am 31.03.2018.

644 Siehe oben unter § 2.

645 Siehe oben unter § 2 A.

# D. Berücksichtigung des Minderjährigen in den Dopingregelwerken

## I. Prüfungsmaßstab, Erwähnung des Minderjährigen in den Dopingregelwerken und Gang der Untersuchung

### *1. WADA-Code als Prüfungsmaßstab*

Obwohl eine Harmonisierung der Regelwerke erzielt werden soll[646], können die Anti-Doping Regelwerke der einzelnen Verbände im Rahmen des Erlaubten voneinander abweichen. Maßgeblich bei der Sanktionierung sind nicht die Vorschriften des WADA- und NADA-Codes, sondern das Doping-Regelwerk in der Satzung des Sportverbandes zum Zeitpunkt des Dopingverstoßes[647]. Da aber die meisten Sportverbände ihre Anti-Doping Regelungen nach den Vorgaben des WADA-Codes bzw. des NADA-Codes entworfen haben, soll die Untersuchung an Hand des WADA-Codes erfolgen. An einzelnen Stellen soll auf die Besonderheiten der Anti-Doping Regelungen der NADA oder der deutschen Sportverbände eingegangen werden. Einige Anti-Doping-Regelwerke der Verbände weisen eine hohe Ähnlichkeit oder sogar einen identischen Wortlaut zu dem WADA-Code bzw. NADA-Code auf[648]. Andere wiederum weichen im Rahmen des Erlaubten stark vom WADA-Code bzw. NADA-Code ab[649].

### *2. Erwähnung des Minderjährigen in den Dopingregelwerken*

Der Minderjährige wird in den Dopingregelwerken an verschiedenen Stellen erwähnt. Zunächst im Code selbst. Dort wird bezüglich des Minderjährigen differenziert. Zum einen wird er als aktiv Dopender erwähnt, was bedeutet, dass der Minderjährige selbstbestimmt Doping zu sich nimmt, und zum anderen wird er als passiv Dopender genannt, was bedeutet, es wird festgelegt, wie Trainer oder Betreuer behandelt werden, die einem Minderjährigen Doping verabreichen oder einen Verstoß gegen die Anti-Doping Bestimmungen unter Beteiligung eines Minderjährigen begehen. Darüber hinaus wird aber auch in den Standards auf Minderjährige eingegangen. So werden sowohl im Standard „Testing and Investigations" des WADA-Codes als auch im „Standard für Dopingkontrollen und Ermittlungen" des NADA-Codes Modifizierungen

---

646 https://www.wada-ama.org/en/what-we-do/the-code; zuletzt aufgerufen am 31.03.2018.

647 *Fiedler*, Das Doping minderjähriger Sportler, S. 199.

648 So z.B. die Anti-Doping Regelungen des Deutschen Schwimm-Verbandes (DSV).

649 So z.B. die Anti-Doping-Regelungen des Deutschen Fußball-Bundes (DFB).

für Minderjährige vorgenommen. Im Standard „Protection of Privacy and Personal Information“ des WADA-Codes sowie im „Standard für Datenschutz“ des NADA-Codes wird der Minderjährige ebenfalls berücksichtigt.

### 3. *Gang der Untersuchung*

Auf Grund der Differenzierung und der unterschiedlichen Erwähnung des Minderjährigen in den Dopingregelwerken soll auch vorliegend eine Differenzierung vorgenommen werden. Als erstes soll die Berücksichtigung des Minderjährigen in dem Code selbst untersucht werden. Dabei soll unterschieden werden zwischen dem Minderjährigen als aktiv Dopender und als Passiver, dies bedeutet das Vorgehen gegen Athletenbetreuer, wenn ein Minderjähriger beteiligt ist. Als zweites soll die Berücksichtigung des Minderjährigen in den verschiedenen „Standards“ untersucht werden. Dabei soll jeweils in einem ersten Schritt untersucht werden, wie auf den Minderjährigen in den Anti-Doping-Regelwerken besonders eingegangen wird und in einem zweiten Schritt soll geprüft werden, ob diese Berücksichtigung ausreichend ist und der Minderjährige optimal geschützt ist oder ob eventuelle Änderungen vorgenommen werden sollten.

## II. Anwendung des WADA- und NADA-Codes auf Minderjährige und Berücksichtigung des Minderjährigen in den Codes

### 1. *Begriff des Minderjährigen*

Während in den WADA- und NADA-Codes von 2003 und 2009 der Minderjährige als eine natürliche Person definiert wurde, die nach den anwendbaren Gesetzen des Landes, in dem sie ihren Wohnsitz hat, die Volljährigkeit noch nicht erreicht hat[650], wurde in dem WADA-Code von 2015 das Alter festgelegt. Nach dem WADA- und NADA-Code von 2015 ist ein Minderjähriger, eine natürliche Person, die das 18. Lebensjahr noch nicht vollendet hat[651]. Durch die Festlegung der Altersgrenze wird eine Vereinheitlichung geschaffen. Diese verbessert die Chancengleichheit, da unabhängig von den Gesetzen der einzelnen Länder alle unter 18-jährigen Sportler als minderjährig gelten[652]. Dies führt insbesondere

650 "Minderjähriger" als Begriffsbestimmung Anhang 1 des WADA- und NADA-Codes von 2003 und 2009.

651 "Minderjähriger" als Begriffsbestimmung Anhang 1 des WADA- und NADA-Codes von 2015.

652 Unter anderem beginnt in Schottland und Usbekistan die Volljährigkeit mit 16 Jahren; in Ägypten, Monaco und Singapur dagegen sie erst mit 21, http://de.wikipedia.org/wiki/Vollj%C3%A4hrigkeit; zuletzt aufgerufen am 31.03.2018.

bei internationalen Wettkämpfen zu mehr Fairness und einer Chancengleichheit, da unabhängig von der Volljährigkeitsgrenze in dem jeweiligen Land des Athleten alle Sportler unter 18 Jahren als minderjährig im Sinne der Anti-Doping-Regeln gelten. Vorher, als auf die Volljährigkeitsgrenze nach den Gesetzen des Landes, in dem der Athlet seinen Wohnsitz hat, abgestellt wurde, konnte es zu einer starken Ungleichbehandlung kommen. So wurden beispielsweise ein 17-jähriger Sportler aus Schottland, der bereits mit 16 Jahren in seinem Land als volljährig gilt[653] und ein 17-jähriger Sportler aus Ägypten, der erst mit 21 Jahren in seinem Land die Volljährigkeit erhält[654], unterschiedlich behandelt. Der 21-jährige ägyptische Athlet galt noch als minderjährig, und für ihn kamen die Sonderregeln für Minderjährige zur Anwendung, während der 17-jährige schottische Athlet als volljährig galt. Konsequent ist, dass zwei gleich alte Sportler, die an dem gleichen internationalen Wettkampf teilnehmen, in jeder Hinsicht gleich behandelt werden. Denn wenn sich beide Sportler einerseits bei einem Wettkampf den gleichen Wettkampf- und Disziplinanforderungen unterwerfen und für sie nicht etwaige Abweichungen in den jeweiligen Ländern gelten, muss andererseits auch bei den Anti-Doping-Regeln eine Vereinheitlichung geschaffen werden. Dies beinhaltet, dass die Sonderregeln für Minderjährige für alle jungen Sportler ab einem gewissen Alter gelten. Es ist gerade der Sinn und Zweck einer internationalen Veranstaltung, dass sich die Sportler denselben Regeln unterwerfen und im Rahmen deren miteinander messen. Nur so kann eine Chancengleichheit und eine Gleichbehandlung erreicht werden. Die Festlegung der Grenze für Minderjährige auf unter 18 Jahren ist daher zu begrüßen und führt zu mehr Fairness und Chancengleichheit.

### 2. *Minderjähriger als aktiv Dopender*

Im Folgenden soll untersucht werden, wie der Minderjährige in dem Code als aktiv Dopender berücksichtigt wird und ob diese Berücksichtigung ausreichend ist.

#### a. *Dopingverstoß*

Zunächst soll die Ahndung eines Dopingverstoßes geprüft werden. Dieser Fall liegt vor, wenn der Minderjährige einen Verstoß gegen die Anti-Doping-Bestimmungen begeht.

653 http://de.wikipedia.org/wiki/Vollj%C3%A4hrigkeit; zuletzt aufgerufen am 31.03.2018.
654 http://de.wikipedia.org/wiki/Vollj%C3%A4hrigkeit; zuletzt aufgerufen am 31.03.2018.

### aa. Erwähnung des Minderjährigen bei Dopingverstößen

Im Folgenden wird dargestellt, an welcher Stelle der Minderjährige im Code bei einem Dopingverstoß Erwähnung findet bzw. welche Besonderheiten in Bezug auf die Minderjährgkeit gelten. Das Dopingbestrafungssystem ist vom Grundsatz der sogenannten „strict liability" gekennzeichnet. Dies bedeutet, dass der Dopingverstoß allein objektiv ohne Berücksichtigung etwaigen Verschuldens zu beurteilen ist. Erst auf der Rechtsfolgenseite, bei den Sanktionen und der Ausgestaltung der Strafe wird das Verschulden des Athleten berücksichtigt.

#### (1) Rückblick auf die Vorgängerversionen

Im WADA-Code von 2003 wurde der Minderjährige als dopender Athlet überhaupt nicht berücksichtigt. In der Fassung von 2009 sah der WADA-Code bzw. der NADA-Code keine explizite Regelung für das Minderjährigendoping vor. Lediglich in dem Kommentar zu dem WADA-Code befand sich zu Art. 10.5.2 der Hinweis, dass bei Minderjährigen das gleiche Sanktionsmaß anzuwenden ist wie bei Erwachsenen, aber bei der Bemessung des Verschuldens sollten die relevanten Gesichtspunkte der „Jugend" und der „mangelnden Erfahrung" berücksichtigt werden[655]. Demnach durfte bei der Bemessung des Verschuldens auf die Minderjährigkeit des Athleten eingegangen werden[656]. Im Vorfeld für die Überarbeitung des Codes wurde auch von den Beratungsgruppen zu Rechtsfragen, Aufklärung, Einhaltung und Wissenschaft die Frage aufgeworfen, ob der Code ausreichend dafür Sorge trägt, dass die Stellung von Minderjährigen bei der Festlegung einer Sperre Beachtung findet[657]. Nicht zuletzt durch Anregungen der NADA wurde dem Minderjährigenschutz in dem neuen Code von 2015 eine größere Bedeutung zugebilligt, und der Minderjährige findet an mehreren Stellen Berücksichtigung[658].

---

655 Ebenso Kommentar zu Artikel 10.2 NADC 2009.

656 *Jakob/Berninger*, SpuRt 2008, S. 61, 61.

657 Entwurf einer Liste mit Empfehlungen für die Überarbeitung des Welt-Anti-Doping-Code vom 16. Juni 2011 und vom 12.-14.Oktober 2011; https://www.bmi.bund.de/SharedDocs/Downloads/DE/Nachrichten/Pressemitteilungen/2011/12/wada.pdf?__blob=publicationFile; zuletzt aufgerufen am 02.02.2017.

658 Newsdetail in der Rubrik Aktuelles der NADA vom 01.10.2014 abrufbar unter: http://www.nada.de/de/nada/aktuelles/newsdetail/?tx_news_pi1%5Bnews%5D=614&tx_news_pi1%5Bcontroller%5D=News&tx_news_pi1%5Baction%5D=detail&cHash=cefaa5de11#.VOsKqi4k6So; zuletzt aufgerufen am 23.02.2015.

### (2) Code von 2015

#### (a) Dopingverstoß

Artikel 2 WADC legt fest, wann ein Verstoß gegen die Anti-Doping Bestimmungen vorliegt. Eine zentrale Rolle nimmt dabei Artikel 2.1 WADC ein. Danach gilt das Vorhandensein eines verbotenen Stoffs, seiner Metaboliten oder Marker in der Probe eines Athleten als Verstoß. Weitere Verstöße liegen beispielsweise vor, wenn der Athlet die Abgabe der Probe verweigert (Artikel 2.3 WADC) oder bei Meldepflichtverstößen (Artikel 2.4 WADC). Nach Artikel 2.1.1 WADC ist es die persönliche Pflicht eines jeden Athleten, dafür zu sorgen, dass keine verbotenen Stoffe in seinen Körper gelangen. Unter einem verbotenen Stoff ist jeder Stoff zu verstehen, der in der Verbotsliste als solcher beschrieben ist[659]. Die Athleten tragen die Verantwortung dafür, wenn in ihrer Probe verbotene Stoffe, ihre Metaboliten oder Marker nachgewiesen werden. Demzufolge ist es nicht erforderlich, dass Vorsatz, Verschulden oder Fahrlässigkeit, oder wissentliche Anwendung auf Seiten des Athleten nachgewiesen werden, um einen Verstoß gegen Anti-Doping-Bestimmungen gemäß Artikel 2.1 WADC zu begründen. Auf ein Verschulden des Athleten kommt es nicht an. Dies macht auch der Kommentar zu Artikel 2.1.1 WADC deutlich. Er benennt diese Regel als „Strict Liability" bzw. „verschuldensunabhängige Haftung". Da keine Sonderregeln genannt sind, wird der Minderjährige bei der Feststellung, ob ein Dopingverstoß vorliegt, nicht anders behandelt als der erwachsene Sportler. Der Kommentar verweist aber auch auf Artikel 10 WADC, bei dem das Verschulden eines Athleten bei der Festlegung der Konsequenzen des Verstoßes mit einfließt.

#### (b) Beweislast

Die Anti-Doping-Organisation trägt die Beweislast für Verstöße gegen Anti-Doping-Bestimmungen. Die Anforderungen an das Beweismaß sind in allen Fällen höher als die bloße Wahrscheinlichkeit[660], jedoch geringer als ein Beweis, der jeden Zweifel ausschließt[661]. Es genügt der Nachweis, dass eine bestimmte Substanz im Körper des Athleten festgestellt wurde[662]. Liegt die Beweislast zur Führung eines Gegenbeweises einer zu widerlegenden Vermutung oder zum

659 Definition des verbotenen Stoffs im WADA-Code.

660 Der NADA-Code spricht insoweit in Artikel 3.1 NADC von „gleich hoher Wahrscheinlichkeit".

661 "greater than a mere balance of probability but less than proof beyond a reasonable doubt", Artikel 3.1 WADC.

662 *Fechner/Arnhold/Brodführer*, Sportrecht, 7. Kapitel, Rn. 35.

Nachweis außergewöhnlicher Umstände oder Tatsachen bei dem Athleten, dem ein Verstoß gegen Anti-Doping-Bestimmungen angelastet wird, so liegen die Anforderungen an das Beweismaß in der bloßen Wahrscheinlichkeit[663]. Dies bedeutet, dass durch den Nachweis einer Substanz im Körper ein Anscheinsbeweis dafür begründet wird, dass der Verstoß von dem Athleten verschuldet wurde, den der Athlet aber durch eine Wahrscheinlichkeit, die gleich hoch ist, erschüttern kann[664]. Auch hier gelten keine Sonderregeln gegenüber den Minderjährigen.

### (c) Sanktion und Dauer der Sperre

Artikel 10 WADC regelt die Sanktionen gegen Dopingverstöße. Neben der Annullierung von Ergebnissen (Artikel 10.1 und 10.8 WADC) und finanziellen Konsequenzen (Artikel 10.10 WADC) ist die Sperre das zentrale Sanktionsmittel. Bei der Sperre wird differenziert zwischen einer Sperre wegen des Vorhandenseins, der Anwendung oder der versuchten Anwendung bzw. des Besitzes verbotener Stoffe und Methoden[665] (Artikel 10.2. WADC) und einer Sperre wegen anderen Verstößen gegen Anti-Doping-Bestimmungen (Artikel 10.3 WADC). Im Vordergrund der Prüfung soll der Verstoß des Athleten gegen Artikel 2.1 WADC (Vorhandensein eines verbotenen Stoffes) stehen. Dessen Sanktion richtet sich nach Artikel 10.2 WADC. Wenn der Verstoß keinen spezifischen Stoff[666] betrifft, wird eine Sperre von vier Jahren verhängt, es sei denn, dass der Athlet nachweisen kann, dass der Verstoß nicht vorsätzlich begangen wurde[667]. Wenn der Verstoß einen spezifischen Stoff betrifft und die Anti-Doping-Organisation nachweisen kann, dass der Verstoß vorsätzlich begangen wurde, wird ebenfalls eine Sperre von vier Jahren verhängt[668]. Bei spezifischen Stoffen handelt es sich um alle verbotenen Stoffe, mit Ausnahme von Stoffen, die zu den Anabolika und Hormonen gehören, und jenen Stimulanzien, Hormon-Antagonisten und

---

663 Artikel 3.1 WADC; Artikel 3.1 NADC spricht insoweit wieder von „gleich hoher Wahrscheinlichkeit".

664 Artikel 3.1 WADC "the standard of proof shall be by a balance of probability"; so auch *Fechner/Arnhold/Brodführer*, Sportrecht, 7. Kapitel, Rn. 36; OLG Frankfurt/Main NJW-RR 2000, 1117, 1121; *Fiedler*, Das Doping minderjähriger Sportler, S. 215 f.

665 Nach der Definition im WADA-Code ist eine verbotene jede Methode, die in der Verbotsliste als solche beschrieben ist.

666 Nach Artikel 4.2.2. WADC, der zugleich als Definition für die spezifischen Stoffe herangezogen wird.

667 Artikel 10.2.1.1 WADC; Artikel 10.2.1.1 NADC.

668 Artikel 10.2.1.2 WADC; Artikel 10.2.1.2 NADC.

Modulatoren, die als solche in der Verbotsliste aufgeführt sind. Verbotene Methoden gehören ebenfalls nicht zu den spezifischen Stoffen[669]. Der Kommentar zu Artikel 4.2.2 WADC stellt klar, dass die spezifischen Stoffe als nicht weniger wichtig oder weniger gefährlich als andere Dopingmittel angesehen werden. Dabei handelt es sich um Stoffe, bei denen die Wahrscheinlichkeit höher ist, dass ein Athlet sie für andere Zwecke als die Leistungssteigerung einnimmt.

Wenn kein Fall des Artikel 10.2.1 WADC vorliegt, also wenn kein Vorsatz gegeben ist, beträgt die Sperre zwei Jahre[670]. Bei der Dauer der Sperre wird der Minderjährige per se nicht berücksichtigt. Bei Minderjährigen ist von den gleichen Sperrzeiten auszugehen wie bei den Erwachsenen.

Während der Sperre darf der Athlet gemäß Artikel 10.12.1 WADC in keiner Eigenschaft an Wettkämpfen oder Aktivitäten teilnehmen. Dazu zählen auch Trainingslager, Übungen oder Vorführungen, die vom nationalen Sportfachverband oder vom Verein organisiert werden[671]. Wenn gegen den Athleten eine Sperre von mehr als vier Jahren verhängt wurde, darf er nach Ablauf von vier Jahren an bestimmten lokalen Veranstaltungen teilnehmen[672]. Abweichend von dem Erläuterten darf ein Athlet entweder in den letzten beiden Monaten der Sperre oder im letzten Viertel der verhängten Sperre, je nach dem welcher Zeitraum kürzer ist, ins Mannschaftstraining zurückkehren oder die Anlagen eines Vereins oder einer anderen Mitgliedsorganisation nutzen.

#### (d) Verschulden

Nachdem die Anti-Doping Agentur nachgewiesen hat, dass sich eine verbotene Substanz in dem Körper des Athleten befindet, haben die Athleten die Möglichkeit, nachzuweisen, dass sie keine Schuld an dem Verstoß trifft, wodurch das Verschuldensprinzip berücksichtigt wird. Auch wenn eine Schuldvermutung zu Lasten des Athleten besteht, hat er die Möglichkeit, seine Unschuld nachzuweisen und sich so zu entlasten[673]. Da das „strict liability-Prinzip" nicht

669 Artikel 4.2.2 WADC.

670 Artikel 10.2.2 WADC; Artikel 10.2.2 NADC, der etwas detaillierter als der WADA-Code folgendes regelt: „Weist im Fall von Artikel 10.2.1.1 der Athlet oder eine andere Person nach, dass der Verstoß nicht absichtlich begangen wurde, beträgt die Sperre zwei Jahre. Dasselbe gilt, wenn die Organisation im Fall von Artikel 10.2.1.2 nicht nachweist, dass der Verstoß absichtlich begangen wurde".

671 Kommentar zu Artikel 10.12.1 WADC.

672 Artikel 10.12.1 Absatz 2 WADC; siehe zum Teilnahmeverbot auch unten unter § 4 D. II. 3. b. bb.

673 *Fenn/Grischka*, SpuRt 2000, 232, 232.

Thema der Arbeit ist, soll hier, obwohl nicht übereinstimmend angenommen, davon ausgegangen werden, dass dieses Prinzip nicht gegen die Unschuldsvermutung verstößt und als verhältnismäßig zu erachten ist[674].

Grundsätzlich setzt die Sperre Verschulden voraus. Dies folgt aus Artikel 10.4 WADC, wonach eine Sperre aufgehoben wird, wenn dem Athlet kein Verschulden und keine Fahrlässigkeit vorgeworfen werden kann[675]. Verschulden wird definiert als eine Pflichtverletzung oder ein Mangel an Sorgfalt in einer bestimmten Situation. Nach der Definition des Verschuldens des WADA-Codes sind die Erfahrenheit des Athleten und die Minderjährigkeit Faktoren, die bei der Schwere des Verschuldens berücksichtigt werden müssen. Dies bedeutet, dass der minderjährige Athlet auf Grund seiner Minderjährigkeit bei der Schwere des Verschuldens berücksichtigt wird.

#### (e) Aufhebung, Aussetzung oder Minderung der Sperre

Der Grundsatz „keine Strafe ohne Verschulden" gilt für alle Dopingverstöße[676]. Es besteht daher die Möglichkeit, dass die Sperre wegen Artikel 10.4 (kein Verschulden und keine Fahrlässigkeit), 10.5 (kein grobes Verschulden oder keine grobe Fahrlässigkeit) oder 10.6 WADC (aus anderen Gründen als Verschulden)[677] aufgehoben, ausgesetzt oder gemindert wird.

#### (aa) Aufhebung der Sperre nach Artikel 10.4 WADC

Nach Artikel 10.4 WADC wird die Sperre aufgehoben, wenn kein Verschulden und keine Fahrlässigkeit[678] vorliegt. Die Aufgabe des Athleten besteht darin nachzuweisen, dass ihn weder Verschulden noch Fahrlässigkeit trifft (Artikel 10.4 WADC). „Kein Verschulden oder keine Fahrlässigkeit" wird vom WADC

---

674 *Adolphsen*, in: Arter/Baddeley, Sport und Recht, 239, 240; *Haas/Boccucci*, Causa Sport 2011, 5, 23. Dazu auch: *Hilpert*, Das Fußballstrafrecht des Deutschen Fußball-Bundes, S. 92 ff.; PHB-SportR/*Summerer*, 2. Teil, 3. Kapitel, Rn. 309; a.A. *Wilkmann*, Die Überführung des Sportlers im Dopingverfahren, S. 180 ff. Im Unterschied dazu wurde das früher geltende strenge „strict liability" Prinzip, bei dem der Athlet verschuldensunabhängig haftete, als unverhältnismäßig und rechtswidrig erachtet, siehe nur *Petri*, Die Dopingsanktion, S. 217.

675 Der NADA-Code spricht bei dem entsprechenden Artikel 10.4 NADC vom „Absehen einer Sperre, wenn kein Verschulden vorliegt".

676 *Haas/Boccucci*, Causa Sport 2011, 5, 8; z.B. Artikel 10.1.1 WADC bei der Annullierung.

677 Artikel 10.4, 10.5, 10.6 NADC.

678 Artikel 10.4 NADC spricht nur von „Kein Verschulden".

definiert als der Nachweis durch den Athleten oder eine andere Person, dass er/sie weder wusste noch vermutete noch unter Anwendung äußerster Sorgfalt hätte wissen oder vermuten können, dass er/sie einen verbotenen Stoff oder eine verbotene Methode angewendet hat oder dass ihm/ihr ein verbotener Stoff oder eine verbotene Methode verabreicht wurde oder dass er/sie auf andere Weise gegen eine Anti-Doping-Bestimmung verstoßen hat[679]. Zusätzlich muss der erwachsene Athlet bei einem Verstoß gegen Artikel 2.1 WADC nachweisen, wie der verbotene Stoff in seinen Organismus gelangt ist[680]. An dieser Stelle erfahren die Minderjährigen eine Privilegierung, denn für sie ist dieser zusätzliche Nachweis nicht erforderlich. Die minderjährigen Sportler sind demnach nicht verpflichtet, den Nachweis über die Herkunft der verbotenen Substanz zu führen[681].

Der Kommentar zu Artikel 10.4 WADC stellt ausdrücklich klar, dass dieser Artikel nur auf die Verhängung von Sanktionen Anwendung findet, nicht hingegen auf die Feststellung, ob ein Verstoß gegen die Anti-Doping-Bestimmungen vorliegt. Bei einem fehlenden Verschulden wird allein die Verhängung der Strafe verboten. Der Tatbestand des Dopingvergehens bleibt bestehen[682]. Der Kommentar zu Artikel 10.4 WADC macht deutlich, dass die Schwelle für das Vorliegen von „kein Verschulden" sehr hoch ist. Als einziges Beispiel wird in dem Kommentar die Sabotage durch einen Wettbewerber trotz der größten Sorgfalt des Athleten genannt. Dagegen liegt ein Verschulden oder Fahrlässigkeit vor, wenn die Sabotage durch den Trainer oder eine Person aus dem engen Umfeld erfolgt. Ebenso liegt bereits Verschulden oder Fahrlässigkeit vor, wenn ein positives Kontrollergebnis aufgrund einer falschen Etikettierung oder Verunreinigung eines Vitaminpräparats oder eines Nahrungsergänzungsmittels vorliegt.

---

679 So wurde beispielsweise vom CAS bei einem Erwachsenen das Verschulden in einer Notfallsituation verneint, in der der Athlet nicht in der Lage war die Verabreichung der verbotenen Substanz zu verhindern, CAS 2005/A/990 P. v. IIHF, „[...] under the unique circumstances of this case he was unable to influence or control the treatment applied to him in an emergency situation [...]".

680 Siehe am Ende der Definition von „Kein Verschulden oder keine Fahrlässigkeit" des WADA-Codes und am Ende der Definition von „Kein Verschulden" im NADA-Code.

681 *Rigozzi/Viret/Wisnosky/Muresan/Kesseli*, Causa Sport 2014, 299, 306.

682 *Haas/Boccucci*, Causa Sport 2011, 5, 8.

### (bb) Minderung der Sperre nach Artikel 10.5 WADC

Neben der Aufhebung der Sperre nach Artikel 10.4 WADC kommt auch eine Minderung nach Artikel 10.5 WADC aufgrund fehlenden groben Verschuldens oder fehlender grober Fahrlässigkeit in Betracht[683]. „Kein grobes Verschulden oder keine grobe Fahrlässigkeit" wird im WADA-Code definiert als der Nachweis durch den Athleten, dass sein/ihr Verschulden oder seine/ihre Fahrlässigkeit unter Berücksichtigung aller Umstände und der Kriterien für kein Verschulden oder keine Fahrlässigkeit in Bezug auf den Verstoß gegen Anti-Doping-Bestimmungen nicht erheblich war. Wie bei der Definition von „kein Verschulden und keine Fahrlässigkeit" muss der erwachsene Athlet bei einem Verstoß gegen Artikel 2.1 WADC ebenfalls nachweisen, wie der verbotene Stoff in seinen Organismus gelangte[684]. Auch hier erfährt der Minderjährige die Privilegierung, da er diesen Nachweis nicht erbringen muss. Der Minderjährige muss also auch hier gerade nicht nachweisen, wie die verbotene Substanz in seinen Organismus gelangt ist. Artikel 10.5 WADC differenziert zwischen zwei Minderungsgründen. Artikel 10.5.1 WADC regelt die Minderung von Sanktionen für spezifische Stoffe oder kontaminierte Produkte[685] bei Verstößen gegen Artikel 2.1 (Vorhandensein eines verbotenen Stoffs), 2.2 (Anwendung oder versuchte Anwendung eines verbotenen Stoffs oder Methode) oder 2.6 (Besitz eines verbotenen Stoffs oder Methode) WADC. Artikel 10.5.2 WADC regelt die Anwendung von „kein grobes Verschulden oder keine grobe Fahrlässigkeit" über die Anwendung von Artikel 10.5.1 WADC hinaus. Bei einem kontaminierten Produkt handelt es sich um ein Produkt, das einen verbotenen Stoff enthält, der nicht auf dem Etikett des Produkts aufgeführt ist bzw. über den mit einer angemessenen Suche keine Informationen im Internet gefunden werden können. Artikel 10.5.1.1 WADC mindert die Sperre für den Fall, dass der Verstoß einen spezifischen Stoff betrifft und der Athlet nachweisen kann, dass weder grobes Verschulden noch grobe Fahrlässigkeit vorliegen. Artikel 10.5.1.2 WADC dagegen mindert die Sperre, wenn der Athlet nachweisen kann, dass kein grobes Verschulden und keine grobe Fahrlässigkeit vorliegt und der gefundene verbotene Stoff aus einem kontaminierten Produkt stammt. Die Sanktion besteht mindestens in einer Abmahnung

683 Artikel 10.5 NADC spricht von „Herabsetzung der Sperre auf Grund kein signifikantes Verschulden".

684 Siehe am Ende der Definition von „Kein grobes Verschulden oder keine grobe Fahrlässigkeit" des WADA-Codes und ebenso am Ende der Definition von „Kein signifikantes Verschulden" im NADA-Code.

685 Definition des kontaminierten Produkts im WADA-Code.

ohne Sperre und höchstens einer Sperre von zwei Jahren, je nach Schwere des Verschuldens des Athleten. Nach Artikel 10.5.2 WADC wird in den Fällen, in denen Artikel 10.5.1 WADC nicht gilt, gemindert, wenn der Athlet nachweisen kann, dass ihn weder grobes Verschulden noch grobe Fahrlässigkeit trifft. Allerdings darf die geminderte Dauer der Sperre nicht weniger als die Hälfte der ansonsten geltenden Sperre betragen. Wenn die ansonsten geltende Sperre eine lebenslange Sperre ist, darf die nach diesem Artikel geminderte Dauer der Sperre nicht unter acht Jahren liegen.

##### (cc) Aufhebung, Minderung oder Aussetzung der Sperre nach Artikel 10.6 WADC

Darüber hinaus kann die Sperre auch aus anderen Gründen als Verschulden gemäß Artikel 10.6 WADC gemindert werden. Nach Artikel 10.6.1 WADC kommt eine Aufhebung, Reduzierung oder Aussetzung der Sperre in Betracht, wenn der Athlet wesentliche Unterstützung bei der Entdeckung oder dem Nachweis eines Verstoßes gegen Anti-Doping-Bestimmungen geleistet hat. Artikel 10.6.2 WADC findet Anwendung bei einem Eingeständis in Ermangelung weiterer Beweise. Dies bedeuet, dass die Sperre gemindert werden kann, wenn der Minderjährige freiwillig einen Verstoß gegen Anti-Doping-Bestimmungen eingesteht, bevor ihm die Probenahme angekündigt wurde, die einen Verstoß gegen Anti-Doping-Bestimmungen nachweisen könnte und wenn das Eingeständnis zu dem Zeitpunkt den einzigen zuverlässigen Nachweis des Verstoßes darstellt[686]. Nach Artikel 10.6.3 WADC kommt eine Herabsetzung in Betracht, wenn der Minderjährige den Verstoß unverzüglich eingesteht, sobald er oder sie von der Anti-Doping-Organisation damit konfrontiert wurde, jedoch nur mit Zustimmung der WADA und der für das Ergebnismanagement zuständigen Anti-Doping-Organisation und nach deren freiem Ermessen. Bei Artikel 10.6 WADC werden die Minderjährigen genauso wie die Erwachsenen behandelt.

##### (dd) Zwischenergebnis

Insgesamt lässt sich sagen, dass die Minderjährigkeit bei der Dauer der Sperre per se nicht berücksichtigt wird. Allerdings wird sie bei der Aufhebung oder Minderung der Sperre einmal bei der Bewertung der Schwere des Verschuldens allgemein berücksichtigt und zum anderen müssen die Minderjährigen um eine

---

686 Zu der Frage, ob das Eingeständnis eines Minderjährigen wirksam ist unten unter § 4 D. II. 2. a. bb. (2) (c).

Anwendung von Artikel 10.4 oder 10.5 WADC herbeizuführen, nicht den Nachweis erbringen, wie die verbotene Substanz in den Körper des Minderjährigen gekommen ist. Bei der Minderung nach Artikel 10.6 WADC erfahren die Minderjährigen keine Privilegierung.

#### bb. Ausreichende Berücksichtigung der Minderjährigkeit bei Dopingverstoß

Nachdem soeben dargestellt wurde, an welchen Stellen der Minderjährige bei der Ahndung eines Dopingverstoßes explizit im Code genannt und privilegiert wird, soll im Folgenden untersucht werden, ob der Minderjährige verschuldensfähig ist und ob die Minderjährigkeit bei der Ahndung des Dopingverstoßes auch ausreichend berücksichtigt wird. Vordergründig soll dabei der Fall behandelt werden, dass in dem Körper des Minderjährigen eine verbotene Substanz nachgewiesen wird und er daher einen Verstoß gegen Artikel 2.1 WADC begeht, der mit einer Sperre sanktioniert wird.

Minderjährige sind im Unterschied zu Erwachsenen noch in der Entwicklungsphase und gerade bezüglich Schuld und Verantwortung gelten für sie außerhalb des Sports sowohl im Strafrecht als auch im Zivilrecht Sondervorschriften. Gemäß § 19 StGB sind Kinder unter 14 Jahren schuldunfähig. Gemäß § 828 Absatz 1 BGB ist ein Minderjähriger, der das siebte Lebensjahr noch nicht vollendet hat, nicht verantwortlich. Nach § 828 Absatz 3 BGB ist der Minderjährige, der das 18. Lebensjahr noch nicht vollendet hat, nicht verantwortlich, wenn er nicht die zur Erkenntnis der Verantwortlichkeit erforderliche Einsicht hatte.

Unter dem WADA-Code gelten bezüglich des Verschuldens zwar gewisse Beweiserleichterungen und Privilegierungen (wie bei den Anforderungen für kein Verschulden und kein grobes Verschulden), man findet jedoch kein Mindestalter und auch keine Grenze für die Anwendung des Codes auf Minderjährige an sich. Dies soll in einem ersten Schritt (1). untersucht werden. In einem zweiten Schritt (2). geht es um die Frage, ob die Verschuldensregelungen und oben genannten Privilegierungen ausreichend sind oder an welcher Stelle der Minderjährige eine zusätzliche Privilegierung erfahren sollte. Zuletzt soll untersucht werden (3)., ob die Ausgestaltung der Sperre für den Minderjährigen angemessen ist.

##### (1) Altersgrenze für die Anwendung des Codes auf Minderjährige

Die Frage drängt sich auf, ob Minderjährige generell verschuldensfähig sind oder erst ab einem gewissen Alter und ob die Verschuldensfähigkeit bei der Dopingsanktion eine Rolle spielt bzw. ob der WADA-Code erst ab einem gewissen Alter zur Anwendung kommen soll.

(a) Begrenzung

Einige Stimmen in der Literatur fordern eine Begrenzung der Anwendung des WADA-Codes auf Minderjährige ab 14 Jahren[687]. Eine uneingeschränkte Anwendung verbiete sich auf Grund der mangelnden Einsichts- und Handlungsfähigkeit der Minderjährigen[688]. Dass eine Begrenzung notwendig sei, zeige ein Vergleich mit fast allen Rechtsordnungen der Welt, die von der mangelnden Einsichts- und Handlungsfähigkeit der Minderjährigen ausgehen und zum Schutz dieser besondere Gesetze aufgestellt haben[689]. Minderjährige verfügen nicht über die geistige und sittliche Reife für die Einsicht in das Unrecht und können für ihr Handeln noch keine volle Verantwortung übernehmen[690]. Verantwortung trage nur der, der selbstbestimmt Entscheidungen treffen und die Folgen beurteilen könne[691]. Die Fähigkeit die von der Gesellschaft vorgegebenen Regelungen zu beachten, müsse erst im Laufe der Sozialisierung erworben werden[692]. Der Sozialisationsprozess sei bei einem Minderjährigen im Hochleistungssport verändert[693]. Der Minderjährige sei mit leistungsorientierten Werten konfrontiert und habe primär mit Eltern, Lehrern, Trainern oder Mannschaftskollegen zu tun[694]. Der Umgang mit Gleichaltrigen, der die Bildung eigenständiger Normen und Werte unterstützt, ist auf Grund des zeitlichen Trainingsumfangs auf Mannschaftskollegen beschränkt. Dadurch und durch eventuell mangelnde Mitbestimmung des Sportlers werde gefährdet, dass der Minderjährige eigene Entscheidungen treffen könne[695]. Indem der Selbstwert des Minderjährigen ausschließlich über die Leistung und den Erfolg definiert werde, sei dieser sehr instabil. Dem Minderjährigen fehle die Erfahrung um seiner selbst willen[696]. Es bestehe die Gefahr,

---

687 *Petri*, Die Dopingsanktion, S. 226; *Senkel*, Wirksamkeitschancen des Anti-Doping-Rechts, S. 483; *dies.*, in: Asmuth/Binkelmann, Entgrenzungen des Machbaren, S. 375, 399; SportR in der Praxis/*Lehner*, 10. Kapitel, Rn. 1397 ff.

688 SportR in der Praxis/*Lehner*, 10. Kapitel, Rn. 1397; *ders.*,Doping 2011, 205, 208.

689 SportR in der Praxis/*Lehner*, 10. Kapitel, Rn. 1397.

690 SportR in der Praxis/*Lehner*, 10. Kapitel, Rn. 1398.

691 *Senkel*, in: Asmuth/Binkelmann, Entgrenzungen des Machbaren, S. 375, 393.

692 *Senkel*, Wirksamkeitschancen des Anti-Doping-Rechts, S. 530; *Laubenthal/Baier/Nestles*, Jugendstrafrecht, Rn. 1.

693 *Senkel*, in: Asmuth/Binkelmann, Entgrenzungen des Machbaren, S. 375, 396.

694 *Senkel*, in: Asmuth/Binkelmann, Entgrenzungen des Machbaren, S. 375, 396.

695 *Senkel*, in: Asmuth/Binkelmann, Entgrenzungen des Machbaren, S. 375, 396.

696 *Senkel*, Wirksamkeitschancen des Anti-Doping-Rechts, S. 533.

dass der Minderjährige keine eigenen Entscheidungen fälle, sondern vollständig auf Anweisung der Eltern, Trainer oder Betreuer handle[697].

Generell könnten die Taten der Kinder das Vertrauen der Allgemeinheit in die Rechtsgeltung nur wenig erschüttern[698].

Zudem ähnle die Sperre einer strafrechtlichen Strafe. Mit einem Dopingverstoß ergehe ein ähnliches Unwerturteil wie durch ein Strafurteil[699]. Nach Petri sei für eine Ähnlichkeit der Dopingsanktion zum Strafrecht und nicht zum Zivilrecht entscheidend, dass im Strafrecht das Schuldprinzip gelte, für den zivilrechtlichen Schadensersatz hingegen eher das Restitutionsinteresse des Geschädigten von Bedeutung sei. Bei der Dopingsanktion gelte ebenfalls das Schuldprinzip[700]. Daher passe auf die Behandlung von Kindern und Jugendlichen im Sport die gesetzlichen Regelungen zur Strafmündigkeit[701], sodass entsprechend des Strafmündigkeitsalters von 14 Jahren der WADA-Code auf Minderjährige unter 14 Jahren keine Anwendung finden dürfe[702].

Das Argument des CAS, die Minderjährigen müssten auch in der Schule Regeln anerkennen und sich gegebenenfalls Disziplinarmaßnahmen unterwerfen[703], gehe fehl, denn diese Regeln seien gerade auf Kinder und Jugendliche zugeschnitten, was im Sport nicht der Fall sei[704]. Zudem sei die Verhängung von Sanktion für die erzieherische Beeinflussung des Minderjährigen mehr belastend als nützlich[705]. Durch erzieherische Maßnahmen sei die Persönlichkeitsentwicklung der Jugendlichen als Gesetzeszweck des Jugendstrafrechts mit umfasst, was ebenfalls für eine Angleichung an jugendrechtliche Schuldmaßstäbe spreche[706]. In diesem Zusammenhang wird aus Gründen der Chancengleichheit und der gesunden Lebensentwicklung des Minderjährigen ein generelles Mindestalter von 14 Jahren für Minderjährige im Wettkampfsport gefordert[707].

---

697 *Senkel*, in: Asmuth/Binkelmann, Entgrenzungen des Machbaren, S. 375, 396; *Daumann*, Die Ökonomie des Dopings, S. 74.
698 SportR in der Praxis/*Lehner*, 10. Kapitel, Rn. 1398.
699 SportR in der Praxis/*Lehner*, 10. Kapitel, Rn. 1398.
700 *Petri*, Die Dopingsanktion, S. 226.
701 SportR in der Praxis/*Lehner*, 10. Kapitel, Rn. 1399.
702 *Petri*, Die Dopingsanktion, S. 226; SportR in der Praxis/*Lehner*, 10. Kapitel, Rn. 1401 f.
703 CAS 2010/A/2268 I. v. FIA, Rn. 111; dazu noch unten unter § 4 D. II. 2. a. bb. (1) (b).
704 *Senkel*, Wirksamkeitschancen des Anti-Doping-Rechts, S. 53 f.
705 SportR in der Praxis/*Lehner*, 10. Kapitel, Rn. 1398.
706 *Petri*, Die Dopingsanktion, S. 225.
707 SportR in der Praxis/*Lehner*, 10. Kapitel, Rn. 1402.

### (b) Keine Begrenzung

Sowohl der WADA-Code als auch der NADA-Code enthalten keine Bestimmungen zur Verschuldensfähigkeit[708]. Auch wenn beim Verschulden die Minderjährigkeit ein Faktor ist, der bei der Bewertung eine Rolle spielt, so ist die Minderjährigkeit an sich kein Strafausschließungs- oder Minderungsgrund[709]. Auch bei einem minderjährigen Athleten wird von einer generellen Verschuldensfähigkeit ausgegangen[710]. Dies bestätigt der CAS in seiner ständigen Rechtsprechung[711]. Er betont, dass die Tatsache, dass der Athlet minderjährig ist, keinen Grund darstelle, der das Verschulden ausschließt oder mindert[712]. In einer weiteren Entscheidung führt er aus, dass es nicht das Alter sei, welches die Anwendung der Anti-Doping-Bestimmungen bestimme[713] und dass es keine automatische Ausnahme auf Grund des Alters gebe[714]. Die Verantwortlichkeit eines 17-jährigen Schwimmers wurde angenommen, da es im Schwimmen nicht ungewöhnlich sei, dass man mit 17 Jahren schon auf dem höchsten Level antrete[715]. Bei einer 15-jährigen Tennisspielerin wurde die Verantwortlichkeit ebenfalls bejaht[716]. Selbst bei einem 12-jährigen Kartfahrer wurde eine Verantwortlichkeit nicht von vornherein ausgeschlossen[717]. Wenn der 12-Jährige in der

---

708 *Haas/Boccucci*, Causa Sport 2011, 5, 10.

709 CAS 2008/A/1471 FINA vs. Tagliaferri and Federazione Italiana Nuoto & CAS 2008/A/1486 WADA v/ CONI and Tagliaferri, Rn. 9.5.2 "The fact that the First Respondent was a minor [...] is, in itself, no reason to mitigate the penalty"); so auch *Senkel*, Wirksamkeitschancen des Anti-Doping-Rechts, S. 484.

710 *Haas/Boccucci*, Causa Sport 2011, 5, 10.

711 CAS 2007/A/1413/WADA v/FIG & N. Vysotskaya, Rn. 79; CAS 2006/A/1032 Sesil Karatancheva v/International Tennis Federation, Rn. 134, 137; CAS 2005/A/830 G. Squizzato v/ FINA, Rn 10.11; CAS 2009/A/2012 Doping Authority Netherlands v. N., Rn. 33, 43; CAS 2007/A/1413/WADA v/FIG & N. Vysotskaya, Rn. 79.

712 CAS 2007/A/1413/WADA v/FIG & N. Vysotskaya, Rn. 79 („The fact that the Gymnast was a minor at the time she was tested does not constitute either a circumstance eliminating or reducing her fault or negligence“); "The applicants minor age does not alter the findings that she commited a doping offence" Andreea Raducan v. International Olympic Committee (IOC).

713 CAS 2006/A/1032 Sesil Karatancheva v/International Tennis Federation, Rn. 137 („ [...] it is not the age, [...] that determines the application of the anti-doping rules [...]").

714 CAS 2006/A/1032 Sesil Karatancheva v/International Tennis Federation, Rn. 141; CAS 2008/A/1490 WADA v./ USADA & Thompson, Rn. 8.24.

715 CAS 2005/A/830 G. Squizzato v/ FINA, Rn 10.11.

716 CAS 2006/A/1032 Sesil Karatancheva v/International Tennis Federation, Rn. 145.

717 CAS 2010/A/2268 I. v. FIA, Rn. 109, 115.

Lage sei, die komplexen Regeln des Kartrennens zu verstehen, wozu auch gehöre, die Anweisungen von zwölf unterschiedlichen Flaggen umzusetzen, während er mit einer hohen Geschwindigkeit auf der Piste fährt, dann müsse er auch reif genug sein, die Anti-Doping-Regeln zu verstehen[718]. Disziplinarstrafen seien zudem bereits aus der Schule bekannt[719].

Weiter wird argumentiert, dass die Einführung eines Mindestalters dazu führe, dass einige Athleten den Regeln unterfallen und andere nicht und die unter 14-jährigen Sportler ohne Sanktionen dopen könnten. Dies widerspreche der Chancengleichheit aller Athleten[720].

Dem von der Gegenseite angeführte Erziehungsgedanken wird als Grund, warum eine Mindestgrenze von 14 Jahren festgelegt werden sollte, abgelehnt[721]. Dem Erziehungsgedanke könne nicht nur durch einen kategorischen Ausschluss der Verschuldensfähigkeit von unter 14-Jährigen Geltung verschafft werden, vielmehr könne der Erziehungsgedanke auch bei der Ausgestaltung der Sperre berücksichtigt werden. Bei einem generellen Ausschluss erlange auch die Abschreckungsfunktion der Dopingstrafe keine Geltung mehr[722].

#### (c) Stellungnahme

Grundsätzlich ist unbestritten, dass Minderjährige vor den Gefahren des Dopings geschützt werden müssen. Ebenfalls ist unbestritten, dass Minderjährige nicht vollkommen mit Erwachsenen gleichzusetzen sind, da sie eventuell oder sogar höchstwahrscheinlich in ihrer Entwicklung noch nicht so fortgeschritten sind.

Dem Argument, dass der minderjährige Hochleistungssportler einen veränderten Sozialisierungsprozess durchmache und so eher fremdbestimmt sei und daher keine eigenen Entscheidungen treffen könne[723], muss entgegengesetzt werden, dass der minderjährige Hochleistungssportler gerade besonders gut mit Normen und Regeln umgehen kann, da er durch seinen Sport permanent mit solchen konfrontiert wird. Es verlangt von einem Minderjährigen ein hohes Maß an Disziplin, einen Sport auf höchstem Niveau auszuüben, wozu auch gehört, sich an die vorgegebenen Regelungen zu halten. Sicherlich müssen Kinder erst erlernen, sich an Ge- und Verbote zu halten und nach gewissen Richtlinien

718 CAS 2010/A/2268 I. v. FIA, Rn. 112.
719 CAS 2010/A/2268 I. v. FIA, Rn. 111.
720 CAS 2010/A/2268 I. v. FIA, Rn. 116.
721 *Fiedler*, Das Doping minderjähriger Sportler, S. 222 f.
722 *Fiedler*, Das Doping minderjähriger Sportler, S. 222.
723 *Senkel*, Wirksamkeitschancen des Anti-Doping-Rechts, S. 522; *dies.*, in: Asmuth/ Binkelmann, Entgrenzungen des Machbaren, S. 375, 396.

zu leben. Dies lernen Minderjährige jedoch bereits in jungen Jahren unter anderem in der Schule. Auch schon ab einem sehr jungen Alter müssen sie dort mit Disziplinarmaßnahmen rechnen, wenn sie die Regeln nicht befolgen. Das Argument, dass es sich dabei um spezifische Jugendregeln handle und im Sport dagegen Minderjährige die gleiche Sanktion treffe wie Erwachsene[724], ist mehr eine Frage nach der Ausgestaltung der Sperre, als danach, ob die Minderjährigen die Folgen von normabweichendem Handeln erkennen können. Für die Einsichtsfähigkeit genügt das Bewusstsein, etwas nicht Erlaubtes zu tun[725]. Auch wenn der minderjährige Sportler sich vielleicht nicht bewusst ist, welchen Artikel des WADA-Codes er verletzt, so ist ihm doch bewusst, dass Doping verboten ist und ihn Konsequenzen treffen, wenn er sich nicht daran hält. Viele Sportarten haben komplexe Wettkampfregeln. Als Beispiel soll zum einen wie auch schon vom CAS angesprochen das Kartfahren dienen. Dabei müssen die jungen Fahrer unter anderem zwölf unterschiedlich gefärbte Flaggen während der Fahrt erkennen und dessen Anweisungen entsprechend umsetzen, obwohl sie mitunter bei hoher Geschwindigkeit auf der Bahn unterwegs sind[726]. Als anderes Beispiel soll das Fechten genannt werden. Das Regelwerk ist auch hier sehr umfangreich und es gibt viele Regeln für den jungen Fechter zu beachten. Dies beginnt bei der richtigen Haltung, zieht sich über die verschiedenen Arten einen „Treffer" zu landen fort und endet mit den verschiedenen Folgen, falls ein Fechter die Kampfbahngrenzen überschreitet. Zudem gibt es beim Fechten auch Verstöße bzw. Strafen beispielsweise dafür, dass man die Waffe auf den Boden setzt, um sie gerade zu biegen oder dem Gegner den Rücken zuwendet[727]. Aber auch andere Regelwerke sind komplex, wie beispielsweise im Tennis oder auch im Fußball. Auch wenn die Sportarten durchaus geläufiger sind, ist ein Abseits oder gerade ein passives Abseits doch durchaus schwieriger zu verstehen. Wenn die Minderjährigen in der Lage sind, diese differenzierten Regeln und Vorgaben zu verstehen und sich daran zu halten, müssen sie auch in der Lage sein, die Anti-Doping-Regelwerke zu verstehen. Folglich ist davon auszugehen, dass Minderjährige die Anti-Doping-Regeln verstehen können und das Argument

---

724 *Senkel*, Wirksamkeitschancen des Anti-Doping-Rechts, S. 53 f.

725 *Laubenthal/Baier/Nestles*, Jugendstrafrecht, Rn. 68.

726 Ebenso CAS 2010/A/2268 I. v. FIA, Rn. 111. Siehe dazu Artikel B.5 DMSB Kart Regelment im DMSB Handbuch 2018; Handbuch abrufbar unter: http://www.dmsb.de/public/publikationen/handbuch/; zuletzt aufgerufen am 31.03.2018.

727 Näheres im Regelwerk des FIE (International Fencing Federation), Rules für Competitions, Book 1 Technical Rules; abrufbar unter: http://static1.fie.org/uploads/5/27570-fie_rules_-_technical_rules_-_dec_2014.pdf; zuletzt aufgerufen am 31.03.2018.

der fehlenden Einsichtsfähigkeit führt alleine nicht dazu, dass der WADA-Code erst auf Minderjährige über 14 Jahren angewendet werden sollte.

Weiter muss sich mit dem Argument, dass die Taten von Kindern das Vertrauen der Allgemeinheit in die Rechtsprechung nur wenig erschüttern könnten[728], auseinandergesetzt werden. Minderjährige unter 14 Jahren werden im Strafecht als schuldunfähig angesehen. Der Grund liegt darin, dass sie von den Erwachsenen nicht als „vollwertige Rechtsgenossen" anerkannt werden[729]. Im Strafrecht erschüttern die Taten von Kindern das Vertrauen der Allgemeinheit in die Rechtsgeltung nur gering[730]. Im Sport ist dies etwas anderes. Minderjährige nehmen nicht nur an Juniorenwettbewerben teil, bei denen sie unter Gleichaltrigen sind, sondern mithin auch an Wettkämpfen, bei denen auch erwachsene Athleten teilnehmen. Als Beispiel wird hier auf die Schwimm-Weltmeisterschaften in Rom 2009 verwiesen, bei denen 520 Minderjährige teilgenommen haben[731]. Bei diesen Wettkämpfen werden die Minderjährigen auch von den Erwachsenen als gleichwertige Konkurrenten und als vollwertige Rechtsgenossen anerkannt. Ein Dopingverstoß eines Minderjährigen erschüttert den sportlichen Wettkampf in gleichem Maße wie der eines Erwachsenen[732].

Weiter muss man sich mit dem Argument auseinandersetzen, ob die Sperre einer strafrechtlichen Sanktion nahekommt und ob wegen des Verschuldensprinzips die Grundsätze des Strafrechts und damit die Schuldunfähigkeitsgrenze von 14 Jahren Anwendung finden sollen. Bei einer Dopingsperre handelt es sich nach allgemeiner Ansicht um eine privatrechtliche Sanktion[733]. Auch wenn die Dopingsanktionen einen strafrechtlichen Charakter haben, sind es dennoch keine kriminalrechtlichen Strafen. Es besteht ein Unterschied zwischen einer Dopingsanktion, die von einem Verband verhängt wird, und einer strafrechtlichen Verurteilung[734]. Eine strafrechtliche Verurteilung ergeht im Namen des Volkes auf Grund eines Gesetzesverstoßes, wobei das Strafgesetzbuch legitimiertes staatliches Recht darstellt. Die verbandsrechtlichen Sanktionen sind privatrechtlicher Natur[735]. Sie werden von dem Verband verhängt und sind Ausdruck der

728 Siehe oben unter § 4 D. II. 2. a. bb. (1) (a); SportR in der Praxis/*Lehner*, 10. Kapitel, Rn. 1398.

729 MüKo/*Streng*, StGB, § 19 StGB, Rn. 1.

730 MüKo/*Streng*, StGB, § 19 StGB, Rn. 1; *Roxin*, Strafrecht AT Bd. 1, § 20 Rn. 50.

731 *Senkel*, Wirksamkeitschancen des Anti-Doping-Rechts, S. 376.

732 So auch *Fiedler*, Das Doping minderjähriger Sportler, S. 223.

733 *Horst/Jacobs*, RdA 2003, 215, 216.

734 So auch CAS 2010/A/2268 I. v. FIA, Rn. 102.

735 SportR in der Praxis/*Adolphsen* 3. Kapitel, Rn. 173 f.

Verbandsautonomie[736]. Diese wiederum ist Ausdruck der Privatautonomie[737]. Die Verbände dürfen für ihre Angelegenheiten eigene Regeln aufstellen. Die sportlichen Disziplinarmaßnahmen sind durch den verbandsrechtlichen Kompetenzbereich begrenzt[738]. Ein Unterschied ist auch in der Art der Betroffenheit des „Bestraften" zu erkennen. Das Strafurteil greift in die persönliche Sphäre des Verurteilten ein. Diese wirkt sich beispielsweise bei einer Freiheitsstrafe auf alle Lebensbereiche aus[739]. Bei einer Verbandsstrafe sind die Wirkungen weitaus geringer. Selbst bei der härtesten Strafe, der Sperre, wird dem Sportler nur die Möglichkeit genommen, den organisierten Sport auszuüben. Die Sperre betrifft nur das Leben des Athleten im Verband, es wird jedoch nicht in sein alltägliches Leben eingegriffen[740]. Dieses kann er wie gewohnt im Alltag weiter leben. Dass ein Verstoß gegen die Dopingbestimmungen und die damit einhergehende Sperre dem Sportler eventuell einen „Makel" anheftet und der Sportler auch Verträge mit Sponsoren verlieren kann und die Folgen damit nicht rein „wettkampfbezogen" sind[741], kann an der Einordnung als Verbandsrecht nichts ändern. Disziplinarmaßnahmen im Sport unterfallen nicht dem Strafrecht, sondern dem Zivilrecht, weswegen auch dessen Grundsätze anzuwenden sind. Daher kann nicht auf die Schuldfähigkeitsgrenze von 14 Jahren aus dem Strafrecht abgestellt werden.

Ein weiteres Argument gegen eine Mindestaltersgrenze sind die Grundsätze des Sports. Dazu gehören neben dem Fairplay[742], das Leistungs- und Wettkampfprinzip sowie die Chancengleichheit[743]. Eine absolute Chancengleichheit ist nie zu verwirklichen. Bereits aus biologischen Gründen kann eine solche nicht erreicht werden[744]. Allerdings soll eine Chancengleichheit dergestalt gewährleistet werden, dass keine Substanzen oder Methoden angewendet werden dürfen, die

---

736 *Görtz*, Anti-Doping-Maßnahmen im Hochleistungssport aus rechtlicher Sicht, S. 139; *Petri*, Die Dopingsanktion, S. 102.

737 *Vieweg*, Normsetzung deutscher und internationaler Verbände, S. 228.

738 So in der Argumentation auch CAS 2010/A/2268 I. v. FIA, Rn. 102.

739 So auch CAS 2010/A/2268 I. v. FIA, Rn. 102.

740 So auch CAS 2010/A/2268 I. v. FIA, Rn. 102.

741 *Wilkmann*, Die Überführung des Sportlers im Dopingverfahren, S. 48.

742 Dieses ist in der Olympischen Charta verankert, 2 Nr. 1 der grundlegenden Prinzipien des Olympismus; abrufbar unter: https://stillmed.olympic.org/media/Document%20Library/OlympicOrg/General/EN-Olympic-Charter.pdf#_ga=1.160775677.1192213442.146590912 4; zuletzt aufgerufen am 31.03.2018.

743 *Görtz*, Anti-Doping-Maßnahmen im Hochleistungssport aus rechtlicher Sicht, S. 16 ff.; *Senkel*, Wirksamkeitschancen des Anti-Doping-Rechts, S. 148, 150 ff.

744 *Petri*, Die Dopingsanktion, S. 185 f.; *Prokop*, Die Grenzen der Dopingverbote, S. 234.

zumindest geeignet sind, eine Leistungssteigerung hervorzurufen[745]. Der Sport soll „sauber" sein. Alle im Wettkampf befindlichen Athleten sollen sich unter den gleichen Bedingungen messen und nicht dopen dürfen.

Wie bereits erwähnt nehmen Minderjährige häufig an denselben Wettkämpfen wie erwachsene Sportler teil. Ein von *Lehner* gefordertes generelles Teilnahmeverbot von Athleten unter 14 Jahren bei allen Wettkämpfen[746] ist nicht realisierbar. Dagegen spricht, dass in manchen Sportarten der höchste Leistungsstand in einem sehr jungen Alter erreicht wird. Zum anderen widerspricht dies der Handlungsfreiheit des Minderjährigen bzw. dessen Eltern, die die freie Entscheidung darüber haben müssen, ob der unter 14-Jährige an Sportwettkämpfen teilnimmt oder nicht. Weiter ist zu berücksichtigen, dass auch in einigen Fällen der Sport bereits eine nicht unerhebliche Einnahmequelle für den Minderjährigen darstellt und er dadurch schon seinen Beruf ausübt oder sich zumindest auf einen solchen durch die Wettkämpfe vorbereitet. Zu guter letzt spricht gegen ein Wettkampfverbot für die unter 14-jährigen Sportler, dass dies an der Realität im Sport vorbeigeht. Allein der DFB zählt 2017 1.354.603 Mitglieder bei den unter 14-Jährigen[747]. In der Praxis sind sehr viele unter 14-Jährige im Sport tätig und es ist nicht möglich, dass diesen eine Teilnahme an Sportwettkämpfen verboten wird. Dieses Verbot lässt sich nicht realisieren und ist auch nicht wünschenswert.

Konsequent bedeutet dies, dass wenn Athleten unterschiedlichen Alters an den gleichen Wettkämpfen teilnehmen können, für sie auch die gleichen Regeln gelten müssen. Widersinnig erscheint, dass nur einige Wettkampfteilnehmer den Regelwerken unterworfen werden und andere nicht[748]. Ansonsten würde es zu einem erheblichen Ungleichgewicht kommen und die Chancengleichheit würde ausgehebelt werden. Als Beispiel seien die Schwimm-Wettbewerbe während der Olympischen Spiele genannt. Grundsätzlich gibt es bei den Olympischen Spielen keine Altersgrenze außer denen, die in den von der IOC-Exekutivkommission genehmigten Wettkampfregeln der IFs enthalten sind[749]. Der Weltschwimmverband FINA legt keine Altersgrenzen fest. Jeder Schwimmer, der die erforderliche Zeit schwimmt um sich für die Olympischen Spiele zu qualifizieren, darf teilnehmen. Das führt dazu, dass auch rein theoretisch 10- oder 12-jährige Schwimmer

745 Prokop, Die Grenzen der Dopingverbote, S. 241.

746 SportR in der Praxis/*Lehner*, 10. Kapitel, Rn. 1402.

747 Mitgliederstatistik 2017 des Deutschen Fußball-Bundes, S. 2, abrufbar unter https://www.dfb.de/fileadmin/_dfbdam/141295-Mitglieder-Statistik_2017_final.pdf; zuletzt aufgerufen am 31.03.2018.

748 So auch CAS CAS 2010/A/2268, I.v. FIA, Rn. 114, 116.

749 Regel 42 Olympische Charta.

teilnehmen könnten. Dass dies nicht nur Theorie ist, zeigen die Schwimm-Weltmeisterschaften 2015 in Kasan, bei denen die 10-jährige Alzain Tareq aus Bahrain an den Start gegangen ist[750]. Dies bedeutet, dass ein 13-jähriger Schwimmer und ein 18-jähriger Schwimmer gegeneinander antreten können. Würden die Anti-Doping-Regeln für unter 14-Jährige keine Anwendung finden, könnte der 13-Jährige sich mit Dopingmittel vollpumpen und würde höchstwahrscheinlich schneller schwimmen als der 18-Jährige und gewinnen. Dies ist nicht nur unethisch, sondern läuft jedem Wettkampfprinzip zuwider. Da beide streiten und um die gleiche Goldmedaille schwimmen, müssen sie im Umkehrschluss bei einem regelwidrigen Verhalten auch mit den gleichen negativen Folgen belastet werden. Dasselbe gilt selbstverständlich, wenn Minderjährige an reinen Juniorenwettbewerben teilnehmen.

Der von der Gegenseite angeführte Erziehungsgedanke[751], kann zunächst nicht unmittelbar zur Anwendung kommen, da die Dopingsanktionen keine kriminalrechtlichen Strafen darstellen und die Grundsätze des Zivilrechts anzuwenden sind[752]. Aber selbst wenn man den Erziehungsgedanken zur Anwendung kommen lassen wolle, so hat er keinesfalls zwingend einen kompletten Ausschluss der unter 14-Jährigen aus dem WADA-Code zur Folge[753] Der Erziehungsgedanke kann allerdings bei der Ausgestaltung einer Sperre berücksichtigt werden[754].

Die Ansicht, die für ein Mindestalter ist, hat in erster Linie den Schutz des Minderjährigen als Ziel[755]. Dieses Ziel ist nicht nur nachvollziehbar, sondern sollte in jedem Fall beachtet und realisiert werden. Allerdings ist fraglich, ob der unter 14-Jährige durch einen Ausschluss vom WADA-Code tatsächlich besser geschützt wird. Durch eine Altersgrenze würde für Minderjährige, die unter diese Grenze fallen, ein Anreiz geschafft werden zu dopen. Die unter 14-Jährigen könnten an den Wettbewerben gedopt teilnehmen, ohne dass es zu einer

---

750 Mit zehn bei der WM, Süddeutsche Zeitung v. 05.08.2015; abrufbar unter: http://www.sueddeutsche.de/sport/schwimmen-mit-zehn-bei-wm-1.2597007; zuletzt aufgerufen am 31.03.2018.

751 *Fiedler*, Das Doping minderjähriger Sportler, S. 222 f.

752 So auch *Fiedler*, Das Doping minderjähriger Sportler, S. 244.

753 Zum Erziehungsgedanken auch MAH Strafverteidigung/*Böttcher*/*Schütrumpf*, § 53, Rn. 30 ff.

754 So auch *Fiedler*, Das Doping minderjähriger Sportler, S. 222 f.; siehe unten unter § 4 D. II. 2. a. bb. (3).

755 SportR in der Praxis/*Lehner*, 10. Kapitel, Rn. 1402, der die gesunde Lebensentwicklung des Minderjährigen nennt.

negativen Folge, einer Annullierung des Ergebnisse[756] oder einer Sperre käme. Die Angst vor Bestrafung ist ein probates Mittel, die Tat nicht zu begehen[757]. Vermutlich würden alle Athleten im Leistungssport dopen, für den Fall, dass keine Anti-Doping-Maßnahmen eingesetzt werden würden[758]. Wenn man den unter 14-Jährigen eine Art Freifahrtsschein für das Doping erteilt, läuft man Gefahr, dass nicht nur der faire Wettkampf verloren geht, sondern auch, dass die Gesundheit der Minderjährigen gefährdet wird[759]. Bei dem Gesundheitsschutz des Minderjährigen handelt es sich um einen legitimen Zweck des Dopingverbots[760]. Bei Erwachsenen ist dies umstritten, da sie sich im Rahmen der allgemeinen Handlungsfreiheit freiwillig selbst gefährden[761]. Bei Minderjährigen ist dies jedoch der Fall, da sie die Gesundheitsgefahren von Doping unter Umständen nicht einschätzen können[762]. Zudem sind sie von ihren Athletenbetreuer leichter beeinflussbar und es scheidet eine eigenverantwortliche Selbstgefährdung aus, wenn sie zur Einnahme „geführt" werden[763]. Aus diesem Grund stellt der Gesundheitsschutz des Minderjährigen einen legitimen Verbandszweck und einen Zweck des Dopingverbots dar.

Für die Gesundheitsgefahr macht es im Ergebnis keinen Unterschied, ob der Minderjährige selbst die Entscheidung trifft, das Mittel zu sich zu nehmen, um zu gewinnen, oder ob er von einem Trainer, einem Elternteil oder gar dem Verband dazu überredet wird. Dass sich Minderjährige durchaus schon in einem frühen Alter mit dem Gewinnen um jeden Preis und dem Doping auseinandersetzen, konnten Studien nachweisen[764]. Aber selbst wenn man mit *Daumann*

---

756 Artikel 10.1 WADC; Artikel 10.1 NADC.

757 Zur generalpräventiven Aufgabe der Strafe und der Kritik daran, Kindhäuser/Neumann/Paeffgen/*Streng*, § 46 StGB, Rn. 42 ff; MüKo/*Radtke*, StGB, Vorb. zu den §§ 38 StGB, Rn. 34 ff.; Schönke/Schröder/*Stree*/*Kinzig*, Vorb. §§ 38 ff. StGB, Rn. 3 ff. m.w.N.

758 *Daumann*, Die Ökonomie des Dopings, S. 75.

759 So auch CAS 2010/A/2268 I. v. FIA, Rn. 116. Zu den Folgen des Dopings bei Minderjährigen, siehe oben unter § 4 A. II.

760 *Bergermann*, Doping und Zivilrecht, S. 115; *Buck-Heeb*/*Dieckmann*, Selbstregulierung im Privatrecht, S. 73 f.; *Petri*, Die Dopingsanktion, S. 180 ff.; *Prokop*, Die Grenzen der Dopingverbote, S. 233 ff. Zu den anderen Zwecken des Dopingverbots unten unter § 4 D. II. 2. a. bb. (3) (c) (aa).

761 *Petri*, Die Dopingsanktion, S. 181 f., allerdings ist die Gesundheit aller Athleten ein Grundgedanke des WADA-Codes und gehört zu dessen Zielsetzung.

762 *Fiedler*, Das Doping minderjähriger Sportler, S. 237; *Petri*, Die Dopingsanktion, S. 182.

763 *Fiedler*, Das Doping minderjähriger Sportler, S. 237.

764 So z.B. *Striegel*/*Vollkommer*, MedR 2001, 112, 113.

davon ausgeht, dass Minderjährige keine eigenen Entscheidungen treffen können und vollständig auf Anweisung eines Dritten handeln[765], schützt die Anwendung des Codes auch die unter 14-jährigen Athleten. Ansonsten besteht die Gefahr, dass sie sich gerade auf Grund ihrer Unerfahrenheit von ihrem Trainer oder Betreuer zu dem Doping verleiten lassen. Dass der Athletenbetreuer bei der Verabreichung von Doping gemäß Artikel 10.3.3 WADC mit einer lebenslangen Sperre bestraft wird, kann an der Bewertung nichts ändern. Auch dass Argument von *Senkel*, die fehlende Bestrafung des Minderjährigen würde in gewisser Weise durch die verschärfte Haftung des Trainers kompensiert, trifft nicht zu[766]. Zum einen kommt eine Bestrafung eines Athletenbetreuers in der Praxis nur selten vor. Entweder scheitert dies daran, dass sie nicht an die Anti-Doping-Regeln gebunden sind oder dass ihnen ihr Vergehen nicht nachgewiesen werden kann[767]. Zum anderen profitiert ein Trainer oder sonstiger Betreuer des Athleten auch an dessen Sieg, sowohl finanziell als auch durch Prestige. Deshalb würde für den Trainer ein massiver Anreiz bestehen, seinen Schützling zu dopen[768]. Diese beiden Komponenten würden dazu führen, dass der Athletenbetreuer unter Umständen dem Minderjährigen Doping verabreicht und das geringe Risiko in Kauf nimmt, dass man ihm einen Verstoß nachweisen kann. Man kann den Minderjährigen daher besser schützen, indem man ihn den Anti-Doping-Regelwerken unterstellt und so der Gefahr entgegenwirkt, dass sie als gedopte Medaillengaranten missbraucht werden. Die Minderjährigen unterliegen dann den Anti-Doping-Regelwerken und werden dabei auch durch diese geschützt.

Zudem würde durch die Einführung eines Mindestalters auch eine Art „dopingverseuchte Medaillenjagd der Nationen" eröffnet werden. In offiziellen Statistiken wird vor allem immer erwähnt, welches Land die meisten Medaillen gewonnen hat. Einzelne Länder, in denen Olympisches Gold mit sehr viel Ansehen und Prestige verbunden ist und die es generell mit dem Schutz des Minderjährigen im Sport nicht so ernst nehmen[769], könnten diese Situation ausnutzen.

---

765 *Daumann*, Die Ökonomie des Dopings, S. 74.

766 *Senkel*, in: Asmuth/Binkelmann, Entgrenzungen des Machbaren, S. 375, 405 Fn. 155.

767 Siehe unten unter § 4 D. II. 3. c. aa. (1).

768 So auch *Daumann*, Die Ökonomie des Dopings, S. 74.

769 Hier sei beispielsweise auf eine chinesische Turnerin verwiesen, deren Alter bei den Olympischen Spielen in Sydney 2000 gefälscht wurde. Das Alter wurde von eigentlich 14 Jahre auf 17 Jahre manipuliert, da eine Teilnahme erst mit 16 Jahren möglich war, Geburtsdatum gefälscht, Süddeutsche.de, v. 28.02.2010; abrufbar unter: http://www.sueddeutsche.de/sport/turnen-china-geburtsdatum-gefaelscht-1.11016; zuletzt aufgerufen am 31.03.2018.

Sie könnten ihre unter 14-jährigen Sportler dazu anhalten, vollgepumpt mit leistungssteigernden Mitteln an den Start zu gehen und zahlreiche Medaille für ihr Land zu gewinnen. Dies läuft dem ursprünglichen Gedanken von *Lehner* zuwider, der gerade durch die Einführung des Mindestalters für die Anti-Doping-Regeln Minderjährige schützen und dessen gesunde Lebensentwicklung in den Vordergrund stellen will[770]. Dies könnte aber genau in das Gegenteil pervertiert werden, indem man die unter 14-Jährigen aus der Anwendung und der Sanktionierung von Dopingverstößen ausnimmt. Sie könnten dann ohne negative Folgen dopen und es könnte einem Staatsdoping ähnlich wie zu DDR-Zeiten Tür und Tor geöffnet werden. Auch hier kann es nichts an der Bewertung ändern, dass Funktionäre als Athletenbetreuer gelten. Denn auch hier, vorausgesetzt die Verantwortlichen unterfallen dem WADA-Code, wird ein Nachweis, dass eine Beeinflussung oder Drängen zur Einnahme der Substanzen erfolgt ist, nur schwer zu erbringen sein.

Wenn der WADA-Code für alle Minderjährigen Anwendung findet, haben die verschiedenen Länder, die Athletenbetreuer und auch der Athlet selbst keinen Anreiz das Minderjährigendoping zu fördern, sondern es eher zu unterbinden, denn ein Dopingverstoß sorgt immer für viel Aufsehen und wirft nicht nur ein negatives Licht auf den Athleten, sondern auch auf den Verband, das Umfeld des Athleten und das Land, aus dem der Athlet stammt. Es muss der Schutz des Minderjährigen im Vordergrund stehen. Dies sehen die Stimmen aus der Literatur, die für ein Mindestalter sind, ebenso[771]. Dieser Schutz kann aber besser erreicht werden, indem der Code und auch die darin geregelten Rechtsfolgen grundsätzlich für die unter 14-jährigen Sportler Anwendung finden.

Folglich müssen die Anti-Doping-Regelungen grundsätzlich auf alle Minderjährigen Anwendung finden. Das Alter alleine oder die Verschuldensfähigkeit wirken sich nicht aus. Die Verschuldensfähigkeit bzw. die Einsichtsfähigkeit spielt bei der allgemeinen Verschuldensdefinition eine Rolle.

### (2) Privilegierungen, Verschuldensregelungen und Minderung wegen Geständnis

Auch wenn die Dopingregelungen auf alle Minderjährigen Anwendung finden, so besteht prinzipiell ein Unterschied, ob ein Erwachsener oder ein Minderjähriger einen Verstoß begeht. Dies berücksichtigt auch der WADA-Code, indem er für die Anforderungen an das Verschulden Sondervorschriften aufstellt. Im Folgenden

770 Siehe dazu oben unter § 4 D. II. 2. a. bb. (1) (a) und unten unter § 4 D. III. 1. b. aa. sowie SportR in der Praxis/*Lehner*, 10. Kapitel, Rn. 1402.

771 SportR in der Praxis/*Lehner*, 10. Kapitel, Rn. 1402.

soll untersucht werden, ob diese Sonderregelungen die Minderjährigkeit genügend berücksichtigen. Dabei soll unterschieden werden zwischen der Berücksichtigung der Minderjährigkeit in der allgemeinen Verschuldensdefinition (a), der Berücksichtigung in den Definitionen „Kein Verschulden und keine Fahrlässigkeit", bzw. „kein grobes Verschulden oder keine grobe Fahrlässigkeit" (b), der Minderung bei einem Eingeständnis (c), der Zurechung des Verschuldens Dritter (d) und der Beweislastverteilung (e).

### (a) Allgemeine Verschuldensdefinition

#### (aa) Rückblick auf die Vorgängercodes

Im WADA-Code von 2003 wurde der Minderjährige als dopender Athlet überhaupt nicht berücksichtigt. Dies hatte zur Folge, dass in den meisten Fällen, bei denen ein Minderjähriger einen Verstoß gegen die Anti-Doping-Regeln beging, beim Verschulden derselbe Maßstab angelegt wurde wie bei Erwachsenen[772]. Nur in seltenen Ausnahmen wurde in der Zeit vor 2009 bei Minderjährigen eine Reduzierung der Sperre auf Grund der Minderjährigkeit vorgenommen[773], so beispielsweise in einem Fall, in dem eine 14-jährige Schwimmerin keine Urinprobe abgeben konnte[774]. Eine gänzliche Gleichbehandlung bezüglich des Verschuldens zwischen Minderjährigen und Erwachsenen konnte nicht aufrechterhalten werden, weswegen in dem WADA-Code von 2009 in dem Kommentar von Artikel 10.5 WADC aufgenommen wurde, dass das „jugendliche Alter" und die „mangelnde Erfahrung" bei der Festlegung des Verschuldens berücksichtigt werden sollten. Auch nach der Definition des Verschuldens im aktuellen WADA-Code von 2015 sind die Minderjährigkeit und die Erfahrenheit des Athleten

---

772 CAS 2007/A/1413 WADA v/FIG & Ms N. Vysotskaya, Rn. 80 ("there is no wording in the Rules indicating that the responsibility of younger gymnasts, notably minors, should be assessed by a different yardstick."); CAS 2006/A/1032 Karatancheva v/ ITF, Rn. 140 ("[...] no wording in [...] WADC, or in the official comments in the latter, indicating that the responsibility of younger athletes, notably minors, should ne assessed by a different yardstick."); CAS 2008/A/1471 FINA vs. Tagliaferri and Federazione Italiana Nuoto & CAS 2008/A/1486 WADA v/ CONI and Tagliaferri, Rn. 9.5.2 ("The fact that the First Respondent was a minor [...] is, in itself, no reaon to mitigate the penalty.").

773 CAS 2003/A/459 Van Herk v/ FINA, Rn. 8.15; CAS 96/156, S. 61 Foschi v FINA; CAS 2005/A/830 Squizzato v/FINA, Rn. 10.26, in diesem Fall hatte bereits der Verband eine geringere Sperre von einem Jahr verhängt und das CAS hat dies bestätigt.

774 CAS 2003/A/459 Van Herk v/ FINA, Rn. 8.15 ("We have considerable sympathy with the Appellant's position. For the following reasons: She is a minor [...].").

Faktoren, die bei der Bewertung der Schwere des Verschuldens zu berücksichtigen sind. Allerdings ist zu begrüßen, dass dies nicht mehr allein wie im Code von 2009 in dem Kommentar zu finden ist, sondern, dass dies in der offiziellen Definition des Verschuldens verankert wurde. Dies verleiht der Berücksichtigung mehr Gewicht. Untersucht werden muss trotzdem, ob es ausreichend ist, dass die Minderjährigkeit und die Erfahrenheit des Athleten Faktoren sind, die bei der Bewertung der Schwere des Verschuldens berücksichtigt werden müssen.

#### (bb) Ansicht in der Literatur

In der Literatur wurde gefordert, dass bei Minderjährigen generell höhere Anforderungen an das Verschulden gestellt werden sollen[775]. Je nach Alter und Erfahrenheit müsse man einen Unterschied machen, welchen Sorgfaltsmaßstab man bei Minderjährigen anlegen könne. Bei einem Athleten mit langer Wettkampferfahrung, werde man ein „Mehr" an Sorgfalt verlangen können, als von einem jungen und unerfahrenen Athleten[776]. Ein 17-Jähriger könne die Wirkung von Sexualhormonen in Nahrungsergänzungsmittel besser einschätzen als ein 14-Jähriger[777]. Wenn er von seinem Athletenbetreuer getäuscht oder genötigt wurde, dürfe man ihm keinen Fahrlässigkeitsvorwurf machen. Wenn er dagegen durch einen „guten Rat" zu seinem Verhalten motiviert werde, dürfte man im Ergebnis zu einem Verschulden gelangen[778].

#### (cc) Rechtsprechung des CAS

Die Änderung im Code von 2009 spiegelte sich auch in den danach ergehenden Entscheidungen des CAS wider, bei denen es zu Reduzierungen der Sperre bei Minderjährigen gekommen war[779].

---

775 *Heger*, in: Kauerhof/Nagel/Zebisch, Olympische Jugendspiele, S. 25, 34; *ders*., in: Spitzer/Franke, Sport, Doping, Enhancement, S. 209, 212.

776 *Haas/Boccucci*, Causa Sport 2011, 5, 16.

777 *Petri*, Die Dopingsanktion, S. 227.

778 *Heger*, in: Kauerhof/Nagel/Zebisch, Olympische Jugendspiele, S. 25, 34; *ders*., in: Spitzer/Franke, Sport, Doping, Enhancement, S. 209, 212.

779 Desicion of the FIF Presedential Commission No. 2390290 A, wobei die Reduzierung der Sperre auf zwei Monate von dem CAS (CAS 2011/A/2403 WADA v. FIG & Melnychenko) grundsätzlich akzeptiert aber im Ergebnis auf vier Monate angehoben wurde; CAS 2012/A/2997 NADA v. Y, bei dem das Verschulden verneint wurde; CAS 2010/A/2268 I v. FIA, bei dem die Sperre auf 18 Monate reduziert wurde; CAS 2010/A/2311, 2312 NADO & KNSB v. W., bei dem das CAS die von der KNSB

In einem Verfahren gegen einen 15-jährigen Eisschnellläufer, bei dem ein Metabolite nachgewiesen wurde, hatte der Verband eine zweijährige Sperre verhängt, wobei ein Jahr zur Bewährung ausgesetzt wurde[780]. Das CAS bestätigte diese Entscheidung[781]. In einem Urteil der FIG-Disziplinar-Kommission gegen eine 15-jährige Turnerin, die nach der Einnahme des Medikaments „Lasix“ zur Behandlung eines Furunkel an der Nase positiv auf Furosemide getestet wurde, wurde das Alter berücksichtigt und eine Sperre auf zwei Monate reduziert[782]. Das CAS bestätigte eine grundsätzliche Reduzierung der Sperre in diesem Fall sowie eine Berücksichtigung des Alters und der Erfahrung der jungen Athletin[783]. Allerdings erhöhte das CAS die Sperre auf vier Monate[784]. Dabei wurde betont, dass ein Großteil der Verantwortung, die man normalerweise dem Athleten zuschreibt, bei einer 15-jährigen Athletin dem Trainer und dem Verband zugeschrieben werden muss[785]. Es sei zwar die Pflicht und die Verantwortung der Athletin, sich zu informieren, aber es sei auch die Pflicht des Verbandes, den Athleten zu informieren[786]. Aus diesem Grund wurde auch der Trainer der Athletin sanktioniert[787]. Zudem habe die Athletin den Arzt, der das Medikament verschrieben hatte, gefragt ob es einen Verstoß gegen die Anti-Doping-Regeln darstellt und eine falsche Antwort bekommen[788].

In einem Verfahren gegen einen 12-jährigen Kartfahrer, der positiv auf das Stimulantien Nikethamide getestet wurde, hatte das CAS die Sperre auf 18 Monate reduziert[789]. Das Gericht vertrat die Auffassung, dass es sich um einen außergewöhnlichen Fall handelt[790] und hat den Grundsatz der Verhältnismäßigkeit angewendet[791]. Dabei berücksichtigte es unter anderem, dass es sich um ein „junges Kind“ handelte, dessen Fähigkeit die Bedeutung und den Zweck der

---

Discipinary Commitee vorgenommene Sperre von zwei Jahren, wobei ein Jahr zur Bewährung ausgesetzt wurde, bestätigt hat.

780 Tenor der Entscheidung der KNSB Disziplinar Kommission bei CAS 2010/A/2311, 2312 NADO & KNSB v. W., Rn. 2.15.

781 Tenor der Entscheidung CAS 2010/A/2311, 2312 NADO & KNSB v. W.

782 Desicion of the FIF Presedential Commission No. 2390290 A, S. 4.

783 CAS 2011/A/2403 WADA v. FIG & Melnychenko, Rn. 7.7.

784 CAS 2011/A/2403 WADA v. FIG & Melnychenko, Rn. 7.9.

785 CAS 2011/A/2403 WADA v. FIG & Melnychenko, Rn. 7.5.

786 CAS 2011/A/2403 WADA v. FIG & Melnychenko, Rn. 7.6.

787 CAS 2011/A/2403 WADA v. FIG & Melnychenko, Rn. 7.6.

788 CAS 2011/A/2403 WADA v. FIG & Melnychenko, Rn. 7.5.

789 Tenor der Entscheidung CAS 2010/A/2268 I v. FIA.

790 CAS 2010/A/2268 I v. FIA, Rn. 133.

791 CAS 2010/A/2268 I v. FIA, Rn. 134 ff.

Sanktion zu begreifen, bezweifelt werden muss. Weiter hat das CAS angeführt, dass es dem Sinn von Fairness und Gerechtigkeit widersprechen würde, wenn man exakt dieselbe Sanktion wie bei einem Erwachsenen anwendet[792].

Auch wenn die Anforderungen an Artikel 10.4 WADC grundsätzlich sehr hoch sind[793], wurde bei einem 16-jährigen Bahn- und Straßenrennfahrer angenommen, dass ihn kein Verschulden trifft[794]. Während eines Trainingslagers erlitt er einen grippalen Infekt und suchte mit dem Bundestrainer zusammen einen Sportmediziner auf, der am Olympiastützpunkt tätig war. Es wurde eine Behandlungsmethode dergestalt durchgeführt, dass Eigenblut entnommen mit UV-Licht bestrahlt und dann wieder zugeführt wurde. Der minderjährige Athlet fragte nach, ob es sich dabei um eine verbotene Behandlungsmethode handle, was sowohl von dem Arzt als auch von dem Bundestrainer verneint wurde[795]. Zum damaligen Zeitpunkt war nicht sicher, ob es sich dabei um eine verbotene Methode handelt[796]. Das CAS entschied, dass man von einem 16-jährigen Athleten, der von seiner gewöhnlichen Umgebung entfernt ist und im Falle seiner Krankheit bei dem Bundestrainer und einem Arzt am Olympiastützpunkt, also nicht bei Personen des eigenen Umfelds, Rat sucht und nach der Zulässigkeit der Methode fragt und dies bejaht wird, nicht mehr erwarten kann[797]. Er unternahm seinem Alter entsprechend alles Erforderlich, um einen Verstoß gegen Anti-Doping-Bestimmungen zu vermeiden.

#### (dd) Stellungnahme

Die Forderung der Literatur, dass je nach Alter und Erfahrenheit ein Unterschied gemacht werden müsse, welchen Sorgfaltsmaßstab man bei Minderjährigen anlegt[798], findet inzwischen in der Rechtsprechung weitestgehend Berücksichtigung[799]. Die Urteile zeigen, dass die Minderjährigkeit bei der Beurteilung des Verschuldens berücksichtigt wird. In dem Urteil gegen den 12-jährigen Kartfahrer wurde vom CAS festgestellt, dass es den Sinn von Fairness und Gerechtigkeit

---

792 CAS 2010/A/2268 I v. FIA, Rn. 142.

793 Zu der Aufhebung nach Artikel 10.4 WADC siehe oben unter § 4 D. II. 2. a. aa. (2) (e) (aa).

794 CAS 2012/A/2997 NADA v. Y, Rn. 46, es wurde bereits das objektive Tatbestandsmerkmal verneint, trotzdem hat das CAS auf das Verschulden Bezug genommen.

795 CAS 2012/A/2997 NADA v. Y, Rn. 4 ff.

796 CAS 2012/A/2997 NADA v. Y, Rn. 41.

797 CAS 2012/A/2997 NADA v. Y, Rn. 46.

798 *Haas/Boccucci*, Causa Sport 2011, 5, 16.

799 So auch *Fiedler*, Das Doping minderjähriger Sportler, S. 226.

widersprechen würde, wenn man bei einem Kind von zwölf Jahren exakt die gleiche Sanktion anwenden würde, wie bei einem Erwachsenen[800]. Bei dem Urteil gegen die 15-jährige Turnerin wurde das Alter berücksichtigt und es wurde sogar darauf hingewiesen, dass bei einer derart jungen Athletin der Großteil der Verantwortung dem Trainer zugeschrieben werden müsse[801]. Wenn der Minderjährige seinem Alter entsprechend alles Erforderliche unternommen hatte, wurde das Verschulden sogar verneint[802]. Es ist im Ergebnis richtig, dass bei Minderjährigen an das Verschulden andere Maßstäbe anzulegen sind als bei Erwachsenen und sowohl die Minderjährigkeit als auch die Erfahrung bei der Schwere des Verschuldens zu berücksichtigen sind. Dies entspricht auch § 828 Absatz 3 BGB, wonach der Minderjährige nicht verantwortlich ist, wenn er die zur Erkenntnis der Verantwortlichkeit erforderliche Einsicht hat. Dass dies auch in der Praxis umgesetzt wird, zeigen die oben angeführten Urteile. Im Einzelfall ist zu prüfen, ob der Minderjährige den Dopingverstoß hätte vermeiden können bzw. ob er seinem Alter entsprechend alles getan hat, um den Verstoß zu vermeiden. Bei einem jüngeren Athleten von beispielsweise zwölf Jahren muss die Einsichtsfähigkeit unter Umständen mehr bezweifelt werden als bei einem 16- oder 17-jährigen Athleten. Grundsätzlich gilt, dass, je jünger und unerfahrener der Athlet ist, desto geringere Anforderungen sind an seinen Verschuldensmaßstab zu stellen[803]. Dies bedeutet im Ergebnis, dass der Sorgfaltsmaßstab, den man an den Minderjährigen anlegt, je nach Alter und Erfahrenheit variiert.

Um eine Aufhebung der Sperre gemäß Artikel 10.4 WADC zu erreichen, muss der Athlet nachweisen, dass ihn kein Verschulden trifft. Dies bedeutet, wie oben erläutert[804], dass er auch unter Anwendung des äußersten Sorgfaltsmaßstabes nicht wusste oder hätte wissen können, dass er einen Verstoß gegen die Anti-Doping-Bestimmungen begeht. Der Kommentar zu Artikel 10.4 WADC legt den Sorgfaltsmaßstab sehr hoch, sodass quasi nur die Sabotage durch einen Wettbewerber denkbar ist. Die Sabotage durch einen Trainer oder eine Person aus dem engen Umfeld des Athleten fällt nicht darunter. Die Athleten sind nicht nur verantwortlich für die Stoffe, die sie zu sich nehmen, sondern auch für das Verhalten der Personen, denen sie Zugang zu ihren festen und flüssigen Lebensmitteln

---

800 CAS 2010/A/2268 I v. FIA, Rn. 142.

801 CAS 2011/A/2403 WADA v. FIG & Melnychenko, Rn. 7.5.

802 Siehe CAS 2012/A/2997 NADA v. Y, Rn. 46.

803 So auch *Fiedler*, Das Doping minderjähriger Sportler, S. 228; *Haas/Boccucci*, Causa Sport 2011, 5, 16.

804 Siehe oben unter § 4 D. II. 2. a. aa. (2) (e) (aa).

gewähren[805]. Allerdings ist dem Alter und der Erfahrung des Minderjährigen entsprechend auch hier der Sorgfaltsmaßstab herabzusetzen. Dies bedeutet, man wird einem 12-Jährigen keinen Vorwurf machen können, wenn er von seinem Trainer sabotiert wird, indem ihm trotz Nachfragens versichert wird, dass es sich bei dem angebotenen Riegel oder dem Nahrungsergänzungsmittel um keines handelt, welches verboten ist. Wenn der 12-Jährige alles Erforderliche unternimmt, um seinen Sorgfaltsanforderungen nachzukommen, wird man ihm kein Verschulden vorwerfen können. Anders sind Fälle zu beurteilen, in denen ein 16-Jähriger blind seinem Trainer vertraut und ohne Fragen alles einnimmt.

Allerdings räumt die Berücksichtigung der Minderjährigkeit beim Verschulden den Verbänden oder dem CAS nur eine Art Ermessen ein und es ist keine definitive Privilegierung für Minderjährige, die in jedem Fall angewendet werden muss. Wenn der Verband oder das CAS annimmt, dass zwischen dem Alter des Athleten und dem Grad des Verschuldens keine Verbindung besteht, muss es die Sperre auch nicht reduzieren. Somit handelt es sich um eine Einzelfallprüfung. Dies ist aber auch gerechtfertigt, denn so kann je nach Alter des Minderjährigen und seiner Erfahrung das Verschulden verschieden stark berücksichtigt werden. Es ist gerade Ausdruck des Zivilrechts, dass auf die Einsichtsfähigkeit abgestellt wird, was durch § 828 Absatz 3 BGB deutlich wird. Im Ergebnis besteht ein Unterschied, ob ein 17-Jähriger bei der Einnahme eines Medikaments nicht überprüft, ob es einen Wirkstoff enthält der verboten ist, oder ob es sich dabei um einen 12-Jährigen handelt, der seinen Eltern vertraut und das Medikament ohne Prüfung des Wirkstoffs einnimmt. Ebenso kann es einen Unterschied für die Beurteilung des Verschuldens machen, ob ein 15-jähriger Schwimmer schon seit Jahren auf hohem Leistungsniveau schwimmt oder ob ein Minderjähriger erst seit kurzem mit dem Leistungssport begonnen hat. Zu prüfen ist je nach Alter und Erfahrung des Minderjährigen, ob er alles Erforderlich unternommen hat um seinen Sorgfaltspflichten nachzukommen. Die Anforderungen können stark variieren. Von einem 17-Jährigen kann man verlangen, dass er ein Medikament auf seine Wirkstoffe überprüft und nachschaut, ob sie auf der „Verbotenen Liste" stehen. Falls er Zweifel hat, ist von ihm ebenfalls zu erwarten, dass er einen Arzt aufsucht und bei einem Trainer nachfragt. Wenn er dies unternommen hat, kann davon ausgegangen werden, dass „kein grobes Verschulden oder keine grobe Fahrlässigkeit" vorliegt. Wenn ein 16-Jähriger bei einer vorgeschlagenen in Frage stehenden Behandlungsmethode nicht nur den Bundestrainer, sondern auch einen Arzt an einem Olympiastützpunkt nach der Zulässigkeit fragt, und dies

805 Vergleich Kommentar zu Artikel 10.4 WADC.

bejaht wird, ist sogar davon auszugehen, dass ihn kein Verschulden und keine Fahrlässigkeit trifft[806]. Bei einem 11- oder 12-Jährigen ist dagegen von einen noch niedrigeren Sorgfaltsmaßstab auszugehen. Wenn er von seinem Trainer getäuscht oder sabotiert wird, indem er ein kontaminiertes Produkt verabreicht bekommt, ist ihm kaum zuzumuten bei einem Arzt an einem Olympiastützpunkt oder der NADA nachzufragen. Wenn er seine Eltern oder den Trainer fragt, ob es sich dabei um ein verbotenes Mittel handelt, muss man davon ausgehen, dass ihm zumindest „kein grobes Verschulden und keine grobe Fahrlässigkeit" vorzuwerfen ist[807]. Es muss den Verbänden bzw. dem CAS die Möglichkeit gegeben werden zu unterscheiden, inwieweit der Minderjährige einsichtsfähig war. Dies wird gewährleistet, indem die Minderjährigkeit und die Erfahrenheit Faktoren sind, die bei der Bemessung des Verschuldens eine Rolle spielen. Demnach kann durch die Berücksichtigung des Minderjährigen in der allgemeinen Verschuldensdefinition ein einzelfallgerechtes Ergebnis für den Minderjährigen erzielt werden und die Vorschrift berücksichtigt die Minderjährigkeit ausreichend.

(b) Nachweis wie der verbotener Stoff in den Organismus gelangt ist

Im aktuellen Code von 2015 müssen erwachsene Athleten für die Anwendung von „kein Verschulden oder keine Fahrlässigkeit" bzw. „kein grobes Verschulden oder keine grobe Fahrlässigkeit" nachweisen wie der verbotene Stoff in ihren Organismus gelangt ist. Die Minderjährigen müssen diesen Nachweis nicht erbringen, um sich auf Artikel 10.4 oder 10.5 WADC zu berufen und eine Reduzierung oder Aussetzung der Sperre zu erreichen[808]. Unter den WADA-Codes von 2003 und 2009 war es auch für Minderjährige Voraussetzung für eine Minderung oder Aussetzung der Sanktion, dass der Athlet darlegen konnte, auf welche Weise die verbotene Substanz in seinen Körper gelangte[809]. Wenn er dies nicht

806 So auch CAS 2012/A/2997 NADA v. Y, Rn. 44 ff.

807 So auch *Fiedler*, Das Doping minderjähriger Sportler, S. 228; *Heger*, in: Kauerhof/Nagel/Zebisch, Olympische Jugendspiele, S. 25, 34.

808 Siehe die Definitionen von „Kein Verschulden oder keine Fahrlässigkeit" und. „Kein grobes Verschulden oder keine grobe Fahrlässigkeit" im WADA-Code bzw. „Kein Verschulden" und „Kein signifikantes Verschulden" im NADA-Code.

809 Artikel 10.4, 10.5.1 und 10.5.2 WADC 2009; Artikel 10.4, 10.5.1 und 10.5.2 NADC-Code 2009; CAS 2010/A/2268 I. v. FIA, Rn. 124 ("[…] the proof of the route of ingestion is the first precondition to examine the Driver's degfree od fault or intention in ingesting Nikethamide. If the said precondition is not met by the Appellant, the Panel cannot even discuss the issue of the Driver's degree of fault."); CAS 2007/A/1413 WADA v/FIG & Vysotskaya, Rn. 74; bei 18-jährigem: CAS 2009/A/1954 WADA v.

nachweisen konnte, war der Weg zu einer Reduzierung der Sperre verschlossen. In der Praxis scheiterte eine Anwendung von Artikel 10.4 WADC daran regelmäßig[810]. Bei dem 12-jährigen Kartfahrer, der ebenfalls nicht nachweisen konnte, wie die Substanz in seinen Körper gelangte, hat das CAS die eigentlich anzuwendende Sperre von zwei Jahren als unverhältnismäßig angesehen, einen außergewöhnlichen Fall angenommen und die Sperre auf 18 Monate reduziert[811]. Wenn man den Fall unter dem jetzigen WADA-Code begutachtet, hätte das CAS nicht den „umständlichen Weg" über die Verhältnismäßigkeit gehen müssen. Es wäre unschädlich gewesen, dass der Minderjährige nicht nachweisen konnte, wie die Substanz in seinen Körper gelangt ist. Das CAS hätte dann das Verschulden des Minderjährigen trotzdem berücksichtigen können, ohne dass der Minderjährige den Nachweis wie die Substanz in seinen Körper gelangt ist, hätte erbringen müssen.

Das CAS hat die Möglichkeit, den Grundsatz der Verhältnismäßigkeit anzuwenden[812] und kann so sicherstellen, dass es zu keinen überzogenen Sperren für Minderjährige kommt, auch in Fällen, in denen nach einer strikten Anwendung der Anti-Doping-Regeln keine Minderung vorzunehmen ist. Trotzdem erleichtert die Privilegierung die Möglichkeit der Berücksichtigung des Verschuldens und somit auch eine Reduzierung der Sperre. Die Privilegierung zugunsten des Minderjährigen stellt sicher, dass das Verschulden des Minderjährigen berücksichtigt werden kann, auch in Fällen, in denen unter dem alten Code keine Reduzierung möglich war.

Bei der Privilegierung ist zu bedenken, dass gerade die Herkunft der verbotenen Substanz die Voraussetzung ist, um den Grad des Verschuldens beurteilen zu können[813]. Nur wenn man weiß, wie die Substanz in den Körper gelangt ist, kann man eine Bewertung darüber anstellen, ob der Athlet die notwendige

---

Confederacfio Brasileira de Judo (CBJ) & Victor Penalber, Rn. 6.14 („Notwithstanding the assessment of the Atblete's youth and inexperience, it is, nevertheless, still a pre-requisite according […] that the Athlete can prove, how the Prohibited Substance entered his system […]").

810 *Haas/Boccucci*, Causa Sport 2011, 5, 13; bei minderjährigen Athleten: CAS 2008/A/1471 FINA vs. Tagliaferri and Federazione Italiana Nuoto & CAS 2008/A/1486 WADA v/ CONI and Tagliaferri, Rn. 9.5.2; CAS 2007/A/1413 WADA v/FIG & Vysotskaya, Rn. 76 f.; CAS 2010/A/2268 I v. FIA, Rn. 130.

811 CAS 2010/A/2268 I v. FIA, Rn. 133 ff.

812 CAS 2010/A/2268 I v. FIA, Rn. 134 ff.

813 *Fiedler*, Das Doping minderjähriger Sportler, S. 252; *Rigozzi/Viret/Wisnosky/Muresan/Kesseli*, Causa Sport 2014, 299, 306.

Sorgfalt angewendet hatte, um den Verstoß zu verhindern. Indem die Minderjährigen diesen Nachweis nicht erbringen müssen, werden sie somit allein auf Grund ihrer Minderjährigkeit privilegiert[814].

Die Minderjährigkeit ist aber auch der Grund für ihre Schutzbedürftigkeit. Für Minderjährige ist es oft schwierig, genau nachzuweisen, wie die Substanz in ihren Körper gelangt ist, etwa weil sie nicht genauso aufmerksam sind wie Erwachsene. Dies müssen sie auch nicht sein, denn es gilt für sie gerade ein abgeschwächter Sorgfaltsmaßstab. So hat der 12-jährige Kartfahrer vermutet, dass die verbotene Substanz von einem Bonbon stammte, das er entweder aus Versehen genommen oder von einem Kollegen während einer Rennpause angeboten bekommen hatte[815]. Eine junge Turnerin gab zu, die Aufbewahrung von ihren Getränken vernachlässigt zu haben[816]. Beide konnten jedoch nicht den Nachweis erbringen, dass die verbotene Substanz tatsächlich auf diesem Wege in ihren Körper gelangt war.

Durch die Privilegierung erhält der Minderjährige zudem nicht automatisch eine geringere Sperre, sondern es wird in einem ersten Schritt nur eine Art „Beweiserleichterung“ geschaffen. Er muss den Nachweis nicht erbringen, wie die Substanz in seinen Körper gelangt ist. In einem zweiten Schritt ist dann trotzdem das Verschulden des Minderjährigen im Einzelfall zu prüfen. Wenn es sich dabei um einen 17-jährigen Athleten handelt, der bereits über sehr viel Erfahrung verfügt und der trotz gemindertem Sorgfaltsmaßstab grob fahrlässig gehandelt hat, wird er trotzdem keine Reduzierung erhalten. Dadurch dass der Minderjährige den Nachweis nicht erbringen muss, wird sichergestellt, dass beim Verschulden die Minderjährigkeit und die Erfahrung berücksichtigt werden können, auch dann, wenn der Minderjährige nicht nachweisen kann, wie die Substanz in seinen Körper gelangt ist, was für Erwachsene eine Reduzierung der Sperre nach Artikel 10.4 und 10.5 WADC ausschließt.

Die Privilegierung für die Minderjährigen ist daher zu begrüßen und bietet mit der Verschuldensdefinition zusammen eine ausreichende Schutzmöglichkeit, um die Minderjährigkeit beim Verschulden zu berücksichtigen.

### (c) Minderung der Sperre bei Eingeständnis des Minderjährigen gemäß Artikel 10.6 WADC

Nach Artikel 10.6.2 WADC kann die Dauer der Sperre gemindert werden, wenn der Minderjährige freiwillig einen Verstoß gegen Anti-Doping-Bestimmungen

---

814 *Rigozzi/Viret/Wisnosky/Muresan/Kesseli*, Causa Sport 2014, 299, 306.

815 CAS 2010/A/2268 I. v. FIA, Rn. 127.

816 CAS 2007/A/1413 WADA v/ FIG & Vysotskaya, Rn. 75.

eingesteht, bevor ihm die Probenahme angekündigt wurde, die einen Verstoß gegen Anti-Doping-Bestimmungen nachweisen könnte und wenn das Eingeständnis zu dem Zeitpunkt den einzigen zuverlässigen Nachweis des Verstoßes darstellt. Nach Artikel 10.6.3 WADC kommt eine Herabsetzung in Betracht, wenn der Minderjährige den Verstoß unverzüglich eingesteht, sobald er oder sie von der Anti-Doping-Organisation damit konfrontiert wurde. Da in beiden Vorschriften keine Besonderheiten für den Minderjährigen gelten, ist fraglich, ob der Minderjährige umfassend geschützt ist und ob ein Geständnis eines Minderjährigen ohne Weiteres wirksam ist. Da wie bereits oben[817] festgestellt, die Dopingregeln auch auf Minderjährige Anwendung finden, kann grundsätzlich auch das Geständnis des Minderjährigen berücksichtigt werden. Fraglich ist, ob der gesetzliche Vertreter bei dem Geständnis anwesend sein muss. Anlass zu der Überlegung kann § 67 JGG geben, wonach auch die Erziehungsberechtigten unter anderem das Recht haben bei Untersuchungshandlungen anwesend zu sein. Das Recht auf Anwesenheit besteht bei jeder polizeilichen Vernehmung[818]. Daraus könnte man schließen, dass der gesetzliche Vertreter auch ein Recht hat, bei dem Geständnis des Minderjährigen anwesend zu sein. Allerdings ist, wie bereits erwähnt, das Verbandsrecht kein Strafrecht, so dass es sich auch nicht um eine Vernehmung wie im Strafrecht handelt. Bei Artikel 10.6.2 WADC ist Voraussetzung, dass es außer dem Eingeständnis keine anderen Beweise für einen Verstoß gibt, so dass es auch keine Vernehmungssituation gibt, sondern die Initiative zu dem Verstoß etwas zu sagen von dem Minderjährigen selbst und aus freien Stücken ohne jeglichen Druck ausgeht. Aus diesem Grund ist es nicht geboten, die Anwesenheit eines gesetzlichen Vertreters bei einem freiwilligen Geständnis nach Artikel 10.6.2 WADC zu fordern. Allerdings ist fraglich, ob der Minderjährige besonders belehrt werden muss um dessen Schutzbedürfnis zu wahren. Gemäß § 70 a Absatz 1 Satz 1 JGG müssen vorgeschriebene Belehrungen des Jugendlichen in einer Weise erfolgen, die seinen Entwicklungs- und Bildungsstand entsprechen. Zunächst einmal gilt zu beachten, dass der WADA-Code hinsichtlich des Eingeständnisses keine Belehrungen vorsieht, auch nicht bei Erwachsenen, was gegen eine entsprechend Anwendung des § 70 a Absatz 1 Satz 1 JGG spricht, der nur bei vorgeschriebenen Belehrungen eine Besonderheit normiert. Zudem ist auch hier wieder zu betonen, dass es sich bei dem Verbandsrecht nicht um Strafrecht handelt. Das Eingeständnis nach Artikel 10.6.2 WADC wird freiwillig und aus freien Stücken abgegeben ohne dass die

817 Siehe oben § 4 D. II. 2. a. bb. (1).

818 Ostendorf/*Sommerfeld*, § 67, Rn. 10.

Initiative von den Behörden ausgeht. Der Minderjährige hat genügend Zeit darüber nachzudenken und ausgiebig Gelegenheit sich mit seinen Eltern zu besprechen. Wenn der Minderjährige erkennt, dass er einen Verstoß gegen die Anti-Doping-Bestimmungen begangen hat und dies aus freien Stücken der Anti-Dping-Organisation melden möchte, dann kann auch davon augegangen werden, dass er sich bewusst ist, was dies bedeutet und dass er die ausreichende Reife besitzt die Folgen seines Handelns abzuschätzen und zu erkennen, dass er bei einem Eingeständis gesperrt wird. Das Eingeständis nach Artikel 10.6.2 WADC ist ungezwungen und der Minderjährige hat reichlich Zeit sich der Bedeutung bewusst zu werden, so dass weder die Eltern anwesend sein müssen noch er besonders belehrt werden muss.

Die Ausgangssituation im Falle des Artikel 10.6.3 WADC entspricht eher der einer Vernehmung im Strafrecht, da der Verstoß bereits bekannt ist, der Minderjährige sich in einer ähnlichen Drucksituation befindet und daraufhin den Verstoß unverzüglich eingesteht. Fraglich ist daher, ob die gesetzlichen Vertreter bei einem unverzüglichen Eingeständis anwesend sein müssen. Hier gilt zu berücksichtigen, dass das Geständnis nach Artikel 10.6.3 WADC nur eine positive Auswirkung für den Minderjährigen hat. Der Verstoß gegen eine Anti-Doping-Bestimmung ist bereits bekannt und der Verstoß steht fest. Wenn man verlangen würde, dass die Eltern bei einem solchen Eingeständnis anwesend sind und womöglich ein Geständis unwirksam wäre, wenn die Eltern nicht anwesend gewesen sind, würde sich dies unter Umständen negativ für den Minderjährigen auswirken, da sein Geständnis nicht verwertet werden könnte und die Sperre nicht nach Artikel 10.6.3 WADC gemindert werden könnte. Es bedarf auch keiner besonderen Belehrung des Minderjährigen. Er muss nicht besonders geschützt werden, da ein unverzügliches Eingestädnis eines Verstoßes nur positive Wirkungen hinsichtlich der Dauer der Sperre entfalten kann. Ein Vergleich kann daher zu § 107 BGB gezogen werden, wonach nur eine Willenserklärung, durch die der Minderjährige nicht lediglich einen rechtlichen Vorteil erlangt, der Einwilligung seines gesetzlichen Vertreters bedarf, was im Umkehrschluss bedeutet, dass lediglich rechtlich vorteilhafte Willenserklärungen keiner Einwilligung bedürfen. Das Eingeständis nach Artikel 10.6.3 WADC ist lediglich rechtlich vorteilhaft für den Minderjährigen, weswegen weder die Eltern anwesend sein müssen, noch eine besondere Belehrung des Minderjährigne erforderlich ist. Folglich wird der Minderjährige bei dem Geständnis umfassend geschützt und es bedarf keiner Anpassung der Bestimmungen.

### (d) Zurechnung Verschulden Dritter

Wie oben erläutert, sind beim Minderjährigen geringere Anforderungen an den Sorgfaltsmaßstab zu stellen[819]. Insbesondere betreffend der Überwachung und Auswahl seines Umfelds wird man dem Minderjährigen selten eine Missachtung der Sorgfaltspflichten vorwerfen können[820]. Ob dies mit der ursprünglichen Zielsetzung des Artikels 10.4 WADC, dass nur unter besonderen Umständen eine Sperre aufgehoben werden soll, vereinbar ist, ist fraglich[821]. Daher ist zu überlegen, ob dem Minderjährigen das Verschulden des Athletenbetreuers zuzurechnen ist.

#### (aa) Zurechnung

Eine ausdrückliche Regelung zur Zurechnung des Verschuldens gibt es im WADA-Code nicht. Allerdings hat das CAS in einer Entscheidung aus dem Jahr 2006 einer 15-jährigen Tennisspielerin das Verhalten ihres Vaters zugerechnet[822]. Wenn der minderjährige Sportler noch nicht fähig sei, die Anti-Doping-Regeln zu verstehen, dürfe er entweder nicht teilnehmen oder die Verantwortung werde von den Eltern oder dem Trainer übernommen, die in der Lage sind, die Regeln zu verstehen[823]. Ansonsten könnten skrupellose Eltern oder Trainer die Situation ausnutzen in dem Wissen, dass dem Minderjährigen keine Sanktion drohe[824]. Dies würde dazu führen, dass die jüngsten Athleten den höchsten Gefahren ausgesetzt wären, obwohl diese eigentlich den größten Schutz benötigen[825]. Die Übertragung der Anti-Doping Pflichten auf die Eltern oder den Trainer sei die einzige Möglichkeit, um die Chancengleichheit zwischen den Wettbewerbern und den Gesundheitsschutz für die Minderjährigen zu gewährleisten[826]. Dies bedeute, dass der Sorgfaltsmaßstab des Vertreters (Eltern, Trainer, Betreuer) der Sportlerin beim Verschulden zugerechnet werde[827]. *Fiedler* sieht in der Zurechung keinen Verstoß gegen das Verschuldensprinzip[828]. Da die Dopingsperre keine kriminalrechtliche Strafe, sondern eine rechtsgeschäftliche Unterwerfung

---

819 Siehe oben unter § 4 D. II 2. a. bb. (2) (a).
820 *Fiedler*, Das Doping minderjähriger Sportler, S. 229.
821 So auch *Fiedler*, Das Doping minderjähriger Sportler, S. 229.
822 CAS 2006/A/1032 Karatancheva v/ITF, Rn. 145.
823 CAS 2006/A/1032 Karatancheva v/ITF, Rn. 142.
824 CAS 2006/A/1032 Karatancheva v/ITF, Rn. 142; *Fiedler*, S. 234.
825 CAS 2006/A/1032 Karatancheva v/ITF, Rn. 142.
826 CAS 2006/A/1032 Karatancheva v/ITF, Rn. 142.
827 CAS 2006/A/1032 Karatancheva v/ITF, Rn. 145.
828 *Fiedler*, Das Doping minderjähriger Sportler, S. 233 ff.

privatrechtlicher Natur sei, könnten zivilrechtliche Wertungen herangezogen werden[829]. Im Zivilrecht sei es auch durchaus üblich, dass fremdes Verschulden beispielsweise gemäß § 278 BGB zugerechnet werde. Zudem könne das Verschulden aus generalpräventiven Aspekten und dem Gedanken der Chancengleichheit zugerechnet werden[830]. Darüber hinaus habe der Athletenbetreuer die Möglichkeit der Exkulpation, indem er nachweist, dass er die äußerste Sorgfalt angewendet habe und ihn kein Verschulden treffe (z.B. Fleischkontamination)[831].

#### (bb) Keine Zurechnung

*Lehner* geht davon aus, dass man den Kindern nicht das Verschulden ihrer Vertreter zurechnen könne[832]. Die Eltern seien bei der Wahrnehmung der gesetzlichen Verantwortung, im Rahmen derer sie die Anti-Doping-Regelungen anerkannt haben, als Vertreter ihrer Kinder und nicht als Verrichtungsgehilfen im Sinne des § 831 BGB tätig, da sich die Kinder ihre Eltern nicht aussuchen können[833]. Die Eltern seien auch keine vertraglichen Erfüllungsgehilfen im Sinne des § 278 BGB. Der Minderjährigenschutz wäre sonst aufgehoben und es käme nicht mehr auf das Verschulden des Minderjährigen, sondern auf die Ehrlichkeit oder Professionalität der Eltern oder Athletenbetreuer an[834]. Es könne nicht sein, dass durch die Zurechnung ein Minderjähriger wie ein Erwachsener behandelt wird und ihm seine Minderjährigkeit und mangelnde Erfahrung nicht zugute komme[835].

#### (cc) Stellungnahme

*Fiedler* ist zunächst Recht zu geben, dass zivilrechtliche Wertungen herangezogen werden können und ein Vergleich mit § 278 BGB zeigt, dass eine Zurechung fremden Verschuldens möglich ist[836]. Die Intention des § 278 BGB ist, dass demjenigen, dem die volle Teilnahme am Rechtsverkehr nur durch das Handeln eines anderen möglich ist, für dessen Handeln auch einstehen soll. Er hat die erhöhten Risiken zu tragen, wenn er bei der Vorbereitung und Durchführung der

829 *Fiedler*, Das Doping minderjähriger Sportler, S. 233 f.
830 *Fiedler*, Das Doping minderjähriger Sportler, S. 235 ff.
831 *Fiedler*, Das Doping minderjähriger Sportler, S. 235.
832 SportR in der Praxis/*Lehner*, 10. Kapitel, Rn. 1420 ff.; *ders.* Doping 2011, 205, 208.
833 SportR in der Praxis/*Lehner*, 10. Kapitel, Rn. 1421.
834 SportR in der Praxis/*Lehner*, 10. Kapitel, Rn. 1422.
835 SportR in der Praxis/*Lehner*, 10. Kapitel, Rn. 1422a.
836 *Fiedler*, Das Doping minderjähriger Sportler, S. 234.

Leistung Hilfspersonen einsetzt[837]. Der Minderjährige, der nicht in der Lage ist, seinen Pflichten nachzukommen und sich aus diesem Grund einer „Hilfsperson" in Form der Eltern oder des Trainers bedient, muss sich auch deren Verschulden zurechnen lassen. Es kann auch nicht überzeugen, dass ein Minderjähriger sich seine Eltern nicht aussuchen könne[838]. Auch ihm Rahmen des § 278 BGB wird das Verschulden der gesetzlichen Vertreter beispielsweise der Eltern zugerechnet, ohne dass sich die Minderjährigen diese aussuchen können[839].

Grundsätzlich stehen sich bei der Zurechnung zwei starke Argumente mit weitreichenden Konsequenzen gegenüber. Wenn das Verschulden nicht zugerechnet wird, aber auf Grund des niedrigen Sorgfaltsmaßstabes der Minderjährige nicht oder nur gering bestraft wird, wird ein Anreiz seitens des Athletenbetreuers geschaffen, dass er den Minderjährigen dopt[840]. Der Minderjährigenschutz ist ohne Zweifel als sehr hoch einzustufen und der Anreiz, Minderjährige zu dopen, muss unterbunden werden[841]. Der Gesundheitsschutz des Minderjährigen stellt auch einen legitimen Verbandszweck dar, weswegen das Verschulden zugerechnet werden kann[842]. Wenn man das Verschulden allerdings zurechnet und so den Anreiz, den Minderjährigen zu dopen, nimmt, dann kommt es auf das Verschulden des Minderjährigen nicht an. Dies bedeutet, selbst wenn er alles unternommen hatte, was man von ihm erwarten konnte, aber er von seinem Athletenbetreuer sabotiert und gedopt wurde, wird er trotzdem – wie ein Erwachsener – bestraft. Dies führt dazu, dass die Regelungen über die Berücksichtigung der Minderjährigkeit beim Verschulden ins Leere laufen würden. *Fiedler* will aus diesem Grund im Rahmen der Dauer der Sperre bei der Verhältnismäßigkeit den Minderjährigen bzw. sein Alter berücksichtigen und zu einer reduzierten Sperre für den Minderjährigen kommen. Diese dürfe allerdings nicht um mehr als die Hälfte reduziert werden, da sonst der Abschreckungsgedanke keine Wirkung mehr entfalte[843].

In diesem Zusammenhang ist es allerdings nicht unwichtig zu erwähnen, dass das Urteil, in dem das CAS eine Zurechnung angenommen hatte, noch unter

---

837 HK-BGB/*Schulze*, § 278 BGB, Rn. 1.
838 SportR in der Praxis/*Lehner*, 10. Kapitel, Rn. 1421.
839 Jauernig/*Stadler*, § 278 BGB, Rn. 17.
840 CAS 2006/A/1032 Karatancheva v/ITF, Rn. 142; dazu auch *Fiedler*, Das Doping minderjähriger Sportler, S. 236.
841 Dazu auch bereits oben unter § 4 D. II. 2. a. bb. (1). (c).
842 Siehe *Fiedler*, Das Doping minderjähriger Sportler, S. 235 ff.; siehe dazu bereits oben unter § 4 D. II. 2. a. bb. (1) (c).
843 *Fiedler*, Das Doping minderjähriger Sportler, S. 249 ff.

dem Code von 2003 erging. Dies bedeutet, dass die Minderjährigkeit noch kein Faktor war, der beim Verschulden berücksichtigt werden musste. Dies ist nun der Fall. Wenn man in jedem Fall, in dem den Minderjährigen auf Grund seines abgesenkten Sorgfaltsmaßstabes keine oder nur eine geringe Sperre trifft und daher auf die Eltern oder den Trainer abstellt wird, würden die Verschuldensregelungen zugunsten des Minderjährigen unterlaufen werden. Er würde dann gerade nicht mehr privilegiert, sondern in jedem Fall wie ein Erwachsener haften, denn fast bei jedem Minderjährigen, zumindest bei den unter 15-Jährigen, spielen die Eltern noch eine große Rolle und die Betreuer haben einen erheblichen Einfluss. Dies widerspricht dem klaren Wortlaut des WADA-Codes wonach die Minderjährigkeit beim Verschulden berücksichtigt werden soll. Zudem führt es zu einer extremen Ungleichbehandlung, da die jüngsten Athleten dann durch das zugerechnete Verschulden wie Erwachsene bestraft werden, aber bei älteren Minderjährigen, die ihren Pflichten selbst nachkommen und nur leicht fahrlässig handeln, die Sperre reduziert wird.

Eine Zurechnung kann daher nicht in jedem Fall in Betracht kommen. Eine Zurechnung ist nur möglich, wenn nach außen klar erkennbar ist, dass die Eltern oder der Trainer die Erfüllung der Anti-Doping-Pflichten für den Minderjährigen übernommen haben, also z.B. neben den üblichen Formalien auch umfassend die Ernährung bestimmen und die Medikamente überprüfen. Wenn dies nicht klar wird, insbesondere die gesetzlichen Vertreter nur unterstützend mitwirken und auch der Minderjährige seine Aufgaben und Pflichten wahrnimmt, muss eine Zurechung ausscheiden. Dies würde sonst zu weit führen und die Verschuldensregeln für den Minderjährigen würden dadurch aufgehoben. Allerdings wird sich in der Praxis das Problem ergeben, dass nicht nachgewiesen werden kann, in welchem Umfang die Athletenbetreuer die Aufgaben und Pflichten für den Minderjährigen übernommen haben.

Zudem gehört es grundsätzlich zu den Pflichten jedes Minderjährigen, auch dafür Sorge zu tragen, dass seine Betreuer ordnungsgemäß handeln. Bei einem Minderjährigen ist der Maßstab dafür abgemindert. Trotzdem darf auch ein 13-Jähriger nicht völlig blind vertrauen, was ihm seine Eltern oder sein Trainer verabreichen. Wenn er am Sport teilnimmt, dann muss er sich auch im Rahmen seines Sorgfaltsmaßstabes an die Pflichten halten. Aus diesem Grund kann erwartet werden, dass auch er bei Medikamenten zumindest seinen Trainer fragt, ob es sich dabei möglicherweise um eine verbotene Substanz handeln könnte. Sicherlich ist es übertrieben, in jedem einzelnen Fall von dem Minderjährigen zu erwarten, dass er eine zweite Meinung einholt, auf eigene Faust im Internet recherchiert und einen Arzt fragt. Wenn er allerdings nichts tut und in einem blinden Vertrauen keine Lebensmittel oder Medikamenteneinnahme hinterfragt, hat *er* bereits nicht alles Erforderliche unternommen. In diesem Fall kommt es nicht auf eine Zurechnung des Verschuldens an, da bereits der Minderjährige seinen Pflichten nicht ordnungsgemäß nachgekommen ist.

#### (e) Beweislastverteilung

Die Verschuldensregelungen für Minderjährige sind als rechtmäßig und verhältnismäßig zu erachten. Fraglich ist, ob dies auch für die Beweislastregelungen bei Minderjährigen gilt.

Grundsätzlich ist die Beweislast zwischen Verband und Athlet dergestalt verteilt, dass der Verband objektiv den Verstoß gegen die Anti-Doping-Bestimmungen darlegen muss und der Athlet danach die Möglichkeit hat, den Nachweis zu erbringen, dass ihn kein Verschulden oder kein grobes Verschulden trifft[844].

Grundsätzlich sind die Verbände im Wege der Verbandsautonomie ermächtigt, Beweisregeln festzulegen. Dazu gehört auch die Beweislastverteilung[845]. Wie bereits oben dargelegt, soll hier davon ausgegangen werden, dass das „strict liability"-Prinzip grundsätzlich verhältnismäßig ist[846].

*Lehner* fordert, dass das „strict liability"-Prinzip für Minderjährige keine Anwendung findet[847]. Bei jedem mutmaßlichen Dopingvergehen müsse die Anti-Doping-Organisation die volle Beweislast für die Einsichts- und Steuerungsfähigkeit des Minderjährigen tragen[848]. Der Minderjährige verfüge vor dem 16. oder 17. Lebensjahr nicht über eine Einsichtsfähigkeit und die Fähigkeit, entsprechend dem erkannten Verbot zu handeln.

Wie oben bereits festgestellt, ist davon auszugehen, dass ein minderjähriger Athlet, der die Wettkampfregeln versteht, auch in der Lage ist, die Anti-Doping-Regeln zu verstehen[849]. Auch bei einem Minderjährigen begründet zunächst der Nachweis eines Dopingverstoßes den Anschein, dass dieser auch schuldhaft begangen wurde[850]. Dies liegt darin begründet, dass sowohl auf das persönliche Verschulden des Minderjährigen als auch auf das zugerechnete Verschulden des Athletenbetreuers abgestellt wird[851]. Der Minderjährige hat danach wie

844 Zur Beweislast siehe oben unter § 4 D. II. 2. a. aa. (2) (b).
845 SportR in der Praxis/*Lehner*, 10. Kapitel, Rn. 1377.
846 Siehe oben unter § 4 D. II. 2. a. aa. (2) (d).
847 SportR in der Praxis/*Lehner*, 10. Kapitel, Rn. 1411 ff.
848 SportR in der Praxis/*Lehner*, 10. Kapitel, Rn. 1417.
849 Siehe dazu bereits oben unter § 4 D. II. 2. a. bb. (1) (c).
850 So auch *Fiedler*, Das Doping minderjähriger Sportler, S. 241.
851 *Fiedler*, Das Doping minderjähriger Sportler, S. 241.

der Erwachsene die Möglichkeit nachzuweisen, dass ihn kein Verschulden trifft und bei diesem Nachweis wird er privilegiert, da er nicht darlegen muss wie die Substanz in seinen Körper gelangt ist. Ihm kommt somit eine Art Beweiserleichterung zu gute. Demnach ist auch das „strict liability"-Prinzip bei dem Minderjährigen rechtmäßig.

#### (3) Ausgestaltung der Sperre

Die Sonderregeln für das Verschulden der Minderjährigen sind rechtmäßig und sie privilegieren den Minderjährigen ausreichend. Fraglich ist allerdings, ob die Dauer der Sperre und deren Ausgestaltung die Stellung der Minderjährigen ausreichend berücksichtigt. Für einen Verstoß gegen Artikel 2.1 WADC wird eine Sperre von vier Jahren verhängt, wenn der Athlet den Verstoß vorsätzlich begangen hat. Wenn kein Vorsatz vorliegt, dem Minderjährigen aber grobe Fahrlässigkeit vorgeworfen werden kann, liegt die Sperre in der Regel bei zwei Jahren. Wenn der Minderjährige „kein grobes Verschulden oder keine grobe Fahrlässigkeit"[852] nachweisen kann, wird die Sperre bei Verstößen, welche die spezifischen Stoffe oder kontaminierten Produkte betreffen, in eine Abmahnung ohne Sperre und höchstens einer Sperre von zwei Jahren, je nach Schwere des Verschuldens, gemindert. Bei Verstößen, die keine spezifischen Stoffe oder kontaminierte Produkte betreffen, darf die geminderte Dauer der Sperre nicht weniger als die Hälfte der ansonsten geltenden Sperre betragen. Nur wenn der minderjährige Athlet nachweisen kann, dass ihn kein Verschulden trifft, wird seine Sperre aufgehoben.

Dadurch, dass die Minderjährigkeit und die Erfahrung des Athleten Faktoren sind, die beim Verschulden berücksichtigt werden, wirkt sich die Minderjährigkeit mittelbar auf die Dauer der Sperre aus, da das Verschulden ein entscheidender Faktor bei der Festlegung der Dauer der Sperre ist[853]. Fraglich ist, ob sich die Minderjährigkeit darüber hinaus auch unmittelbar auf die Ausgestaltung einer Sanktion und die Dauer der Sperre auswirken kann.

#### (a) Jugendspezifische Strafen

Einige Stimmen in der Literatur fordern, dass die Minderjährigkeit auch bei der Dauer der Sperre per se berücksichtigt werden solle und dass jugendstrafrechtliche

852 Der NADA-Code spricht insoweit wieder nur von signifikantem Verschulden.
853 *Fiedler*, Das Doping minderjähriger Sportler, S. 243.

Aspekte zur Anwendung kommen müssen[854]. Die Argumentation wird hauptsächlich vom Erziehungsgedanken getragen[855]. Bei Erwachsenen und Minderjährigen sei nicht von der gleichen psychischen Robustheit auszugehen[856], vielmehr bedürfe der Minderjährige der pädagogischen Führung[857]. Das Sanktionsempfinden sei bei Minderjährigen höher als bei Erwachsenen[858]. Den Minderjährigen fehle es an der Fähigkeit, die Strafe intellektuell und emotional aufzuarbeiten[859]. Der primär mit den Dopingstrafen verbundene Dopingzweck der Abschreckung (negative Generalprävention) sei zudem im Jugendstrafrecht verboten[860]. Es komme nicht auf Ahndung und Sühne, sondern auf die Erziehungsbedürftigkeit an[861].

Bei Minderjährigen sei die Sanktionsmaßnahme mit der größtmöglichen Resozialisierung und diejenige, die am wenigsten belastet, zu wählen[862]. Bei Sanktionen gegen Minderjährige müsse berücksichtigt werden, dass sich ihre Persönlichkeit noch in der Entwicklung befinde[863]. In der Literatur werden verschiedene Sanktionsmöglichkeiten diskutiert. Vorgeschlagen werden Ermahnungen und Verwarnungen[864] oder Auflagen und Weisungen, durch die dem Jugendliche verdeutlicht werden kann, welche Werte und Prinzipien mit dem Dopingverbot geschützt werden sollen (z.B. durch einen Workshop)[865]. Statt

---

854 *Heger*, in: Kauerhof/Nagel/Zebisch, Olympische Jugendspiele, S. 25, 32; *ders.*, in: Spitzer/Franke, Sport, Doping, Enhancement, S. 209, 212; *Petri*, Die Dopingsanktion, S. 225, 247; *Petri*, Die Dopingsanktion, S. 247; *Senkel*, in: Asmuth/Binkelmann, Entgrenzungen des Machbaren, S. 375, 386 ff.; SportR in der Praxis/*Lehner*, 10. Kapitel, Rn. 1404.

855 *Heger*, in: Kauerhof/Nagel/Zebisch, Olympische Jugendspiele, S. 25, 32; *ders.*, in: Spitzer/Franke, Sport, Doping, Enhancement, S. 209, 212; *Petri*, Die Dopingsanktion, S. 225, 247; *Senkel*, Wirksamkeitschancen des Anti-Doping-Rechts, S. 485; SportR in der Praxis/*Lehner*, 10. Kapitel, Rn. 1403.

856 *Senkel*, Wirksamkeitschancen des Anti-Doping-Rechts, S. 487.

857 *Heger*, in: Kauerhof/Nagel/Zebisch, Olympische Jugendspiele, S. 25, 33.

858 *Senkel*, in: Asmuth/Binkelmann, Entgrenzungen des Machbaren, S. 391; *dies.*, Wirksamkeitschances des Anti-Doping-Rechts, S. 485.

859 SportR in der Praxis/*Lehner*, 10. Kapitel, Rn. 1398.

860 BGH NJW 1961, 278, 278; *Eisenberg*, § 2 JGG, Rn. 3; MüKo/*Laue*, StGB, § 2 JGG, Rn. 2; *Ostendorf*, Jugendstrafrecht, Rn. 49; *Senkel*, Wirksamkeitschancen des Anti-Doping-Rechts, S. 485.

861 *Petri*, Die Dopingsanktion, S. 247.

862 *Senkel*, in: Asmuth/Binkelmann, Entgrenzungen des Machbaren, S. 391.

863 *Petri*, Die Dopingsanktion, S. 247.

864 SportR in der Praxis/*Lehner*, 10. Kapitel, Rn. 1404.

865 *Senkel*, Wirksamkeitschancen des Anti-Doping-Rechts, S. 485 f.

einer Sperre wird nur eine Disqualifikation vorgeschlagen[866]. Bei einer Sperre über den Wettkampf hinaus werde der Minderjährige aus seinem Umfeld herausgerissen, insbesondere da er auch nicht am organisierten Training teilnehmen dürfe[867]. Da sich die Kontakte des minderjährigen Leistungssportlers neben den Eltern und dem Trainer oft auf die Mannschaftskollegen beschränken, bestehe die Gefahr einer sozialen Isolierung[868]. Weiter wird vorgeschlagen, die Sperre in der Dauer zu begrenzen[869]. Eine langjährige Sperre bedeute für den Minderjährigen etwas anderes als für einen Erwachsenen[870]. So könne eine zweijährige Sperre im Aufbaubereich ein frühes Ende der Karriere für den jungen Sportler bedeuten[871]. Bei der Verkürzung der Sperre werde dem jungen Sportler der Weg in eine Karriere nicht vorzeitig abgeschnitten[872]. Daher solle die Sperre den Zeitraum von einem Jahr nicht überschreiten[873]. Zudem wird gefordert, dass die Sperre nicht sämtliche Wettbewerbe erfasse, sondern nur solche einer bestimmten Ebene[874]. Daher wird eine einjährige Sperre für internationale Wettbewerbe vorgeschlagen[875]. Dadurch erhalte der Minderjährige nur einen „Schuss vor den Bug" und seine Karriere werde für die Sperrzeit nicht gänzlich unterbrochen[876]. Ebenso vorgeschlagen wird eine Aufhebung des Trainingsverbots[877]. Weiter werden auch Bewährungsstrafen vorgeschlagen[878].

---

866 *Petri*, Die Dopingsanktion, S. 226; *Senkel*, Wirksamkeitschancen des Anti-Doping-Rechts, S. 529, die Disqualifikation genüge des Minderjährigen genüge für die Sicherstellung dopingfreier Wettkampfleistungen.

867 *Senkel*, Wirksamkeitschancen des Anti-Doping-Rechts, S. 535.

868 *Senkel*, Wirksamkeitschancen des Anti-Doping-Rechts, S. 536.

869 *Heger*, in: Kauerhof/Nagel/Zebisch, Olympische Jugendspiele, S. 25, 32 *Petri*, Die Dopingsanktion, S. 248; *Senkel*, Wirksamkeitschancen des Anti-Doping-Rechts, S. 485; SportR in der Praxis/*Lehner*, 10. Kapitel, Rn. 1404.

870 *Heger*, in: Kauerhof/Nagel/Zebisch, Olympische Jugendspiele, S. 25, 32.

871 *Senkel*, Wirksamkeitschancen des Anti-Doping-Rechts, S. 485; SportR in der Praxis/*Lehner*, 10. Kapitel, Rn. 1398.

872 *Petri*, Die Dopingsanktion, S. 248.

873 SportR in der Praxis/*Lehner*, 10. Kapitel, Rn. 1404.

874 *Petri*, Die Dopingsanktion, S. 248; *Senkel*, Wirksamkeitschancen des Anti-Doping-Rechts, S. 485.

875 *Petri*, Die Dopingsanktion, S. 248.

876 *Petri*, Die Dopingsanktion, S. 248.

877 *Fiedler*, Das Doping minderjähriger Sportler, S. 254; *Senkel*, Wirksamkeitschancen des Anti-Doping-Rechts, S. 535.

878 *Fiedler*, Das Doping minderjähriger Sportler, S. 253 f., nach dem die Aussetzungszeit nicht mehr als die Hälfte der Sperre betragen darf; *Senkel*, Wirksamkeitschancen des Anti-Doping-Rechts, S. 557; SportR in der Praxis/*Lehner*, 10. Kapitel, Rn. 1404.

(b) Regelsperren

Es ist in erster Linie die Rechtsprechung, die davon ausgeht, dass bei der Ausgestaltung der Sperre die Minderjährigkeit über das Verschulden hinaus nicht berücksichtigt wird. Das Alter sei kein Grund, der bei der Entscheidung über die Länge der Sperre eine Rolle spiele[879]. Allerdings wurde in Einzelfällen die Dauer der Sperre herabgesetzt, auch wenn kein Mildergrundgrund anwendbar war, so beispielsweise in dem oben genannten Fall des 12-jährigen Kartfahrers[880]. Obwohl er nicht den Nachweis erbringen konnte, auf welche Weise die verbotene Substanz in seinen Körper gelangte, wurde seine Sperre von zwei Jahren auf 18 Monate herabgesetzt. Das CAS hatte in diesem Fall auf den Verhältnismäßigkeitsgrundsatz abgestellt. In einem weiteren Fall hatte das CAS eine vom Verband gegen einen 15-jährigen Eisschnellläufer verhängte Strafe aufrechterhalten, wonach von der zweijährigen Sperre ein Jahr zur Bewährung ausgesetzt wurde[881]. In der Rechtsprechung des CAS wird teilweise auch auf den Erziehungsgedanken abgestellt. Neben der Vergeltung sei auch die Erziehung ein Ziel der Sanktion[882]. Bei einer 15-jährigen Schwimmerin wurde darauf hingewiesen, dass sie aus der Sperre ihre Lehren ziehen werde[883]. Es wird aber auch die Abschreckungswirkung herangezogen[884]. Das CAS reduziert die Sperre zwar nicht allein auf Grund des Erziehungsgedanken, aber im Einzelfall wurden aufgrund dessen geringere Strafen verhängt.

*Fiedler* führt zudem an, dass es bei einer weiteren Reduzierung der Sperre auf Grund des Erziehungsgedankens zu einer „doppelten Minderung" der Strafe gegen den Minderjährigen kommen würde. Der Strafcharakter der Sperre würde nicht zur Geltung kommen, wenn die Sperre auch in den Fällen reduziert werden würde, in denen einen minderjährigen Athleten selbst nach einem abgemilderten Sorgfaltsmaßstab „volles Verschulden" treffen würde[885]. Zudem würde der generalpräventive Zweck, dem bei verbandsrechtlichen Dopingsperren von Minderjährigen Relevanz zukomme, nur noch begrenzt Wirkung entfalten[886].

---

879 CAS 2009/A/2012 Doping Authority Netherlands v. N, Rn. 43; CAS 2005/A/847 Hans Knauss v. FIS, Rn. 30.

880 CAS 2010/A/2268 I v. FIA, Rn. 142; Siehe dazu oben unter § 4 A. B. II.

881 CAS 2010/A/2311, 2312 NADO & KNSB v. W, Rn. 9.30.

882 "Twofold aim – retributive and educational – of the sanction", CAS 2010/A/2268 I v. FIA, Rn. 133.

883 "Draw some lessons from this experience", CAS 2006/A/1032 Karatancheva v/ ITF, Rn. 150.

884 CAS 2010/A/2268 I v. FIA, Rn. 145.

885 *Fiedler*, Das Doping minderjähriger Sportler, S. 247.

886 *Fiedler*, Das Doping minderjähriger Sportler, S. 247.

### (c) Stellungnahme

Ein Vergleich mit dem Anti-Doping-Gesetz, das am 18.12.2015 in Kraft getreten ist, lässt eine Überlegung für die Anwendung von Jugendstrafen zu. In dem Gesetz wird nicht explizit auf den minderjährigen aktiv Dopenden eingegangen. Allerdings kommt im Hinblick auf die Verhängung der Strafe das JGG zur Anwendung. Dies bedeutet, dass nach dem Anti-Doping-Gesetz eine Unterscheidung vorgenommen wird, ob ein Minderjähriger oder ein Erwachsener dopt. Allerdings ist, wie bereits erwähnt, beim Verbandsrecht Zivilrecht anzuwenden und kein Strafrecht, sodass nicht das Gleiche gelten kann.

Dadurch, dass die Minderjährigkeit und die Erfahrung des Athleten bei der Bemessung des Verschuldens berücksichtigt werden und so der Sorgfaltsmaßstab je nach Einsichtsfähigkeit des Minderjährigen reduziert wird, wirkt sich die Minderjährigkeit bereits mittelbar auf die Dauer der Sperre aus. Fraglich ist, ob bei Minderjährigen nicht im Hinblick auf Art und Dauer eine Regelung geschaffen werden sollte, die eine andere Sanktion vorgibt als bei Erwachsenen.

#### (aa) Andere Strafen als die Sperre

Neben der Sperre sind im WADA-Code die Annullierung (Artikel 10.1 und 10.8 WADC) und finanzielle Konsequenzen (Artikel 10.10 WADC) als Sanktionen genannt. Bei der Frage, ob bei Minderjährigen andere Sanktionen in Betracht kommen, soll es um eine Alternative zur Sperre gehen. Die daneben zu verhängenden Sanktionen, die im WADA-Code normiert sind, sollen außer Betracht bleiben[887].

Statt einer Sperre könnte man bei Verstößen Minderjähriger an Sanktionen wie Disqualifikationen, Auflagen, Weisungen, Ermahnungen und Verwarnungen denken. Als Grund könnte man die Parallele zu den Jugendstrafen nach dem Jugendgerichtsgesetz (JGG) nennen. Dort findet man ebenfalls andere Strafen als im (Erwachsenen-) Strafrecht. Neben einer Jugendstrafe, die nur als letztes Mittel in Betracht kommt, sind es vor allem Erziehungsmaßregeln und Zuchtmittel, die gegenüber Minderjährigen verhängt werden. Unter die Erziehungsmaßregeln fallen in erster Linie Weisungen im Sinne des § 10 JGG. Diese können sowohl darin liegen, Arbeitsleistungen zu erbringen als auch an einem sozialen Trainingskurs teilzunehmen. Unter Zuchtmittel im Sinne des § 13 JGG versteht man Verwarnungen, Auflagen und den Jugendarrest.

887 Zur Annullierung, Geldstrafe und vorläufie Suspendierung, *Fiedler*, Das Doping minderjähriger Sportler, S. 255 ff.

Grundsätzlich verfolgt die Verbandsstrafe wie die kriminalrechtliche Strafe einen general- und spezialpräventiven Zweck[888]. Dies gilt auch für Dopingstrafen[889]. Die Zwecke des Dopingverbots liegen in dem Ansehen des Sports, der Gesundheit des Sportlers und der Chancengleichheit[890]. Die Ziele können jedoch nur erreicht werden, wenn die in Aussicht stehenden Sanktionen hinreichend effektiv sind und sie eine Abschreckungswirkung innehaben[891]. Der Strafzweck des Dopings liegt somit auch in der Abschreckung[892]. Nur wenn ein Verstoß gegen die Anti-Doping-Bestimmungen angemessen geahndet wird, kann dem Dopingverbot eine Wirkung zukommen. Möglicherweise kann auf den Abschreckungsgedanken aber nicht abgestellt werden, da im Jugendstrafrecht die Generalprävention im Sinne der Abschreckung der Allgemeinheit als Strafzweck ausscheidet[893]. Das Ziel des Jugendstrafrechts ist die Verhinderung weiterer Straftaten des Jugendlichen oder Heranwachsenden, also die Rückfallverhinderung oder Spezialprävention[894]. Die positive Spezialprävention ist auf die Abschreckung des individuellen Täters vor erneuten Straftaten gerichtet[895]. Die Abschreckungswirkung des individuellen Täters soll folglich nicht ausgeschlossen werden. Dies zeigt auch bereits der Wortlaut von § 2 Absatz 1 Satz 1 JGG. Danach besteht das Ziel darin, erneuten Straftaten „eines Jugendlichen oder Heranwachsenden“ entgegenzuwirken[896]. Die Spezialprävention gilt somit auch im

---

888 *Kotzenberg*, Die Bindung des Sportlers an private Dopingregeln und private Schiedsgerichte, S. 76 f.; *Petri*, Die Dopingsanktion, S. 45; *Rössner*, in: FS-Meyer-Goßner, S. 741, 744.

889 OLG Frankfurt/Main NJW-RR 2000, 1117, 1121, das die spezial- und generalpräventive Zwecke vorausgesetzt hat; DFB-BundesG, SpuRt 1995, 233, 236; *Petri*, Die Dopingsanktion, S. 45; *Pfister*, in: FS-Gitter, S. 731, 743; *Prokop*, Die Grenzen der Dopingverbote, S. 116.

890 *Bergermann*, Doping und Zivilrecht, S. 115; *Buck-Heeb/Dieckmann*, Selbstregulierung im Privatrecht, S. 73 f.; *Petri*, Die Dopingsanktion, S. 180 ff.; PHB-SportR/*Summerer*, 2. Teil, 3. Kapitel, Rn. 301; *Prokop*, Die Grenzen der Dopingverbote, S. 233 ff. Siehe zum Ansehen im Sport, *Petri*, Die Dopingsanktion, S. 180 f.; *Prokop*, Die Grenzen der Dopingverbote, S. 525 ff.

891 *Wilkmann*, Die Überführung des Sportlers im Dopingverfahren, S. 48.

892 *Bergermann*, Doping und Zivilrecht, S. 115.

893 BGH NJW 1961, 278, 278; *Eisenberg*, § 2 JGG, Rn. 3; MAH Strafverteidigung/*Böttcher/Schütrumpf*, § 53, Rn. 77; MüKo/*Laue*, StGB, § 2 JGG, Rn. 2.

894 *Eisenberg*, § 5 JGG, Rn. 5; MüKo/*Laue*, StGB, § 2 JGG, Rn. 2.

895 MüKo/*Radtke*, StGB, Vorb. §§ 38 ff. StGB, Rn. 41; *Ostendorf*, Jugendstrafrecht, Rn. 49.

896 BR-Drs. 552/07, S. 14.

Jugendstrafrecht[897]. Diese Ziele sollen durch den Erziehungsgedanken erreicht werden[898]. Allerdings ist das Verbandsrecht, wie bereits mehrfach erwähnt, kein Strafrecht und bei den Dopingstrafen handelt es sich nicht um kriminalrechtliche Strafen. Daher kann nur der Grundgedanke des Jugendstrafrechts herangezogen werden. Verhindert werden soll, dass der Minderjährige einen weiteren Verstoß gegen die Anti-Doping-Bestimmungen begeht. Dies kann aber nicht erreicht werden, wenn die Sanktion zu gering ist. Bezweifelt werden kann, ob sich durch eine Abmahnung oder eine reine Disqualifikation tatsächlich die Wahrscheinlichkeit verringern lässt, dass der minderjährige Dopingtäter in Zukunft weitere Verstöße gegen die Anti-Doping-Bestimmungen begehen wird[899] oder ob nicht viel eher durch eine zu milde Strafe auch der individuelle Täter nicht davon abgehalten wird einen erneuten Verstoß zu begehen, da das „Kosten-Nutzen-Prinzip" zugunsten des Dopings ausfällt. Die Anti-Doping-Bestimmungen müssen somit auch für den Minderjährigen eine abschreckende Wirkung haben. Das CAS stellte richtigerweise ebenfalls auf die Abschreckungswirkung einer Sanktion gegen einen Minderjährigen ab[900]. Die der Sperre dadurch zukommende spezialpräventive Wirkung gibt es nicht nur im Strafrecht, sondern auch im Zivilrecht[901]. Eine im Wettbewerbsrecht oder Markenrecht vereinbarte Vertragsstrafe kann den vereinbarten Unterlassungsanspruch nur dann wirksam absichern, wenn die Höhe dazu geeignet ist, den Schuldner von einer Zuwiderhandlung abzuhalten. Die Angemessenheit der Höhe richtet sich dabei ausschließlich danach, ob die Sanktionsandrohung dem Abschreckungszweck genügt[902].

Bei Verbandstrafen und Dopingstrafen muss zudem stets beachtet werden, dass diese nicht in das alltägliche Leben des Athleten eingreifen, sondern sich nur auf sein Leben im Verband beschränken[903]. Da hier ein regelwidriges Verhalten im Sport begangen wird, kann der Sportler auch nur mit einer Sanktion belegt werden, die den gleichen Bereich betrifft. Widersinnig wäre daher, einen Dopingverstoß mit einer Auflage oder Weisung zu belegen gemeinnützige

---

897 MüKo/*Laue*, StGB, § 2 JGG, Rn. 1 ff.; Ostendorf/*Ostendorf*, Grdl. zu §§ 1 und 2 JGG, Rn. 4.

898 MüKo/*Laue*, StGB, § 2 JGG, Rn. 3.

899 Kritisch dazu auch *Fiedler*, Das Doping minderjähriger Sportler, S. 247.

900 CAS 2010/A/2268 I. v. FIA, Rn. 145.

901 *Bergermann*, Doping und Zivilrecht, S. 115.

902 BGH GRUR 2014, 595, 596 Rz. 17 – Vertragsstrafenklausel; *Bergermann*, Doping und Zivilrecht, S. 115; Teplitzky/*Schaub*, Wettbewerbsrechtliche Ansprüche und Verfahren, Kap. 20, Rn. 9.

903 Siehe dazu bereits oben unter § 4 D. II. 2. a. bb. (1) (c).

Arbeit zu leisten oder an einem Workshop teilzunehmen. Die Sanktion muss einen Spiegel zu dem begangenen Verstoß darstellen. Wenn der Minderjährige sich nicht an die Wettkampfregel hält, muss er auch eine Sanktion betreffend den Wettkampf erhalten. Zwischen dem Regelverstoß und der Sanktion muss nicht nur eine Verbindung bestehen, sondern es muss die Kehrseite sein. Aus diesen Gründen sind Auflagen und Weisungen nicht geeignet, den Verstoß des Minderjährigen zu sanktionieren.

Weiterhin ist an Ermahnungen und Verwarnungen zu denken. Ähnlich wie eine „gelbe“ Karte im Fußball könnten sie dem Minderjährigen aufzeigen, dass sein Verhalten einen Verstoß darstellt und ihn darauf hinweisen, dass ihn beispielsweise bei einem erneuten Verstoß eine „richtige“ Sanktion trifft. Das Konstrukt einer Abmahnung ist dem WADA-Code grundsätzlich nicht fremd. Gemäß Artikel 10.5.1.1 und 10.5.1.2 WADC besteht für erwachsene und minderjährige Athleten die Möglichkeit, die Sanktion auf eine Abmahnung ohne Sperre zu senken. Diese wird aber nur für den Fall verhängt, dass der Verstoß gegen die Anti-Doping-Bestimmungen ein kontaminiertes Produkt oder einen spezifischen Stoff betrifft und der Athlet nachweisen kann, dass ihm kein grobes Verschulden und keine grobe Fahrlässigkeit vorzuwerfen ist. Dies bedeutet beispielsweise, dass ein minderjähriger Athlet aus leichter Fahrlässigkeit ein Produkt, das einen verbotenen Stoff enthält, der nicht auf dem Etikett des Produkts aufgeführt ist bzw. über den mit einer angemessenen Suche keine Informationen im Internet gefunden werden können[904], zu sich nimmt. In diesen Fällen ist dem Athleten kein großer Vorwurf zu machen und die Schwere des Verstoßes ist gering. Wenn es sich um einen spezifischen Stoff handelt, ist die Wahrscheinlichkeit höher, dass er nicht zum Zweck der Leistungssteigerung eingenommen wurde[905]. Aus diesem Grund ist eine Herabsetzung der Sperre je nach Verschulden bis zu einer Abmahnung in diesem Fall gerechtfertigt. Eine Anwendung über die „leichten Fälle“ der Artikel 10.5.1 und 10.5.2 WADC hinaus kommt nicht in Betracht. In diesem Fall würde dem Abschreckungsgedanken nicht mehr genügend Rechnung getragen werden. Wenn für Minderjährige, egal welches Verschulden vorliegt, immer nur eine Abmahnung in Betracht käme, würde dies den Anreiz fördern, dass ein Minderjähriger Doping zu sich nimmt oder von einem Athletenbetreuer verabreicht bekommt. Somit kann eine Abmahnung auch nicht dem Gesundheitsschutz des Minderjährigen genügen.

904 Definition des kontaminierten Produktes im WADA-Code.

905 Siehe Kommentar zu Artikel 4.2.2 WADC.

Gemäß Artikel 10.1 WADC können Wettkampfergebnisse annulliert werden. Möglicherweise könnte dies bei Minderjährigen ausreichend sein. Durch die Annullierung wird die Chancengleichheit für diesen Wettkampf wieder hergestellt[906]. Diese ist nicht nur Voraussetzung eines sportlichen Wettkampfes, sondern spiegelt auch den Gedanken des Fairplays wider[907]. Zudem ist die Chancengleichheit ein legitimer Zweck von Dopingsanktionen[908]. Der gedopte Athlet wird durch die Annullierung aus dem Wettkampf gezogen, bzw. werden seine Wertungen gelöscht, so als hätte er nicht an dem Wettkampf teilgenommen. Dies gilt allerdings nur für diesen Wettkampf. Generell ist eine Annullierung alleine nicht ausreichend, um einen Verstoß gegen die Anti-Doping-Regelungen zu sanktionieren. Auch hier kann wieder angeführt werden, dass eine alleinige Disqualifikation den minderjährigen Athleten nicht davon abhält, erneut zu dopen oder vom Betreuer gedopt zu werden. Denn es finden nicht nach jedem einzelnen Wettkampf Dopingkontrollen statt und das Risiko, bei einem Wettkampf disqualifiziert zu werden, aber bei den nächsten zehn Wettkämpfen durch Doping zu gewinnen, würde in Kauf genommen werden. Obwohl die Annullierung bzw. Disqualifizierung die Chancengleichheit für diesen Wettkampf wiederherstellt, wird sie dem Gesundheitsschutz des Minderjährigen nicht gerecht. Eine Disqualifikation anstatt einer Sperre kommt somit auch für Minderjährige nicht in Betracht.

Folglich ist keine andere Sanktion genauso geeignet wie die Sperre.

### (bb) Reduzierung der Dauer der Sperre und Ausgestaltung der Sperre

Wie soeben festgestellt, kommen anstatt einer Sperre keine anderen Sanktionen für den Minderjährigen in Betracht. Möglicherweise könnte aber die Ausgestaltung der Sperre modifiziert werden. Man könnte daran denken, eine Regelung einzuführen, wonach die Sperre bei Minderjährigen auf ein Jahr begrenzt wird, die Sperre auf einige Wettkämpfe, wie internationale Wettkämpfe beschränkt wird, das Trainingsverbot aufgehoben wird oder die Sperren zur Bewährung ausgesetzt werden.

### α Begrenzung der Dauer

Möglicherweise sollte die Sperre bei Minderjährigen auf beispielsweise ein Jahr begrenzt werden. Ohne Frage stellt eine mitunter zweijährige Sperre für einen

906 So auch *Fiedler*, Das Doping minderjähriger Sportler, S. 236.

907 *Heger*, in: Kauerhof/Nagel/Zebisch, Olympische Jugendspiele, S. 25, 31 f.; *Momsen-Pflanz*, Die sportethische und strafrechtliche Bedeutung des Dopings, S. 50.

908 *Fiedler*, Das Doping minderjähriger Sportler, S. 208, 236.

Minderjährigen im Aufbaubereich eine härtere Sanktion dar als für einen Erwachsenen. Die spürbare Härte einer zweijährigen Sperre variiert zudem von Sportart zu Sportart. Während Sportarten wie Golf auch noch in einem höheren Alter professionell ausgeübt werden können, ist gerade bei Turnen oder Eiskunstlauf in einem frühen Alter der Höhepunkt der sportlichen Karriere erreicht. In einer Studie wurde herausgefunden, dass Athletinnen der Rhythmischen Sportgymnastik, die das 20. Lebensjahr überschritten haben, kaum noch bei nationalen und internationalen Turnieren vertreten sind[909]. Bei Tennisspielern hingegen kann die Karriere ohne Probleme bis zum 30. Lebensjahr und länger dauern[910] und beim Golf waren bei den Olympischen Spielen 2016 alle drei Medaillengewinner zwischen 36 und 40 Jahren alt. Das CAS ist diesbezüglich einer anderen Auffassung. Eine minderjährige Turnerin argumentierte vor dem CAS, dass eine Sperrzeit von zwei Jahren im Turnen einen stärkeren Effekt habe als in einer anderen Sportart, da die Karriere im Turnen nur zwischen zwei und vier Jahre dauere[911]. Das CAS berücksichtigte diese Argumentation nicht. Rechtlich sei dies irrelevant, da die Regeln des FIG (Fédération Internationale de Gymnastique) eine Mindestsperrzeit von zwei Jahren vorsehen[912].

Obwohl in machen Sportarten bereits in einem sehr frühen Alter die Höchstleistungen erbracht werden, befinden sich die Minderjährigen grundsätzlich noch in der sportlichen Entwicklung und bei einer Sperre von zwei Jahren und keiner Möglichkeit am offiziellen Training teilzunehmen, ist die Karriere schnell zu Ende, manchmal ohne dass sie richtig begonnen hat. Für den minderjährigen Sportler ist es sehr schwer, nach zwei Jahren wieder den Anschluss zu finden und sich an die Spitze zurückzukämpfen oder zu lernen, was er durch die zwei Jahre Sperre versäumt hat[913]. Allerdings ist es auch ebenso möglich, dass die Sportler trotz der Sperre noch sehr erfolgreich sind. Die 15-jährige Tennisspielerin Sesil Karatancheva, die eine zweijährige Sperre erhielt, war auch nach der Sperre wieder erfolgreich. Unter anderem spielte sie für das Fed-Cup-Team[914] und war immer wieder bei den Grand-Slam Turnieren im Hauptfeld.

909 *Bette/Schimank/Wahlig/Weber*, Biographische Dynamiken im Leistungssport, S. 114.

910 *Bette/Schimank/Wahlig/Weber*, Biographische Dynamiken im Leistungssport, S. 305. Was man auch daran erkennt, dass Roger Federer mit inzwischen 35 Jahren immer noch unter den Besten in der Weltrangliste zu finden ist.

911 CAS 2007/A/1413 WADA v/ FIG & Vysotskaya, Rn. 35.

912 CAS 2007/A/1413 WADA v/ FIG & Vysotskaya, Rn. 83.

913 So auch SportR in der Praxis/*Lehner*, 10. Kapitel, Rn. 1398.

914 Dies entspricht der Nationalmannschaft im Tennis.

Bei der Überlegung, ob die Sperrzeit für Minderjährige generell herabgesetzt werden sollte, ist aber zu bedenken, dass das Verschulden ein entscheidender Faktor bei der Festlegung der Sperre ist. Die Minderjährigkeit und die Erfahrung des Athleten sind Faktoren, die beim Verschulden berücksichtigt werden und die Minderjährigkeit wirkt sich dadurch bereits mittelbar auf die Dauer der Sperre aus[915]. Zudem spricht gegen eine Regelung, welche die Sperrzeit für die Minderjährigen begrenzt, dass sie in diesem Fall im Vergleich zu den Erwachsenen privilegiert sind. Im Sport, wenn sie unter Umständen mit Erwachsenen in einen Wettkampf treten, sind sie aber als „vollwertige Rechtsgenossen" anerkannt[916]. Wenn sie in positiver Weise um die gleiche Medaille kämpfen, müssen sie auch den gleichen negativen Folgen ausgesetzt sein. Anders könnte dies bei reinen Jugendwettbewerben zu beurteilen sein. Dabei kämpfen allein die Minderjährigen gegeneinander. Insoweit wären sie nicht gegenüber den Erwachsenen privilegiert. Allerdings kann für die Dauer der Sperre kein Unterschied bestehen, ob der Minderjährige gedopt an einem reinem Jugendwettkampf teilnimmt oder an einem „gemischten Wettkampf". Wenn der Minderjährige den gleichen Verstoß gegen die Anti-Doping-Bestimmungen begeht und ihn das gleiche Verschulden trifft, muss er in beiden Fällen auch gleich sanktioniert werden. Darüber hinaus spricht auch bei reinen Jugendwettbewerben gegen eine Begrenzung der Sperrzeit auf ein Jahr, dass es dann zu einer doppelten Reduzierung der Sperren für Minderjährige kommen würde[917]. Sie würden dann zum einen im Rahmen des Verschuldens berücksichtigt und zum anderen wäre eine generelle Grenze bei der Dauer der Sperre gesetzt. Diese generelle Herabsetzung der Sperre privilegiert zudem ungerechtfertigter Weise den Minderjährigen, den volles Verschulden trifft. Auch ihm würde eine generelle Begrenzung der Sperrzeit zugute kommen. Dies ist allerdings nicht gerechtfertigt. Wie bereits festgestellt werden bei den Anti-Doping-Regeln keine generellen Ausnahmen zugunsten der Minderjährigen vorgenommen. Allein an ihren Sorgfaltsmaßstab im Rahmen des Verschuldens sind geringere Anforderungen zu stellen, sodass die Sperrzeit auf Grund des Verschuldens reduziert werden kann. Wenn der Minderjährige trotz geringeren Anforderungen offensichtlich seinen Verpflichtungen nicht nachgekommen ist, darf er auch nicht bezüglich der Dauer der Sperre begünstigt werden. Somit ist ausreichend, dass der Minderjährige im Rahmen des Verschuldens berücksichtigt wird, was sich auf die Reduzierung der

---

915 So auch *Fiedler*, Das Doping minderjähriger Sportler, S. 243.

916 Siehe dazu bereits oben unter § 4 D. II. 2. a. bb. (1) (c).

917 So auch *Fiedler*, Das Doping minderjähriger Sportler, S. 247.

Sperre auswirkt. Eine darüber hinausgehende generelle Begrenzung der Sperrzeit bei Minderjährigen ist nicht erforderlich.

### β Sperre nur für bestimmte Wettkämpfe

Der Vorschlag, die Sperre nicht auf alle Wettkämpfe auszuweiten, sondern nur auf solche einer bestimmten Ebene, wie beispielsweise internationale Wettkämpfe[918], ist ebenfalls eine Erörterung wert. Dadurch würde der Minderjährige die Sanktion zwar spüren, aber sie würde ihn nicht so stark treffen wie ein Verbot, an sämtlichen Wettkämpfen teilzunehmen. Dies bedeutet, dass er immer noch Wettkampferfahrung sammeln könnte und seine Karriere nicht gänzlich unterbrochen würde[919]. In der Praxis wird sich dies jedoch als schwierig erweisen. Eine Grenzziehung, an welchen Wettkämpfen der Minderjährige teilnehmen darf und an welchen nicht, ist keine einfache Aufgabe. Eine Begrenzung auf internationale Wettkämpfe läuft in den Fällen ins Leere, bei denen der Minderjährige sich nur auf Landes- oder Bundesebene bewegt und beispielsweise aus leistungstechnischen Gesichtspunkten (noch) an keinen internationalen Wettkämpfen teilnehmen kann. Einem Minderjährigen, der auf Landesebene kämpft, wird es relativ egal sein, dass er an internationalen Wettkämpfen nicht teilnehmen kann. Das gleiche Szenario lässt sich auf die verschiedenen Leistungsebenen übertragen. Daher ist eine Begrenzung auf nur manche Wettkämpfe in der Praxis nicht realisierbar.

### γ Aufhebung des Trainingsverbots

Man könnte auch annehmen, dass die Sperre nicht das Trainingsverbot umfasst. Dies hätte den Vorteil, dass der Minderjährige weiterhin trainieren kann und er den Anschluss nicht verpasst. Zudem würde eine von *Senkel* befürchtete soziale Isolation nicht eintreten[920]. Der Minderjährige Sportler verbringt viel Zeit im Training mit seinem Trainer, seinem Betreuer oder den Mannschaftskollegen. Dadurch, dass er das organisierte Training nicht besuchen kann, fallen die sozialen Kontakte aus dem Training weg. Allerdings muss man sich fragen, warum das Trainingsverbot von der Sperre mitumfasst ist bzw. ob es ausreichend ist, dass eine Sperre ohne Trainingsverbot ergeht. Dafür spricht, dass ein Wettkampf immer unter anderen tatsächlich gegebenen und mentalen Voraussetzungen stattfindet als ein Training. Dies bedeutet, dass die Wettkampferfahrung

918 *Petri*, Die Dopingsanktion, S. 248.
919 *Petri*, Die Dopingsanktion, S. 248.
920 *Senkel*, Wirksamkeitschancen des Anti-Doping-Rechts, S. 535.

mit einer Trainingserfahrung nicht vergleichbar ist und dass der Minderjährige durch einen Wettkampf Erfahrungen sammelt, die er im Training nicht erlernen kann. Insofern wäre eine Sanktion auch ohne Trainingsverbot für den Minderjährigen durchaus spürbar. Auch wenn nur das organisierte Training verboten ist und der Minderjährige alleine bzw. privat trainieren kann, sind minderjährige Mannschaftssportler, die auf das Training mit dem Team angewiesen sind, um Techniken und Taktiken zu optimieren, stärker betroffen[921]. Zudem ist es gerade der Anreiz des Sports, sich mit anderen zu messen und in einem Wettkampf gegeneinander anzutreten, um einen Sieger zu ermitteln. Dass dem Minderjährigen die Möglichkeit genommen wird, Medaillen und Titel zu gewinnen, stellt für ihn ebenfalls eine spürbare Beeinträchtigung dar.

Dagegen spricht, dass eine Sperre ohne Trainingsverbot dem Sanktionscharakter nicht genügend Rechnung trägt. Der Minderjährige könnte zwar nicht mehr an Wettkämpfen teilnehmen, aber er könnte noch dem organisierten Training beiwohnen und so den Sport ausüben. Er kann als Mannschaftssportler dennoch mit dem Team trainieren und so seine Technik und bei Mannschaftssportarten auch seine Spielpraxis verbessern. Er würde nach der Sperre wieder auf einem Niveau in den Wettkampfbetrieb einsteigen, auf dem er sich auch ohne die Sperre bewegt hatte. Demnach würde der Minderjährige keine gravierenden Beeinträchtigungen erleiden. Dies soll aber gerade der Fall sein. Der Minderjährige und auch die Trainer und Betreuer sollen durch die Ausgestaltung der Sperre vom Doping abgehalten werden. Die Konsequenzen müssen derart stark sein, dass die Entscheidung gegen das Doping ausfällt. Aus diesem Grund ist Sperre unter eine Aufhebung des Trainingsverbots nicht ausreichend, um den Minderjährigen von erneuten Verstößen abzuhalten.

### δ Bewährung

Der Vorschlag, zumindest einen Teil der Sperre zur Bewährung auszusetzen[922], ist ebenfalls denkbar. Der Hintergrund von Bewährungsstrafen im Jugendrecht besteht darin, dass die nachteilige Wirkung des Vollzuges der Jugendstrafe vermieden werden soll[923]. Eine Bewährung kommt immer dann in Betracht, wenn die Aussetzung ebenso gut oder besser dazu geeignet ist, das Erziehungsziel zu

921 *Berninger*, in: Nolte, Neue Bedrohungen für die Persönlichkeitsrechte von Sportlern, S. 45, 46.

922 *Senkel*, Wirksamkeitschancen des Anti-Doping-Rechts, S. 557; SportR in der Praxis/*Lehner*, 10. Kapitel, Rn. 1404.

923 MüKo/*Radtke*, StGB, § 21 JGG, Rn. 1.

erreichen[924]. Eine Bewährungsstrafe ist im WADA-Code nicht vorgesehen. Das CAS lehnte in einer Entscheidung gegen einen volljährigen Radfahrer eine Bewährungsstrafe mit der Argumentation ab, dass diese gesetzlich normiert sein müsse, um sie zu verhängen[925] und sie ließe sich auch nicht aus dem Prinzip der Verhältnismäßigkeit herleiten[926]. In einem Fall gegen einen 15-jährigen Eisschnellläufer bestätigte das CAS dagegen eine vom Verband verhängte Bewährungsstrafe[927]. Von der zweijährigen Sperre wurde ein Jahr zur Bewährung ausgesetzt. Das CAS begründete dies damit, dass das Alter und die Erfahrung Faktoren seien, die eine mildere Sanktion erlaubten[928].

Zu bedenken ist auch hier, dass eine zur Bewährung ausgesetzte Sperre nicht den gleichen Sanktionscharakter wie eine umfassende Sperre aufweist. Die vollständige Aussetzung der Sperre zur Bewährung kann dem Abschreckungsgedanken nicht gerecht werden[929]. Ebenso wird eine Aussetzung um die Hälfte der verhängten Sperre dem Abschreckungsgedanken nicht gerecht. Obwohl eine Bewährungsstrafe im Vergleich zu einer gänzlichen Aufhebung einen Unterschied darstellt, weil ein erneuter Verstoß während der Bewährungszeit die Sperre wieder aktiv werden lässt und die Bewährungsstrafe somit schärfer ist als nur eine einjährige Sperre, führt auch die Bewährungsstrafe mehr oder weniger zu einer Umgehung der Regelsperre. Eine Bewährungsstrafe darf damit nicht der Regelfall sein, kann aber im Einzelfall verhängt werden[930].

#### ε Einzelfallgerechte Regelung

Die Regelsperre muss für den Minderjährigen grundsätzlich die gleiche sein wie für den Erwachsenen. Allerdings könnte eine Regelung in Betracht kommen, die den Einzelfall berücksichtigt.

---

924 *Eisenberg*, § 21 JGG, Rn. 6.

925 TAS 2005/A/922 H. c. Swiss Cycling & Swiss Olympic & TAS 2005/A/923 Agence Mondiale Antidopage (AMA) c. H. & Swiss Olympic & TAS 2005/A/926 Union Cycliste Internationale (UCI) c. H. & Swiss Olympic, Rn. 95; SportR in der Praxis/*Lehner*, 10. Kapitel, Rn. 1374.

926 TAS 2005/A/922 H. c. Swiss Cycling & Swiss Olympic & TAS 2005/A/923 Agence Mondiale Antidopage (AMA) c. H. & Swiss Olympic & TAS 2005/A/926 Union Cycliste Internationale (UCI) c. H. & Swiss Olympic, Rn. 92; SportR in der Praxis/*Lehner*, 10. Kapitel, Rn. 1374.

927 CAS 2010/A/2311, 2312 NADO & KNSB v. W, Rn. 9.30.

928 CAS 2010/A/2311, 2312 NADO & KNSB v. W, Rn. 9.36.

929 *Fiedler*, Das Doping minderjähriger Sportler, S. 253.

930 Zu einer einzelfallgerechten Lösung sogleich unter § 4 D. II. 2. a. bb. (3) (c) (bb) ε.

Insofern könnte man in den Code einen Passus mit der Formulierung einfügen wonach „die Dauer der Sperre im Vergleich zu einem Erwachsenen angemessen herabzusetzen sein sollte". Dadurch wird keine starre Grenze festgelegt und es kann auch der Einzelfall berücksichtigt werden. Sollte ein Minderjähriger bereits nur ein geringes Verschulden nachweisen können, wird seine Sperrzeit sowieso reduziert. Wenn es sich aber um einen Minderjährigen handelt, der nicht alles Erforderliche getan hat, was man von ihm erwarten konnte und den insoweit „volles Verschulden" trifft, dann muss bzw. darf die Strafe nicht reduziert werden, wie etwa bei einem 17-Jährigen der grob fahrlässig ein kontaminiertes Mittel in Form eines Nahrungsergänzungsmittels zu sich nahm. Durch das einzelfallfreundliche Wort „angemessen" in der Formulierung besteht die Möglichkeit, die Sperre herabzusetzen, sei dies dadurch, dass ein Teil der Sperre zur Bewährung ausgesetzt wird oder dadurch, dass nur eine Sperre von einem Jahr verhängt wird. Jedoch besteht auch die Möglichkeit, dies nicht zu tun. Für Minderjährige kann nur eine Sonderregel gelten, die den Einzelfall berücksichtigt. Die Regelung darf nicht den Minderjährigen, der seinen Sorgfaltspflichten nachkommt, benachteiligen. Der Minderjährige, dem „volles Verschulden" zur Last gelegt wird, darf aber auch nicht privilegiert werden. Dies würde zu einer Ungleichbehandlung und Ungerechtigkeit führen.

#### ζ Zwischenergebnis

Eine starre Regelung, wonach die Minderjährigen bei der Ausgestaltung und der Dauer der Sperre privilegiert werden, ist nicht angemessen. Denkbar ist allein eine flexible Regelung, bei der im Einzelfall eine Herabsetzung möglich ist.

#### (cc) Verhältnismäßigkeit im Einzelfall

Fraglich ist allerdings, ob eine solche Regelung wirklich erforderlich ist.

Generell ist eine gesetzliche Normierung und einer Änderung der Regelungen immer dann nötig, wenn mit den vorhandenen Regeln eine Vielzahl von Fallkonstellationen nicht erfasst wird oder Unverhältnismäßigkeiten auftreten. In diesen Fällen bedient sich die Rechtsprechung, auch im Sport, oft des Grundsatzes der Verhältnismäßigkeit, um im Einzelfall ein gerechtes Ergebnis zu erzielen[931]. Obwohl vom CAS teilweise eine Anwendung des Verhältnismäßigkeitgrundsatzes abgelehnt wurde[932], gehen die meisten CAS-Entscheidungen

931 *Haas/Boccucci*, Causa Sport 2011, 5, 23.

932 CAS 2009/A/1915 WADA v. Polish Wrestling Federation, Kamil Blonski & Wojciech Zieziulewicz, Rn. 68 "[...] there is no room to apply the proportionality principle [...]".

davon aus, dass der Verhältnismäßigkeitsgrundsatz anwendbar ist[933]. Allerdings sind die Anforderungen an einen außergesetzlichen Milderungsgrund hoch[934]. Festzustellen ist, dass in den Fällen in denen das CAS unter dem WADA-Code von 2003 unter Beachtung des Verhältnismäßigkeitgrundsatzes einen außergesetzlichen Minderungsgrund angenommen hatte, diese Durchbrechungen in der Neufassung des Codes von 2009 einen ausdrücklichen Niederschlag gefunden haben[935]. Dies gilt etwa für den Fall, dass ein Athlet hinsichtlich des Dopingvergehens sofort geständig ist und umfassend zum Tathergang aussagt[936]. Darüber hinaus führten außergesetzliche Minderungsgründe im Code von 2009 zu einer Normierung im Code von 2015 geführt. Zum Beispiel wurde eine Spezialregelung für kontaminierte Produkte eingefügt. Unter dem Code von 2009 kamen Dopingverstöße auf Grund von kontaminierten Produkten häufig vor, allerdings hatte der Code keine besonderen Spielräume für solche Situationen vorgesehen[937]. Nun wurde eine Regelung geschaffen, die nahezu identisch mit den „Spezifischen Substanzen" ist[938]. Ein weiteres Beispiel ist die Privilegierung der Minderjährigen bezüglich des Nachweises, wie die Substanz in den Körper gelangen konnte. Im Code von 2003 und von 2009 war es für die Anwendung von Artikel 10.4 und 10.5 WADC erforderlich, dass auch Minderjährige nachweisen konnten, wie die verbotene Substanz in ihren Körper gelangen konnte[939]. Das CAS wendete bei dem 12-jährigen Kartfahrer, der diesen Nachweis nicht erbringen konnte, den Grundsatz der Verhältnismäßigkeit an und reduzierte abweichend vom Wortlaut die Sperre[940]. Im Code von 2015 wurde dies berücksichtigt bzw. normiert. Die Definitionen von „Kein Verschulden und keine Fahrlässigkeit" und „Kein grobes Verschulden und keine grobe Fahrlässigkeit" normieren nun, dass der Minderjährige dafür nicht den Nachweis erbringen muss wie die Substanz in seinen Körper gelangen konnte.

Insofern ist zu fragen, ob es betreffend der Minderjährigen weitere Fälle gab, in denen auf Grund des Verhältnismäßigkeitsprinzips ein außergesetzlicher

---

933 CAS 2010/A/268 I v. FIA, Rn. 136 ff.; CAS 2005/A/830 Squizzato v/ FINA, Rn. 10.20 ff.; *Haas/Boccucci*, Causa Sport 2011, 5, 23.

934 *Haas/Boccucci*, Causa Sport 2011, 5, 23.

935 *Haas/Boccucci*, Causa Sport 2011, 5, 24.

936 CAS 2007/A/1252 FINA v. Mellouli & FTN, Rn. 32 ff.; *Haas/Boccucci*, Causa Sport 2011, 5, 24.

937 *Rigozzi/Viret/Wisnosky/Muresan/Kesseli*, Causa Sport 2014, 299, 305.

938 Siehe dazu Artikel 10.5.1.2 WADC.

939 Siehe dazu bereits oben unter § 4 D. II. 2. a. bb. (2) (b).

940 CAS 2010/A/2268 I v. FIA, Rn. 133 ff.

Minderungsgrund angenommen werden musste, da die strikte Anwendung der Regeln einen unverhältnismäßigen Fall für die Minderjährigen zur Folge gehabt hätte. Dies ist soweit ersichtlich nicht der Fall.

Weiter ist zu überlegen, ob es Fälle geben könnte, bei denen dies der Fall wäre. So ist beispielsweise daran zu denken, dass ein noch sehr junger Athlet von etwa acht oder neun Jahren, der allein im Juniorenbereich und auch nicht auf internationalem Niveau den Sport ausübt und noch weitestgehend unerfahren ist, einen Verstoß begeht. Obwohl bei diesem Athleten der Sorgfaltsmaßstab stark herabgesetzt ist, kann es trotzdem sein, dass er beispielsweise aus einer Mutprobe heraus oder aus kindlicher Neugier ein Präparat zu sich nimmt, das einen verbotenen Stoff beinhaltet und der Minderjährige dies auch weiß oder es zumindest nicht ausschließen kann. Grundsätzlich würde ihn die volle Sanktion von zwei Jahren Sperre treffen, da er nicht alles Erforderlich unternommen hatte, um den Verstoß zu verhindern. Man hätte von ihm zumindest erwarten können, dass er seine Eltern oder seinen Trainer fragt, bevor er irgendeine unbekannte Substanz zu sich nimmt. In Anbetracht der Tatsache, dass er aber noch so jung ist und vielleicht gerade erst mit dem Sport angefangen hat und diesen auch in keinster Weise professionell ausübt, könnte an eine Reduzierung der Sperre zu denken sein.

Allerdings handelt es sich bei diesen möglichen abstrakten Konstellationen um Einzelfälle, für die keine Regelung geschaffen werden kann, sondern bei denen im Einzelfall im Wege der Verhältnismäßigkeit eine gerechte Lösung gefunden werden muss. Es ist immer möglich, dass eine strikte Anwendung der Regeln zu einem unverhältnismäßigen Ergebnis führt. Auch kann nicht jeder erdenkliche Fall geregelt werden. Aus diesem Grund gibt es den Grundsatz der Verhältnismäßigkeit. Das Verhältnismäßigkeitsprinzip erfordert, dass die Strafe in einem angemessenen Verhältnis zur Schuld und zur Persönlichkeit steht[941]. Durch das Verhältnismäßigkeitsprinzip besteht die Möglichkeit, in einem Einzelfall, bei dem die strikte Anwendung der Anti-Doping-Regeln keine Reduzierung zulassen würde, einen außergesetzlichen Minderungsgrund anzunehmen, um ein gerechtes Ergebnis für den Minderjährigen herzustellen.

Auf nationaler Ebene, vor einem Disziplinarausschuss des Verbandes und vor dem Deutschen Sportschiedsgericht, kann ein Verfahren in der Praxis auch mit einem sogenannten „Schiedsspruch mit vereinbartem Wortlaut“ beendet

---

941 *Petri*, Die Dopingsanktion, S. 165; *Senkel*, in: Asmuth/Binkelmann, Entgrenzungen des Machbaren, S. 375, 397 f.

werden. Dadurch kann auch im Einzelfall die Minderjährigkeit des Athleten berücksichtigt werden[942].

Minderjährige können auch nur dann den gleichen Sanktionen unterworfen werden wie die Erwachsenen, wenn sie ausführlich über Doping aufgeklärt und informiert werden. Gerade die NADA ist in Bezug auf die Information der Minderjährigen vorbildlich. Sie informiert Minderjährige durch Broschüren, Workshops und Infoständen auf Jugendmeisterschaften. Es existiert ein eigenes Ressort der Prävention sowie eine Internetseite[943]. Zudem gibt spezifische Broschüren, die für die Minderjährigen und deren Fragen zugeschnitten sind sowie ein „Factsheet zu Dopingkontrollen bei Minderjährigen"[944]. Darüber hinaus gibt es auf der eigenen Homepage einen E-Learning-Kurs, in dem Minderjährigen über Doping und dessen Prävention aufgeklärt werden. Wenn der junge Athlet den Kurs bestanden hat, bekommt er ein „Zertifikat". Einige Verbände, wie der Deutsche Kanu-Verband, machen die Starterlaubnis eines minderjährigen Athleten vom erfolgreichen Bestehen dieses Kurses und dem erhaltenen Zertifikat abhängig. Insofern lässt sich sagen, dass Minderjährige umfassend über das Doping und seine Prävention aufgeklärt werden.

#### (dd) Zwischenergebnis

Für Minderjährige kommen keine anderen Sanktionen als die Sperre in Betracht. Auch ist von keiner generellen Reduzierung der Sperrzeit oder einer anderen Ausgestaltung als bei Erwachsenen auszugehen. Einzelfälle, in denen eine strikte Anwendung zu einem „ungerechten" Ergebnis führt, können über den Grundsatz der Verhältnismäßigkeit entschieden werden.

### (4) Zusammenfassung

Grundsätzlich sind Minderjährige von den Anti-Doping-Regelungen genauso erfasst wie Erwachsene und die Regelungen kommen für alle Minderjährigen zur Anwendung. Allein über das Verschulden besteht die Möglichkeit, den Mangel an Erfahrung und die Minderjährigkeit zu berücksichtigen, was zu einem abgemilderten Sorgfaltsmaßstab betreffend der Anti-Doping-Pflichten

---

942 Mündliche Auskunft von Frau Dr. Katharina Lammert, Justitiarin bei der NADA, bestätigt und freigegeben durch E-Mail vom 14. Juni 2016.

943 www.gemeinsam-gegen-doping.de.

944 Abrufbar unter: http://www.nada.de/fileadmin/user_upload/nada/Athleten/150224_Factsheet_Dopingkontrollen_bei_Minderjaehrigen.pdf; zuletzt aufgerufen am 31.03.2018.

führt. Minderjährige genießen insofern auch eine „Beweiserleichterung“, indem sie nicht den Nachweis erbringen müssen, auf welche Weise die verbotene Substanz in ihren Körper gelangen konnte. So wird sichergestellt, dass die Minderjährigkeit und die Erfahrung bei der Bemessung des Verschuldens berücksichtigt werden können. Dadurch kann es zu einer Reduzierung der Sperre kommen. Die vorhandenen Regelungen berücksichtigen die Minderjährigkeit ausreichend und es sind darüber hinaus keine weiteren jugendspezifischen Sanktionen erforderlich.

### *b. Veröffentlichung der Daten*

In Artikel 14.3 WADC[945] werden die Offenlegung bzw. die Information an die Öffentlichkeit[946] geregelt. Unter Offenlegung versteht man die Weitergabe oder Verbreitung von Informationen an die Öffentlichkeit oder an Personen, die nicht vorzeitig benachrichtigt werden müssen[947]. Diese Offenlegung bzw. Veröffentlichung der Sanktion ist ein Teil der Sanktion[948]. Der Code unterscheidet in Artikel 14.3.1 und 14.3.2 WADC zwischen zwei verschiedenen Veröffentlichungen.

Gemäß Artikel 14.3.2 WADC muss die zuständige Anti-Doping-Organisation spätestens 20 Tage nach einer endgültigen Entscheidung, dass ein Verstoß gegen Anti-Doping-Bestimmungen vorliegt, die Entscheidung veröffentlichen und dabei Angaben zur Sportart, zur verletzten Anti-Doping-Bestimmung, zum Namen des Athleten oder einer anderen Person, der bzw. die den Verstoß begangen hat, zum verbotenen Stoff bzw. zur verbotenen Methode sowie zu den auferlegten Konsequenzen machen. Zu diesem Zeitpunkt hat bereits eine Anhörung stattgefunden und der Beschuldigte konnte zum Verschulden Stellung nehmen[949]. Eine Veröffentlichung, die zu diesem Zeitpunkt stattfindet, ist rechtmäßig und verletzt nicht das allgemeine Persönlichkeitsrecht[950]. Die Legitimationsgrundlage für einen Verstoß gegen das Bundesdatenschutzgesetz ist entweder die Einwilligung gemäß § 4a BDSG oder ein Erlaubnistatbestand des

945 Artikel 14.3 NADC.

946 So die Überschrift in dem entsprechenden Artikel 14.3 NADC.

947 Definition von „Offenlegung“ in der Definition von Konsequenzen im WADA-Code.

948 Artikel 10.13 WADC; Artikel 10.13 NADC.

949 SportR in der Praxis/*Lehner*, 10. Kapitel, Rn. 1570.

950 *Fiedler*, Das Doping minderjähriger Sportler, S. 278; *Niewalda*, Dopingkontrollen im Konflikt mit allgemeinem Persönlichkeitsrecht und Datenschutz, S. 710; SportR in der Praxis/*Lehner*, 10. Kapitel, Rn. 1570; zumindest nicht, wenn die Verlängerung nicht mehr als drei Monate veröffentlicht wird, OLG Hamburg, Causa Sport 2010, 145, 146; Anmerkung zu dem Urteil: *Borchers*, Causa Sport 2010, 148, 149.

§ 28 Absatz 1 Satz 1 Nr. 1–3 BDSG[951]. Die Interessen an einer Veröffentlichung überwiegen hier. Die Veröffentlichung dient dem Kampf gegen das Doping und durch die Veröffentlichung der Verstöße entsteht eine Abschreckungswirkung[952].

Gemäß Artikel 14.3.1 WADC darf die Identität eines Athleten oder einer anderen Person, die beschuldigt wird, gegen Anti-Doping-Vorschriften verstoßen zu haben, offengelegt werden nachdem der Athlet bzw. die andere Person gemäß Artikel 7.3 bis 7.7 WADC und die zuständige Anti-Doping-Organisation gemäß Artikel 14.1.2 WADC benachrichtigt wurden. Bei den Benachrichtigungen des Athleten und der Anti-Doping-Organisation wird über die gefundene Substanz oder einen anderen Verstoß informiert. Beispielsweise wird nach Artikel 7.3 WADC der Athlet benachrichtigt, dass bei der Probe ein von der Norm abweichendes Analyseergebnis gefunden wurde. Er wird unter anderem aufgeklärt, dass er das Recht hat, um die Analyse einer B-Probe zu ersuchen. Dies bedeutet für die Offenlegung nach Artikel 14.3.1 WADC, dass die Identität bereits dann bekannt gegeben werden darf, wenn noch keine B-Probe erfolgt ist, sondern der Athlet allein über das abweichende Ergebnis in der A-Probe und sein Recht auf eine B-Probe aufgeklärt wurde. Das Ergebnis der Probe wurde durch eine B-Probe noch nicht bestätigt und der Athlet durfte zu diesem Zeitpunkt auch noch nicht zu seinem Verschulden Stellung nehmen. Eine Veröffentlichung zu diesem Zeitpunkt geschieht meistens, um sich nicht dem Vorwurf auszusetzen, dass der Dopingskandal „unter den Teppich gekehrt" wird[953] oder weil so viele Beteiligten involviert sind, dass eine Geheimhaltung sich als schwierig erweist[954]. Allerdings wird in der Öffentlichkeit oft nicht zwischen positiver Dopingprobe und Dopingverstoß unterschieden, sodass schon oft im Vorfeld eine „Vorverurteilung" erfolgt[955]. Eine Veröffentlichung eines Ergebnisses vor Bestätigung der B-Probe und der Möglichkeit zum Verschulden Stellung zu nehmen, wird überwiegend als unverhältnismäßig angesehen[956]. Eine Ausnahme kann

951 *Mortsiefer*, Datenschutz im Anti-Doping-Kampf, S. 195; a.A. *Methner*, Causa Sport 2010, 150, 151 als Anmerkung zu dem Urteil des OLG Hamburg v. 09.02.2010 Causa Sport 2010, 145, 146.

952 OLG Hamburg Causa Sport 2010, 145, 146; *Mortsiefer*, Datenschutz im Anti-Doping-Kampf, S. 196; *Niewalda*, Dopingkontrollen im Konflikt mit allgemeinem Persönlichkeitsrecht und Datenschutz, S. 710 f.

953 *Fiedler*, Das Doping minderjähriger Sportler, S. 278; *Petri*, Die Dopingsanktion, S. 308.

954 *Adolphsen*, Internationale Dopingstrafen, S. 207.

955 *Haas/Nam*, in: Nolte, Martin Persönlichkeitsrechte im Sport, S. 43, 61.

956 *Fiedler*, Das Doping minderjähriger Sportler, S. 278; *Haas/Nam*, in: Nolte, Martin Persönlichkeitsrechte im Sport, S. 43, 63; *Kern*, Internationale Dopingbekämpfung,

sich nur ergeben, wenn eine vorläufige Suspendierung erforderlich ist. Bei dieser ist ein überwiegendes Interesse der Sportverbände anzunehmen, da der Athlet aus dem Teilnehmerfeld gestrichen werden muss und eine Information an die Konkurrenten notwendig ist[957]. Zudem ist die vorläufige Suspendierung mit einer zwingend notwendigen Anhörung des Athleten verbunden[958]. Darüber hinaus kann es zu Spekulationen kommen, wenn der Sportler nur suspendiert wird, aber das Analyseergebnis nicht veröffentlicht wird[959].

### aa. Erwähnung des Minderjährigen bei Veröffentlichung der Daten

Von der Verpflichtung zur automatischen Veröffentlichung einer Sanktion gemäß Artikel 10.13 i.V.m. 14.3 WADC wird im Falle der Beteiligung eines Minderjährigen eine Ausnahme vorgenommen. Artikel 14.3.6 WADC[960] bestimmt, dass im Fall der Minderjährigkeit des Athleten oder einer andere Person, der oder die gegen die Anti-Doping-Bestimmungen verstößt, die verpflichtende Offenlegung nach Artikel 14.3.2 WADC nicht zwingend ist. In Fällen, in denen ein Minderjähriger betroffen ist, erfolgt die optionale Offenlegung in einem angemessenen Verhältnis zu den Tatsachen und Umständen des Falls. Dies bedeutet, dass die Veröffentlichung unter Berücksichtigung des Einzelfalls erfolgt und im Ermessen des zuständigen Disziplinarorgans liegt. Diese Einschränkung für die Minderjährigen wurde erst im Code von 2015 vorgenommen; nicht zuletzt auf Anraten der NADA. Bezüglich der Möglichkeit einer Veröffentlichung nach Artikel 14.3.1 WADC werden keine Einschränkungen für den Minderjährigen vorgenommen.

---

S. 433 f.; *Niewalda*, Dopingkontrollen im Konflikt mit allgemeinem Persönlichkeitsrecht und Datenschutz, S. 699 ff.; *Petri*, Die Dopingsanktion, S. 308, 311; PHB-SportR/*Summerer*, 2. Teil, 3. Kapitel, Rn. 311, Nr. 16; SportR in der Praxis/*Lehner*, 10. Kapitel, Rn. 1572; einschränkend *Adolphsen*, Internationale Dopingstrafen, S. 207, der eine Vorabveröffentlichung als rechtmäßig ansieht, wenn es um vorläufige Suspendierung geht.

957 *Fiedler*, Das Doping minderjähriger Sportler, S. 279.

958 Artikel 7.9.1 WADC; Artikel 7.8.1 NADC; SportR in der Praxis/*Lehner*, 10. Kapitel, Rn. 1572.

959 *Adolphsen*, in: Arter/Baddeley, Sport und Recht, S. 239, 258; so z.B. bei dem Stabhochspringer Tim Lobinger, bei dem das Dopingverfahren nicht gleich publik wurde was zu Spekulationen geführt hat, *Hahn*, Hilfe!, FAZ v. 06.02.2001, S. 46, *Hahn*, „Der DLV hat keinen Fehler gemacht“ Die Affäre Tim Lobinger und die Folgen, FAZ v. 06.02.2001, S. 46.

960 Artikel 14.3.5 NADC.

### bb. Ausreichende Berücksichtigung der Minderjährigkeit bei Veröffentlichung der Daten

Bei einer Veröffentlichung kann ebenfalls das allgemeine Persönlichkeitsrecht minderjähriger Athleten betroffen sein[961]. Das allgemeine Persönlichkeitsrecht beinhaltet neben der Ehre und dem Ansehen auch ein Recht auf informationelle Selbstbestimmung[962]. Diese soll eine übermäßige Anprangerung verhindern, die durch eine Presseberichterstattung erfolgen kann[963]. Gerade für Minderjährige kann das öffentliche Anprangern und eine Geltung als Betrüger schwerwiegende Konsequenzen haben[964].

Die Veröffentlichung nach Artikel 14.3.2 WADC ist bei Minderjährigen nicht zwingend. Dies bedeutet, dass nicht zwangsläufig ihr Name mit dem Vergehen im Anschluss an eine endgültige Entscheidung genannt wird. Ein Absehen von der Veröffentlichung schützt den Minderjährigen umfassend davor, öffentlich an den Pranger gestellt zu werden. Allerdings ist eine Veröffentlichung nicht in jedem Fall ausgeschlossen, sondern die Veröffentlichung erfolgt in einem angemessenen Verhältnis zu den Tatsachen und Umständen des Falls. Fraglich ist, auf welchen Einzelfall es ankommt, ob eine Veröffentlichung vorgenommen wird und wann davon abgesehen wird. Eine Möglichkeit wäre, sich nach dem Alter der Minderjährigen zu richten. Die jüngsten Athleten bedürfen des größten Schutzes. Daher könnte man bei sehr jungen Athleten von einer Veröffentlichung absehen. Weiterhin könnte man nach Art des Vergehens differenzieren. Man könnte eine Veröffentlichung immer dann ausschließen, wenn ein Verstoß auf Grund eines kontaminierten Produkts oder einer spezifischen Substanz vorliegt. Anders gefragt, ist zu überlegen, in welchen Fällen eine Veröffentlichung die vorzugswürdige Entscheidung darstellt. Dies könnte beispielsweise der Fall sein, wenn der Minderjährige nicht nur schuldhaft, sondern sogar vorsätzlich handelte und beispielsweise keine spezifische Substanz, sondern einen Stoff zu sich genommen hat, bei dem die Wahrscheinlichkeit hoch ist, dass er dies zu leistungssteigernden Zwecken getan hat. Eine andere Möglichkeit besteht darin, sich an dem Verhalten des Minderjährigen in dem Verfahren zu orientieren. Wenn er sich beispielsweise sehr uneinsichtig zeigt, könnte man zu einer Veröffentlichung tendieren. Die Veröffentlichung gemäß Artikel 14.3.2 WADC bei

961 So auch *Fiedler*, Das Doping minderjähriger Sportler, S. 277.

962 *Adolphsen*, Internationale Dopingstrafen, S. 200.

963 *Adolphsen*, Internationale Dopingstrafen, S. 198.

964 *Heger*, in: Kauerhof/Nagel/Zebisch, Olympische Jugendspiele, S. 25, 39; SportR in der Praxis/*Lehner*, 10. Kapitel, Rn. 1398.

Minderjährigen sollte aber insgesamt eher restriktiv gehandhabt werden und in der Mehrzahl der Fälle sollte keine Offenlegung erfolgen.

Allerdings ist die Offenlegung nach Artikel 14.3.1 WADC nicht von der Beschränkung in Artikel 14.3.6 WADC[965] erfasst. Dies bedeutet, die Identität des Minderjährigen darf auch dann veröffentlicht werden, wenn noch keine B-Probe die A-Probe bestätigt hat und der Minderjährige noch nicht angehört wurde, sondern allein über die Abweichung der A-Probe von der Norm benachrichtigt wurde. Ebenso wie bei den Erwachsenen ist eine frühzeitige Offenlegung rechtmäßig, wenn eine vorläufige Suspendierung ausgesprochen werden muss. Allerdings kann dies nur für die obligatorische vorläufige Suspendierung nach Artikel 7.9.1 WADC[966] gelten, die bei verbotenen Methoden und Substanzen auszusprechen ist, die keine spezifischen Stoffe darstellen. Bei einer nur optional zu verhängenden vorläufigen Suspendierung gemäß Artikel 7.9.2 WADC[967], die spezifische Stoffe, kontaminierte Produkte oder andere Verstöße gegen Anti-Doping-Bestimmungen betrifft, ist die Offenlegung nicht rechtmäßig[968]. Hier greift die frühe Veröffentlichung so stark in das allgemeine Persönlichkeitsrecht des Minderjährigen ein, dass diese als unverhältnismäßig zu erachten ist[969]. Der Grund ist darin zu sehen, dass bei spezifischen Substanzen und kontaminierten Produkten die Wahrscheinlichkeit geringer ist, dass sie zur Leistungssteigerung eingenommen wurden[970]. Im Unterschied zu Artikel 14.3.2 WADC ist die Offenlegung nach Artikel 14.3.1 WADC nicht zwingend, sondern der Wortlaut spricht davon, dass die Identität offengelegt werden *darf*[971]. Dies bedeutet, dass die nationale Anti-Doping-Organisation davon auch absehen kann bzw. nicht verpflichtet ist, eine Veröffentlichung vorzunehmen. Generell erscheint eine Veröffentlichung zu diesem Zeitpunkt nur im Falle einer obligatorisch zu verhängenden vorläufigen Suspendierung zwingend, was in der Praxis auch so gehandhabt wird[972]. In allen anderen Fällen ist kein Grund ersichtlich, warum zu diesem Zeitpunkt die Identität des Minderjährigen veröffentlicht werden sollte. Dies bedeutet, dass in allen anderen Fällen die Interessen des Minderjährigen

965 Artikel 14.3.5 NADC.

966 „Zwingend vorläufige Suspendierung“ nach Artikel 7.8.1 NADC.

967 Artikel 7.8.2 NADC.

968 *Fiedler*, Das Doping minderjähriger Sportler, S. 280.

969 *Fiedler*, Das Doping minderjähriger Sportler, S. 280.

970 Siehe Kommentar zu Artikel 4.2.2 WADC.

971 „may be“ in Artikel 14.3.1 WADC.

972 Mündliche Auskunft von Frau Dr. Katharina Lammert, Justitiarin bei der NADA, bestätigt und freigegeben durch E-Mail vom 14. Juni 2016.

überwiegen und die Veröffentlichung das allgemeine Persönlichkeitsrecht verletzt. Nachdem die Veröffentlichung im Sinne von Artikel 14.3.2 WADC gemäß Artikel 14.3.6 WADC[973] eine Einschränkung für die Minderjährigen erfahren hat, ist dies auch für die Veröffentlichung im Sinne von Artikel 14.3.1 WADC erforderlich. Diese darf bei Minderjährigen nur dann erfolgen, wenn zwingend eine vorläufige Suspendierung auszusprechen ist.

### 3. *Vorgehen gegen Athletenbetreuer unter Beteiligung eines Minderjährigen*

Neben dem Minderjährigen als aktiv Dopender wird der Minderjährige in dem Code auch als passiv Dopender berücksichtigt. Dies bedeutet, dass es Sonderregeln für andere Personen, in den meisten Fällen betrifft dies Athletenbetreuer, gibt, die einen Dopingverstoß im Zusammenhang mit einem Minderjährigen begehen.

#### a. *Erwähnung in den Vorgängercodes*

Bereits in den Codes von 2003 und 2009 wurde der Verstoß gegen Anti-Doping-Bestimmungen unter Beteiligung eines Minderjährigen als besonders schwerwiegender Verstoß angesehen[974].

#### b. *Erwähnung im Code von 2015*

An zwei Stellen werden für Personen oder Athletenbetreuer Sonderregeln aufgestellt, wenn ein Minderjähriger beteiligt war, zum einen bei einem Verstoß gegen die Anti-Doping-Bestimmungen nach Artikel 10.3.3 WADC (aa.) und zum anderen bei einem Teilnahmeverbot während einer Sperre nach Artikel 10.12.1 Absatz 2 WADC (bb.).

##### aa. Besonders schwerwiegender Verstoß

Nach Artikel 10.3.3 WADC gilt ein Verstoß gegen Artikel 2.7 WADC[975] oder Artikel 2.8 WADC[976] unter Beteiligung von Minderjährigen als besonders

---

973 Artikel 14.3.5 NADC.

974 Artikel 10.4.2 WADAC 2003; Artikel 11.5.2 NADC 2003; Artikel 10.3.2 WADC 2009; Artikel 10.3.2 NADC 2009.

975 Inverkehrbringen oder versuchtes Inverkehrbringen von verbotenen Stoffen oder verbotenen Methoden.

976 Verabreichung oder versuchte Verabreichung von verbotenen Stoffen oder verbotenen Methoden bei Athleten bei Wettkämpfen oder die Verabreichung oder versuchte

schwerwiegender Verstoß. Wenn ein solcher Verstoß von Athletenbetreuern begangen wird und er nicht die spezifischen Stoffe betrifft, führt das zu einer lebenslangen Sperre für den Athletenbetreuer.

Gemäß Artikel 2.7 WADC gilt das Inverkehrbringen oder das versuchte Inverkehrbringen von verbotenen Stoffen oder verbotenen Methoden als Verstoß gegen die Anti-Doping-Bestimmungen. Unter dem Inverkehrbringen gemäß Artikel 2.7 WADC versteht man das Anbieten, Überwachen oder Ermöglichen der Anwendung oder versuchten Anwendung eines verbotenen Stoffs oder einer verbotenen Methode[977].

Artikel 2.8 WADC stellt die Verabreichung oder die versuchte Verabreichung von verbotenen Stoffen oder verbotenen Methoden bei Athleten bei Wettkämpfen und außerhalb von Wettkämpfen unter Strafe. Unter dem Verabreichen gemäß Artikel 2.8 WADC versteht man den Verkauf, die Abgabe, die Beförderung, die Versendung, die Lieferung oder den Vertrieb (oder Besitz zu einem solchen Zweck) eines verbotenen Stoffs oder einer verbotenen Methode[978].

Athletenbetreuer können nach der Definition des WADA-Codes Trainer, sportliche Betreuer, Manager, Vertreter, Teammitglieder, Funktionäre, medizinisches Personal, medizinisches Hilfspersonal, Eltern oder andere Personen sein, die mit Athleten, die an Sportwettkämpfen teilnehmen oder sich auf diese vorbereiten, zusammenarbeiten, sie unterstützen oder behandeln.

Die lebenslange Sperre tritt für den Athletenbetreuer nur ein, wenn der Verstoß nicht die spezifischen Stoffe betrifft.

Nach Artikel 10.3 WADC gilt die lebenslange Sperre nicht, wenn Artikel 10.5 oder 10.6 WADC zur Anwendung kommt. Dies bedeutet, dass entweder eine Minderung aufgrund fehlenden groben Verschuldens oder fehlender grober Fahrlässigkeit vorgenommen werden kann[979] oder die Sperre aus anderen Gründen als dem Verschulden aufgehoben, gemindert oder ausgesetzt werden kann[980]. Dies bedeutet, dass die lebenslange Sperre für den Athletenbetreuer nur dann eintritt, wenn ein Verschulden vorliegt.

Darüber hinaus können erhebliche Verstöße gegen Artikel 2.7 oder 2.8 WADC, bei denen auch nicht den Sport betreffende Gesetze und Vorschriften verletzt

---

Verabreichung von Stoffen oder Methoden, die außerhalb von Wettkämpfen verboten sind, bei Athleten außerhalb von Wettkämpfen.

977 Definition des Verabreichens im WADA-Code.

978 Definition des Inverkehrbringes im WADA-Code.

979 Artikel 10.5 WADC; bei Artikel 10.5 NADC wird wieder auf das Fehlen eines signifikanten Verschuldens abgestellt.

980 Artikel 10.6 WADC.

werden, den zuständigen Verwaltungs-, Berufs- oder Justizbehörden gemeldet werden[981].

### bb. Teilnahmeverbot während einer Sperre

Weiter wird der Minderjährige als passiver Beteiligter auch in Artikel 10.12.1 Absatz 2 WADC bei dem Teilnahmeverbot während einer Sperre genannt. Danach darf ein Athlet oder eine Person, gegen den oder die eine Sperre von mehr als vier Jahren verhängt wurde, nach Ablauf von vier Jahren unter bestimmten Voraussetzungen an lokalen Veranstaltungen teilnehmen, aber er darf in keiner Form mit Minderjährigen zusammenarbeiten. Bei den zugelassenen Veranstaltungen handelt es sich um lokale Sportveranstaltungen, die nicht von einem Unterzeichner des Code oder einer Mitgliedsorganisation des Unterzeichners des Code verboten sind oder in seiner/ihrer Zuständigkeit liegen. Zusätzlich dürfen diese lokalen Sportveranstaltungen nicht auf einem Niveau stattfinden, auf dem man sich direkt oder indirekt für die Teilnahme an einer nationalen Meisterschaft oder einer internationalen Wettkampfveranstaltung qualifizieren kann (oder Punkte für eine derartige Qualifikation erwerben kann)[982].

## *c. Ausreichende Berücksichtigung*

### aa. Besonders schwerwiegender Verstoß

In einem ersten Schritt (unter (1).) soll der in Artikel 10.3.3 WADC genannte schwere Verstoß, das Inverkehrbringen und das Verabreichen im Hinblick auf den Schutz des Minderjährigen und seine Verhältnismäßigkeit überprüft werden. In einem zweiten Schritt (unter (2).) soll überprüft werden, ob nicht auch andere Verstöße unter Beteiligung eines Minderjährigen als besonders schwerwiegende Verstöße angesehen werden sollten.

#### (1) Inverkehrbringen und Verabreichen

Wie oben dargelegt, stellt die WADA besondere Regeln auch für den Fall auf, dass der Minderjährige nicht der „Doping-Täter“, sondern eher in der Rolle des Opfers zu finden ist. Dies zeigt, dass die WADA es als besonders verwerflich ansieht, wenn Erwachsene ihre Machtposition gegenüber den Minderjährigen ausüben und ihnen Doping verabreichen oder diese dahingehend beeinflussen.

Ein Verstoß gegen Artikel 2.7 WADC (Inverkehrbringen) oder Artikel 2.8 WADC (Verabreichen) unter Beteiligung eines Minderjährigen wird als besonders

981 Artikel 10.3.3 Satz 2 WADC.

982 Artikel 10.12.1 WADC; Artikel 10.12.1 NADC.

schwerwiegender Verstoß angesehen. Die Einordnung des Verstoßes als ein besonders schwerwiegender muss gerechtfertigt sein. Die Rechtfertigung der Schwere dieses Verstoßes könnte sich aus der Schutzbedürftigkeit der Minderjährigen ergeben[983].

Zum einen ist der Schutz der Gesundheit des Minderjährigen sehr hoch einzustufen. Doping bei einem noch im Wachstum befindlichen Sportler hat mithin gravierende Auswirkungen. Diese können drastischer sein als bei einem Erwachsenen[984]. Bei den beiden genannten Handlungen, dem Inverkehrbringen und dem Verabreichen, entsteht eine besonders hohe Gesundheitsgefahr für den Minderjährigen. Bei Artikel 2.7 WADC wird das Doping dem Minderjährigen verabreicht. Darunter versteht man wie erwähnt das Anbieten, Überwachen oder Ermöglichen der Anwendung oder versuchten Anwendung eines verbotenen Stoffs oder einer verbotenen Methode[985]. Durch das Verabreichen besteht eine konkrete Gesundheitsgefahr, da dem Minderjährigen die verbotene Substanz unter Umständen direkt in den Körper verabreicht bzw. ihm direkt ausgehändigt wird. Einen drastischeren Fall als das direkte Verabreichen der verbotenen Substanzen gibt es nicht. Bei Artikel 2.8 WADC wird eine verbotene Substanz unter Beteiligung eines Minderjährigen in den Verkehr gebracht. Darunter versteht man den Verkauf, die Abgabe, die Beförderung, die Versendung, die Lieferung oder den Vertrieb (oder Besitz zu einem solchen Zweck) eines verbotenen Stoffs oder einer verbotenen Methode[986]. Auch dadurch wird eine Gesundheitsgefahr für den Minderjährigen begründet. Die verbotene Substanz ist zwar noch nicht in den Körper des Minderjährigen gelangt, aber dadurch, dass die Substanzen in den Verkehr gebracht werden, z.B. an einen Minderjährigen verkauft werden, wird es für den Minderjährigen überhaupt erst möglich, an die verbotenen Substanzen heranzukommen, bzw. wird es ihm erleichtert, sich diese zu besorgen.

Zum anderen sind die Minderjährigen leichter beeinflussbar als erwachsene erfahrene Sportler und eine Beteiligung eines Erwachsenen an einem Doping-Verstoß bei einem Minderjährigen ist auf Grund dessen besonders verwerflich. Das Ausnutzen der Unerfahrenheit und das Vertrauen des Minderjährigen rechtfertigt die Einordnung als besonders schwerwiegend. Erwachsene nutzen das Alter und die mangelnde Erfahrung aus und missbrauchen das Vertrauen

983 So auch *Heger*, in: Kauerhof/Nagel/Zebisch, Olympische Jugendspiele, S. 25, 34; *ders.*, in: Spitzer/Franke, Sport, Doping, Enhancement, S. 209, 213.

984 Siehe dazu oben unter § 4 A. II.

985 Definition des Verabreichens im WADA-Code.

986 Definition des Inverkehrbringes im WADA-Code.

des Minderjährigen. Folglich ist die besondere Schwere eines Verstoßes gegen Artikel 2.7 und Artikel 2.8 WADC unter Beteiligung eines Minderjährigen gerechtfertigt.

Wenn dieser Verstoß von einem Athletenbetreuer begangen wird, wird die Sanktion noch einmal verschärft. Der Athletenbetreuer bekommt in diesem Fall eine lebenslange Sperre. Die lebenslange Sperre ist für den Athletenbetreuer eine schwerwiegende Sanktion und stellt für einen Trainer oder einen Arzt einen starken Eingriff in die Berufsfreiheit dar. Solche Eingriffe sind nur gerechtfertigt, wenn es um die Abwehr nachweisbarer und höchstwahrscheinlicher schwerer Gefahren für ein überragend wichtiges Gemeinschaftsgut geht[987]. Sowohl der Jugendschutz[988] als auch die Volksgesundheit[989] stellen solch wichtige Gemeinschaftsgüter dar. Zudem darf es sich um keinen spezifischen Stoff handeln, was bedeutet, dass es sich um einen Stoff handeln muss, bei dem die Wahrscheinlichkeit hoch ist, dass er zur Leistungssteigerung verwendet wird[990]. Der Kommentar zu Artikel 10.3.3 WADC nennt als Begründung, dass die Personen, die am Doping von Athleten oder an der Vertuschung von Doping beteiligt sind, härteren Sanktionen unterworfen werden sollten als die Athleten, deren Kontrollbefunde positiv waren. Hinzu kommt, dass die „Tat" eine besondere Verwerflichkeit verkörpert. Denn bei einem Athletenbetreuer handelt es sich um eine Person wie einen Trainer, die Eltern, einen Arzt oder eine sonstige Person, die mit dem Athleten zusammenarbeitet, mithin eine Person, der der Athlet vertraut und zu der er ein besonderes Nähe- oder Vertrauensverhältnis hat. Dieses wird dadurch missbraucht, dass der Athletenbetreuer seine Erfahrenheit und Überlegenheit gegenüber dem Minderjährigen ausnutzt und dem Minderjährigen Doping verabreicht oder verbotene Substanzen in den Verkehr bringt.

Darüber hinaus kommen gemäß Artikel 10.3 WADC die Artikel 10.5 (Minderung auf Grund fehlenden groben Verschuldens oder fehlender grober Fahrlässigkeit) und 10.6 WADC (Aufhebung, Minderung oder Aussetzung aus anderen Gründen als Verschulden) zur Anwendung. Folglich wird das Verschulden des Athletenbetreuers berücksichtigt und es besteht die Möglichkeit, die Strafe auch aus anderen Gründen als Verschulden zu reduzieren. Dies bedeutet, dass nicht in jedem Fall eine lebenslange Strafe verhängt wird, sondern eine Einzelfallprüfung

---

987 Laufs/Kern/*Ulsenheimer*, Handbuch des Arztrechts, § 151, Rn. 54; Maunz/Dürig/*Scholz*, Art. 12 GG, Rn. 335; Spickhoff MedR/*Steiner*, Art. 12 GG, Rn. 2.

988 BVerfG NJW 1969, 1571, 1573; Maunz/Dürig/*Scholz*, Art. 12 GG, Rn. 352.

989 BVerfG NJW 1971, 1555, 1557; Maunz/Dürig/*Scholz*, Art. 12 GG, Rn. 352.

990 Siehe dazu die Definition von Spezifischen Stoffen in Artikel 4.2.2 WADC und der Kommentar zu Artikel 4.2.2 WADC.

stattfindet und unter Umständen die Strafe reduziert werden kann, wenn beispielsweise mangels Verschuldens die Tat des Athletenbetreuers nicht als schwerwiegend einzustufen ist. Als Beispiel ist an den Fall zu denken, dass der Athletenbetreuer dem Minderjährigen aus leichter Fahrlässigkeit ein kontaminiertes Produkt wie ein verunreinigtes Nahrungsmittel verabreicht[991] oder der Athletenbetreuer wesentliche Unterstützung bei der Aufdeckung eines Verstoßes gegen Anti-Doping-Bestimmungen leistet[992]. Auch zu bedenken sind Fälle, in denen die Initiative von dem Minderjährigen ausgeht und er seinen Trainer mehrmals inständig bittet, ihm das Dopingmittel zu verschaffen und ihm womöglich verspricht, ihn an dem Preisgeld zu beteiligen, falls der Minderjährige gewinnt. In diesen Fällen kommt im Strafrecht das Problem der Einwilligung des Minderjährigen zum Tragen[993]. Wenn es sich um einen einwilligungsfähigen Minderjährigen handelt, kann darüber nachgedacht werden, die Sperre des Athletenbetreuers zu reduzieren[994]. Da somit das „Verschuldensprinzip" auch für den Athletenbetreuer Anwendung findet und die Strafe auch aus anderen Gründen als Verschulden reduziert werden kann, ist die lebenslange Regelstrafe als verhältnismäßig anzusehen. Folglich ist der Eingriff durch den Gesundheitsschutz des Minderjährigen gerechtfertigt[995].

Allerdings können die Athletenbetreuer nur dann zur Rechenschaft gezogen werden, wenn sie der Verbandsgewalt unterworfen sind. Bei Trainern oder Ärzten kann eine solche Unterwerfung unter die Verbandsgewalt durch eine Verbands- oder Vereinsmitgliedschaft gewährleistet sein[996]. Bei den Eltern oder sonstigen Betreuern scheidet eine solche allerdings meist aus, da diese weder durch eine Mitgliedschaft noch durch eine anderweitige vertragliche Bindung gebunden sind. Eine Sanktionierung ist in diesem Fall nicht möglich. So scheidet in der Praxis eine verbandsrechtliche Sanktion gegen Athletenbetreuer in den

991 Dann würde Artikel 10.5.1.2 WADC zur Anwendung kommen und es würde eine Sperre von höchstens zwei Jahre verhängt werden.

992 Dann würde Artikel 10.6. 1 WADC zur Anwendung kommen und es kann ein Teil der verhängten Sperre ausgesetzt werden.

993 Siehe zu dieser Problematik und dem Streitstand ausführlich *Fiedler*, Das Doping minderjähriger Sportler, S. 55 ff.

994 Eine rechtfertigende Einwilligung des Minderjährigen kann zumindest nicht von vornherein ausgeschlossen werden. Wenn er die kognitiven Fähigkeiten besitze die Gefahren zu erkennen, kann eine Einwilligung möglich sein. Je jünger der Athlet und je gefährlicher die Dopingsubstanz desto unwahrscheinlicher ist es, dass der Minderjährige die Fähigkeit besitzt. Eine Einwilligung des gesetzlichen Vertreters scheidet aus, *Fiedler*, Das Doping minderjähriger Sportler, S. 116.

995 So auch *Fiedler*, Das Doping minderjähriger Sportler, S. 284.

996 *Fiedler*, Das Doping minderjähriger Sportler, S. 282.

meisten Fällen aus[997]. Hauptsächlich scheiterte es an der Möglichkeit, den Sachverhalt aufzuklären, da keine staatlichen Behörden ermitteln, sondern nur private Ermittlungsbefugnisse bestehen[998]. Aus diesem Grund verfolgt die WADA mit dem Code von 2015 das Ziel, die Reichweite der Dopingbekämpfung zu vergrößern. Insbesondere das Umfeld des Athleten wie etwa die Trainer oder Ärzte, welche beim Doping des minderjährigen Athleten eine entscheidende Rolle spielen können, müssen den Anti-Doping-Bestimmungen unterworfen werden[999]. Gemäß Artikel 20.3.5 WADC gehört es zu den Aufgaben der internationalen Sportfachverbände von all seinen nationalen Sportfachverbänden zu verlangen, Regeln aufzustellen, wonach sich alle Athleten und Athletenbetreuer, die als Trainer, sportliche Betreuer, Manager, Teammitglieder, Funktionäre, medizinisches Personal oder medizinisches Hilfspersonal an einem Wettkampf teilnehmen, als Bedingung für diese Teilnahme den Anti-Doping-Bestimmungen und dem Ergebnismanagement der Anti-Doping-Organisation in Übereinstimmung mit dem Code verpflichten. Obwohl die Unterwerfung der genannten Athletenbetreuer unter die Anti-Doping-Regelwerke sehr wünschenswert wäre, um eine bessere Sanktionierung zu gewährleisten, lässt sich allerdings bezweifeln, dass dies in der Praxis ausnahmslos umgesetzt werden kann. Gerade bei Juniorenveranstaltungen ist es schwer vorstellbar, dass alle Personen, die in ihrer Funktion als Betreuer an dem Wettkampf teilnehmen, an die Anti-Doping-Regeln gebunden werden. In Betracht käme eine Art Unterwerfung, die jeder Athletenbetreuer vor Einlass in die Wettkampfstätte unterschreibt. Dies wird sich ausnahmslos kaum sicherstellen lassen. Es wird schwierig sein zu differenzieren, wer als Zuschauer und wer als Betreuer anwesend ist. Weiter wäre denkbar, wie bei Lizenzspielern eine Art „Lizenz" als Athletenbetreuer auszugeben, der den Athletenbetreuer in seiner Funktion für eine gewisse Zeit an die Bestimmungen bindet. Doch auch hier erscheint eine Abgrenzung sich als schwierig zu erweisen.

Auch besteht nach Artikel 10.3.3 Satz 3 WADC die Möglichkeit, den Justizbehörden Verstöße zu melden. Dazu führt der Kommentar zu Artikel 10.3.3 WADC aus, dass das Anzeigen von Athletenbetreuern bei den zuständigen Behörden eine wichtige Abschreckungsmaßnahme in der Dopingbekämpfung darstelle, da die Befugnis von Sportorganisationen generell auf den Entzug von Akkreditierungen, Lizenzen, Mitgliedschaften und sportlichen Vergünstigungen

---

997 CAS 2011/A/2403 WADA v. FIG & Melnychenko, Rn. 7.6; CAS 2008/A/1417 FINA v. Tagliaferri Rn. 9.1.1.6.

998 *Fiedler*, Das Doping minderjähriger Sportler, S. 282; *Kauffmann*, in: FS-Kleinknecht S. 203, 213.

999 *Rigozzi*/*Viret*/*Wisnosky*/*Muresan*/*Kesseli*, Causa Sport 2014, 299, 306.

beschränkt ist. Während die Verbandsorgane nicht zu einer Strafanzeige verpflichtet sind, soll gegen die Athletenbetreuer von minderjährigen Sportlern auch im Wege des Kriminalrechts vorgegangen werden[1000].

In Artikel 20.3.10 WADC erteilt die WADA den internationalen Sportverbänden die zusätzliche Aufgabe, rigoros alle potenziellen Verstöße gegen Anti-Doping-Bestimmungen zu verfolgen und automatisch Athletenbetreuer zu untersuchen, wenn ein Minderjähriger gegen Anti-Doping-Bestimmungen verstoßen hat. Gemäß Artikel 10.5.9 WADC trifft die gleiche Pflicht die nationalen Anti-Doping-Organisationen.

Somit lässt sich festhalten, dass die Einordnung der Verstöße gegen Artikel 2.7 und 2.8 WADC unter Beteiligung eines Minderjährigen als besonders schwerwiegend gerechtfertigt ist. Die lebenslange Sperre ist für einen Athletenbetreuer eines Minderjährigen verhältnismäßig. Durch die zusätzlichen Regeln wird deutlich, dass die WADA die Verstöße von Athletenbetreuen gegen die Anti-Doping-Bestimmungen bei denen Minderjährige beteiligt sind, als besonders schwerwiegend ansieht und dementsprechend sicherstellen will, dass diese hart bestraft werden.

(2) Weitere Verstöße

Gemäß Artikel 10.3.3 WADC wird nur ein Verstoß gegen Artikel 2.7 WADC (Inverkehrbringen) oder Artikel 2.8 WADC (Verabreichen) unter Beteiligung eines Minderjährigen als besonders schwerwiegend angesehen. Wenn dieser Verstoß von einem Athletenbetreuer begangen wird und wenn er keine spezifischen Substanzen betrifft, führt dies zu einer lebenslangen Sperre für den Athletenbetreuer. Fraglich ist, ob nicht jeder Verstoß gegen Anti-Doping-Bestimmungen in Zusammenhang mit einem Minderjährigen als besonders schwerwiegend anzusehen sein sollte[1001] und eine lebenslange Sperre zu verhängen sein sollte, wenn dies durch einen Athletenbetreuer geschieht.

Dies können nur solche Verstöße gegen Anti-Doping-Bestimmungen sein, die nicht von dem Athleten selbst begangen werden müssen, wie Artikel 2.1 WADC, bei dem ein verbotener Stoff in der Probe eines Athleten vorhanden sein muss. In Betracht kommen daher die unzulässige Einflussnahme auf einen Teil des

---

1000 *Heger*, in: Kauerhof/Nagel/Zebisch, Olympische Jugendspiele, S. 25, 34 f; *ders.*, in: Spitzer/Franke, Sport, Doping, Enhancement, S. 209, 231.

1001 So auch in dem Entwurf einer Liste mit Empfehlungen für die Überarbeitung des Welt-Anti-Doping-Codes, des Bundesministerium des Inneren, S. 6, abrufbar unter: https://www.bmi.bund.de/SharedDocs/ Downloads/DE/Nachrichten/Pressemitteilungen/2011/12/wada.pdf?__blob=publicationFile; zuletzt aufgerufen am 14.06.2016.

Dopingverfahrens bzw. der Versuch (Artikel 2.5 WADC), der Besitz eines verbotenen Stoffes oder einer verbotenen Methode durch einen Athletenbetreuer (Artikel 2.6 WADC), die Beihilfe zu einem Verstoß gegen Anti-Doping-Bestimmungen (Artikel 2.9 WADC), der verbotene Umgang (Artikel 2.10 WADC) sowie Mehrfachverstöße (Artikel 10.7 WADC). Diese Verstöße sehen eine Sperre von zwei bis vier Jahren vor[1002]. Die Aufhebungs- und Minderungsgründe der Artikel 10.4, 10.5 und 10.6 WADC gelten entsprechend.

Zu untersuchen ist, warum ein Verstoß gegen Artikel 2.7 WADC (Inverkehrbringen) und Artikel 2.8 WADC (Verabreichen) unter Beteiligung eines Minderjährigen einen besonders schwerwiegenden Verstoß darstellt aber ein Verstoß gegen die übrigen oben genannten Regelungen unter Beteiligung eines Minderjährigen nicht.

Die Rechtfertigung eines besonders schwerwiegenden Verstoßes, wenn ein Minderjähriger beteiligt ist, ergibt sich bei Artikel 2.7 WADC und Artikel 2.8 WADC aus der besonderen Schutzbedürftigkeit der jungen Athleten. Im Vordergrund steht dabei deren Gesundheitsschutz[1003]. Bei Artikel 2.7 WADC wird das Doping dem Minderjährigen verabreicht. Dies bedeutet, dieser verstößt dadurch ebenfalls gegen die Anti-Doping-Bestimmungen und es besteht eine konkrete Gesundheitsgefahr, da die Anwendung eines verbotenen Stoffes ermöglicht wird, was im Endeffekt nichts anderes bedeutet, als dass dem Minderjährigen die verbotene Substanz in den Körper verabreicht wird. Bei Artikel 2.8 WADC wird eine verbotene Substanz in den Verkehr gebracht. Dies stellt zwar einen Verstoß gegen die Anti-Doping-Bestimmungen dar, da auch dadurch die Gefahr einer Gesundheitsgefahr für den Minderjährigen besteht, aber die verbotene Substanz ist noch nicht in den Körper des Minderjährigen gelangt, bzw. ist die Gesundheitsgefahr noch nicht so konkret und der Minderjährige selbst hat dadurch noch keinen Verstoß gegen die Anti-Doping-Bestimmungen begangen.

Trotzdem werden beide Verstöße unter Beteiligung eines Minderjährigen als besonders schwerwiegend charakterisiert und insoweit gleich behandelt. Bei Begehung eines solchen Verstoßes durch einen Athletenbetreuer wird in beiden

---

1002 Bei einem Verstoß gegen Artikel 2.10 WADC (verbotener Umgang) eine Sperre von zwei Jahren, Artikel 10.3.5 WADC; bei einem Verstoß gegen Artikel 2.6.2 (Besitz) oder 2.9 (Beihilfe) eine Sperre von zwei bis vier Jahren, Artikel 10. 2 und 10.3.4 WADC; bei einem Verstoß gegen Artikel 2.5 WADC (Unzulässige Einflussnahme) eine Sperre von vier Jahren, Artikel 10.3.1 WADC; bei Mehrfachverstößen differenzierend, Artikel 10.7 WADC.

1003 So auch *Fiedler*, Das Doping minderjähriger Sportler, S. 284.

Fällen eine lebenslange Sperre verhängt. Zu untersuchen ist, ob diese Gesundheitsgefahr für den Minderjährigen auch bei Vorliegen eines der anderen Verstöße gegeben ist. Zudem ist zu prüfen, ob die Verstöße unter Beteiligung eines Minderjährigen den Verstoß zu einem besonders schweren Verstoß machen und ob im Falle des Begehens durch einen Athletenbetreuer auch eine lebenslange Sperre gerechtfertigt ist.

### (a) Unzulässige Einflussnahme auf das Dopingkontrollverfahren gemäß Artikel 2.5 WADC

Unter einer unzulässigen Einflussnahme auf das Dopingkontrollverfahren gemäß Artikel 2.5 WADC versteht man beispielsweise die Veränderung der Identifikationsnummern auf einem Dopingkontrollformular während des Kontrollverfahrens, das Aufbrechen der B-Flasche bei der Analyse der B-Probe oder die Veränderung einer Probe durch Zugabe einer Fremdsubstanz[1004]. Dies bedeutet vereinfacht gesagt, dass die Dopingkontrolle des Minderjährigen manipuliert wird. Dadurch gelangt keine verbotene Substanz in den Körper des Minderjährigen und es wird im auch keine ausgehändigt. Der Minderjährige hat zwar eventuell im Vorfeld Dopingmittel zu sich genommen und sich eines Dopingverstoßes schuldig gemacht, weswegen nun versucht wird, mit einer unzulässigen Einflussnahme auf das Dopingkontrollsystem, dies zu vertuschen. Für eine Einordnung als schwerwiegender Verstoß kann der Kommentar zu Artikel 10.3.3 WADC angeführt werden. Er nennt als Begründung für den schwerwiegenden Verstoß von Artikel 2.7 und 2.8 WADC, dass die Personen, die am Doping von Athleten oder an der Vertuschung von Doping beteiligt sind, härteren Sanktionen unterworfen werden sollten als die Athleten, deren Kontrollbefunde positiv waren. Die unzulässige Einflussnahme auf das Dopingkontrollverfahren stellt eine Vertuschung dar. Gegen eine Einordnung als schwerwiegender Verstoß spricht, dass durch die Einflussnahme an sich keine verbotene Substanz in den Körper des Minderjährigen gelangt und durch die Einflussnahme dieser auch keinen Dopingverstoß begeht. Auch erhöht sich nicht die Gefahr, dass ein Minderjähriger Dopingmittel nimmt, da diese ihm nun etwa besser zugänglich sind wie bei einem Inverkehrbringen nach Artikel 2.7 WADC. Die Gefahr einer Gesundheitsgefährdung ist demnach bei einer unzulässigen Einflussnahme auf das Dopingkontrollsystem nicht dieselbe wie bei dem Inverkehrbringen oder dem Verabreichen. Folglich ist die Einstufung als besonders schwerwiegender Verstoß nicht erforderlich, wenn ein Minderjähriger bei der unzulässigen Einflussnahme beteiligt ist.

---

1004 Kommentar zu Artikel 2.5 WADC.

(b) Besitz durch Athletenbetreuer von verbotenen Substanzen gemäß Artikel 2.6.2 WADC

Der Besitz durch einen Athletenbetreuer von verbotenen Stoffen oder verbotenen Methoden bei Wettkämpfen oder außerhalb von solchen stellt nach Artikel 2.6.2 WADC einen Verstoß gegen Anti-Doping-Bestimmungen dar. Unter Besitz versteht man den tatsächlichen, unmittelbaren Besitz oder den mittelbaren Besitz[1005]. Wenn der Athletenbetreuer von einem Minderjährigen in Besitz von verbotenen Substanzen ist, stellt dies eine ähnliche Gesundheitsgefährdung dar wie das Inverkehrbringen. Bei beiden wird die abstrakte Gefahr begründet, dass der Minderjährige Dopingmittel zu sich nehmen könnte und durch beide Handlungen wird diese Gefahr erhöht. Bei beiden sind die verbotenen Substanzen noch nicht in den Körper des Minderjährigen gelangt. Die Ähnlichkeit der beiden Verstöße zeigt auch ein Vergleich mit dem Betäubungsmittelgesetz. Nach § 29 Absatz 1 Satz Nr. 1 BtMG ist das Inverkehrbringen und nach § 29 Absatz 1 Satz 1 Nr. 3 BtMG ist der Besitz von Betäubungsmitteln unter Strafe gestellt. Beide stellen abstrakte Gefährdungsdelikte dar[1006] und haben denselben Strafrahmen. Dies spricht dafür, dass die Gefährdung für Minderjährige beim Inverkehrbringen nach Artikel 2.7 WADC und beim Besitz nach Artikel 2.6.2 WADC unter Beteiligung eines Minderjährigen gleich hoch sind.

Allerdings ist zu bedenken, dass bei einem Inverkehrbringen unter Beteiligung eines Minderjährigen, z.B. beim Verkauf eines verbotenen Mittels an den Minderjährigen, dieser dann selbst in Besitz des Dopingmittels kommt. Wenn ein Athletenbetreuer, der einen Minderjährigen betreut, in Besitz von Dopingmitteln ist, bedeutet dies noch nicht unmittelbar, dass der Minderjährige auch selbst in deren Besitz kommt. Allein bei einem Besitz fehlt noch die subjektive Komponente, wie beispielsweise „um es dem Minderjährigen zu geben oder zu verabreichen“. Dieses subjektive Element wird sich bei einem Athletenbetreuer, der in Besitz von Dopingmittel ist, zum einen in der Praxis schwer beweisen lassen. Zum anderen ist der Besitz zu einem Zweck wie dem Verkaufen, Befördern oder Versenden bereits von der Definition des Inverkehrbringens abgedeckt[1007]. Allein der Besitz von

1005 Siehe die Definition zum Besitz im WADA-Code.

1006 Körner/Patzak/Volkmer/*Patzak*, § 29 BtMG, Teil 13, Rn. 2.

1007 Siehe dazu die Definition zu Inverkehrbringen im WADA-Code: Verkauf, Abgabe, Beförderung, Versendung, Lieferung oder Vertrieb (**oder Besitz zu einem solchen Zweck**) eines verbotenen Stoffs oder einer verbotenen Methode (entweder physisch oder auf elektronischem oder anderem Wege) durch einen Athleten, Athletenbetreuer oder eine andere Person im Zuständigkeitsbereich einer Anti-Doping-Organisation an Dritte.

verbotenen Substanzen durch einen Athletenbetreuer, der einen Minderjährigen betreut, rechtfertigt somit keinen schwerwiegenden Verstoß.

### (c) Beihilfe gemäß Artikel 2.9 WADC

Bei einer Beihilfe, worunter die Hilfe, Ermutigung, Anleitung, Anstiftung, Konspiration, Verschleierung oder sonstige vorsätzliche Beihilfe bei einem Verstoß gegen Anti-Doping-Bestimmungen durch eine andere Person zu verstehen ist[1008], leistet die andere Person Hilfe zu einem Verstoß des Minderjährigen gegen Anti-Doping-Bestimmungen. Dies bedeutet, dass der Minderjährige beispielsweise einen Verstoß gegen Artikel 2.1 WADC dadurch begeht, dass ein verbotener Stoff in seinen Körper gelangt oder die andere Person ihn dazu überredet, ihm Tipps gibt oder in sonstiger Art und Weise Hilfe leistet. Dabei entsteht eine identische Gesundheitsgefährdung wie bei einem Verstoß gegen Artikel 2.8 WADC, denn in beiden Fällen gelangt der verbotene Stoff in den Körper des Minderjährigen. Dadurch entsteht für ihn eine konkrete Gesundheitsgefährdung und die Person hat einen Teil dazu beigetragen. In der Bewertung, ob ein besonders schwerwiegender Verstoß vorliegt, kann kein großer Unterschied vorliegen, ob die Person dem Minderjährigen das Dopingmittel selbst verabreicht oder ob er dazu anleitet und so Beihilfe leistet. Dies zeigt auch ein Vergleich mit dem Strafrecht. Unter den Begriff der Beihilfe im WADA-Code ist nicht nur die Beihilfe im Sinne von § 27 StGB gemeint, sondern auch die Anstiftung gemäß § 26 StGB. Dies macht die Definition deutlich. Gemäß § 26 StGB wird der Anstifter gleich dem Täter bestraft. Der Grund dafür ist, dass der Anstifter die „Initialzündung“[1009] für die Straftat liefert und so zu deren Urheber wird[1010]. Dies ist bei Dopingvergehen ähnlich. Dadurch dass die Person den Minderjährigen überredet, wird der Anstoß für den Verstoß gegen die Anti-Doping-Bestimmungen gegeben. Die Gesundheitsgefährdung für den Minderjährigen ist bei einem Verabreichen genauso hoch wie bei der Beihilfe. Somit stellt auch die Beihilfe unter Beteiligung eines Minderjährigen einen besonders schwerwiegenden Verstoß dar.

Die verschärfte Sanktion in Form der lebenslangen Sperre für den Athletenbetreuer ist aus den gleichen Gründen gerechtfertigt wie bei Verstößen gegen

---

1008 Artikel 2.9 WADC; Artikel 2.9 NADC, der von einer Tatbeteiligung als jegliche Form von Unterstützung, Aufforderung, Beihilfe, Anstiftung, Beteiligung, Verschleierung oder jede sonstige vorsätzliche Beteiligung im Zusammenhang mit einem Verstoß gegen Anti-Doping-Bestimmungen durch eine andere Person, spricht.

1009 *Schulz*, Die Bestrafung des Ratgebers, S. 145.

1010 MüKo/*Joecks*, StGB, § 26 StGB, Rn. 5; Schönke/Schröder/*Heine*/*Weißer*, § 26 StGB, Rn. 1.

die Artikel 2.7 und 2.8 WADC. Grundsätzlich erfolgt eine härtere Bestrafung des Athletenbetreuers auf Grund des Nähe- und Vertrauensverhältnisses zum Minderjährigen. Allerdings darf die lebenslange Sperre ebenfalls – wie bei einem Verstoß gegen Artikel 2.7 und 2.8 WADC unter Beteiligung eines Minderjährigen – nicht zwingend sein, sondern die Minderungs- und Aufhebungsgründe der Artikel 10.4, 10.5 und 10.6 WADC müssen zur Anwendung kommen, sodass auch in einem Fall, in dem kein grobes Verschulden des Gehilfen vorliegt, die Möglichkeit besteht, die Sperre zu reduzieren. Dann ist auch bei dem Besitz die lebenslange Sperre verhältnismäßig.

### (d) Verbotener Umgang gemäß Artikel 2.10 WADC

Gemäß Artikel 2.10 WADC wird der Umgang eines Athleten oder einer anderen Person mit einem Athletenbetreuer, der gewisse Verstöße begangen hat, verboten. Hintergrund ist, dass Athleten und andere Personen nicht mit Trainern, Ärzten oder anderen Athletenbetreuern zusammenarbeiten dürfen, die aufgrund eines Verstoßes gegen Anti-Doping-Bestimmungen gesperrt sind oder die in einem Straf- oder Disziplinarverfahren im Zusammenhang mit Doping verurteilt wurden[1011]. Bestraft wird demnach der Athlet oder der Athletenbetreuer, der in beruflicher oder sportlicher Funktion Kontakt mit dem gesperrten Athletenbetreuer hat. Ein Verstoß gegen Artikel 2.10 WADC unter Beteiligung eines Minderjährigen ist in der Konstellation denkbar, dass ein Athletenbetreuer, der einen Minderjährigen betreut, mit einem gesperrten Athletenbetreuer zusammenarbeitet. In diesem Fall wird ähnlich wie beim Inverkehrbringen oder beim Besitz die Gefahr erhöht, dass der minderjährige Athlet mit verbotenen Dopingmittel in Kontakt kommen kann oder z.B. vom gesperrten Athletenbetreuer Tipps bekommen kann. Allerdings ist der entscheidende Unterschied, dass überhaupt noch kein verbotenes Mittel existiert oder vorhanden ist. Allein der Kontakt mit einem gesperrten Athletenbetreuer, der auch wegen einer Einflussnahme auf eine Dopingkontrolle gesperrt sein könnte und nie mit einem verbotenen Mittel Kontakt hatte, reicht nicht aus, um eine Gefahr für den Minderjährigen zu begründen.

Die beiden anderen denkbaren Konstellationen, dass der Minderjährige die Person ist, die mit dem gesperrten Athletenbetreuer Kontakt hat oder der gesperrte Athletenbetreuer noch minderjährig ist, passen beide nicht zu den Voraussetzungen des Artikel 2.10 WADC. In der ersten Variante wäre es gerade der Minderjährige der den Verstoß begehen würde, sodass es gerade nicht darum geht ihn besonders zu schützen bzw. den Athletenbetreuer zu sanktionieren.

1011 Kommentar zu Artikel 2.10 WADC.

In der zweiten Variante wäre der Minderjährige bereits gesperrt und auf Grund des gemeinsamen Umgangs würde der erwachsene Athlet bestraft. Beide Konstellationen zielen nicht darauf ab, den Minderjährigen, der mit einer Person zusammenarbeitet, die einen Verstoß gegen die Anti-Doping-Bestimmungen begeht, zu schützen.

### (e) Mehrfachverstöße

Bei mehreren Verstößen gegen die Anti-Doping-Bestimmungen gelten Sonderregeln. Diese sind in Artikel 10.7 WADC geregelt. Bei einem zweiten Verstoß gilt die jeweils höchste der in Artikel 10.7.1 WADC genannten Sperren. Ein dritter Verstoß gegen Anti-Doping-Bestimmungen führt gemäß Artikel 10.7.2 WADC immer zu einer lebenslangen Sperre. Wenn eine Person einen Verstoß gegen Artikel 2.7 WADC oder 2.8 WADC unter Beteiligung von Minderjährigen begangen hat, gilt dies als ein besonders schwerer Verstoß, für den eine Sperre von vier Jahren bis zu einer lebenslangen Sperre verhängt wird. Wenn die Person, die kein Athletenbetreuer ist, beispielsweise dem minderjährigen Athleten Doping verabreicht, aber keine lebenslange, sondern nur eine langjährige Sperre auferlegt bekommt, könnte die Person nach Ablauf der Sperre wieder mit Minderjährigen arbeiten und vor allem einem minderjährigen Sportler erneut Doping verabreichen. In diesem Fall würde die Person zwar eine erneute langjährige Sperre bekommen, aber bei einem zweiten Verstoß nicht zwangsweise eine lebenslange Sperre. Dies kann den Minderjährigen nicht effektiv schützen. Eine Person, die minderjährigen Athleten zwei Mal Doping verabreicht, muss mit einer lebenslangen Sperre bestraft werden. Diese Person hat zwei Mal einen besonders schweren Verstoß begangen. Wenn man dieser Person erneut erlauben würde, wieder an Wettkämpfen oder sonstigen Aktivitäten teilzunehmen[1012] und mit Minderjährigen zusammenzuarbeiten, kann man den Minderjährigen nicht schützen, sondern setzt ihn der Gefahr aus, dass diese Person auch ein drittes Mal einem minderjährigen Athleten Doping verabreicht.

Dies gilt nicht nur für die Verstöße gegen Artikel 2.7 und 2.8 WADC, sondern muss auch für einen Verstoß gegen Artikel 2.9 WADC gelten. Zusammenfassend lässt sich festhalten, dass bei einem zweimaligen Verstoß gegen die

---

1012 Umkehrschluss aus der Definition von Sperre bei Konsequenzen bei Verstößen gegen Anti-Doping-Bestimmungen b.: Sperre bedeutet, dass der Athlet oder eine andere Person für einen bestimmten Zeitraum von jeglicher Teilnahme an Wettkämpfen oder sonstigen Aktivitäten oder von finanzieller Unterstützung gemäß Artikel 10.12.1 ausgeschlossen wird.

Artikel 2.7, 2.8 oder 2.9 WADC unter Beteiligung eines Minderjährigen eine lebenslange Strafe verhängt werden muss.

Für den Fall, dass ein Athletenbetreuer ein zweites Mal gegen diese Normen verstößt, muss ebenfalls eine lebenslange Sperre verhängt werden. Zwar führt in diesem Fall grundsätzlich schon der erste Verstoß zu einer lebenslangen Sperre. Es ist jedoch denkbar, dass in dem ersten Fall die eigentlich zu verhängende lebenslange Sperre auf eine langjährige Sperre gemindert wurde, entweder weil dem Athletenbetreuer kein grobes Verschulden oder keine grobe Fahrlässigkeit vorgeworfen werden kann oder weil die Sperre gemäß Artikel 2.6 WADC reduziert wurde. Bei einem zweiten Verstoß muss dann die lebenslange Sperre verhängt werden, selbstverständlich auch unter Berücksichtigung der Artikel 10.4, 10.5 und 10.6 WADC, damit die lebenslange Sperre verhältnismäßig ist.

##### (f) Zwischenergebnis

Festzuhalten ist, dass die Beihilfe nach Artikel 2.9 WADC unter Beteiligung eines Minderjährigen ebenfalls einen besonders schwerwiegenden Verstoß darstellt und kein Grund erkennbar ist, warum sie anders behandelt werden sollte als das Inverkehrbringen nach Artikel 2.7 WADC und das Verabreichen nach Artikel 2.8 WADC. Die lebenslange Sperre für Athletenbetreuer ist ebenfalls verhältnismäßig, da die Möglichkeit besteht, diese zu reduzieren. Die unzulässige Einflussnahme nach Artikel 2.5 WADC, der Besitz nach Artikel 2.6 WADC und der verbotene Umgang nach Artikel 2.10 WADC unter Beteiligung eines Minderjährigen stellen keinen besonders schwerwiegenden Verstoß dar. Bei Mehrfachverstößen bzw. bereits bei einem zweifachen Verstoß gegen Anti-Doping-Bestimmungen unter Beteiligung eines Minderjährigen muss unter Berücksichtigung der Artikel 10.4, 10.5 und 10.6 WADC eine lebenslange Sperre verhängt werden.

Folglich sollten bei der nächsten Überarbeitung des Codes auch die Verstöße gegen Artikel 2.9 WADC unter Beteiligung eines Minderjährigen als besonders schwerwiegende Verstöße eingeordnet werden. Wenn diese Verstöße von einem Athletenbetreuer begangen werden, sollte auch hier im Regelfall eine lebenslange Sperre verhängt werden. Bei den jeweiligen Sanktionsnormen sollte ein entsprechender Zusatz, ähnlich wie bei Artikel 10.3.3 WADC, eingefügt werden.

#### (3) Lebenslange Sperre bezüglich der Zusammenarbeit mit Minderjährigen

Ein Athletenbetreuer, der einen Verstoß gegen Artikel 2.7 oder 2.8 WADC unter Beteiligung von Minderjährigen begeht, wird auf Grund des besonders schwerwiegenden Verstoßes zu einer lebenslangen Sperre verurteilt. Jedoch besteht die

Möglichkeit, dass die lebenslange Sperre wegen Artikel 10.5 oder 10.6 WADC auf eine langjährige Sperre gemindert wird. Die Sperre wird nur gemindert, wenn kein grobes Verschulden oder keine grobe Fahrlässigkeit gegeben ist (Artikel 10.5 WADC) oder wenn der Athletenbetreuer wesentliche Unterstützung bei der Aufdeckung oder dem Nachweis eines Dopingverstoßes leistet (Artikel 10.6.1 WADC) oder den Dopingverstoß eingesteht (Artikel 10.6.2 und 10.6.3 WADC).

In diesem Fall kann der Athletenbetreuer nach Ablauf der Sperre wieder mit Minderjährigen zusammenarbeiten. Relevant wird dies vor allem für Trainer und Ärzte, die im Rahmen ihrer Berufsausübung mit den Minderjährigen im Bereich des Sports zusammenarbeiten. Fraglich ist, ob einem solchen Athletenbetreuer nicht gänzlich die Zusammenarbeit mit einem Minderjährigen versagt werden sollte, auch nach Ablauf der Sperre.

Einerseits ist erneut an die Schutzbedürftigkeit des Minderjährigen zu denken. Wenn der Athletenbetreuer nach Ablauf der Sperrzeit wieder mit Minderjährigen zusammenarbeiten kann, besteht für die jungen Athleten eine erhöhte Gefahr, dass er ihnen erneut Doping verabreicht. Andererseits verbüßt der Athletenbetreuer eine mehrjährige Sperre[1013] und hat damit seine „Schuld" abgegolten. Dabei ist auch an das Verbot der Doppelbestrafung zu denken[1014].

Aufschluss kann ein Vergleich mit dem sexuellen Missbrauch von Schutzbefohlenen gemäß § 174 StGB bringen. Auch wenn der Vergleich eines Athletenbetreuers, der einem Minderjährigen Doping verabreicht und einem Lehrer, der seinen Schüler sexuell missbraucht, sehr drastisch klingt und von der Schwere der Tat nicht vergleichbar ist, so kann trotzdem der Grundgedanke des Vergehens und dessen Auswirkungen herangezogen werden. Gemäß § 174 StGB wird eine Person, die sexuelle Handlungen an einem minderjährigen Schutzbefohlenen vornimmt, mit einer Freiheitsstrafe von drei Monaten bis fünf Jahren bestraft. In schweren Fällen kommt ein Berufsverbot in Betracht[1015]. Allerdings beträgt das Höchstmaß für das Berufsverbot gemäß § 70 Absatz 1 Satz 1 StGB fünf Jahre.

---

1013 So sieht Artikel 10.6.1.1 WADC vor, dass eine Minderung auf Grund wesentlicher Unterstützung bei einer eigentlich lebenslangen Strafe nur so weit erfolgen darf, dass eine Sperre von noch mindestens acht Jahren verhängt werden muss.

1014 Siehe zum Verbot der Doppelbestrafung Maunz/Dürig/*Schmidt-Aßmann*, Art. 103 Absatz 3 GG, Rn. 293 ff.; Schmidt-Bleibtreu/ Hofmann/Hopfauf/*Schmahl*, Art. 103 GG, Rn. 81 ff.; v. Mangoldt/Klein/Starck/*Nolte*, Art. 103 GG, Rn. 173 ff.

1015 BGH NStZ 2002, 198; MüKo/*Renzikowski*, StGB, § 174 StGB, Rn. 67; siehe dazu ausführlich Lackner/Kühl/*Lackner*, § 70 StGB; MüKo*Athing*/*Bockemühl*, StGB, § 70 StGB; Schönke/Schröder/*Stree*/*Kinzig*, § 70 StGB.

Der Täter muss die durch Beruf oder Gewerbe gegebene Möglichkeit bei seiner Berufsausübung vorsätzlich zur Begehung der Straftat ausnutzen[1016]. Ein lebenslanges Berufsverbot gemäß § 70 Absatz 1 Satz 2 StGB kann nur angeordnet werden, wenn zu erwarten ist, dass die gesetzliche Höchstfrist zur Abwehr der von dem Täter drohenden Gefahr nicht ausreicht. Es muss die Wahrscheinlichkeit, nicht nur die bloße Möglichkeit bestehen, dass der Maßregelzweck mit einem befristeten Verbot nicht erreicht wird. Nur in schwerwiegenden Ausnahmefällen ist ein lebenslanges Berufsverbot mit dem Verhältnismäßigkeitsgrundsatz vereinbar[1017].

Beim Athletenbetreuer ist zu berücksichtigen, dass ihm, wenn Artikel 10.5 WADC zur Anwendung kommt, gerade kein grobes Verschulden vorgeworfen werden kann, also kein bewusstes Ausnutzen der Möglichkeit, die sich ihm durch den Beruf bietet. Des Weiteren ist für den Fall, dass er seine Stellung zwar bewusst ausgenutzt hat, aber entweder geständig war oder eine wesentliche Unterstützung zur Aufdeckung des Dopingverstoßes geleistet hat, zu berücksichtigen, dass ein lebenslanges Berufsverbot im Strafrecht nur unter ganz engen Voraussetzungen möglich ist[1018]. Es ist nicht ersichtlich, warum ein Lehrer, der einen Schüler missbraucht hat, nach einer Freiheitsstrafe und höchstens weiteren fünf Jahren Berufsverbot wieder als Lehrer arbeiten darf, ein Athletenbetreuer, dem kein grobes Verschulden vorgeworfen werden kann oder der geständig war oder einen wesentlichen Beitrag zur Aufdeckung anderer Verstöße gegen Anti-Doping-Bestimmungen geleistet hat, nach einer langjährigen Sperre nicht wieder seinen Beruf, beispielsweise Trainer eines Jugendspielers oder Jugendteams, ausüben kann. Wenn sogar der Lehrer nach so einer krassen Tat wieder mit Minderjährigen arbeiten darf, dann muss es der Athletenbetreuer erst Recht dürfen.

Folglich ist es nicht gerechtfertigt, dass ein Athletenbetreuer, der unter Beteiligung eines Minderjährigen einen Verstoß gegen Artikel 2.7 oder 2.8 WADC begeht und auf Grund eines Minderungsgrundes keine lebenslange Sperre erhält, auch nach Ablauf der Sperre nicht mehr mit Minderjährigen zusammenarbeiten darf. Wenn die Sperrezeit vorbei ist, darf der Athletenbetreuer auch wieder mit einem Minderjährigen zusammenarbeiten.

---

1016 MüKo/*Athing*/*Bockemühl*, StGB, § 70 StGB, Rn. 9.

1017 Schönke/Schröder/*Stree*/*Kinzig*, § 70 StGB, Rn. 24.

1018 So wurde ein lebenslanges Berufsverbot für einen Gruppenleiter eines Kinderheims, der unter anderem wegen sexuellen Missbrauchs von Schutzbefohlenen zu einer Freiheitsstrafe von 5 Jahren und 8 Monaten verurteilt wurde, verneint, BGH BeckRS 2013, 08436.

bb. Teilnahmeverbot

Artikel 10.12.1 Absatz 2 WADC bestimmt, dass ein Athlet oder eine andere Person, gegen die eine Sperre von mehr als vier Jahren verhängt wurde, nach Ablauf von vier Jahren zwar unter bestimmten Voraussetzungen an lokalen Veranstaltungen teilnehmen, aber in keiner Form mit Minderjährigen zusammenarbeiten darf. Diese Regelung wurde im Code von 2015 neu aufgenommen. Sie dient unzweifelhaft dem Schutz des Minderjährigen. Eine Person, die einen so schwerwiegenden Verstoß begangen hat, der mit einer Sperre von mehr als vier Jahren sanktioniert wurde, darf zwar nach Ablauf von vier Jahren nach und nach wieder an kleinen Veranstaltungen teilnehmen, jedoch darf er nicht mit Minderjährigen zusammenarbeiten.

Die Personen, für die diese Regelung gilt, sind der Athlet und andere Personen. In erster Linie wird es sich bei diesen anderen Personen um Athletenbetreuer handeln, da durch die Definition des Athletenbetreuers ein großer Personenkreis abgedeckt wird[1019].

Eine Sperre von mehr als vier Jahren kann aus unterschiedlichen Gründen verhängt werden. Zum einen ist es möglich, dass der Verstoß gegen Artikel 2.7 oder 2.8 WADC unter Beteiligung eines Minderjährigen begangen wurde. In diesem Fall handelt es sich um einen schwerwiegenden Verstoß, der eine Sperre nach sich zieht, die von vier Jahren bis lebenslang dauern kann. Zum anderen kann eine Sperre von mehr als vier Jahren auch gegen einen Athletenbetreuer verhängt werden, der einen Verstoß gegen Artikel 2.7 oder 2.8 WADC unter Beteiligung eines Minderjährigen begangen hat und die normalerweise zu verhängende lebenslange Strafe wegen Artikel 10.5 oder 10.6 WADC gemindert wurde. Eine Sperre von länger als vier Jahren kann aber auch eintreten, ohne das ein Minderjähriger beteiligt war. Verstöße gegen Artikel 2.7 und 2.8 WADC ohne Beteiligung eines Minderjährigen führen nach Artikel 10.3.3 WADC je nach Schwere des Verstoßes zu einer vierjährigen bis lebenslangen Sperre. Weiter kann eine Sperre von mehr als vier Jahren auch bei Mehrfachverstößen verhängt werden[1020]. Bei Verstößen, die eine Sperre länger als vier Jahre zu Folge haben, war der Verstoß folglich

1019 Nach der Definition des WADA-Codes: Trainer, sportliche Betreuer, Manager, Vertreter, Teammitglieder, Funktionäre, medizinisches Personal, medizinisches Hilfspersonal, Eltern oder andere Personen, die mit Athleten, die an Sportwettkämpfen teilnehmen oder sich auf diese vorbereiten, zusammenarbeiten, sie unterstützen oder behandeln.

1020 Artikel 10.7 WADC; Artikel 10.7 NADC.

sehr schwer. Dass diese Person während der gesamten Sperre nicht mit Minderjährigen zusammenarbeiten darf, schützt den jungen Athleten.

Bei den zugelassenen Veranstaltungen handelt es sich um lokale Veranstaltungen, die nicht auf einem Niveau stattfinden, auf dem man sich direkt oder indirekt für die Teilnahme an einer nationalen Meisterschaft oder einer internationalen Wettkampfveranstaltung qualifizieren kann[1021]. Durch die Einschränkungen bleiben in erster Linie Juniorenveranstaltungen übrig[1022]. Aus diesem Grund ist es sehr erfreulich, dass jedwede Veranstaltung, bei welcher die gesperrte Person mit Minderjährigen arbeiten würde, ausgeschlossen ist. Der Athletenbetreuer kann nur an anderen Veranstaltungen, wie beispielsweise Amateurveranstaltungen, teilnehmen.

Die Regelung schränkt den Athletenbetreuer bzw. die gesperrte Person auch nicht in seinen Rechten ein, denn bei der Regelung des Artikels 10.12 WADC handelt es sich ohnehin schon um ein „Entgegenkommen", bei dem es dem Athletenbetreuer gestattet wird, trotz der noch bestehenden Strafe nach Ablauf von vier Jahren wieder an kleinen lokalen Veranstaltungen teilzunehmen. Dass ihm eine Zusammenarbeit mit Minderjährigen versagt wird, rechtfertigt sich aus der besonderen Schutzbedürftigkeit des Minderjährigen.

## III. Berücksichtigung des Minderjährigen in den Standards

Der Minderjährige wird nicht nur in dem Code an sich erwähnt, sondern auch in den Standards, die ebenfalls verbindlich sind[1023]. Erwähnung findet der Minderjährige zum einen in dem „Standard für Dopingkontrollen und Ermittlungen" und zum anderen in dem „Standard für Datenschutz". Dies bedeutet, dass für den Minderjährigen einerseits Besonderheiten bei der Dopingkontrolle und andererseits bei den personenbezogenen Daten bestehen.

---

1021 Artikel 10.12.1 WADC; Artikel 10.12.1 NADC.

1022 Diese hatte auch das Bundesministerium des Inneren im Auge, als es den Entwurf einer Liste mit Empfehlungen für die Überarbeitung des Welt-Anti-Doping-Code vorgelegt hat, S. 7; abrufbar unter: https://www.bmi.bund.de/SharedDocs/Downloads/DE/Nachrichten/Pressemitteilungen/2011/12/wada.pdf?__blob=publicationFile; zuletzt aufgerufen am 09.10.2016.

1023 Siehe unter „Zielsetzung, Geltungsbereich und Organisation des Weltanti-Doping-Programms und des Code", WADA-Code, S. 12.

### 1. *Dopingkontrolle*

Damit ein Dopingverstoß sanktioniert werden kann, muss dieser festgestellt werden. Die Dopingkontrolle ist das effektivste Mittel zur Überführung eines Dopingverstoßes. Die Dopingkontrollen können entweder während eines Wettkampfes oder während des Trainings stattfinden[1024]. Unterschieden wird zwischen einer Blutprobe und einer Urinprobe. Dopingkontrollen und Untersuchungen werden in Artikel 5 WADC[1025] geregelt. An mehreren Stellen des Codes wird jedoch auf den „Standard für Dopingkontrollen und Ermittlungen" verwiesen[1026]. Der „Standard für Dopingkontrollen und Ermittlungen" regelt den Ablauf des Dopingkontrollverfahrens. Hauptanliegen ist die Planung von Dopingkontrollen sowie die Aufrechterhaltung der Integrität und Identität der Proben. Weiter legt der „Standard für Dopingkontrollen und Ermittlungen" verbindliche Vorgaben zur effektiven Erfassung, Auswertung und Nutzung von Informationen sowie zur Ermittlung von möglichen Verstößen gegen Anti-Doping-Bestimmungen fest[1027].

#### a. *Erwähnung des Minderjährigen bei der Dopingkontrolle*

Dopingkontrollen kennen kein Mindestalter. Deswegen können auch minderjährige Athleten kontrolliert werden. Allerdings genießen sie auf Grund ihres Alters besonderen Schutz[1028]. Im Anhang C des „Standard für Dopingkontrollen und Ermittlungen" sind Modifizierungen für Minderjährige normiert. Dadurch soll auf die besonderen Bedürfnisse der Minderjährigen bei der Probenahme Rücksicht genommen werden, ohne die Integrität der Probe zu beeinträchtigen[1029]. Dies bedeutet, dass Wert darauf gelegt wird, dass die Probe ordnungsgemäß genommen werden kann, aber auch, dass der Minderjährige geschützt wird. Unabhängig von der Art der Dopingkontrolle stellt der Anhang C Modifizierungen für Minderjährige auf.

---

1024 Artikel 5.2.1 WADC, Artikel 5.2.1 NADC.

1025 Ebenso Artikel 5 NADC.

1026 z.B. Artikel 5.4, 5.5, 5.8 WADC; Artikel 5.1, 5.3.1, 5.5.1, 5.6.4 NADC.

1027 Artikel 1 WADA International Standard Testing and Investigation; Artikel 1 NADA Standard für Dopingkontrollen und Ermittlungen.

1028 Factsheet „Dopingkontrollen bei minderjährigen Athleten" der NADA vom 24.02.2015, S. 1; abrufbar unter: http://www.nada.de/fileadmin/ user_upload/nada/Athleten/150224_Factsheet_Dopingkontrollen_bei_Minderjaehrigen.pdf; zuletzt aufgerufen am 31.03.2018.

1029 C.1 Annex C WADA International Standard Testing and Investigation; C.1 Anhang C NADA Standard für Doping und Ermittlungen.

Grundsätzlich hat jeder Athlet, also auch ein Erwachsener, das Recht, dass eine Vertrauensperson bei der Dopingkontrolle anwesend ist[1030]. Bei den Minderjährigen muss eine erwachsene Begleitperson während der gesamten Probenahme anwesend sein[1031]. Bei dieser Vertrauensperson kann es sich entweder um den gesetzlichen Vertreter aber auch um den Trainer oder einen Betreuer handeln. Bevor der Minderjährige über die Probenahme benachrichtigt wird, wird geprüft, ob ein Dritter benachrichtigt werden muss[1032]. Dies ist nicht zwingend, aber zulässig, wenn der Dritte dabei hilft, den Minderjährigen zu identifizieren oder ihn in Kenntnis zu setzen, dass er die Probe abgeben muss[1033]. Die Minderjährigen sollten auch schon in Anwesenheit eines Erwachsenen zur Probenahme aufgefordert werden[1034]. Da eine erwachsene Person bei der Probenahme anwesend sein muss, sollte für Trainingskontrollen ein Ort gewählt werden, an dem die Anwesenheit eines Erwachsenen sehr wahrscheinlich ist[1035]. Wenn kein Erwachsener anwesend ist, wird dem minderjährigen Athleten bei der Suche nach einer Begleitperson geholfen, um mit der Dopingkontrolle fortzufahren[1036]. Der Minderjährige kann allerdings auch auf das Recht verzichten, dass eine Begleitperson anwesend ist. Für diesen Fall entscheidet der DCO (Doping Control Officer) oder Chaperon (eine von der für die Probenahme zuständige Organisation für die Begleitung und Beobachtung der Probenahme geschulte Person[1037]), dass ein anderer Dritter bei der Probenahme anwesend ist. Wenn der Minderjährige die Hinzuziehung der Vertrauensperson oder des gesetzlichen Vertreters ablehnt, muss dies vom DCO eindeutig dokumentiert werden und der Zeuge

---

1030 z.B. Artikel 4.2.3.a oder 3.3.1.d.i NADA Standard für Doping und Ermittlungen; Artikel 5.4.1.d.i, 6.3.3.b WADA International Standard Testing and Investigations.

1031 C.4.4 Annex C WADA International Standard Testing and Investigation; C.3.5 Anhang C NADA Standard für Doping und Ermittlungen.

1032 Artikel 3.2.8 NADA Standard für Doping und Ermittlungen; Artikel 5.3.8 WADA International Standard Testing and Investigations.

1033 Kommentar zu Artikel 3.2.8 NADA Standard für Doping und Ermittlungen; Kommentar zu Artikel 5.3.8 WADA International Standard Testing and Investigations.

1034 C.3.5 Anhang C NADA Standard für Doping und Ermittlungen; C.4.4 Annex C International Standard Testing and Investigation.

1035 C.3.8 Anhang C NADA Standard für Doping und Ermittlungen; C.4.7 Annex C International Standard Testing and Investigation.

1036 C.3.9 Anhang C NADA Standard für Dopingkontrollen und Ermittlungen; C.4.8 Annex C WADA International Standard Testing and Investigations.

1037 Definition des Chaperon von Anhang 2 – Begriffsbestimmungen NADA Standard für Dopingkontrollen und Ermittlungen; Definition des Chaperone Definitions 3.2 WADA International Standard Testing and Investigations.

des DCO muss anwesend sein[1038]. Dies bedeutet, dass der Minderjährige nie mit dem DCO oder Chaperon alleine ist. Am Ende jeder Probenahme müssen der Athlet und der DCO die entsprechenden Unterlagen unterschreiben, um zu bestätigen, dass die Dokumentation den Ablauf der Probenahme korrekt wiedergibt. Bei einem Minderjährigen muss zusätzlich die Begleitperson oder der anwesende gesetzliche Vertreter unterschreiben[1039].

### aa. Urinprobe

Die Anforderungen an die Urinabgabe werden im Annex D des „Standard Testing and Investigations" der WADA bzw. im Anhang D des „Standard für Dopingkontrollen und Ermittlungen" näher geregelt. Die Urinabgabe erfolgt grundsätzlich unter Beobachtung des DCO oder des Chaperon (sogenannte Sichtkontrolle). Dies bedeutet, dass der DCO/Chaperon einen ungehinderten Blick darauf hat, wie die Probe den Körper des Athleten verlässt und er die Probe beobachtet, bis sie sicher versiegelt ist. Für den ungehinderten Blick weist der DCO oder Chaperon den Athleten an, jegliche Kleidung, die den ungehinderten Blick verdeckt, abzulegen oder sie entsprechend zu richten[1040]. Die Beobachtung wird von einem gleichgeschlechtlichen DCO oder Chaperon durchgeführt[1041] und findet in einem Bereich statt, der die Privatsphäre des Athleten schützt[1042]. Im Anhang C „Modifizierung für Minderjährige" des „Standard für Dopingkontrollen und Ermittlungen" werden für die Urinabgabe eines Minderjährigen Sonderregeln aufgestellt. Zunächst wird der Minderjährige über die Anforderungen der Probenahme und die Modifizierungen bei Minderjährigen informiert[1043]. Die Modifizierungen beziehen sich fast alle auf die Sichtkontrolle. So hat der Minderjährige die Möglichkeit, zu entscheiden, ob die Begleitperson

1038 C.3.7 Anhang C NADA Standard für Dopingkontrollen und Ermittlungen; C.4.6 Annex C WADA International Standard Testing and Investigations.

1039 Artikel 5.3.6 NADA Standard für Dopingkontrollen und Ermittlungen; Artikel 7.4.6 WADA International Standard Testing and Investigations.

1040 D.3.9 Anhang D NADA Standard für Dopingkontrollen und Ermittlungen; D.4.9 Annex D WADA International Standard Testing and Investigations.

1041 D.3.6 Anhang D NADA Standard für Dopingkontrollen und Ermittlungen; D.4.6 Annex D WADA International Standard Testing and Investigations.

1042 D.3.8 Anhang D NADA Standard für Dopingkontrollen und Ermittlungen; D.4.8 Annex D WADA International Standard Testing and Investigations.

1043 D.3.1 Anhang D NADA Standard für Dopingkontrollen und Ermittlungen.

oder der gesetzliche Vertreter die Abgabe der Urinprobe beobachtet[1044]. Zudem haben der Minderjährige und der DCO ein Recht auf einen Zeugen, der den DCO beobachtet, wenn der Minderjährige die Urinprobe abgibt[1045]. Darüber hinaus kann der Minderjährige frei entscheiden, ob der Zeuge, der den DCO beobachtet, auch den Minderjährigen bei der Abgabe beobachten soll[1046].

Eine Besonderheit für Minderjährige, die das 16. Lebensjahr noch nicht vollendet haben, ergibt sich aus den Modifizierungen für Minderjährige der NADA. Für die unter 16-jährigen Athleten erfolgt keine Beobachtung der Probenahme durch den DCO/Chaperon, mithin keine Sichtkontrolle[1047]. Bei dieser Regelung handelt es sich um eine nationale Modifizierung der NADA, welche im Pendant der WADA nicht zu finden ist[1048].

#### bb. Blutprobe

Die Entnahme von Blutproben wird im Anhang E des „Standards für Dopingkontrollen und Ermittlungen" geregelt. Dort werden Anforderungen an die medizinische Ausrüstung, an den Vorgang der Blutentnahme an sich und an das Personal festgelegt. Auch für die Blutentnahme gelten die Modifizierungen für Minderjährige entsprechend[1049]. Der Minderjährige muss wie bei der Urinabgabe auch bei der Blutabgabe über die Modifizierungen für Minderjährige unterrichtet werden[1050]. Die Blutprobe wird durch den BCO (Blood Collection Officer) abgenommen[1051]. Abgesehen von den oben bereits erwähnten Sonderregeln für die Minderjährigen bei der Anwesenheit einer Begleitperson und das Recht, auf eine solche zu verzichten, sowie die Gewährleistung, dass der DCO/BCO zu keiner Zeit mit dem Minderjährigen alleine ist, gibt es keine weiteren Sonderregeln für die Blutentnahme.

---

1044 C.3.5 Anhang C NADA Standard für Dopingkontrollen und Ermittlungen; C.4.4 Annex C WADA International Standard Testing and Investigations.

1045 Artikel 4.2.3 NADA Standard für Dopingkontrollen und Ermittlungen; Artikel 6.3.3.b WADA International Standard Testing and Investigations.

1046 C.3.6 Anhang C NADA Standard für Dopingkontrollen und Ermittlungen; C.4.5 Annex C WADA International Standard Testing and Investigations.

1047 C.3.4 Anhang C NADA Standard für Dopingkontrollen und Ermittlungen.

1048 Kommentar zu C.3.4 NADA Standard für Dopingkontrollen und Ermittlungen, mit dem Hinweis, dass auf internationaler Ebene andere Regelungen gelten können.

1049 Anhang C Standard für Dopingkontrollen und Ermittlungen; Annex C WADA International Standard Testing and Investigations.

1050 E.3.3 Anhang E NADA Standard für Dopingkontrollen und Ermittlungen.

1051 E.2.2 Anhang E NADA Standard für Dopingkontrollen und Ermittlungen; E.3.2 Annex E WADA International Standard Testing and Investigations.

### cc. Einwilligung

Grundsätzlich müssen die gesetzlichen Vertreter den Dopingkontrollen zustimmen. Für Trainingskontrollen erfolgt diese durch Zustimmung der Eltern als gesetzliche Vertreter in den Regelanerkennungsverträgen[1052]. Bei Wettkampfveranstaltungen ist ebenfalls eine Zustimmung des gesetzlichen Vertreters zur Durchführung der Dopingkontrolle erforderlich[1053]. Diesbezüglich ergibt sich ein Unterschied zwischen dem Standard der WADA und dem Standard der NADA. In C.2 Anhang C NADA Standard für Dopingkontrollen und Ermittlungen heißt es, dass die Zustimmung des gesetzlichen Vertreters *für jeden* teilnehmenden Minderjährigen von der für den Wettkampf zuständigen Organisation eingeholt werden muss[1054]. Bei C.3 Annex C WADA International Standard Testing and Investigations wird gesagt, dass der Wettkampfveranstalter, *wo immer es erforderlich ist* („wherever necessary"), die notwendige Zustimmung der Eltern für die Kontrolle eines teilnehmenden minderjährigen Athleten beibringt. Ob die Zustimmung eines Elternteils ausreicht oder ob zwingend beide ihre Einwilligung geben müssen, soll unten[1055] erörtert werden. Eine Unterscheidung bezüglich der Einwilligung zwischen Urin- und Blutprobe findet in C.2 Anhang C NADA Standard für Dopingkontrollen und Ermittlungen bzw. C.3 Annex C WADA International Standard Testing and Investigations nicht statt.

## *b. Ausreichende Berücksichtigung der Minderjährigkeit bei der Dopingkontrolle*

Im Folgenden soll überprüft werden, ob die Modifizierungen den Minderjährigen bei der Dopingkontrolle ausreichend und umfassend schützen.

---

1052 Factsheet „Dopingkontrollen bei minderjährigen Athleten" vom 24.02.2015, S. 2; abrufbar unter: http://www.nada.de/fileadmin/user_upload/nada/Athleten/150224_Factsheet_Dopingkontrollen_bei_Minderjaehrigen.pdf; zuletzt aufgerufen am 31.03.2018; dazu auch oben unter § 4 C. II. 3. b.

1053 Factsheet „Dopingkontrollen bei minderjährigen Athleten" der NADA vom 24.02.2015, S. 2; abrufbar unter: http://www.nada.de/fileadmin/user_upload/nada/Athleten/150224_Factsheet_Dopingkontrollen_bei_Minderjaehrigen.pdf; zuletzt aufgerufen am 31.03.2018.

1054 C.2 Anhang C NADA Standard für Dopingkontrollen und Ermittlungen; C.3 Annex C WADA International Standard Testing and Investigations.

1055 Siehe unten unter § 4 D. III. 1. b. ee.

### aa. Mindestalter für Dopingkontrollen

*Lehner* fordert, dass der WADA-Code für Kinder unter 14 Jahren nicht zur Anwendung kommen soll[1056]. Zwangsläufig ist damit auch verbunden, dass eine Dopingkontrolle bei Athleten unter 14 Jahren verboten ist[1057]. Damit scheide auch eine Aufnahme von Kindern in einen nationalen oder internationalen Testpool aus[1058]. Als Begründung wird vor allem auf die gesunde Lebensentwicklung der jungen Sportler abgestellt[1059].

Jedoch scheidet ein Mindestalter bei Dopingkontrollen wie auch bei einer Anwendung des Codes an sich auf unter 14-Jährige aus den oben genannten Gründen aus[1060]. Demnach müssen sich auch unter 14-Jährige der Dopingkontrolle unterziehen.

### bb. Urinprobe

Durch die Sichtkontrolle und das Beobachten während des Urinierens werden das allgemeine Persönlichkeitsrecht und die Intimsphäre des Sportlers betroffen[1061]. Art. 2 Absatz 1 GG i.V.m. Art. 1 Absatz 1 GG schützt den Menschen vor Eingriffen in seine Privatsphäre[1062]. Dazu gehört das Recht, eine Intimsphäre zu begründen und sie vor einem Zugriff durch Fremde zu schützen[1063]. Es gehört auch dazu, dass man bei der Urinabgabe nicht beobachtet wird[1064]. Durch die Beobachtung des DCO/Chaperon wird demnach in das Persönlichkeitsrecht des Athleten eingegriffen und das Schamgefühl des Sportlers ist betroffen[1065]. Trotz des Eingriffs wird bei einem erwachsenen Athleten die Abgabe der Urinprobe als verhältnismäßig angesehen[1066]. Der Zweck des Beobachtens liegt in der

---

1056 Dazu auch oben unter § 4 D. II. 2. a. bb. (1) (a).

1057 SportR in der Praxis/*Lehner*, 10. Kapitel, Rn. 1402.

1058 SportR in der Praxis/*Lehner*, 10. Kapitel, Rn. 1402.

1059 SportR in der Praxis/*Lehner*, 10. Kapitel, Rn. 1402.

1060 Siehe dazu oben unter § 4 D. II. 2. a. bb. (1) (c).

1061 *Bergermann*, Doping und Zivilrecht, S. 74; *Petri*, Die Dopingsanktion, S. 102, 258.

1062 ErfK/*Schmidt*, Art. 2 GG, Rn. 35; Maunz/Dürig/*Di Fabio*, Art. 2 GG, Rn. 149.

1063 Gersdorf/Paal/*Gersdorf*, Informations- und Medienrecht, Art. 2 GG, Rn. 5; Isensee/Kirchhoff/*Horn*, Handbuch Staatsrecht BRD, VII, § 149, Rn. 39; Maunz/Dürig/*Di Fabio*, Art. 2 GG, Rn. 149.

1064 *Bergermann*, Doping und Zivilrecht, S. 75; *Petri*, Die Dopingsanktion, S. 104.

1065 *Bergermann*, Doping und Zivilrecht, S. 75; *Fiedler*, Das Doping minderjähriger Sportler, S. 268.

1066 *Bergermann*, Doping und Zivilrecht, S. 75; *Fechner/Arnhold/Brodführer*, Sportrecht, 7. Kapitel, Rn. 30; *Petri*, Die Dopingsanktion, S. 258.

Verhinderung einer Manipulation der Urinprobe[1067]. So soll beispielsweise die Abgabe von Fremdurin verhindert werden[1068]. Es soll ein fairer dopingfreier Wettkampf gewährleistet werden. Der Zweck ist legitim und die Beobachtung ist unerlässlich, um diesen zu gewährleisten[1069]. Zudem findet die Sichtkontrolle nur durch einen gleichgeschlechtlichen DCO oder Chaperon statt. Ähnlich ist dies bei § 81 d StPO, wonach Untersuchungen, die das Schamgefühl verletzen, immer von einer Person gleichen Geschlechts vorgenommen werden müssen[1070]. Die Sichtkontrolle stellt demnach eine zumutbare Beeinträchtigung des erwachsenen Sportlers dar[1071].

Die Abgabe des Urins stellt unter Umständen für einen minderjährigen Athleten einen größeren Eingriff in die Intimsphäre dar als für einen Erwachsenen. Er befindet sich noch in der Entwicklungsphase und unter Umständen ist das Schamgefühl bei ihm größer als bei einem Erwachsenen. Aus diesem Grund werden Modifizierungen für Minderjährige vorgenommen. Zu untersuchen ist, ob der Minderjährige dadurch genügend geschützt wird. Durch die Modifizierungen wird sichergestellt, dass der Minderjährige zu keinem Zeitpunkt mit dem DCO/Chaperon alleine ist. Entweder ist die Vertrauensperson des Minderjährigen anwesend oder ein Zeuge. Die Begleitperson beobachtet den DCO während des gesamten Vorgangs der Urinabgabe. Er beobachtet den DCO selbst dann, wenn der Minderjährige wünscht, dass er ihn nicht beobachtet[1072]. Dass der Minderjährige mit dem DCO nie alleine ist, schützt den Minderjährigen, aber auch den DCO. So wird auch eventuellen Anschuldigungen sexueller Belästigung vorgebeugt.

Der Minderjährige kann sich seine Begleitperson zudem selbst aussuchen. Er kann die Person zu der Kontrolle mitnehmen, zu der er ein gutes Verhältnis hat und der er vertraut. Wenn die gewünschte Vertrauensperson nicht vor Ort ist, kann diese benachrichtigt werden. Der Anfahrtsweg sollte dabei allerdings in

---

1067 *Bergermann*, Doping und Zivilrecht, S. 75.

1068 Factsheet „Dopingkontrollen bei minderjährigen Athleten“ vom 24.02.2015, S. 1; abrufbar unter: http://www.nada.de/fileadmin/user_upload/nada/Athleten/150224_Factsheet_Dopingkontrollen_bei_Minderjaehrigen.pdf; zuletzt aufgerufen am 31.03.2018.

1069 So auch *Bergermann*, Doping und Zivilrecht, S. 76.

1070 Dazu Karlsruher Kommentar StPO/*Senge*, § 81 d StPO, Rn. 1 ff.; *Meyer-Goßner/Schmitt*, § 81 d. StPO, Rn. 3.

1071 *Bergermann*, Doping und Zivilrecht, S. 76.

1072 C.3.6 Anhang C NADA Standard für Dopingkontrollen und Ermittlungen; C.4.5 Annex C WADA International Standard Testing and Investigations.

einem vertretbaren Rahmen liegen[1073]. Auf Grund des Näheverhältnisses besteht unter Umständen die Möglichkeit, dass dem Minderjährigen die Urinabgabe vor der Begleitperson besonders unangenehm ist. Der Grund für eine mögliche Ablehnung der Vertrauensperson kann in der alltäglichen Nähe, beispielsweise zwischen Athlet und Trainer, liegen[1074]. Daher darf der Minderjährige auch bestimmen, dass die Vertrauensperson die Urinabgabe nicht beobachten soll. Ihm wird ein Wahlrecht überlassen. Der Minderjährige kann auch entscheiden, dass der Zeuge, der den DCO beobachtet, bei der Urinabgabe nicht zusieht.

Um einen fairen und chancengleichen Wettkampf zu gewähren, sind Dopingkontrollen unumgänglich. Bei der Urinprobe handelt es sich um ein zuverlässiges Mittel, um eine Vielzahl von den verbotenen Substanzen nachzuweisen. Auch wenn es sich noch um einen Minderjährigen handelt, kann nicht ausgeschlossen werden, dass auch dieser über Manipulationsmöglichkeiten Bescheid weiß und bereit wäre, die Probe zu manipulieren. Um Manipulationen vorzubeugen, ist auch bei Minderjährigen eine Sichtkontrolle erforderlich. Da der Minderjährige zu keinem Zeitpunkt mit dem DCO oder Chaperon alleine ist und ihm bezüglich der Vertrauensperson ein ausreichendes Wahlrecht zukommt, ist die Sichtkontrolle auch bei einem Minderjährigen verhältnismäßig.

Die NADA legt für unter 16-Jährige die Sonderregel fest, dass bei ihnen keine Sichtkontrolle durch den DCO/Chaperon stattfindet[1075]. Diese nationale Maßnahme schützt die jungen Athleten besonders. Dadurch wird jedoch ein Raum für Manipulationen geöffnet. Der junge Athlet wird nicht bei der Urinabgabe beobachtet und könnte seine Probe mangels Beobachtung verfälschen. Bei Athleten unter 16 Jahren handelt es sich um sehr junge Teilnehmer und auch wenn das CAS festgestellt hat, dass die Abgabe einer Urinprobe bei einem 12-Jährigen keine „traumatische Erfahrung" darstelle[1076], so ist das Schamgefühl bei den jüngeren Athleten unter Umständen ausgeprägter als bei über 16-Jährigen. Der Schutz des Minderjährigen wird durch die Sonderregel der NADA noch erweitert. Allerdings ist diese Besonderheit der NADA nicht zwingend, sodass auch der Standard der WADA, in dem eine solche Sonderregel für die unter 16-Jährigen nicht vorgesehen ist, auch ausreichend Schutz bietet.

---

1073 Factsheet „Dopingkontrollen bei minderjährigen Athleten" vom 24.02.2015, S. 1; abrufbar unter: http://www.nada.de/fileadmin/user_upload/nada/Athleten/150224_Factsheet_Dopingkontrollen_bei_Minderjaehrigen.pdf; zuletzt aufgerufen am 31.03.2018.

1074 *Fiedler*, Das Doping minderjähriger Sportler, S. 267.

1075 C.3.4 Anhang C NADA Standard für Dopingkontrollen und Ermittlungen.

1076 CAS 2010/A/2268 I. v. FIA, Rn. 86.

Gerade junge Athleten sind oft noch nicht so erfahren wie Erwachsene, die den Sport seit vielen Jahren betreiben und mit dem Prozedere der Dopingkontrolle vertrauter sind. Daher ist es wichtig, dass eine gute Aufklärung stattfindet und sowohl der minderjährige Athlet als auch dessen gesetzliche Vertreter über den Vorgang der Dopingkontrolle aufgeklärt werden. Die NADA hat in dem Factsheet „Dopingkontrollen bei Minderjährigen"[1077] die wesentlichen Sonderregeln für die jungen Athleten, insbesondere bei der Urinabgabe, verständlich zusammengefasst und sorgt so für mehr Transparenz und Klarheit.

Insgesamt lässt sich festhalten, dass die Urinabgabe keinen allzu großen Eingriff in die Intimsphäre darstellt und durch den Zweck des fairen Wettkampfs gerechtfertigt ist. Für den Minderjährigen werden genügend Vorkehrungen bei der Urinabgabe getroffen, um ihm den Vorgang so „angenehm" wie möglich zu machen. Aus diesen Gründen ist die Urinabgabe unter Berücksichtigung der Modifizierungen für Minderjährige verhältnismäßig.

### cc. Blutprobe

Bei der Blutentnahme steht nicht das Schamgefühl des Minderjährigen im Vordergrund, sondern der medizinische Eingriff. Generell werden bei Minderjährigen in erster Linie Urinproben vorgenommen. Dies zeigen die durchgeführten Proben bei den Sommerspielen 2010 in Singapur und 2014 in Nanjing. Von den 1.231 Tests an minderjährigen Athleten in Singapur waren 1.097 Urinproben und nur 134 Blutproben[1078]. Bei den Sommerspielen 2014 in Nanjing waren von den insgesamt 596 Dopingtests 490 Urinproben und 106 Blutproben[1079]. Allerdings müssen auch in manchen Fällen Blutproben genommen werden, da es gewisse Substanzen gibt, welche sich mit einer Urinprobe nicht nachweisen lassen[1080].

---

1077 Factsheet „Dopingkontrollen bei minderjährigen Athleten" vom 24.02.2015; abrufbar unter: http://www.nada.de/fileadmin/user_upload/nada/Athleten/150224_Factsheet_Dopingkontrollen_bei_Minderjaehrigen.pdf; zuletzt aufgerufen am 31.03.2018.

1078 Press Release des IOC v. 15.10.2010, Two Youth Olympic Games athletes disqualified for breaking anti-doping rules in Singapore; abrufbar unter: https://www.olympic.org/news/two-youth-olympic-games-athletes-disqualified-for-breaking-anti-doping-rules-in-singapore/; zuletzt aufgerufen am 31.03.2018.

1079 Press Release v. 05.11.2014, IOC disqualifies athlete for violating anti-doping rules at the Summer Youth Olympic Games; abrufbar unter: http://www.olympic.org/news/ioc-disqualifies-athlete-for-violating-anti-doping-rules-at-the-summer-youth-olympic-games/240150; zuletzt aufgerufen am 31.03.2018.

1080 *Bergermann*, Doping und Zivilrecht, S. 79.

Bei einer Blutentnahme handelt es sich durch den Einstich mit der Nadel in die Vene um einen Eingriff in das Recht auf körperliche Unversehrtheit[1081]. Darüber hinaus kann die Abnahme der Blutprobe eine Körperverletzung im Sinne des § 223 Absatz 1 StGB darstellen[1082].

Bei erwachsenen Sportlern wird der Eingriff in die körperliche Unversehrtheit im Sinne der Blutentnahme als gerechtfertigt angesehen, da sie erforderlich und dem Athleten zumutbar ist[1083]. Zum einen lassen sich bestimmte Dopingsubstanzen allein durch eine Untersuchung des Bluts nachweisen. In diesen Fällen ist die Blutabnahme der geringstmögliche Eingriff[1084]. Zum anderen ist die Abnahme auch verhältnisgemäß, da sie nur durch qualifiziertes Personal durchgeführt wird[1085] und die geringfügigen gesundheitlichen Gefahren wie ein Bluterguss vom Athleten hinzunehmen sind[1086].

Zudem hat der Minderjährige bei der Blutprobe ebenfalls die Möglichkeit, dass eine Vertrauensperson anwesend ist. Diese kann der Minderjährige wie bei der Urinprobe frei auswählen. Bezüglich der Anwesenheit der Vertrauensperson bzw. des Zeugen besteht kein Unterschied zu der Urinprobe. Dies bedeutet, dass der Minderjährige ebenfalls zu keinen Zeitpunkt mit dem BCO alleine ist.

Darüber hinaus muss ein Eingriff in die körperliche Unversehrtheit, der eine ärztliche Maßnahme darstellt, durch eine Einwilligung gerechtfertigt sein[1087]. Ebenso muss eine Einwilligung vorliegen, um die Strafbarkeit des § 223 Absatz 1 StGB entfallen zu lassen[1088]. Die Einwilligung der gesetzlichen Vertreter in Form des Regelanerkennungsvertrages ist für die Einwilligung der Blutentnahme

1081 *Bergermann*, Doping und Zivilrecht, S. 80; ErfK/*Schmidt*, 15. Auflage 2015, Art. 2 GG, Rn. 109; *Kühl/Tettinger/Vieweg*, SpuRt 1995, 188, 191; *Petri*, Die Dopingsanktion, S. 102.

1082 *Bergermann*, Doping und Zivilrecht, S. 82; *Heger*, in: Kauerhof/Nagel/Zebisch, Olympische Jugendspiele, S. 25, 40; *Kühl/Tettinger/Vieweg*, SpuRt 1995, 188, 190.

1083 *Bergermann*, Doping und Zivilrecht, S. 80.

1084 *Bergermann*, Doping und Zivilrecht, S. 80.

1085 E.3.a. Anhang E NADA Standard für Dopingkontrollen und Ermittlungen; E.1.a Annex E WADA International Standard Testing and Investigations.

1086 *Bergermann*, Doping und Zivilrecht, S. 81; *Kühl/Tettinger/Vieweg*, SpuRt 1995, 188, 190.

1087 v. Mangoldt/Klein/Starck/*Starck*, Art. 2 Absatz 2 GG, Rn. 237.

1088 *Bergermann*, Doping und Zivilrecht, S. 82; *Heger*, in: Kauerhof/Nagel/Zebisch, Olympische Jugendspiele, S. 25, 40.

nicht ausreichend. Für die Blutentnahme bedarf es einer gesonderten Einwilligung vor jeder Entnahme[1089].

Insofern steht bei der Blutprobe die Frage nach einer Einwilligung im Vordergrund. Von einer Freiwilligkeit der Einwilligung ist trotz des Zwangs, die Verbandsregeln zu akzeptieren, auszugehen, da die Zweck-Mittel-Relation des minimalen Eingriffs zur Effektivität der Durchführung der Dopingkontrolle nicht verwerflich ist[1090]. Obwohl es sich bei der Blutentnahme im Rahmen einer Dopingkontrolle nicht um einen klassischen ärztlichen Heileingriff handelt, kann eine solche mit einer Blutabnahme zu diagnostischen Zwecken verglichen werden und die selben Wertungen können herangezogen werden[1091]. Die Rechtsprechung und Lehre zu der Einwilligung Minderjähriger in ärztliche Eingriffe ist sehr komplex und eine umfassende Darstellung würde den Rahmen dieser Untersuchung überschreiten[1092]. Aus diesem Grund sollen allein die Grundsätze herangezogen werden.

Die Wirksamkeit der Einwilligung, sowohl in zivilrechtlicher als auch in strafrechtlicher Hinsicht, beurteilt sich nach der konkreten Einsichts- und Urteilsfähigkeit des Minderjährigen[1093]. Es kommt darauf an, ob der Minderjährige „nach seiner geistigen und sittlichen Reife die Bedeutung und Tragweite des Eingriffs

---

1089 *Fiedler*, Das Doping minderjähriger Sportler, S. 274; *Heger*, in: Kauerhof/Nagel/Zebisch, Olympische Jugendspiele, S. 25, 42; *ders.*, in: Spitzer/Franke, Sport, Doping, Enhancement, S. 209, 216.

1090 *Bergermann*, Doping und Zivilrecht, S. 82 f.; *Fiedler*, Das Doping minderjähriger Sportler, S. 271 f.; *Kühl/Tettinger/Vieweg*, SpuRt 1995, 188, 190; *Petri*, Die Dopingsanktion, S. 261; a.A. *Soyez*, Die Verhältnismäßigkeit des Dopingkontrollsystems, S. 200 f.

1091 Darüber hinaus hat auch die Blutprobe zu Dopingzwecken eine präventive Bedeutung und schützt die Gesundheit des Athleten, denn es können so durch Blutdoping entstandene Infektionen (AIDS, Gelbsucht, Malaria etc) entdeckt werden, *Bergermann*, Doping und Zivilrecht, S. 80.

1092 Ausführlich zu der Einwilligung des Minderjährigen bei ärztlichen Eingriffen: *Belling/Eberl/Michlik*, Das Selbstbestimmungsrecht Minderjähriger bei medizinischen Eingriffen; *Brückner*, Das medizinische Selbstbestimmungsrecht Minderjähriger; *Reipschläger*, Die Einwilligung Minderjähriger in ärztliche Heileingriffe; *Rothärmel*, Einwilligung, Veto, Mitbestimmung: die Geltung der Patientenrechte für Minderjährige; *Rouka*, Das Selbstbestimmungsrecht des Minderjährigen bei ärztlichen Eingriffen; *Seizinger*, Der Konflikt zwischen dem Minderjährigen und seinem gesetzlichen Vertreter bei der Einwilligung in den Heileingriff im Strafrecht.

1093 *Belling*, FuR, 1990, 68, 69.

und seiner Gestattung zu ermessen vermag"[1094]. Für die Beurteilung kommt es neben der Verstandesreife und Urteilsfähigkeit auch auf die Art des Eingriffs und seine Gefährlichkeit an[1095].

Strittig ist, ob feste Altersgrenzen festgelegt werden können. Bei den Vertretern, die feste Altersgrenzen annehmen[1096], variiert das Alter. Teilweise wird angenommen, dass Minderjährige unter 14 Jahren immer der Einwilligung der gesetzlichen Vertreter benötigen[1097]. Teilweise wird auch erst ein Alter von 16 Jahren als sachgerecht erachtet, um eigenständig zu entscheiden[1098]. Es wird aber auch vertreten, dass es auf feste Altersgrenzen nicht ankomme[1099]. Selbst bei Personen unter 14 Jahren könne nicht generell gesagt werden, dass sie die hinreichende Einsichts- und Willensfähigkeit in der Regel nicht besitzen, sondern es entscheide stets der Einzelfall[1100]. Trotz Einzelfall wird mehrheitlich vertreten, dass Minderjährige unter 14 Jahren in der Regel noch nicht über die nötige Einsichtsfähigkeit verfügen[1101]. Anders könne dies bei geringfügigen Eingriffen im Bagatellbereich wie bei Blutentnahmen sein[1102].

---

1094 BGH NJW 1959, 811 = BGHZ 29, 33, 36; jurisPK-BGB/*Hamdan*, § 1626 BGB, Rn. 15; Laufs/Kern/*Laufs*, Handbuch des Arztrechts, § 62, Rn. 9; *Lenckner*, ZstW (72) 1960, 446, 458.

1095 *Belling/Eberl/Michlik*, Das Selbstbestimmungsrecht Minderjähriger bei medizinischen Eingriffen, S. 130; Staudinger/*Peschel-Gutzeit* (2015), § 1626 BGB, Rn. 93.

1096 *Rouka*, Das Selbstbestimmungsrecht des Minderjährigen bei ärztlichen Eingriffen, S. 132 ff.; *Seizinger*, Der Konflikt zwischen dem Minderjährigen und seinem gesetzlichen Vertreter bei der Einwilligung in den Heileingriff im Strafrecht, S. 90 ff.

1097 Laufs/Kern/*Laufs*, Handbuch des Arztrechts, § 62, Rn. 9.

1098 *Rouka*, Das Selbstbestimmungsrecht des Minderjährigen bei ärztlichen Eingriffen, S. 139; *Seizinger*, Der Konflikt zwischen dem Minderjährigen und seinem gesetzlichen Vertreter bei der Einwilligung in den Heileingriff im Strafrecht, S. 97 ff.

1099 *Hesse*, RDG 2011, 258, 259; *Kern*, NJW 1994, 753, 755; Laufs/Kern/*Ulsenheimer*, Handbuch des Arztrechts, § 139, Rn. 45; MüKo/*Huber*, BGB, § 1626 BGB, Rn. 42; Ulsenheimer Arztstrafrecht/*Biermann*, Rn. 417; Wenzel/*Wenzel*, Handbuch Fachanwalt-Medizinrecht, Kap. 4, Rn. 430.

1100 *Belling/Eberl/Michlik*, Das Selbstbestimmungsrecht Minderjähriger bei medizinischen Eingriffen, S. 128 ff.; *Hesse*, RDG 2011, 258, 259; Staudinger/*Peschel-Gutzeit* (2015), § 1626 BGB, Rn. 94.

1101 *Kern*, NJW 1994, 753, 755; Laufs/Kern/*Ulsenheimer*, Handbuch des Arztrechts, § 139, Rn. 45; Spickhoff MedR/*Knauer/Brose*, § 223 StGB, Rn. 57; Ulsenheimer Arztstrafrecht/*Biermann*, Rn. 418; Wenzel/*Wenzel*, Handbuch Fachanwalt-Medizinrecht, Kap. 4, Rn. 430.

1102 Laufs/Kern/*Ulsenheimer*, Handbuch des Arztrechts, § 139, Rn. 45, für den bei den Blutentnahmen 15-Jährige bereits die alleinige Einwilligungsfähigkeit besitzen;

Obwohl feste Altersgrenzen eine gewisse Rechtssicherheit geben[1103], muss es auf die Einsichtsfähigkeit des Minderjährigen und somit den Einzelfall ankommen. Nur so kann er sein Grundrecht aus Artikel 2 Absatz 2 GG selbstständig ausüben und seiner Selbstbestimmung wird hinreichend genüge getan[1104]. Bei einer Blutentnahme zu Dopingzwecken handelt es sich zudem um einen Bagatelleingriff. Die Nebenwirkungen wie etwa ein Bluterguss und der kurze Einstichschmerz der Nadel sind auch für einen jungen Minderjährigen bereits erkennbar, sodass auch davon ausgegangen werden kann, dass ein Minderjähriger von 14 Jahren oder jünger über die nötige Einsichtsfähigkeit verfügt und wirksam in die Blutentnahme einwilligen kann. Allerdings muss auf den jeweiligen Einzelfall abgestellt werden, da der Reifegrad sehr variieren kann[1105]. Probleme können sich daraus für die Praxis ergeben, da die zuständige Person, die die Blutentnahme vornimmt, entscheiden muss, ob der Minderjährige die erforderliche Einsichtsfähigkeit besitzt oder nicht[1106]. Um es den zuständigen Personen in der Praxis zu erleichtern und in Anbetracht der Tatsache, dass meist 14-Jährige in der Lage sind, die Reichweite eines geringen Eingriffs wie einer Blutabnahme zu erkennen, kann eine Einwilligungsfähigkeit 14-Jährigen nicht mehr pauschal abgesprochen werden, sondern der BCO darf darauf vertrauen, dass die Einwilligungsfähigkeit gegeben ist[1107]. Wenn die zuständige Person im Einzelfall zu einem anderen Ergebnis kommt, muss die Einwilligung der gesetzlichen Vertreter

---

*Nebendahl*, MedR (2009) 27, 197, 203, der allerdings davon ausgeht, dass der Vertreter den Minderjährigen ermächtigt hat; Spickhoff MedR/*Knauer*/*Brose*, § 223 StGB, Rn. 57; Staudinger/*Peschel-Gutzeit* (2015), § 1626 BGB, Rn. 93; Ulsenheimer Arztstrafrecht/*Biermann*, Rn. 420, der im Einzelfall eine Einwilligungsfähigkeit auch bei unter 14-Jährigen bejahen will; Wenzel/*Wenzel*, Handbuch Fachanwalt-Medizinrecht, Kap. 4, Rn. 430. Ebenso *Fiedler*, Das Doping minderjähriger Sportler, S. 273, der bereits die Einsichtsfähigkeit von Minderjährigen bei einer Blutentnahme ab 12 Jahren annehmen will; a.A. Schönke/Schröder/*Eser*, § 223 StGB, Rn. 38c, der spätestens ab 16 Jahren eine Einwilligungsfähigkeit bei Routineeingriffen wie Blutentnahmen annimmt.

1103 *Rouka*, Das Selbstbestimmungsrecht des Minderjährigen bei ärztlichen Eingriffen, S. 123 f.

1104 *Brückner*, Das medizinische Selbstbestimmungsrecht Minderjähriger, S. 77.

1105 So auch *Belling*/*Eberl*/*Michlik*, Das Selbstbestimmungsrecht Minderjähriger bei medizinischen Eingriffen, S. 130; *Brückner*, Das medizinische Selbstbestimmungsrecht Minderjähriger, S. 74.

1106 Staudinger/*Peschel-Gutzeit* (2015), § 1626 BGB, Rn. 94.

1107 *Brückner*, Das medizinische Selbstbestimmungsrecht Minderjähriger, S. 80.

eingeholt werden. Umgekehrt ist bei einem Minderjährigen unter 14 Jahren in der Regel davon auszugehen, dass er noch nicht einwilligungsfähig ist[1108].

Vor diesem Hintergrund erscheint der Wortlaut des C.3 Annex C WADA International Standard Testing and Investigations passend, der eine Einwilligung der gesetzlichen Vertreter nur dort fordert, wo es erforderlich ist („wherever necessary"). Dies bedeutet, dass auf den einzelnen Minderjährigen und seine konkrete Einsichtsfähigkeit Rücksicht genommen werden kann. Wenn er die Auswirkungen einer Blutentnahme noch nicht abschätzen kann, wird man eine Einwilligung der Eltern fordern müssen. Kann er dagegen bereits verstehen, was eine Blutentnahme bedeutet, dann kann er selbst einwilligen.

Problematisch ist die Formulierung des C.2 Anhang C NADA Standard für Dopingkontrollen und Ermittlungen. Dort heißt es, dass bei Wettkampfveranstaltungen die Zustimmung des gesetzlichen Vertreters *eines jeden* teilnehmenden Minderjährigen eingeholt werden muss. Dies bedeutet, dass keine Rücksicht auf den einzelnen Minderjährigen und seine Einsichtsfähigkeit genommen, sondern generell die Einwilligung der Eltern bei jedem Minderjährigen gefordert wird. Dies verwundert in Anbetracht der Tatsache, dass in dem Vorgänger-Standard festgeschrieben war, dass nur *wenn nötig* bestätigt werden muss, dass die Zustimmung des gesetzlichen Vertreters vorhanden ist[1109].

Richtigerweise muss es aber auf den Einzelfall und die jeweilige Einsichtsfähigkeit des Minderjährigen ankommen. Die Formulierung des Standards für Dopingkontrollen und Ermittlungen der NADA wird dem nicht gerecht. Insofern wäre eine Formulierung zu wählen, die dies berücksichtigt. Der Wortlaut des WADA International Standard Testing and Investigations berücksichtigt dies hingegen und ist rechtmäßig.

Wenn der Minderjährige nicht einwilligungsfähig ist, aber trotzdem eine Blutprobe entnommen werden soll, müssen die gesetzlichen Vertreter einwilligen[1110]. Die Problematik, ob die Einwilligung beider Elterteile vorliegen muss oder ob es ausreichend ist, wenn einer der beiden Elternteile einwilligt, wird weiter unten erörtert[1111]. Nicht immer sind bei den jungen Minderjährigen die gesetzlichen Vertreter bei den Wettkämpfen anwesend, sondern nur die Trainer oder Betreuer. Fraglich ist, ob auch diese Personen in die Blutprobe einwilligen können. Grundsätzlich wird den Trainern und Betreuern während eines Wettkampfes oder Trainingslagers die Fürsorgepflicht übertragen. Eine Sorgerechtsvollmacht kann

1108 *Brückner*, Das medizinische Selbstbestimmungsrecht Minderjähriger, S. 80.
1109 B.2 Anhang B Standard für Dopingkontrollen der NADA Stand 1.Juli 2010.
1110 MüKo/*Joecks (Hardtung)*, StGB, § 223 StGB, Rn. 80.
1111 Siehe unten unter § 4 D. III. 1. b. ee.

an schulische Institutionen wie Internate oder Pflegeeltern erteilt werden[1112]. Die Ausübung der Sorgerechtsbefugnisse wird in diesen Fällen übertragen[1113]. Fraglich ist, ob dann dazu auch die Entscheidung über eine Dopingkontrolle gehört. Einen Vergleich könnte man zu den Entscheidungsbefugnissen einer Pflegeperson nach § 1688 BGB ziehen. Danach darf die Pflegeperson die notwenige gesundheitliche Versorgung vornehmen[1114]. Dazu gehören medizinischen Routinemaßnahmen, wie die Behandlung von Infektionskrankheiten, die Verabreichung von Antibiotika oder eine übliche zahnärztliche Untersuchung[1115]. Bei einer Blutabnahme zu Dopingkontrollzwecken handelt es sich zwar um einen Bagatelleingriff, der mit einer Routinebehandlung vergleichbar ist, aber sie ist nicht medizinisch notwendig. Wenn schon die Pflegeperson zu einer medizinisch nicht indizierten Behandlung nicht zustimmen darf, dann erst Recht nicht ein Trainer oder Betreuer. Daher dürfen weder der Trainer noch der Betreuer in die Blutentnahme einwilligen[1116].

Insofern ist bei einsichtsunfähigen Minderjährigen von den Eltern im Vorfeld eines Wettkampfs eine Einwilligung zur Dopingkontrolle und zur Blutentnahme abzugeben[1117] oder falls dies nicht erfolgt ist, müssen die Eltern telefonisch ihre Zustimmung erteilen, bevor eine solche durchgeführt wird[1118].

### dd. Verwertbarkeit der Probe bei Missachtung der Modifizierungen

Grundsätzlich gilt, dass Abweichungen von Verfahrensregeln, die nicht ursächlich für ein von der Norm abweichendes Analyseergebnis waren, nicht die Ungültigkeit dieser Beweise oder Ergebnisse bewirken[1119]. Dies bedeutet, dass Unregelmäßigkeiten, die dem Verfahrensablauf widersprechen nicht den Beweiswert der Probe zunichte machen[1120].

---

1112 jurisPK-BGB/*Hamdan*, § 1626 BGB, Rn. 9; Staudinger/*Peschel-Gutzeit* (2015), § 1626 BGB, Rn. 29.

1113 Staudinger/*Peschel-Gutzeit* (2015), § 1626 BGB, Rn. 28.

1114 MüKo/*Hennemann*, BGB, § 1688 BGB, Rn. 6.

1115 Staudinger/*Salgo* (2014), § 1688 BGB, Rn. 27.

1116 So auch *Fiedler*, Das Doping minderjähriger Sportler, S. 275.

1117 Factsheet „Dopingkontrollen bei minderjährigen Athleten“ vom 24.02.2015, S. 2; abrufbar unter: http://www.nada.de/fileadmin/user_upload/nada/Athleten/150224_Factsheet_Dopingkontrollen_bei_Minderjaehrigen.pdf; zuletzt aufgerufen am 31.03.2018.

1118 So auch *Fiedler*, Das Doping minderjähriger Sportler, S. 275.

1119 Artikel 3.2.3 WADC; Artikel 3.2.2 NADC.

1120 *Petri*, Die Dopingsanktion, S. 263.

(1) Urinprobe

Für eine Urinprobe bedeutet dies, dass es beispielsweise nichts an der Integrität der Probe ändert, wenn eine Person eines anderen Geschlechtes die Urinprobe abnimmt bzw. beobachtet[1121]. Anders zu beurteilen ist dies, wenn beispielsweise der Behälter der Probe nicht in Anwesenheit des Sportlers versiegelt wird[1122]. Verstöße gegen die Modifizierungen bei Minderjährigen beeinträchtigen grundsätzlich nicht die Integrität einer Probe[1123]. Der Verwertung der Probe steht nicht entgegen, wenn ein 16-jähriger männlicher Athlet von einem weiblichen DCO beobachtet wird und seine Vertrauensperson anwesend ist[1124]. Allerdings kann dies schon anders zu beurteilen sein, wenn weder die Vertrauensperson noch ein Zeuge anwesend ist und der Minderjährige nicht darüber entscheiden darf, ob ihn eine Vertrauensperson begleitet. C. 3. 5 Anhang C NADA Standard für Dopingkontrollen und Ermittlungen spricht sogar davon, dass Minderjährige während der gesamten Probenahme von einer Vertrauensperson oder einem gesetzlichen Vertreter begleitet werden *müssen* und für den Fall, dass der Minderjährige die Begleitperson ablehnt, entscheidet der DCO, dass ein anderer Dritter anwesend ist. Ein Verstoß gegen die Vorgabe, dass der Minderjährige nicht mit dem DCO alleine ist, kann zu einer Unverwertbarkeit führen. Der Sinn und Zweck der Modifizierungen ist es, dass die Minderjährigen auf Grund ihres jungen Alters geschützt werden. Wenn ein Verstoß gegen die Modifizierungen nie zu einer Unverwertbarkeit der Probe führen würde, könnten die Modifizierungen für Minderjährige ohne Konsequenzen umgangen werden und wären überflüssig. Damit die Modifizierungen eingehalten werden, müssen manche Verstöße eine Unverwertbarkeit zur Folge haben. Ebenfalls kann eine Unverwertbarkeit vorliegen, wenn grob fahrlässig oder vorsätzlich gegen mehrere Modifizierungen verstoßen wurde[1125]. Wenn beispielsweise eine 13-jährige Athletin bei der Urinabgabe durch einen männlichen DCO beobachtet wird und weder eine Vertrauensperson noch ein Zeuge anwesend ist, wird man eine Verwertbarkeit ablehnen müssen. Zwar wird die Integrität der Probe nicht beeinträchtigt, aber bei der Häufigkeit der Verstöße wird der Schutzzweck der Modifizierungen gefährdet[1126]. Wenn mehrere Verstöße keine Konsequenzen zur

---

1121 *Petri*, Die Dopingsanktion, S. 264.

1122 PHB-SportR/*Summerer*, 2. Teil, 3. Kapitel, Rn. 311 Nr. 10; *Petri*, Die Dopingsanktion, S. 264.

1123 *Fiedler*, Das Doping minderjähriger Sportler, S. 271.

1124 *Fiedler*, Das Doping minderjähriger Sportler, S. 271.

1125 *Fiedler*, Das Doping minderjähriger Sportler, S. 271.

1126 *Fiedler*, Das Doping minderjähriger Sportler, S. 271.

Folge haben, könnten diese Sonderregelungen komplett umgangen werden. Damit dies nicht geschieht und die Schutzvorschriften den Minderjährigen auch effektiv schützen können, muss die Missachtung mehrerer Bestimmungen die Unverwertbarkeit zur Folge haben. Der Schutz des Minderjährigen kann nur gewahrt werden, wenn eine grobe Abweichung von der Norm Nachteile mit sich bringt. Es wird sich nicht pauschal beantworten lassen, wo die Grenze zu ziehen ist und welche Verstöße zusammenkommen müssen, damit die Probe unverwertbar ist. Die Anzahl der Verstöße wird bei dieser Entscheidung jedoch genauso relevant sein, wie die Art der Verstöße. Eine Verletzung der Vorschrift, dass der Minderjährige zu keiner Zeit der Probenahme mit dem DCO alleine ist, wiegt schwerer als wenn der Minderjährige nicht in Anwesenheit eines Erwachsenen zur Probenahme aufgefordert wurde; ein vorsätzlicher Verstoß wiegt schwerer als ein fahrlässiger Verstoß.

#### (2) Blutprobe

Bei der Blutprobe kann eine fehlerhafte Einwilligung problematisch sein und zu einer Unverwertbarkeit führen. Obwohl eine fehlerhafte Einwilligung die Integrität der Probe nicht beeinträchtigt, könnte ähnlich wie im Strafrecht von einem Beweisverwertungsverbot auszugehen sein, wenn die Probe ohne wirksame Einwilligung abgenommen wurde[1127].

Eine Blutentnahme ist in einem Strafprozess nicht verwertbar, wenn sie ohne richterliche Anordnung oder Einwilligung vorgenommen wird[1128]. Für das Verbandsverfahren folgt dasselbe, da sich die Verbandsautonomie nicht über zwingendes staatliches Recht hinwegsetzen kann[1129]. Folglich ist die Blutprobe nur verwertbar, wenn eine wirksame Einwilligung vorliegt[1130].

Da es nach C.2 Anhang C NADA Standard für Dopingkontrollen und Ermittlungen nicht auf den Einzelfall ankommt, sondern die Zustimmung des gesetzlichen Vertreters jedes teilnehmenden Minderjährigen gefordert wird, stellt sich die Frage, ob die Einwilligung der Eltern schadet, wenn der Minderjährige selbst einwilligungsfähig ist. Teilweise wird angenommen, dass auch bei einem einwilligungsfähigen Minderjährigen zusätzlich die Einwilligung der Eltern erforderlich

---

1127 *Heger*, in: Kauerhof/Nagel/Zebisch, Olympische Jugendspiele, S. 25, 41; *ders.*, in: Spitzer/Franke, Sport, Doping, Enhancement, S. 209, 216.

1128 *Meyer-Goßner/Schmitt*, § 81a StPO, Rn. 33; *Pfeiffer*, § 81a StPO, Rn. 9.

1129 *Fiedler*, Das Doping minderjähriger Sportler, S. 276.

1130 Ebenso *Fiedler*, Das Doping minderjähriger Sportler, S. 276; *Heger*, in: Kauerhof/Nagel/Zebisch, Olympische Jugendspiele, S. 25, 41; *ders.*, in: Spitzer/Franke, Sport, Doping, Enhancement, S. 209, 216.

ist[1131]. Danach wäre es unschädlich, dass die Regelung der NADA vorsieht, dass die Eltern einzelfallunabhängig zustimmen müssen. Vertreten wird jedoch auch die Ansicht, dass die Zustimmung des gesetzlichen Vertreters weder erforderlich noch rechtlich überhaupt erheblich ist, wenn ein Minderjähriger selbst als entscheidungsfähig gilt[1132]. Es komme dann alleine auf die Entscheidung des Minderjährigen an[1133]. Im Falle, dass der Minderjährige den Eingriff verweigere, gehe seine Entscheidung vor[1134]. Dies bedeutet, dass eine generelle Einwilligung der gesetzlichen Vertreter nicht zu einer wirksamen Einwilligung führe und die Blutprobe nicht verwertet werden dürfte.

Wenn man davon ausgeht, dass eine Einwilligung der gesetzlichen Vertreter bei Vorliegen der Einsichtsfähigkeit aber fehlender Einwilligung des Minderjährigen zu einem Beweisverwertungsverbot kommt, ist mit Lücken in der Dopingbekämpfung gegen Minderjährige zu rechnen[1135]. Im Ergebnis muss man dem Minderjährigen trotzdem ein Alleinentscheidungsrecht zubilligen, wenn er über die nötige Einsichtsfähigkeit verfügt. Nur so kann seinem Selbstbestimmungsrecht hinreichend Rechnung getragen werden[1136]. Würde man auch bei Einsichtsfähigkeit auf die Entscheidung der gesetzlichen Vertreter abstellen, würde das Selbstbestimmungsrecht grundlos beschränkt[1137]. Dies bedeutet, dass es allein auf den Minderjährigen ankommt und eine Einwilligung der gesetzlichen

1131 BGH NJW 2007, 217, wonach dem Minderjährigen nur ein Vetorecht eingeräumt wurde; *Nebendahl*, MedR (2009) 27, 197, 202; *Pawlowski*, in: FS-Hagen, S. 5, 19; *Reipschläger*, Die Einwilligung Minderjähriger in ärztliche Heileingriffe, S. 158 f.

1132 *Kern*, NJW 1994, 753, 755; Kindhäuser/Neumann/Paeffgen/*Paeffgen/Zabel*, § 228 StGB, Rn. 66; *Niewalda*, Dopingkontrollen im Konflikt mit allgemeinem Persönlichkeitsrecht und Datenschutz, S. 71, zu der Einwilligung einer persönlichkeitsrechtsrelevanten Maßnahme; Schönke/Schröder/*Eser*, § 223 StGB, Rn. 38c.

1133 *Belling/Eberl/Michlik*, Das Selbstbestimmungsrecht Minderjähriger bei medizinischen Eingriffen, S. 136; *Heger*, in: Kauerhof/Nagel/Zebisch, Olympische Jugendspiele, S. 25, 40; *ders.*, in: Spitzer/Franke, Sport, Doping, Enhancement, S. 209, 215; MüKo/*Huber*, BGB, § 1626 BGB, Rn. 43; *Uhlenbruck*, DMW 1977, 65, 66 f.; *Wölk*, MedR 2001, 80, 84.

1134 Laufs/Kern/*Ulsenheimer*, Handbuch des Arztrechts, § 139, Rn. 48; MüKo/*Huber*, BGB, § 1626 BGB, Rn. 44.

1135 *Fiedler*, Das Doping minderjähriger Sportler, S. 276; *Heger*, in: Kauerhof/Nagel/Zebisch, Olympische Jugendspiele, S. 25, 41; *ders.*, in: Spitzer/Franke, Sport, Doping, Enhancement, S. 209, 216.

1136 So auch *Brückner*, Das medizinische Selbstbestimmungsrecht Minderjähriger, S. 90 f.

1137 *Brückner*, Das medizinische Selbstbestimmungsrecht Minderjähriger, S. 91; *Taupitz*, Empfehlen sich zivilrechtliche Regelungen zur Absicherung der Patientenautonomie am Ende des Lebens, S. 64.

Vertreter im Falle der Einsichtsfähigkeit des Minderjährigen zu einer Unverwertbarkeit führt, wenn die Einwilligung des Minderjährigen fehlt[1138].

Die gleichen Grundsätze sind auf die Frage anwendbar, ob die Blutprobe verwertet werden kann, wenn der BCO irrtümlich davon ausgeht, dass der Minderjährige bereits einwilligungsfähig ist, es aber eigentlich der Einwilligung der gesetzlichen Vertreter bedurft hätte und diese nicht vorliegt. Obwohl auch hier mit Lücken in der Dopingbekämpfung zu rechnen ist, muss es auf Grund des Selbstbestimmungsrechts auf die Einwilligungsfähigkeit des Minderjährigen ankommen. Wenn die erforderliche Einwilligung fehlt, muss dies im Ergebnis ebenfalls zu einer Unverwertbarkeit führen[1139].

#### ee. Problem der Doppelvertretung

Die gesetzlichen Vertreter müssen den Dopingkontrollen zustimmen. Für die Trainingskontrollen erfolgt dies über die Regelanerkennungsverträge[1140]. Bei Wettkampfkontrollen sollte im Vorfeld eines Wettkampfes die Einwilligung eingeholt werden[1141]. In Deutschland gilt gemäß § 1629 Absatz 1 Satz 2 Hs. 1 BGB das Prinzip der Gesamtvertretung. Dies bedeutet, dass beide Eltern grundsätzlich nur zusammen befugt sind, im Namen des Kindes rechtsgeschäftliche Handlungen vorzunehmen[1142]. Wie bereits oben[1143] festgestellt, besteht die Möglichkeit, dass ein Elternteil mit Zustimmung des anderen tätig wird. Fraglich ist, ob dies auch bei einer Einwilligung zu einer Dopingkontrolle gilt, bzw. ob dies für die Verträge zwischen den Minderjährigen und den Vereinen bzw. bei einer Athletenvereinbarung gilt, da diese die Minderjährigen vertraglich an die Anti-Doping-Regelwerke binden. Das Problem der Gesamtvertretung stellt sich somit

---

1138 So auch *Fiedler*, Das Doping minderjähriger Sportler, S. 276; *Heger*, in: Kauerhof/Nagel/Zebisch, Olympische Jugendspiele, S. 25, 41; *ders.*, in: Spitzer/Franke, Sport, Doping, Enhancement, S. 209, 216.

1139 So auch *Fiedler*, Das Doping minderjähriger Sportler, S. 276; *Heger*, in: Kauerhof/Nagel/Zebisch, Olympische Jugendspiele, S. 25, 41; *ders.*, in: Spitzer/Franke, Sport, Doping, Enhancement, S. 209, 216.

1140 Factsheet „Dopingkontrollen bei minderjährigen Athleten" vom 24.02.2015, S. 2; abrufbar unter: http://www.nada.de/fileadmin/user_upload/nada/Athleten/150224_Factsheet_Dopingkontrollen_bei_Minderjaehrigen.pdf; zuletzt aufgerufen am 31.03.2018.

1141 Siehe bereits unter § 4 D. III. 1. a. cc.; C.2 Anhang C NADA Standard Dopingkontrollen und Ermittlungen; C.3 Annex C WADA Standard Testing an Investigation.

1142 Bamberger/Roth/*Veit*, § 1629 BGB, Rn. 10; MüKo/*Huber*, BGB, § 1629 BGB, Rn. 12.

1143 Siehe dazu oben unter § 2 A.

einmal bei der Zustimmung zur Dopingkontrolle aber auch beim Abschluss des Vertrages des Minderjährigen mit dem Verein oder der Athletenvereinbarung.

### (1) Zwingend gemeinschaftliche Vertretung

Eine Ansicht geht davon aus, dass auf Grund der weitreichenden Folgen für den Minderjährigen sowohl bei der Dopingkontrolle als auch bei der Anerkennung des Anti-Doping-Reglements die ausdrückliche Zustimmung beider Elternteile notwendig sei[1144]. Die Verpflichtung, bestimmte Dopingsubstanzen zu vermeiden, könne mit dem Interesse eines Elternteils an der gesundheitlichen Versorgung des Minderjährigen mit bestimmten Medikamenten kollidieren[1145]. Der entgegenstehende Wille eines Elternteils stehe der Anwendung des WADA-Codes oder entsprechender nationaler Regelungen entgegen[1146].

Die Rechtsfolge der Missachtung der Gesamtvertretung des § 1629 Absatz 1 Satz 2 BGB ist die Anwendung der §§ 177 ff. BGB. Dies bedeutet, dass die Willenserklärung des einen Elternteils schwebend unwirksam ist, aber von dem übergangenen Elternteil genehmigt werden kann[1147]. Sollte die Zustimmung des übergangenen Elternteils nicht nachträglich erfolgen, wird das Geschäft unwirksam[1148].

### (2) Zustimmung eines Elternteils ist ausreichend

Die Rechtsprechung geht davon aus, dass bei einer Dopingkontrolle nicht die tatsächlich gemeinschaftliche Vertretung beider Elternteile notwendig ist[1149]. Begründet wird dies schon allein mit dem Umstand, dass die Eltern sonst durch die Anwesenheit von nur einem Elternteil entscheiden könnten, ob der Minderjährige einem Anti-Doping-Test unterworfen wird[1150]. Dies würde sich sehr zum Nachteil auf den fairen Schutz der anderen Wettkämpfer auswirken[1151]. Eine Dopingkontrolle sei keine Situation, bei der eine gemeinschaftliche Vertretung

---

1144 SportR in der Praxis/*Lehner*, 10. Kapitel, Rn. 1408; so auch die Argumentation der Klägerseite in dem Verfahren gegen den jungen Kartfahrer, CAS 2010/A/2268 I v. FIA, Rn. 35. Der Kartfahrer wurde unter anderem von Dr. Michael Lehner vertreten, CAS 2010/A/2268 I v. FIA, Rn. 32.

1145 SportR in der Praxis/*Lehner*, 10. Kapitel, Rn. 1409.

1146 SportR in der Praxis/*Lehner*, 10. Kapitel, Rn. 1409.

1147 MüKo/*Huber*, BGB, § 1629 BGB, Rn. 41.

1148 MüKo/*Schubert*, BGB, § 177 BGB, Rn. 17.

1149 CAS 2010/A/2268 I v. FIA, Rn. 79 ff.

1150 CAS 2010/A/2268 I v. FIA, Rn. 85.

1151 CAS 2010/A/2268 I v. FIA, Rn. 85.

erforderlich sei, wie beispielsweise bei Banktransaktionen, chirurgischen Eingriffen oder bei der Bestimmung des Namens des Kindes oder seines Aufenthaltsorts[1152].

### (3) Stellungnahme

Die Gesamtvertretung entspricht dem gemeinschaftlichen Sorgerecht der Eltern[1153]. Sie hat den Hintergrund, dass der Minderjährige vor Schäden aus gegensätzlichem Elternhandeln bewahrt werden soll[1154]. Damit wird jedem Elternteil die Möglichkeit genommen, vom Partner nicht gebilligte Außenwirkungen zu erzielen[1155]. Allerdings bedeutet Gesamtvertretung nicht, dass immer beide Elternteile gemeinsam anwesend und gleichzeitig tätig werden müssen. Ausreichend, wenn die Willenserklärungen nacheinander abgegeben werden oder der eine Elternteil mit Zustimmung des anderen handelt[1156]. Dies nahm das CAS auch in dem Verfahren gegen den jungen Kartfahrer an. Die Mutter wusste von dem Kartrennen und gab selbst an, dass sie ihrem Mann vertraut habe, dass er die richtigen Entscheidungen treffe. Darüber hinaus hatte die Mutter auch die Anmeldung zur Fahrerlizenz ihres Sohnes unterschrieben, die ebenfalls die Anti-Doping-Regeln implizierte. Folglich konnte davon ausgegangen werden, dass sie ebenfalls einverstanden war und es unschädlich war, dass nur der Vater bei dem Kartrennen vor Ort war. Eine zwingende Gesamtvertretung ist nicht für jede Art von Rechtsgeschäft erforderlich. Zudem können Ausnahmen vom Grundsatz der Gesamtvertretung gemacht werden.

Bei einer Dopingkontrolle bzw. beim Abschluss eines Vertrages oder einer Athletenvereinbarung, die auch die Zustimmung zu Dopingkontrollen umfasst, kann ein Vergleich zu ärztlichen Eingriffen gezogen werden. Der Vergleich zeigt, dass die Rechtsprechung allgemeine Grundsätze für die Erforderlichkeit einer zwingenden Gesamtvertretung aufgestellt hat. Handelt es sich um „Routinefälle" und die Behandlung von leichten Erkrankungen, darf sich der Arzt darauf verlassen, dass der nicht anwesende Elternteil mit der Untersuchung oder dem Eingriff

---

1152 CAS 2010/A/2268 I v. FIA, Rn. 81.

1153 Staudinger/*Peschel-Gutzeit* (2015), § 1629 BGB, Rn. 29.

1154 MüKo/*Huber*, BGB, § 1629 BGB, Rn. 12; Staudinger/*Peschel*-Gutzeit (2015), § 1629 BGB, Rn. 30.

1155 Bamberger/Roth/*Veit*, § 1629 BGB, Rn. 10; Staudinger/*Peschel-Gutzeit* (2015), § 1629 BGB, Rn. 30.

1156 Kaiser/Schnitzler/Friederici/Schilling/*Kaiser*, BGB Familienrecht, § 1629 BGB, Rn. 15; MüKo/*Huber*, BGB, § 1629 BGB, Rn. 12; Staudinger/*Peschel-Gutzeit* (2015), § 1629 BGB, Rn. 34.

einverstanden ist[1157]. In Fällen, in denen es um ärztliche Eingriffe schwererer Art mit nicht unbedeutenden Risiken geht, muss sich der Arzt darüber hinaus vergewissern, ob der erschienene Elternteil die Ermächtigung des anderen hat und wie weit diese reicht. Er darf aber, solange dem nichts entgegensteht, auf eine wahrheitsgemäße Auskunft des erschienenen Elternteils vertrauen[1158]. Handelt es sich um schwierige und weitreichende Entscheidungen über die Behandlung des Kindes, die mit erheblichen Risiken für das Kind verbunden sind, dann liegt die Ermächtigung des einen Elternteils zur Einwilligung in den Eingriff nicht von vornherein nahe. Der Arzt darf sich nicht darauf verlassen, dass der ihm gegenüber auftretende Elternteil die Befugnis hat, alleine zu entscheiden. Der Arzt muss sich in solch einem Fall Gewissheit verschaffen, dass der nicht erschienene Elternteil einverstanden ist[1159]. Aus den aufgestellten Grundsätzen des BGH lässt sich eine Regelung für die Anerkennung der Anti-Doping-Regeln ableiten. Durch die Anerkennung und Unterwerfung unter die Doping-Regelwerke willigen die Eltern ein, dass der Minderjährige sich unter Umständen einer Kontrolle unterzieht. Eine Urinabgabe und auch eine Blutabnahme lassen sich mit einem routinemäßigen Eingriff eines Arztes vergleichen. Sowohl die Urinabgabe als auch die Blutabnahme stellen keinen schwerwiegenden Eingriff dar. Bei der Dopingkontrolle handelt es sich demnach um keine Situation, die zwingend eine gemeinschaftliche Vertretung voraussetzt. Bei der Anwesenheit oder Einwilligung eines Elternteils kann davon ausgegangen werden, dass der andere Teil damit einverstanden ist.

Zudem würde ein extremes Ungleichgewicht herrschen, wenn immer beide Elternteile anwesend sein und ihre Zustimmung geben müssten. Die Eltern könnten nach ihrem Ermessen die Zustimmung erteilen oder verweigern und demnach die Minderjährigen den Doping Regelwerken bzw. der Dopingkontrolle unterwerfen oder nicht. Dies entspricht nicht der Schutzrichtung des Sports.

---

1157 BGH NJW 2010, 2430, 2431, Rz. 15; BGH NJW 1988, 2946, 2947; jurisPK-BGB/*Hamdan*, § 1628 BGB, Rn. 35; Laufs/Katzenmeier/Lipp/*Katzenmeier*, Arztrecht, V., Rn. 53; MAH-MedR/*Terbille*, § 1, Rn. 365; Staudinger/*Peschel-Gutzeit* (2015), § 1629 BGB, Rn. 50.

1158 BGH NJW 2010, 2430, 2431, Rz. 15; BGH NJW 1988, 2946; Laufs/Katzenmeier/Lipp/*Katzenmeier*, Arztrecht, V., Rn. 53; MAH-MedR/*Terbille*, § 1, Rn. 365.

1159 BGH NJW 2010, 2430, 2431, Rz. 15; BGH NJW 1988, 2946, 2947; Laufs/Katzenmeier/Lipp/*Katzenmeier*, Arztrecht, V., Rn. 53; MAH-MedR/*Terbille*, § 1, Rn. 365; Staudinger/*Peschel-Gutzeit* (2015), § 1629 BGB, Rn. 51.

Aus diesem Grund ist es ausreichend, wenn ein Elternteil der Anerkennung der Anti-Doping-Regeln zustimmt, weil davon ausgegangen werden kann, dass der andere Teil damit einverstanden ist.

### 2. *Personenbezogene Daten*

Der „Standard für Datenschutz" ist die nationale Umsetzung des „International Standard For The Protection Of Privacy And Personal Information (ISPP)" der WADA durch die NADA[1160]. Da die Athleten und die Athletenbetreuer den Anti-Doping-Organisationen in erheblichem Umfang personenbezogene Daten zur Verfügung stellen, müssen die personenbezogenen Daten, die im Zusammenhang mit den Anti-Doping-Maßnahmen verarbeitet werden, geschützt werden[1161]. Die Vorschriften müssen im Einklang mit dem Bundesdatenschutzgesetz (BDSG) stehen.

#### a. *Erwähnung des Minderjährigen im Standard für Datenschutz*

In Internationalen Standard der WADA findet der Minderjährige nur insoweit Berücksichtigung, als dass der für den Datenschutz relevante Artikel 14.3.6 WADC und die damit zusammenhängende nicht zwingende Veröffentlichung abgedruckt sind. Darüber hinaus wird im Internationalen Standard der WADA der Minderjährige nicht erwähnt. Anders ist dies im Standard für Datenschutz der NADA. Artikel 4.4 NADC regelt für den Fall, dass ein Athlet auf Grund seines Alters nicht in der Lage ist, eine Einwilligungserklärung abzugeben, ein gesetzlicher Vertreter diese im Namen des Teilnehmers erteilen und seine Rechte gemäß Artikel 9 (betrifft hauptsächlich Auskunftsrechte bezüglich der Daten) ausüben kann. Der Kommentar zu Artikel 4.4 NADC stellt klar, dass bei Minderjährigen die Einwilligungserklärung durch beide Elternteile – soweit diese die gesetzlichen Vertreter sind – abzugeben ist. Insoweit wird § 1629 Absatz 1 Satz 2 BGB zitiert, wonach die Eltern ihr Kind grundsätzlich gemeinsam vertreten.

#### b. *Ausreichende Berücksichtigung der Minderjährigkeit im Standard für Datenschutz*

Für die Einwilligungsfähigkeit kommt es nicht auf das Alter, sondern auf die Einsichtsfähigkeit an, die Tragweite einer Datenverarbeitung zu erfassen[1162].

---

1160 Artikel 1 Einleitung des Standard für Datenschutz der NADA.

1161 Siehe Artikel 1 Einleitung des Standard für Datenschutz der NADA.

1162 Erbs/Kohlhaas/*Ambs*, Strafrechtliche Nebengesetze, § 4a BDSG, Rn. 4; Leupold/Glossner/*Scheja*/*Haag*, MAH IT-Recht, Teil 5, Rn. 78 nach denen es, obwohl es auf

Aus diesem Grund wurde von der NADA die Formulierung richtig gewählt. Es heißt in Artikel 4.4 des Standards für Datenschutz der NADA, dass „wenn ein Teilnehmer auf Grund *seines Alters* [...] *nicht in der Lage* ist eine Einwilligungserklärung abzugeben [...]", diese von einem gesetzlichen Vertreter erteilt werden kann. Es wird nur von „Alter" und nicht von „Minderjährigkeit" gesprochen. Dies bedeutet, dass nicht generell bei jedem Minderjährigen eine Einwilligung des gesetzlichen Vertreters vorgeschrieben ist, sondern eben nur in den Fällen, in denen der Minderjährige auf Grund seines Alters dazu nicht in der Lage ist. Dies bedeutet, dass auf die jeweilige Einsichtsfähigkeit des Minderjährigen Rücksicht genommen werden kann.

Die Gesamtvertretung ist gemäß § 1629 Absatz 1 Satz 2 BGB vorgeschrieben. Obwohl Gesamtvertretung nicht bedeutet, dass beide Elternteile gleichzeitig nach außen tätig werden, dient es auf jeden Fall der Rechtssicherheit, wenn beide Elternteile, so wie im Kommentar zu Artikel 4.4 des Standard für Datenschutz der NADA gefordert, unterschreiben.

den Einzelfall ankommt, eine Altersgrenze meist zwischen 14 und 16 Jahren zu ziehen sein wird.

# § 5 Der Minderjährige und die Haftung im Sport

Das Thema der Haftung im Sport generell ist sehr komplex und umfangreich. Daher sollen allein die Besonderheiten in Bezug auf die Beteiligung eines Minderjährigen aufgezeigt werden, da die Darstellung der Haftung im Sport allgemein den Rahmen dieser Arbeit überschreiten würde[1163].

Differenziert werden muss danach, wer Schädiger und wer Geschädigter ist. Zuerst soll die Konstellation untersucht werden, in welcher der Minderjährige selbst haftet (A.). Zweitens geht es um die Haftung der Aufsichtsperson für Schäden, die der Minderjährige bei Dritten verursacht (B.) und drittens wird die Haftung der Aufsichtsperson für Schäden, die der Minderjährige erleidet, geprüft (C.).

## A. Haftung des Minderjährigen

Bei der Haftung des Minderjährigen muss zwischen einer rechtsgeschäftlichen Haftung und einer deliktischen Haftung unterschieden werden.

### I. Rechtsgeschäftliche Haftung gemäß § 1629a BGB

Die meisten Minderjährigen bekommen für ihre Sportausübung kein Geld, sondern müssen die Ausbildung in Form von Training oder Lehrgängen selbst zahlen. Dies kann mitunter eine beträchtliche Summe darstellen[1164]. In erster Linie kommen dafür die Eltern auf. Dabei ist es nicht selbstverständlich, dass alle Eltern dermaßen wohlhabend sind, dass sie die hohen Kosten tragen können. Gerade bei Individualsportarten wie dem Tennis, bei dem die Sportler nicht selten einen Privattrainer haben, können die Kosten schnell in die Höhe steigen. Um ihren Kindern dennoch eine optimale Ausbildung gewährleisten zu können, bedienen sich die Eltern der finanziellen Unterstützung durch Sponsoren. Denkbar ist, dass die finanzielle Unterstützung in Form eines Darlehens erfolgt. Des Weiteren kann

---

1163 Siehe zur Haftung im Sport allgemein: Bamberger/Roth/*Spindler*, § 823 BGB, Rn. 385 ff.; *Fechner/Arnhold/Brodführer*, Sportrecht, 5. Kapitel; *Haas/Martens*, Sportrecht, S. 178 ff.; *Heermann*, Haftung im Sport; *Korff*, Sportrecht, 5. Kapitel, Rn. 218 ff.; PHB-SportR/*Fritzweiler*, 5. Teil; *Scheffen*, NJW 1190, 2658 ff.; SportR in der Praxis/*Adolphsen*, 8. Kapitel, Rn. 704 ff.

1164 Siehe zu den Kosten bereits oben unter § 3 A. II. 1. b. aa. (3) (c) (cc).

ein Gewinnabführungsvertrag abgeschlossen werden. Bei diesem wird die Finanzierung der Ausbildung von einem Sponsor übernommen, der im Gegenzug den Minderjährigen dazu verpflichtet, einen bestimmten Prozentsatz von den künftigen Einnahmen an ihn abzuführen[1165]. Die Eltern begründen demnach eine Verbindlichkeit für ihr Kind. Damit die Eltern ihre Kinder nicht auch für die Zeit nach Eintritt der Volljährigkeit unbeschränkt verpflichten können, sieht § 1629a BGB eine Haftungsbeschränkung vor. Danach beschränkt sich die Haftung der Kinder für Verbindlichkeiten, die die Eltern für ihr Kind begründet haben, bei Eintritt der Volljährigkeit auf das zu dieser Zeit vorhandene Vermögen. Dies bedeutet, dass alle Einnahmen des Sportlers ab dem Zeitpunkt des Eintritts seiner Volljährigkeit dem Zugriff der Gläubiger entzogen sind[1166]. Verhindert werden soll, dass die Eltern ihr Kind kraft ihrer Vertretungsmacht Verpflichtungen aussetzen und sie mit hohen Schulden in die Volljährigkeit entlassen[1167].

Bei einem Darlehen kann der Minderjährige dem Darlehensgeber die Einrede des § 1629a BGB entgegenhalten. Wenn der Kredit zumindest zum Teil erst nach Eintritt der Volljährigkeit zurückzuzahlen ist, kann der volljährige Sportler die Rückzahlung verweigern, wenn sein bei Eintritt der Volljährigkeit vorhandenes Vermögen nicht ausreicht. Er muss nicht mit seinem erst nach Eintritt der Volljährigkeit erworbenen Vermögen einstehen[1168].

Fraglich ist, ob dies ebenso bei einem Gewinnabführungsvertrag gilt. Nach einer Ansicht wird ebenfalls eine Verbindlichkeit durch die Eltern für ihr Kind schon vor Eintritt der Volljährigkeit begründet, was dazu führe, dass § 1629a BGB zur Anwendung komme[1169]. Nach einer anderen Ansicht handele es sich bei der Verbindlichkeit des Gewinnabführungsvertrages um Neuschulden, die nicht von § 1629a BGB erfasst werden[1170]. Die Verbindlichkeit zur Gewinnabführung

1165 Solch einen Vertrag hatte auch der Tennisspieler Tommy Haas abgeschlossen, allerdings musste das OLG München nicht über den § 1629a BGB entscheiden, da ein abstraktes Schuldanerkenntnis vorlag, welches den § 1629a BGB nicht zur Anwendung kommen ließ, OLG München, SpuRt 2003, 29 ff; *Fritzweiler*, NJW 2004, 989, 991; *Thiel*, SpuRt 2002, 1.

1166 *Thiel*, SpuRt 2002, 1.

1167 BVerfG NJW 1986, 1859; Erman/*Döll*, § 1629a BGB, Rn. 1; Staudinger/*Coester* (2015), § 1629a BGB, Rn. 1.

1168 *Thiel*, SpuRt 2002, 1, 2; *Walker*, in: Kauerhof/Nagel/Zebisch, Olympische Jugendspiele, S. 9, 20.

1169 *Thiel*, SpuRt 2002, 1, 2.

1170 *Walker*, in: Kauerhof/Nagel/Zebisch, Olympische Jugendspiele, S. 9, 21; Neuschulden werden allgemein nicht von § 1629a BGB erfasst: MüKo/*Huber*, BGB, § 1629a BGB, Rn. 25; Staudinger/*Coester* (2015), § 1629a BGB, Rn. 47 ff.

entstehe erst nach Eintritt der Volljährigkeit mithin durch Erzielung von Einnahmen auf Grund von Betätigungen im Sport und der Werbung. Der Minderjährige müsse nur Bestandteile von solchen Gewinnen abführen, die er erst als Volljähriger erziele[1171].

Unterschieden werden muss dabei, wie genau der Gewinnabführungsvertrag ausgestaltet ist. Wenn er beinhaltet, dass bereits ab Vertragsschluss eine Gewinnabführung stattfindet, mithin auch zu Zeiten, in denen der Sportler noch minderjährig ist, kann er die Einrede des § 1629a BGB geltend machen. Wenn der Vertrag vorsieht, dass erst Einnahmen ab Zeitpunkt der Volljährigkeit zurückgezahlt werden müssen, muss der Sportler die Verbindlichkeit erst zum Zeitpunkt der Volljährigkeit erfüllen. Entscheidend ist dann, zu welchem Zeitpunkt der Rechtsgrund für die Verbindlichkeit gelegt wurde. Wenn diese vor Eintritt der Volljährigkeit erfolgt ist, findet § 1629 a BGB Anwendung. Die Entstehung und die Fälligkeit des Anspruchs sind dabei ohne Bedeutung. Die Verbindlichkeiten sind dann als Altschulden einzuordnen[1172]. Demnach kann auch hier die Einrede des § 1629a BGB geltend gemacht werden. Ausgeschlossen ist die Berufung auf § 1629a BGB allerdings, wenn der Minderjährige als Volljähriger die Altschuld, z.B. durch ein abstraktes Schuldanerkenntnis[1173] bestätigt oder die erste bestehende Möglichkeit der Kündigung verstreichen lässt[1174].

§ 1629a Absatz 2 BGB sieht Ausnahmen von der Einrede der Haftungsbeschränkung vor. Neben Verbindlichkeiten aus Erwerbsgeschäften, für die der Minderjährige nach § 112 BGB ermächtigt war, gehören dazu Verbindlichkeiten, die allein der Befriedigung der persönlichen Bedürfnisse des Minderjährigen dienen. Dabei handelt es sich um Kleingeschäfte des täglichen Lebens und um solche, die für Minderjährige der jeweiligen Altersstufe typisch sind[1175]. Darunter fällt ein Darlehen nicht. Ein Gewinnabführungsvertrag fällt bereits nicht

---

1171 *Walker*, in: Kauerhof/Nagel/Zebisch, Olympische Jugendspiele, S. 9, 21.

1172 *Habersack*, FamRZ 1999, 1, 4; MüKo/*Huber*, BGB, § 1629a BGB, Rn. 24; Staudinger/*Coester* (2015), § 1629a BGB, Rn. 48. Ähnlich gelagert Fall 4 bei *Löwisch*, NJW 1999, 1002, 1003: bei dem der Vertragspartner bereits geleistet hat, der Minderjährige aber noch nicht: der Sponsor hat bereits an den Minderjährigen gezahlt, dieser braucht aber erst nach Eintritt der Volljährigkeit zurückzuzahlen.

1173 So bei dem Tennisspieler Tommy Haas, OLG München, SpuRt 2003, 29 ff.; *Walker*, in: Kauerhof/Nagel/Zebisch, Olympische Jugendspiele, S. 9, 21.

1174 *Thiel*, SpuRt 2002, 1, 2.

1175 BT-Drucks. 13/5624, S. 13; Erman/*Döll*, § 1629a BGB, Rn. 9; Jauernig/*Budzikiewicz*, § 1629a BGB, Rn. 5; MüKo/*Huber*, BGB, § 1629a BGB, Rn. 28; *Thiel*, SpuRt 2002, 1, 3; a.A. *Athanasiadis*, Die Beschränkung der Haftung Minderjähriger, S. 158; wohl auch Staudinger/*Coester* (2015), § 1629a BGB, Rn. 35, der auf die konkrete Situation des

darunter, da er nicht allein der Befriedigung der Bedürfnisse des Minderjährigen, sondern auch der finanziellen Interessen des Sponsors dient[1176].

## II. Haftung gegenüber einem Mitsportler

In diesem Abschnitt geht es um die Haftung des Minderjährigen gegenüber einem Mitsportler. Das bedeutet, dass der Minderjährige einen anderen bei der Ausübung des Sportes verletzt bzw. ihm einen Schaden zufügt. Da zwischen den Sportlern kein vertragliches Rechtsverhältnis besteht, ist auf die Vorschriften des Deliktrechts zurückzugreifen[1177]. Der Ansatz der Haftung des Minderjährigen im Sport unterscheidet sich nicht wesentlich von dem des Erwachsenen[1178]. In einem ersten Schritt soll die Haftung der Sportler allgemein kurz skizziert werden und in einem zweiten Schritt sollen die Besonderheiten bei Minderjährigen dargestellt werden.

Im Sport erfährt die Haftung eine Beschränkung. Die Haftungsprivilegierung im Sport lässt sich damit erklären, dass Sportarten ihr eigenes Gefahr- und Risikopotenzial haben, das den Teilnehmern bekannt ist[1179]. Würde bereits jede Verletzung des Sportlers einen deliktischen Anspruch des Mitsportlers auslösen, wäre der Sport nicht derart praktizierbar wie er ist, da der Sportler ständig Angst haben müsste, belangt zu werden. Allerdings sind die Sportler im Rahmen der Sportausübung gegenseitig zur allgemeinen Rücksichtnahme verpflichtet. Dies gilt unabhängig von Training oder Wettkampf. Die Rücksichtnahmepflicht erfährt in den Regelwerken der Verbände eine Konkretisierung[1180].

Zunächst hatte der BGH zwischen Kampf- und Parallelsportarten unterschieden. Ein Kampfspiel ist nach dem BGH ein gegeneinander ausgetragenes Kontaktspiel, bei dem es zu körperlichen Berührungen kommt und das unter Einsatz von Kraft und Geschicklichkeit geführt wird und bei dem es wegen des eigenen kämpferischen Elements nicht selten zu unvermeidbaren Verletzungen

---

Minderjährigen abstellt und in wohlhabenden Kreisen auch Geschäfte erheblichen Volumens zulassen will.

1176 *Christmann*, ZEV 2000, 45, 49; *Thiel*, SpuRt 2002, 1, 3.

1177 *Fechner/Arnhold/Brodführer*, Sportrecht, 5. Kapitel, Rn. 16; *Haas/Martens*, Sportrecht, S. 178; *Korff*, Sportrecht, Rn. 235; SportR in der Praxis/*Adolphsen*, 8.Kapitel, Rn. 850.

1178 So auch MüKo/*Wagner*, BGB, § 823 BGB, Rn. 697; *Scheffen/Pardey*, Schadensersatz bei Unfällen mit Minderjährigen, Rn. 357.

1179 SportR in der Praxis/*Adolphsen*, 8. Kapitel, Rn. 852.

1180 *Haas/Martens*, Sportrecht, S. 179.

kommt[1181]. Dazu gehört Fußball, Handball, Boxen, Fechten oder Eishockey. Zu den Parallelsportarten, die typischerweise nebeneinander betrieben werden, gehört Turnen, Schwimmen oder Leichtathletik. Trotz verschiedener Begründungen[1182] besteht Einigkeit, dass keine Haftung entsteht, wenn der Sportler die Sportregeln nicht verletzt[1183]. Nach dem BGH würde es gegen Treu und Glauben verstoßen, wenn der Verletzte den Schaden, den er bewusst in Kauf nimmt, auf andere abwälzt, denn der Beklagte hätte ebenso in die Lage des Klägers kommen können. Jeder Spieler ist sowohl potenzieller Verletzer als auch potenzieller Verletzter[1184]. Wenn die Gebote der Fairness und die jeweiligen Sportregeln eingehalten werden, liegt keine Sorgfaltspflichtverletzung vor[1185]. Dies bedeutet, dass trotz Schaden keine Haftung entsteht. Insbesondere kann auch eine schwere Verletzung nichts an der Haftungsfreistellung ändern[1186]. Aus den jeweiligen Sportregeln der Verbände ergibt sich, welche Verletzungshandlung als rechtswidrig zu qualifizieren ist[1187]. Die Haftungsfreistellung gilt auch dann, wenn ein geringfügiger Verstoß gegen die Spielregeln auf Grund von Spieleifer, Unüberlegtheit, technischem Versagen oder Übermüdung geschieht[1188].

Seit dem Jahr 2003 unterscheidet der BGH zwischen Wettkämpfen mit nicht unerheblichem Gefahrenpotenzial und anderen Sportarten. Dabei gelten die Grundsätze zur Inkaufnahme von Schädigungen bei regelgerechtem Kampfspiel

---

1181 BGHZ 63, 140 = NJW 1975, 109, 110.

1182 Verschiedene Ansätze sind dargestellt bei *Füllgraf*, VersR 1983, 705 ff.; *Heermann*, Haftung im Sport, Rn. 75 ff., 205; *Krähe*, Die zivilrechtlichen Schadensersatzansprüche von Amateur- und Berufssportlern für Verletzungen beim Fußballspiel, S. 12 ff.; *Meier*, VersR 2014, 800 ff.; zur Lehre vom Handlungsunrecht auch *Fechner/Arnhold/Brodführer*, Sportrecht, 5. Kapitel, Rn. 18 f. Die teilweise vertretene Ansicht der rechtfertigenden Einwilligung wird vom BGH angelehnt, da der Sportler gerade anders als bei einem ärztlichen Heileingriff nicht verletzt werden wolle, BGHZ 63, 140 = NJW 1975, 109, 110.

1183 BGHZ 63, 140 = NJW 1975, 109; *Grunsky*, Haftungsrechtliche Probleme der Sportregeln, S. 21; *Haas/Martens*, Sportrecht, S. 180; *Scheffen/Pardey*, Schadensersatz bei Unfällen mit Minderjährigen, Rn. 357; SportR in der Praxis/*Adolphsen*, 8. Kapitel, Rn. 853.

1184 BGH BGHZ 63, 140 = NJW 1975, 109, 110.

1185 BGH NJW 2010, 537, 538, Rz. 10; Bamberger/Roth/*Spindler*, § 823 BGB, Rn. 393.

1186 BGHZ 63, 140 = NJW 1975, 109, 110;

1187 BGHZ 63, 140 = NJW 1975, 109, 111; Bamberger/Roth/*Spindler*, § 823 BGB, Rn. 394.

1188 Während der BGH (BGHZ 63, 140 = NJW 1975, 109, 111) die Frage noch offen gelassen hat, haben die Instanzgerichte dies mehrfach bejaht: Für den Fußball: OLG Köln v. 27.05.2010 – 19 U 32/10 –, juris Rn. 11; für Handball: OLG Köln SpuRt 2003, 74, 75; für Basketball: OLG Koblenz VersR 1991, 1067.

allgemein für Wettkämpfe mit nicht unerheblichem Gefahrenpotenzial, bei denen typischerweise auch bei der Einhaltung der Wettkampfregeln oder einer geringfügigen Regelverletzung die Gefahr der gegenseitigen Schadenszufügung besteht[1189]. Es kann als gefestigte Rechtsprechung angesehen werden, dass der Teilnehmer an einem sportlichen Wettkampf mit nicht unerheblichem Gefahrenpotenzial, bei dem typischerweise auch bei Einhaltung der Wettkampfregeln oder bei geringfügigen Regelverstößen die Gefahr gegenseitiger Schadenszufügung besteht, grundsätzlich Verletzungen in Kauf nimmt, die auch bei regelgerechtem Spiel nicht zu vermeiden sind. Die Inanspruchnahme des schädigenden Wettbewerbers für Schäden, die ohne gewichtige Regelverletzung verursacht wurden, ist ausgeschlossen[1190]. Besteht allerdings eine zwingende Haftpflichtversicherung, die die angefallenen Schäden übernimmt, gelten die Haftungsbeschränkungen nicht[1191]. Die Haftungsbeschränkung scheidet ebenfalls aus, wenn die Verletzung vorsätzlich oder grob fahrlässig begangen wurde[1192]. Bei Parallelsportarten bzw. bei solchen mit unerheblichem Gefahrenpotenzial gelten diese Haftungsbeschränkungen nicht[1193]. Beispielsweise entsteht beim Turnen oder Schwimmen kein Körperkontakt mit den Konkurrenten. Es gilt das allgemeine Rücksichtnahmegebot und es sind die üblichen Sorgfaltsmaßstäbe anzuwenden[1194]. Allerdings kann eine Parallelsportart zu einer Sportart mit nicht unerheblichem Gefahrenpotenzial werden. In Parallelsportarten wie dem Radfahren gibt es durchaus Kampfelemente, wie beispielsweise das Windschattenfahren[1195] oder dem Zielsprint[1196], die die Parallelsportart zu einer Sportart mit nicht unerheblichem Gefahrenpotenzial werden lassen.

Bezüglich der Sorgfaltspflichten muss man differenzieren, bei welcher Sportart die Verletzung eingetreten ist. Bei einer Kampfsportart wie Boxen aber auch Fußball gehört ein Körperkontakt zu dem Sport dazu und das Verletzungsrisiko

---

1189 BGH NJW 2008, 1591, 1592, Rz. 8 f.; BGHZ 154, 316 = NJW 2003, 2018, 2020.

1190 BGH NJW 2008, 1591, 1593, Rz. 8 f.; BGHZ 154, 316 = NJW 2003, 2018, 2019 f.; OLG Celle, BeckRS 2009, 24735; OLG Hamm NJW-RR 2005, 1477.

1191 BGH NJW 2008, 1591, 1593, Rz. 10; zum gesetzlichen Haftungsausschluss im Zusammenhang mit Arbeitsverhältnissen nach § 105 Absatz 1 SGB VII, *Walker*, in: FS-Tolksdorf, S. 143, 144 ff.

1192 OLG Hamm, VersR 1985, 1072; SportR in der Praxis/*Adolphsen*, 8. Kapitel, Rn. 864.

1193 OLG Karlsruhe, VersR 2006, 228, 230; OLG Braunschweig NJW-RR 1990, 987; *Heermann*, Haftung im Sport, Rn. 77; MüKo/*Wagner*, BGB, § 823 BGB, Rn. 698; BGH 1982, 1004, 1005.

1194 *Heermann*, Haftung im Sport, Rn. 77; MüKo/*Wagner*, BGB, § 823 BGB, Rn. 699.

1195 *Herrmann*, Haftung im Sport, Rn. 79.

1196 SportR in der Praxis/*Adolphsen*, 8. Kapitel, Rn. 865.

ist erhöht. Dementsprechend sind die Verhaltenspflichten ausgestaltet, sodass beispielsweise in einem Zweikampf um den Ball Körperkontakt durchaus erlaubt ist und erst durch den Einsatz von Armen oder Ellenbogen unzulässig wird[1197]. Allerdings scheidet eine Haftung trotz Verstoß gegen Regel 12 der Spielregeln des DFB, der das verbotene Spiel und das unsportliche Betragen regelt, aus, wenn der Ball noch getroffen wird[1198]. Bei einer „Blutgrätsche" ist der Grenzbereich überschritten und es tritt eine Haftung ein[1199]. In Parallelsportarten wie Turnen, Tennis, Eislaufen oder Schwimmen gibt es wie gesagt keinen Körperkontakt mit den Konkurrenten, sodass die Gefahr, einen Mitstreiter bei regelkonformen Verhalten zu verletzen, stark verringert bzw. fast ausgeschlossen ist. Aber auch hier spielen die Regelwerke der Verbände sowie der allgemeine Gedanke der Rücksichtnahme eine entscheidende Rolle für die Konkretisierung der erforderlichen Sorgfalt[1200]. So muss ein Schwimmer eine schädigende Kollision mit anderen Schwimmern verhindern[1201], und im Tennis gilt es als ungeschriebene Pflicht, den Ball nur zum Zweck des Ballwechsels zu schlagen[1202].

Neben der Sportausübung an sich ist es auch möglich, dass im Training oder Wettkampf mit einem Sportgerät unsachgemäß umgegangen wird und dadurch der Minderjährige einem anderen einen Schaden zufügt[1203].

Nachdem die Grenzen der Haftung im Allgemeinen kurz dargestellt wurden, soll es nun auf die Besonderheiten ankommen, wenn ein Minderjähriger der Schädiger ist. Unabhängig vom Sport ist die Haftung von Minderjährigen grundsätzlich eingeschränkt. Gemäß § 828 Absatz 1 BGB gilt, dass derjenige, der das siebente Lebensjahr noch nicht vollendet hat, für einen Schaden, dem er einem anderen zufügt, nicht verantwortlich ist. Kinder ab dem siebten Lebenjahr haften nur unter den Voraussetzungen des § 828 Absatz 3 BGB. Danach ist der Minderjährige nur dann verantwortlich, wenn er bei der Begehung der

---

1197 Regel 12 der Fußball-Regeln 2015/2016 des DFB; abrufbar unter: http://www.dfb.de/fileadmin/_dfbdam/72920-fussballregeln_2015_2016_INTERNET.pdf; zuletzt aufgerufen am 14.06.2016.

1198 OLG Düsseldorf, NJW-RR 2000, 1115, 1116.

1199 OLG Hamm NJW-RR 2005, 1477; zu weiteren Beispielen der Haftung: *Heermann*, Haftung im Sport, Rn. 223 ff.; PHB-SportR/*Fritzweiler*, 5. Teil, 2. Kapitel, Rn. 50 ff.

1200 Bamberger/Roth/*Spindler*, § 823 BGB, Rn. 396; PHB-SportR/*Fritzweiler*, 5. Teil, 2. Kapitel, Rn. 25; weitere Beispiele bei *Heermann*, Haftung im Sport, Rn. 240 ff.; PHB-SportR/*Fritzweiler*, 5. Teil, 2. Kapitel, Rn. 25 ff.

1201 *Scheffen/Pardey*, Schadensersatz bei Unfällen mit Minderjährigen, Rn. 368.

1202 OLG Braunschweig NJW-RR 1990, 987; *Haas/Martens*, Sportrecht, S. 182.

1203 *Walker*, in: Kauerhof/Nagel/Zebisch, Olympische Jugendspiele, S. 9, 21.

schädigenden Handlung die zur Erkenntnis der Verantwortlichkeit erforderliche Einsicht hatte. Die Einsichtsfähigkeit setzt dabei einen Stand der geistigen Entwicklung voraus, der es dem Minderjährigen ermöglicht, die Gefährlichkeit seines Tuns zu erkennen und sich der Verantwortung für die Folgen bewusst zu sein[1204]. Die für die Minderjährigen maßgebenden Regeln im Sport müssen auf das Alter und die körperliche Entwicklung abgestimmt sein. Dies gilt sowohl für die Kampfsportarten als auch für die Parallelsportarten[1205]. Zur Inkaufnahme des erhöhten Risikos beim Sport und für den Blick auf das Verbot des Selbstwiderspruchs bei der Geltendmachung eines Ersatzanspruchs im Schadensfall muss die begrenzte Verantwortung von Kindern beachtet werden. Die Inkaufnahme des Risikos und die Selbstbestimmungsfähigkeit hängt von der Eichsichtsfähigkeit in die Gefahr ab[1206]. Daher besteht ein Unterschied, ob der Minderjährige erst zehn Jahre oder 17 Jahre alt ist und ob er den Sport bereits seit einiger Zeit ausübt und Erfahrung hat oder ob er noch unerfahren ist und die Gefahren nicht genügend abschätzen kann[1207]. In den meisten Fällen wird man bereits in einem jungen Alter davon ausgehen können, dass die erforderliche Einsichtsfähigkeit vorlag[1208]. So kommt § 828 Absatz 3 BGB in der Praxis generell selten zur Anwendung[1209]. Wenn eine Verletzung durch ein Sportgerät wie beispielsweise einem Speer oder einer Kugel aus der Leichtathletik entstanden ist, wird es zusätzlich darauf ankommen, ob der Minderjährige ausreichend über die Gefahren und die Anwendung der Sportgeräts aufgeklärt wurde.

So konnte beispielsweise einem 13-jährigen Eisläufer das Verschulden bei einer Kollision mit einem voran fahrenden Eisläufer nicht nachgewiesen werden. Allerdings stellte das Gericht fest, dass bei dem 13-Jährigen, der bereits seit seinem sechsten Lebensjahr Schlittschuh fährt und zwei Mal in der Woche zum Eishockeytraining geht, ein Sorgfaltspflichtverstoß vorgelegen hätte, wenn er sich von hinten mit deutlich höherer Geschwindigkeit in Überholabsicht und zu geringem Abstand genähert und den Geschädigten dabei angerempelt und zu

---

1204 BGH NJW-RR 2005, 327, 328; BGHZ 161, 181, 187 = NJW 2005, 354, 355.

1205 *Scheffen*/Pardey, Schadensersatz bei Unfällen mit Minderjährigen, Rn. 371.

1206 *Scheffen*/Pardey, Schadensersatz bei Unfällen mit Minderjährigen, Rn. 372.

1207 So auch *Walker*, in: Kauerhof/Nagel/Zebisch, Olympische Jugendspiele, S. 9, 21.

1208 *Krähe* geht davon aus, dass die Zurechnungsfähigkeit bei Vollendung des 12. Lebensjahrs anzunehmen ist, *Krähe*, Die zivilrechtlichen Schadensersatzansprüche von Amateur- und Berufsfußballern für Verletzungen beim Fußballspiel, S. 263; ebenso *Schroeder*, in: Schroeder/Kauffmann, Sport und Recht, S. 21, 31.

1209 LG Köln VersR 1994, 1074; Staudinger/*Oechsler* (2014), § 828 BGB, Rn. 26.

Sturz gebracht hätte[1210]. Ein 9-Jähriger, der beim Minigolf einen anderen Minderjährigen verletzte, indem er zu stark ausholte, war nach Ansicht des Gerichts nicht in der Lage, im Moment des Handelns die Gefährlichkeit seines Tuns zu erkennen und den Bewegungsablauf so zu unterbrechen, dass der Unfall nicht geschehen wäre. Er verfügte nicht über die notwendige Erkenntnis, die Gefährdung zu erkennen und die Verletzung zu verhindern[1211].

Folglich muss bei der Haftung gegenüber Mitsportlern in einem ersten Schritt ermittelt werden, welche Verhaltenspflichten in dem jeweiligen Sport vorgegeben sind. Danach muss festgestellt werden, ob sich der Minderjährige regelkonform verhalten hat bzw. wenn eine geringe Regelverletzung vorliegt, ob eine Haftungsbeschränkung auf Grund einer Sportart mit nicht unerheblichem Gefahrenpotenzial vorliegt. In einem zweiten Schritt wird dann ermittelt, ob der Minderjährige zum Zeitpunkt der Begehung der schädigenden Handlung die zur Erkenntnis seiner Verantwortlichkeit erforderliche Einsichtsfähigkeit besessen hat. Dabei kommt es jeweils auf den Einzelfall an.

## III. Sonstige Haftung des Minderjährigen

Neben der soeben dargestellten Haftung kommt eine vertragliche Haftung des Minderjährigen gegenüber seinem Verein aus § 280 Absatz 1 BGB in Betracht. Eine Haftung kann bestehen, wenn der Minderjährige seiner Pflicht zur Sportausübung oder zur Teilnahme an Werbeveranstaltungen nicht nachkommt. Die Durchsetzung der Schadensersatzansprüche des Vereins hängt von der Art der Bindung ab. Allein eine Mitgliedschaft im Verein begründet eine solche Verpflichtung nicht[1212]. Bei einer Athletenvereinbarung[1213] oder einem Arbeitsverhältnis[1214] besteht eine solche Pflicht, und der Minderjährige haftet nach den gleichen Vorschriften wie ein Erwachsener. In Betracht kommen auch Schadensersatzansprüche des Vereins wegen Dopingmissbrauchs durch den Minderjährigen[1215]. Wenn ein Arbeitsvertrag oder eine Athletenvereinbarung besteht und der Sportler darin ausdrücklich zur Einhaltung der Dopingregeln verpflichtet wird, liegt bei einem Dopingverstoß eine Vertragspflichtverletzung

1210 OLG Düsseldorf VersR1994, 1484.

1211 OLG Oldenburg r+s 1995, 96, 97.

1212 *Heermann*, Haftung im Sport, Rn. 267.

1213 *Heermann*, Haftung im Sport, Rn. 268.

1214 *Heermann*, Haftung im Sport, Rn. 268.

1215 Siehe dazu ausführlich *Heermann*, Haftung im Sport, Rn. 292 ff.; *Sievers*, Die zivilrechtliche Haftung des Sportlers wegen Doping; *Turner*, NJW 1992, 720.

vor, die einen Anspruch nach § 280 Absatz 1 BGB begründen kann[1216]. Für einen Anspruch muss jedoch das Verschulden des Sportlers dargelegt und bewiesen werden. Wenn der Minderjährige ohne sein Wissen gedopt wurde, fehlt es am Verschulden[1217]. Ein Schaden für den Verein kann in einer Rufschädigung, einem Zuschauerrückgang oder in dem Rückgang von Werbe- oder Sponsoreneinnahmen liegen[1218]. Wenn zwischen dem Minderjährigen und dem Verein nur ein Mitgliedschaftsverhältnis besteht, kann sich ein Anspruch aus § 280 Absatz 1, 241 Absatz 2 BGB ergeben, wenn der Sportler seine Treuepflicht gegenüber dem Verein verletzt hat[1219]. Zusätzlich kann ein Anspruch aus § 823 Absatz 2 BGB i.V.m. § 263 StGB gegeben sein, wobei eine Erfüllung aller Tatbestandsmerkmale regelmäßig nicht vorliegen wird[1220].

Neben einer vertraglichen Haftung gegenüber dem Verein kommt auch eine Haftung gegenüber Unbeteiligten in Betracht. Gegenüber Unbeteiligten wie Passanten oder Zuschauern gelten die allgemeinen Sorgfalts- und Verhaltenspflichten[1221]. Die Haftungsprivilegierung wie sie für die Sportler untereinander gilt, findet keine Anwendung. Die Unbeteiligten haben sich auf Grund des Sports keinem erhöhten Risiko ausgesetzt[1222]. So muss sich ein 16-jähriger Schlagmann eines zweisitzigen Ruderrennboots ohne Steuermann, der seit Jahren Ruderfahrer ist, in immer wieder kurzen Abständen vergewissern, ob er sich auf Kollisionskurs zur Großschifffahrt befindet[1223].

---

1216 *Bergermann*, Doping und Zivilrecht, S. 216 ff.; *Heermann*, Haftung im Sport, Rn. 299.

1217 *Heermann*, Haftung im Sport, Rn. 295; *Turner*, NJW1992, 720, 722.

1218 *Bergermann*, Doping und Zivilrecht, S. 216; *Hermann*, Haftung im Sport, Rn. 296; *Sievers*, Die zivilrechtliche Haftung des Sportlers wegen Doping, S. 85 f.; SportR in der Praxis/*Körber*, 16. Kapitel, Rn. 2830: *Turner*, NJW 1992m 720, 722.

1219 *Bergermann*, Doping und Zivilrecht, S. 218; *Heermann*, Haftung im Sport, Rn. 297; *Sievers*, Die zivilrechtliche Haftung des Sportlers wegen Doping, S. 67 f.; a.A. *Turner*, der bei einem Mitgliedschaftsverhältnis keine Schadensersatzansprüche, sondern nur Disziplinaransprüche annimmt, Turner, NJW 1992, 720, 722.

1220 Siehe dazu PHB-SportR/*Reinhart*, 8. Teil, 4. Kapitel, Rn. 130 ff.; *Heermann*, Haftung im Sport, Rn. 300 f.; *Sievers*, Die zivilrechtliche Haftung des Sportlers wegen Doping, S. 106ff.

1221 Scheffen/Pardey, Schadensersatz bei Unfällen mit Minderjährigen, Rn. 367.

1222 *Fechner/Arnhold/Brodführer*, Sportrecht, 5. Kapitel, Rn. 32.

1223 Daher wurde das Mitverschulden des bei der Kollision getöteten Schlagmanns wurde mit 4/5 bemessen, OLG Karlsruhe (SchiffObGer) NZV 1992, 443, 444.

## B. Haftung der Aufsichtspflichtigen für die vom Minderjährigen verursachten Schäden

In dieser Konstellation geht es um Schäden, die der Minderjährige Dritten zufügt und für welche der Aufsichtspflichtige gemäß § 832 Absatz 1 und 2 BGB haftet. § 832 Absatz 1 i.V.m. Absatz 2 BGB besagt, dass derjenige, der kraft Gesetz zur Führung der Aufsicht über eine Person verpflichtet ist, die wegen Minderjährigkeit der Beaufsichtigung bedarf oder die Führung der Aufsicht durch Vertrag übernimmt, zum Ersatz des Schadens verpflichtet ist, den diese Person einem Dritten widerrechtlich zufügt. Nach § 832 Absatz 1 Satz 2 BGB tritt die Ersatzpflicht nicht ein, wenn der Aufsichtspflichtige seiner Aufsichtspflicht genügt oder wenn der Schaden auch bei gehöriger Aufsichtsführung entstanden sein würde. Eine Haftung der Eltern gemäß § 832 Absatz 1 BGB für Schäden, die der Minderjährige beim Sport einem Dritten zufügt, wird in den meisten Fällen ausscheiden, da die Eltern bei der Sportausübung häufig nicht anwesend sind. Aufsichtspflichtiger kann der Verein sein, dem die Eltern das Kind für das Training oder den Wettkampf anvertraut haben[1224]. Die Vereine übernehmen die Aufsichtspflicht durch Vertrag gemäß § 832 Absatz 2 BGB. Die Übernahme erfolgt beispielsweise im Rahmen des Beitritts zum Verein. Aber auch die Trainer und Betreuer übernehmen bei vereinsspezifischen Aktivitäten wie dem Training oder Wettkämpfen die Aufsicht im Sinne des § 832 Absatz 2 BGB[1225]. Der Dritte, dem Schaden zugefügt wird, kann sowohl der Verein oder Verband als auch eine natürliche Person sein.

Wieweit die Haftung des Vereins bzw. des Trainers oder Betreuers geht, muss im Einzelfall entschieden werden. Für die Aufsichtspflicht sind unter anderem Alter und Charakter des Kindes[1226], Vorhersehbarkeit und die den Aufsichtspflichtigen zur Verfügung stehenden Maßnahmen maßgebend[1227]. Es muss darauf abgestellt werden, was eine verständige Aufsichtsperson unter den Gegebenheiten in der konkreten Situation an erforderlichen und zumutbaren Maßnahmen treffen würde, um Schädigungen Dritter durch das Kind

---

1224 *Fechner/Arnhold/Brodführer*, Sportrecht, 5. Kapitel, Rn. 6.

1225 *Birr*, Die Haftung Minderjähriger im Zivilrecht, Rn. 189; *Scheffen/Pardey*, Schadensersatz bei Unfällen mit Minderjährigen, Rn. 200.

1226 BGH NJW 1997, 2047, 2048; BGH NJW 1993, 1003; *Birr*, Die Haftung Minderjähriger im Zivilrecht, Rn. 198.

1227 Bamberger/Roth/*Spindler*, § 832 BGB, Rn. 19; HK-BGB/*Staudinger*, § 832 BGB, Rn. 11; MüKo/*Wagner*, BGB, § 832 BGB, Rn. 24; zum Umfang der Aufsichtspflicht allgemein, ausführlich *Birr*, Die Haftung Minderjähriger im Zivilrecht, Rn. 198 ff.

zu verhindern[1228]. Wie häufig der Aufsichtspflichtige die Minderjährigen überwachen und wie regelmäßig er sie kontrollieren muss, hängt ebenfalls vom Alter und den Umständen ab[1229]. So sind 7- oder 8-Jährige deutlich intensiver zu überwachen als 15- oder 16-Jährige. Je erfahrener der Minderjährige bei der Ausübung des Sports ist, desto weniger bedarf er der Kontrolle durch den Aufsichtspflichtigen. Ein Verein ist beispielsweise nicht verpflichtet, 15- und 16-jährige Spieler zu überwachen, insbesondere nicht beim Duschen[1230]. Dagegen besteht eine Aufsichtspflicht von 15-jährigen Jugendlichen, die auf Grund eines mehrtägigen Turniers über Nacht in einer Unterkunft bleiben. Die Betreuung erfordert, dass die Nacht hindurch Kontrollen erfolgen, um vorzubeugen, dass es auf Grund alkoholischer Exzesse zu Schäden kommt[1231].

## C. Haftung der Aufsichtsperson für eine Schädigung des Minderjährigen

Hierbei geht es um Schäden, die der Minderjährige selbst erleidet und die Frage, inwieweit die jeweilige Aufsichtsperson dafür haften muss. Als Aufsichtsperson wird zwischen der Haftung der Eltern (I.), der Haftung der Trainer und Betreuer (II.) und der Haftung des Vereins oder Verbandes (III.) unterschieden, wobei die Haftung des Trainers den Schwerpunkt der Prüfung einnimmt, da er die meiste Zeit mit dem minderjährigen Sportler zusammen ist.

### I. Haftung der Eltern

*Walker* weist zu Recht darauf hin, dass es auf den ersten Blick abwegig erscheint, dass Kinder überhaupt Schadensersatzansprüche gegen ihre Eltern geltend machen[1232]. Jedoch ist nicht ausgeschlossen, dass zwischen den Eltern und dem Kind kein gutes Verhältnis besteht und die Kinder ihre Eltern verklagen. Auch wenn in Deutschland nicht so absurde Streitigkeiten bekannt sind wie in Amerika[1233], kommt es immer wieder zu Fällen, bei denen Kinder ihre Eltern

1228 BGH NJW 1993, 1003; Bamberger/Roth/*Spindler*, § 832 BGB, Rn. 19.

1229 Bamberger/Roth/*Spindler*, § 832 BGB, Rn. 21 f.

1230 AG Saale v. 01.10.2009 – 93 C 1076/09 – juris Rz. 17.

1231 OLG Hamm SpuRt 1997, 174, 175.

1232 *Walker*, in: Kauerhof/Nagel/Zebisch, Olympische Jugendspiele, S. 9, 22.

1233 Beispielsweise verklagten Kinder ihre Mutter auf Schmerzensgeld, da sie zu wenige Geschenke bekommen haben und deshalb emotional missbraucht wurden, *Alichmann*, Kinder verklagen Mutter wegen fehlender Geschenke, Spiegel Online v. 30.08.2011; abrufbar unter: http://www.spiegel.de/panorama/justiz/us-prozess-

beispielsweise auf Unterhaltszahlung verklagen[1234]. Somit ist es durchaus realistisch, dass Kinder bei zerrütteten Verhältnissen gegen ihre Eltern Ansprüche bei eventuell erheblichen Spätschäden geltend machen.

Bei den Eltern kommt eine eigene Haftung oder eine Mithaftung für das Verschulden des Trainers bzw. des Vereins in Betracht[1235]. Als Anspruchsgrundlagen sind § 1664 Absatz 1 BGB und § 823 Absatz 1 BGB heranzuziehen. Beide Ansprüche können nebeneinander geltend gemacht werden[1236]. Obwohl nicht einheitlich angenommen, kann § 1664 BGB sowohl Anspruchsgrundlage als auch Haftungsmaßstab sein[1237]. § 1664 Absatz 1 BGB ist die Anspruchsgrundlage für (Ersatz-)Ansprüche eines Kindes gegen seine Eltern, und zwar für den Fall einer Pflichtverletzung in Ausübung ihrer elterlichen Sorge[1238]. Dies bedeutet, dass sich der Anwendungsbereich auf alle Schäden erstreckt, die auf der Verletzung der Elternpflichten zur rechtlichen und tatsächlichen Wahrnehmung der Kindesinteressen auf dem Gebiet der Personen- und Vermögenssorge beruhen[1239].

### *1. § 1664 Absatz 1 BGB als Anspruchsgrundlage*

§ 1664 Absatz 1 BGB besagt, dass die Eltern bei der Ausübung der elterlichen Sorge dem Kind gegenüber nur für die Sorgfalt einzustehen haben, die sie in eigenen Angelegenheiten anzuwenden pflegen. Wenn die Eltern bei jeder Fahrlässigkeit haften würden, würde das familiäre Zusammenleben in einer unangemessenen Weise belastet[1240]. Im Rahmen der Prüfung des § 1664 Absatz 1 BGB müssen die Eltern Inhaber der elterlichen Sorge sein und in deren

---

kinder-verklagen-mutter-wegen-fehlender-geschenke-a-783341.html; zuletzt aufgerufen am 31.03.2018.

1234 *Riemann*, „Ich habe meinen Vater verklagt", Zeit Online v. 01.06.2015; abrufbar unter: http://www.zeit.de/studium/uni-leben/2015-05/studienfinanzierung-bafoeg-eltern-klage; zuletzt aufgerufen am 31.03.2018.

1235 Zur Mithaftung für das Verschulden des Trainers unten unter § 5 C. II. 2. b. bb.

1236 OLG Karlsruhe NJW 2015, 257, 258, Rz. 19; jurisPK-BGB/*Schwer*, § 1664 BGB, Rn. 12; MüKo/*Huber*, BGB, § 1664 BGB, Rn. 7.

1237 BGH BeckRS 2014, 22839; OLG Bremen, NJW 2015, 564; OLG Frankfurt a.M., NJW-RR 2015, 1027, 1028; OLG Karlsruhe, NJW 2015, 257, 258; OLG Stuttgart, NJW-RR 2011, 239, 240; Erman/*Döll*, § 1664 BGB, Rn. 1; jurisPK-BGB/*Schwer*, § 1664 BGB, Rn. 1; MüKo/*Huber*, BGB, § 1664, Rn. 3; Palandt/*Götz*, § 1664 BGB, Rn. 1; Prütting/Wegen/Weinreich/*Ziegler*, § 1664 BGB, Rn. 1; a.A. OLG Düsseldorf NJW 1978, 891; *Rauscher*, Familienrecht, Rn. 969; Staudinger/*Heilmann* (2016), § 1664 BGB, Rn. 6.

1238 BGH BeckRS 2014, 22839.

1239 OLG Köln, NJW-RR 1997, 1437, 1437.

1240 *Walker*, JuS 2015, 865, 868.

Ausübung eine Pflichtverletzung begangen haben[1241]. Die Eltern haben gemäß § 1627 Satz 1 BGB ihre elterliche Sorge zum Wohl des Kindes auszuüben. Die elterliche Sorge umfasst nach § 1626 BGB die Personensorge und die Vermögenssorge. Die Personensorge umfasst gemäß § 1631 BGB insbesondere die Pflicht und das Recht, das Kind zu pflegen, zu erziehen, zu beaufsichtigen und seinen Aufenthalt zu bestimmen. Zur Beaufsichtigung gehört, dass das Kind vor Selbstgefährdung und vor Gefährdungen durch Dritte geschützt wird[1242].

Dadurch, dass die Eltern bei der Ausübung der elterlichen Sorge dem Kind gegenüber nur für die Sorgfalt einzustehen haben, die sie in eigenen Angelegenheiten anzuwenden pflegen, kommt ihnen eine Haftungsprivilegierung zu Gute. Fraglich ist, ob das Haftungsprivileg des § 1664 BGB auch auf eine Verletzung der Aufsichtspflicht im Sinne des § 1631 BGB Anwendung findet.

Nach einer Meinung ist dies nicht der Fall[1243]. Eine Anwendung auf die Aufsichtspflicht scheide aus, da sie nach ihrem Schutzzweck objektiv zu bestimmen sei[1244]. Der Inhalt der Aufsichtspflicht, das Kind vor Schäden zu bewahren, erfordere eine unbeschränkte Haftung der Eltern[1245]. Selbst wenn die Eltern ihre eigene Sicherheit und Gesundheit leichtfertig aufs Spiel setzen, seien sie verpflichtet, die Unversehrtheit des Kindes höher zu bewerten[1246].

Nach einer anderen Ansicht findet das Haftungsprivileg des § 1664 BGB auch auf Verletzungen der Aufsichtspflicht Anwendung[1247]. Argumentiert wird damit, dass der Wortlaut des § 1664 BGB keinen Ausschluss von Aufsichtspflichtverletzungen erkennen lasse. Anzunehmen sei nicht, dass das Gesetz in § 1664 BGB

---

1241 Bamberger/Roth/*Veit*, § 1664 BGB, Rn. 3.

1242 MüKo/*Huber*, BGB, § 1631 BGB, Rn. 6; Palandt/*Götz*, § 1631 BGB, Rn. 3.

1243 OLG Stuttgart VersR 1980, 952; LG Hanau NJW 1988, 74; LG Osnabrück VersR 1975, 1135; Kaiser/Schnitzler/Friederici/Schilling/ *Rakete-Dombek*, BGB Familienrecht, § 1664 BGB, Rn. 6f.; *Mollenhauer*, NJ 2011, 1, 6; *Schwab*, Jus 1991, 18, 21, *Sundermann*, JZ 1989, 927, 934 f.

1244 OLG Stuttgart VersR 1980, 952; LG Hanau NJW 1988, 74; *Mollenhauer*, NJ 2011, 1, 6; *Schwab*, Jus 1991, 18, 21, *Sundermann*, JZ 1989, 927, 934 f.

1245 LG Osnabrück, VersR 1975, 1135.

1246 Staudinger/*Engler* (2009), § 1664 BGB, Rn. 33.

1247 OLG Celle, NJW 2008, 2353, 2354 f.; OLG Karlsruhe NZV 2008, 511, 512; OLG Düsseldorf NJW-RR 1999, 1042 f.; OLG Hamm, NJW-RR 1994, 415; *Birr*, Die Haftung Minderjähriger im Zivilrecht, Rn. 298; *Fuchs*, NZV 1998, 7, 10; Grandel/Stockmann/*Seebach*, Familienrecht, Stichwort 127 Haftung der gesetzlichen Vertreter, Rn. 9; Hoppenz/*van Els*, Familiensachen, § 1664 BGB, Rn. 3; MüKo/*Huber*, BGB, § 1664 BGB, Rn. 12; Palandt/*Götz*, § 1664, Rn. 3; Schulz/Hauß/*Schmid*, Familienrecht, § 1664 BGB, Rn. 2.

eine Haftungsprivilegierung für die Ausübung der elterlichen Sorge anordne und die Aufsichtspflicht, die einen wesentlichen Bereich dieser elterlichen Sorge ausmacht, ausnehmen will, ohne dies ausdrücklich anzuordnen[1248].

Richtigerweise muss das Haftungsprivileg des § 1664 BGB auch für die Aufsichtspflicht gelten. Der Zweck des § 1664 BGB ist der Familienfrieden. Die Aufsichtspflicht hängt am meisten mit dem Familienfrieden zusammen. Es ist nicht vom Wortlaut gedeckt und wäre auch widersinnig genau diesen Bereich von der Haftungsprivilegierung auszunehmen. Somit haften die Eltern nur für die Sorgfalt, die sie in eigenen Angelegenheiten anzuwenden pflegen und mithin nur für Vorsatz und grobe Fahrlässigkeit auch bei einer Aufsichtspflichtverletzung.

Die Eltern übertragen dem Verein und dem Trainer die Aufsichtspflicht während des Trainings und des Wettkampfs. Normalerweise haften die Eltern, wenn sie die Ausübung der elterlichen Sorge auf Dritte übertragen haben. Dies gilt allerdings nicht für Handlungen, die die Eltern mangels Fachkunde nicht vornehmen können, wie beispielsweise solche eines Arztes. In diesem Fall haften sie nur für die Auswahl und die Überwachung[1249]. Die Eltern können ab einer gewissen Professionalität des Sports ihre Kinder nicht selbst trainieren. Neben der Fachkenntnis fehlt es auch an den erforderlichen Geräten. *Hager* sieht hier eine Parallele zur Verkehrspflicht. Bei der Verkehrspflicht gehe es im Wesentlichen darum, einen Fachmann zu beauftragen, der sich um die Erfüllung der Pflicht kümmert, und weniger um die Befugnis des Verkehrspflichtigen, die Verkehrspflicht übertragen zu dürfen[1250]. Tatsächlich ist eine Ähnlichkeit gegeben. Auch im Sport müssen die Eltern ab einer gewissen Schwierigkeit das Training der Minderjährigen einem Verein überlassen, der über Fachpersonal verfügt. Beispielsweise darf die Hilfestellung eines Minderjährigen beim Erlernen von Flick-Flack und Salto nur jemand übernehmen, der über eine geeignete Trainerausbildung verfügt und durch gezielte Griffe eingreifen kann, wenn das Element nicht korrekt ausgeführt wird. Insoweit können die Eltern ihre Kinder nicht trainieren. Bei dem Verein und den Trainern handelt es sich um Fachpersonal ähnlich wie bei

1248 OLG Karlsruhe NZV 2008, 511, 512; OLG Düsseldorf NJW-RR 1999, 1042 f.

1249 Erman/*Döll*, § 1664 BGB, Rn. 7; Hoppenz/*van Els*, Familiensachen, § 1664 BGB, Rn. 3; Kaiser/Schnitzler/Friederici/Schilling/*Rakete-Dombek*, BGB Familienrecht, § 1664 BGB, Rn. 4; Staudinger/*Heilmann* (2016), § 1664 BGB, Rn. 29.

1250 *Hager*, in: Walker, Kinder- und Jugendschutz im Sport, S. 27, 40 f.

einem Arzt. Folglich haften die Eltern nur für Auswahl und Überwachung des Vereins und des Trainers[1251].

Im Zusammenhang mit dem Leistungssport der Kinder bedeutet die Aufsichtspflicht, dass die Eltern jede erkennbare Überforderung oder sonstige Gesundheitsgefährdung verhindern und einen für die jeweilige Sportart geeigneten Verein aussuchen und, soweit wie möglich, den Umgang von Verein und Trainern mit den Kindern überwachen. Beim Aussuchen des Vereins müssen die Eltern sich für einen Verein entscheiden, von dem sie der Meinung sind, dass ihr Kind dort nicht nur gut trainiert und sportliche Erfolge erzielen wird, sondern bei dem sie den Eindruck haben, dass er seine Pflichten gegenüber dem Minderjährigen ernst nimmt und dafür sorgt, dass er keinen Gefahren ausgesetzt ist. Neben der Pflicht zur Wahl eines geeigneten Vereins trifft die Eltern auch eine Pflicht zur Überwachung. Wenn die Eltern den Verdacht haben, dass ihr Kind gefährdet wird, müssen sie reagieren, indem sie nachfragen oder ihr Kind den Gefahren entziehen[1252]. Teilweise wird angenommen, dass es nicht genüge, wenn die Eltern erst reagieren, wenn sich Verdachtsmomente ergeben, sondern die Eltern träfe auch ein Mindestmaß an aktiver Kontrolle. Je nach Gefahr der Sportart sei durchaus eine intensivere Überwachung angezeigt. So müssten die Eltern einer jungen Kunstturnerin sich alle Einzelheiten über Maßnahmen gegen die Entkalkung des Knochengerüsts erklären lassen und kontrollieren, ob der Verein dies beachte[1253]. Hier wird man nicht nur danach unterscheiden müssen, welcher Sportart die Minderjährigen nachgehen, sondern auch danach, wo die Minderjährigen trainieren. Wenn dies beispielsweise an einem Bundesstützpunkt geschieht, der an einen Olympiastützpunkt angebunden ist, stehen die jungen Turner dauernd unter sportmedizinischer Überwachung[1254]. Heutzutage findet man in nahezu allen Sportarten Leistungszentren, die oftmals mit Schulen oder Eliteschulen kooperieren und so eine bestmögliche Betreuung gewährleisten können. Die Minderjährigen werden nicht nur sporttherapeutisch und medizinisch überwacht, sondern es gibt auch Psychologen und Sozialtherapeuten,

---

1251 a.A. *Coester*, in: Steiner, Kinderhochleistungssport, S. 15, 32; der die Eltern nach § 278 BGB für das Verschulden des Trainers einstehen lässt, allerdings nur, wenn sie, hätten sie selbst gehandelt, nach § 1664 BGB hätten einstehen müssen.

1252 *Walker*, in: Kauerhof/Nagel/Zebisch, Olympische Jugendspiele, S. 9, 22.

1253 *Hager*, in: Walker, Kinder- und Jugendschutz im Sport, S. 27, 41.

1254 So erfolgt beispielsweise die medizinische Betreuung der jungen Turner des Kunstturnforum Stuttgart durch den benachbarten Olympiastützpunkt Stuttgart, http://www.stuttgart.de/item/show/202414; zuletzt aufgerufen am 31.03.2018.

die sich um die seelischen Belange der jungen Sportler kümmern[1255]. So werden die jungen Sportler durch Fachpersonal in den verschiedensten Bereichen betreut. Die Eltern können sich bei solchen Trainingsstätten mehr darauf verlassen, dass eine gute Betreuung stattfindet und die Vereine und Verbände ihren Sorgfaltspflichten im Umgang mit den Kindern ordnungsgemäß nachkommen. Eine intensive aktive Überwachung muss in diesem Fall nicht so häufig erfolgen. Anders zu bewerten ist dies in einem kleineren Verein ohne das nötige Fachpersonal. Zu den Pflichten der Eltern gehört aber nicht nur zu verhindern, dass es zu Gefahren und Schäden im Hinblick auf die Sportausübung kommt. Die Eltern müssen vielmehr auch dafür Sorge tragen, dass ihr Kind vor der Einnahme von Dopingmitteln geschützt wird. Zum einen haften sie selbst, wenn sie ihren Kindern selbst solche verabreichen, zum anderen müssen sie wachsam sein, dass dies nicht durch die Trainer oder Betreuer geschieht[1256].

Wenn diese Pflichten nicht eingehalten werden, liegt eine Pflichtverletzung vor, die in Ausübung der elterlichen Sorge erfolgt ist. Für die Schäden, gegebenenfalls auch Spätschäden, die der Minderjährige dadurch erleidet, haben die Eltern gemäß § 1664 Absatz 1 BGB nur für die Sorgfalt einzustehen, die sie in eigenen Angelegenheiten anzuwenden pflegen. Dies bedeutet, dass sich die gemäß §§ 1664 Absatz 1, 277 BGB Haftung der Eltern auf Vorsatz und grobe Fahrlässigkeit beschränkt[1257]. Bei leichter Fahrlässigkeit haften sie nicht, wenn sie in eigenen Angelegenheiten mit der gleichen Fahrlässigkeit zu verfahren pflegen[1258]. Sind sie bewusst ein Risiko für das Kind eingegangen, müssen sie den Nachweis erbringen, dass sie für sich selbst ein ähnliches Risiko eingehen würden[1259]. Wenn die Eltern einen ungeeigneten Verein ausgesucht haben, die mangelnde Eignung aber nur leicht fahrlässig nicht erkannt haben, haften sie nicht.

---

1255 So beispielsweise die Tennisspieler des Tennisinternats in Hannover, Jugend- Nachwuchs- und Leistungssportkonzept des Niedersächsischen Tennisverbandes, S. 23, abrufbar unter: http://tennisbase.tnb-tennis.de/fileadmin/sub-data/Landesverband/images/sys_diverses/a_base_seite/Leistungssportkonzept_2015.pdf; zuletzt aufgerufen am 31.03.2018.

1256 Zur Dopingproblematik siehe ausführlich unter § 4.

1257 22; *Birr*, Die Haftung Minderjähriger im Zivilrecht, Rn. 253; jurisPK-BGB/*Schwer*, § 1664 BGB, Rn. 11; Palandt/*Götz*, § 1664 BGB, Rn. 1; *Walker*, in: Kauerhof/Nagel/Zebisch, Olympische Jugendspiele, S. 9.

1258 Staudinger/*Heilmann* (2016), § 1664 BGB, Rn. 30.

1259 *Coester*, in: Steiner, Kinderhochleistungssport, S. 18, 32.

## 2. *§ 823 Absatz 1 BGB als Anspruchsgrundlage*

Neben § 1664 Absatz 1 BGB kommt auch § 823 Absatz 1 BGB als Anspruchsgrundlage in Betracht. Umstritten ist, ob die Haftungsmilderung des § 1664 BGB im Rahmen der Prüfung des § 823 BGB zur Anwendung kommt.

Überwiegend wird die Haftungsmilderung des § 1664 BGB auf § 823 BGB angewendet, wenn ein innerer Zusammenhang des deliktischen Verhaltens mit der elterlichen Sorge gegeben ist[1260]. Demnach stelle nicht jede Pflichtverletzung im Sinne des § 1664 Absatz 1 BGB auch eine unerlaubte Handlung im Sinne des § 823 Absatz 1 BGB dar. Die Haftungsprivilegierung gelte dann für den deliktischen Anspruch, wenn die deliktischen Schutzpflichten vollständig in der Sorge für die Person des Kindes aufgehen[1261].

Dem ist zuzustimmen. § 1664 BGB ist eine allgemeine Haftungsbeschränkung und beschränkt sich nicht auf die Haftung der elterlichen Sorge. § 1664 BGB würde weitestgehend leer laufen, wenn sie nicht auch auf die deliktischen Ansprüche Anwendung finden würde[1262]. Für die Zerrüttung der Familienverhältnisse macht es keinen Unterschied, ob Ansprüche aus § 823 BGB oder § 1664 BGB geltend gemacht werden[1263]. Zudem wäre es widersinnig bei derselben Handlung nach Deliktsrecht einen anderen Haftungsmaßstab anzunehmen als bei einer Haftung aus dem Sorgerechtsverhältnis[1264]. *Coester* führt weiter an, dass meist nicht das Kind selbst die Eltern in Anspruch nehme, sondern regresssuchende Versicherungen. In Anbetracht der Auswirkungen eines Haftungsprozesses auf die Familienverhältnisse erscheine die Anwendung von § 1664 BGB sachgerecht. Sonst bestünde die Gefahr, dass die Eltern verantwortlich gemacht würden für Schäden, die zum Zeitpunkt der Entscheidung nicht erkennbar waren[1265]. Aus diesen Gründen findet der Haftungsmaßstab des § 1664 Absatz 1 BGB auch im Rahmen der Prüfung des § 823 BGB Anwendung, vorausgesetzt, es besteht

---

1260 Erman/*Döll*, § 1664 BGB, Rn. 6; Hoppenz/*van Els*, Familiensachen, § 1664 BGB, Rn. 3; Kaiser/Schnitzler/Friederici/Schilling/*Rakete-Dombeck*, BGB Familienrecht, § 1664 BGB, Rn. 8; MüKo/*Huber*, BGB, § 1664 BGB, Rn. 9; Palandt/*Götz*, § 1664 BGB, Rn. 3; a.A. OLG Düsseldorf NJW 1978, 891; Prütting/Wegen/Weinreich/*Ziegler*, § 1664 BGB, Rn. 8; *Rauscher*, Familienrecht, Rn. 969.

1261 BGH BGHZ 103, 338, 345 = juris VI ZR 190/87 Rn. 20; jurisPK-BGB/*Schwer*, § 1664 BGB, Rn. 12.

1262 *Gernhuber/Coester-Waltjen*, Familienrecht, § 57 IV, Rn. 40; MüKo/*Huber*, BGB, § 1664 BGB, Rn. 9.

1263 MüKo/*Huber*, BGB, § 1664 BGB, Rn. 9.

1264 *Birr*, Die Haftung Minderjähriger im Zivilrecht, Rn. 253.

1265 *Coester*, in: Steiner, Kinderhochleistungssport, S. 15, 31.

ein innerer Zusammenhang. Den Eltern kommt folglich auch im Rahmen des § 823 Absatz 1 BGB das Haftungsprivileg des § 1664 Absatz 1 BGB zu Gute. Wenn die Eltern die Sorgfalt beachtet haben, die sie in eigenen Angelegenheiten anzuwenden pflegen, ist ihre Haftung ausgeschlossen. Die Eltern haften in der Regel nur für Vorsatz und grobe Fahrlässigkeit.

Der geforderte innere Zusammenhang ist bei Schäden, die der Minderjährige durch den Sport an sich oder dem Doping erleidet, gegeben. Bezüglich der Verletzungen des Minderjährigen und der Verletzungshandlung der Eltern kann auf die obigen Ausführungen verwiesen werden.

### *3. Mitverschulden des Minderjährigen*

Eine Mithaftung der Minderjährigen erscheint wenig naheliegend. Es ist kaum vorstellbar, dass den Minderjährigen bei der Auswahl des Vereins ein Mitverschulden trifft. Ebenso ist es unrealistisch, dass sich der minderjährige Sportler entgegen der Eltern und in dem Bewusstsein, dass der Verein nicht die notwendige Betreuung gewährleisten kann, für diesen entscheidet und dort Mitglied wird oder einen Vertrag abschließt. Ebenso ist es nahezu ausgeschlossen, dass den Minderjährigen bei der Verletzung der Überwachungspflicht ein Mitverschulden trifft. Eine denkbare Möglichkeit, dass der Minderjährige den Eltern ein falsches Bild der Betreuung in dem Verein vorspielt, damit die Eltern nicht merken, dass der Verein seinen Pflichten nicht nachkommt, erscheint sehr konstruiert.

## II. Haftung der Trainer und Betreuer

Die Trainer und Betreuer sind die meiste Zeit während der Sportausübung, sowohl im Training als auch bei Wettkämpfen, mit den jungen Sportlern zusammen. Häufig tritt der Fall auf, dass sich der minderjährige Sportler während der Sportausübung verletzt, weswegen die Haftung des Trainers und Betreuers untersucht werden muss. Eine Haftung des Trainers und des Betreuers kann sich aus Vertrag oder aus Delikt ergeben.

### *1. Vertragliche Haftung*

Wenn zwischen dem Minderjährigen und dem Trainer ein Vertrag besteht, ist eine Haftung nach § 280 Absatz 1 BGB in Betracht zu ziehen[1266]. In den meisten

---

1266 *Fechner/Arnhold/Brodführer*, Sportrecht, 5. Kapitel, Rn. 34; *Heermann*, Haftung im Sport, Rn. 460.

Fällen besteht zwischen einem minderjährigen Sportler und seinem Trainer kein Vertrag. Dies kann allenfalls eine Ausnahme darstellen[1267]. Wenn nur zwischen dem Trainer und dem Verein ein Vertrag besteht aber nicht zwischen dem Minderjährigen und dem Trainer, kann sich die vertragliche Haftung und das Schuldverhältnis zwischen Trainer und minderjährigem Sportler aus §§ 280 Absatz 1, 241 Absatz 2 BGB i.V.m. den Grundsätzen des Vertrages mit Schutzwirkung zugunsten Dritte ergeben[1268]. Zwischen dem Verein und dem Trainer besteht ein Vertragsverhältnis, bei dem vereinfacht ausgedrückt, der Verein zur Zahlung einer Vergütung verpflichtet ist und der Trainer im Gegenzug Training geben und diesbezüglich Sorgfaltspflichten einhalten muss. Die erste Voraussetzung für die Anwendung der Grundsätze des Vertrages mit Schutzwirkung zugunsten Dritter ist, dass der Dritte, der Minderjährige, typischerweise mit der geschuldeten Leistung in Berührung kommt[1269]. Die Leistungsnähe des Minderjährigen liegt vor, da er mit den Gefahren aus dem Schuldverhältnis ebenso in Berührung kommt wie der Gläubiger, der Verein. Die zweite Voraussetzung ist, dass der Gläubiger an der Einbeziehung des Minderjährigen ein besonderes Interesse hat[1270]. Der Minderjährige wird in das Schuldverhältnis einbezogen, da zwischen dem Verein und dem Minderjährigen ein besonderes Näheverhältnis gegeben ist. Als weitere Voraussetzung müssen der Kreis der geschützten Personen und die Drittbezogenheit der Leistung für den Schuldner erkennbar sein[1271]. Für den Trainer sind die Leistungsnähe des Minderjährigen und das Einbeziehungsinteresse des Vereins erkennbar. Zuletzt muss der Dritte schutzwürdig sein, was bedeutet, dass er keinen eigenen direkten vertraglichen Anspruch hat[1272]. Dies ist der Fall. Der Minderjährige ist schutzwürdig, da er keinen gleichwertigen vertraglichen Anspruch gegen den Trainer hat, weswegen eine Schutzwirkung zugunsten des Minderjährigen besteht. Die gleichen Grundsätze gelten, wenn der Trainer nur Mitglied des Vereins ist[1273].

---

1267 Anders im Tennis; dort kann es durchaus sein, dass die Minderjährigen selbstständig einen Trainer beschäftigen, sodass eine vertragliche Beziehung zwischen den beiden besteht.

1268 *Fechner/Arnhold/Brodführer*, Sportrecht, 5. Kapitel, Rn. 34; *Heermann*, Haftung im Sport, Rn. 17 ff; 461.

1269 MüKo/*Gottwald*, BGB, § 328, Rn. 181.

1270 HK-BGB/*Schulze*, § 328, Rn. 17; MüKo/*Gottwald*, BGB, § 328, Rn. 182.

1271 Bamberger/Roth/*Janoscheck*, § 328 BGB, Rn. 53.

1272 HK-BGB/*Schulze*, § 328, Rn. 18; MüKo/*Gottwald*, BGB, § 328, Rn. 18.

1273 *Fechner/Arnhold/Brodführer*, Sportrecht, 5. Kapitel, Rn. 34; *Heermann*, Haftung im Sport, Rn. 17 ff; 461.

Eine Haftung aus §§ 280 Absaz 1, 241 Absatz 2, 311 Absatz 2 Nr. 3 BGB wird ausscheiden. Obwohl nach dem Auffangtatbestand der ähnlichen geschäftlichen Kontakte auch Kontakte, die nicht auf den Abschluss eines Vertrages abzielen, zu einer Haftung wegen Verletzung von Rücksichtnahmepflichten führen können[1274], ist es nicht ausreichend, wenn bloße soziale Näheverhältnisse ohne Bezug zu einem rechtsgeschäftlichen Handeln gegeben sind[1275]. Dies ist hier der Fall, da zwischen dem Trainer und dem Minderjährigen keine Verbindung rechtsgeschäftlichen Inhalts vorliegt und sie auf Grund des Trainings nur eine tatsächliche Nähebeziehung haben.

Obwohl vertragliche Ansprüche immer zuerst zu prüfen sind, soll schwerpunktmäßig auf die deliktische Haftung abgestellt werden.

### *2. Deliktische Haftung*

Da in den meisten Fällen zwischen einem minderjährigen Sportler und seinem Trainer kein Vertrag besteht, soll die deliktische Haftung im Vordergrund stehen.

#### *a. Anspruchsvoraussetzungen*

Der Minderjährige kann einen Anspruch aus § 823 Absatz 1 BGB gegen den Trainer oder Betreuer haben. Dabei geht es um Fälle, bei denen der Trainer seinen Pflichten als Trainer nicht nachkommt, dadurch ein Recht oder Rechtsgut verletzt, und der Minderjährige deshalb einen Schaden erleidet. Die Pflichten des Trainers sind verschiedener Art. In der Regel wird es sich dabei um Verkehrssicherungspflichten handeln, deren Unterlassen zu Schäden an der Gesundheit des Minderjährigen führen. Die Schäden müssen in den Verantwortungsbereich des Trainers fallen.

Zunächst einmal ist es die Pflicht des Trainers, die von der Sportausübung ausgehenden Gefahren zu kontrollieren und zu vermindern. So ist er in erster Linie für Schäden verantwortlich, die durch falsches Training hervorgerufen werden[1276]. Dabei geht es um Schäden, die akut entstehen, weil der Trainer den Minderjährigen falsch trainiert oder er nicht verhindert, dass der Minderjährige die Übung falsch ausführt. Dabei kann man an Fälle denken, bei denen der Trainer gewaltsam den Spagat mit den minderjährigen Turnern übt und sie

1274 Palandt/*Grüneberg*, § 311, Rn. 24.

1275 HK-BGB/*Schulze*, § 311, Rn. 17; Jauernig/*Stadler*, § 311, Rn. 45; Palandt/*Grüneberg*, § 311, Rn. 24.

1276 *Haas/Martens*, Sportrecht, S. 186; *Hager*, in: Walker, Kinder- und Jugendschutz im Sport, S. 27, 42.

überdehnt[1277]. Weiter gehört zu den Pflichten des Trainers, ordnungsgemäß Hilfestellung zu geben. Wenn beim Erlernen eines neuen Elements im Turnen oder Eiskunstlauf der Trainer nicht oder fehlerhaft Hilfestellung leistet, verhindert er die Gefahren, die bei der Sportausübung eintreten können, nicht. Ebenfalls hat der Trainer das Fortsetzen des Trainings zu unterlassen, wenn er erkennt, dass das Training gesundheitliche Nachteile für den Minderjährigen bringt[1278]. Darüber hinaus muss der Trainer auch bei der Ausübung des Sports mit den Minderjährigen zusammen sorgfältig sein. So haftet ein Trainer bereits dann, wenn er mit den Jugendlichen beim Fußball mitspielt und die gebotene Sorgfalt vermissen lässt[1279].

Zudem hat der Trainer auch eine gewisse Aufsichtspflicht. So muss er beispielsweise die Schwimmerschüler im Becken beaufsichtigen[1280]. Der Trainer muss Sorge dafür tragen und geeignete Maßnahmen treffen, damit die Minderjährigen keinen Schaden erleiden, wozu eine Beobachtungspflicht gehört[1281]. Der Trainer haftet beispielsweise, wenn er die 7–8-jährigen Turnerinnen an einem Schwebebalken unbeaufsichtigt lässt. Gefährliche Aufgänge auf einen Schwebebalken dürfen nicht allein durchgeführt werden. Daran ändert es nichts, wenn es sich um Leistungssport handelt und die Turnerinnen besonders leistungsbegabt und leistungsstark sind. Kinder in dem Alter lassen sich leicht ablenken und sind nicht so konzentrationsfähig wie ältere Kinder und Erwachsene. Sie sind nur eingeschränkt einsichtsfähig, was Gefahren angeht[1282].

Hinzu kommt eine Aufklärungspflicht des Trainers[1283]. Er ist verpflichtet, den minderjährigen Sportler aufzuklären und richtig anzuleiten. Dazu gehört zunächst, dass er sich von dem Kenntnissen und den Fähigkeiten des Minderjährigen ein Bild macht[1284]. Danach muss der Trainer dem Minderjährigen genau

---

1277 So wird bereits bei 6-jährigen in China gewaltsam Spagat geübt, in dem der Trainer von dem auf dem Boden liegenden Kind das linke Bein auf den Boden drückt während er das rechte in die Höhe zieht und es dann am rechten Ohr vorbei wieder auf den Boden drückt und die Position eine Halbe Minute hält während das kleine Mädchen weint und zittert, *Großekathöfer*, Die Schule der Drachen, Der Spiegel, Heft 5/2007 v. 29.01.2007, S. 114; abrufbar unter: http://www.spiegel.de/spiegel/print/d-50343995.html; zuletzt aufgerufen am 31.03.2018.

1278 *Coester*, in: Steiner, Kinderhochleistungssport, S. 15, 30.

1279 OLG Stuttgart, BeckRS 2000, 07315.

1280 *Haas/Martens*, Sportrecht, S. 186.

1281 LG Kaiserslautern BeckRS 2011, 11021.

1282 AG Bonn BeckRS 2006, 05664.

1283 *Hager*, in: Walker, Kinder- und Jugendschutz im Sport, S. 27, 42.

1284 *Haas/Martens*, Sportrecht, S 186; *Heermann*, Haftung im Sport, Rn. 470.

erklären und erläutern, wie er die Übung ausführen soll und was passieren kann, wenn er dies nicht tut. Auch hier kann man das Turnen als Beispiel heranziehen. Der Trainer muss dem jungen Sportler darstellen, was er bei den Übungen zu beachten hat, so beispielsweise an welcher Stelle er nach einem Salto die Beine öffnen und sich aus der Hocke lösen muss oder wann er an einem Barren umgreifen muss, damit er den Halt nicht verliert. Dabei muss er den jeweiligen Kenntnisstand des Einzelnen berücksichtigen. Einem Anfänger muss eine Übung anders erklärt werden als einem Turner, der seit Jahren turnt und nur ein neues Element lernen soll. Bei Kampfsportarten wie Judo darf der Trainer eine schwierige Selbstverteidigungsübung nicht trainieren ohne entsprechende vorherige Erklärung, Vorbereitung und Sicherheitsmaßnahmen. Er muss auch Fehlreaktionen des Schülers einkalkulieren[1285]. Der Reitlehrer muss Alter und Ausbildungsstand einer 14-jährigen Reitschülerin berücksichtigen und sie auf die bei einem Ausritt zu erwartenden Schwierigkeiten hinweisen[1286]. Beim Turnen an den Ringen muss der Trainer eine klare Anweisung erteilen, dass die Minderjährigen ein Anstoßen des jeweils an den Ringen schaukelnden Kindes durch ein anderes Kind zu unterlassen haben[1287].

Zudem gehört zu den Pflichten des Trainers, dass er sich über den Zustand der Sportgeräte und der Sportstätten informiert[1288]. Dies bedeutet beispielsweise, dass der Trainer die Festigkeit eines bereits aufgestellten Sprunggeräts oder Balkens im Turnen kontrolliert. Während der Sportausübung muss er Sicherheitsvorkehrungen treffen wie das Aufbauen eines Mattenbergs und entsprechende Hilfestellungen geben[1289]. Der Trainer haftet, wenn er beim Doppelsalto über ein Minitrampolin den Mattenaufbau nicht der Übung angemessen aufbaut. Die Angemessenheit muss sich nach dem Alter der Turnerin und ihrem Übungsstand richten[1290]. Der Trainer haftet auch, wenn er bei einem Jugendfußballturnier nicht untersagt, dass mit einem nicht standfesten Tor gespielt wird, sich entfernt und ein Minderjähriger stirbt, weil das Tor umfällt und ihn an Kopf trifft. Die Pflicht des Trainers hätte darin bestanden, eine Benutzung zu

---

1285 OLG Köln VersR 1983, 929.

1286 OLG München VersR 1981, 1039.

1287 LG Kaiserslautern BeckRS 2011, 11021.

1288 *Fechner/Arnhold/Brodführer*, Sportrecht, 5. Kapitel, Rn. 35; *Heermann*, Haftung im Sport, Rn. 471.

1289 *Fechner/Arnhold/Brodführer*, Sportrecht, 5. Kapitel, Rn. 35; *Heermann*, Haftung im Sport, Rn. 472.

1290 LG Dresden SpuRt 2001, 106 ff.

untersagen und das Tor umzulegen und wegzuschaffen, damit keine Gefahren für das Leben und die Gesundheit der Kinder entsteht[1291].

Insgesamt lässt sich sagen, dass es die Pflicht des Trainers ist, alles ihm Mögliche und Zumutbare dafür zu tun, dass für den Minderjährigen keine Gefahren bei der Sportausübung eintreten.

Neben der Pflicht zur Gefahrabwendung während der Sportausübung gehört auch zu der Pflicht des Trainers oder Betreuers, dem Minderjährigen keine Dopingmittel zu verabreichen[1292]. Dabei bezieht sich das zu unterlassene Handeln nicht nur auf das Verabreichen, sondern auch auf das Inverkehrbringen und die Beilhilfe[1293]. Eine Haftung kann sich hier auch aus § 823 Absatz 2 BGB i.V.m. § 223 StGB ergeben.

Neben der Haftung für Doping und für ein Überschreiten der ordnungsgemäßen Sportausübung, kommt auch eine Haftung für Spätschäden in Betracht. Damit ist gemeint, dass sich in Folge der Überlastung und der Sportausübung Schäden erst im Erwachsenenalter des Sportlers zeigen. Die Spätschäden sind nicht sofort erkennbar, sondern erst nach Jahren. Beispielsweise seien hier die O-Beine der Fußballer genannt oder das erhöhte Arthroserisiko bei jungen Turnern auf Grund der axialen Belastungen auf die Wachstumsfugen des Unterarms[1294]. Ehemalige Leichtathleten haben oft mit Problemen der Hals-, Brust- und Lendenwirbelsäule zu kämpfen[1295]. Teilweise wird angenommen, dass die Übernahme des Risikos für solche Spätschäden dem Trainer nicht zugerechnet werden könne, da die Eltern die Zustimmung zum Hochleistungssport gegeben haben[1296]. Ein derartiger Ausschluss der Haftung bei Spätschäden wird aber auch kritisch gesehen[1297]. Bei Spätschäden scheidet eine pauschale Beurteilung aus. Zwar kommt dem Trainer zugute, dass die Eltern bewusst die Entscheidung getroffen haben, dass ihr Kind den Sport auf hoher Leistungsebene ausübt und

1291 LG München II SpuRt 1999, 161 ff.

1292 *Bergermann*, Doping und Zivilrecht, S. 153 ff., 181 ff.; *Coester*, in: Steiner, Kinderhochleistungssport, S. 15, 30; *Heermann*, Haftung im Sport, Rn. 465; zu den Haftungsansprüchen des Sportlers im Zusammenhang mit dem Doping allgemein: *Turner*, NJW 1992, 720.

1293 Siehe dazu oben unter § 4 D. II. 3. c. aa. (1) und § 4 D. II. 3. c. aa. (2) (c).

1294 *Schmitt*, Arthrose im Hochleistungssport; abrufbar unter: http://www.medicalsports-network.com/archive/685880/Arthrose-im-Hochleistungssport.html; zuletzt aufgerufen am 14.06.2016.

1295 *Schmitt/Friebe/ Lemke/Thiele/Schneider/Sabo*, Deutsche Zeitschrift für Sportmedizin 2005, 34, 37.

1296 *Coester*, in: Steiner, Kinderhochleistungssport, S. 15, 31.

1297 *Hager*, in: Walker, Kinder- und Jugendschutz im Sport, S. 27, 42.

ein gewisses Bewusstsein, dass damit auch eventuelle gesundheitliche Spätfolgen einhergehen, muss wohl unterstellt werden. Allerdings ist dies anders zu beurteilen, wenn der Trainer seine Schützlinge überanspruchet und Trainingsmethoden anwendet, die erkennen lassen, dass sie im Alter zu einer gesundheitlichen Beeinträchtigung führen. Entscheidend ist, dass der Trainer tatsächlich verantwortlich für die Spätschäden ist. Wenn die Schäden mit dem Sport einhergehen und auch ohne Zutun des Trainers eingetreten wären, kann der Trainer dafür nicht haften müssen. Anders ist es zu beurteilen, wenn sich der minderjährige Sportler wegen eine Aufsichtspflichtverletzung des Trainers verletzt und durch diese Verletzung Spätschäden erleidet[1298]. Daher muss im Einzelfall entscheiden werden, ob der Trainer für die Spätschäden verantwortlich ist.

Generell muss ein Verschulden des Trainers vorliegen. Das Haftungsprivileg der Eltern gemäß § 1664 BGB kommt dem Trainer nicht zu Gute[1299], ebenso wenig wie das allgemeine Haftungsprivileg der Sportler untereinander[1300]. Dies bedeutet, dass der Trainer für Vorsatz und jede Form von Fahrlässigkeit haftet.

### *b. Mitverschulden*

Allerdings kann bei der Haftung des Trainers ein etwaiges Mitverschulden des minderjährigen Sportlers in Betracht kommen und der Minderjährige muss sich unter Umständen das Mitverschulden seiner Eltern anspruchsmindernd entgegenhalten lassen.

#### aa. Mitverschulden des Minderjährigen

Bei der Haftung des Trainers ist auch das Mitverschulden des Sportlers zu berücksichtigen. Bei einem Sportler, der sich noch in der Ausbildung befindet, ist das Mitverschulden niedriger anzusetzen als bei einem erfahrenen Sportler[1301]. Ebenso ist bei Minderjährigen das Verschulden generell geringer einzuschätzen als bei Erwachsenen[1302]. Bei der Beurteilung des Mitverschuldens des Minderjährigen

---

1298 LG Kaiserslautern BeckRS 2011, 11021: Der Feststellungsanspruch zum Ersatz künftiger Schäden aus dem Schadensereignis wurde bejaht, da die erlittene Verletzung unstreitig zu einer „deutlichen Verkürzung und Dislokation des Knochenschafts“ geführt hat, sodass Spätfolgen nicht als ausgeschlossen betrachtet werden können.

1299 *Coester*, in: Steiner, Kinderhochleistungssport, S. 15, 30; Erman/*Döll*, § 1664 BGB, Rn. 1; Grandel/Stockmann/*Seebach*, Familienrecht, Stichwort 127 Haftung der gesetzlichen Vertreter, Rn. 3; Staudinger/*Heilmann* (2016) § 1664 BGB, Rn. 9.

1300 *Haas/Martens*, Sportrecht, S. 187.

1301 *Heermann*, Haftung im Sport, Rn. 183.

1302 *Fechner/Arnhold/Brodführer*, Sportrecht, 5. Kapitel, Rn. 36.

ist § 828 BGB anzuwenden[1303]. Dies bedeutet, dass bei deliktunfähigen Kindern (§ 828 Absatz 1 BGB) ein Mitverschulden ausgeschlossen ist. Wenn das Kind das siebte Lebensjahr noch nicht vollendet hat, kann der Schadensersatzanspruch nicht gemindert werden, auch wenn das Kind objektiv erheblich zu dem Schaden beigetragen hat. Gemäß § 828 Absatz 3 BGB muss bei Kindern und Jugendlichen zwischen sieben und achtzehn Jahren beim Mitverschulden die Gefahr der jeweiligen Handlung für den Minderjährigen erkennbar gewesen sein[1304]. Fraglich ist, welche Gefahr und welchen Schaden er voraussehen konnte.

Nach einer Ansicht soll es ausreichen, wenn der Minderjährige nach dem für sein Alter entsprechenden Maßstab irgendeinen Schaden voraussehen konnte; den konkreten Schaden müsse er sich nicht vorstellen[1305].

Nach einen anderen Ansicht kommt es für das Mitverschulden darauf an, dass der Minderjährige nach dem für seine Altersstufe geltenden Sorgfaltsmaßstab die konkret vorliegende Gefahr einschätzen konnte[1306].

Der zweiten Ansicht ist zu folgen. Ein Abstellen auf die Erkennbarkeit irgendeines Schadens weitet das Mitverschulden des Minderjährigen zu weit aus. Es muss objektiv auf einen Minderjährigen in der entsprechenden Altersklasse abgestellt werden, welchen Schaden er vorhersehen konnte[1307]. Ein Mitverschulden kann beispielsweise in Betracht kommen, wenn der Minderjährige nicht die erforderliche Ausrüstung zum Schutz trägt. So wird ein Mitverschulden vorliegen, wenn der junge Fußball die Stutzen nicht zum Schutz der Schienbeine trägt oder ein Kartfahrer seinen Helm nicht trägt. Wenn der minderjährige Fechter die Maske im Training absetzt und verletzt wird, kommt ein Mitverschulden in Betracht. Ebenfalls ist über ein Mitverschulden zu entscheiden, wenn der Minderjährige bewusst gegen die Anweisung des Trainers handelt[1308]. Beispielsweise ist einer 7-jährigen Turnerin ein Mitverschulden anzurechnen, wenn sie die Weisung missachtet, im Training auf den Schwebebalken zu klettern und nicht zu springen. Trotz ihres jungen Alters trägt sie ein Mitverschulden, da es sich

---

1303 BGH NJW-RR 2005, 327, 328; BGH NJW 1961, 655, 658; *Birr*, Die Haftung Minderjähriger im Zivilrecht, Rn. 258 f.; *Lange/Schiemann*, Schadensersatz, § 10 VI 3, S. 555; MüKo/*Wagner*, BGB, § 828 BGB, Rn. 3; Palandt/*Sprau*, § 828 BGB, Rn. 1.

1304 *Birr*, Die Haftung Minderjähriger im Zivilrecht, Rn. 262.

1305 *Scheffen* NJW 1990, 2658, 2664.

1306 BGH VersR 1970, 467; HK-BGB/*Staudinger*, § 828 BGB, Rn. 6; *Birr*, Die Haftung Minderjähriger im Zivilrecht, Rn. 264.

1307 So auch *Birr*, Die Haftung Minderjähriger im Zivilrecht, Rn. 264; HK-BGB/*Staudinger*, § 828 BGB, Rn. 6.

1308 AG Bonn BeckRS 2006, 05664; PHB-SportR/*Fritzweiler*, 5. Teil, 3. Kapitel, Rn. 109.

um Leistungssport handelt und die Turnerinnen von Anfang an zu Disziplin erzogen werden[1309].

Wenn der Minderjährige im Rahmen des § 828 Absatz 3 BGB mit dem Schaden rechnen konnte, bzw. er die Warnungen des Trainers verstehen konnte, kann nicht von einer alleinigen Haftung des Trainers ausgegangen werden. Der Trainer haftet nicht, wenn er bei der Übung die Leistung und den Kenntnisstand des Sportlers berücksichtigt und die Anforderungen an die Ausübung den Fähigkeiten des Sportlers entspechen[1310].

### bb. Mitverschulden der Eltern

Neben dem Mitverschulden des Minderjährigen kann auch ein Mitverschulden der Eltern in Betracht kommen, was sich der Minderjährige anspruchsmindernd gemäß §§ 254 Absatz 2 Satz 2, 278 BGB entgegenhalten lassen muss. Ein Mitverschulden der Eltern liegt dann vor, wenn sie den Trainer beispielsweise nicht ausreichend überwachen oder einen ungeeigneten Trainer aussuchen und das Kind dadurch einen Schaden erleidet.

Im Zusammenhang mit der Zurechnung des Verschuldens der Eltern gibt es einige Rechtsfragen auf die kurz eingegangen werden soll.

Fraglich ist zunächst, ob für die Anwendung der §§ 254 Absatz 2 Satz 2, 278 BGB ein Schuldverhältnis oder eine sonstige rechtliche Sonderverbindung zum Zeitpunkt des schädigenden Ereignisses zwischen dem Geschädigten und dem Schädiger vorgelegen haben muss oder ob eine solche entbehrlich ist. Nach einer Ansicht ist in §§ 254 Absatz 2 Satz 2 BGB eine Rechtsgrundverweisung zu sehen, mit der Folge, dass eine Sonderverbindung notwendigerweise vorliegen muss[1311]. Nach einer anderen Ansicht ist § 254 Absatz 2 Satz 2 BGB als Rechtsfolgenverweisung zu verstehen, was bedeutet, dass keine Sonderverbindung vorliegen muss[1312]. Im vorliegenden Fall besteht im Ergebnis für die Zurechnung des

---

1309 AG Bonn BeckRS 2006, 05664.

1310 So bei einem Überkopf-Wurf eines Kampfsportanfängers, OLG Hamm NJW 2003, 307, 308; *Heermann*, Haftung im Sport, Rn. 484.

1311 BGHZ 116, 60, 74 = NJW 1992, 560, 563; BGH NJW 1988, 2667, 2668; BGH BGHZ 1, 248, 249 = NJW 1951, 477; *Birr*, Die Haftung Minderjähriger im Zivilrecht, Rn. 284. Erman/*Döll*, § 1664 BGB, Rn. 5; *Gernhuber/Coester-Waltjen*, Familienrecht, § 57 IV, Rn. 34; MüKo/*Oetker*, BGB, § 254 BGB, Rn. 129; Palandt/*Grüneberg*, § 254 BGB, Rn. 48; Staudinger/*Schiemann* (2017), § 254 BGB, Rn. 100 ff.

1312 *Deutsch*, Allgemeines Haftungsrecht, Rn. 577; *Finger* JR 1972, 406, 412; *Kleindienst* JZ 1957, 457, 462; *Kleindienst*, NJW 1960, 2028 ff.; *Lange/Schiemann*, Schadensersatz, § 10 XI 6, S. 605 ff.

Mitverschuldens der Eltern kein Unterschied, ob § 254 Absatz 2 Satz 2 BGB eine Rechtsfolgen- oder Rechtsgrundverweisung darstellt, da eine Sonderverbindung zwischen den Minderjährigen und dem Trainer vorliegt[1313]. Dies ist in Form des Vertrages des Trainers mit dem Verein oder der Mitgliedschaft in Verbindung mit den Grundsätzen des Vertrages mit Schutzwirkung zugunsten Dritter der Fall[1314]. Hier liegt eine Sonderverbindung zwischen dem Minderjährigen und dem Verein in Form der Verträge, der Athletenvereinbarungen oder die Mitgliedschaft im Verein[1315] vor.

Bei Vorliegen einer Sonderverbindung ist normalerweise die Rechtsfolge, dass sich der Geschädigte und Anspruchsteller das Verschulden seiner gesetzlichen Vertreter anrechnen lassen muss[1316]. Eventuell könnte § 1664 Absatz 1 BGB bewirken, dass keine Anrechnung stattfindet. Gemäß § 1664 BGB müssen die Eltern ihren Kindern gegenüber nur für diejenige Sorgfalt haften, die sie in eigenen Angelegenheiten pflegen[1317]. Das Verschulden der Eltern liegt, wie bereits dargestellt, in einer mangelnden Überwachung des Trainers, mithin in einer Verletzung der Aufsichtspflicht. Wie oben[1318] dargestellt, findet § 1664 Absatz 1 BGB auch auf die Aufsichtspflicht Anwendung. Der Minderjährige würde ohne die Erstreckung der Haftungsprivilegierung auf Aufsichtspflichtverletzungen Gefahr laufen, dass er seinen Anspruch zum Teil nicht realisieren kann, da er sich dann das Mitverschulden der Eltern anrechnen lassen müsste[1319]. In den meisten Fällen wird bei der ungenügenden Überwachung des Trainers von einer leichten Fahrlässigkeit auszugehen sein, sodass die Haftungsprivilegierung des § 1664 BGB greift. Die Eltern haben auf Grund der Haftungsprivilegierung des § 1664 BGB keinen zurechenbaren Mitverursachungsanteil an dem Schaden. Im Ergebnis muss sich der Minderjährige bei Sportschäden nicht das Mitverschulden seiner

---

1313 Im Ergebnis sprechen die besseren Argumente für die Rechtsgrundverweisung, siehe dazu: *Birr*, Die Haftung Minderjähriger im Zivilrecht, Rn. 284; *Mammey*, NJW 1960, 752, 754; MüKo/*Oetker*, BGB, § 254 BGB, Rn. 129.

1314 Siehe dazu oben § 5 C. II. 1.

1315 AG Nordhorn, NJW-RR 2001, 1171; MüKo/*Oetker*, BGB, § 254 BGB, Rn. 133.

1316 Bamberger/Roth/*Unberath*, § 254 BGB, Rn. 43; *Hager*, in: Walker, Kinder- und Jugendschutz im Sport, S. 27, 42.

1317 Siehe dazu oben § 5 C. I. 1.

1318 Siehe oben unter § 5 C. I. 1.

1319 So auch *Birr*, Die Haftung des Minderjährigen im Zivilrecht, Rn. 298.

Eltern anrechnen lassen, wenn diese die Sorgfalt beachtet haben, die sie in eigenen Angelegenheiten pflegen[1320].

Dies wirkt sich auch auf das Verhältnis zum Trainer aus. Wenn Trainer und Eltern gemeinsam für den Schaden des Minderjährigen verantwortlich sind, haften sie eigentlich als Gesamtschuldner. Die Eltern sind jedoch gemäß § 1664 BGB privilegiert. Grundsätzlich gibt es drei Wege bei dieser gestörten Gesamtschuld die Haftung untereinander zu lösen[1321].

Die erste Möglichkeit besteht darin, dass der nicht privilegierte Schädiger, der Trainer, dem Minderjährigen in vollem Umfang haftet. Zwischen den Eltern und dem Trainer bleibt das Gesamtschuldverhältnis als fiktive Grundlage bestehen und der Trainer kann seinen Anteil gegen die Eltern geltend machen, ohne dass er sich das Privileg des § 1664 BGB entgegenhalten lassen muss. Diese sogenannte Lösung des fingierten Innenausgleichs misst der Haftungsprivilegierung des § 1664 BGB nur eine begrenzte Wirkung zwischen dem Minderjährigen und seinen Eltern zu. Die Fiktion der Gesamtschuld hat den Nachteil, dass dies zur Aufhebung des Haftungsprivilegs des § 1664 BGB führen würde[1322]. Die Eltern sind gemäß § 1664 BGB von der Haftung befreit und müssen durch diese Lösung trotzdem haften. Eine Beteiligung der Eltern über die Fiktion eines gesamtschuldnerischen Innenausgleichs wirkt sich auf die finanzielle Situation der Familie aus und führt zu wirtschaftlichen Nachteilen des geschädigten Kindes[1323]. Aus diesem Grund ist die Fiktion der Gesamtschuld abzulehnen.

Eine zweite Möglichkeit besteht darin, dass der Ersatzanspruch des geschädigten Minderjährigen um den Mitverursachungsanteil seiner Eltern gekürzt wird[1324]. Der nicht privilegierte Schädiger, nämlich der Trainer, wird entlastet und der Ausgleich geht zu Lasten des geschädigten Minderjährigen. Sonst

1320 So auch *Hager*, in: Walker, Kinder- und Jugendschutz im Sport, S. 27, 42; *Walker*, in: Kauerhof/Nagel/Zebisch, Olympische Jugendspiele, S. 9,22.

1321 Die folgende Darstellung über die gestörte Gesamtschuld erhebt keinen Anspruch auf Vollständigkeit und soll nur insoweit dargestellt werden, wie sie für die Prüfung relevant ist.

1322 *Christensen*, MDR 1989, 948, 949; Dauner-Lieb/Langen/*Völzmann-Stickelbrock*, Schuldrecht Bd. 2/1, § 426 BGB, Rn. 27.

1323 BGH NJW 1988, 2667, 2669; Kaiser/Schnitzler/Friederici/Schilling/ *Rakete-Dombeck*, BGB Familienrecht, § 1664 BGB, Rn. 15; so auch Staudinger/*Looschelders* (2017), § 426 BGB, Rn. 172.

1324 *Lange*, Anmerkung zum Urteil BGH v. 01.03.1988 VI ZR 190/87, JZ 1989, 45, 49; *Schwab*, JuS 1991, 18, 21 f.; wohl auch Bamberger/Roth/*Spindler*, § 840 BGB, Rn. 13; Erman/*Wilhelmi*, § 840 BGB, Rn. 7 f.; *Mollenhauer*, NJ 2011, 1, 7; *Muscheler*, JR 1994, 441, 444 ff.; Soergel/*Krause*, § 840 BGB, Rn. 27; *Sundermann*, JZ 1989, 927, 929 f.

bliebe unberücksichtigt, dass die Eltern auch zu dem Schaden beigetragen haben. Gegen eine Kürzung des Anspruchs des Minderjährigen spricht, dass der Anspruch des Minderjährigen bei leicht fahrlässigem Verhalten der Eltern gekürzt würde, aber nicht bei grob fahrlässigem Verhalten, da die Eltern wegen der Haftungsprivilegierung nur für jene Sorgfalt einzustehen haben, die sie in eigenen Angelegenheiten anzuwenden pflegen und mithin nur bei Vorsatz und grober Fahrlässigkeit haften. Die Lösung zulasten des Minderjährigen würde der gesetzgeberischen Wertung des § 1664 BGB zuwider laufen[1325].

Nach einer dritten Ansicht haftet der nicht privilegierte Schädiger, der Trainer, dem Minderjährigen in vollem Umfang. Im Gegenzug kann er aber keinen Ausgleich von den privilegierten Eltern verlangen[1326]. Nach dieser Ansicht des BGH entstehe schon keine Gesamtschuld zwischen dem schädigenden Dritten, also dem Trainer, und den Eltern, da die Eltern durch das Haftungsprivileg des § 1664 BGB von der Haftung befreit sind und in keine gesamtschuldnerische Haftung des § 840 Absatz 1 BGB hineinwachsen. Es fehle schon an den Grundlagen für ein Gesamtschuldverhältnis, das "gestört" werden könnte[1327]. Das Wesen des Deliktsrechts bestehe gerade darin, dass der Schädiger einen Mitverursacher nur dann an der Haftung beteiligen könne, wenn er den Schaden zurechenbar mitgesetzt habe. Solange die Eltern die Mitverursachung nicht grob fahrlässig herbeigeführt haben, ist ihnen der Schaden nicht zuzurechnen[1328]. Dass der Mitschädiger keinen Ausgleichsanspruch hat, stelle ebenso wenig eine unbillige Härte dar wie in den Fällen, in denen eine zurechenbare Mitbeteiligung wegen der Deliktsunfähigkeit fehle[1329].

---

1325 Dauner-Lieb/Langen/*Völzmann-Stickelbrock*, Schuldrecht Bd. 2/1, § 426 BGB, Rn. 27.

1326 BGH NJW 2004, 2892, 2893 = BGHZ 159, 318; BGH NJW 1988, 2667, 2669; OLG Celle NJW 2008, 2353; *Christensen*, MDR 1989, 948, 950 ff.; Erman/*Böttcher*, § 426 BGB, Rn. 39; *Hager*, NJW 1989, 1640, 1646 f.; *ders.*, in: Walker, Kinder- und Jugendschutz im Sport, S. 27, 42; *Gernhuber*/*Coester-Waltjen*, Familienrecht, § 57 IV, Rn. 42; jurisPK-BGB/*Schwer*, § 1664 BGB, Rn. 17; Kaiser/Schnitzler/Friederici/Schilling/*Rakete-Dombek*, BGB Familienrecht, § 1664 BGB, Rn. 15; Staudinger/*Vieweg* (2015), § 840 BGB, Rn. 68.

1327 BGH NJW 2004, 2892, 2893 = BGHZ 159, 380; OLG Düsseldorf NJW-RR 1999, 1042, 1043; BGH NJW 1988, 2667, 2669; zustimmend: *Birr*. Die Haftung Minderjähriger im Zivilrecht, Rn. 300; Jauernig/*Teichmann*, § 840 BGB, Rn. 9; *Kirchhof*, NZV 2001, 361, 365.

1328 BGH NJW 1988, 2667, 2669.

1329 BGH NJW 1988, 2667, 2669.

Die Ansicht des BGH wird ebenfalls kritisiert[1330]. Die Nachteile, die dadurch entstehen, dass die Eltern den Kindern die im Verkehr erforderliche Sorgfalt schulden, dürften nur zu Lasten der Kinder gehen, die mit den Eltern in einer Familie leben. Der familienexterne Zweitschädiger könne jedenfalls nichts dafür, wenn ein Elternteil besonders unaufmerksam zu sein pflegt; er müsse im Gegenzug nicht besonders aufmerksam sein. Der Mitverantwortungsanteil des privilegierten Familienmitglieds dürfe nicht zu Lasten des Trainers gehen[1331].

Das Ergebnis der Ansicht des BGH stößt aber auch in der Literatur auf Zustimmung. Allein die Argumentation, dass schon keine Gesamtschuld entstehe, wird hierbei für angreifbar gehalten[1332]. Auch in den anderen Fällen der gestörten Gesamtschuld entstehe keine Gesamtschuld. Entscheidend sei eher, dass den Eltern meist nur eine leicht fahrlässige Aufsichtspflichtverletzung zur Last gelegt werden könne. Das Kind wäre dann mit dem Risiko belastet, dass es seinen Anspruch nicht durchsetzen könnte. Bei einem Regress gegen die Eltern würde eine wirtschaftliche Belastung der Eltern, mithin des Kindes drohen. Es müsse auf den Schutzzweck des § 1664 BGB, den Schutz der Familie, abgestellt werden. Dies bedeute, dass § 1664 BGB auch auf den Rückgriff des Drittschädigers erstreckt werden müsse. § 1664 BGB müsse auch den Schutz der Familie im Außenverhältnis bezwecken[1333]. Folglich sei dem BGH im Ergebnis Recht zu geben, dass der Zweitschädiger wie ein Alleinschädiger hafte[1334].

Dem BGH ist im Ergebnis zuzustimmen. In den meisten Fällen trifft in erster Linie den Trainer das Verschulden, da er seiner Pflicht nicht nachkommt, den minderjährigen Sportler vor Schäden bei der Sportausübung zu bewahren. Die Eltern trifft meist nur eine geringe Aufsichtspflichtverletzung, da sie den Trainer nicht hinreichend überwacht haben. § 1664 Absatz 1 BGB muss sich auch im Außenverhältnis zugunsten der Familie auswirken. Insbesondere ist zu bedenken, dass die Kinder sich ihre Eltern nicht aussuchen können und sie daher auch nicht den Nachteil haben dürfen. § 1664 Absatz 1 BGB entlastet nicht nur die Eltern vor Ansprüchen des Kindes, sondern auch vor einem Rückgriff des Trainers. Der geschädigte Minderjährige kann demnach den vollen Schaden gegenüber

---

1330 Dauner-Lieb/Langen/*Katzenmaier*, BGB Schuldrecht Bd. 2/2, § 840 BGB, Rn. 18; MüKo/*Wagner*, BGB, § 840 BGB, Rn. 43.

1331 MüKo/*Wagner*, BGB, § 840 BGB, Rn. 43.

1332 *Hager*, NJW 1989, 1640, 1646 f.; *ders.*, in: Walker, Kinder- und Jugendschutz im Sport, S. 27, 42; Staudinger/*Vieweg* (2015), § 840 BGB, Rn. 68.

1333 *Hager*, NJW 1989, 1640, 1646 f.; *Fuchs*, NZV 1998, 7, 10; Staudinger/*Vieweg* (2015), § 840 BGB, Rn. 68.

1334 *Hager*, NJW 1989, 1640, 1646 f.; Staudinger/*Vieweg* (2015), § 840 BGB, Rn. 68.

dem Trainer geltend machen, wenn die Eltern bei der Überwachung des Trainers, ihrer Aufsichtspflicht, die eigenübliche Sorgfalt berücksichtigt haben. Mit dem Haftungsprivileg ist es nicht vereinbar, die Ansprüche des Kindes zu kürzen oder die Eltern einem Regressanspruch des Schädigers auszusetzen. Das Familienprivileg des § 1664 BGB muss zu Lasten des Dritten gehen[1335]. Im Verhältnis zwischen Trainer und Eltern bedeutet dies, dass der Trainer alleine haftet und die Regeln der gestörten Gesamtschuld nicht anzuwenden sind[1336]. Der geschädigte Minderjährige kann den Trainer voll in Haftung nehmen. Anders ist die Situation zu beurteilen, wenn die Eltern nicht nach § 1664 Absatz 1 BGB privilegiert sind, weil sie grob fahrlässig oder vorsätzlich gehandelt haben.

Wenn der Trainer bei dem Verein oder Verband einen Dienstleistungs- oder Arbeitsvertrag hat, kann ein Freistellungsanspruch in Betracht kommen. Dies bedeutet, dass der Trainer, der sich in Ausführung einer betrieblichen Tätigkeit einem Dritten gegenüber schadensersatzpflichtig macht, vom Arbeitgeber grundsätzlich Freistellung verlangen kann. Es sind dann die Grundsätze über den innerbetrieblichen Schadensausgleich anzuwenden. Danach haftet der Trainer nicht, wenn ihm nur leichte Fahrlässigkeit vorzuwerfen ist. Bei mittlerer Fahrlässigkeit kommt es zu einer Quotelung und bei grober Fahrlässigkeit oder Vorsatz haftet der Trainer in vollem Umfang. Die gleichen Grundsätze gelten auch, wenn zwischen dem Verein/Verband und dem Trainer nur eine vereins- oder verbandsmitgliedschaftliche Bindung besteht[1337].

## III. Haftung der Vereine und Verbände

Der Verein oder Verband kann aus mehreren Anspruchsgrundlagen und Konstellationen haften.

Der Verein/Verband kann entweder für das Verschulden des Trainers oder einer sonstigen Person haften, wenn ihm dieses zugerechnet wird oder er haftet, weil ihn ein eigenes Verschulden trifft. Dabei kommen jeweils sowohl vertragliche als auch deliktische Anspruchsgrundlagen in Betracht.

1335 So auch *Gernhuber/Coester-Waltjen*, Familienrecht, § 57 IV, Rn. 42.

1336 BGH NJW 1988, 2667, 2669; *Hager*, in: Walker, Kinder- und Jugendschutz im Sport, S. 27, 42.

1337 BGH, NJW 2005, 981; *Heermann*, Haftung im Sport, Rn. 476 ff.

### 1. *Haftung des Vereins für Handlungen des Trainers als Erfüllungsgehilfe oder Verrichtungsgehilfe*

Die Haftung des Vereins/Verbands kann sich aus §§ 280 Absatz 1, 241 Absatz 2, 278 BGB ergeben, wenn die Pflichtverletzung des Trainers dem Verein nach § 278 BGB zugerechnet wird. Obwohl nach dem Wortlaut des § 278 BGB eigentlich nur eine Zurechnung des Verschuldens erfolgt, kann über den Wortlaut des § 278 BGB hinaus die gesamte Tätigkeit des Erfüllungsgehilfen dem Schuldner zugerechnet werden, was bedeutet, dass auch eine Zurechnung der Pflichtverletzung erfolgen kann. Voraussetzung ist, dass zwischen dem Verein/Verband und dem Minderjährigen ein Schuldverhältnis in Form eines Arbeitsvertrages oder in Form der Athletenvereinbarung vorliegt. Auch die Mitgliedschaft im Verein stellt ein Schuldverhältnis dar[1338]. Eine weitere Voraussetzung ist, dass der Trainer Erfüllungsgehilfe gemäß § 278 BGB ist. Erfüllungsgehilfe ist, wer nach den tatsächlichen Gegebenheiten bei der Erfüllung einer Verbindlichkeit des Schuldners mit dessen Willen als dessen Hilfsperson tätig wird[1339]. Wenn der Trainer bei seiner Ausübung als Trainer für den Verein/Verband tätig wird, ist er als Erfüllungsgehilfe des Vereins/Verbands anzusehen[1340]. Bezüglich der Pflichtverletzung des Trainers kann auf oben verwiesen werden[1341]. Die Pflichtverletzung sowie das Verschulden des Trainers werden dem Verein/Verband zugerechnet und er haftet für den Schaden des Minderjährigen. Ebenso wie bei der Prüfung des Trainers kommt ein Mitverschulden des Minderjährigen selbst nach den Grundsätzen des § 828 Absatz 3 BGB in Betracht. Bei Fehlern hinsichtlich der Überwachung des Trainers oder bei der Nichtbeachtung von Warnungen tragen die Eltern ein Mitverschulden. Wenn sie gemäß § 1664 Absatz 1 BGB die eigenübliche Sorgfalt eingehalten haben, muss der Minderjährige sich das Verschulden seiner Eltern entgegen §§ 254 Absatz 2 Satz 2 BGB, 278 BGB nicht anspruchsmindernd entgegenhalten lassen[1342].

Die Haftung des Vereins aus eigenem Verschulden für eine vom Trainer begangene unerlaubte Handlung kann sich aus § 831 Absatz 1 BGB ergeben. Voraussetzung für die Haftung ist, dass der Trainer Verrichtungsgehilfe des Vereins

1338 *Heermann*, Haftung im Sport, Rn. 318.

1339 BGH NJW 1954, 1193; BGH NJW 2003, 348, 349.

1340 So auch *Heermann*, Haftung im Sport, Rn. 480; *Reichert*, Vereins- und Verbandsrecht, Rn. 3661; *Turner*, NJW 1992, 720, 721; *Zeilner*, Haftung und Schadensersatzansprüche bei Sportunfällen, S. 67.

1341 Siehe oben unter § 5 C. II. 2. a.

1342 Siehe dazu § 5 C. II. 2. b. bb.

ist. Verrichtungsgehilfe ist derjenige, der von einem anderen, in dessen Einflussbereich er allgemein oder im konkreten Fall steht und zu dem er in einer gewissen Abhängigkeit steht, eine Tätigkeit übertragen worden ist[1343]. Bei dem Trainer handelt es sich um den Verrichtungsgehilfen des Vereins/Verbands[1344]. Dies bedeutet, dass sich der Verein das Verhalten seines Verrichtungsgehilfen zurechnen lassen muss. Die weitere Voraussetzung für eine Haftung ist, dass der Verrichtungsgehilfe, der Trainer, den objektiven Tatbestand einer unerlaubten Handlung im Sinne des § 823 Absatz 1 BGB erfüllt. Bezüglich der Rechtsgutsverletzung und der Handlung durch den Trainer kann auf oben[1345] verwiesen werden. Des Weiteren muss der Schaden in Ausführung der Verrichtung und nicht nur bei Gelegenheit zugefügt worden sein. Dies bedeutet, dass ein innerer Zusammenhang zwischen dem übertragenen Aufgabenkreis und der Schadenszufügung besteht[1346]. Dies ist unzweifelhaft gegeben, wenn der Trainer im Rahmen seiner Tätigkeit als Trainer dem Minderjährigen den Schaden zufügt. Bei § 831 BGB hat der Verein/Verband im Gegensatz zu § 278 BGB die Möglichkeit, sich gemäß § 831 Absatz 1 Satz 2 BGB für sein eigenes Auswahlverschulden zu exkulpieren. Dies bedeutet, dass er nicht haftet, wenn er nachweisen kann, dass er den Trainer sorgfältig ausgesucht und überwacht hat. Dabei kommt es auf den jeweiligen Einzelfall an. Wenn der Verein einen Trainer mit den entsprechenden Qualifikationen wie Trainerschein und Erfahrung eingestellt hat, wird er sich hinsichtlich der Auswahl des Trainers höchstwahrscheinlich entlasten können. In den meisten Fällen wird sich der Verein/Verband auch auf eine hinreichende Überwachung berufen können.

Im Übrigen gibt es keine Besonderheiten im Vergleich zur Haftung bei erwachsenen Sportlern.

### 2. *Eigenes Verschulden*

Daneben treffen den Verein/Verband auch eigene Rechtspflichten. Als Anspruchsgrundlagen kommen sowohl § 280 Absatz 1 BGB als auch § 823 Absatz 1 BGB i.V.m. § 31 BGB in Betracht.

---

1343 BGH NJW-RR 1998, 250, 251; jurisPK-BGB/*Matusche-Beckmann*, § 831 BGB, Rn. 34.

1344 So auch AG Bonn, BeckRS 2006, 05664; *Herrmann*, Haftung im Sport, Rn. 480; *Reichert*, Vereins- und Verbandsrecht, Rn. 3668.

1345 Siehe oben unter § 5 C. II. 2. a.

1346 BGH NJW 1989, 723, 725; BGH NJW 1958, 1774, 1775.

Der Verein/Verband hat die Pflicht, die Trainer und Betreuer ordnungsgemäß auszusuchen und zu überwachen[1347]. In Bezug auf das Personal ist dies in den Vereinbarungen zwischen Sportler und Verein/Verband geregelt. So sieht die Musterathletenvereinbarung des DOSB unter 3.1 vor, dass der Verband verpflichtet ist, den Athleten nach den neuesten sportwissenschaftlichen und sportmedizinischen Kenntnissen zu betreuen. Hierfür stellt der Verband im Rahmen seiner personellen Möglichkeiten fachlich geeignete und qualifizierte Trainer zur Verfügung[1348]. Der Fördervertrag der jungen Fußballer sieht eine ähnliche Regelung vor. Dort heißt es in § 3 Nr. 1, dass der Verein die sachlichen und personellen Voraussetzungen schafft, um eine optimale Förderung des Spielers zu ermöglichen. Wenn ein Sportler nur im Rahmen der Vereinsmitgliedschaft an den Verein gebunden ist, existiert eine entsprechende ungeschriebene Pflicht der Vereine auf Grund des Rechtsverhältnisses zwischen Verein und Mitglied[1349].

Neben der Auswahl- und Überwachungspflicht muss der Verein/Verband den Trainings- und Wettkampfbetrieb so organisieren, dass der Minderjährige keinen Gefahren ausgesetzt ist. Dazu gehört, dass er bei Sportgeräten für deren ordnungsgemäßen Zustand[1350] und bei Sportanlagen für die Unterhaltung und Sicherheit[1351] sorgt. Wenn er diesen Pflichten nicht nachgekommen ist, muss der Verein/Verband dafür haften. So hat der Verein beispielsweise dafür zu haften, dass er bei einem A-Jugend-Fußballspiel das Training auf einem Rasen durchgeführt hat, bei dem die Rasenkantensteine die Spielfeldbegrenzung bildeten und der Sportler bei dem Versuch, den Ball zu erreichen, mit dem Knie an die Kantensteine prallte und sich verletzte. Selbst der Hinweis des Trainers zu den Gefahren dieses Spielfeldes reichte nicht aus, um die jugendlichen Trainingsteilnehmer vor der Gefahr zu schützen, sich an den Steinen zu verletzen[1352]. Ein Reitinstitut genügt seiner Verkehrssicherungspflicht nicht, wenn eine minderjährige

---

1347 *Heermann*, Haftung im Sport, Rn. 482; *Walker*, in: Kauerhof/Nagel/Zebisch, Olympische Jugendspiele, S. 9, 23.

1348 Ebenso die Athletenvereinbarung des DLV (Deutscher Leichtathletik-Verband): Dort heißt es in 3.2 und 3.3, dass der Verband verpflichtet ist fachlich geeignete und qualifizierte DLV-Bundestrainer zu beschäftigen.

1349 *Reichert*, Vereins- und Verbandsrecht, Rn. 981 f.; *Walker*, in: Kauerhof/Nagel/Zebisch, Olympische Jugendspiele, S. 9, 23.

1350 *Heermann*, Haftung im Sport, Rn. 481.

1351 PHB-SportR/*Fritzweiler*, 5. Teil, 3. Kapitel, Rn. 82; zu Verkehrssicherungspflicht eines Alpenvereins bei Wegen: *Hagenbucher*, NJW 1985, 178; zu den Pflichten des Sportstättenbetreibers auch *Börner*, Sportstätten-Haftungsrecht, S. 252 ff.

1352 OLG Hamm, SpuRt 1999, 245, 246; bei Minderjährigen reichen Warnungen des Vereins nicht aus, *Börner*, Sportstätten-Haftungsrecht, S. 261.

Reitschülerin mit dem Führen der Voltigierleine betraut wird[1353]. Ein Reitverein muss den Unterricht so organisieren, dass kein Kind unbeaufsichtigt die Reithalle verlassen kann und sich den Gefahren des Reitbetriebs auf dem Gelände des Reitvereins aussetzen kann[1354]. Hingegen ist der Betreiber einer Motor-Cross-Bahn bei einem freien Training von minderjährigen Fahrern nicht verpflichtet, mögliche Gefahrenstellen durch Streckenposten abzusichern. Es genügt, wenn ein Platzwart anwesend ist und eine Platzordnung angebracht ist[1355]. Zudem haftet der Verein nicht, wenn die Angehörigen einer minderjährigen Spielerin auf dem Weg zu einem Spiel mit dem Auto verunglücken und die Minderjährige verletzt wird. Darin ist eine reine Gefälligkeit zu sehen, die keine Ansprüche gegen den Verein auslöst[1356].

Eine Beschäftigung entgegen dem Beschäftigungsverbot nach § 5 JArbSchG kann ebenfalls eine Schadensersatzpflicht nach § 823 BGB auslösen, wenn das Kind gesundheitliche oder sonstige Schäden erleidet[1357].

Wenn der Verein oder Verband als Veranstalter auftritt, treffen ihn ebenfalls Verkehrspflichten, die er zu beachten hat[1358].

Auch bei der Haftung des Vereins/Verbands kann ein Mitverschulden der Minderjährigen im Rahmen des § 828 Absatz 3 BGB in Betracht kommen[1359]. So hatte ein 7-jähriger Voltigierschüler ein Mitverschulden von 20 % zu tragen, da er die Warnungen missachtet hatte, sich in unmittelbarer Nähe der Pferde aufzuhalten[1360].

### 3. *Haftungsausschlüsse*

Bei der vertraglichen Haftung können Haftungsausschlüsse in Verträgen, Athletenvereinbarungen oder Satzungen in Betracht kommen. Bei den Haftungsausschlüssen gibt es kaum Besonderheiten bei Minderjährigen. Daher soll nur eine

---

1353 LG Gießen NJW-RR 1995, 409.

1354 OLG Celle VersR 1996, 1511.

1355 OLG Schleswig-Holstein NJW 2015, 925, 926, Rn. 18 f.

1356 BGH NJW 2015, 2880, 2881, Rn. 11.

1357 *Molitor/Volmer/Germelmann*, § 5 JArbSchG, Rn. 55.

1358 Zu den Verkehrspflichten eines Veranstalters an Beispielen einzelner Sportarten, *Fellmer*, MDR 1995, S. 541 ff.

1359 Siehe zu dem Mitverschulden des Minderjährigen bereits oben unter § 5 C. II. 2. b. aa.

1360 OLG Celle VersR 1996, 1511, 1513.

kurze Übersicht über die Haftungsausschlüsse, die sich auf den minderjährigen Sportler beziehen, gegeben werden[1361].

Die Muster-Athletenvereinbarung[1362] des DOSB sieht in 5.1 für Vertragsverletzungen einer Vertragspartei den Haftungsmaßstab des § 708 BGB vor. Dies bedeutet, dass der Haftungsmaßstab auf die Sorgfalt beschränkt ist, die in eigenen Angelegenheiten anzuwenden ist, mithin auf Vorsatz und grobe Fahrlässigkeit[1363]. § 708 BGB ist anwendbar, da es sich bei der Verbindung zwischen Verband und Athlet auf Grundlage der Athletenvereinbarung um ein Rechtsverhältnis handelt, das mitgliedschaftlich und damit gesellschaftsrechtlich zu qualifizieren ist[1364]. § 708 BGB gilt sowohl für vertragliche als auch für deliktische Ansprüche[1365]. Auf Grund der gesellschaftsrechtlichen Einordnung ist die Haftungsvereinbarung in der Athletenvereinbarung gemäß § 310 Absatz 4 Satz 1 BGB nicht im Wege einer AGB Kontrolle überprüfbar, sondern nur nach § 242 BGB[1366]. Die Haftungsbeschränkung, wie sie in der Musterathletenvereinbarung des DOSB vorgenommen wird, findet sich auch in anderen Athletenvereinbarungen. Ziffer 7.1 der Athletenvereinbarung des DLV (Deutscher Leichtathletik-Verband) sieht eine inhaltsgleiche Haftungsbeschränkung vor[1367].

Neben der Athletenvereinbarung können Haftungsausschlüsse auch in Satzungen der Vereine vorkommen. Gemäß § 310 Absatz 4 BGB finden die §§ 305 ff. BGB auch auf die Satzungen keine Anwendung. Eine Inhaltskontrolle

---

1361 Siehe zu den Haftungsausschlüssen: *Haas/Martens*, Sportrecht, S. 189 ff.; *Heermann*, Haftung im Sport, Rn. 136 ff.; 336 ff., 486 ff.; *Korff*, Sportrecht, Rn. 292 ff.; PHB-SportR/*Fritzweiler*, 5. Teil, 3. Kapitel, Rn. 88 ff.; SportR in der Praxis/*Adolphsen*, 8. Kapitel, Rn. 924 ff.

1362 Muster-Athletenvereinbarung des DOSB; abrufbar unter: https://cdn.dosb.de/alter_Datenbestand/fm-dosb/downloads/Athletenvereinbarung.doc; zuletzt aufgerufen am 31.03.2018.

1363 *Walker*, in: Kauerhof/Nagel/Zebisch, Olympische Jugendspiele, S. 9, 23.

1364 SportR in der Praxis/*Adolphsen*, 8. Kapitel, Rn. 926.

1365 BGH NJW 1967, 558; *Korff*, Sportrecht, Rn. 301; MG-BGB/*Schäfer*, § 708, Rn. 4; SportR in der Praxis/*Adolphsen*, 8. Kapitel, Rn. 926.

1366 *Korff*, Sportrecht, Rn. 301; SportR in der Praxis/*Adolphsen*, 8. Kapitel, Rn. 928; a.A. *Steinle*, in: Steinle, Rechtliche Problemstellungen um Athletenvereinbarungen, S. 9, 16.

1367 7.1 der Athletenvereinbarung des DLV (Deutscher Leichtathletik-Verband): Haftungsmaßstab für Schadensersatzansprüche ist die Bestimmung des § 708 BGB; hiernach haben die Vertragsparteien bei der Erfüllung der ihnen obliegenden Verpflichtungen nur für diejenige Sorgfalt einzustehen, welche sie in eigenen Angelegenheiten anzuwenden pflegen.

muss daher ebenfalls an Hand des § 242 BGB vorgenommen werden[1368]. Ein genereller Haftungsausschluss auch für grob fahrlässiges oder vorsätzliches Verhalten ist rechtswidrig[1369]. Ein Haftungsverzicht für fahrlässiges Handeln ist dagegen zulässig[1370]. Entscheidend ist immer eine Einzelfallbetrachtung. Es kommt auch eine Haftungsbeschränkung für die nach § 31 BGB eingesetzten Personen sowie für Trainer und Betreuer in Betracht[1371].

Darüber hinaus können auch Haftungsausschlüsse für einen bestimmten Wettkampf oder eine Veranstaltung getroffen werden. In diesen Fällen handelt es sich um Verträge, die für eine Vielzahl von Verträgen vorformuliert sind, sodass die §§ 305 ff. BGB Anwendung finden[1372]. Der DFB-Muster-Fördervertrag sieht eine Haftungsbeschränkung nicht vor.

Wenn es sich um Haftungsausschlüsse in einem Vertrag handelt, der zwischen dem Veranstalter und dem Minderjährigen für einen bestimmten Wettkampf geschlossen wird oder wenn bei der Anmeldung zu einem Verein ein Formular mit Haftungsbeschränkungen unterschrieben werden muss, ist es Voraussetzung für die Wirksamkeit der Haftungsbeschränkungen, dass die Eltern das Anmeldeformular oder ähnliches unterzeichnet haben. Solche Verträge werden beispielsweise bei der Anmeldung zu einem Marathonlauf unterschrieben.

Da dem Trainer und damit auch dem Verein eine Aufsichtspflicht obliegt, ist es möglich, diese zu beschränken. So beginnt die Aufsichtspflicht grundsätzlich mit Betreten der Sportanlage und endet mit Übergabe an die Eltern. Daher ist es möglich, die Aufsichtspflicht für die Wegzeiten von und zu dem Training auszuschließen[1373].

---

1368 *Heermann*, Haftung im Sport, Rn. 340;

1369 BGH VersR 1985, 64; *Heermann*, Haftung im Sport, Rn. 339.

1370 OLG Koblenz VersR 1984, 1053 f.; *Heermann*, Haftung im Sport, Rn. 341.

1371 Siehe dazu *Haas/Martens*, Sportrecht, S. 189; *Heermann*, Haftung im Sport, Rn. 136 ff., 486 ff.; *Korff*, Sportrecht, Rn. 297 ff.; *Küpperfahrenberg*, Haftungsbeschränkungen für Verein und Vorstand, S. 66 ff., 95 ff.

1372 *Reichert*, Vereins- und Verbandsrecht, Rn. 3853 ff.

1373 So auch *Birr*, Die Haftung Minderjähriger im Zivilrecht, Rn. 189.

# § 6 Beendigung der rechtlichen Verbindung zwischen den Minderjährigen und den Vereinen und Verbänden

Die Verbindungen zwischen den Minderjährigen und den Vereinen und Verbänden werden früher oder später beendet. Die Beendigung kann auf verschiedene Weise erfolgen. Bei der Beendigung muss ebenfalls unterschieden werden, was für eine Verbindung zwischen dem Minderjährigen und dem Verein oder Verband vorliegt. Demnach muss auch hier zwischen den Verträgen, der Athletenvereinbarung und der Mitgliedschaft in dem Verein unterschieden werden.

## A. Verträge

Wie oben festgestellt, werden in der Regel bei den Individualsportarten Verträge mit den Bundesligasportlern abgeschlossen und bei den Mannschaftssportarten, insbesondere beim Fußball, schließen die jungen Lizenzspieler oder die Minderjährigen in Form eines Fördervertrages Verträge ab. Bei den Mannschaftssportarten soll auf Grund der Anwendungsmasse hauptsächlich auf die jungen Fußballer abgestellt werden. Daher sollen zum einen die Beendigungsmöglichkeiten der Förderverträge der Fußballer (I.) und zum anderen die Bundesligaverträge der Individualsportler (II.) untersucht werden.

### I. Förderverträge und Lizenzspielerverträge

Bei den Beendigungsmöglichkeiten der Förderverträge und Lizenzspielerverträge der Fußballer soll schwerpunktmäßig auf die Förderverträge abgestellt werden.

Eine längere Vertragslaufzeit kann für einen minderjährigen Spieler sowohl Vorteile als auch Nachteile bringen. Zum einen gibt eine langfristige Verpflichtung dem Minderjährigen Sicherheit. Unabhängig von Formtiefs, pubertäts- oder altersbedingten Leistungsdefiziten und Wachstumsschüben hat der Minderjährige die Möglichkeit, diese Formkrise zu überwinden und wieder zu seiner Leistungsstärke zurückzufinden. Er muss nicht befürchten, bei einem Leistungsabfall sofort ausgetauscht zu werden. Dies nimmt dem jungen Spieler einen gewissen Druck und gibt ihm die Möglichkeit, sich zu entfalten. Zum anderen ist der Spieler dann auch für lange Zeit an den Verein gebunden, was eine gewisse Unflexibilität zu Folge hat. Gerade ein junger Spieler kann schnell und unvorhersehbar in der Entwicklung und dem Leistungsniveau voranschreiten und ist dann an einen Vertrag gebunden, der seinem Leistungsniveau nicht mehr entspricht. Zudem ist es aber auch möglich, dass der Spieler sich mit dem Trainer nicht versteht und daher nicht so oft aufgestellt wird. Durch die fehlende Spielpraxis wird er dann in seiner Entwicklung gestört. Da die Karrierezeit bei einem Fußballspieler ohnehin zeitlich begrenzt ist, kann ihn die lange Vertragslaufzeit in seiner Entwicklung hemmen[1374].

Nach § 6 Nr. 2 DFB-Fördervertrag kann der Fördervertrag für maximal drei Jahre abgeschlossen werden. Neben den drei Jahren Vertragslaufzeit besteht gemäß § 6 Nr. 3 DFB-Fördervertrag die Möglichkeit, den Vertrag um weitere zwei Jahre zu verlängern, vorausgesetzt beide Parteien wünschen dies. Obwohl der DFB-Fördervertrag eine Laufzeit von maximal drei Jahren mit einer Verlängerungsoption von zwei Jahren vorsieht, sind Fälle aus der Praxis bekannt, bei denen längere Verträge mit Minderjährigen abgeschlossen wurden. Marco Quotschalla soll beim 1. FC Köln einen 7-Jahresvertrag unterschrieben haben[1375]. Christian Derflinger erhielt von Bayern München einen 6-Jahresvertrag[1376]. Darüber hinaus hatte das BAG über einen Fall zu entscheiden, bei dem ein befristeter Vertrag über vier Jahre mit einer Verlängerungsoption für ein weiteres Jahr geschlossen wurde[1377].

Da es sich immer um einen befristeten Vertrag handelt[1378], endet dieser grundsätzlich erst nach Ende der Befristung. Fraglich ist, ob der Minderjährige sich vor Ende der Laufzeit von dem befristeten Vertrag lösen kann.

---

1374 So auch *Nesemann*, Arbeitsvertragliche Grenzen im professionellen Jugendfußball, S. 76.

1375 Ärger am Rhein: Streit um einen Zwölfjährigen, Spiegel Online v. 31.05.2001, abrufbar unter: http://www.spiegel.de/sport/fussball/aerger-am-rhein-streit-um-einen-zwoelfjaehrigen-a-137085.html; zuletzt aufgerufen am 31.03.2018.

1376 Der Oberösterreicher und der FC Bayern: Harte Arbeit und Hilfe von oben; abrufbar unter: http://www.nachrichten.at/sport/fussball/Der-Oberoesterreicher-beim-FC-Bayern-Harte-Arbeit-und-Hilfe-von-oben;art 99,1275537; zuletzt aufgerufen am 31.03.2018.

1377 BAG NZA 2013, 1206.

1378 Auch im Fragebogen von *Nesemann* hat kein Verein angegeben, dass er unbefristete Verträge abschließt. Nach Angaben von acht Vereinen werden Befristungen von ein bis zwei Jahren vereinbart und 18 Vereine haben angegeben, dass die Laufzeit zwischen drei und fünf Jahren liege, *Nesemann*, Arbeitsvertragliche Grenzen im professionellen Jugendfußball, Fragebogen Frage 9, S. 154.

## 1. *Maximale Vertragsdauer*

Zunächst ist zu prüfen, bis zu welcher maximalen Laufzeit der Vertrag abgeschlossen werden kann.

Nach § 620 Absatz 3 BGB findet bei Arbeitsverträgen das Teilzeit- und Befristungsgesetz Anwendung. Nach § 15 Absatz 4 TzBfG, der inhaltlich dem § 624 BGB entspricht, kann ein Arbeitsverhältnis, dass für länger als fünf Jahre eingegangen wird, nach Ablauf der fünf Jahre gekündigt werden. Die vertragliche Verpflichtung des Minderjährigen darf demnach nach den gesetzlichen Vorschriften nicht länger als fünf Jahre dauern[1379].

Nach Verbandsrecht gilt etwas anderes. Nach § 22 Nr. 1 DFB-SpielO beträgt für Spieler unter 18 Jahren die maximale Laufzeit des Vertrages drei Jahre. § 22 Nr. 1 DFB-SpielO entspricht Artikel 18 Absatz 2 FIFA-Transferreglement, der gemäß Artikel 1 Nr. 3 a FIFA-Transferreglement verbindlich und ohne Änderung in das Verbandsreglement zu übernehmen ist. Wenn der Vertrag für eine längere Zeit als drei Jahre geschlossen wird, steht es dem Spieler frei, den Verein nach Ablauf der drei Jahre zu verlassen[1380]. Für den Minderjährigen, der einen Fördervertrag abschließt, gilt ebenfalls § 22 DFB-SpielO, da gemäß § 1 DFB-Fördervertrag der Spieler als Vertragsspieler einzuordnen ist und die §§ 22–26a DFB-SpielO zur Anwendung kommen. § 22 Nr. 7.1 DFB-SpielO sieht im Gegensatz zu § 22 Nr. 1 DFB-SpielO vor, dass mit A- und B-Junioren der Leistungszentren Förderverträge nach dem 3+2 Modell abgeschlossen werden können. Dies bedeutet, dass der Vertrag für drei Jahre mit einer Option zur Verlängerung um weitere zwei Jahre geschlossen wird. Diskussionsbedarf erhielt dieses Thema durch Kurt Sinan. Der 16-jährige Spieler hatte einen 3-Jahresvertrag beim Borussia Mönchengladbach unterschrieben. Daneben hatte er zum gleichen Zeitpunkt einen Anschlussvertrag über ein weiteres Jahr abgeschlossen[1381]. Nach § 6 Nr. 2 und 3 DFB-Fördervertrag gilt der DFB-Fördervertrag für drei Jahre und der Vertrag kann, wenn beide es wünschen, für zwei Jahre fortgesetzt werden. Beide Parteien müssen bis zu dem 30. April vor der Vertragsbeendigung schriftlich erklären, ob sie von der

---

1379 PHB-SportR/*Fritzweiler*, 3. Teil, 1. Kapitel, Rn. 28.

1380 Entsprechend zu Artikel 18 FIFA-Transferregelment, Kommentar zum Regelment bezüglich Status und Transfer von Spielern, S. 54.

1381 *Klüttermann*, DFL sieht nach Fall Kurt keinen Handlungsbedarf, RP Online v. 04.11.2014; abrufbar unter: http://www.rp-online.de/sport/fussball/borussia/dfl-sieht-nach-fall-kurt-keinen-handlungsbedarf-aid-1.4499132; zuletzt aufgerufen am 31.03.2018.

Verlängerungsoption Gebrauch machen wollen. Dies bedeutet, dass, falls beide Parteien von der Option Gebrauch machen, der Vertrag fünf Jahre gilt. Der Vertrag ist als Vertrag nach dem 3+2 Modell einzuordnen und steht im Einklang mit § 22 Nr. 7.1 DFB-SpielO.

Man könnte davon ausgehen, dass dies allerdings gegen § 22 Nr. 1 DFB-SpielO verstößt, da bei Gebrauch der Verlängerungsoption der Vertrag fünf Jahre Bestand hat und § 22 Nr. 1 DFB-SpielO bei unter 18-jährigen Spielern nur eine maximale Laufzeit von drei Jahren vorsieht. Allerdings müssen beide Vertragsparteien ausdrücklich vor Vertragsbeendigung erklären, dass sie die Verlängerung wollen. Dies bedeutet, dass sich der Vertrag nicht automatisch verlängert. Grundsätzlich ist die Laufzeit daher drei Jahre. Der Unterschied zwischen den beiden Regelungen liegt darin, dass § 22 Nr. 7.1 DFB-SpielO explizit die Förderverträge und die A- und B-Junioren anspricht und § 22 Nr. 1 DFB-SpielO auf alle Vertragsspieler unter 18 Jahren Anwendung findet. Bei Minderjährigen, die einen Fördervertrag abschließen, ist als Option eine längere Vertragsdauer möglich als bei einfachen Vertragsspielerverträgen mit unter 18-Jährigen. Trotzdem verstößt die Regelung nicht gegen § 22 Nr. 1 DFB-SpielO und Art. 18 Absatz 2 FIFA-Transferreglement, da der Vertrag zunächst nur für drei Jahre gilt und es dann beiden Parteien überlassen wird, ob sie den Vertrag um zwei Jahre verlängern.

Ein Vertrag, der von vornherein über eine längere Vertragszeit als drei Jahre abgeschlossen wird, verstößt gegen die DFB-SpielO. Allerdings sind die DFB-Regeln keine Gesetze, sondern nur Verbandsrecht. Dies bedeutet, dass bei einem Vertrag, der von vornherein über fünf Jahre oder länger abgeschlossen wird, ein Verstoß gegen Verbandsrecht vorliegt[1382]. Nach dem BGB und dem TzBfG, nach denen die maximale Vertragslaufzeit fünf Jahre beträgt, liegt ein Verstoß erst dann vor, wenn der Vertrag länger als fünf Jahre dauert. Ein Fünfjahresvertrag eines minderjährigen Fußballers verstößt somit nicht gegen § 15 Absatz 4 TzBfG[1383]. Bei Wertungskollisionen hat das staatliche Recht Vorrang vor dem Verbandsrecht[1384] und somit beträgt die Vertragsdauer maximal fünf Jahre.

## 2. *Aufhebungsvertrag*

Gemäß § 6 Nr. 4 DFB-Fördervertrag kann der Vertrag vorzeitig durch einen Aufhebungsvertrag beendet werden. Grundsätzlich steht es den Parteien jederzeit

1382 Siehe zu dem verbandsrechtlichen Verstoß gegen § 22 Nr. 1 DFB-SpielO auch *Redell*, Causa Sport 2015, 28, 34 f.

1383 So auch BAG NZA 2013, 1206,1208, Rz. 32.

1384 PHB-SportR/*Summerer*, 2. Teil, 1. Kapitel, Rn. 13.

frei, den Vertrag einvernehmlich durch einen Aufhebungsvertrag zu beenden[1385]. Fraglich ist, in welchen Fällen es zu einem Aufhebungsvertrag kommt. Zum einen ist daran zu denken, dass beide Parteien von sich aus den Vertrag beenden wollen. Ein beiderseitiges Bedürfnis zur Aufhebung kann sich ergeben, wenn der Verein keinen Sinn darin sieht, den Minderjährigen weiter zu beschäftigen, sondern es aus seiner Sicht eine „Verschwendung von Ressourcen" darstellt und der Minderjährige ebenfalls kein Interesse an der Fortführung des Fußballspielens bei diesem Verein hat. Allerdings wird die Anzahl der Verträge, die aus diesem Grund aufgehoben werden, sehr gering sein. In der Regel wird man davon ausgehen können, dass die Vereine einen Fördervertrag nur mit einem Minderjährigen schließen, bei dem sie sich sicher sind, dass er das nötige Potenzial hat und der auch bereit und willens ist, den Beruf des Fußballers anzugehen und auszuüben. Im Gegenzug wird der Minderjährige den Vertrag nur unterschreiben, wenn er eine Profikarriere anstrebt.

Die weitaus häufigere Forderung nach einem Aufhebungsvertrag wird darin liegen, dass der Minderjährige sich bei dem Verein unwohl fühlt oder ein besseres Angebot von einem anderen Verein bekommen hat und aus diesem Grund vor Vertragsende wechseln will. Dabei ist zu berücksichtigen, dass der Verein durch den Fördervertrag in den Minderjährigen investiert. Dies erfolgt nicht nur durch die Zahlung des Entgeltes an den Minderjährigen, sondern auch dadurch, dass er ihn durch qualifizierte Trainer trainiert und schult und dies ebenfalls mit Kosten verbunden ist. Der Verein will den talentierten jungen Fußballer irgendwann in seine Lizenzmannschaft übernehmen und ihn daher von Anfang an so qualifiziert wie möglich ausbilden. Aus diesem Grund hat der Verein grundsätzlich kein Interesse daran, den Vertrag vorzeitig zu beenden. Wenn der Minderjährige vorzeitig den Vertrag beenden will, wird der Verein den Vertrag nicht ohne Gegenleistung aufheben, sondern auf die Zahlung einer Ablösesumme für die vorzeitige Beendigung bestehen. Zulässig ist, dass ein vorzeitiger Wechsel von einer Ablösesumme abhängig gemacht wird[1386]. Diese wird dem alten Verein dafür bezahlt, dass er den Spieler vor Vertragsende aus dem Vertrag entlässt; der Spieler wird aus einem befristeten Vertrag herausgekauft. In der Praxis ist die Zahlung von solchen Ablösesummen durchaus üblich. Die Ablösesumme kann

1385 BeckOK-ArbR/*Hesse*, § 620 BGB, Rn. 72; ErfK/*Müller-Glöge*, § 620 BGB, Rn. 5.

1386 BAG, NZA 2013, 1206, 1209, Rz. 33; OLG Düsseldorf, NJW-RR 2001, 1633; jurisPK-BGB/*Nassall*, § 138 BGB, Rn. 253; *Kelber*, NZA 2001, 11 ff.; Münchener Handbuch-ArbR Bd. 2/*Giesen*, § 337, Rn. 38; nicht zulässig ist dagegen die Zahlung einer Ablösesumme nach Ende des Vertrages, „Bosman Entscheidung", Slg 1995, I-4921-5082 = NJW 1996, 505–512.

von dem neuen Verein übernommen werden. Die Aufhebung kann aber auch von einer Zahlung durch den Minderjährigen abhängig gemacht werden. Dies ist ebenfalls wirksam[1387]. Grundsätzlich besteht demnach die Möglichkeit, dass der Minderjährige den Vertrag vorzeitig durch einen Aufhebungsvertrag beendet. Da dies allerdings von einer Zahlung abhängen wird, ist der Minderjährige entweder darauf angewiesen, dass der neue Verein die geforderte Ablöse zahlt oder das neue Angebot muss so gut sein, dass er die Ablöse selbst aufbringen kann.

### 3. *Wirksamkeit der Befristung*

Bei einem befristeten Arbeitsverhältnis ist die ordentliche Kündigung nach § 15 Absatz 4 TzBfG ausgeschlossen, so dass der Vertrag grundsätzlich nicht vor Ende der vereinbarten Laufzeit beendet werden kann. Sollte sich der Sportler allerdings auf die Unwirksamkeit der Befristung berufen können, läge kein befristetes Arbeitsverhältnis vor, so dass eine Kündigung möglich wäre. Aus diesem Grund stellt sich die Frage, ob die Befristung in den Verträgen wirksam ist,

Ein Arbeitsverhältnis kann nicht in jedem Fall befristet werden. Der Gesetzgeber sieht das unbefristete Arbeitsverhältnis als den Regelfall an[1388]. Eine Befristung kommt entweder in Betracht, wenn ein Sachgrund nach § 14 Absatz 1 TzBfG vorliegt oder bei einer sachgrundlosen Befristung müssen die Voraussetzungen des § 14 Absatz 2, 2a und 3 TzBfG gegeben sein.

#### a. *Sachgrundbefristung gemäß § 14 Absatz 1 TzBfG*

§ 14 Absatz 1 TzBfG regelt die zulässigen Befristungsgründe. Die Aufzählung ist nicht abschließend, was durch die Formulierung „insbesondere“ zum Ausdruck gebracht wird[1389]. Nicht alle der acht genannten Sachgründe für die Befristung von Verträgen der minderjährigen Fußballer kommen in Betracht. Aus diesem Grund sollen nur die Sachgründe „Abschluss an eine Ausbildung“ (§ 14 Absatz 1 Satz 2 Nr. 2 TzBfG), „Eigenart der Arbeitsleistung“ (§ 14 Absatz 1 Satz 2 Nr. 4 TzBfG) und „in der Person des Arbeitnehmers liegende Gründe“ (§ 14 Absatz 1 Satz 2 Nr. 6 TzBfG) untersucht werden. Grundsätzlich wird für die

---

1387 Insbesondere ist die Verpflichtung zur Zahlung von 40.000 € und zusätzlich 20.000 € falls der Spieler innerhalb von knapp 3 Jahren den Status eines Lizenzspielers erwirbt, wirksam, BAG NZA 2013, 1206, 1208 ff.

1388 BT-Drucks 14/4374, S. 12.

1389 BAG NZA 2005, 401, 404; Ascheid/Preis/Schmidt/*Backhaus*, Kündigungsrecht, § 14 TzBfG, Rn. 79; Meinel/Heyn/Herms/*Meinel*, § 14 TzBfG, Rn. 32.

Zulässigkeit der Befristung auf den Zeitpunkt des Vertragsschlusses abgestellt[1390]. Für die Prognose kommt es auf objektive Umstände, nicht auf subjektive Einschätzungen des Arbeitgebers an[1391].

### aa. Anschluss an eine Ausbildung gemäß § 14 Absatz 1 Satz 2 Nr. 3 TzBfG

Nach § 14 Absatz 1 Satz 2 Nr. 3 TzBfG ist eine Befristung gerechtfertigt, wenn sie im Anschluss an eine Ausbildung oder ein Studium erfolgt, um den Übergang des Arbeitnehmers in eine Anschlussbeschäftigung zu erleichtern[1392]. Der Begriff der Ausbildung ist weit auszulegen. Darunter fallen nicht nur Berufsausbildungsverhältnisse nach § 10 BBiG, sondern auch alle sonstigen Vertragsverhältnisse im Sinne des § 26 BBiG, die gezielt zum Erwerb beruflicher Kenntnisse, Fertigkeiten oder Erfahrungen dienen[1393]. Wenn, wie oben bei den Förderverträgen festgestellt, die Erbringung der Leistung den Ausbildungszweck überwiegt und daher ein Arbeitsvertrag vorliegt, dann kommt § 14 Absatz 1 Satz 2 Nr. 2 TzBfG nicht zur Anwendung.

### bb. Eigenart der Arbeitsleistung gemäß § 14 Absatz 1 Satz 2 Nr. 4 TzBfG

Die Eigenart der Arbeitsleistung ist der Sachgrund, der am häufigsten im Fußball angeführt wird. Zuletzt fand das Thema durch die Entscheidung des Arbeitsgerichts Mainz[1394] Beachtung. Das Gericht verneinte die Eigenart der Arbeitsleistung als Sachgrund und gab dem Spieler Recht, dass der Vertrag nicht durch die Befristung endete. Bis auf das Arbeitsgericht Mainz hatte, soweit ersichtlich, bisher nur das LAG Nürnberg[1395] zur Sachgrundbefristung Stellung genommen. Das LAG Nürnberg hatte im Gegensatz zum Arbeitsgericht Mainz die Befristung als rechtmäßig angesehen. In dem Fall vor dem ArbG Mainz legte der beklagte 1. FSV Mainz 05 Berufung ein und das LAG Rheinland-Pfalz gab der Berufung statt. Die Befristung sei wegen der Eigenart der geschuldeten

---

1390 BAG NZA 2011, 905, 911, Rz. 45; Ascheid/Preis/Schmidt/*Backhaus*, Kündigungsrecht, § 14 TzBfG, Rn. 12; ErfK/Müller-Glöge, § 14 TzBfG, Rn. 16.

1391 Ascheid/Preis/Schmidt/*Backhaus*, Kündigungsrecht, § 14 TzBfG, Rn. 51; Däubler/Zwanziger/*Wroblewski*, Kündigungs-schutzrecht, § 14 TzBfG, Rn. 39.

1392 Meinel/Heyn/Herms/*Meinel*, § 14 TzBfG, Rn. 104.

1393 Ascheid/Preis/Schmidt/*Backhaus*, Kündigungsrecht, § 14 TzBfG, Rn. 85; Müko/*Hesse*, BGB, § 14 TzBfG, Rn. 25.

1394 ArbG Mainz NZA 2015, 684.

1395 LAG Nürnberg SpuRt 2010, 33.

Arbeitsleistung gerechtfertigt[1396]. Das LAG Rheinland-Pfalz ließ die Revision zu und diese wurde auch durch den Spieler eingelegt[1397]. Das BAG hat die Befristung ebenfalls wegen der Eigenart der Arbeitsleistung als gerechtfertigt angesehen. Im Spitzenfußball würden sportliche Hochleistungen gefordert und die könne der Lizenzspieler nur für eine begrenzte Zeit erfüllen. Dies sei eine Besonderheit, die in der Regel ein berechtigtes Interesse an der Befristung des Arbeitsverhältnisses begründe[1398]. Zudem entschied das BAG in der bereits angesprochenen Entscheidung über den Aufhebungsvertrag des minderjährigen Fußballers, dass sich eine fünfjährige Befristung des Vertrages des minderjährigen Spielers noch im Rahmen des § 14 Absatz 4 TzBfG befinde[1399]. Da eine sachgrundlose Befristung gemäß § 14 Absatz 1 TzBfG allerdings nur für die Dauer von zwei Jahren zulässig ist, nahm es inzident einen Sachgrund an. Bedauerlicherweise bezog es keine nähere Stellung zu der Art des Sachgrundes.

Als Eigenart der Arbeitsleistung werden verschiedene Gründe angeführt. Ausgangspunkt ist, dass das BAG für den Bereich Funk, Fernsehen, Presse und Kunst, also den Bereichen, die dem Schutz des Artikels 5 GG unterliegen, den Sachgrund der Eigenart der Arbeitsleistung bejahte[1400]. Im Folgenden soll untersucht werden, was als Eigenart der Arbeitsleistung in Betracht kommen kann.

#### (1) Branchenüblichkeit und hohe Gehälter

Zunächst stellt die Branchenüblichkeit nur ein Indiz für die Befristung dar und ist alleine nicht geeignet, die Befristung zu begründen[1401]. Zudem können die

---

1396 Pressemitteilung des LAG Mainz zu dem Urteil LAG Rheinland-Pfalz v. 17.02.2016 – 4 Sa 202/15; Urteilsgründe noch nicht veröffentlicht.

1397 Revision eingelegt: Fall „Heinz Müller" geht in die nächste Runde, Zeit Online v. 10.05.2016, abrufbar unter: http://www.zeit.de/news/2016-05/10/fussball-revision-eingelegt-fall-heinz-mueller-geht-in-die-naechste-runde-10134803; zuletzt aufgerufen am 31.03.2018.

1398 Pressemitteilung des Bundesarbeitsgericht 2/18 zum Urteil 7 AZR 312/16 vom 16. Januar 2018.

1399 BAG NZA 2013, 1206, 1208 f.

1400 Statt vieler BAG NZA 2014, 1018, Rn. 15 f.; BAG NZA 2007, 147, 148; BAG NZA 1998, 1336, 1338 f.; ErfK/*Müller-Glöge*, § 14 TzBfG, Rn. 45 f.; MüKo/*Hesse*, BGB, § 14 TzBfG, Rn. 42

1401 ArbG Mainz NZA 2015, 684, 687; *Beckmann/Beckmann*, SpuRt 2011, 236, 239; *Fröhlich/Fröhlich*, Causa Sport 2015, 145, 147; Meinel/Heyn/Herms/*Meinel*, § 14 TzBfG, Rn. 174; *Schlachter* FamRZ *Katzer/Frodl*, NZA 2015, 657, 661; 2006, 155, 158; *Strauf*, Causa Sport 2014, 66, 67.

hohen Gehälter ebenso keine Befristung rechtfertigen[1402]. Überdies verdienen die minderjährigen Spieler bis auf ganz geringe Ausnahmen nicht so viel wie die erwachsenen Profispieler.

(2) Vergleich mit Bühne/Abwechslungsbedürfnis des Publikums

Das LAG Nürnberg[1403] erkannte das Abwechslungsbedürfnis des Publikums für den Fußball an. Das Publikum wünsche sich nach einer gewissen Zeit eine Änderung der Fußballshow und möchte andere Spieler sehen[1404]. Auch in der Literatur wird das Abwechslungsinteresse des Publikums als geeigneter Sachgrund für eine Befristung angesehen[1405]. Der Spitzensportler stehe den Akteuren in der Unterhaltungsbranche so nahe, dass eine unterschiedliche Behandlung nicht gerechtfertigt sei[1406]. Den Zuschauern müssten neue Anreize geboten werden, damit sie das Stadion besuchen[1407]. Beim zuschauer- und medienorientierten Spitzensport habe das Publikum ein Interesse an neuen Gesichtern[1408].

Der Ansicht muss entgegengehalten werden, dass die Fußballbranche zwar eine Unterhaltungsbranche ist, aber der wesentliche Unterschied zum Bühnenbereich darin liegt, dass anders als in der Kunst oder Medienbranche der grundrechtliche Schutz fehlt. Während bei den Künstlern, Schauspielern und

1402 ArbG Mainz NZA 2015, 684, 687; Ascheid/Preis/Schmidt/*Backhaus*, Kündigungsrecht, § 14 TzBfG, Rn. 298a; *Blang*, Befristung von Arbeitsverträgen mit Lizenzspielern und Trainern, S. 114; *Fröhlich/Fröhlich*, Causa Sport 2015, 145, 148; *Katzer/Frodl*, NZA 2015, 657, 661; *Strauf*, Causa Sport 2014, 66, 67; *Vogt*, Befristungs- und Optionsvereinbarungen im professionellen Mannschaftssport, S. 79.

1403 LAG Nürnberg SpuRt 2010, 33.

1404 LAG Nürnberg SpuRt 2010, 33, 34.

1405 *Bepler*, in: Bepler, Sportler, Arbeit und Statuten, S. 43, 60; Däubler/Hjort/Schubert/Wohlmerath/*Tilmanns*, Arbeitsrecht, § 14 TzBfG, Rn. 47; *Dörner*, Der befristete Arbeitsvertrag, Rn. 391; Handbuch Fußball-Recht/*Breucker/Wüterich/*, Kapitel 9, Rn. 117; *Kleinebrink*, ArbRB 2008, 14, 15; MüKo/*Hesse*, BGB, § 14 TzBfG, Rn. 46; *Rybak*, Das Rechtsverhältnis zwischen dem Lizenzfußballspieler und seinem Verein, S. 197; *Sievers*, § 14 TzBfG, Rn. 305; SportR in der Praxis/*Wüterich/Breucker*, 7. Kapitel, Rn. 630; so auch *Menke*, in: Müller-Urteil schreckt Fußball auf, Hamburger Abendblatt v. 26.03.2015, abrufbar unter: http://www.abendblatt.de/sport/article205224929/Mueller-Urteil-schreckt-Fussball-auf.html; zuletzt aufgerufen am 31.03.2018.

1406 MüKo/*Hesse*, BGB, § 14 TzBfG, Rn. 46.

1407 *Kleinebrink*, ArbRB 2008, 14, 15.

1408 Handbuch Fußball-Recht/*Breucker/Wüterich*, Kapitel 9, Rn. 117; *Kania/Moritz*, JuS 1996, 517, 518 f.

Redakteuren ein Schutz durch Artikel 5 GG gegeben ist, liegt ein solcher im Sport nicht vor[1409]. Die Vereinsautonomie des Artikel 9 Absatz 1 GG hilft nicht weiter, weil dieser nur die Bildung und den Bestand des Vereins schützt, nicht aber den Abschluss von Arbeitsverträgen[1410]. Abgesehen davon, dass auch im Bühnenbereich nicht mehr tragend auf das Abwechslungsinteresse zurückgegriffen wird[1411], ist ein wesentlicher Unterschied zu den Aufführungen auf den Bühnen, dass der Fußball nicht inszeniert ist. Es macht den Sport gerade aus, dass der Ausgang ungewiss ist. Die „Vorführung" ist nie gleich[1412]. Dies gilt sowohl für den Lizenzbereich als auch für den Jugendbereich. Zudem besteht kein Bedürfnis des Publikums nach einer Abwechslung der Spieler. Die Zuschauer und Fans bei einem Fußballspiel sehen sich an ihren Lieblingen nicht satt[1413]. Im Gegenteil wird gerade die Vereinstreue den Spielern hoch angerechnet. Die Fans identifizieren sich am meisten mit den Spielern, die dem Verein die längste Treue halten[1414]. Beste Beispiele sind Fritz Walter oder Uwe Seeler, die Jahrzehnte bei ihren Vereinen geblieben und damit zu Legenden ihrer Fans werden konnten. Dieser Eindruck wird noch verstärkt, wenn der Spieler bereits in den Jugendmannschaften bei dem Verein war[1415]. Diese Verbindung entwickelt sich allerdings erst in vielen Jahren, sodass dies hauptsächlich für den Lizenzbereich gilt.

---

1409 *Beckmann/Beck*, SpuRt 2016, 155, 156; *Beckmann/Beckmann*, SpuRt 2011, 236, 239; *Boemke/Jäger*, jurisPR-ArbR 31/2015 Anm. 4; *Fröhlich/Fröhlich*, Causa Sport 2015, 145, 146; Laux/Schlachter/ *Schlachter*, § 14 TzBfG, Rn. 60; *Oberthür*, Das Transfersystem im Lizenzfußball, S. 68.

1410 *Blang*, Befristung von Arbeitsverträgen mit Lizenzspielern und Trainern, S. 126.

1411 Dazu Ascheid/Preis/Schmidt/*Backhaus*, Kündigungsrecht, § 14 TzBfG, Rn. 183 ff.; *Blang*, Befristung von Arbeitsverträgen mit Lizenzspielern und Trainern, S. 127 f.

1412 *Blang*, Befristung von Arbeitsverträgen mit Lizenzspielern und Trainern, S. 127; *Fröhlich/Fröhlich*, Causa Sport 2015, 145, 146; *Hausch*, SpuRt 2003, 103; *Vogt*, Befristungs- und Optionsvereinbarungen im professionellen Mannschaftssport, S. 81.

1413 ArbG Mainz NZA 2015, 684, 687; Ascheid/Preis/Schmidt/*Backhaus*, Kündigungsrecht, § 14 TzBfG, Rn. 295b; *Fröhlich/Fröhlich*, Causa Sport 2015, 145, 146; *Mosch*, NJW-Spezial 2015, 370, 371; *Vogt*, Befristungs- und Optionsvereinbarungen im professionellen Mannschaftssport, S. 81; *Walker*, in: Höfling/Horst/Nolte, Fußball Motor des Sportrechts, S. 53, 60.

1414 *Blang*, Befristung von Arbeitsverträgen mit Lizenzspielern und Trainern, S. 121; *Fröhlich/Fröhlich*, Causa Sport 2015, 145, 146; *Hausch*, SpuRt 2003, 103; *Walker*, NZA 2016, 657, 659.

1415 Fritz Walter und Uwe Seeler waren beide seit der Jugend bei 1. FC Kaiserslautern und dem Hamburger SV. Auch Thomas Müller hat bereits mit 11 Jahren in die D-Jugend des FC Bayern München gewechselt und ist bis heute noch dort, https://de.wikipedia.org/wiki/Thomas_M%C3%BCller; zuletzt aufgerufen am 31.03.2018.

Aber auch bei den Jugendspielern des Vereins gilt das Dargestellte; das Publikum will auch hier nicht neue Spieler sehen, sondern mitverfolgen wie sich die Jugendspieler entwickeln und welche Fortschritte sie machen. Den Zuschauern ist nicht die Abwechslung der Mannschaftsspieler wichtig, sondern der Erfolg der Mannschaft[1416]. Aus diesem Grund scheidet das Abwechslungsbedürfnis und der Vergleich mit dem Bühnenbereich sowohl im Lizenzbereich als auch im Jugendbereich als Sachgrund nach § 14 Absatz 1 Satz 2 Nr. 4 TzBfG aus.

(3) Verschleiß/Nachlassen der Leistungsfähigkeit

Als weiteres Argument der Eigenart der Arbeitsleistung wird das Nachlassen der Leistungsfähigkeit der Spieler angeführt[1417]. Mit dem Fußball gehe eine enorme körperliche Beanspruchung einher, sodass den Spielern nur eine begrenzte Zeit zur Verfügung stehe, in der sie den Beruf des Fußballers ausüben könnten. Mit zunehmendem Alter lasse die körperliche Verfassung nach und der Spieler genüge nicht mehr den Leistungsanforderungen[1418]. Das LAG Nürnberg ist der Ansicht, dass ein Fußballer im Alter von über 30 Jahren den Leistungshöhepunkt überschritten habe[1419]. Vertreten wird, dass es gewiss sei, dass die Leistungsfähigkeit nachlasse[1420]. Bei einem unbefristeten Vertrag bestehe zwar die Möglichkeit einer personenbedingten Kündigung, aber da der Leistungsabfall kaum messbar und daher schwer beweisbar sei, müssten die Verträge

---

1416 ArbG Mainz NZA 2015, 684, 684; Ascheid/Preis/Schmidt/*Backhaus*, Kündigungsrecht, § 14 TzBfG, Rn. 295b; *Beathalter*, in: Bepler, Sportler, Arbeit und Statuten, S. 27, 36 f.; *Beckmann/Beckmann*, SpuRt 2011, 236, 239; *Blang*, Befristung von Arbeitsverträgen mit Lizenzspielern und Trainern, S. 127; *Fröhlich/Fröhlich*, Causa Sport 2015, 145, 146; *Schlachter*, FamRZ 2006, 155, 158; *Vogt*, Befristungs- und Optionsvereinbarungen im professionellen Mannschaftssport, S. 81.

1417 LAG Nürnberg SpuRt 2010, 33, 34 f.; *Bitsch/Müller*, NZA-RR 2015, 410; Handbuch Fußball-Recht/*Breucker*/*Wüterich*, 9. Kapitel, Rn. 116; *Hausch*, SpuRt 2003, 104; *Jungheim*, RdA 2008, 222, 224; *Katzer/Frodl*, NZA 2015, 657, 659 f.; *Mosch*, NJW-Spezial 2015, 370, 371; MüKo/*Hesse*, BGB, § 14 TzBfG, Rn. 46; *Schulz*, NZA-RR 2016, 460, 461.

1418 *Hausch*, SpuRt 2003, 104; *Jungheim*, RdA 2008, 222, 224; *Mosch*, NJW-Spezial 2015, 370, 371.

1419 LAG Nürnberg SpuRt 2010, 33, 34; *Bitsch/Müller*, NZA-RR 2015, 410 gehen von einem Alter von 30–35 Jahren aus bis der Spieler nicht mehr die volle Leistungsfähigkeit bringen könne.

1420 *Bitsch/Müller*, NZA-RR 2015, 410; *Hausch*, SpuRt 2003, 104; *Katzer/Frodl*, NZA 2015, 657, 659 f.

befristet werden[1421]. Der Unterschied zu anderen Berufen liege darin, dass die körperliche Belastung extremer sei und es sich nicht nur um einen Verschleiß an Motivation oder Kreativität handele. Bei den Berufsfußballern bestehe eine besondere Abhängigkeit von Gesundheit und Leistungsfähigkeit[1422]. Teilweise wird ein Absinken der Leistungsfähigkeit auch bei jungen Spielern bejaht. Auf Grund der körperlichen Beanspruchung lasse auch bei den jungen Spielern die Leistungsfähigkeit nach[1423].

Gegen das Argument des Nachlassens der Leistungsfähigkeit lassen sich ebenso viele Stimmen finden[1424]. In erster Linie wird dagegen der Verstoß gegen Altersdiskriminierung des AGG vorgebracht[1425]. Zudem sei der Begriff des Verschleißes unbestimmt und eine Altersgrenze nicht bestimmbar[1426]. Es sei das Risiko des Arbeitgebers, dass der Spieler nicht leistungsfähig sei wie erwartet[1427]. Dem Arbeitgeber stünde dann die personenbedingte Kündigung zur Verfügung[1428]. Zudem gehe es oft nicht um die nachlassende Leistungsfähigkeit, denn die Spieler, deren Verträge von den Vereinen nicht verlängert werden, spielen meist danach bei einem anderen Verein weiter[1429].

---

1421 *Bitsch/Müller*, NZA-RR 2015, 410; *Hausch*, SpuRt 2003, 104; *Jungheim*, RdA 2008, 222, 224.

1422 *Bitsch/Müller*, NZA-RR 2015, 410.

1423 *Hausch*, SpuRt 2003, 104.

1424 ArbG Mainz, NZA 2015, 684, 685 ff.; *Beckmann/Beckmann* SpuRt 2011, 236, 240; *Berkemeyer*, SpuRt 2010, 8, 9 f.; *Blang*, Befristung von Arbeitsverträgen mit Lizenzspielern und Trainern, S. 119; *Boemke/Jäger*, jurisPR-ArbR 31/2015 Anm. 4; *Fröhlich/Fröhlich*, Causa Sport 2015, 145, 146; *Richter/Müller-Foell*, KSzW 2013, 217, 220; *Spielberger*, Schnellbrief Arbeitsrecht 2015, 73, 74; *Vogt*, Befristungs- und Optionsvereinbarungen im professionellen Mannschaftssport, S. 89.

1425 ArbG Mainz NZA 2015, 384, 686.*Beckmann/Beckmann* SpuRt 2011, 236, 240; *Berkemeyer*, SpuRt 2010, 8, 9 f.; *Blang*, Befristung von Arbeitsverträgen mit Lizenzspielern und Trainern, S. 119; *Vogt*, Befristungs- und Optionsvereinbarungen im professionellen Mannschaftssport, S. 89.

1426 *Beckmann/Beckmann* SpuRt 2011, 236, 238 f.; *Blang*, Befristung von Arbeitsverträgen mit Lizenzspielern und Trainern, S. 119; *Boemke/Jäger*, jurisPR-ArbR 31/2015 Anm. 4; *Fröhlich/Fröhlich*, Causa Sport 2015, 145, 146.

1427 *Berkemeyer*, SpuRt 2010, 8, 9 f.; *Vogt*, Befristungs- und Optionsvereinbarungen im professionellen Mannschaftssport, S. 89.

1428 *Boemke/Jäger*, jurisPR-ArbR 31/2015 Anm. 4; *Vogt*, Befristungs- und Optionsvereinbarungen im professionellen Mannschaftssport, S. 89.

1429 *Blang*, Befristung von Arbeitsverträgen mit Lizenzspielern und Trainern, S. 119; *Vogt*, Befristungs- und Optionsvereinbarungen im professionellen Mannschaftssport, S. 89.

Das Argument des Nachlassens der Leistungsfähigkeit im Alter als Sachgrund kann nicht überzeugen. Zwar dürfte es unbestritten sein, dass ein Fußballer nicht noch im Rentenalter Höchstleistungen bringen kann[1430], allerdings kann keine Altersgrenze festgemacht werden, ab der ein Leistungsabfall zu verzeichnen ist, da diese sehr subjektiv sein wird[1431]. Zudem wird man beim Abstellen auf das Alter unweigerlich zu Verstößen gegen die Altersdiskriminierung kommen. Jedenfalls wird das Argument des Nachlassens der Leistungsfähigkeit bei minderjährigen Spielern nicht greifen. Der Vertrag eines 17-Jährigen kann nicht mit dem Argument des Nachlassens der Leistungsfähigkeit auf drei Jahre befristet werden[1432]. Mit Anfang 20 kann man nicht von einem Absinken der Leistung sprechen. Im Gegenteil ist es durchaus realistisch, dass ein 17-Jähriger noch nicht seine besten Leistungen erbringen kann, da er noch nicht sein Höchstleistungsniveau erreicht hat. Dieses erreicht er möglicherweise erst mit Anfang 20. Auch wenn Kondition, Reaktionsfähigkeit und Schnelligkeit in jungen Jahren stärker ausgeprägt sind, ist Fußball dennoch ein Sport, bei dem das Leistungsniveau nicht schon vor Eintritt der Volljährigkeit erreicht wird, sondern erst in der Regel mit Mitte 20. Hinzu kommt, dass die Entwicklung jedes Menschen und besonders von Minderjährigen sehr unterschiedlich ist und daher keine Pauschalisierung bezüglich des Alters getroffen werden kann. Daher kann das Absinken der Leistungsfähigkeit bei Minderjährigen keinen Grund für eine Befristung darstellen. Sollte es wider Erwarten und trotz aller Bemühungen der medizinischen und physiotherapeutischen Abteilung zu einem Abfallen der Leistung kommen, stellt dies ein Einzelfall dar, der keinesfalls generell bei jungen Spielern eine Befristung rechtfertigen kann.

---

1430 Fälle wie der 47-jährige japanische Mittelstürmer Kazuyoshi Miura stellen eher die Ausnahme dar.

1431 Michael Ballack hat noch mit 35 Jahren für Bayer 04 Leverkusen gespielt, Oliver Kahn hat mit 38 Jahren, Andreas Köpke mit 39 Jahren und Jens Lehmann sogar mit 41 Jahren noch im Tor gestanden. Zu dem wird es auf die Position ankommen, auf der der Spieler spielt, ein Torwart wird noch in einem höheren Alter Höchstleistungen bringen könne, als ein Stürmer, so auch *Beckmann/Beckmann* SpuRt 2011, 236, 240.

1432 Zustimmend: ArbG Mainz NZA 2015, 684; *Beckmann/Beckmann* SpuRt 2011, 236, 239; *Blang*, Befristung von Arbeitsverträgen mit Lizenzspielern und Trainern, S. 119; *Nesemann*, Arbeitsvertragliche Grenzen im professionellen Jugendfußball, S. 87; *Richter/Müller-Foell*, KSzW 2013, 217, 220; Schlachter, FamRZ 2006, 155, 158.

#### (4) Auswechslungsbedürfnis, Taktik, veränderte Mannschaftszusammensetzung

Auf der einen Seite wird angenommen die Befristung auf Grund der Eigenart der Arbeitsleistung liege darin, dass die Notwendigkeit bestehe, eine taktische Anpassung vorzunehmen und die Mannschaft neu zusammenzusetzen[1433]. Erst nach einer gewissen Zeit zeige sich, ob die Spieler zusammen harmonisieren[1434]. Der Trainer müsse die Möglichkeit haben, die Spieler auszuwechseln, wenn sie nicht in das taktische Konzept passen[1435]. Die erforderliche Flexibilität sei nur durch die Befristung zu erreichen. Auf der anderen Seite stünde es der Entwicklung der Mannschaft entgegen, wenn ein Spieler jederzeit kündigen könnte[1436].

Auf Grund der Fluktuation müsse zum einen die Möglichkeit bestehen, die Mannschaft neu zusammenzusetzen[1437] und zum anderen müsse eine Planungssicherheit während der Spielzeit gegeben sein. Dies stelle die Eigenart des Sports dar[1438].

Dem wird entgegengehalten, dass es auch im „normalen" Arbeitsleben zu Änderungen der Arbeitstaktik komme und dass dies ein Risiko des Arbeitgebers sei[1439]. Zudem passe das Argument der Taktik nicht, da man bei einem Torwart beispielsweise kaum die Mannschaftstaktik dahingehend ändert ohne einen Torwart zu spielen. Zudem sei es nicht unüblich, dass die Feldspieler im Laufe der Zeit ihre Position wechseln[1440]. Flexibilitätsgesichtspunkte seien keine Kriterien, die eine Befristung rechtfertigen[1441]. In Bezug auf die jungen Spieler wird angeführt, dass der Verein nicht zwingend Spieler auswechsle, wenn die Mannschaft nicht siege. Die Ausbildung solle sich nicht durch den Erfolg, sondern langfristig

---

1433 *Bitsch/Müller*, NZA-RR 2015, 410; *Katzer/Frodl*, NZA 2015, 657, 660; *Menke*, in: Müller-Urteil schreckt Fußball auf, Hamburger Abendblatt vom 26.03.2015, abrufbar unter: http://www.abendblatt.de/sport/article 205224929/Mueller-Urteil-schreckt-Fussball-auf.html; zuletzt aufgerufen am 31.03.2018; *Schamberger*, SpuRt 2002, 228, 230; *Schlachter*, FamRZ 2006, 155, 158; *Strauf*, Causa Sport 2014, 66, 67.

1434 *Schamberger*, SpuRt 2002, 228, 230.

1435 *Katzer/Frodl*, NZA 2015, 657, 660; KR/*Lipke*, § 14 TzBfG, Rn. 337; *Neuß*, RdA 2003, 161, 169; *Rybak*, Das Rechtsverhältnis zwischen dem Lizenzfußballspieler und seinem Verein, S. 197; *Schamberger*, SpuRt 2002, 228, 230; *Strauf*, Causa Sport 2014, 66, 67.

1436 *Katzer/Frodl*, NZA 2015, 657, 660.

1437 *Strauf*, Causa Sport 2014, 66, 67.

1438 *Bitsch/Müller*, NZA-RR 2015, 410.

1439 *Fröhlich/Fröhlich*, Causa Sport 2015, 145, 147.

1440 *Hausch*, SpuRt 2003, 103, 104.

1441 *Vogt*, Befristungs- und Optionsvereinbarungen im professionellen Mannschaftssport, S. 87.

durch den Einbau des Spielers in die Lizenzmannschaft oder durch seinen teuren Weiterverkauf amortisieren[1442].

Wenn man Flexibilitätsgründe genügen lassen will, dann kann dies nur bei Lizenzspielern bzw. im Erwachsenenbereich gelten. Der Hintergrund ist dabei, dass möglichst das Optimum aus der Mannschaft geholt werden soll und Erfolge erzielt werden sollen. Die Mannschaft soll so zusammengestellt werden, dass sie optimal aufeinander eingespielt ist und gewinnen kann, was im Bedarfsfall einen Wechsel bedeutet. Bei den Spielen der Jugendmannschaften ist ein Sieg nicht das alleinige und vordergründige Ziel des Vereins. Zwar gibt es auch einen Ligawettbewerb und die Mannschaften wollen siegen und aufsteigen, aber es wird dennoch mehr auf die Entwicklung der Spieler Rücksicht genommen. Taktische Möglichkeiten werden ausgetestet und es wird versucht, den Minderjährigen zu formen. Unter Umständen wird der Minderjährige auf eine andere Position gestellt oder er macht einen Entwicklungsschub, der eine Verbesserung der Leistung mit sich bringt. Es kommt nicht in erster Linie auf den Sieg an, sondern darauf, dass eine Mannschaft bzw. einzelne Spieler geformt werden können, die sich später in der Lizenzliga etablieren. Daher kann das Bedürfnis, aus Flexibilitätsgründen Änderungen der Mannschaft vorzunehmen, bei den minderjährigen Fußballern nicht als Befristungsgrund im Sinne des § 14 Absatz 1 Satz 2 Nr. 4 TzBfG angeführt werden.

#### (5) Ungewissheit über Leistungsentwicklung

Teilweise wird die Unsicherheit über die Leistungsentwicklung des Spielers als Grund für die Befristung angeführt[1443]. Die Leistungsfähigkeit sei nur begrenzt vorhersehbar und die Ungewissheit hänge nicht mit dem Alter zusammen. Auch bei jungen Spielern könne auf Grund der Beanspruchung oder auf Grund nicht funktionierenden Mannschaftsspiels das Leistungsniveau abfallen. Es könne auch vorkommen, dass hoffnungsvolle Talente sich nicht so entwickeln wie es gehofft war. Da die Ungewissheit der Leistungsentwicklung auch junge Spieler betreffe, sei kein Verstoß gegen das AGG gegeben. In Kombination mit der besonderen Erfolgsorientierung und den Einfluss, den der Spieler auf den Erfolg des Arbeitgebers habe, verwirkliche er nicht nur das Risiko, wie dies bei jedem

1442 *Nesemann*, Arbeitsvertragliche Grenzen im professionellen Jugendfußball, S. 89.

1443 *Fröhlich/Fröhlich*, Causa Sport 2015, 145, 147; *Menke*, in: Müller-Urteil schreckt Fußball auf, Hamburger Abendblatt vom 26.03.2015, abrufbar unter: http://www.abendblatt.de/sport/article205224929/Mueller-Urteil-schreckt-Fussball-auf.html; zuletzt aufgerufen am 31.03.2018; *Nesemann*, Arbeitsvertragliche Grenzen im professionellen Jugendfußball, S. 89 ff.

anderen Arbeitsverhältnis der Fall ist, wenn er hinter den Erwartungen zurückbleibt[1444]. Dem wird entgegengehalten, dass die Behauptung, die Ungewissheit über die Leistungsentwicklung habe nichts mit dem Alter zu tun, nicht stimme. Es gehe gerade um ein altersbedingtes Absinken, was mit dem AGG nicht zu vereinbaren sei[1445]. Die Unsicherheit über die Entwicklung des Leistungsvermögens sei ein Risiko des Arbeitgebers, das ihm nicht genommen werden soll[1446].

Richtig ist, dass bei einem jungen Spieler weniger vorhergesagt werden kann, wie er sich entwickelt als dies bei einem erwachsenen Spieler möglich ist. Bei einem jungen Spieler spielen Faktoren wie Wachstumsschübe, schlechte Noten, Pubertätserscheinungen und das Umfeld eine erhebliche Rolle und können sich auf das Leistungsvermögen auswirken. Ein Spieler, dessen Körper gerade einen Wachstumsschub macht, kann unter Umständen nicht dieselbe Leistung bringen wie wenn er erwachsenen wäre oder wenn das Wachstum stagniert. Dies bedeutet aber nicht zwingend, dass der Spieler generell kein Potenzial für die Lizenzmannschaft aufweist. Es besteht die Möglichkeit, dass sich nach der Wachstumsphase oder nach dem Pubertätsschub die Leistungen wieder verbessern. Jedoch ist auch umgekehrt möglich, dass ein Spieler, der die besten Voraussetzungen mitbringt, sich erst zu einem späteren Zeitpunkt derart entwickelt, dass er die Voraussetzungen für die Lizenzliga nicht erfüllen wird. Aus diesem Grund ist die Entwicklung von jungen Spielern weniger vorhersehbar als von älteren ausgewachsenen Spielern. Die Vereine haben ein Interesse daran, die Leistungsentwicklung junger Spieler nach einer gewissen Zeit zu überprüfen, um festzustellen, ob sie die Voraussetzungen für den Profifußball besitzen oder nicht[1447]. Wenn der Spieler sich als ungeeignet erweist, bedürfen die Vereine einer Möglichkeit sich von diesem Spieler zu trennen. Zwar erleiden die Vereine nicht unbedingt einen hohen finanziellen Verlust, wenn sie diesen Spieler weiter bezahlen müssen, aber die Plätze in einem Leistungszentrum sind begrenzt und die Vereine können nicht beliebig viele Talente aufnehmen und „ungeeignete" minderjährige Spieler „mitziehen". Sie haben daher ein Interesse daran, den Spieler, dessen ursprüngliche positive Prognose sich nicht bestätigt, auszutauschen[1448]. Dies kann leichter erreicht werden, indem eine Befristung vereinbart wird. Bei einem

---

1444 *Fröhlich/Fröhlich*, Causa Sport 2015, 145, 147 f.

1445 *Beckmann/Beck*, SpuRt 2015, 160, 161.

1446 *Bepler*, in: Bepler, Sportler, Arbeit und Statuten, S. 43, 59.

1447 So auch *Nesemann*, Arbeitsvertragliche Grenzen im professionellen Jugendfußball, S. 91.

1448 So auch *Nesemann*, Arbeitsvertragliche Grenzen im professionellen Jugendfußball, S. 91.

unbefristeten Vertrag müssten die Vereine den Weg über die personenbedingte Kündigung gehen, bei der die Beweisanforderungen deutlich erschwert sind. Allerdings ist zu berücksichtigen, dass die Verträge erst mit Spielern abgeschlossen werden dürfen, die nicht mehr der Vollzeitschulpflicht unterliegen[1449]. Dies bedeutet, dass die Spieler 15 oder 16 Jahre alt sind. Ab diesem Alter wird man auch realistisch abschätzen können, ob der Spieler eine Perspektive für die Lizenzmannschaft aufweist[1450]. Dies bedeutet, dass bei Abschluss des Vertrags eine bessere Prognose gestellt werden kann als dies bei einem 13-Jährigen der Fall wäre. Allerdings ist auch noch bei Spielern mit 15 oder 16 Jahren eine positive Prognose keineswegs Gewissheit. Auch in diesem Alter können sich die Spieler noch weiter oder auch zurückentwickeln. Die Wachstums- und Pubertätsphase beginnt bei einigen Minderjährigen später, sodass die Leistungsentwicklung auch in dem Alter noch ungewiss ist. Daher muss es dem Verein möglich sein, auf die Veränderungen des jungen Sportlers zu reagieren.

Folglich kann die Ungewissheit der Leistungsentwicklung bei minderjährigen Spielern einen Sachgrund darstellen.

### (6) Besonderheit des Fußballsports

Als weiterer Grund wird die Besonderheit des Fußballs hervorgehoben. Teilweise wird auch angenommen, dass die Gesamtschau aller Umstände eine Besonderheit darstellt, die die Sachgrundbefristung rechtfertigen[1451]. Der Fußballmarkt sei kein Arbeitsmarkt, zu dem jeder Zugang habe, er unterliege den Vorgaben der FIFA und des DFB. Es bestehe eine Wechselwirkung zwischen Arbeitsrecht und Verbandsrecht mit besonderen Marktbedingungen[1452]. So sei beispielsweise ein Wechsel zu einem neuen Verein nur innerhalb der Transferzeiten möglich[1453] und es gebe nur eine begrenzte Zahl an Arbeitgebern[1454]. Artikel 12 GG sichere

---

1449 Siehe dazu oben unter § 3 B. V.

1450 Es geben 28 der 29 Vereine an, dass erst bei den A/B Junioren realistisch abgeschätzt werden kann, allein ein Verein gibt an, dies schon bei den C/D Junioren beurteilen zu können, Frage 3 des Fragebogens von *Nesemann*, Arbeitsvertragliche Grenzen im professionellen Jugendfußball, S. 153.

1451 *Fischinger/Reiter*, NZA 2016, 661, 664; *Walker*, NZA 2016, 657, 661.

1452 *Bitsch/Müller*, NZA-RR 2015, 410; *Katzer/Frodl*, NZA 2015, 657, 660.

1453 *Bitsch/Müller*, NZA-RR 2015, 410; *Katzer/Frodl*, NZA 2015, 657, 660; *Menke*, in: Müller-Urteil schreckt Fußball auf, Hamburger Abendblatt vom 26.03.2015, abrufbar unter: http://www.abendblatt.de/sport/article 205224929/Mueller-Urteil-schreckt-Fussball-auf.html; zuletzt aufgerufen am 31.03.2018.

1454 *Katzer/Frodl*, NZA 2015, 657, 660.

dem Arbeitnehmer das Recht zu, den Arbeitsplatz von Zeit zu Zeit zu wechseln. Aus diesem Grund müssten die Arbeitsplätze frei werden[1455]. Wenn in Deutschland eine Befristung nicht begründet werden könnte, erlitten die Spieler einen Nachteil, da sie im internationalen Wettbewerb stehen und die Verträge dort auch befristet werden[1456]. Zudem würde das Umverteilungssystem durch Ablösezahlungen ausgehebelt werden. Seit dem „*Bosman*-Urteil"[1457] dürfen Ablösesummen nicht mehr nach Vertragsende verlangt werden, sondern nur, wenn der Vertrag vorzeitig aufgehoben werden soll. Durch diese Ablösesummen nehmen die Vereine hohe Summen ein. Wenn ein Wechsel des Spielers durch eine ordentliche Kündigung jederzeit möglich wäre, erlitten die Vereine erhebliche finanzielle Einbußen, weil sie dann keine Ablösesummen mehr verlangen könnten, bzw. würde der wechselfreudige Spieler kündigen und so sich und dem neuen Verein Kosten ersparen. Mit den Geldern werden vorher getätigte Investitionen, beispielsweise in die Ausbildung junger Spieler, ausgeglichen. Ohne Befristungen würde dieses System zusammenbrechen[1458]. Die Besonderheit rechtfertige keine gänzliche Freistellung des Arbeitsschutzrechts, aber Einschränkungen[1459]. Insofern profitieren die jungen Spieler von ihrer Befristung, da durch die Ablösesummen höhere Investitionen in ihre Ausbildung getätigt werden können, wie beispielweise das Leistungszentrum zu verbessern.

#### (7) Zwischenergebnis

Folglich können bei minderjährigen Spielern die Ungewissheit über die Leistungsentwicklung und die Eigenart des Fußballsports eine Sachgrundbefristung rechtfertigen.

### cc. In der Person des Arbeitnehmers liegende Gründe gemäß § 14 Absatz 1 Satz 2 Nr. 6 TzBfG

Als in der Person des Arbeitnehmers liegender Grund kommt der Wunsch des minderjährigen Arbeitnehmers nach einer Befristung in Betracht[1460]. Es kommt

---

1455 Meinel/Heyn/Herms/*Meinel*, § 14 TzBfG, Rn. 174.

1456 *Katzer/Frodl*, NZA 2015, 657, 660; *Walker*, NZA 2016, 657, 660.

1457 EuGH, Slg 1995, I-4921-5082 = NJW 1996, 505–512.

1458 *Blang*, Befristung von Arbeitsverträgen mit Lizenzspielern und Trainern, S. 143 f.; *Bitsch/Müller*, NZA-RR 2015, 410; *Katzer/Frodl*, NZA 2015, 657, 660; *Walker*, NZA 2016, 657, 660.

1459 *Katzer/Frodl*, NZA 2015, 657, 660.

1460 BAG vom 22.03.1973 – 2 AZR 274/72 AP BGB § 620 Befristeter Arbeitsvertrag Nr. 38; Meinel/Heyn/Herms/*Meinel*, § 14 TzBfG, Rn. 190.

nicht darauf an, dass der Arbeitnehmer frei entscheiden kann oder dass er zugestimmt hat. Erforderlich ist, dass der Arbeitnehmer auch dann einen befristeten Arbeitsvertrag abgeschlossen hätte, wenn der Arbeitgeber ihm alternativ einen unbefristeten Vertrag angeboten hätte[1461].

Der minderjährige Fußballspieler muss demnach eine Befristung gewünscht haben, auch wenn er stattdessen einen unbefristeten Vertrag hätte abschließen können. Dass der Minderjährige diesen Wunsch hat, wird zum Teil bejaht[1462]. Teilweise wird angenommen, dass gerade sehr junge Spieler den Wunsch nach einer Befristung haben[1463]. Der Spieler habe ein Interesse daran, den Verein nach ein paar Jahren zu wechseln, beispielsweise um einen günstigeren Vertrag abzuschließen oder weil er von dem Trainer nicht mehr aufgestellt werde oder weil er Auslandserfahrung sammeln wolle[1464]. Der junge Spieler bliebe flexibel und schränke nicht seine Karrieremöglichkeiten ein. Bei einem befristeten Arbeitsverhältnis sei eine Kündigung nur unter Einhaltung der Kündigungsfristen möglich und wegen feststehenden Terminen der Sommer- und Winterpausen und den Transferperioden sei die Flexibilität nicht vergleichbar[1465]. Daher sei die Befristung für ihn vorzugswürdig. Zudem erhalte der Minderjährige, wie schon oben erläutert[1466], durch den befristeten Vertrag und der Tatsache, dass dieser für mehrere Jahre nicht ordentlich gekündigt werden kann, eine Art Sicherheit, in der er sich ohne Druck entfalten könne. Die Befristung sichere ihm, auch bei verletzungsbedingten Ausfällen, den Bestand des Arbeitsverhältnisses über die Vertragslaufzeit[1467]. Die Befristung schütze die jungen Spieler angesichts ihrer unvorhersehbaren Leistungsentwicklung vor einer vorzeitigen Beendigung durch eine personenbedingte Kündigung[1468].

Der Ansicht muss entgegengehalten werden, dass auf Grund der Entwicklung, die ein junger Spieler durchmacht, ein unbefristeter Vertrag für ihn auch

1461 BAG NZA 1997, 1222, 1223; MüKo/*Hesse*, BGB, § 14 TzBfG, Rn. 58.

1462 *Katzer/Frodl*, NZA 2015, 627, 660; *Krieger*, ArbRAktuell 2015, 328; Meinel/Heyn/Herms/*Meinel*, § 14 TzBfG, Rn. 174; *Mosch*, NJW-Spezial 2015, 370; MüKo/*Hesse*, BGB, § 14 TzBfG, Rn. 46; der dies insbesondere bei „Halbprofis" im Einzelfall als bejaht ansieht; *Rybak*, Das Rechtsverhältnis zwischen dem Lizenzfußballspieler und seinem Verein, S. 197.

1463 *Jungheim*, RdA 2008, 222, 224; *Katzer/Frodl*, NZA 2015, 627, 660.

1464 Meinel/Heyn/Herms/*Meinel*, § 14 TzBfG, Rn. 174; *Rybak*, Das Rechtsverhältnis zwischen dem Lizenzfußballspieler und seinem Verein, S. 197.

1465 *Katzer/Frodl*, NZA 2015, 657, 660; *Mosch*, NJW-Spezial 2015, 370.

1466 Siehe oben unter § 6 A. I.

1467 *Krieger*, ArbRAktuell 2015, 328.

1468 *Katzer/Frodl*, NZA 2015, 657, 660.

vorzugswürdig sein kann. Bei einem unbefristeten Vertrag besteht nach Ablauf der Schutzfrist jederzeit die Möglichkeit, sich durch eine Kündigung von dem Vertrag zu lösen und einen lukrativeren Vertrag bei einem anderen Verein abzuschließen[1469]. Die Flexibilität ist dadurch erhöht. Dass dies ebenfalls nur innerhalb der Transferzeiten möglich ist, steht dem nicht entgegen, insbesondere besteht dabei kein Unterschied zum befristeten Vertrag, der regelmäßig auch immer zum Ende der Saison endet. Neben der erleichterten Möglichkeit sich von dem Vertrag bei Bedarf zu lösen, genießt der Minderjährige durch den unbefristeten Vertrag auch einen Kündigungsschutz, da seitens des Arbeitgebers die Anforderungen für eine Kündigung höher zu stellen sind[1470]. Demnach ist er nicht der Gefahr ausgesetzt, eine Kündigung ohne Grund zu erhalten, und kann sich auch in Ruhe entwickeln und seine Fähigkeiten ausbauen.

Insgesamt kann nicht ausgeschlossen werden, dass der minderjährige Sportler einen befristeten Vertrag wählt[1471], aber es ist davon auszugehen, dass die meisten Fußballer einen unbefristeten Vertrag bevorzugen[1472].

### *b. Sachgrundlose Befristung nach § 14 Absatz 2 TzBfG*

Ohne Sachgrund kann gemäß § 14 Absatz 2 Satz 1 TzBfG das Arbeitsverhältnis bis zu einer Dauer von zwei Jahren kalendermäßig befristet werden. Dies bedeutet, dass das Arbeitsverhältnis über zwei Jahre in jedem Fall befristet werden kann. Bis zu einer Gesamtdauer von zwei Jahren ist auch die dreimalige Verlängerung eines befristeten Arbeitsvertrags zulässig. Diese Möglichkeit wird bei Minderjährigen kaum zur Anwendung kommen, da weder der Spieler noch der Verein ein Interesse daran haben werden, das Arbeitsverhältnis für so kurze Abschnitte abzuschließen. Nach § 14 Absatz 2 Satz 2 TzBfG ist eine Befristung

---

1469 So auch *Beckmann/Beckmann*, SpuRt 2011, 236, 240; *Boemke/Jäger*, jurisPR-ArbR 31/2015 Anm. 4; *Oberthür*, Das Transfersystem im Lizenzfußball, S. 76.

1470 So auch *Beckmann/Beckmann*, SpuRt 2011, 236, 240; *Nesemann*, Arbeitsvertragliche Grenzen im professionellen Jugendfußball, S. 92.

1471 Die Wahl für einen befristeten Vertrag werden wahrscheinlich eher ältere, dem Ende der Karriere nahende Spieler wählen, so auch *Richter/Müller-Foell*, KSzW 2013, 217, 220, Fn. 28.

1472 So auch *Beckmann/Beckmann*, SpuRt 2011, 236, 240; *Bepler*, in: Bepler, Sportler, Arbeit und Statuten, S. 43, 58; *Fröhlich/Fröhlich*, Causa Sport 2015, 145; *Richter/Müller-Foell*, KSzW 2013, 217, 220; Vogt, Befristungs- und Optionsvereinbarungen im professionellen Mannschaftssport, S. 78; ebenso *Bruns*, NZA 2008, 1269, 1272 für Sporttrainer. Insbesondere spricht es eher für den Wunsch des Sportlers nach einem unbefristeten Vertrag, wenn er eine Verlängerungsoption vereinbaren möchte, ArbG Mainz NZA 2015, 684, 685.

nach Satz 1 nicht zulässig, wenn mit demselben Arbeitgeber bereits zuvor ein befristetes oder unbefristetes Arbeitsverhältnis bestanden hat. Falls man zu dem Ergebnis kommt, dass es sich bei dem Fördervertrag um eine Art Ausbildungsverhältnis handelt, stellt sich die Frage, ob im Anschluss an dieses ein befristetes Arbeitsverhältnis abgeschlossen werden kann. Da dies nicht eindeutig zu beantworten ist, sollte der Arbeitgeber sicherheitshalber eine Befristung nur vornehmen, wenn ein Sachgrund besteht.

In der Praxis wird § 14 Absatz 2 TzBfG nur in wenigen Fällen zur Anwendung kommen, da nicht nur der Fördervertrag des DFB eine längere Vertragsdauer vorsieht, sondern auch die Vereine zu längerfristigen Verträgen tendieren[1473].

#### c. *Zwischenergebnis*

Es sind folglich Gründe denkbar, die eine Befristung rechtfertigen und der Vertrag endet somit grundsätzlich erst mit Fristablauf.

### 4. *Ordentliche Kündigung*

Eine ordentliche Kündigung gemäß § 620 Absatz 2 BGB scheidet aus, da die Dauer des Dienstverhältnisses durch die wirksame Befristung bestimmt ist. Eine ordentliche Kündigung von einem befristeten Arbeitsverhältnis ist jedoch dann möglich, wenn gemäß § 15 Absatz 3 TzBfG dieses einzelvertraglich oder durch Tarifvertrag vereinbart wurde. Mangels eines Tarifvertrags im Sport[1474], kommt nur eine einzelvertragliche Regelung in Betracht. Solch eine wird kaum zu finden sein, da die Vereine gerade ein Interesse haben, den Spieler möglichst über eine lange Dauer an sich zu binden. Eine Anwendung von § 16 TzBfG, wonach der befristete Arbeitsvertrag als auf unbestimmte Zeit geschlossen gilt, wenn die Befristung rechtsunwirksam ist und dadurch eine ordentliche Kündigung des Arbeitnehmers möglich ist[1475], scheidet aus. Wie soeben geprüft sind Gründe denkbar, die eine Befristung rechtfertigen.

---

1473 So auch *Nesemann*, Arbeitsvertragliche Grenzen im professionellen Jugendfußball, S. 93.

1474 Dies wird immer wieder von der Spielergewerkschaft VDV gefordert: *Bublitz*, Spielergewerkschaft fordert Tarifvertrag im Fußball, Die Welt v. 26.03.2015, abrufbar unter: http://www.welt.de/sport/fussball/article 138772162/Spielergewerkschaft-fordert-Tarifvertrag-im-Fussball.html; zuletzt aufgerufen am 31.03.2018; auch andere Stimmen ziehen einen Tarifvertrag in Betracht, *Beckmann/Beck*, SpuRt 2015, 160; *Spielberger*, Schnellbrief Arbeitsrecht 2015, 73, 74; *Urban-Crell*, DB 2015, 1413; *Walker*, SpuRt 2012, 222 ff.

1475 BeckOK-ArbR/*Bayreuther*, § 16 TzBfG, Rn. 12.

## 5. *Außerordentliche Kündigung*

Wie jedem Arbeitnehmer steht auch dem minderjährigen Fußballspieler die außerordentliche Kündigung nach § 626 BGB zur Verfügung. Danach kann aus wichtigem Grund ohne Einhaltung einer Kündigungsfrist gekündigt werden, wenn Tatsachen vorliegen, auf Grund derer dem Kündigenden unter Berücksichtigung aller Umstände des Einzelfalles und unter Abwägung der Interessen beider Vertragsteile die Fortsetzung bis zum Ablauf der Kündigungsfrist nicht zugemutet werden kann. Ob ein wichtiger Grund vorliegt, prüft die Rechtsprechung an Hand einer Zwei-Stufen-Prüfung. Auf der ersten Stufe ist zu prüfen, ob ein bestimmter Sachverhalt ohne die besonderen Umstände an sich als wichtiger Kündigungsgrund geeignet ist. Danach muss geprüft werden, ob die Fortsetzung des Arbeitsverhältnisses unter Berücksichtigung der konkreten Umstände des Einzelfalles und der Abwägung der Interessen beider Vertragsteile zumutbar ist[1476]. Dies bedeutet, es müssen in jedem Einzelfall die Interessen des kündigenden Minderjährigen an der Beendigung und des Vereins an der Fortführung des Vertrages abgewogen werden. Die außerordentliche Kündigung ist nur zulässig, wenn sie das letzte Mittel (ultima ratio) ist[1477]. Der Fördervertrag des DFB sieht in § 6 Nr. 4 DFB-Fördervertrag die außerordentliche Kündigung ausdrücklich vor. Diese Regelung im DFB-Fördervertrag ist wegen § 314 BGB nur deklaratorischer Natur. Neben allgemeinen wichtigen Gründen wie Lohnrückstände[1478] kommen bei minderjährigen Fußballer weitere Gründe in Betracht.

### a. *Volljährigkeit*

Die Eltern schließen für ihre minderjährigen Kinder die Arbeitsverträge ab. Diese haben nicht selten eine Vertragsdauer, die über die Volljährigkeit hinaus reicht. Wenn beispielsweise die Eltern für ihr 16-jähriges Kind mit einem Verein einen Vertrag mit einer Laufzeit von drei Jahren abschließen, endet der Vertrag erst nach Eintritt der Volljährigkeit. Fraglich ist, ob das Erreichen der Volljährigkeit einen wichtigen Grund im Sinne des § 626 BGB begründet, sodass er den Vertrag außerordentlich kündigen kann. Einen Anhaltspunkt

---

1476 BAG NZA 2010, 1227, 1229, Rz. 16; BeckOK-ArbR/*Stoffels*, § 626 BGB, Rn. 46 f.; ErfK/*Niemann*, § 626 BGB, Rn. 15.

1477 BAG vom 20.06.2013 – 2 AZR 379/12, AP BGB § 626 Unkündbarkeit Nr. 4; Moll/*Schulte*, MAH Arbeitsrecht, § 44, Rn. 12; MüKo/*Henssler*, BGB, § 626 BGB, Rn. 87.

1478 BAG vom 26.07.2001 – 8 AZR 739/00, AP BGB § 628 Nr. 13; siehe zu den Fallgruppen: Ascheid/Preis/Schmidt/*Dörner/Vossen*, Kündigungsrecht, § 626 BGB, Rn. 397 ff.; ErfK/*Niemann*, § 626 BGB, Rn. 166.

für die Überlegung liefert § 723 Absatz 1 Satz 3 Nr. 2 BGB. Danach kann der Minderjährige die Beteiligung an einer Gesellschaft außerordentlich kündigen, wenn er die Volljährigkeit erreicht. Die Vorschrift wurde durch das Minderjährigenhaftungsbeschränkungsgesetz (MHbeG) eingefügt. § 723 Absatz 1 Satz 3 Nr. 2 BGB dient dem Minderjährigenschutz und soll den Minderjährigen vor einer Überschuldung bewahren[1479]. § 723 BGB erstreckt sich explizit nicht auf Arbeits- oder Dienstleistungsverträge. Obwohl dies anfangs geplant war, hat sich der Gesetzgeber dazu entschieden, die Norm nicht auf andere Dauerschuldverhältnisse zu erstrecken[1480]. Auch die Rechtsprechung sieht davon ab, § 723 Absatz 1 Satz 3 Nr. 2 BGB auf Arbeitsverträge anzuwenden[1481]. Eine direkte Anwendung sei nur möglich, wenn sich die Parteien in einem Gesellschaftsverhältnis befinden, und eine analoge Anwendung komme nicht in Betracht, weil die Interessenlage nicht vergleichbar sei. Die Parteien verbinde nur ein Dienstvertrag, dessen Wirkungen nur sie, aber keine Dritten betreffen[1482]. Obwohl sich der Gesetzgeber bewusst gegen eine Erstreckung auf weitere Dauerschuldverhältnisse und damit auch Arbeitsverhältnisse entschieden hat, erscheint die Volljährigkeit als wichtiger Grund für eine außerordentliche Kündigung nicht abwegig[1483]. Die Gründe, warum der Gesetzgeber keine Erstreckung vorgenommen hatte, waren zum einen, dass besonders belastende Dauerschuldverhältnisse ohnehin der Genehmigung durch das Vormundschaftsgericht[1484] unterliegen und der Minderjährige dadurch geschützt sei. Zum anderen besitze der Vertragspartner des volljährig gewordenen Sportlers ein Kündigungsrecht aus wichtigem Grund, wenn dieser die Haftungsbeschränkung geltend mache[1485]. *Redell*[1486] führt zu Recht an, dass beide Gründe sich nicht auf die vorliegenden Arbeitsverträge anwenden lassen. Zum einen unterliegt der Arbeitsvertrag gemäß § 1822 Nr. 7 BGB nicht der familienrechtlichen

1479 Henssler/Strohn/*Kilian*, Gesellschaftsrecht § 723 BGB, Rn. 15; Staudinger/*Habermeier* (2003), § 723 BGB, Rn. 33.

1480 BT-Drucks. 13/5624, S. 9; *Walker*, in: Walker, Kinder- und Jugendschutz im Sport, S. 45, 51.

1481 LG Hamburg BeckRS 2011, 00083.

1482 LG Hamburg BeckRS 20111, 00083.

1483 So auch *Walker*, in: Walker, Kinder- und Jugendschutz im Sport, S. 45, 51, der dann aber eine analoge Anwendung verneint.

1484 Nun ist es das Familiengericht.

1485 BT-Drucks. 13/5624, S. 9.

1486 *Redell*, Causa Sport 2015, 28, 33.

Genehmigung[1487] und zum anderen will der Vertragspartner des volljährig gewordenen Sportlers, nämlich der Verein, gerade nicht kündigen, sondern an dem Vertrag festhalten[1488]. Des Weiteren spricht auch die Schutzrichtung des § 723 Absatz 1 Satz 3 Nr. 2 BGB für einen wichtigen Grund. Das BVerfG betonte in seiner Entscheidung aus dem Jahr 1986[1489], auf Grund dessen das MHbesG beschlossen wurde, dass der Gesetzgeber auch dafür Sorge tragen müsse, dass den Volljährigen Raum bleibt, ihr weiteres Leben selbst und ohne unzumutbare nicht selbst zu verantwortende Belastungen zu gestalten, wenn er den Eltern das Recht einräumte, ihre Kinder in einem weitergehenden Maße zu verpflichten[1490]. Es ist durchaus eine berechtige Frage, warum der Minderjährige gemäß § 723 Absatz 1 Satz 3 Nr. 2 BGB vor der Haftung aus einem Gesellschaftsverhältnis, aber nicht vor einem langfristigen Arbeitsverhältnis geschützt werden soll[1491]. Die Argumentation des BVerfG lässt sich auch auf die Fälle übertragen, in denen die Eltern die Minderjährigen zu langjährigen Arbeitsverträgen verpflichten[1492]. Man könnte annehmen, dass dies dadurch verstärkt wird, dass die Zeit, in welcher der Minderjährige als Fußballspieler erfolgreich sein kann, begrenzt ist. Dies bedeutet, dass der Minderjährige ein Interesse daran haben kann, den ersten Vertrag, etwa bei einer enormen Leistungssteigerung, zu kündigen, um einen besseren Vertrag abzuschließen. Den Spielern muss nach Erreichen ihrer Volljährigkeit Raum bleiben, die ohnehin begrenzte Zeit ihrer Fußballkarriere frei zu bestimmen. Fraglich ist, ob diese Blockierung der Entscheidungsfreiheit und die Hinderung, einen besseren Vertrag abzuschließen, durch § 723 Absatz 1 Satz 3 Nr. 2 BGB geschützt werden soll[1493]. Jedenfalls darf aus einer Übertragung des Schutzgedankens nicht folgen, dass automatisch jeder Arbeitsvertrag gekündigt werden kann, wenn der Minderjährige die Volljährigkeit erreicht hat. *Nesemann*[1494] und *Schlachter*[1495] stellen dafür auf die Dauer des Arbeitsverhältnisses ab. Wenn der Vertrag noch ein Jahr nach Eintritt der

1487 Siehe dazu bereits oben unter § 2 B. I. 3.
1488 So auch *Redell*, Causa Sport 2015, 28, 33.
1489 BVerfG, NJW 1986, 1859.
1490 BVerfG NJW 1986, 1859, 1860.
1491 *Redell*, Causa Sport 2015, 28, 33.
1492 So auch *Nesemann*, Arbeitsvertragliche Grenzen im professionellen Jugendfußball, S. 96; *Redell*, Causa Sport 2015, 28, 33; *Schlachter*, FamRZ 2006, 155, 160.
1493 So *Walker*: in: Walker, Kinder- und Jugendschutz im Sport, S. 45, 51.
1494 *Nesemann*, Arbeitsvertragliche Grenzen im professionellen Jugendfußball, S. 96 f.
1495 *Schlachter*, FamRZ 2006, 155, 160.

Volljährigkeit bestehe, könne sich der Minderjährige von dem Vertrag lösen[1496]. Dies erscheint vor dem Hintergrund, dass dabei die Interessen des Minderjährigen und des Vereins gewahrt werden, sachgerecht[1497]. Für die Vereine wird dies allerdings problematisch, wenn der Vertrag erst kurz vor der Volljährigkeit geschlossen wird, da der Vertrag dann mitunter nur etwas über ein Jahr wirksam wäre, bevor er außerordentlich durch den Minderjährigen gekündigt werden kann. Aus diesem Grund wird man neben der Dauer des Arbeitsverhältnisses auch noch weitere Umstände in eine einzelfallbezogene Interessenabwägung einzubeziehen haben.

### *b. Kein Einsatz in den Spielen*

Möglicherweise könnte eine Nichteinsetzung in den Spielen einen Kündigungsgrund darstellen. Anlass zu dieser Überlegung gibt Artikel 15 FIFA-Transferreglement und § 8 Nr. 3 Lizenzordnung Spieler (LOS), wonach es einem Spieler möglich ist, den Vertrag außerordentlich zu kündigen, wenn er in einer Spielzeit weniger als 10 % der offiziellen Spiele[1498] oder in höchstens vier Pflichtspielen der Lizenzmannschaft[1499] eingesetzt wurde[1500]. Die Vorschriften finden nur auf Lizenzspieler Anwendung. Dies bedeutet, dass sich ein Minderjähriger, der bereits einen Lizenzvertrag hat, im Fall von wenigen Einsätzen auf diese außerordentliche Kündigung aus sportlichen Gründen berufen kann. Für die Spieler mit einem Fördervertrag finden die Vorschriften hingegen keine Anwendung. Hintergrund der Kündigungsmöglichkeit des FIFA-Transferreglement und der LOS ist, dass ein etablierter Berufsspieler oder Lizenzspieler mit gewissen fußballerischen Fähigkeiten ein Interesse hat, zu einem Verein zu wechseln, bei dem er regelmäßig aufgestellt wird[1501]. Grundsätzlich hat jeder Spieler ein Interesse daran, nicht nur im Training, sondern auch in einem Spiel zum Einsatz zu kommen. Dieses Interesse besteht auch bei einem Jugendspieler. Bei diesem ist das Argument hervorzuheben, dass er noch nicht „ausgebildet" ist

---

1496 *Nesemann*, Arbeitsvertragliche Grenzen im professionellen Jugendfußball, S. 96 f.; *Schlachter*, FamRZ 2006, 155, 160, die nicht auf § 626 BGB abstellt, sondern eine Vertragsanpassung nach den Grundsätzen des Wegfalls der Geschäftsgrundlage annehmen will.

1497 So auch *Nesemann*, Arbeitsvertragliche Grenzen im professionellen Jugendfußball, S. 97.

1498 Artikel 15 FIFA-Transferreglement.

1499 § 8 Nr. 3 LOS.

1500 Dazu *Jungheim*, RdA 2008, 222, 227.

1501 Kommentar Nr. 2 zu Artikel 15 FIFA-Transferreglement.

und durch Spielpraxis während eines „realen“ Spiels mehr Erfahrung sammelt als während eines simulierten Spiels im Training. Eine Mannschaftssportart wie Fußball lebt durch den Kampfgeist, der erst bei einem „realen“ Spiel und nicht im Training entsteht. Diese Erfahrung ist für den minderjährigen Spieler sehr wichtig. Wenn der minderjährige Spieler während seiner gesamten Vertragslaufzeit kaum zum Einsatz kommt, kann er sich nicht weiter entwickeln und so wird ihm unter Umständen sogar die Möglichkeit genommen, später Lizenzspieler zu werden. Zudem gehört es, abgesehen von dem Interesse des Spielers, aufgestellt zu werden, gemäß § 1 Nr. 4 DFB Fördervertrag zu den Pflichten des Spielers, an allen Spielen des Vereins teilzunehmen. Diese Pflicht gilt natürlich nur dann, wenn er aufgestellt wird. Dem Interesse des Spielers steht das Interesse des Vereins gegenüber, den Spieler aufzustellen, der besonders gut in die Taktik passt, der leistungsstark ist und der Mannschaft zum Sieg verhilft[1502]. Bei den Jugendmannschaften geht es aber weniger um den wirtschaftlichen Erfolg der Mannschaft, sondern eher darum, Spieler zu trainieren und zu formen, die später einmal in die Lizenzmannschaft kommen sollen. Allerdings sind auch in einer Jugendmannschaft zahlenmäßig immer mehr Spieler in einer Mannschaft als aufgestellt werden können. Dies bedeutet, dass denklogisch nie alle Spieler gleichzeitig in einem Spiel eingesetzt werden können. Auch wenn durch ein Spiel mehr Erfahrung gesammelt werden kann als im Training, gehört es bei einem jungen Spieler mehr als bei einem Erwachsenen dazu, während des Trainings zu lernen und die Fähigkeiten zu verbessern. Es geht nicht allein darum bei den Spielen zum Einsatz zu kommen wie dies bei einem Lizenzspieler der Fall ist. *Nesemann*, lässt im Einzelfall eine außerordentliche Kündigung wegen fehlender Beschäftigung in Betracht kommen, verlangt aber eine vorherige Abmahnung, da der Verein jederzeit die Möglichkeit hat, den Spieler wieder einzusetzen[1503]. Dass die vorzunehmende Interessenabwägung zugunsten des Minderjährigen ausgeht und es ihm allein auf Grund der Tatsache, dass er nicht aufgestellt wird unzumutbar sein soll an dem Vertrag bis zum Vertragsende festzuhalten, wird in der Praxis jedoch eine absolute Ausnahme darstellen.

### c. *Mangelhafte Ausbildung*

Möglicherweise stellt eine mangelhafte Ausbildung einen wichtigen Grund dar, der eine außerordentliche Kündigung rechtfertigt. Diesem Grund kommt umso

---

1502 *Nesemann*, Arbeitsvertragliche Grenzen im professionellen Jugendfußball, S. 97.

1503 So auch *Nesemann*, Arbeitsvertragliche Grenzen im professionellen Jugendfußball, S. 97.

höhere Bedeutung zu, wenn bei dem Vertrag nicht die wirtschaftlichen Gründe überwiegen, sondern die Ausbildung[1504]. Grundsätzlich kann eine außerordentliche Kündigung bei erheblichen Mängeln der Ausbildung gerechtfertigt sein. Dazu gehört beispielsweise, dass kein geeigneter Ausbilder zur Verfügung steht[1505]. Eine mangelhafte Ausbildung, insbesondere durch einen ungeeigneten Ausbilder, dürfte bei den Leistungszentren kaum in Betracht kommen. Die Vereine müssen hinsichtlich der Trainer gewisse Anforderungen erfüllen. Die Anforderungen sind in Anhang V (Richtlinien für die Errichtung und Unterhaltung von Leistungszentren der Teilnehmer der Lizenzliga) zur Lizensierungsordnung des Ligastatuts (LO) genau und detailliert dargestellt. Neben Anforderungen an das Trainingsgelände und an den ärztlichen und physiotherapeutischen Bereich müssen auch die Trainer gewisse Anforderungen erfüllen. So muss jede Mannschaft Trainer bereitstellen, von denen mindestens einer im Besitz einer A-Lizenz ist[1506]. Die Überprüfung der Leistungszentren erfolgt gemäß Nr. 5 Anhang 5 LO durch die Kommission Leistungszentren mindestens einmal im Jahr. Nahezu ausgeschlossen ist, dass in den Leistungszentren eine mangelhafte Ausbildung stattfindet.

Sollte trotz der Vorgaben ein Trainer nicht die erforderliche Lizenz haben oder der Verein aus einem anderen Grund nur eine mangelhafte Ausbildung anbieten, die sich in unregelmäßigem oder ungeeignetem Training widerspiegeln kann, kann darin im Einzelfall ein wichtiger Grund liegen. Ebenfalls kann im Einzelfall ein wichtiger Grund für eine Kündigung gegeben sein, wenn der Verein seiner Pflicht aus § 3 DFB Fördervertrag, der pädagogisch sinnvollen Betreuung und Unterbringung bei auswärtigen Spielen oder der Sicherstellung der Kooperation zwischen Schule und Verein, nicht nachkommt. In diesen absoluten Ausnahmefällen kann die Interessenabwägung ergeben, dass es dem Minderjährigen nicht zumutbar ist, weiter an dem Vertrag festzuhalten. Jedenfalls ist eine vorherige Abmahnung zu fordern, damit der Verein die Möglichkeit hat eine ordentliche Ausbildung anzubieten und beispielsweise einen neuen Trainer einzustellen oder einen unqualifizierten zu entlassen.

### *d. Wechselinteresse oder besseres Angebot*

Fraglich ist, ob der Minderjährige ein außerordentliches Kündigungsrecht hat, wenn er den Verein wechseln will, weil er ein besseres Angebot von einem anderen

---

1504 Zu der Abgrenzung bereits oben unter § 3 A. II. 2. b. bb.
1505 Schaub/*Vogelsang*, Arbeitsrechts-Handbuch, § 174, Rn. 100.
1506 Struktuelle Bedingungen b. des Anhangs V der LO.

Verein bekommt. Ein Vertragsangebot kann für einen jungen Fußballspieler besser sein, weil es mit einem höheren Gehalt verbunden ist. Zudem kann für einen Jugendspieler auch ein besseres Angebot vorliegen, wenn dieses von einem Leistungszentrum kommt, dass mit drei Sternen bewertet ist und demnach optimale Voraussetzungen schafft, um die Fußballer auszubilden. Darüber hinaus kann auch dann ein besseres Angebot vorliegen, wenn er von einem anderen Verein keinen Fördervertrag, sondern einen Lizenzvertrag angeboten bekommt.

Grundsätzlich verneint die Rechtsprechung eine außerordentliche Kündigung, wenn der Arbeitnehmer ein besseres Angebot erhält[1507]. Dabei ist es ohne Belang, ob die besseren Bedingungen in einem unbefristeten statt einem befristeten Verhältnis liegen[1508] oder ob der Arbeitnehmer bei dem anderen Angebot ein erheblich höheres Gehalt erhält[1509]. An der Einhaltung der vereinbarten Vertragsdauer hätten sowohl Arbeitnehmer als auch Arbeitgeber ein berechtigtes Interesse. Dem Arbeitnehmer habe der Vertrag für die vereinbarte Zeit den Arbeitsplatz gesichert und der Arbeitgeber habe sich ebenfalls darauf verlassen können, dass der Arbeitnehmer ihm für diese Zeit zur Verfügung stehe. Wenn der Arbeitnehmer sich die Chance auf einen Arbeitsvertrag offenlassen wollte, hätte er sich nicht auf die Befristung ohne Kündigungsmöglichkeit einlassen dürfen. Er könne nicht die Vorteile eines gesicherten Arbeitsplatzes durch die Befristung genießen und gleichzeitig die Möglichkeit, sich von dem Vertrag jederzeit zu lösen, in Anspruch nehmen[1510]. Aus diesem Grund scheidet ein besseres Angebot in Form eines höheren Gehalts von einem anderen Verein als außerordentlicher Kündigungsgrund aus.

Grundsätzlich können wirtschaftliche Überlegungen weder für den Arbeitgeber noch für den Arbeitnehmer einen Grund für eine außerordentliche Kündigung darstellen[1511]. Aus diesem Grund könnte man überlegen, ob es über wirtschaftliche Gründe hinausgeht, wenn das Angebot von einem Verein mit einem Leistungszentrum kommt, das im Zuge der Zertifizierung mehrere Sterne erhalten hat und dadurch besser geeignet ist, den Spieler optimal

---

1507 BAG vom 01.10.1970 – 2 AZR 542/69, AP BGB § 626 Nr. 59; LAG Schleswig-Holstein, BeckRS 1991 30468209; insbesondere entstehe für einen minderjährigen Spieler keine Zwangslage, wenn er den Wunsch habe den Verein zu wechseln, BAG NZA 2013, 1206, 1209, Rz. 39.

1508 LAG Schleswig-Holstein BeckRS 1991 30468209.

1509 BAG vom 01.10.1970 – 2 AZR 542/69, AP BGB § 626 Nr. 59.

1510 BAG vom 01.10.1970 – 2 AZR 542/69, AP BGB § 626 Nr. 59.

1511 LAG Schleswig-Holstein BeckRS 1991 30468209; *Nesemann*, Arbeitsvertragliche Grenzen im professionellen Jugendfußball, S. 99.

auszubilden. Dies bedeutet, dass der Verein unter Umständen eine bessere Infrastruktur hat, an eine Eliteschule angekoppelt ist oder über qualifiziertere Trainer verfügt[1512]. Damit liegen die Gründe nicht allein im wirtschaftlichen Bereich, sondern im Umfeld und eventuell der Schulbildung an sich. Aber auch das kann keine außerordentliche Kündigung rechtfertigen. Nur weil ein Leistungszentrum nicht drei, sondern nur einen oder keinen Stern hat, bedeutet dies nicht, dass die Spieler keine ordentliche Schulausbildung erhalten oder nicht die Möglichkeit haben, später als Fußballer erfolgreich zu sein. Damit ein Wechsel zu einem anderen Verein in Betracht kommt, muss es sich um eine mangelhafte Ausbildung handeln[1513]; ein Angebot von einem drei Sterne Leistungszentrum reicht nicht aus.

Unter Umständen könnte aber das Angebot, einen Lizenzvertrag bei einem anderen Verein abzuschließen, einen wichtigen Grund für eine außerordentliche Kündigung darstellen. Dass BAG ließ in seiner Entscheidung offen, ob ein langjährig gebundener Vertragspartner, dem sich eine wahrhaft außergewöhnliche Lebenschance bietet, nach Treu und Glauben unter gewissen Umständen das Vertragsverhältnis außerordentlich kündigen kann[1514]. *Hausch* bejaht bei Spielern im Einzelfall diese „außergewöhnliche Lebenschance", allerdings begründet er dies mit wirtschaftlichen Interessen und der Möglichkeit, das Gehalt um ein Vielfaches zu steigern[1515]. Obwohl nur ein sehr geringer Teil der Nachwuchsspieler später einen Lizenzvertrag erhält[1516], ist die Zahl mit durchschnittlich mehr als 10 % dennoch so hoch, dass nicht von einer außergewöhnlichen Lebenschance gesprochen werden kann[1517]. Dem Argument von *Nesemann*, dass durch die Einführung der

---

1512 Übersicht über die Bewertungskriterien und die Maximalpunktzahl der Zertifizierung der Nachwuchszentren, bei *Eberhardt*, Nachwuchsförderung in der Bundesliga: Krieg der Sterne, Spiegel Online v. 16.02.2002; abrufbar unter: http://www.spiegel.de/sport/fussball/nachwuchsfoerderung-in-der-bundesliga-krieg-der-sterne-a-813795.html; zuletzt aufgerufen am 31.03.2018.

1513 Zur mangelhaften Ausbildung siehe bereits oben unter § 6 A. I. 4. c.

1514 BAG vom 01.10.1970 – 2 AZR 542/69, AP BGB § 626 Nr. 59.

1515 *Hausch*, Langfristige Verträge bei Lizenzfußballspielern, S. 166 ff.

1516 In dem Fragebogen von *Nesemann*, Arbeitsvertragliche Grenzen im professionellen Jugendfußball, Frage 4, S. 153 geben 11 Vereine an, dass 3–10 % aus dem Leistungsbereich den Sprung in die Lizenzmannschaft schaffen, 5 Vereine geben an, dass es 10–25 % schaffen und 3 Vereine geben an, dass die Zahl zwischen 25 und 50 % liegt.

1517 So auch *Nesemann*, Arbeitsvertragliche Grenzen im professionellen Jugendfußball, S. 99 f.

Dritten Fußball-Liga mehr Arbeitsplätze hinzugekommen sind und sich so die Chance erhöhte, einen Lizenzvertrag abzuschließen[1518], ist zuzustimmen.

Somit stellt das Wechselinteresse des Minderjährigen wegen eines besseren Angebots keinen wichtigen Grund dar, der eine außerordentliche Kündigung rechtfertigt.

### e. *Wohnortwechsel der Eltern*

Unter Umständen kann der Wohnortwechsel der Eltern einen wichtigen Grund für eine außerordentliche Kündigung liefern. Zweifellos hat der Wohnortwechsel der Eltern keine Auswirkung, wenn der Minderjährige nicht mehr bei den Eltern wohnt, sondern in einem an Schule und Leistungszentrum angekoppelten Internat[1519].

Wenn der Minderjährige noch zu Hause bei seinen Eltern wohnt, wird dies anders zu beurteilen sein. Wenn für den Minderjährigen beim Umzug der Eltern keine Möglichkeit besteht, dass der Spieler in einem Internat des Vereins untergebracht werden kann, wird ein außerordentliches Kündigungsrecht des Minderjährigen in Betracht kommen[1520]. Dabei spielt die Entfernung zwischen dem neuen Wohnort und dem Leistungszentrum eine Rolle. Bei einer Distanz von 100 km wird man es dem Minderjährigen unter Umständen bei einer guten Infrastruktur noch zumuten können, den Weg auf sich zu nehmen. Bei einer Distanz von 200 km für eine einfache Strecke wird man nicht mehr von einem Minderjährigen erwarten können die Distanz zu bewältigen. Bei einem Auszubildenden wurde das außerordentliche Kündigungsrecht dagegen bei einem Umzug der Eltern verneint[1521]. Einen Hinweis auf ein außerordentliches Kündigungsrecht bei einem Wohnortwechsel der Eltern kann auch Artikel 19 Nr. 2 a FIFA-Transferreglement geben, wonach ein minderjähriger Spieler ausnahmsweise international transferiert werden darf, wenn seine Eltern aus Gründen, die nichts mit dem Fußball zu tun haben, den Wohnsitz in ein anderes Land verlegen. Dass sogar ein internationaler Transfer bei einem Minderjährigen zulässig ist, wenn die Eltern den Wohnort wechseln, spricht dafür, ein außerordentliches Kündigungsrecht in diesen Fällen zuzulassen. Allerdings darf der

---

1518 *Nesemann*, Arbeitsvertragliche Grenzen im professionellen Jugendfußball, S. 100.

1519 So auch *Nesemann*, Arbeitsvertragliche Grenzen im professionellen Jugendfußball, S. 100.

1520 So auch *Nesemann*, Arbeitsvertragliche Grenzen im professionellen Jugendfußball, S. 100.

1521 Schaub/*Vogelsang*, Arbeitsrechts-Handbuch, § 174, Rn. 100; ArbG Verden v. 17.2.1964 Ca 391/63, WA 1964, 151 f.

Wohnortwechsel der Eltern, wie auch Artikel 19 Nr. 2 a FIFA-Transferreglement bestimmt, nicht aus einem Grund erfolgen, der mit dem Fußball zu tun hat. Also darf auch beispielsweise nicht den Eltern des Spielers ein Vertrag von einem Verein angeboten werden, damit der Fußballer zu diesem Verein wechselt.

Im Ergebnis müssen im Einzelfall auch hier die Interessen abgewogen werden. Bei der Interessenabwägung sind die Kriterien wie Distanz und Infrastruktur zwischen dem neuen Wohnort und dem Verein, Möglichkeiten des Minderjährigen, eine andere Unterkunftsmöglichkeit zu beziehen, Reife und Selbstständigkeit des Minderjährigen und sein Alter zu berücksichtigen.

#### *f. Erfolglosigkeit*

Ein möglich wichtiger Grund könnte in der Erfolglosigkeit des Minderjährigen liegen. Wenn der Minderjährige anders als erwartet kein Talent hat, sondern sich als ungeeignet für eine Karriere als Fußballer erweist, verliert er auf Grund seiner Erfolglosigkeit höchstwahrscheinlich das Interesse an dem Fußballspielen und wird den Wunsch hegen, sich von dem Vertrag zu lösen.

Allerdings wird die Erfolglosigkeit fast nie eine außerordentliche Kündigung rechtfertigen. Zunächst einmal werden die Förderverträge nur mit den Spielern abgeschlossen, bei denen Potenzial für eine Profikarriere besteht. Daher ist fast ausgeschlossen, dass eine derartige Fehlentscheidung getroffen wird und eine vertragliche Bindung mit einem nicht talentierten Spieler abgeschlossen wird. Sollte der Fall dennoch eintreten, dass der Minderjährige sich als talentlos entpuppt und sich aus diesem Grund von dem Vertrag lösen möchte, hat auch der Verein ein Interesse an der Auflösung, sodass ein Aufhebungsvertrag in Betracht kommt.

#### *g. Entschluss gegen den Beruf des Profifußballspielers*

Einen wichtigen Grund für eine außerordentliche Kündigung könnte auch der Entschluss des Minderjährigen darstellen, den Beruf des Fußballspielers aufzugeben. Einen Hinweis auf solch eine Möglichkeit kann § 22 Absatz 2 Nr. 2 BBiG geben. Danach kann der Auszubildende mit einer Kündigungsfrist von vier Wochen kündigen, wenn er die Berufsausbildung aufgeben oder sich für eine andere Berufstätigkeit ausbilden lassen will. Jedoch kommt das BBiG keinesfalls direkt zur Anwendung; insbesondere handelt es sich in den meisten Fällen um Arbeitsverhältnisse, bei denen die wirtschaftlichen Interessen gegenüber der Ausbildung überwiegen[1522]. Dennoch könnte sich ein wichtiger Grund aus den gleichen Gesichtspunkten ergeben. Zunächst einmal befindet sich der

---

1522 Siehe dazu auch bereits oben unter § 3 A. II. 2. b. bb. (1).

Minderjährige, der die Vollzeitschulpflicht beendet hat, mitten in der Pubertät. Dies bedeutet, dass er in dieser Zeit seine Meinung und seine Perspektive über sein weiteres Leben ändern kann. Dies kann dazu führen, dass er bei Abschluss des Vertrages eine Karriere als Fußballspieler anstrebt, nach einiger Zeit dennoch den Fußball lieber als Hobby ausüben möchte und einen anderen Beruf erlernen will. Auf der anderen Seite dürfen die Verträge, damit sie wirksam sind, erst abgeschlossen werden, wenn der Minderjährige die Vollzeitschulpflicht abgeschlossen hat, mithin mit 15 oder 16 Jahren. Mit diesem Alter kann davon ausgegangen werden, dass er bereits weiß, ob er später einmal den Fußball professionell ausüben möchte. Bei deutlich jüngeren Spielern mit zehn oder zwölf Jahren kann das Interesse leicht wechseln, allerdings sind diese Verträge schon nach § 5 Absatz 1 JArbSchG unwirksam. Wenn das Interesse an einem anderen Beruf mit einer Erfolglosigkeit einhergeht, kann man wieder an einen Aufhebungsvertrag denken, da auch der Verein an keinem unmotivierten Spieler ohne berufliche Zukunft interessiert ist. Aus diesem Grund wird es meist nicht bis zu einer außerordentlichen Kündigung kommen. Jedenfalls darf der Wunsch nach einer Aufgabe des Berufs des Fußballers nicht nur vorgeschoben werden, um dann doch den Fußball weiter auszuüben aber bei einem Verein, der ein besseres Angebot gemacht hat[1523]. Eine Überprüfung dahingehend, ob der Wunsch nur vorgeschoben ist, wird sich in der Praxis meist schwierig gestalten. Es kann aber beispielsweise versucht werden zu erforschen, ob sich der Spieler bei einem anderen Verein beworben hat.

#### *h. Psychischer Druck*

Als weiterer wichtiger Grund für eine außerordentliche Kündigung kommt die psychische Belastung und die daraus resultierende Zwangslage des Minderjährigen in Betracht. Auf diese Gründe hatte sich auch der minderjährige Spieler in der bereits erwähnten Entscheidung der vorzeitigen Beendigung des befristeten Vertrages des BAG berufen. Er begründete seine Kündigung damit, dem psychischen Druck nicht länger gewachsen zu sein, der sich aus dem Internatsaufenthalt einerseits, der finanziellen Situation seiner Eltern andererseits und aus der Bewertung seiner Leistung in ständiger Gegenüberstellung zu einem

1523 A.A. Schaub/*Vogelsang*, Arbeitsrechts-Handbuch, § 174, Rn. 90, wonach es bei § 22 Absatz 2 Nr. 2 BBiG genügt, wenn der Auszubildende den ernsthaften Willen zum Ausdruck bringt. Insbesondere sei nicht erforderlich ist, dass der Wille auch tatsächlich vorhanden ist oder später realisiert wird. Dabei werden etwaige Missbrauchsmöglichkeiten durch den Gesetzgeber bewusst in Kauf genommen.

Mitspieler ergeben habe[1524]. Das BAG vertrat dagegen die Ansicht, dass er die psychische Drucksituation nicht mit schlüssigen Tatsachen untersetzt habe. Ohne nähere Substantiierung begründe weder der Internatsaufenthalt, noch ein im sportlichen Bereich selbstverständlicher Vergleich mit einem Mitspieler eine Zwangslage[1525]. Dies bedeutet aber auch, dass sich bei substantiiertem Vortrag ein wichtiger Grund durchaus aus der psychischen Drucksituation eines minderjährigen Spielers ergeben kann[1526]. Wenn eine solche nachgewiesen wird, ist in einer Interessenabwägung zu entscheiden, wie stark die psychische Belastung ist und welche Auswirkungen sie bei dem Minderjährigen hat. Wenn dieser bereits einer Depression nahe ist oder in seine Entwicklung gestört ist, wird es ihm nicht zumutbar sein, an dem Vertrag bis zu dem eigentlichen Vertragsende festzuhalten.

#### i. *Verstöße gegen das JArbSchG*

Verstöße gegen das JArbSchG können ebenfalls Gründe für eine außerordentliche Kündigung darstellen[1527]. Allerdings kommt es auch hier auf den Einzelfall an; eine einmalige geringfügige Übertretung beispielsweise des § 8 JArbSchG wird es dem Minderjährigen unter Abwägung der beiderseitigen Interessen nicht unzumutbar machen, weiter bei dem Verein zu spielen. Der Verstoß gegen das JArbSchG muss erheblich sein, um eine außerordentliche Kündigung zu rechtfertigen[1528].

### 6. *Zwischenergebnis*

Die befristeten Förderverträge der jungen Fußballspieler können nicht durch eine ordentliche Kündigung beendet werden, da Gründe denkbar sind, die die Befristung des Vertrages rechtfertigen. Allerdings können eine außerordentliche Kündigung sowie ein Aufhebungsvertrag in Betracht kommen.

---

1524 BAG NZA 2013, 1206.

1525 BAG NZA 2013, 1206, 1209, Rz. 39.

1526 Eine außerordentliche Kündigung bei psychischem Druck auf Grund von Mobbing ist anerkannt, dazu BSG, NZS 2004, 382; Ascheid/Preis/Schmidt/*Steinmeyer*, Kündigungsrecht, § 159 SGB III, Rn. 75.

1527 Ascheid/Preis/Schmidt/*Biebl*, Kündigungsrecht, § 22 BBiG, Rn. 21; BeckOK-ArbR/*Hagen*, § 22 BBiG, Rn. 13; ErfK/*Schlachter*, § 22 BBiG, Rn. 5; KR/*Weigand*, § 22 BBiG, Rn. 77; Schaub/*Vogelsang*, Arbeitsrechts-Handbuch, § 174, Rn. 100.

1528 BeckOK-ArbR/*Hagen*, § 22 BBiG, Rn. 13.

## II. Bundesligaverträge der Individualsportler

Bei den Bundesligaverträgen der Individualsportler handelt es sich wie oben geprüft in der Regel nicht um Arbeitsverträge[1529]. Aus diesem Grund kommen auch nicht die arbeitsrechtsspezifischen Kündigungsgründe in Betracht.

### 1. *Außerordentliche Kündigung*

Allerdings handelt es sich auch um Dienstverträge, sodass die außerordentliche Kündigung gemäß § 626 BGB ebenfalls Anwendung findet. Dies bedeutet, dass zunächst zu prüfen ist, ob ein wichtiger Grund gegeben ist, der „an sich" geeignet ist, eine außerordentliche Kündigung zu rechtfertigen. Danach muss geprüft werden, ob dem Kündigenden die Fortsetzung des Arbeitsverhältnisses unter Berücksichtigung der konkreten Umstände des Einzelfalls und unter Abwägung der Interessen beider Vertragsteile zumutbar ist oder nicht[1530]. Bezüglich der außerordentlichen Kündigungsgründe kann prinzipiell auf oben[1531] verwiesen werden, weswegen die Prüfung kürzer ausfällt und nur auf die Besonderheiten bei den Bundesligaverträgen einzugehen ist.

#### *a. Volljährigkeit*

Der Kündigungsgrund der Volljährigkeit wird kaum zur Anwendung kommen, da die Bundesligaverträge der minderjährigen Individualsportler meist nur auf ein Jahr abgeschlossen werden. Selbst wenn der Minderjährige in diesem Jahr die Volljährigkeit erreicht, beträgt die Laufzeit des Vertrages noch weniger als ein Jahr, sodass der Kündigungsgrund wegen Volljährigkeit unbillig ist. Sollte ein Vertrag geschlossen werden, bei dem sich der minderjährige Individualsportler über mehrere Jahre an einen Verein bindet, erscheint auch hier der außerordentliche Kündigungsgrund des Erreichens der Volljährigkeit nicht abwegig. Da der Vertrag dann über mehrere Jahre geschlossen wurde, wird bei der Interessenabwägung auch hier die Dauer des Vertrages nach Eintritt der Volljährigkeit zu berücksichtigen sein. Wie bei den Arbeitsverträgen spielt es zudem eine Rolle, wie lange vor Eintritt der Volljährigkeit der Vertrag abgeschlossen wurde, so dass es für den Minderjährigen nicht unzumutbar sein wird, wenn der Vertrag erst kurze Zeit vor Eintritt der Volljährigkeit abgeschlossen wurde.

---

1529 Siehe oben unter § 3 A. II. 1. b. bb. (1) (b).

1530 Ascheid/Preis/Schmidt/*Vossen*, Kündigungsrecht, § 626 BGB, Rn. 30.

1531 Siehe oben unter § 6 A. I. 5.

### b. Kein Einsatz bei den Wettkämpfen

Dem Kündigungsgrund der fehlenden Beschäftigung kommt bei den Individualsportlern ebenfalls kein erhebliches Gewicht zu. Die Individualsportler verpflichten sich nur zur Teilnahme an den Bundesligaspielen bzw. Bundesligawettkämpfen. Sollten sie dann aus welchen Gründen auch immer von dem Verein doch nicht aufgestellt werden, trifft es sie nicht so hart, da sie auch außerhalb des Vereins trainieren. Außerdem wird ihnen auch nicht die Match- bzw. Wettkampfpraxis genommen, da die Anzahl der Tage an denen Bundesligawettkämpfe oder Bundesligaspiele stattfinden sehr gering ist und die Minderjährigen auch an anderen Wettkämpfen oder Spielen außerhalb der Bundesliga teilnehmen.

### c. Mangelnde Ausbildung

Dem Kündigungsgrund der mangelnden Ausbildung kommt ebenfalls nur geringe Bedeutung zu, da die Minderjährigen sich in erster Linie nur verpflichten, für den Verein für die Bundesligaspiele bzw. Bundesligawettkampftage anzutreten, sie aber oft einen eigenen Trainer oder sogar eine andere Trainingsstätte haben. Sollte der Vertrag die Möglichkeit des Trainings in dem Verein mit umfassen, kann eine mangelnde Ausbildung unter den oben dargelegten Gesichtspunkten[1532] im Einzelfall einen Kündigungsgrund darstellen.

### d. Wechselinteresse oder besseres Angebot

Der Grund des Wechselinteresses des Spielers auf Grund eines besseren Angebots wird kaum Anwendung finden. Zwar ist durchaus denkbar, dass der Sportler während der laufenden Saison ein besseres Angebot von einem anderen Verein erhält und dadurch ein Interesse hat, den Verein zu wechseln. Da die Verträge in der Regel nur für ein Jahr abgeschlossen werden, wird es keinen Grund geben, der es rechtfertigt, dass der Sportler den Vertrag vor Ablauf des Jahres außerordentlich kündigt. Die Interessenabwägung wird ergeben, dass das Interesse des Vereins den Spieler zur Verfügung zu haben und für die Spiele/Wettkämpfe mit ihm planen zu können, höher zu bewerten ist als das Interesse des Spielers den Vertrag vorzeitig zu kündigen. Dem minderjährigen Sportler wird es nicht unzumutbar sein, das eine Jahr abzuwarten. Nach Ablauf des Jahres hat er dann ohnehin die Möglichkeit, zu dem anderen Verein zu wechseln.

---

1532 Siehe oben unter § 6 A. I. 5. c.

### e. *Wohnortwechsel der Eltern*

Der Kündigungsgrund des Wohnortwechsels spielt hier eine untergeordnete Rolle. In vielen Fällen kommen die Tennisspieler oder Turner allein zu den Spielen und Wettkämpfen angereist und wohnen nicht in der Nähe des Vereins. Aus diesem Grund macht es auch keinen Unterschied, wenn die Eltern ihren Wohnort verlegen. Wenn der Minderjährige allerdings in der Nähe gewohnt und auch in dem Verein trainiert hat, kann bezüglich des Wohnortwechsels auf oben[1533] verwiesen werden. Bei der Interessenabwägung sind ebenfalls die Kriterien wie Distanz und Infrastruktur zwischen dem neuen Wohnort und dem Verein, Möglichkeiten des Minderjährigen, eine andere Unterkunftsmöglichkeit zu beziehen, Reife und Selbstständigkeit des Minderjährigen und sein Alter zu berücksichtigen

### f. *Erfolglosigkeit*

Den möglichen wichtigen Gründen der Erfolglosigkeit und des Entschlusses, den Beruf des Sportlers nicht weiter auszuüben, kommen bei den Bundesligaverträgen der Individualsportler eine geringere Bedeutung zu. Zum einen handelt es sich gerade nicht um Arbeitsverträge, sondern nur um Dienstleistungsverträge, die sich darauf beziehen, dass der junge Sportler zu dem Wettkampf oder Spiel antritt. Wenn der Spieler sich entscheidet, den Sport nicht weiter auszuüben, sondern ihn nur noch als Hobby auszuüben und keine Wettkämpfe oder Turniere mehr bestreiten will, wird man mangels Arbeitsverhältnisses auch nicht den Sinn und Zweck des § 22 Absatz 2 Nr. 2 BBiG anwenden können. Bei einer Erfolglosigkeit wird der Spieler sowieso nicht aufgestellt werden. Der Verein hat auch kein Interesse daran, einen Spieler antreten zu lassen, bei dem zu Erwarten ist, dass er keine guten Leistungen erbringt. Wenn es in diesen Fällen nicht generell zu einer Einigung zwischen dem Verein und dem Sportler kommt, wird es dem Sportler nicht unzumutbar sein, seine Leistung an den verbleibenden Bundesligaspieltagen bzw. Bundesligawettkampftagen zu erbringen.

### g. *Psychischer Druck*

Der Kündigungsgrund des psychischen Drucks und der daraus resultierenden Zwangslage kann unter ganz engen Voraussetzungen auch bei den Bundesligaverträgen der Individualsportler eine Rolle spielen. Allerdings bedarf es eines substantiierten Vortrages, und die Anforderungen werden noch höher sein als bei den Förderverträgen der jungen Fußballspieler, da die minderjährigen Individualsportler bei den Bundesligaverträgen nicht verpflichtet sind, jeden Tag

1533 Siehe oben unter § 6 A. I. 5. e.

anzutreten, sondern nur an den ausgewählten Tagen. Hinzukommt, dass die Verträge meist nur eine Laufzeit von einem Jahr haben, so dass der psychische Druck auf eine kürzere Zeit beschränkt ist. Daher bedarf es einer höheren Belastung, die es rechtfertigen kann, dass dem Minderjährigen die Teilnahme an diesen Tagen nicht zumutbar ist.

### 2. *Aufhebungsvertrag*

Neben der außerordentlichen Kündigung steht es den Parteien zudem jederzeit frei, den Vertrag einvernehmlich durch einen Aufhebungsvertrag zu beenden[1534].

## B. Athletenvereinbarung

Eine Athletenvereinbarung stellt, wie oben festgestellt[1535], auch bei den Minderjährigen keinen Arbeitsvertrag oder ein der Arbeitsleistung ähnliches Verhältnis dar. Daher sind auch die Vorschriften über die arbeitsrechtliche Kündigung nicht anwendbar. Zunächst ist zu prüfen, welche Aufhebungsgründe die Athletenvereinbarung selbst vorsieht. Die Athletenvereinbarung wird in der Regel befristet abgeschlossen, sie gilt meist für ein Jahr[1536]. Das Ausscheiden aus dem Kreis der Kaderathleten wird als auflösende Bedingung der Athletenvereinbarung vereinbart, mit der Folge, dass die Vereinbarung endet. Dies kann entweder zum Ablauf des jeweiligen Kalenderjahres[1537] oder mit sofortiger Wirkung sein[1538]. Die Athletenvereinbarung endet demnach, wenn der Sportler die Voraussetzungen und Kaderanforderungen nicht mehr erfüllt.

Neben der normalen Beendigung nach einem Jahr kann die Athletenvereinbarung auch zu einem früheren Zeitpunkt beendet werden. Der Spieler bzw. Athlet hat die Möglichkeit, durch einen Rücktritt vom Leistungssport die Athletenvereinbarung vorzeitig aufzuheben[1539]. Teilweise gibt es auch ein außerordentliches Beendigungsrecht seitens des Verbandes für den Fall, dass der Athlet unter Verletzung seines Rechtes auf freie Meinungsäußerung andere Sportler, Vertreter des Sports oder des Staates verunglimpft oder durch seine Handlungen in grober Weise gegen die Ideale des Sports verstößt[1540]. Ein Dopingverstoß kann

---

1534 BeckOK-ArbR/*Hesse*, § 620 BGB, Rn. 72; ErfK/*Müller-Glöge*, § 620 BGB, Rn. 5.
1535 Siehe oben unter § 3 A. II. b. aa.
1536 Musterathletenvereinbarung des DOSB, 7. Zeitliche Geltung.
1537 7. der Musterathletenvereinbarung des DOSB.
1538 10.1 S. 2 der Athletenvereinbarung des DLV (Deutscher Leichtathletik-Verband).
1539 10.1 S. 3 der Athletenvereinbarung des DLV (Deutscher Leichtathletik-Verband).
1540 10.2 der Athletenvereinbarung des DLV (Deutscher Leichtathletik-Verband).

auch zu einem Ausschluss aus dem Kader führen[1541]. Im Übrigen handelt es sich bei der Athletenvereinbarung um einen atypischen schuldrechtlichen Vertrag, sodass die außerordentliche Kündigung nach § 626 BGB nicht möglich ist.

Allerdings kommt die Kündigung von Dauerschuldverhältnissen aus wichtigem Grund gemäß § 314 BGB in Betracht. Ein wichtiger Grund liegt vor, wenn dem kündigenden Teil unter Berücksichtigung aller Umstände des Einzelfalls und unter Abwägung der beiderseitigen Interessen die Fortsetzung des Vertragsverhältnisses bis zur vereinbarten Beendigung oder bis zum Ablauf einer Kündigungsfrist nicht zugemutet werden kann. Es kann insoweit auf die Kündigunsgründe der Bundesligaverträge der Individualsportler verwiesen werden[1542]. Da die Athletenvereinbarung wie die Bundesligaverträge meist nur auf ein Jahr abgeschlossen werden, können grundsätzlich die gleichen Wertungen herangezogen werden. Allerdings mit der Einschränkung, dass der fehlende Einsatz bei Wettbewerben eine Kündigung nicht rechtfertigen kann, da der Athlet durch die Athletenvereinbarung nur in den Kader nominiert wird. Ob er dann tatsächlich zum Wettkampf/Spiel antritt oder nur als Kadermitglied ohne aktive Tätigkeit die Mannschaft unterstützt, ist von der Athletenvereinbarung nicht erfasst.

Der wichtige Grund des Wechselinteresses findet im Unterschied zu den Individualsportlern keine Anwendung, da es für den Sport, den der Minderjährige ausübt, nur den einen Verband gibt und er daher zu keinem Konkurrenten wechseln kann.

Der Kündigungsgrund der Erfolglosigkeit ist nicht anwendbar, da die Athletenvereinbarung ohnehin aufgehoben werden kann, wenn der Athlet nicht mehr den Kaderanforderungen entspricht.

## C. Mitgliedschaft im Verein

Die Dauer einer Mitgliedschaft in einem Verein kann völlig unterschiedlich sein. Neben Befristungen ist es auch möglich, dass eine Mitgliedschaft lebenslang besteht[1543]. Die vereinsrechtliche Bindung allein durch eine Mitgliedschaft zum Verein kann wie oben dargestellt sowohl bei einem Individualsportler als auch bei einem Mannschaftssportler gegeben sein. Da im Großen und Ganzen keine wesentlichen Änderungen zu einem Vereinsaustritt bei einem Erwachsenen bestehen, soll im Folgenden nur auf die Besonderheiten eingegangen werden.

---

1541 5.2 der Musterathletenvereinbarung des DOSB; 1.7. der Athletenvereinbarung des DLV (Deutscher Leichtathletik-Verband).

1542 Siehe oben unter § 6, A. II. 1.

1543 So beispielsweise bei einer Studentenverbindung.

## I. Fristgerechter Austritt

Mitglieder eines Vereins sind gemäß § 39 Absatz 1 BGB zum Austritt aus dem Verein berechtigt. Nähere Bestimmungen über den Austritt sieht die jeweilige Vereinssatzung vor, § 58 Nr. 1 BGB. Die Vereinsmitgliedschaften lassen sich demnach nach den in den Vereinssatzungen oder Mitgliedsverträgen festgeschriebenen Kündigungsfristen kündigen. In der Satzung kann bestimmt werden, dass der Austritt nur am Schluss eines Geschäftsjahres oder erst nach dem Ablauf einer Kündigungsfrist zulässig ist. Die Kündigungsfrist kann nach § 39 Absatz 2 BGB höchstens zwei Jahre betragen. Wenn die Satzung keine Frist bestimmt, ist der Austritt jederzeit möglich[1544]. Der MTV Stuttgart sieht beispielsweise keine Kündigungsfristen vor, sodass ein Austritt jederzeit möglich ist[1545]. Die Austrittserklärung ist eine einseitig empfangsbedürftige Willenserklärung[1546], die der Zustimmung durch die Eltern bedarf.

## II. Fristloser Austritt

Neben einer fristgerechten Kündigung kann unter Umständen auch ein fristloser Austritt des Mitglieds in Betracht kommen. Die Vereinsmitgliedschaft ist ein Dauerschuldverhältnis[1547]. Ein fristloser Austritt ist möglich, wenn ein wichtiger Grund dies erfordert und wenn unter Berücksichtigung der Umstände des Einzelfalls ein Verbleib im Verein bis zum Ablauf der satzungsgemäßen Kündigungsfrist eine unzumutbare Belastung bedeuten würde[1548]. Fraglich ist wann ein solch wichtiger Grund vorliegt. Naheliegend ist, auf die Kündigungsgründe von oben[1549] abzustellen. Allerdings ist der entscheidende Unterschied, dass ein minderjähriger Sportler, der an seinen Verein allein durch die Vereinsmitgliedschaft ohne einen weiteren Vertrag gebunden ist, genauso der Vereinssatzung unterworfen ist wie ein Hobbysportler und kein „Mehr" an Rechten und Pflichten hat. Aus diesem Grund

---

1544 LG Stuttgart NJW-RR 1995, 1009; Sauter/Schweyer/Waldner, Der eingetragene Verein, Rn. 92.

1545 § 6 Nr. 3 der Vereinssatzung des MTV Stuttgart; abrufbar unter: http://www.mtv-stuttgart.de/allg-inf/satzung.pdf; zuletzt aufgerufen am 31.03.2018.

1546 *Sauter/Schweyer/Waldner*, Der eingetragene Verein, Rn. 93.

1547 LG Ulm BeckRS 2013, 13080 = SpuRt 2013, 169; LG Izehoe NJW-RR1989, 1531; Bamberger/Roth/*Schöpflin*, § 39 BGB, Rn. 7.

1548 LG Izehoe NJW-RR1989, 1531; Bamberger/Roth/*Schöpflin*, § 39 BGB, Rn. 7; *Sauter/Schweyer/Waldner*, Der eingetragene Verein Rn. 102; *Stöber/Otto*, Handbuch zum Vereinsrecht, Rn. 279.

1549 Siehe zu den Kündigungsgründen einer außerordentlichen Kündigung oben unter § 6 A. I. 5.

kann es beispielsweise keinen Kündigungsgrund darstellen, wenn der Minderjährige nicht für Spiele oder Wettkämpfe aufgestellt wird. Auch wenn er wie jeder andere junge Sportler ein Interesse hat, Wettkampf- und Spielerfahrung zu sammeln, so kann er die Mitgliedschaft nicht aus diesem Grund fristlos kündigen. Ebenso kann es keinen Grund für einen fristlosen Austritt darstellen, dass der Minderjährige lieber zu einem anderen Verein möchte, da er dort bessere Chancen für seine Entwicklung sieht. Wie oben dargestellt, kann ein besseres Angebot oder allein ein Wechselinteresse auch bei einem Arbeitsvertrag keinen außerordentlichen Kündigungsgrund darstellen[1550]. Ein Wechsel zu einer anderen Sportart oder einem anderen Interesse außerhalb des Sports kann ebenfalls keinen fristlosen Austritt rechtfertigen, ebenso wenig wenn der Minderjährige feststellt, dass er in der Sportart keine Erfolge erzielen kann. In diesem Fall ist es dem Minderjährigen nicht unzumutbar bis zum Zeitpunkt des fristgerechten Austritts zu warten. Auch wenn das BAG bei einem Arbeitsvertrag die psychische Drucksituation als Möglichkeit für eine außerordentliche Kündigung zuließ[1551], ist bei einer Vereinsmitgliedschaft schwer vorstellbar, dass so eine Drucksituation entsteht. Der Minderjährige ist gerade nicht auf Grund eines Vertrages verpflichtet, eine Leistung zu erbringen. Andauernde und erhebliche Verstöße gegen das JArbSchG können im Ausnahmefall einen fristlosen Austritt rechtfertigen[1552]. Eine mangelhafte Ausbildung kann als Grund für einen fristlosen Austritt nicht in Betracht kommen. Der Verein ist in den meisten Fällen nur verpflichtet, den Mitgliedern die Einrichtungen zur Verfügung zu stellen, sodass sie sie nutzen und an den Veranstaltungen teilnehmen können. Eine darüber hinausgehende Ausbildung muss der Verein nicht leisten und wenn der Minderjährige diese nicht erhält, ist es ihm auch nicht unzumutbar, bis zum fristgerechten Austritt zu warten. Ob ein Wohnortwechsel einen fristlosen Grund darstellt, wird nicht einheitlich beantwortet. Teilweise wird angenommen, dass der wichtige Grund nicht aus der Sphäre des Mitglieds kommen darf[1553]. So stelle ein Umzug keinen wichtigen Grund dar[1554]. Auf der anderen Seite wird vertreten, dass die Kündigungstatsachen lediglich einen Vereinsbezug haben müssen

---

1550 Siehe dazu bereits oben unter § 6 A. I. 5. d.

1551 BAG NZA 2013, 1206, 1209, Rz. 39. Siehe dazu auch oben unter § 6 A. I. 5. h.

1552 Ähnlich wie oben unter § 6 A. I. 5. i.

1553 Bamberger/Roth/*Schöpflin*, § 39 BGB, Rn. 7; *Sauter/Schweyer/Waldner*, Der eingetragene Verein, Rn. 102; *Stöber/Otto*, Handbuch zum Vereinsrecht, Rn. 281, wonach nur ausnahmsweise bei Störung eines besonders engen Vertrausensverhältnisses ein Grund aus der persönlichen Sphäre des Austrittswilligen den sofortigen Austritt rechtfertigen kann.

1554 JurisPK-BGB/*Otto*, § 39 BGB, Rn. 12.

und auch allein in der Sphäre des Mitglieds liegen können, wie beispielsweise bei einem Umzug oder Krankheit[1555]. Auch hier wird es, ähnlich wie bei den Arbeitsverträgen, auf den Einzelfall ankommen und es wird unter Umständen auch entscheidend sein, wie hoch der Beitrag ist und ob es für den Minderjährigen möglich ist trotz Mitgliedschaft in dem ursprünglichen Verein dem neuen Verein beizutreten. Teilweise besteht die Möglichkeit, wenn kein Grund für einen fristlosen Austritt gegeben ist, die ursprüngliche Mitgliedschaft bestehen zu lassen und in dem neuen Verein Mitglied zu werden. Entweder stellt dies, je nach Vereinssatzung, einen Grund dar, warum der ursprüngliche Verein das Mitglied ausschließen darf oder das minderjährige Mitglied ist dann in beiden Vereinen tätig mit der Folge, für beide den Beitrag entrichten zu müssen. Zusätzlich können als Kündigungsgründe Verletzungen der Mitgliedschaftsrechte in Betracht kommen, so zum Beispiel, wenn dem minderjährigen Sportler für eine Bagatellsache eine mit der Satzung nicht zu vereinbarende Strafe auferlegt wird und der junge Sportler in seinen Mitgliedschaftsrechten verletzt wird. In diesen Fällen kann ein Verbleiben im Verein unzumutbar erscheinen[1556].

## III. Ausschluss aus dem Verein

Neben der Kündigung durch das Vereinsmitglied besteht auch die Möglichkeit, dass der Verein das Mitglied ausschließt. Bei Verstößen gegen Mitgliederpflichten kann als härteste Sanktion der Ausschluss aus dem Verein beschlossen werden[1557]. Einzelne Tatbestände können als Ausschließungsgründe genannt werden oder es kann bestimmt werden, dass ein Mitglied „aus wichtigem Grund“ ausgeschlossen wird[1558]. So kann beispielsweise der Erwerb einer Mitgliedschaft in einem konkurrierenden Verein einen Grund darstellen, warum der Verein das Mitglied ausschließen darf[1559]. Kommt es zu einem Ausschlussverfahren[1560] wird der Grundsatz des rechtlichen Gehörs regelmäßig verletzt, wenn der gesetzliche Vertreter daran gehindert wird, den Minderjährigen zu vertreten[1561].

1555 *Reichert*, Vereins- und Verbandsrecht, Rn. 1115.

1556 LG Ulm BeckRS 2013, 13080 = SpuRt 2013, 169.

1557 *Sauter/Schweyer/Waldner*, Der eingetragene Verein, Rn. 350.

1558 *Sauter/Schweyer/Waldner*, Der eingetragene Verein, Rn. 109; BGH NJW 1997, 3368, 3369.

1559 *Reichert*, Vereins- und Verbandsrecht, Rn. 2972.

1560 Näheres dazu bei *Sauter/Schweyer/Waldner*, Der eingetragene Verein, Rn. 356 ff.

1561 *Sauter/Schweyer/Waldner*, Der eingetragene Verein, Rn. 364.

# § 7 Zusammenfassung und Ergebnis

Zuletzt werden die Ergebnisse der einzelnen Kapitel zusammengefasst und ein abschließendes Fazit gezogen.

A. Beim Abschluss eines Dienst- oder Arbeitsvertrages zwischen Minderjährigen und einem Verein kommt § 1822 Nr. 7 BGB als lex specialis gegenüber § 1822 Nr. 5 BGB zur Anwendung, was zur Folge hat, dass es neben der Zustimmung der gesetzlichen Vertreter keiner familienrechtlichen Genehmigung bedarf. Bei einem Ausbildungsvertrag bedarf es ebenfalls nicht der familienrechtlichen Genehmigung, da der Ausbildungsvertrag unter § 1822 Nr. 6 BGB fällt, der nicht in § 1643 BGB genannt ist. Eine Athletenvereinbarung unterfällt ebenfalls nicht dem Genehmigungserfordernis, da sie in der Regel nur für die Dauer von einem Jahr abgeschlossen wird und so nicht die Voraussetzungen des § 1822 Nr. 5 BGB vorliegen. Der Beitritt zu einem Verein unterfällt nicht § 1822 Nr. 5 BGB, da eine Austrittsmöglichkeit besteht. (§ 2).

B. Bei einer Athletenvereinbarung werden die minderjährigen Individualsportler nicht im Sinne von § 1 Absatz 1 JArbSchG beschäftigt und unterfallen damit nicht dem Anwendungsbereich des Jugendarbeitsschutzgesetzes. Insbesondere liegt für eine arbeitnehmerähnliche Dienstleistung nach § 1 Absatz 1 Nr. 3 JArbSchG nicht die erforderliche feste Bindung vor, da den Minderjährigen in der Regel nur verbandsrechtliche Sanktionen treffen können und der junge Kaderathlet nicht dem gleichen Druck ausgesetzt ist wie ein Arbeitnehmer und seine Verpflichtung zur Tätigkeit durch den Verband nicht einklagbar ist (§ 3 A. II. 1. b. aa).

Die jungen Individualsportler, die mit dem Verein einen Vertrag für die Bundesliga abgeschlossen haben, werden in der Regel ebenfalls nicht im Sinne des § 1 Absatz 1 JArbSchG beschäftigt, da es insbesondere an der persönlichen Abhängigkeit und der Weisungsgebundenheit fehlt. Die minderjährigen Individualsportler, die ohne Vertrag in einem Verein nur als Mitglied ihren Sport ausüben, sind ebenfalls nicht im Sinne des § 1 Absatz 1 JArbSchG beschäftigt, da für eine arbeitnehmerähnliche Dienstleistung zumindest die erforderliche feste Bindung nicht vorliegt (§ 3 A. II. 1. b. bb).

Die minderjährigen Mannschaftssportler, die einen Lizenzvertrag unterschrieben haben, werden gemäß § 1 Absatz 1 Nr. 2 JArbSchG beschäftigt. Bei den Minderjährigen, die einen Fördervertrag geschlossen haben, muss auf den Schwerpunkt der Tätigkeit abgestellt werden. Wenn die Tätigkeit entsprechend dem DFB-Muster-Fördervertrag ausgeübt wird, liegt eine Beschäftigung im Sinne des § 1 Absatz 1 Nr. 2 JArbSchG vor. Die Vertragsspieler sind bei Umsetzung des Vertragsspielervertrags im Sinne des Mustervertrages des DFB ebenfalls Arbeitnehmer im Sinne des § 1 Absatz 1 Nr. 2 JArbSchG. Die minderjährigen Mannschaftssportler, die nur durch eine vereinsrechtliche Mitgliedschaft gebunden sind, werden in der Regel nicht im Sinne des § 1 Absatz 1 Nr. 1–4 JArbSchG beschäftigt, da insbesondere keine feste Bindung gegeben ist (§ 3 A. II. 2.).

Die Beschäftigung von Kindern oder vollzeitschulpflichtigen Jugendlichen im professionellen Sport lässt sich unter dem geltenden Recht nicht rechtfertigen, insbesondere auch nicht durch § 6 JArbSchG, da die Sportveranstaltung keine „andere Aufführung" darstellt. Es besteht an dieser Stelle allerdings kein gesetzgeberischer Handlungsbedarf, da keine Notwendigkeit besteht, mit den Kindern oder vollzeitschulpflichtigen Jugendlichen Verträge abzuschließen. Zum einen kann in dem frühen Alter noch nicht abgeschätzt werden, ob der Spieler eine Profikarriere einschlägt und zum anderen besteht auch durch den Schutz des Artikel 19 FIFA-Transferreglement nicht die Gefahr, dass die jungen Fußballspieler von einem ausländischen Verein abgeworben werden (§ 3 B.).

Die Beschäftigung von Jugendlichen im professionellen Sport entspricht zum Teil den Vorgaben des JArbSchG. Der Stundenplan eines Fußballspielers bestehend aus Schule, Training und Spielen verstößt nicht gegen die allgemein geregelten Arbeitszeiten nach § 8 JArbSchG. Allerdings muss bei der Nachtruhe eine Anpassung des Gesetzes vorgenommen werden. Unter dem geltenden Recht kann von der Nachtruhe ab 20 Uhr nur unter den Ausnahmen des § 14 Absatz 2–7 JArbSchG abgewichen werden. Insbesondere stellt § 14 Absatz 7 JArbSchG für die Spiele, die länger als 20 Uhr dauern, keinen Ausnahmetatbestand dar, weil sich die Sportveranstaltung nicht unter die „andere Aufführung" subsumieren lässt. Das Nachtarbeitsverbot ab 20 Uhr wird nicht der tatsächlichen Situation im professionellen Sport gerecht, und es besteht auch kein Grund, dass dem minderjährigen Fußballer bei den vereinzelten Abend-Spielen die Teilnahme verboten ist. Die Aufnahme der Sportveranstaltung in den Ausnahmekatalog des § 14 JArbSchG verstößt auch nicht gegen EG-Recht, weil die Richtlinie 94/33/EG die Möglichkeit vorsieht, sportliche Tätigkeiten vom Verbot der Nachtarbeit auszunehmen (§ 3 C.).

C. Für die minderjährigen Sportler, die durch Regelanerkennungsverträge an die Anti-Doping-Regelungen des jeweiligen Verbandes gebunden werden, gelten grundsätzlich die gleichen Anti-Doping-Regelungen wie für die Erwachsenen. Durch die bestehenden Privilegierungen in den Regelwerken wird der Minderjährige umfassend geschützt. Dadurch, dass die Erfahrenheit und die Minderjährigkeit des Athleten Faktoren sind, die bei der Schwere des Verschuldens berücksichtigt werden müssen und dadurch, dass der Minderjährige für eine Aussetzung oder Reduzierung der Sperre nicht den Nachweis erbringen muss, wie der verbotene Stoff in seinen Organismus gelangt ist, kann ein abgemilderter Sorgfaltsmaßstab angesetzt werden und ein einzelfallgerechtes Ergebnis erzielt werden. Das Verschulden Dritter kann dem Minderjährigen nur dann zugerechnet werden, wenn die Athletenbetreuer die Erfüllung der Anti-Doping-Pflichten für den Minderjährigen übernommen haben. Für Minderjährige kommen keine anderen gleich geeigneten Sanktionen als die Sperre in Betracht. Auch ist von keiner generellen Reduzierung der Sperrzeit oder einer anderen Ausgestaltung der Sanktion als bei Erwachsenen auszugehen. Einzelfälle, in denen eine strikte Anwendung zu einem „ungerechten“ Ergebnis führt, können über den Grundsatz der Verhältnismäßigkeit entschieden werden (§ 4 D. II. 2. a. bb.).

Dass von der Verpflichtung zur automatischen Veröffentlichung einer Sanktion gemäß Artikel 10.13 i.V.m. 14.3 WADC im Falle der Beteiligung eines Minderjährigen eine Ausnahme vorgenommen wird, schützt dessen allgemeines Persönlichkeitsrecht. Allerdings darf die Identität des Minderjährigen auch dann veröffentlicht werden, wenn noch keine B-Probe die A-Probe bestätigt hat und der Minderjährige noch nicht angehört wurde, sondern allein über die Abweichung der A-Probe von der Norm benachrichtigt wurde. Diese frühzeitige Offenlegung ist nur dann rechtmäßig, wenn eine obligatorische vorläufige Suspendierung ausgesprochen werden musste (§ 4 D. II. 2. b.).

Wenn ein Verstoß gegen Anti-Doping-Regelungen durch das Inverkehrbringen oder Verabreichen eines verbotenen Stoffs unter Beteiligung eines Minderjährigen begangen wird, ist der Verstoß als besonders schwerwiegend anzusehen und kann bei einem Athletenbetreuer eine lebenslange Sperre zur Folge haben. Dies ist gerechtfertigt, da beim Verabreichen und beim Inverkehrbringen zum einen eine besonders hohe Gesundheitsgefahr für den Minderjährigen geschaffen wird und zum anderen ist das Ausnutzen der Unerfahrenheit und des Vertrauens des Minderjährigen als besonders verwerflich anzusehen. Dies gilt erst Recht, wenn ein Athletenbetreuer den Verstoß begangen hat. Allerdings sollte bei der nächsten Überarbeitung des WADA-Codes auch die Beihilfe unter Beteiligung eines Minderjährigen als besonders schwerwiegender Verstoß normiert werden, da auch hier eine große Gesundheitsgefahr für den Minderjährigen geschaffen wird (§ 4 D. II. 3.).

Durch den „Standard für Dopingkontrollen und Ermittlungen“ werden Modifizierungen für Minderjährige bei der Dopingkontrolle normiert. Bei Einhaltung der Besonderheiten für Minderjährige verstößt die Durchführung der Urinprobe nicht gegen das allgemeine Persönlichkeitsrecht und die Blutprobe verletzt nicht das Recht auf körperliche Unversehrtheit. Die Dopingkontrollen sind daher grundsätzlich als rechtmäßig anzusehen. Jedoch kann ein Verstoß gegen die Vorgabe, dass der Minderjährige bei der Abgabe der Urinprobe mit dem DCO nicht alleine ist, zu einer Unverwertbarkeit führen. Ebenfalls zu einer Unverwertbarkeit kann eine fehlende Einwilligung bei der Blutprobe führen. Bei der Einwilligung zu der Blutprobe kommt eines allein auf den Minderjährigen an und eine Einwilligung der gesetzlichen Vertreter im Falle der Einsichtsfähigkeit des Minderjährigen führt zu einer Unverwertbarkeit, wenn die Einwilligung des Minderjährigen fehlt. Wenn der Minderjährige nicht einwilligungsfähig ist, müssen die gesetzlichen Vertreter zustimmen, wobei es ausreichend ist, wenn ein Elternteil der Anerkennung der Anti-Doping-Regeln zugestimmt hat, weil davon ausgegangen werden kann, dass der andere Teil ebenfalls einverstanden ist (§ 4 D. III. 1.).

D. Der minderjährige Sportler haftet seinen Mitsportlern gegenüber nach deliktsrechtlichen Vorschriften. Für eine Haftung muss zunächst ermittelt werden, welche Verhaltenspflichten in der jeweiligen Sportart vorgegeben sind. Anschließend muss festgestellt werden, ob sich der Minderjährige regelkonform verhalten hat bzw. wenn eine geringe Regelverletzung vorliegt, ob eine Haftungsbeschränkung auf Grund einer Sportart mit nicht unerheblichem Gefahrenpotenzial vorliegt. Danach wird ermittelt, ob der Minderjährige zum Zeitpunkt der Begehung der schädigenden Handlung die zur Erkenntnis seiner Verantwortlichkeit erforderliche Einsichtsfähigkeit besessen hat (§ 5 A. II.).

Bei der Haftung der Aufsichtsperson für die vom Minderjährigen verursachten Schäden muss darauf abgestellt werden, wie eine verständige Aufsichtsperson in der konkreten Situation gehandelt hätte, um Schädigungen Dritter durch den Minderjährigen zu verhindern. Die Anforderungen an die Aufsichtspflicht hängt vom Alter, der Erfahrung des Minderjährigen und den konkreten Umständen des Einzelfalls ab (§ 5 B.).

Als Aufsichtspflichtige, die bei Schäden des Minderjährigen diesem gegenüber haften, kommen die Eltern, Trainer und Betreuer sowie die Vereine und Verbände in Betracht. Bei den Eltern kommt eine eigene Haftung oder eine Mithaftung für das Verschulden des Trainers bzw. des Vereins in Betracht. Für sie gilt auch bei der Aufsichtspflicht die Haftungsprivilegierung des § 1664 Absatz 1 BGB, sodass sie nur für die Sorgfalt einzustehen haben, die sie in eigenen Angelegenheiten anzuwenden pflegen. Die Trainer und Betreuer haften, wenn sie ihren Pflichten nicht nachkommen und der Minderjährige dadurch einen Schaden erleidet. Allerdings kann ein Mitverschulden des Minderjährigen in Betracht kommen. Ebenso kann ein Mitverschulden der Eltern gegeben sein, wenn sie den Trainer beispielsweise nicht ausreichend überwachen. Eine Haftung der Vereine und Verbände kann sich entweder durch Zurechnung des Verschuldens des als Erfüllungs- bzw. Verrichtungshilfen auftretenden Trainers oder durch eigenes Verschulden ergeben. Ein eigenes Verschulden kann sich aus der Auswahl- und Überwachungspflicht oder der Organisation des Trainings- und Wettkampfbetriebs ergeben. Die Vereine und Verbände können auch Haftungsausschlüsse vereinbaren (§ 5 C.).

E. Die befristeten Förder- und Lizenzspielerverträge können auf Grund ihrer rechtmäßigen Befristung nicht ordentlich gekündigt werden. Die Ungewissheit über die Leistungsentwicklung und die Eigenart des Fußballsports können eine Sachgrundbefristung bei den Minderjährigen rechtfertigen. Es kann auch nicht ausgeschlossen werden, dass der Minderjährige die Befristung wünscht und der Grund zur Befristung in der Person des Arbeitnehmers liegt. Allerdings kann ein Aufhebungsvertrag geschlossen werden, und unter bestimmten Umständen ist eine außerordentliche Kündigung denkbar. Als wichtige Gründe können der Eintritt der Volljährigkeit, der Nichteinsatz in den Spielen, eine mangelhafte Ausbildung, der Wohnortwechsel der Eltern, der psychische Druck und Verstöße gegen das JArbSchG in Betracht kommen. Allerdings muss in jedem Einzelfall geprüft werden, ob unter beiderseitiger Interessenabwägung für den Minderjährigen eine Fortführen bis Vertragsende unzumutbar ist. Der Nichteinsatz bei den Spielen und die mangelhafte Ausbildung werden nur in absoluten Ausnahmefällen eine außerordentliche Kündigung rechtfertigen. Die Bundesligaverträge der Individualsportler sind keine Arbeitsverträge, weswegen keine ordentliche Kündigung in Betracht kommt, sondern nur der Aufhebungsvertrag oder eine außerordentliche Kündigung, wobei hinsichtlich der Kündigungsgründe weitgehend auf oben verwiesen werden kann (§ 6 A.).

Auch bei der Athletenvereinbarung sind die Vorschriften über die arbeitsrechtliche Kündigung sowie § 626 BGB nicht anwendbar. Die Athletenvereinbarung sieht selbst Möglichkeiten einer vorzeitigen Beendigung vor, beispielsweise, wenn der Athlet durch Handlungen in grober Weise gegen die Ideale des Sports oder gegen Dopingregeln verstößt. Zudem können Kündigungsgründe nach § 314 BGB in Betracht kommen (§ 6 B.).

Ein Vereinsmitglied kann aus dem Verein austreten. Den fristgerechten Austritt regelt die jeweilige Vereinssatzung und ein fristloser Austritt ist möglich, wenn ein wichtiger Grund dies erfordert. Neben dem Austritt kommt auch ein Ausschluss aus dem Verein in Betracht (§ 6 C.).

F. Abschließend lässt sich sagen, dass Minderjährige im Sport eine hohe Präsenz haben und das Thema zunehmend an Relevanz gewinnt, da immer jüngere

Kinder und Jugendliche angehalten werden, den Sport möglichst frühzeitig professionell auszuüben. Obwohl der Minderjährige teilweise wie ein Erwachsener den Sport ausübt und an den selben Veranstaltungen teilnimmt, ist es aufgrund seiner mangelnden Erfahrung, seines jungen Alters und seines noch in der Entwicklung befindlichen Organismus wichtig und notwendig, dass für ihn beim Vertragsschluss, bei der Ausübung des Sports, bei den Dopingregelungen und bei der Haftung in gewissen Grenzen Sonderregelungen gelten, die ihn besonders schützen. Die Schutzbelange des Minderjährigen müssen mit der Chancengleichheit im Sport in Einklang gebracht werden.

# Literaturverzeichnis

*Adolphsen, Jens,* Aktuelle beweisrechtliche Fragen im Dopingverfahren, S. 239–261, in: Arter, Oliver/ Baddeley, Magareta, Sport und Recht, Bern 2007; zitiert als *Adolphsen*, in: Arter/Baddeley, Sport und Recht.

*Adolphsen, Jens,* Internationale Dopingstrafen, Tübingen 2003; zitiert als *Adolphsen*, Internationale Dopingstrafen.

*Adolphsen, Jens,* Umsetzung des Welt Anti-Doping Code in Deutschland, S. 81–103, in: Vieweg, Klaus, Perspektiven des Sportrechts, Berlin 2005; zitiert als *Adolphsen*, in: Vieweg, Perspektiven des Sportrechts.

*Adolphsen, Jens/ Nolte, Martin/ Lehner, Michael/ Gerlinger, Michael,* Sportrecht in der Praxis, Stuttgart 2012; zitiert als SportR in der Praxis/*Bearbeiter*.

*Ascheid, Reiner/ Preis, Ulrich/ Schmidt, Ingrid,* Kündigungsrecht, 5. Auflage, München 2017; zitiert als Ascheid/Preis/Schmidt/*Bearbeiter*, Kündigungsrecht.

*Athanasiadis, Marianna,* Die Beschränkung der Haftung Minderjähriger, Frankfurt am Main 2000; zitiert als *Athanasiadis*, Die Beschränkung der Haftung Minderjähriger.

*Bamberger, Heinz Georg/Roth, Herbert,* Kommentar zum Bürgerlichen Gesetzbuch Band 1 §§ 1–610 BGB, CISG, 3. Auflage, München 2012; zitiert als Bamberger/Roth/*Bearbeiter*.

*Bamberger, Heinz Georg/Roth, Herbert,* Kommentar zum Bürgerlichen Gesetzbuch Band 2 §§ 611–1296 BGB, AGG, ErbbauVO, WEG, 3. Auflage, München 2011; zitiert als Bamberger/Roth/*Bearbeiter*.

*Bamberger, Heinz Georg/Roth, Herbert,* Kommentar zum Bürgerlichen Gesetzbuch Band 3 §§ 1297–2385 BGB, Rom I-VO Rom II-VO EGBGB, 3. Auflage, München 2012; zitiert als Bamberger/Roth/*Bearbeiter*.

*Bauer, Martin Bernhard,* Das Transfersystem und die Verpflichtung von Jugendspielern im europäischen Clubfußball, Berlin 2016.

*Beathalter, André,* Das Ende befristeter Trainerverträge?, S. 27–42, in: Sportler, Arbeit und Statuten, Herbert Fenn zum 65. Geburtstag, herausgegeben von Klaus Bepler, Berlin 2000; zitiert als *Beathalter*, in: Bepler, Sportler, Arbeit und Statuten.

*Becker, Friedrich/ Hillebrecht, Wilfried/ Bader, Peter/ Etzel, Gerhard/ Fischermeier, Ernst/ Friedrich, Hans-Wolf/ Gallner, Inken/ Griebeling, Jürgen/ Kreft, Burkhard/ Link, Christian/ Lipke, Gert-Albrecht/ Rost, Friedhelm/ Spilger, Andreas Michael/ Treber, Jürgen/ Vogt, Norbert/ Wegano, Horst,* KR Gemeinschaftskommentar zum Kündigungsschutzgesetz und zu sonstigen kündigungsschutzrechtlichen Vorschriften, 11. Auflage, Köln 2016; zitiert als KR/*Bearbeiter*.

*Beckmann, Jan Friedrich/ Beck, Alexander*, Zur Befristung von Arbeitsverträgen im Profi-Sport, SpuRt 2015, S. 160–161.

*Beckmann, Jan Friedrich/ Beck, Alexander,* Endspiel in Erfurt? Der „Fall Müller" geht in die nächste Runde – Anmerkung zur Entscheidung des LAG Rheinland-Pfalz vom 17.2.2016, SpuRt 2016, S. 155–156.

*Beckmann, Paul-Werner/ Beckmann Jan*, Die Befristung von Arbeitsverträgen – Bereichsausnahme für den Profisport?, SpuRt 2011, S. 236–240.

*Belling, Detlev, W.,* Die Entscheidungskompetenz für ärztliche Eingriffe bei Minderjährigen, FuR 1990, S. 68–77.

*Belling, Detlev W./ Eberl, Christina/ Michlik, Frank,* Das Selbstbestimmungsrecht Minderjähriger bei medizinischen Eingriffen, Berlin 1994; zitiert als *Belling/ Eberl/Michlik,* Das Selbstbestimmungsrecht Minderjähriger bei medizinischen Eingriffen.

*Bepler, Klaus,* Lizenzfußballer: Arbeitnehmer mit Beschäftigungsanspruch, S. 43–84, in: Sportler, Arbeit und Statuten, Herbert Fenn zum 65. Geburtstag, herausgegeben von Klaus Bepler, Berlin 2000; zitiert als *Bepler*, in: Bepler, Sportler, Arbeit und Statuten.

*Bergermann, Michael*, Doping und Zivilrecht, Frankfurt am Main 2002; zitiert als *Bergermann*, Doping und Zivilrecht.

*Berkemeyer, Michael,* Zur Befristung von Spielerverträgen auf Grund abnehmbarer Leistungsfähigkeit im Alter, SpuRt 2010, S. 8–11.

*Bermig, Klaus/ Schäfer, Albert*, Kinderarbeit in Deutschland: Die rechtlichen Grundlagen, KJuG 2000, S. 37–41.

*Berninger, Nadja,* Der nationale Anti-Doping-Code des Jahres 2009, S. 45–58, in: Nolte, Martin, Neue Bedrohungen für die Persönlichkeitsrechte von Sportlern, Stuttgart 2011; zitiert als *Berninger*, in: Nolte, Neue Bedrohungen für die Persönlichkeitsrechte von Sportlern.

*Bette, Karl-Heinrich/ Schimank, Uwe/ Wahlig, Dominik/ Weber, Ulrike*, Biographische Dynamiken im Leistungssport, Köln 2002; zitiert als *Bette/Schimank/ Wahlig/Weber*, Biographische Dynamiken im Leistungssport.

*Birr, Christiane,* Die Haftung Minderjähriger im Zivilrecht, Berlin 2005; zitiert als *Birr*, Die Haftung Minderjähriger im Zivilrecht.

*Bitsch, Christian/ Müller, Felix,* Anmerkung zum Urteil des ArbG Mainz v. 19.03.2015 – 3 Ca 1197/14, NZA-RR 2015, S. 410–411.

*Blang, Ulrich*, Befristung von Arbeitsverträgen mit Lizenzspielern und Trainern, Hamburg 2009; zitiert als *Blang*, Befristung von Arbeitsverträgen mit Lizenzspielern und Trainern.

*Blasius, Helga,* Doping im Sport, 3. Auflage, Stuttgart 2017; zitiert als *Blasius*, Doping im Sport.

*Boemke, Burkhard/ Jäger, Jan-David*, Befristung von Arbeitsverträgen im Sport, Anmerkung 4 zum Urteil des ArbG Mainz v. 19.03.2015 – 3 Ca 1197/14, jurisPR-ArbR 31/2015.

*Borchers, Dagmar*, Veröffentlichung von Verbandssanktionen im juristischen Spannungsfeld, Anmerkung zum Urteil des Hanseatischen Oberlandesgerichts Hamburg v. 09.02.2010, Causa Sport 2010, S. 148–149.

*Börner, Joachim*, Sportstätten-Haftungsrecht, Berlin 1985; zitiert als *Börner*, Sportstätten-Haftungsrecht.

*Brückner, Sarah,* Das medizinische Selbstbestimmungsrecht Minderjähriger, Marburg 2014; zitiert als *Brückner*, Das medizinische Selbstbestimmungsrecht Minderjähriger.

*Bruns, Patrick,* Befristung von Arbeitsverträgen mit Sporttrainern, NZA 2008, S. 1269–1274.

*Buck-Heeb, Petra/ Dieckmann, Andreas,* Selbstregulierung im Privatrecht Tübingen 2010; zitiert als *Buck-Heeb/Dieckmann*, Selbstregulierung im Privatrecht.

*Christensen, Guido*, Gestörter Gesamtschuldnerausgleich bei familienrechtlichen Haftungsbeschränkungen, MDR 1989, S. 948–952.

*Christmann, Verena*, Die Geltendmachung der Haftungsbeschränkung zugunsten Minderjähriger – Weitere Anwendungsfälle des § 1629a BGB, ZEV 2000, S. 45–49.

*Clasing, Dirk,* Doping und seine Wirkstoffe, 2. Auflage, Balingen 2010; zitiert als *Clasing*, Doping und seine Wirkstoffe.

*Coester, Michael,* Familienrechtliche Aspekte des Kinderhochleistungssports, S. 15–57, in: Steiner, Udo, Kinderhochleistungssport, Heidelberg 1984; zitiert als *Coester*, in: Steiner, Kinderhochleistungssport.

*Däubler, Wolfgang,* Das Arbeitsrecht 2: Das Arbeitsverhältnis: Rechte und Pflichten, Kündigungsschutz – Leitfaden für Arbeitnehmer, 12. Auflage, Hamburg 2009; zitiert als *Däubler*, Arbeitsrecht 2.

*Däubler, Wolfgang/ Hjort, Jens Peter/ Hummel, Dieter/ Wolmerath, Martin*, Arbeitsrecht, 1. Auflage, Baden-Baden 2008; zitiert als Däubler/Hjort/Hummel/Wolmerath/*Bearbeiter*, Arbeitsrecht.

*Däubler, Wolfgang/ Hjort, Jens, Peter/ Schubert, Michael/ Wolmerath, Martin,* Arbeitsrecht, 4. Auflage, Baden-Baden 2017. zitiert als Däubler/Hjort/Schubert/ Wolmerath/*Bearbeiter*, Arbeitsrecht.

*Däubler, Wolfgang,* Zwanziger, Bertram, KSchR Kündigungsschutzrecht, 10. Auflage, Frankfurt am Main 2017; zitiert als Däubler/Zwanziger/*Bearbeiter*, Kündigungsschutzrecht.

*Daumann, Frank,* Die Ökonomie des Dopings, 2. Auflage, Berlin 2013; zitiert als *Daumann*, Die Ökonomie des Dopings.

*Dauner-Lieb, Barbara/ Langen, Werner,* BGB Schuldrecht Band 2/1: §§ 241–610 BGB, 3. Auflage, Baden-Baden 2016; zitiert als Dauner-Lieb/Langen/*Bearbeiter*, BGB Schuldrecht Bd. 2/1.

*Dauner-Lieb, Barbara/ Langen, Werner,* BGB Schuldrecht Band 2/2: §§ 611–853 BGB, 3. Auflage, Baden-Baden 2016; zitiert als Dauner-Lieb/Langen/*Bearbeiter*, BGB Schuldrecht Bd. 2/2.

*Dembkowsky, Ralf,* Neue Entwicklungen im Kinder- und Jugendarbeitsschutz, NJW 1998, S. 3540–3543.

*Deutsch, Erwin,* Allgemeines Haftungsrecht, 2. Auflage, Köln 1996; zitiert als *Deutsch*, Allgemeines Haftungsrecht.

*Dienstag, Paul,* zum Urteil RArbG v. 23. Juli 1928, RAG 96/28, JW 1930, S. 433.

*Dörner, Hansjürgen,* Der befristete Arbeitsvertrag, 2. Auflage, München 2011; zitiert als *Dörner*, Der befristete Arbeitsvertrag.

*Eisenberg, Ulrich,* Jugendgerichtsgesetz, 19. Auflage, München 2017; zitiert als *Eisenberg*.

*Engel, Rabea,* Doping in der DDR, Hamburg 2010; zitiert als *Engel*, Doping in der DDR.

*Erbs, Georg/ Kohlhaas, Max,* Strafrechtliche Nebengesetze, 217. Ergänzungslieferung Oktober 2017, München; zitiert als Erbs/Kohlhaas/*Bearbeiter*, Strafrechtliche Nebengesetze.

*Erman,* Bürgerliches Gesetzbuch, herausgegeben von Harm Peter Westermann, Barbara Grunewald und Georg Maier-Reimer, Band I, §§ 1–761 BGB, AGG, EGBGB (Auszug), ErbbauRG, LPartG, ProdHaftG, VBVG, VersAuslG und WEG, 15. Auflage, Köln 2017; zitiert als Erman/*Bearbeiter*.

*Erman,* Bürgerliches Gesetzbuch, herausgegeben von Harm Peter Westermann, Barbara Grunewald und Georg Maier-Reimer, Band II, §§ 762–2385 BGB, ProdHaftG, ErbbauRG, VersAusglG, VBVG, LPartG, WEG, EGBGB, 15. Auflage, Köln 2015; zitiert als Erman/*Bearbeiter*.

*Fahlbusch-Wendler, Christine,* Kinderhochleistungssport – Die Zulässigkeit der staatlichen Förderung des Kinderhochleistungssports in der Bundesrepublik

Deutschland, Ahrensburg bei Hamburg 1982; zitiert als *Fahlbusch-Wendler*, Kinderhochleistungssport.

*Fechner, Frank/ Arnhold, Johannes/ Brodführer, Michael*, Sportrecht, Tübingen 2014; zitiert als *Fechner/Arnhold/Brodführer*, Sportrecht.

*Fellmer, Eberhard,* Die Haftung bei Sportveranstaltungen, MDR 1995, S. 541–546.

*Fenn, Herbert,* Erfassung der Sportler durch die Disziplinargewalt der Sportverbände, SpuRt 1997, S. 77–82.

*Fenn, Herbert/ Grischka, Petri,* Unschuldsvermutung und Anscheinsbeweis im Verbandsstrafverfahren – Anmerkung zum Urteil des OLG Frankfurt am Main v. 18.05.2000 – 13 W 29/00, SpuRt 2000, S. 232–235.

*Fiedler, Adrian*, Das Doping minderjähriger Sportler, Berlin 2014; zitiert als *Fiedler*, Das Doping minderjähriger Sportler.

*Finger, Peter*, Mitwirkendes Verschulden und Haftung für Dritte, JR 1972, S. 406–413.

*Fischinger, Philipp,* Arbeitsschutz für jugendliche Fußballprofessionals, Causa Sport 2011, S. 150–158.

*Fischinger, Philipp/ Reiter, Heiko,* K.O. für den Befristungsschutz in der Fußball-Bundesliga?, NZA 2016, S. 661–665.

*Fomferek, André,* Minderjährige „Superstars" – Die Probleme des § 1822 Nr. 5 BGB, NJW 2004, S. 410–412.

*Fritzweiler, Jochen,* Rechtsprechung zum Sportrecht in den Jahren 2002 und 2003, NJW 2004, S. 989–993.

*Fritzweiler, Jochen/ Pfister, Bernhard, Summerer, Thomas*, Praxishandbuch Sportrecht, 3. Auflage, München 2014; zitiert als PHB-SportR/*Bearbeiter.*

*Fröhlich, Martin/ Fröhlich, Hans-Werner*, Sachliche Gründe für befristete Lizenzspielerverträge, Anmerkung zum Urteil des ArbG Mainz v. 19.03.2015 – 3 Ca 1197/14, Causa Sport 2015, S. 145–149.

*Fröschle, Tobias*, Sorge und Umgang – Elternverantwortung in der Rechtspraxis, Bielefeld 2013; zitiert als *Fröschle*, Sorge und Umgang.

*Fuchs, Maximilian*, Die deliktsrechtliche Verantwortung der Eltern für Schäden von und an Kindern im Straßenverkehr, NZV 1998, S. 7–11.

*Füllgraf, Lutz*, Haftungsbegrenzung bei Sportveranstaltungen, VersR 1983, S. 705–712.

*Gabriel, Holger,* Aus ärztlicher Sicht. Erwünschte und unerwünschte Wirkungen anabol-androgener Steroide, S. 37–40, in: Latzel, Klaus/ Niethammer, Lutz, Hormone und Hochleistung Doping in Ost und West, Köln 2008; zitiert als *Gabriel*, in: Latzel/Niethammer, Hormone und Hochleistung.

*Gernhuber, Joachim/ Coester-Waltjen, Dagmar*, Familienrecht, 6. Auflage, München 2010, zitiert als *Gernhuber/Coester-Waltjen*, Familienrecht.

*Gersdorf, Hubertus/ Paal, Boris,* Informations- und Medienrecht, München 2014; zitiert als Gersdorf/Paal/*Bearbeiter*, Informations- und Medienrecht.

*Glocker, Moritz,* Die strafrechtliche Bedeutung von Doping, Frankfurt am Main 2009; zitiert als *Glocker*, Die strafrechtliche Bedeutung von Doping.

*Görtz, Reinhard J.*, Anti-Doping-Maßnahmen im Hochleistungssport aus rechtlicher Sicht, Remscheid, 2012; zitiert als *Görtz*, Anti-Doping-Maßnahmen im Hochleistungssport aus rechtlicher Sicht.

*Grandel, Mathias/ Stockmann, Roland*, Familienrecht, 2. Auflage, Baden-Baden 2014; zitiert als Grandel/Stockmann/*Bearbeiter*, Familienrecht, Stichwort.

*Gröninger, Karl/ Gehring, Heinrich/ Taubert, Thomas,* Gesetz zum Schutze der arbeitenden Jugend (Jugendarbeitsschutzgesetz), 14. Ergänzung, Neuwied 2004, zitiert als *Gröninger/Gehring/Taubert.*

*Grunsky, Wolfgang,* Haftungsrechtliche Probleme der Sportregeln, Heidelberg Karlsruhe 1979; zitiert als *Grunsky*, Haftungsrechtliche Probleme der Sportregeln.

*Gutzeit, Martin/ Vrban, Benjamin*, „Jungprofi" oder „Jugendlicher" – 3:2 für Schalke oder Nachtruhe für Draxler, SpuRt 2011, S. 60–61.

*Haas, Ulrich/ Boccucci, Daniele,* Das neue Regime der Dopingsanktionen nach dem Welt-Anti-Doping-Code 2009, Causa Sport 2011, S. 5–27.

*Haas, Ulrich/ Martens, Dirk-Reiner,* Sportrecht – Eine Einführung in die Praxis, Zürich 2011; zitiert als *Haas/Martens*, Sportrecht.

*Haas, Ulrich/ Nam, Ki-Yeon,* Einschränkungen der Persönlichkeitsrechte durch Verbandsregeln und Vertrag, S. 43–69, in: Nolte, Martin Persönlichkeitsrechte im Sport, Stuttgart 2006; zitiert als *Haas/Nam*, in: Nolte, Martin Persönlichkeitsrechte im Sport.

*Habersack, Mathias,* Das neue Gesetz zur Beschränkung der Haftung Minderjähriger, FamRZ 1999, S. 1–7.

*Hagenbucher, Karl-Heinz,* Die Verletzung von Verkehrssicherungspflichten als Ursache von Ski- und Bergunfällen, NJW 1985, S. 177–180.

*Hager, Johannes*, Das Mitverschulden von Hilfspersonen und gesetzlichen Vertretern des Geschädigten, NJW 1989, S. 1640–1647.

*Hager, Johannes*, Kindersport und Elternverantwortung, S. 21–43, in: Walker, Wolf-Dietrich, Kinder- und Jugendschutz im Sport, Stuttgart 2001; zitiert als *Hager*, in: Walker, Kinder- und Jugendschutz im Sport.

*Hannich, Rolf,* Karlsruher Kommentar zur Strafprozessordnung, 7. Auflage, München 2013; zitiert als Karlsruher Kommentar StPO/*Bearbeiter*.

*Hausch, Tobias,* Langfristige Arbeitsverträge bei Lizenzfußballspielern, Bonn 2002; zitiert als *Hausch*, Langfristige Arbeitsverträge bei Lizenzfußballspielern.

*Hausch, Tobias,* Zulässigkeit der Befristung von Lizenzspielerverträgen – ein Tummelfeld von Begründungsversuchen, SpuRt 2003, S. 103–105.

*Hartung, Liane,* Die Arbeitnehmereigenschaft von Mannschaftssportlern, Hamburg 2017; zitiert als *Hartung*, Die Arbeitnehmereigenschaft von Mannschaftssportlern.

*Heermann, Peter,* Bindung an die Satzung übergeordneter Verbände durch dynamische Verweisungsklauseln, ZHR (Band 174) 2010, S. 250–292.

*Heermann, Peter,* Haftung im Sport, Stuttgart 2008; zitiert als *Heermann*, Haftung im Sport.

*Heger, Martin*, Straf- und verbandsrechtliche Besonderheiten beim Minderjährigendoping, S. 209–216, in: Spitzer, Giselher/ Franke, Elk (Hrsg.), Sport, Doping und Enhancement – Transdisziplinare Perspektiven, Band 1, Köln 2010. zitiert *Heger*, in: Spitzer/Franke, Sport, Doping, Enhancement.

*Heger, Martin,* Strafrechtliche Besonderheiten im Umgang mit minderjährigen Leistungssportlern, S. 25–42, in: Kauerhof, Rico/ Nagel, Sven/ Zebisch, Mirko, Olympische Jugendspiele. Chance oder Gefahr?, Leipzig 2010; zitiert als *Heger*, in: Kauerhof/Nagel/Zebisch, Olympische Jugendspiele.

*Heink, Peter*, Jugendarbeitszeitschutz im professionellen Mannschaftssport, SpuRt 2011, S. 134–137.

*Henssler, Martin/ Strohn, Lutz*, Gesellschaftsrecht, 3. Auflage, München 2016; zitiert als Henssler/Strohn/*Bearbeiter*, Gesellschaftsrecht.

*Henssler, Martin/ Willemsen, Heinz Josef/ Kalb, Heinz-Jürgen,* Arbeitsrecht Kommentar, 7. Auflage, Köln 2016; zitiert als Henssler/Willemsen/Kalb/*Bearbeiter*, Arbeitsrecht.

*Herausgegeben von den Mitgliedern des Bundesgerichtshofs, Dieckenscheid, Karl Ernst* (Bearbeiter) Das Bürgerliche Gesetzbuch mit besonderer Berücksichtigung der Rechtsprechung des Reichsgerichts und des Bundesgerichtshofs, Band IV, 4. Teil §§ 1741–1921 BGB, 12. Auflage Berlin 1999. zitiert als RGRK-BGB/*Bearbeiter.*

*Herberger, Maximilian/ Martinek, Michael/ Rüßmann, Helmut/ Werth, Stephan*, juris Praxiskommentar BGB Band 1 – Allgemeiner Teil, 7. Auflage, Saarbrücken 2014; zitiert als jurisPK-BGB/*Bearbeiter*.

*Herberger, Maximilian/ Martinek, Michael/ Rüßmann, Helmut/ Werth, Stephan*, juris Praxiskommentar BGB Band 2 – Schuldrecht, 7. Auflage, Saarbrücken 2014; zitiert als jurisPK-BGB/*Bearbeiter*.

*Herberger, Maximilian/ Martinek, Michael/ Rüßmann, Helmut/ Werth, Stephan*, juris Praxiskommentar BGB Band 4 – Familienrecht, 7. Auflage, Saarbrücken 2014; zitiert als jurisPK-BGB/*Bearbeiter*.

*Hesse, Mark*, Aufklärung und Einwilligung vor ärztlichen Eingriffen: Wer muss wen aufklären?, RDG 2011, S. 258–260.

*Hilpert, Horst*, Das Fußballstrafrecht des Deutschen Fußball-Bundes (DFB), Berlin 2009; zitiert als *Hilpert*, Das Fußballstrafrecht des Deutschen Fußball-Bundes.

*Hofmann, Diether*, Der Beitritt minderjähriger Arbeitnehmer zu einer Gewerkschaft, BB 1965, S. 126–128.

*Hoppenz, Rainer*, Familiensachen, 9. Auflage, Heidelberg 2009; zitiert als Hoppenz/*Bearbeiter*, Familiensachen.

*Horst, Johannes/ Jacobs, Constanze*, Arbeits- und verbandsrechtliche Konsequenzen des Dopings, RdA 2003, S. 215–222.

*Hueck, Alfred/ Nipperdey, Hans Carl*, Lehrbuch des Arbeitsrechts Band 1, 7. Auflage, Berlin und Frankfurt am Main 1963; zitiert als *Hueck/Nipperdey*, Arbeitsrecht.

*Isensee, Josef/ Kirchhof, Paul*, Handbuch des Staatsrechts der Bundesrepublik Deutschland, Band VII Freiheitsrechte, 3. Auflage, Heidelberg 2009; zitiert als Isensee/Kirchhoff/*Bearbeiter*, Handbuch Staatsrecht BRD.

*Jakob, Anne*, Umsetzung des neuen WADA-Codes auf nationaler Ebene durch einen Fachverband – aus der Praxis des DLV, SpuRt 2009, S. 51–53.

*Jakob, Anne/ Berninger, Anja*, Die wichtigsten Änderungen des WADA-Codes, SpuRt 2008, S. 61–62.

*Jauernig, Othmar*, Bürgerliches Gesetzbuch mit Allgemeinem Gleichbehandlungsgesetz (Auszug), 16. Auflage, München 2015; zitiert als Jauernig/*Bearbeiter*.

*Joecks, Wolfgang/ Miebach, Klaus*, Münchener Kommentar zum Strafgesetzbuch, Band 1, §§ 1–37 StGB, 3. Auflage, München 2017; zitiert als MüKo/*Bearbeiter*, StGB.

*Joecks, Wolfgang/ Miebach, Klaus*, Münchener Kommentar zum Strafgesetzbuch, Band 2, §§ 38–79b StGB, 3. Auflage, München 2016; zitiert als MüKo/*Bearbeiter*, StGB.

*Joecks, Wolfgang/ Miebach, Klaus*, Münchener Kommentar zum Strafgesetzbuch, Band 3, §§ 80–184j StGB, 3. Auflage, München 2017; zitiert als MüKo/*Bearbeiter*, StGB.

*Joecks, Wolfgang/ Miebach, Klaus*, Münchener Kommentar zum Strafgesetzbuch, Band 4, §§ 185–262 StGB, 3. Auflage, München 2017; zitiert als MüKo/*Bearbeiter*, StGB.

*Joecks, Wolfgang/ Miebach, Klaus,* Münchener Kommentar zum Strafgesetzbuch, Band 6, JGG (Auszug) Nebenstrafrecht I Strafvorschriften aus AMG, BtmG, GÜG, TPG, TFG, GenTG, TierSchG, BNatSchG, VereinG, VersammlG, 3. Auflage, München 2018; zitiert als MüKo/*Bearbeiter*, StGB.

*Jungheim, Stephanie,* Vertragsbeendigung bei Arbeitsverträgen von Lizenzfußballspielern, RdA 2008, S. 222–232.

*Kaiser, Dagmar/ Schnitzler, Klaus/ Friederici, Peter/ Schilling, Roger*, BGB Familienrecht, Band 4, §§ 1297–1921 BGB, 3. Auflage, Baden-Baden 2014. zitiert als Kaiser/Schnitzler/Friederici/Schilling/*Bearbeiter*, BGB Familienrecht.

*Kania, Thomas/ Moritz, Norbert*, Der praktische Fall – Arbeitsrecht: Ein bedingter und befristeter Arbeitsvertrag, JuS 1996, S. 517–520.

*Kaskel, Walter*, Anmerkung zum Urteil des RArbG v. 23.07.1928 – RAG 96/28, JW 1929, S. 1263.

*Katzer, Andreas/ Frodl, Christian,* Wird Müller den Sieg festhalten?, NZA 2015, S. 657–662.

*Kauffmann, Hans,* Einige Gedanken zum öffentlichen Interesse an der Verfolgung von Körperverletzungen im Sport, S. 203–2014, in: Strafverfahren im Rechtsstaat, Festschrift für Theodor Kleinknecht zum 75. Geburtstag am 18. August 1985, herausgegeben von Karl Heinz Gössel und Hans Kauffmann, München 1985; zitiert als *Kauffmann*, in: FS-Kleinknecht.

*Kelber, Markus,* Die Transferpraxis beim Vereinswechsel im Profifußball auf dem Prüfstand, NZA 2001, S. 11–16.

*Kempf, Gunnar*, Anmerkung zum Urteil des BAG v. 25.04.2013 – 8 AZR 453/12, SpuRt 2014, S. 32–36.

*Kern, Bastian*, Internationale Dopingbekämpfung – Der World Anti-Doping Code der World Anti-Doping Agency, Hamburg 2007; zitiert als *Kern*, Internationale Dopingbekämpfung.

*Kern, Bernd-Rüdiger,* Fremdbestimmung bei der Einwilligung in ärztliche Eingriffe, NJW 1994, S. 753–759.

*Kindhäuser, Urs/ Neumann, Ulfrid/ Paeffgen, Hans-Ullrich*, Strafgesetzbuch, Band 1, 5. Auflage, Baden-Baden 2017; zitiert als Kindhäuser/Neumann/ Paeffgen/*Bearbeiter*.

*Kindhäuser, Urs/ Neumann, Ulfrid/ Paeffgen, Hans-Ullrich*, Strafgesetzbuch, Band 2, 5. Auflage, Baden-Baden 2017; zitiert als Kindhäuser/Neumann/ Paeffgen/*Bearbeiter*

*Kirchhoff, Guido,* Haftungsfragen bei Beteiligung Dritter am Verkehrsunfall, NZV 2001, S. 361–365.

*Kittner, Michael/ Zwanziger, Bertram/ Deinert, Olaf,* Arbeitsrecht Handbuch für die Praxis, 9. Auflage, Frankfurt am Main 2017; zitiert als Kittner/Zwanziger/Deinert/*Bearbeiter*, Arbeitsrecht.

*Kleindienst, Bernhard,* Die entsprechende Anwendung des § 278 BGB bei mitwirkendem Verschulden, NJW 1960, S. 2028–2032.

*Kleindienst, Bernhard,* Zur Bedeutung des § 277 BGB bei mitwirkendem Verschulden, JZ 1957, S. 457–462.

*Kleinebrink, Wolfgang,* Besonderheiten bei der Vertragsgestaltung mit einem Lizenzspieler im Profifußball, ArbRB 2008, S. 14–17.

*Köhler, Matthias,* Der Arbeitnehmerbegriff im Sport, Hamburg 2009; zitiert als *Köhler*, Der Arbeitnehmerbegriff im Sport.

*Kollmer, Norbert,* Grundzüge der neuen Kinderarbeitsschutz-Verordnung, NZA 1998, S. 1268–1272.

*Korff, Niklas,* Sportrecht, Stuttgart 2014; zitiert als *Korff*, Sportrecht.

*Körner, Harald Hans/ Patzak, Jörn/ Volkmer, Mathias,* Betäubungsmittelgesetz Arzneimittelgesetz Grundstoffüberwachungsgesetz, 8. Auflage, München 2016; zitiert als *Körner/Patzak/Volkmer.*

*Kotzenberg, Jochen,* Die Bindung des Sportlers an private Dopingregeln und private Schiedsgerichte, Baden-Baden 2007; zitiert als *Kotzenberg*, Die Bindung des Sportlers an private Dopingregeln und private Schiedsgerichte.

*Krähe, Christian,* Die zivilrechtlichen Schadensersatzansprüche von Amateur- und Berufsfußballern für Verletzungen beim Fußballspiel, Bern 1981; zitiert als *Krähe*, Die zivilrechtlichen Schadensersatzansprüche von Amateur- und Berufsfußballern für Verletzungen beim Fußballspiel.

*Krieger, Steffen, ArbG Mainz:* Befristung des Arbeitsvertrags eines Profifußballers („Heinz Müller"), ArbRAktuell 2015, S. 328.

*Kühl, Kristian/ Lackner, Karl,* Strafgesetzbuch, 28. Auflage, München 2014; zitiert als Lackner/Kühl/*Bearbeiter.*

*Kühl, Kristian/ Tettinger/ Peter/ Vieweg, Klaus,* Blut und/ oder Urin zum Nachweis von Dopingsubstanzen – Ergebnisse juristischer Gutachten, SpuRt 1995, S. 188–191.

*Küpperfahrenberg, Jan,* Haftungsbeschränkungen für Verein und Vorstand unter besonderer Berücksichtigung von Sportvereinen, Berlin 2005; zitiert als *Küpperfahrenberg*, Haftungsbeschränkungen für Verein und Vorstand.

*Kurz, Gabriele,* Die Problematik des § 1822 BGB, NJW 1992, S. 1798–1804.

*Küttner, Wolfdieter,* Personalbuch, herausgegeben von Jürgen Röller, 24. Auflage, München 2017; zitiert als Küttner/*Bearbeiter*, Personalbuch, Stichwort.

*Lakies, Thomas,* Jugendarbeitsschutzgesetz, 7. Auflage, Frankfurt am Main, 2014; zitiert als *Lakies.*

*Lakies, Thomas/ Malottke, Annette,* BBiG Berufsbildungsgesetz, 5. Auflage, Frankfurt am Main 2016; zitiert als Lakies/Malottke/*Bearbeiter.*

*Lange, Hermann*, Anmerkung zum Urteil des BGH v. 01.03.1988 – VI ZR 190/87, JZ 1989, S. 45–50.

*Lange, Hermann/ Schiemann, Gottfried*, Schadensersatz, Band 1 Handbuch des Schuldrechts in Einzeldarstellungen, 3. Auflage, Tübingen 2003; zitiert als *Lange/Schiemann*, Schadensersatz.

*Latzel, Klaus,* Staatsdoping, Köln 2009; zitiert als *Latzel*, Staatsdoping.

*Laubenthal, Klaus/ Baier, Helmut/ Nestles, Nina*, Jugendstrafrecht, 3. Auflage, Heidelberg 2015; zitiert als *Laubenthal/Baier/Nestles*, Jugendstrafrecht.

*Laufs, Adolf/ Katzenmeier, Christian/ Lipp, Volker,* Arztrecht, 7. Auflage, München 2015; zitiert als Laufs/Katzenmeier/Lipp/*Bearbeiter*, Arztrecht.

*Laufs, Adolf/ Kern, Bernd-Rüdiger,* Handbuch des Arztrechts, 4. Auflage München 2010; zitiert als Laufs/Kern/*Bearbeiter*, Handbuch des Arztrechts.

*Laure, Patrick*, Doping von Jugendlichen und Prävention – zwei Untersuchungen, S. 112–119, in: Knörzer, Wolfgang/ Spitzer, Giselher/ Treutlein, Gerhard, Dopingprävention in Europa, Aachen 2006; zitiert als *Laure*, in: Knörzer/Spitzer/Treutlein, Dopingprävention in Europa.

*Laure, Patrick/ Treutlein, Gerhard,* Studien zum Doping von Jugendlichen und Ansätze zur Prävention, S. 49–60, in: Knörzer, Wolfgang/ Spitzer, Giselher/ Treutlein, Gerhard, Dopingprävention in Europa, Aachen 2006; *Laure/Treutlein*, in: Knörzer/Spitzer/Treutlein, Dopingprävention in Europa.

*Laux, Helga/ Schlachter, Monika*, Teilzeit- und Befristungsgesetz, 2. Auflage, München 2011; zitiert als Laux/Schlachter/*Bearbeiter.*

*Lehner, Michael,* Keine Dopingsanktion ohne Verschulden, Doping 2011, S. 205–208.

*Leinemann, Wolfgang,* Kasseler Handbuch zum Arbeitsrecht, Band 1 Arbeitsverhältnis, Inhalt des Arbeitsverhältnisses und Arbeitsverhältnisse mit erhöhtem Schutz, 2. Auflage, Neuwied, Kriftel 2000; zitiert als Kasseler Handbuch ArbR Bd. 1/*Bearbeiter.*

*Leinemann, Wolfgang/ Taubert, Thomas,* Berufsbildungsgesetz, 2. Auflage, München 2008; zitiert als *Leinemann/Taubert.*

*Lenckner, Theodor,* Die Einwilligung Minderjähriger und deren gesetzlicher Vertreter, ZStW (72) 1960, S. 446–463.

*Lentze, Georg/ Stopper, Martin*, Handbuch Fußball-Recht Rechte Vermarktung Organisation, 2. Auflage, Berlin 2018; zitiert als Handbuch Fußball-Recht/ *Bearbeiter*.

*Leupold, Andreas/ Glossner, Silke*, Münchener Anwalts Handbuch IT-Recht, 3. Auflage, München 2013; zitiert als Leupold/Glossner/*Bearbeiter*, MAH IT-Recht.

*Lorenz, Martin*, Jugendarbeitsschutzgesetz, Heidelberg 1997; zitiert als *Lorenz*.

*Löwisch, Manfred*, Beschränkung der Minderjährigenhaftung und gegenseitiger Vertrag, NJW 1999, S. 1002–1003.

*Mammey, Gotthold*, Zur Anrechnung des Aufsichtsverschuldens des gesetzlichen Vertreters als Mitverschulden des Kindes, NJW 1960, S. 753–756.

*Marxen, Klaus/ Werle, Gerhard*, Die strafrechtliche Aufarbeitung von DDR-Unrecht, Berlin 1999; zitiert als *Marxen/Werle*, Die strafrechtliche Aufarbeitung von DDR-Unrecht.

*Marxen, Klaus/ Werle, Gerhard*, Strafjustiz und DDR-Unrecht, Band 7 Gefangenenmisshandlung, Doping und sonstiges DDR- Unrecht, Berlin 2009; zitiert als *Marxen/Werle*, Strafjustiz und DDR-Unrecht.

*Maunz, Theodor/ Dürig, Günter*, Grundgesetz, Band I Texte Art. 1–5, 81. Ergl. September 2017, München; zitiert als Maunz/Dürig/*Bearbeiter*.

*Maunz, Theodor/ Dürig, Günter*, Grundgesetz, Band II Art. 6–15, 81. Ergl. September 2017, München; zitiert als Maunz/Dürig/*Bearbeiter*.

*Maunz, Theodor/ Dürig, Günter*, Grundgesetz, Band VI Art. 86–106b, 81. Ergl. September 2017, München; zitiert als Maunz/Dürig/*Bearbeiter*.

*Meier, Patrick*, Haftung der Athleten für Verletzungen im Sport, VersR 2014, S. 800–805.

*Meier, Bernd-Dieter/ Rössner, Dieter/ Trüg, Gerson/ Wulf, Rüdiger*, Jugendgerichtsgesetz, 2. Auflage, Baden-Baden 2014; zitiert als HK-JGG/*Bearbeiter*.

*Meinel, Gernod/ Heyn, Judith/ Herms, Sascha*, Teilzeit- und Befristungsgesetz, 5. Auflage, München 2015; zitiert als Meinel/Heyn/Herms/*Bearbeiter*.

*Menke, Johann-Michel*, Profisportler zwischen Arbeitsrecht und Unternehmertum, Hamburg 2006; zitiert als *Menke*, Profisportler zwischen Arbeitsrecht und Unternehmertum.

*Methner, Olaf*, Anti-Doping-Code und allgemeines Persönlichkeitsrecht: Anforderungen an grundrechtskonforme Dopingsanktionen, Anmerkung zum Urteil des Hanseatischen Oberlandesgerichts Hamburg v. 09.02.2010 – 7 U 73/09, Causa Sport 2010, S. 150–154.

*Meyer-Goßner, Lutz/ Schmitt, Bertram*, Strafprozessordnung, 60. Auflage, München 2017; zitiert als *Meyer-Goßner/Schmitt*.

*Molitor, Erich/ Volmer, Bernhard/ Germelmann, Claas-Hinrich*, Jugendarbeitsschutzgesetz, 3. Auflage, München 1986; zitiert als *Molitor/Volmer/Germelmann*.

*Moll, Wilhelm*, Münchener Anwalts Handbuch Arbeitsrecht, 3. Auflage, München 2012; zitiert als Moll/*Bearbeiter*, MAH Arbeitsrecht.

*Mollenhauser, Anna-Maria*, Das gestörte Gesamtschuldverhältnis, NJ 2011, S. 1–8.

*Momsen-Pflanz, Gundula*, Die sportethische und strafrechtliche Bedeutung des Dopings, Frankfurt am Main 2005; zitiert als *Momsen-Pflanz*, Die sportethische und strafrechtliche Bedeutung des Dopings.

*Mortsiefer, Lars*, Datenschutz im Anti-Doping-Kampf, Remscheid 2010; zitiert als *Mortsiefer*, Datenschutz im Anti-Doping-Kampf.

*Mosch, Ulrich*, Verträge für Fußballprofis auf dem arbeitsrechtlichen Prüfstand, NJW-Spezial 2015, S. 370–371.

*Müller, Eckhart/ Schlothauser, Reinold (Hrsg)*, Münchener Anwalts Handbuch Strafverteidigung, 2. Auflage, München 2014; zitiert als MAH Strafverteidigung/*Bearbeiter*.

*Müller-Glöge, Rudi/ Preis, Ulrich/ Schmidt, Ingrid (Hrsg.)* Erfurter Kommentar zum Arbeitsrecht, 15. Auflage, München 2015; zitiert als ErfK/*Bearbeiter*, 15. Auflage 2015.

*Müller-Glöge, Rudi/ Preis, Ulrich/ Schmidt, Ingrid (Hrsg.)* Erfurter Kommentar zum Arbeitsrecht, 18. Auflage, München 2018; zitiert als ErfK/*Bearbeiter*.

*Muscheler, Karlheinz*, Die Störung der Gesamtschuld: Lösung zu Lasten des Zweitschädigers, JR 1994, S. 441–447.

*Nagel, Siegfried*, Medaillen im Sport – Erfolg im Beruf?, Schorndorf 2002; zitiert als *Nagel*, Medaillen im Sport – Erfolg im Beruf?.

*Nagel, Sven*, Folgen mangelhafter Implementierungen bei Dopingsanktionen, Causa Sport 2010, S. 234–241.

*Nagel, Sven*, Rechtliche Fallstricke bei der Umsetzung des NADA-Codes, Causa Sport 2009, S. 29–37.

*Nebendahl, Mathias*, Selbstbestimmungsrecht und rechtfertigende Einwilligung des Minderjährigen bei medizinischen Eingriffen, MedR (2009) 27, S. 197–205.

*Nesemann, Tim*, Arbeitsvertragliche Grenzen im professionellen Jugendfußball, Baden-Baden 2012; zitiert als *Nesemann*, Arbeitsvertragliche Grenzen im professionellen Jugendfußball.

*Neuß, Jörg*, Neuregelung des Transferwesens im professionell betriebenen Fußballsport – Eine erste Bestandsaufnahme, RdA 2003, S. 161–171.

*Niewalda, Johannes,* Dopingkontrollen im Konflikt mit allgemeinem Persönlichkeitsrecht und Datenschutz, Berlin 2011; zitiert als *Niewalda*, Dopingkontrollen im Konflikt mit allgemeinem Persönlichkeitsrecht und Datenschutz.

*Nolte, Martin/ Horst, Johannes*, Handbuch Sportrecht, Schorndorf 2009; zitiert als Nolte/Horst/*Bearbeiter*, Handbuch Sportrecht.

*Oberthür, Nathalie,* Das Transfersystem im Lizenzfußball, Frankfurt am Main 2002; zitiert als *Oberthür*, Das Transfersystem im Lizenzfußball.

*Orth, Jan/ Pommerening, Patrick,* Zulässigkeit und Wirksamkeit dynamischer Verweisungen im Sportrecht, SpuRt 2010, S. 222–224 und SpuRt 2011, S. 10–12.

*Ostendorf, Heribert,* Jugendgerichtsgesetz, 10. Auflage, Baden-Baden 2016 zitiert als Ostendorf/*Bearbeiter.*

*Ostendorf, Heribert,* Jugendstrafrecht, 9. Auflage, Baden-Baden 2017; zitiert als *Ostendorf*, Jugendstrafrecht.

*Palandt, Otto*, Bürgerliches Gesetzbuch, 77. Auflage, München 2018; zitiert als Palandt/*Bearbeiter.*

*Pawlowski, Hans-Martin,* Probleme der Einwilligung zu Eingriffen in personenbezogene Daten, S. 5–26, in: Festschrift für Horst Hagen, herausgegeben von Günter Brambring, Dieter Medicus und Max Vogt, Köln 1999; zitiert als *Pawlowski*, in: FS-Hagen.

*Petri, Grischka,* Die Dopingsanktion, Berlin 2004; zitiert als *Petri*, Die Dopingsanktion.

*Pfeiffer, Gerd,* Strafprozessordnung Kommentar, 5. Auflage, München 2005; zitiert als *Pfeiffer.*

*Pfister, Bernhard,* Schutzzweck von Sportregeln – Insbesondere zum Schadensersatzanspruch bei Vermögensschäden, S. 731–743, in: Festschrift für Wolfgang Gitter zum 65. Geburtstag am 30. Mai 1995, herausgegeben von Meinhard Heinze und Jochem Schmitt, Wiesbaden 1995; zitiert als *Pfister*, in: FS-Gitter.

*Pougin, Andreas,* Die verfassungsrechtliche Bewertung des Kinderhochleistungssports unter Berücksichtigung des Jugendarbeitsschutzgesetzes und des Familienrechts, Köln 2000; zitiert als *Pougin*, Die verfassungsrechtliche Bewertung des Kinderhochleistungssports unter Berücksichtigung des Jugendarbeitsschutzgesetzes und des Familienrechts.

*Prokop, Clemens,* Die Grenzen der Dopingverbote, Halle-Wittenberg 2000; zitiert als *Prokop*, Die Grenzen der Dopingverbote.

Protokolle der Kommission für die zweite Lesung des Entwurfs des Bürgerlichen Gesetzbuchs, Band IV Familienrecht, Berlin 1897, im Auftrag des Reichs-Justizamtes bearbeitet von Albrecht Achilles, Peter Spahn, Albert Gebhard; zitiert als Protokolle der Kommission zur II Lesung des Entwurfs des BGB, Bd. IV Familienrecht.

*Prütting, Hanns/ Wegen, Gerhard/ Weinreich, Gerd*, BGB, 11. Auflage, Köln 2016; zitiert als Prütting/Wegen/Weinreich/*Bearbeiter*.

*Rathgeber, Tobias,* Doping – Eine Gefahr für den Jugendsport, Berlin 2004; zitiert als *Rathgeber*, Doping – Gefahr für den Jugendsport.

*Rauscher, Thomas*, Familienrecht, 2. Auflage, Heidelberg 2008; zitiert als *Rauscher*, Familienrecht.

*Redell, Patrick*, Spielerverträge mit Minderjährigen: Droht ein neuer „Bosman"-Fall?, Causa Sport 2015, S. 28–36.

*Reichert, Bernhard*, Vereins- und Verbandsrecht, 13. Auflage, Köln 2016; zitiert als *Reichert*, Vereins- und Verbandsrecht.

*Reichert-Garschhammer, Eva*, Die Kinderarbeitsschutzverordnung, KJuG 2000, S. 35.

*Reipschläger, Christiane,* Die Einwilligung Minderjähriger in ärztliche Heileingriffe und die elterliche Personensorge, Frankfurt am Main 2004; zitiert als *Reipschläger*, Die Einwilligung Minderjähriger in ärztliche Heileingriffe.

*Richardi, Reinhardt/ Wissmann, Hellmut/ Wlotzke, Otfried, Oetker, Hartmut*, Münchener Handbuch zum Arbeitsrecht, Band 1 Individualarbeitsrecht, 3. Auflage, München 2009. zitiert als Münchener Handbuch-ArbR Bd. 1/ *Bearbeiter*.

*Richardi, Reinhardt/ Wissmann, Hellmut/ Wlotzke, Otfried, Oetker, Hartmut*, Münchener Handbuch zum Arbeitsrecht, Band 2 Kollektivarbeitsrecht/ Sonderformem, 3. Auflage, München 2009; zitiert als Münchener Handbuch-ArbR Bd. 2/ *Bearbeiter*.

*Richter, Hanns-Uwe/ Müller-Foell, Julia*, Wirksamkeit von Klauseln in Arbeitsverträgen des Profisports, KSzW 2013, S. 217–223.

*Rigozzi, Antonio/ Viret, Marjolaine/ Wisnosky, Emily/ Muresan, Remus/ Kesseli, Roman*, Neuerungen im Welt Anti-Doping Code 2015, Causa Sport 2014, S. 299–311.

*Rolfs, Christian/ Giesen, Richard/ Kreikebohm, Ralf/ Udsching, Peter*, Beckscher Online Kommentar Arbeitsrecht, München Edition 47, Stand 01.03.2018; zitiert als BeckOK-ArbR/*Bearbeiter*.

*Rössner, Dieter*, Die Verbandsstrafe im Sport. Strafverfahrensrechtliche Prinzipien im Zivilrecht?, S. 741–753, in: Strafverfahrensrecht in Theorie und Praxis: Festschrift für Lutz Meyer-Goßner zum 65. Geburtstag, herausgegeben von Albin Eser, Jürgen Goydke, Kurt Rüdiger Maatz, Dieter Meurer, München 2001; zitiert als *Rössner*, in: FS-Meyer-Goßner.

*Rothärmel, Sonja,* Einwilligung, Veto, Mitbestimmung: die Geltung der Patientenrechte für Minderjährige, Baden-Baden 2004; zitiert als *Rothärmel*,

Einwilligung, Veto, Mitbestimmung die Geltung der Patientenrechte für Minderjährige.

*Rouka, Stella,* Das Selbstbestimmungsrecht des Minderjährigen bei ärztlichen Eingriffen, Frankfurt am Main 1996; zitiert als *Rouka*, Das Selbstbestimmungsrecht des Minderjährigen bei ärztlichen Eingriffen.

*Roxin, Claus,* Strafrecht Allgemeiner Teil, Band 1 Grundlagen, der Aufbau der Verbrechenslehre, 4. Auflage, München 2006; zitiert als *Roxin*, Strafrecht AT Bd. 1.

*Rüsing, Jörg,* Sportarbeitsrecht, Berlin 2006; zitiert als *Rüsing*, Sportarbeitsrecht.

*Rybak, Frank*, Das Rechtsverhältnis zwischen dem Lizenzfußballspieler und seinem Verein, Frankfurt am Main 1999; zitiert als *Rybak*, Das Rechtsverhältnis zwischen dem Lizenzfußballspieler und seinem Verein.

*Säcker, Franz Jürgen/ Rixecker, Roland*, Münchener Kommentar zum Bürgerlichen Gesetzbuch, Band 1 Allgemeiner Teil §§ 1–240, PostG, AGG, 7. Auflage, München 2015; zitiert als MüKo/*Bearbeiter*, BGB.

*Säcker, Franz Jürgen/ Rixecker, Roland*, Münchener Kommentar zum Bürgerlichen Gesetzbuch, Band 2 Schuldrecht Allgemeiner Teil §§ 241–432, 7. Auflage, München 2016; zitiert als MüKo/*Bearbeiter*, BGB.

*Säcker, Franz Jürgen/ Rixecker, Roland*, Münchener Kommentar zum Bürgerlichen Gesetzbuch, Band 4 Schuldrecht Besonderer Teil II, §§ 535–630h, HeizkostenV, BetrKV, WärmeLV, EFZG, TzBfG, KSchG, MiLoG, 7. Auflage, München 2016; zitiert als MüKo/*Bearbeiter*, BGB.

*Säcker, Franz Jürgen/ Rixecker, Roland*, Münchener Kommentar zum Bürgerlichen Gesetzbuch, Band 6 Schuldrecht Besonderer Teil IV §§ 705–853, Partnerschaftsgesellschaftsgesetz, Produkthaftungsgesetz, 7. Auflage, München 2017; zitiert als MüKo/*Bearbeiter*, BGB.

*Säcker, Franz Jürgen/ Rixecker, Roland*, Münchener Kommentar zum Bürgerlichen Gesetzbuch, Band 9 Familienrecht II §§ 1589–1921, SGB VIII, 7. Auflage, München 2017; zitiert als MüKo/*Bearbeiter*, BGB.

*Sauter, Eugen/ Schweyer, Gerhard/ Waldner, Wolfram,* Der eingetragene Verein, 20. Auflage, München 2016; zitiert als *Sauter/Schweyer/Waldner*, Der eingetragene Verein.

*Schamberger, Michael*, Die arbeitsrechtliche Zulässigkeit langfristiger Vertragsbindung bei Berufsfußballspielern, SpuRt 2002, S. 228–233.

*Schaub, Günter,* Arbeitsrechts-Handbuch, 17. Auflage, München 2017; zitiert als Schaub/*Bearbeiter*, Arbeitsrechts-Handbuch.

*Scheffen, Erika,* Zivilrechtliche Haftung im Sport, NJW 1990, S. 2658–2665.

*Scheffen, Erika/ Pardey, Frank*, Schadensersatz bei Unfällen mit Minderjährigen, 2. Auflage, München 2003; zitiert als *Scheffen/Pardey*, Schadensersatz bei Unfällen mit Minderjährigen.

*Schlachter, Monika,* Minderjährigenschutz bei lanzeitbefristeten Arbeitsverträgen im Berufssport, FamRZ 2006, S. 155–160,

*Schmidt, Judith,* Internationale Dopingbekämpfung, Stuttgart 2009; zitiert als *Schmidt*, Internationale Dopingbekämpfung.

*Schmidt-Bleibtreu, Bruno/ Hofmann, Hans/ Hopfauf, Axel*, GG Kommentar zum Grundgesetz, 14. Auflage, Köln 2018; zitiert als Schmidt-Bleibtreu/Hofmann/Hopfauf/*Bearbeiter.*

*Schmitt, Holger/ Friebe C/ Lemke JM/ Thiele J/ Schneider Sven/ Sabo Dubravko*, Verletzungen und Spätschäden bei ehemaligen Hochleistungssportlern leichtathletischer Sprungdisziplinen, Deutsche Zeitschrift für Sportmedizin 2005, S. 34–38.

*Schöffel, Norman/ Groneberg, David A./ Thielemann, Henryk/ Ekkernkamp, Axel,* Schwarzbuch Doping, Berlin 2015; zitiert als *Schöffel/Groneberg/Thielemann/ Ekkernkamp*, Schwarzbuch Doping.

*Scholz, Rupert/ Aulehner, Josef*, Die „3+2"-Regel und die Transferbestimmungen des Fußballsports im Lichte des europäischen Gemeinschaftsrechts, SpuRt 1996, S. 44–47.

*Schönke, Adolf/ Schröder, Horst*, Strafgesetzbuch, 29. Auflage, München 2014; zitiert als Schönke/Schröder/*Bearbeiter.*

*Schroeder, Friedrich-Christian,* Sport und Strafrecht, S. 21–41, in: Schroeder, Friedrich, Christian/ Kauffmann, Hans, Sport und Recht, Berlin 1972; *Schroeder*, in: Schroeder/Kauffmann, Sport und Recht.

*Schulz, Annett*, Doping als strafbare Gesundheitsgefährdung: ein Vergleich zwischen Deutschland, Österreich und Australien, Hamburg 2016; zitiert als *Schulz*, Doping als strafbare Gesundheitsgefährdung.

*Schulz, Georg,* Eigenart der Arbeitsleistung und Befristung im Profifußball. NZA-RR 2016, S. 460–461.

*Schulz, Joachim,* Die Bestrafung des Ratgebers, Berlin 1980; zitiert als *Schulz*, Die Bestrafung des Ratgebers.

*Schulz, Werner/ Hauß, Jörn*, Familienrecht, 3. Auflage, Baden-Baden 2018; zitiert als Schulz/Hauß/*Bearbeiter*, Familienrecht.

*Schulze, Reiner*, Bürgerliches Gesetzbuch, 9. Auflage, Baden-Baden 2017; zitiert als HK-BGB/*Bearbeiter.*

*Schwab, Kai Michael*, Neues zum gestörten Geamtschuldnerausgleich – BGH, NJW 1988, 2667, JuS 1991, S. 18–23.

*Seizinger, Kurt,* Der Konflikt zwischen dem Minderjährigen und seinem gesetzlichen Vertreter bei der Einwilligung in den Heileingriff im Strafrecht, Tübingen 1976; zitiert als *Seizinger*, Der Konflikt zwischen dem Minderjährigen und seinem gesetzlichen Vertreter bei der Einwilligung in den Heileingriff im Strafrecht.

*Senkel, Katja,* Dopingstrafen gegen Minderjährige – eine Problemskizze, S. 375–411, in: Asmuth, Christoph/ Binkelmann, Christoph, Entgrenzungen des Machbaren?, Bielefeld 2014; zitiert als *Senkel*, in: Asmuth/Binkelmann, Entgrenzungen des Machbaren.

*Senkel, Katja,* Wirksamkeitschancen des „Anti-Doping-Rechts", Saarbrücken 2014; zitiert als *Senkel*, Wirksamkeitschancen des Anti-Doping-Rechts.

*Sievers, Jochen*, TzBfG, 5. Auflage, Köln 2016; zitiert als *Sievers*.

*Sievers, Martin,* Die zivilrechtliche Haftung des Sportlers wegen Doping, Clausthal-Zellerfeld, 1996; zitiert als *Sievers*, Die zivilrechtliche Haftung des Sportlers wegen Doping.

*Soergel*, Bürgerliches Gesetzbuch mit Einführungsgesetz und Nebengesetzen, Band 20, Familienrecht 4, §§ 1741–1921 BGB, 13. Auflage, Stuttgart 2000; zitiert als Soergel/*Bearbeiter*.

*Soergel*, Bürgerliches Gesetzbuch mit Einführungsgesetz und Nebengesetzen, Band 12, Schuldrecht 10, §§ 823–853 BGB, ProdHG, UmweltHG, 13. Auflage, Stuttgart 2005; zitiert als Soergel/*Bearbeiter*.

*Soyez, Volker,* Die Verhältnismäßigkeit des Dopingkontrollsystems, Frankfurt am Main 2002; zitiert als *Soyez*, Die Verhältnismäßigkeit des Dopingkontrollsystems.

*Spickhoff, Andreas,* Medizinrecht, 2. Auflage, München 2014. zitiert als Spickhoff MedR/*Bearbeiter*.

*Spielberger, Marc,* Revolution bei befristeten Profiverträgen?, Schnellbrief Arbeitsrecht 2015, S. 73–74.

*Spitzer, Giselher,* Doping in der DDR, 4. Auflage, Köln 2012; zitiert als *Spitzer*, Doping in der DDR.

*Spitzer, Giselher,* Wunden und Verwundungen: Sportler als Opfer des DDR-Dopingsystems, Köln 2007; zitiert als *Spitzer*, Wunden und Verwundungen.

*Steinle, Franz,* Rechtliche Problemstellungen um die Athletenvereinbarung aus der Verbandspraxis, S. 9–30, in: Steinle, Franz, Rechtliche Problemstellungen um Athletenvereinbarungen, Stuttgart 2013; zitiert als *Steinle*, in: Steinle, Rechtliche Problemstellungen um Athletenvereinbarungen.

*Stöber, Kurt/ Otto, Dirk-Ulrich,* Handbuch zum Vereinsrecht, 11. Auflage, Köln 2016; zitiert als *Stöber/Otto*, Handbuch zum Vereinsrecht.

*Strauf, Hendrik,* Ablösesummen sind keine Transferentschädigungen, Anmerkung zum Urteil des BAG v. 25.04.2012 – 8 AZR 453/12, Causa Sport 2014, S. 67–68.

*Striegel, Heiko/ Vollkommer, Gregor,* Doping – Die Verantwortung des Sportarztes als Ansprechpartner für junge Leistungssportler, MedR 2001, S. 112–117.

*Sundermann,* Werner, Schadensausgleich bei Mitschädigung Minderjähriger durch Vernachlässigung der Aufsichtspflicht und elterliches Haftungsprivileg (§ 1664 Abs. 1 BGB), JZ 1989, S. 927–935.

*Taupitz, Jochen,* Empfehlen sich zivilrechtliche Regelungen zur Absicherung der Patientenautonomie am Ende des Lebens?, Gutachten A zum 63. Deutschen Juristentag Leipzig 2000, München 2000; zitiert als *Taupitz*, Empfehlen sich zivilrechtliche Regelungen zur Absicherung der Patientenautonomie am Ende des Lebens.

*Teplitzky, Otto,* Wettbewerbsrechtliche Ansprüche und Verfahren, 11. Auflage, Köln 2016; zitiert als Teplitzky/*Bearbeiter*, Wettbewerbsrechtliche Ansprüche und Verfahren.

*Terbille, Michael/ Clausen, Tilman/ Schroeder-Printzen, Jörn,* Münchener Anwalts Handbuch Medizinrecht, 2. Auflage, München 2013; zitiert als MAH-MedR/*Bearbeiter.*

*Theurich, Holger*, Zulässigkeit der Förderverträge der Nachwuchsleistungszentren der Fußball-Bundesligavereine nach dem Berufsausbildungsgesetz, Frankfurt am Main 2006; zitiert als *Theurich*, Zulässigkeit der Förderverträge der Nachwuchsleistungszentren der Fußball-Bundesligavereine nach dem Berufsausbildungsgesetz.

*Thiel, Katrin*, Finanzierung minderjähriger Sportler und die Einrede nach § 1629a BGB, SpuRt 2002, S. 1–4.

*Thieme, Juliane,* Sportler und Verein, Saarbrücken 2007; zitiert als *Thieme*, Sportler und Verein.

*Turner, George,* Doping und Zivilrecht, NJW 1992, S. 720–723.

*Uhlenbruck, Wilhelm,* Die Einwilligung in ärztliche Heileingriffe bei minderjährigen Patienten, DMW 1977, S. 65–68.

*Ulmen, Karl-Josef,* Pharmakologische Manipulationen (Doping) im Leistungssport der DDR, Frankfurt am Main 2000; zitiert als *Ulmen*, Pharmakologische Manipulationen im Leistungssport der DDR.

*Ulsenheimer, Klaus,* Arztstrafrecht in der Praxis, 5. Auflage, München 2015; zitiert als Ulsenheimer, Arztstrafrecht/*Bearbeiter*.

*Urban-Crell, Sandra*, Dem Profifußball wird der Prozess gemacht, DB 2015, S. 1513–1415.

*V. Mangoldt, Hermann, Klein, Fiedrich/ Strack, Christian,* Kommentar zum Grundgesetz, Band 1: Präambel, Artikel 1 bis 19, 6. Auflage, München 2010; zitiert als v. Mangoldt/Klein/Strack/*Bearbeiter*.

*V. Mangoldt, Hermann, Klein, Fiedrich/ Strack, Christian,* Kommentar zum Grundgesetz, Band 3: Artikel 83 bis 146, 6. Auflage, München 2010; zitiert als v. Mangoldt/Klein/Strack/*Bearbeiter*.

*Veit, Barbara*, Mündigkeit und Minderjährigenschutz im Arbeitsrecht, S. 877–898, in: Festschrift für Rolf Birk zum siebzigsten Geburtstag, herausgegeben von Horst Konzen, Sebastian Krebber, Thomas Raab, Barabara Veit, Bernd Waas, Tübingen 2008; zitiert als *Veit*, in: FS-Birk.

*Vieweg, Klaus,* Normsetzung und –anwendung deutscher und internationaler Verbände, Berlin 1990; zitiert als *Vieweg*, Normsetzung deutscher und internationaler Verbände.

*Vogt, Aegidius,* Befristungs- und Optionsvereinbarungen im professionellen Mannschaftssport unter besonderer Berücksichtigung des Beruffußballs, Frankfurt am Main 2013; zitiert als *Vogt*, Befristungs- und Optionsvereinbarungen im professionellen Mannschaftssport.

*Von Staudinger, Julius,* Bürgerliches Gesetzbuch, Buch 1 Allgemeiner Teil, §§ 90–124; §§ 130–133 (Allgemeiner Teil 3), Neubearbeitung 2017 von Steffen Klumpp, Reinhard Singer, Malte Stieper, Redaktor Sebastian Herrler, Berlin 2017; zitiert als Staudinger/*Bearbeiter* (Jahr).

*Von Staudinger, Julius*, Bürgerliches Gesetzbuch mit Einführungsgesetz und Nebengesetzen, Buch 2 Recht der Schuldverhältnisse, §§ 249–254 (Schadensersatzrecht), Neubearbeitung 2017 von Gottfried Schiemann, Redaktor Dagmar Kaiser, Berlin 2017; zitiert als Staudinger/*Bearbeiter* (Jahr).

*Von Staudinger, Julius*, Bürgerliches Gesetzbuch mit Einführungsgesetz und Nebengesetzen, Buch 2 Recht der Schuldverhältnisse, §§ 397–432 (Erlass, Abtretung, Schuldübernahme, Mehrheit von Schuldnern und Gläubigern), Neubearbeitung 2017 von Jan Busche, Dirk Looschelders, Volker Rieble, Redaktor Manfred Löwisch, Berlin 2017; zitiert als Staudinger/*Bearbeiter* (Jahr).

*Von Staudinger, Julius,* Bürgerliches Gesetzbuch mit Einführungsgesetz und Nebengesetzen, Buch 2 Recht der Schuldverhältnisse, §§ 705–740 (Gesellschaftsrecht), Dreizehnte Bearbeitung 2003 von Stefan Habermeier, Redaktor Dieter Reuter, Berlin 2003; zitiert als Staudinger/*Bearbeiter* (Jahr).

*Von Staudinger, Julius,* Bürgerliches Gesetzbuch, Buch 2 Recht der Schuldverhältnisse, §§ 826–829; ProdHaftG (Unerlaubte Handlungen 2, Produkthaftung), Neubearbeitung 2014 von Jürgen Oechsler, Redaktor Johannes Hager, Berlin 2014; zitiert als Staudinger/*Bearbeiter* (Jahr).

*Von Staudinger, Julius*, Bürgerliches Gesetzbuch mit Einführungsgesetz und Nebengesetzen, Buch 2 Recht der Schuldverhältnisse, §§ 840–853 (Unerlaubte Handlungen 5), Neubearbeitung 2015 von Anne Röthel, Klaus Vieweg, Redaktor Johannes Hager, Berlin 2015; zitiert als Staudinger/*Bearbeiter* (Jahr).

*Von Staudinger, Julius,* Bürgerliches Gesetzbuch, Buch 4 Familienrecht, §§ 1626–1633, RKEG, (Elterliche Sorge 1 – Inhaberschaft und Inhalt), Neubearbeitung 2015 von Michael Coester, Lore Maria Peschel-Gutzeit und Ludwig Salgo, Redaktor Michael Coester, Berlin 2015; zitiert als Staudinger/*Bearbeiter* (Jahr).

*Von Staudinger, Julius,* Bürgerliches Gesetzbuch, Buch 4 Familienrecht, §§ 1638–1683 (Elterliche Sorge 2 – Vermögenssorge, Kindesschutz, Sorgerechtswechsel, Neubearbeitung 2016 von Michael Coester, Stefan Heilmann, Ludwig Salgo, Redaktor Michael Coester, Berlin 2016; zitiert als Staudinger/*Bearbeiter* (Jahr).

*Von Staudinger, Julius,* Bürgerliches Gesetzbuch, Buch 4 Familienrecht, §§ 1684–1717 (Elterliche Sorge 3, Umgangsrecht), Neubearbeitung 2014 von Michael Coester, Thomas Rauscher, Ludwig Salgo, Redaktor Lore Maria Peschel-Gutzeit, Berlin 2014; zitiert als Staudinger/*Bearbeiter* (Jahr).

*von Staudinger, Julius*, Bürgerliches Gesetzbuch, Buch 4 Familienrecht, §§ 1773–1895 (Vormundschaftsrecht), Neubearbeitung 2014 von Werner Bienwald und Barbara Veit, Redaktor Michael Coester, Berlin 2014; zitiert als Staudinger/*Bearbeiter* (Jahr).

*Walker, Wolf-Dietrich,* Aktuelle arbeitsrechtliche Fragestellungen des Fußballsports, S. 53–64, in: Höfling, Wolfram/ Horst, Johannes/ Nolte, Martin, Fußball Motor des Sportrechts, Tübingen 2014; zitiert als *Walker*, in: Höfling/ Horst/Nolte, Fußball Motor des Sportrechts.

*Walker, Wolf-Dietrich*, Arbeits- und verbandsrechtliche Aspekte, S. 45–64, in: Walker, Wolf-Dietrich (Hrsg.), Kinder- und Jugendschutz im Sport, Stuttgart 2001; zitiert als *Walker*, in: Walker, Kinder- und Jugendschutz im Sport.

*Walker, Wolf-Dietrich,* Die zivilrechtliche Haftung des Fußballspielers und seines Vereins für Verletzungen eines Gegenspielers, S. 143–153, in: Festschrift für Klaus Tolksdorf zum 65. Geburtstag, herausgegeben von Friedrich Dencker, Gregor Galke, Andreas Voßkuhle, Köln 2014; zitiert als Walker, in: FS-Tolksdorf.

*Walker, Wolf-Dietrich,* Haftungsprivilegierungen, JuS 2015, S. 865–874.

*Walker, Wolf-Dietrich,* Tarifverträge im deutschen Profifußball, SpuRt 2012, S. 222–226.

*Walker, Wolf-Dietrich*, Zivilrechtlicher Schutz Minderjähriger im Leistungssport, S. 9–24, in: Kauerhof, Nico/ Nagel, Sven/ Zebisch, Mirko (Hrsg.), Olympische Jugendspiele. Chance oder Gefahr?, Leipzig 2010; zitiert als *Walker*, in: Kauerhof/Nagel/Zebisch, Olympische Jugendspiele.

*Walker, Wolf-Dietrich, Zur* Zulässigkeit der Befristung von Arbeitsverträgen mit Berufsfußballspielern, NZA 2016, S. 657–661.

*Wedde, Peter,* Arbeitsrecht, 5. Auflage, Frankfurt am Main 2016; zitiert als Wedde/*Bearbeiter*, Arbeitsrecht.

*Weise, Stefan/ Krauß, Hans-Frieder,* Beck'sche Online-Formulare Vertrag, 43. Edition, München 2018; zitiert als BeckOnline-Formulare Vertrag/*Bearbeiter*.

*Wenzel, Frank*, Handbuch des Fachanwalts Medizinrecht, 3. Auflage, Köln 2013; zitiert als Wenzel/*Bearbeiter*, Handbuch Fachanwalt-Medizinrecht.

*Weyand, Joachim,* Der arbeitsrechtliche Schutz von Kindern und Jugendlichen im Sportbetrieb, S. 172–187, in: Recht-Politik-Geschichte, Festschrift für Franz Josef Düwell, herausgegeben von Martin Wolmerath, Inken Gallner, Horst-Dieter Krasshöfer, Joachim Weyand, Baden-Baden 2011; zitiert als *Weyand*, in: FS-Düwell.

*Weyand, Joachim,* Jugendarbeitsschutzgesetz, Baden-Baden 2012; zitiert als *Weyand.*

*Weyand, Joachim*, Kinderarbeitsschutzverordnung, Baden-Baden, 2012; zitiert als *Weyand.*

*Wilkmann, Johannes,* Die Überführung des Sportlers im Dopingverfahren, Münster 2014; zitiert als *Wilkmann*, Die Überführung des Sportlers im Dopingverfahren.

*Wohlgemuth, Hans Hermann,* Berufsbildungsgesetz, Baden-Baden 2011; zitiert als *Wohlgemuth.*

*Wölk, Florian,* Der minderjährige Patient in der ärztlichen Behandlung, MedR 2001, S. 80–89.

*Wollin, Andreas,* Doping, Marburg 2007; zitiert als *Wollin*, Doping.

*Wüterich, Christoph/ Breucker, Marius,* Das Arbeitsrecht im Sport, Düsseldorf 2006, zitiert als *Wüterich/Breucker*, Das Arbeitsrecht im Sport.

*Zeilner, Franz,* Haftung und Schadensersatzansprüche bei Sportunfällen, Frankfurt am Main 2001; zitiert als *Zeilner*, Haftung und Schadensersatzansprüche bei Sportunfällen.

*Zmarzlik, Johannes/ Anzinger, Rudolf,* Jugendarbeitsschutzgesetz, 5. Auflage, München 1998; zitiert als *Zmarzlik/Anzinger.*

# Anhang A. Stundenpläne der minderjährigen Schwimmer

## I. Wochenplan mit Eliteschule des Sports

| Standard – Wochenplan Saison 2014/2015 | | | | | Anzahl / Stunden pro Woche | | |
|---|---|---|---|---|---|---|---|
| | | | | | Schule / Ausbildung / Beruf | | 25,00 |
| Name: | | Geburtstag: | | | Hausaufgaben / Selbststudium | | 2,50 |
| Vorname: | Wassertraining | Landtraining | Schule/Studium/Beruf | | Training / Wettkampf | | 27,00 |
| *Bitte die Wochenelemente farbig in die Tabelle eintragen!* | Physiotherapie | Regeneration | Hausaufgaben/ Selbststudium | | Gesamt | | 54,50 |

| | Montag | Dienstag | Mittwoch | Donnerstag | Freitag | Samstag | Sonntag |
|---|---|---|---|---|---|---|---|
| 6.00 | | | | | | | |
| 7.00 | | | | | | | |
| 8.00 | | | | | | | |

9.00
10.00
11.00
12.00
13.00

14.00
15.00
16.00
17.00
18.00

19.00
20.00
21.00

# II. Wochenplan ohne Eliteschule des Sports

**Standard – Wochenplan Saison 2014/2015**

**Name:** **Geburtstag:**

**Vorname:**

| | |
|---|---|
| Wassertraining | Landtraining | Schule/Studium/ Beruf |
| Physiotherapie | Regeneration | Hausaufgaben/ Selbststudium |

*Bitte die Wochenelemente farbig in die Tabelle eintragen!*

| Anzahl / Stunden pro Woche | |
|---|---|
| Schule / Ausbildung / Beruf | 29,00 |
| Hausaufgaben / Selbststudium | 9,00 |
| Training / Wettkampf | 30,50 |
| Gesamt | 68,50 |

| | Montag | Dienstag | Mittwoch | Donnerstag | Freitag | Samstag | Sonntag |
|---|---|---|---|---|---|---|---|
| 6.00 | | | | | | | |
| | | | | | | | |
| | | | | | | | |
| | | | | | | | |
| 7.00 | | | | | | | |
| | | | | | | | |
| | | | | | | | |
| | | | | | | | |
| 8.00 | | | | | | | |
| | | | | | | | |
| | | | | | | | |
| | | | | | | | |
| 9.00 | | | | | | | |
| | | | | | | | |
| | | | | | | | |

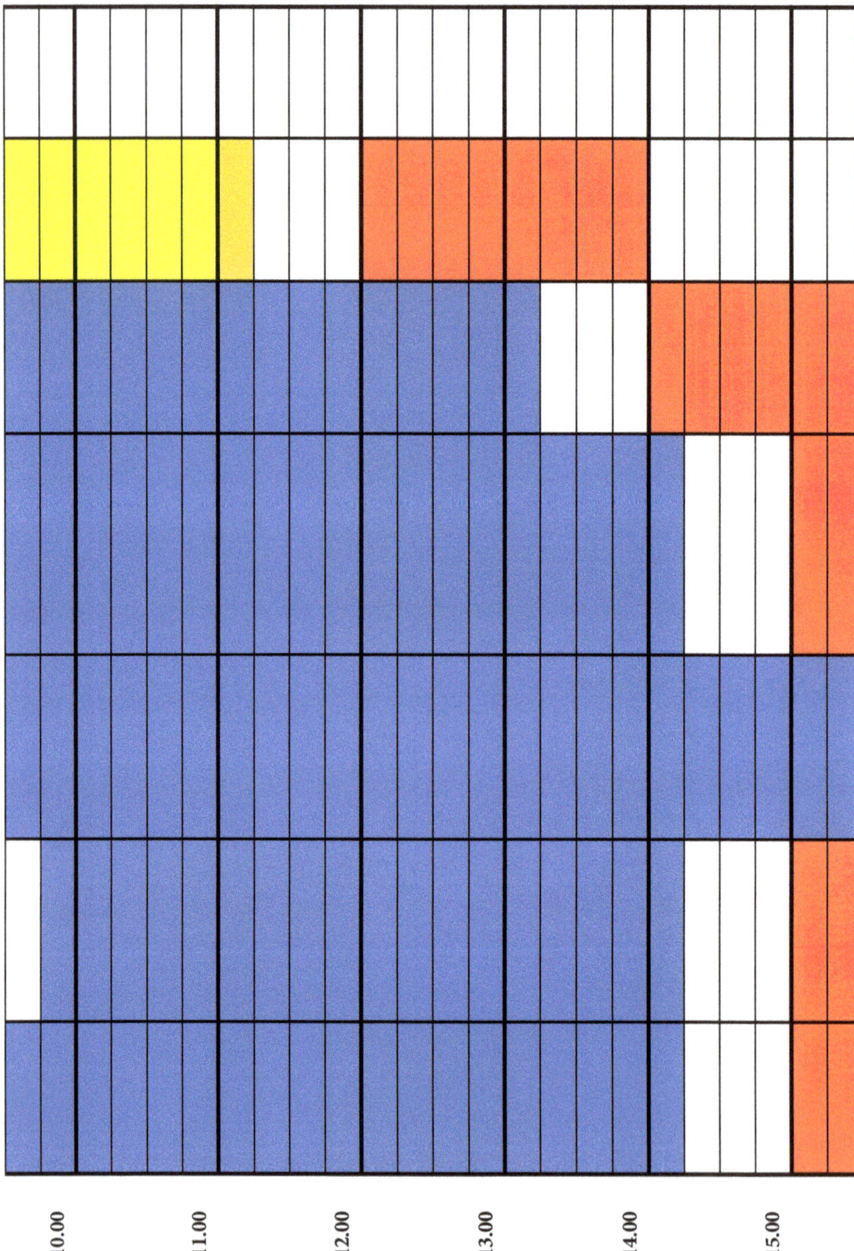
10.00
11.00
12.00
13.00
14.00
15.00

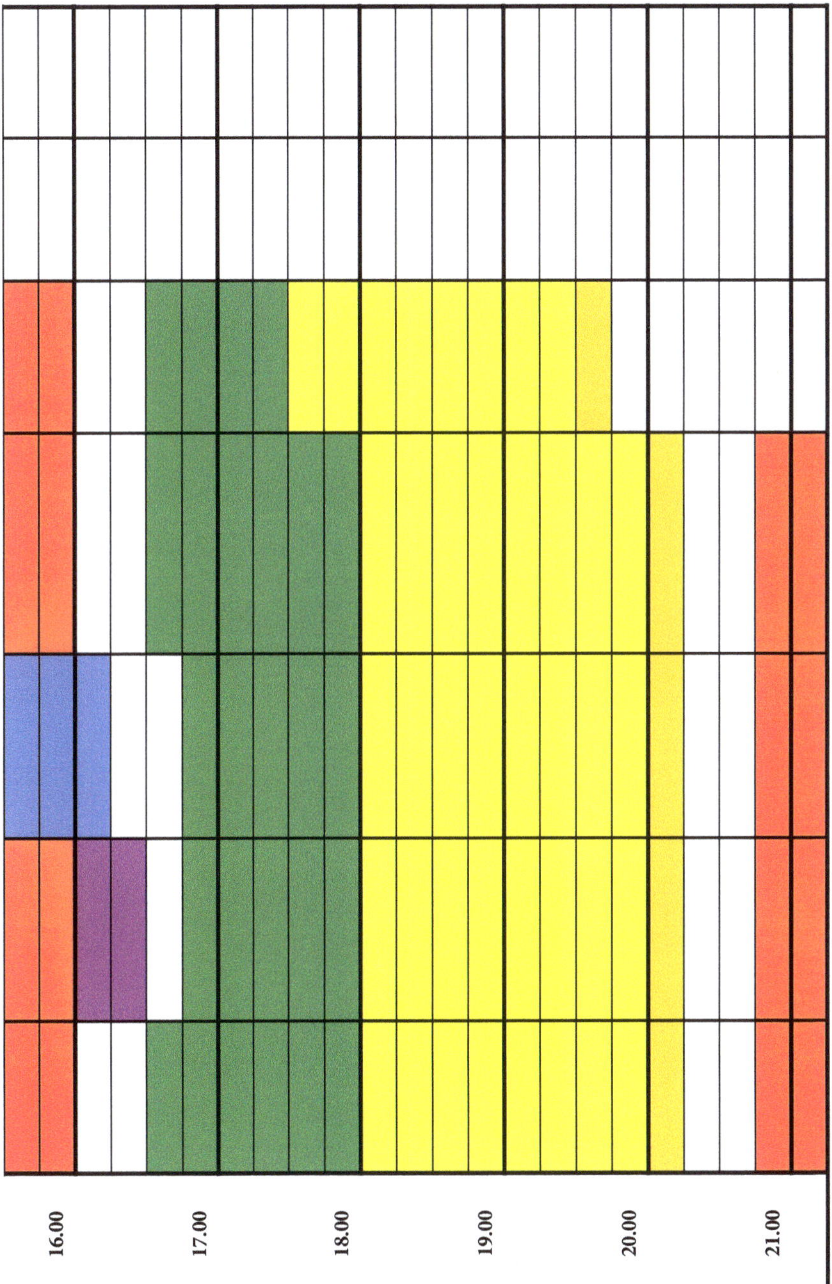
16.00
17.00
18.00
19.00
20.00
21.00

# Anhang B. Muster-Fördervertrag

**An die**
**Pass-Stelle des zuständigen DFB-Regional- bzw. Landesverbandes**
**DFL Deutsche Fußball Liga GmbH**

**Anzeige und Vorlage eines Fördervertrags**
**(§ 22 Nr. 7.1 DFB-SpO / Anhang V zur Lizenzierungsordnung**
**„Richtlinien für die Errichtung und Unterhaltung von**
**Leistungszentren der Teilnehmer der Lizenzligen")**

Sehr geehrte Damen und Herren,

hiermit zeigen wir den Abschluss/die Änderung/die Verlängerung des als Anlage beigefügten Fördervertrags an.

**Der Vertrag beginnt am** ..........................................

**Der Vertrag endet am** ..........................................

**Vertragsabschluss am** ..........................................

Der Vertrag entspricht den Anforderungen des § 22 Nrn. 1 und 2 DFB-Spielordnung.

..........................................................................................
(Ort, Datum)

| | |
|---|---|
| ..................................................................................... | ................................................................. |
| (Vertreter Verein/Kapitalgesellschaft, Stempel) | (Spieler bzw. gesetzlicher Vertreter) |
| Anschrift Verein/Kapitalgesellschaft | Anschrift Spieler |
| ................................................................. | ................................................................. |
| **(Name)** | **(Name)** |
| ................................................................. | ................................................................. |
| **(Straße)** | **(Straße)** |
| ................................................................. | ................................................................. |
| **(PLZ, Ort)** | **(PLZ, Ort)** |
| ................................................................. | ................................................................. |
| **(Telefon)** | **(Telefon)** |
| ................................................................. | ................................................................. |
| **(Telefax)** | **(Telefax)** |

**Eingang: DFB-Regional- bzw. Landesverband/DFL Deutsche Fußball Liga GmbH (DFL)**

# Fördervertrag

**Zwischen dem Verein bzw. der Kapitalgesellschaft**

........................................................................................................................................ ,

**Anschrift**

........................................................................................................................................ ,

**gesetzlich vertreten durch**

........................................................................................................................................ ,

**im Folgenden „Club" genannt,**

**und Herrn**

........................................................................................................................................ ,

**geb. am ........................................ in ...................................................................................... ,**

**Nationalität ..................................................................................................................... ,**

**Anschrift**

........................................................................................................................................ ,

***bei Minderjährigen:* gesetzlich vertreten durch**

........................................................................................................................................ ,

**im Folgenden „Spieler" genannt,**

**wird folgender Vertrag geschlossen:**

§ 1

1. Der Spieler verpflichtet sich, für den Club den Fußballsport als Vertragsspieler im Sinne der Vorschriften der §§ 22 bis 26a der DFB-Spielordnung, die er ausdrücklich anerkennt, auszuüben.

2. Die Satzungen und Ordnungen des DFB, des Landes- und des Regionalverbandes sowie des Die Liga – Fußballverband e.V. (Ligaverband), die in ihrer jeweils gültigen Fassung die allgemein anerkannten Grundsätze des deutschen Fußballsports darstellen, sind auch aufgrund dieses Vertrags maßgebend für die gesamte fußballsportliche Betätigung. Der Spieler erkennt diese Bestimmungen in ihrer jeweils gültigen Fassung ausdrücklich als für ihn verbindlich an. Er unterwirft sich den Entscheidungen der Organe oder Beauftragten des DFB, des Landes- oder des Regionalverbandes oder des Ligaverbandes und insbesondere der Strafgewalt dieser Verbände.

   Der Spieler unterwirft sich außerdem der Satzung des Clubs in der jeweiligen Fassung und insbesondere dessen Strafgewalt, sofern hierfür die gesetzlichen Voraussetzungen vorliegen.

   Der Spieler der 3.Liga erkennt das DFB-Statut 3.Liga sowie ggf. weitere Rechtsgrundlagen der 3.Liga als für sich verbindlich an und wird die geforderten Erklärungen (Anlage zu § 5 (1) b) und (3) des Zulassungsvertrags zur 3.Liga zwischen dem Club und dem DFB) gegenüber dem DFB abgeben.

   Alle relevanten Regelungen des jeweiligen Verbandes können im Internet unter den folgenden Adressen abgerufen werden:
   Ligaverband bzw. DFL Deutsche Fußball Liga GmbH: http://www.bundesliga.de/de/dfl/interna;
   DFB: www.dfb.de (-> DFB-Info/Satzung und Ordnungen).

3. Der Spieler verpflichtet sich, allen schulischen und/oder beruflichen Ausbildungsmaßnahmen selbstständig und gewissenhaft nachzukommen.

4. Der Spieler ist verpflichtet, an allen Spielen und Lehrgängen des Clubs, an jedem Training – gleich ob allgemein vorgesehen oder besonders angeordnet –, an allen Spielerbesprechungen und an allen sonstigen der Spiel- und Wettkampfvorbereitung dienenden Veranstaltungen teilzunehmen. Dies gilt auch, wenn ein Mitwirken als Spieler oder Ersatzspieler nicht in Betracht kommt.

5. Der Spieler verpflichtet sich, seine sportliche Leistungsfähigkeit uneingeschränkt für den Club einzusetzen und alles zu tun, um sie zu erhalten und zu steigern. Er hat alles zu unterlassen, was seine Leistungsfähigkeit und/oder das Ansehen des Clubs, der Verbände und des Fußballsports allgemein beeinträchtigen könnte. Der Spieler wird die sportliche Fairness gegenüber allen am Wettkampf- und Trainingsbetrieb beteiligten Personen einhalten.

6. Der Spieler ist im Falle einer im Rahmen der Tätigkeit als Vertragsspieler erlittenen Verletzung oder Erkrankung verpflichtet, sich den sportmedizinisch und sporttherapeutisch indizierten Maßnahmen, die durch vom Club beauftragte Personen angeordnet werden, umfassend zu unterziehen.

7. Der Spieler verpflichtet sich, alle für die Dauer des Vertrags vom Club oder dessen Ausrüster bzw. Sponsoren zur Verfügung gestellten Bekleidungs- und Ausrüstungsgegenstände pfleglich zu behandeln und bei Beendigung des Vertrags dem Club binnen 14 Tagen zurückzugeben.

8. Der Spieler verpflichtet sich, es zu unterlassen, auf Gewinnerzielung gerichtete Sportwetten – selbst oder durch Dritte, insbesondere nahe Angehörige, für eigene oder fremde Rechnung – auf den Ausgang oder den Verlauf von Fußballspielen oder Fußballwettbewerben, an denen Mannschaften des Vereins oder ggf. des Muttervereins oder der Tochtergesellschaft mittelbar oder unmittelbar beteiligt sind, abzuschließen oder dieses zu versuchen. Der Spieler darf auch Dritte dazu nicht anleiten oder dabei unterstützen, solche Wetten abzuschließen. Er ist verpflichtet, sich auf solche Sportwetten beziehende, nicht allgemein zugängliche Informationen oder sein Sonderwissen Dritten nicht zur Verfügung zu stellen. Dem Spieler ist bewusst, dass Verstöße gegen die vorstehende Verpflichtung nicht nur eine Vertragsverletzung darstellen, sondern zugleich auch den Tatbestand des unsportlichen Verhaltens gemäß § 1 Nrn. 2, 4 der Rechts- und Verfahrensordnung des DFB verwirklichen und zu einer sportstrafrechtlichen Ahndung führen können.

9. Der Spieler verpflichtet sich, es unverzüglich dem Verein und dem Kontrollausschuss des DFB (für Mannschaften einer DFB-Spielklasse, anderenfalls dem zuständigen Landesverband des DFB) anzuzeigen, wenn ihm von dritter Seite die Manipulation eines Spiels seines oder eines anderen Vereins (auf Sieg, Unentschieden, Niederlage oder Torergebnis etc.) gegen Geldversprechen oder Geldzahlung angeboten wird. Dies gilt unabhängig davon, ob der Spieler die Annahme von Geld oder geldwerten Vorteilen angenommen oder abgelehnt bzw. die Manipulation zugesagt oder nicht zugesagt hat.

**§ 1a**

1. Doping ist verboten. Doping ist:

   a) Das Vorhandensein einer verbotenen Substanz oder ihrer Metaboliten oder Marker in einer dem Körper des Spielers entnommenen Probe.
   b) Die Anwendung oder versuchte Anwendung einer verbotenen Substanz oder einer verbotenen Methode durch einen Spieler.
   c) Die Weigerung, sich nach der Aufforderung gemäß den Anti-Doping-Richtlinien des DFB der Abgabe bzw. der Probenahme zu unterziehen, ein Fernbleiben von der Probenahme ohne zwingenden Grund oder eine anderweitige Umgehung der Probenahme.
   d) Die Nichtverfügbarkeit beim Test und die Nichtangabe des Aufenthaltsorts
   e) Die Proben-Manipulation oder der Versuch einer Manipulation.
   f) Der Besitz von verbotenen Substanzen und Methoden.
   g) Der Handel oder versuchte Handel mit Dopingsubstanzen
   h) Die Verabreichung oder versuchte Verabreichung im Wettbewerb von verbotenen Substanzen oder die Anwendung von Methoden an Spieler oder, außerhalb von Wettbewerben, die Verabreichung oder versuchte Verabreichung von Substanzen oder die Anwendung von Methoden, die außerhalb von Wettbewerben verboten sind, an Spieler oder die Beihilfe, Unterstützung, Anleitung, Anstiftung, Verschleierung oder sonstige Tatbeteiligung im Zusammenhang mit einem Verstoß oder einem versuchten Verstoß gegen Anti-Doping-Vorschriften.

2. Der Spieler erkennt das Dopingverbot und die nationalen und internationalen Anti-Doping-Bestimmungen - insbesondere die Anti-Doping-Richtlinien des DFB und deren Anhänge, das UEFA-Dopingreglement sowie das FIFA-Reglement für die Dopingkontrollen bei FIFA-Wettbewerben und außerhalb von Wettbewerben, den NADA- und WADA-Code - in ihrer jeweils gültigen Fassung ausdrücklich als für sich verbindlich an. Er unterwirft sich insbesondere auch den Bestimmungen für die Durchführung der durch die Anti-Doping-Kommission des DFB angeordneten Wettkampf- und Trainingskontrollen.

3. Die Liste der verbotenen Substanzen und Methoden, gültig für den Bereich des Fußballsports (Anhang A der Anti-Doping-Richtlinien des DFB), wird Spielern der Lizenzligen und der DFB-Spielklassen vom Verein vor Beginn der jeweiligen Spielzeit oder bei Änderungen ausgehändigt; davon unberührt bleibt die Verpflichtung des Spielers, sich eigenständig über die geltenden Anti-Doping-Bestimmungen von DFB, UEFA, FIFA, WADA (Welt-Anti-Doping-Agentur) und NADA (Nationale Anti-Doping-Agentur Deutschland) zu informieren. Die relevanten Regelungen des jeweiligen Verbandes und der Anti-Doping-Organisationen können im Internet unter den folgenden Adressen abgerufen werden:

   DFB: www.dfb.de
   FIFA: www.fifa.com
   UEFA: www.uefa.com
   NADA: www.nada-bonn.de
   WADA: www.wada-ama.org

## § 2

1. Der Spieler räumt dem Club, soweit seine sportliche Tätigkeit im Rahmen dieses Vertrags berührt ist, das ausschließliche Recht ein, das Bildnis des Spielers, dessen Namen (auch Spitz- und Künstlernamen), das von ihm gesprochene Wort sowie besondere fußballbezogene Persönlichkeitsmerkmale des Spielers uneingeschränkt zu nutzen und zu verwerten. Er erklärt, die genannten Persönlichkeitsrechte keinem anderen übertragen zu haben.

2. Die Einräumung der Nutzungs- und Verwertungsrechte bezieht sich auch auf den Bereich aller gegenwärtigen und künftigen technischen Medien und Einrichtungen einschließlich Multimedia-Anwendungen (Internet, Online-Dienste, mobile Dienste etc.). Dies gilt insbesondere für die vom Club veranlasste oder gestattete Verbreitung von Bildnissen des Spielers als Mannschafts- oder Einzelaufnahmen in jeder Abbildungsform, auch der virtuellen Darstellung, besonders auch hinsichtlich der Verbreitung solcher Bildnisse in Form von Spielszenen und/oder ganzer Spiele seiner Mannschaft, um somit öffentlich- und/oder privatrechtlichen Fernsehanstalten und/oder anderen audiovisuellen Medien und/oder weiteren Interessenten Nutzungen hieran zu ermöglichen.

3. Der Club ist auch berechtigt, die oben genannten Rechte dem DFB, dem Regional- oder Landesverband, dem Ligaverband oder der DFL zur Erfüllung ihrer vertraglichen Verpflichtungen einzuräumen. Der Spieler erkennt ausdrücklich an, dass die Verwertung dieser Rechte auch für Maßnahmen im Rahmen der Gruppenvermarktung einer Spielklasse erfolgen kann. Unter Gruppenvermarktung verstehen die Vertragsparteien alle Vermarktungsmaßnahmen, welche die Clubs der jeweiligen Spielklasse in ihrer Gesamtheit oder in wesentlichen Teilen umfassen.

4. Der Club kann die ihm von dem Spieler eingeräumten Rechte gegenüber Dritten auch gerichtlich geltend machen. Er ist berechtigt, bei der Übertragung der hier eingeräumten Rechte auf den DFB, den Ligaverband, die Regional- oder Landesverbände oder die DFL auch die Befugnis zu übertragen, die betreffenden Rechte gegenüber Dritten gerichtlich geltend zu machen.

5. Der Spieler stellt dem Club außerdem jederzeit seine Autogrammunterschrift im Originalschriftzug, als Faksimile oder in gedruckter Form für Zwecke der Öffentlichkeitsarbeit und/oder zur Wiedergabe auf vom Club beschafften Souvenir- und Verkaufsartikeln – ggf. auch in Verbindung mit Werbung Dritter – zur Verfügung.

6. Die aus der wirtschaftlichen Verwertung der eingeräumten Rechte erzielten Erlöse stehen ausschließlich dem Club zu, soweit nicht in diesem Vertrag ausdrücklich Abweichendes geregelt ist.

7. Die Ausschöpfung anderer Verdienstmöglichkeiten, z. B. aus Interviews, schriftstellerischen Tätigkeiten und sonstigen Nebentätigkeiten, ist dem Spieler nur nach vorheriger Zustimmung des Clubs gestattet, die nur verweigert werden kann, wenn der entsprechenden Tätigkeit ein besonderes berechtigtes Interesse des Clubs entgegensteht. Eine einmal gegebene Zustimmung kann jederzeit widerrufen werden.

8. Die Rechteeinräumung ist grundsätzlich begrenzt auf die Laufzeit dieses Vertrags. Diese Begrenzung gilt nicht für die mediale und multimediale Nachverwertung in Form von Archivbildern. Außerdem gilt für die Vermarktung und den Vertrieb von Produkten eine Abverkaufsfrist von 5 Jahren. Die Parteien sind sich einig, dass mit der vertraglichen Vergütung auch die Rechteeinräumung abgegolten ist.

## § 3

1. Der Club schafft die sachlichen, organisatorischen und personellen Voraussetzungen, um eine optimale fußballerische und altersgerechte Förderung des Spielers zu ermöglichen. Der Club unterhält hierfür ein Leistungszentrum und ist nach Anhang V zur Lizenzierungsordnung – „Richtlinien für die Errichtung und Unterhaltung von Leistungszentren der Teilnehmer der Lizenzligen" – gegenüber dem Ligaverband verpflichtet, die genannten Voraussetzungen und Bedingungen zu erfüllen.

2. Der Club stellt insbesondere sicher, dass bei auswärtigen Spielern eine unter pädagogischen Gesichtspunkten sinnvolle Betreuung und Unterbringung (Internat, Gasteltern etc.) vorhanden ist. Zudem erklärt der Club, über Einrichtungen zu verfügen, in denen eine schulische und pädagogische Betreuung möglich ist.

3. Der Club stellt zudem eine funktionierende Kooperation von Schule und Club sicher, die zusätzliche Trainingseinheiten im Rahmen des Schulunterrichts vorsieht und die sportliche Beanspruchung mit den schulischen Anforderungen koordiniert.

## § 4

1. Die trainingsfreie Zeit bestimmt der Trainer mit Rücksicht auf den Spielplan und auf die schulische Ausbildung des Spielers.

2. Der Club gewährt dem Spieler für jedes Kalenderjahr einen Urlaub nach folgender Staffelung:

- Mindestens 30 Werktage, wenn der Spieler zu Beginn des Kalenderjahres noch nicht 16 Jahre alt ist
- Mindestens 27 Werktage, wenn der Spieler zu Beginn des Kalenderjahres noch nicht 17 Jahre alt ist
- Mindestens 25 Werktage, wenn der Spieler zu Beginn des Kalenderjahres noch nicht 18 Jahre alt ist.

Als Werktage gelten alle Kalendertage, die nicht Sonn- oder gesetzliche Feiertage sind.

Im Übrigen gelten die jeweiligen gesetzlichen Bestimmungen.

3. In der gemäß § 5 vereinbarten monatlichen Zahlung ist eine Vorschusszahlung in Höhe von

€ ..................................................

zur Anrechnung auf das zu zahlende Urlaubsentgelt enthalten. Sollte der Gesamtbetrag der vom Club gezahlten monatlichen Vorschusszahlungen höher sein als der tatsächliche Urlaubsentgeltanspruch des Spielers, so verzichtet der Club bereits heute auf eine Rückforderung des zuviel geleisteten Betrags.

## § 5

1. Steuerpflichtiges Einkommen

Der Club verpflichtet sich zur Zahlung folgenden einkommenssteuerpflichtigen Entgelts (monatliche Garantiesumme mindestens 250 € brutto):

a) Monatliches Grundgehalt in Höhe von € ..................................................

b) Sonstige Leistungen:

Soweit weitere Vergütungen und andere geldwerte Leistungen vereinbart worden sind, sind diese in einer Anlage enthalten. Die Anlage ist Bestandteil dieses Fördervertrags.

Die Bezüge des Spielers sind Bruttobezüge.

Auf die Bestimmung des § 7 dieses Vertrags wird ausdrücklich verwiesen.

2. Steuerfreier Auslagenersatz

Der Spieler erhält zusätzlich die folgenden, nach Art und Höhe steuerfreien Leistungen (z.B. Aufwendungen, Sachmittel):

.............................................................................................................................................

.............................................................................................................................................

3. Steuer- und Soziallasten

Für die Abführung der steuerlichen und sozialversicherungsrechtlichen Abgaben gelten die jeweiligen gesetzlichen Bestimmungen. Der Spieler verpflichtet sich, diese Abgaben abführen zu lassen.

Club und Spieler werden die Abführung der Steuer- und Soziallasten mit dem Antrag auf Spielerlaubnis, spätestens jedoch binnen drei Monaten nach Vertragsbeginn gegenüber dem zuständigen DFB-Mitgliedsverband nachweisen oder zumindest glaubhaft machen; anderenfalls hat der Spieler nachzuweisen, dass diese Abführungspflicht nicht besteht. Die Nichterfüllung dieser Verpflichtung löst die Rechtsfolgen des § 25 der DFB-Spielordnung aus.

**§ 6**

1. Dieser Vertrag wird am .................................................. wirksam.

2. Der Vertrag endet, vorbehaltlich der unter Ziffer 3 getroffenen Vereinbarung, am ........................................................... (maximal drei Jahre Vertragslaufzeit).

3. Club und Spieler verpflichten sich, diesen Vertrag zu den bisherigen Bedingungen für ....................... (maximal zwei) Jahr(e) fortzusetzen, falls die jeweils andere Vertragspartei dies wünscht.

   Club und Spieler müssen bis zu dem der Vertragsbeendigung vorausgehenden 30. April schriftlich erklärt haben, ob sie von der Option Gebrauch machen wollen.

   Geben weder der Club noch der Spieler eine solche Erklärung fristgerecht ab, so endet der Vertrag an dem oben unter Ziffer 2 bestimmten Datum.

4. Der Vertrag endet vorzeitig mit dem Wirksamwerden eines von den Parteien geschlossenen Aufhebungsvertrags oder einer wirksamen fristlosen Kündigung aus wichtigem Grund. Der Aufhebungsvertrag und die Kündigung bedürfen zu ihrer Wirksamkeit der Schriftform.

5. Für den Fall der Beendigung dieses Vertrags gelten die Vorschriften der DFB-Spielordnung, das Regionalligastatut sowie ggf. weitere Rechtsgrundlagen der Regionalliga (§ 1 Ziffer 2 dieses Vertrags).

6. Bei Vertragsende erlischt das Spielrecht (vgl. §§ 22 Nr. 6, 23 Nr. 8 der DFB-Spielordnung).

### § 7

Im Interesse der Planungs- und Rechtssicherheit für Spieler und Club sind die beiderseitigen Ansprüche aus diesem Vertrag, insbesondere der Anspruch aus § 5 Ziffer 1, von den Vertragsparteien innerhalb von sechs Monaten nach Fälligkeit, im Falle der Beendigung des Vertragsverhältnisses jedoch innerhalb von drei Monaten nach der Beendigung schriftlich geltend zu machen, anderenfalls sind sie erloschen, sofern ein solcher Verfall nicht durch zwingende gesetzliche Bestimmung ausgeschlossen ist. Ansprüche nach § 2 sind hiervon ausdrücklich ausgenommen.

### § 8

1. Der Club und der Spieler sind verpflichtet, den Vertragsabschluss, Änderungen sowie eine Verlängerung des Vertrags dem zuständigen DFB-Regional- bzw. Landesverband und der DFL unverzüglich nach Abschluss, Änderung bzw. Verlängerung durch Zusendung einer Ausfertigung anzuzeigen.

2. Die Vertragsparteien erklären sich damit einverstanden, dass Abschluss, Verlängerung oder Auflösung dieses Vertrags von dem zuständigen DFB-Mitgliedsverband mit dem Datum des Vertragsbeginns und der Vertragsbeendigung in geeigneter Weise in den Offiziellen Mitteilungen des Verbandes oder im Internet veröffentlicht werden. Auch die übrigen Daten des Vertrags dürfen vom zuständigen DFB-Mitgliedsverband im Rahmen der Spielerverwaltung sowie der ihm durch Satzungen und Ordnungen zugewiesenen sonstigen Aufgaben gespeichert, genutzt und verarbeitet, insbesondere auch Dritten gegenüber offengelegt werden. Dies gilt nicht für Angaben über Vergütungen und andere geldwerte Leistungen.

### § 9

1. Mündliche Nebenabreden bestehen nicht. Änderungen, Ergänzungen oder Aufhebungen dieses Vertrags werden erst mit ihrer schriftlichen Festlegung wirksam. Dies gilt auch für die Abweichung vom Schriftformerfordernis.

2. Die Unwirksamkeit einzelner Vertragsbestimmungen hat auf die Wirksamkeit des Vertrags im Übrigen keinen Einfluss. In diesem Fall richtet sich der Inhalt der betroffenen Klauseln nach der gesetzlichen Regelung.

3. Es gilt deutsches Recht. Erfüllungsort für alle mit dem Vertrag zusammenhängenden Ansprüche ist der Sitz des Clubs.

……………………………………………  ………………………………………………….

Ort  Datum

……………………………………………  ………………………………………………….

Spieler  Club

*Zutreffendes bitte ankreuzen:*

o bei Minderjährigen Unterschrift der gesetzlichen Vertreter:

……………………………………………  ………………………………………………….

Mutter  Vater

o Am Vertragsabschluss haben als Rechtsanwalt bzw. Spielervermittler mitgewirkt:

auf Seiten des Spielers:  auf Seiten des Clubs:

……………………………………………  ………………………………………………….

Name  Name

*Stand: 23.04.2012*

www.ingramcontent.com/pod-product-compliance
Ingram Content Group UK Ltd.
Pitfield, Milton Keynes, MK11 3LW, UK
UKHW020714071026
15590UKWH00011B/601

9 783631 766989